華東政法大學

建校六十周年《法学》创刊五十六周年文丛

总主编/何勤华 杜志淳

第6卷

法学的历史

法制史卷

1981年-2011年

主 编/王申

副主编/洪佳期 姚远

法律出版社
LAW PRESS·CHINA

主 编 简 介

王 申

1957年8月生，浙江省东阳人。1984年考入华东政法学院法律系，毕业后分配至上海社会科学院法学研究所从事法制史、法理学研究，1994年至今任职于华东政法大学《法学》月刊社，研究员。

近年来，主要研究中国法史学、法理学、法律文化学、司法制度学等领域。在全国各法学期刊共发表各类论文80余篇。其中，在《学术季刊》、《上海社会科学》、《法学译丛》、《学习与探索》、《法律科学》、《法学评论》、《政治与法律》、《法学杂志》、《法商研究》、《法制与社会发展》、《法学》、《现代法学》、《华东政法学院学报》、《同济大学学报》（社会科学版）、《南京大学法律评论》等各核心期刊发表论文50余篇，出版专著《中国近代律师制度与律师》、《法哲学三论》，主编教材《中国法制史》，参编《中国法制史》、《法理学》等教材多部。曾主持国家社会科学一般项目1项（2009年）、上海市重点项目1项（2010年）。

副 主 编 简 介

洪佳期

法学博士，副教授、硕士研究生导师。

主要从事中国法律史的教学与研究工作，研究方向为明清法律史、近代法律史等。在《法商研究》、台湾地区《法制史研究》、韩国《中国史研究》等国内外刊物发表学术论文10多篇，代表性论文为《上海会审公廨中外审判官裁判冲突研究》（载台湾地区《法制史研究》第9期），参编、点校著作多部。主持国家社科基金项目1项，参与并完成司法部等课题多项。

姚　远

1979年生。法学博士，华东政法大学讲师。

主要从事中国法制史的教学与研究工作。在《政治与法律》、《青少年犯罪研究》等期刊发表《上海公共租界审判权力变迁研究》、《民国时期青少年感化教育》等论文。出版专著《上海公共租界特区法院审判研究》，参与《中国法制史》、《中国法律思想史》等教材及教辅书籍的编写工作。主持教育部青年课题，参与司法部、上海市教委等课题的研究。

解放思想是法学进步的原动力
（代总序）

1981年11月，由华东政法大学主办的《法学》复刊了。它的复刊，源自1978年年底的那场解放思想运动。

回顾新中国60多年的历史，我们可以清楚地看到，我们国家的发展，大体可以30年为时段分为前后两个阶段。前30年，我们党在治理国家的指导思想方面，出现了“左”的倾向。从“批武训传”、批俞平伯的红楼梦研究、批胡风“反革命集团”到1957年“反右”运动扩大化、1962年提出“以阶级斗争为纲”，直至1966年爆发“文化大革命”，“左”的思想不断升级，最终导致国民经济濒于崩溃、各项建设事业停滞、学术（包括法学）陷入一片沙漠状态。

1978年年底，中国共产党召开了十一届三中全会，实行改革开放之国策，社会各界解放思想，因而改变了整个中国的面貌，也迎来了法学研究的春天，导致了《法学》的复刊。自那时以来，我们也已经走过了整整30年。在这30年中，《法学》在上级部门的领导下，通过全体办刊人的持续努力，紧贴时代发展的脉搏，跟踪社会发展的前沿，及时回应法律界所遇到的热点和难点问题，发表了一大批高水平的作品，对我国的立法、执法和司法实践形成了重要的理论支持，在学术界乃至全社会产生了巨大影响力，推动了改革开放以后中国法律和法学的进步与繁荣。

在回顾总结《法学》30年历程，探索法学理论与法律实践互动之规律时，我们感受最深的一点就是，解放思想是法学进步、繁荣的原动力，没有中国的改革开放和解放思想，就没有中国法律和法学的今天，更没有《法学》的今天。

一

关于解放思想，邓小平同志有一个定义，就是“解放思想是指在马克思主义指导下打破习惯势力和主观偏见的束缚，研究新情况，解决新问题”。① 这个定义，包含了三个要素：(1)马克思主义的指导，讲的是政治立场和认识论、方法

① 《邓小平文选》（第2卷），人民出版社1994年第2版，第279页。

论;(2)打破习惯势力和主观偏见的束缚,这既包括政治体制上的,也涉及其他各个领域里的;(3)研究新情况、解决新问题,就是要跟上社会发展的步伐,与时俱进。因此,在某种意义上可以说,解放思想的精神实质就在于:一是说真话;二是实事求是;三是不唯书、不唯上;四是打破不合理的偏见和传统;五是在理念、观点和制度上创新。

30年来,《法学》就是贯彻了这一精神,解放思想,不断进步。其中,冲破政治上习惯势力和主观偏见的束缚,提高法学研究在我国政治体制改革中的贡献度,是《法学》首先关注的重点。众所周知,法律与政治紧密相关,法学研究也与社会的政治决策息息相关。要使法学研究对同时代的乃至以后的政治决策有所贡献,必须解放思想。换言之,法学研究在推动社会政治体制改革、回应社会重大政治问题时,如能解放思想、提出有真知灼见的建言建策,就会大大彰显法学研究的贡献。1982年春天,当我国立法机关将宪法草案提交全国人民讨论时,《法学》月刊社就召集各方面专家,就其内容进行广泛讨论,参与者有徐盼秋、潘念之、肖蔚云、高恭佑、浦增元、孔令望、陈云生、胡土贵、周天平等众多法学界知名人士。各位专家学者解放思想,破除禁忌,充分讨论,各抒己见。《法学》在第6期、第7期连续刊登了他们的建言建策,对我国宪法内容的确定产生了很大的影响。

1982年9月1~11日,中国共产党第十二次全国代表大会召开,大会通过的新党章明确规定:"党必须在宪法和法律的范围内活动。"但是,如何理解和执行党章的这一规定,许多党员甚至党的领导干部对此还存在许多疑问。当时,许多领导都曾提出了"到底是法大,还是党委大"的疑问;也有领导认为,规定党必须在宪法和法律范围内活动,就会束缚自己的手脚,妨碍开创新局面。针对党的十二大召开后社会上和党内存在的这些想法,《法学》1982年第11期刊登了楚云飞的文章《在宪法和法律范围内活动是党的一项重要原则》,系统阐述了党章这一规定的法理基础,强调我们必须解放思想,充分认识这一规定对推进我们执政党的建设和推动我国社会主义法制发展,全面开创社会主义现代化建设新局面的极其重要意义。

随着1992年10月12~18日党的十四大提出建设社会主义市场经济的改革目标后,我国市场经济发展迅速,宪法的许多规定就显得落后于客观形势的发展了,但是,真的要提出修宪的主张,在当时还是存在一定风险的。《法学》就在这一点上,以极大的理论勇气,于1992年第12期,以纪念宪法诞生10周年为契机,发表了评论员文章《修宪:市场经济发展的必然要求》。该文指出,修宪问题,无论从宪法学抑或法理学角度来看,应属技术性问题。然而,由于特定的历史条件,重提修宪问题,就不能不在某种程度上引起人们的高度警觉和重视。但是,社会主义市场经济的发展,出现了众多宪法上没有规定的事项。例如,“随着改革开放的不断发展,出现了多种经济形式并存的局面,特别是许多合营、合资、私营企业的出现,能否对这些经济形式进行保护,关系到改革开放能否向纵深发展的问题,而宪法对此并未规定”。同时,改革开放需要合法地出租、转让土地,而这一点也是宪法禁止的。因此,在适应社会主义经济发展和改革开放的历史要求下,1988年,我们就对宪法进行了修改,允许私营经济形态的存在,以及取消了对土地出租和转让的禁令。现在,改革开放的进程和社会的发展,又一次需要我们对宪法做更大范围的、更大规模的修改,我们应当与时俱进,完成这一历史使命。在发表评论员文章的同时,这一期还刊登了孙潮、戚渊的《论确立市场经济的宪法地位》、李伟的《宪法权威论》、李步云的《不断完善中国人权的保障体系》等文章,对修宪涉及的各个领域的一些重要问题作了阐述。《法学》的这些文章,虽然发表在邓小平同志1992年南方讲话之后,但此时在我国,修宪问题还是一个禁区,因此,发表上述言论还是冒了一定政治风险的。

在法理学领域,关于法的定义这一核心问题,在新中国成立的前30年,基本上是“阶级斗争论”、“阶级意志论”一统天下。要冲破这一禁区,必须鼓足勇气,在法学理论上来一个大胆的突破。而在这方面,《法学》也走在了全国研究的前列。1986年,《法学》在第1期《新年寄语慰读者》中,率先提出:“科学是没有禁区的,有禁区就不会有发展和深入。法学研究也是如此。”“近年来,我国法制建设和法学研究的现状表明,法学理论的研究正面临着改革和挑战,无论在内容和方法上都亟须有新的突破。”“我们认为,无论是基础法学还是应用法学的研究,都应该把焦点对准现实中涌现出来的或者是历史上没有解决的问题,应该重视和倡导‘问题法学’的研究。”

同期刊登的《中国法制报》政治评论部主任张宗厚的《对法的三个基本概念的质疑》一文,对现行的法的定义中三个核心命题——“法律是阶级社会特有的现象”、“统治阶级意志论”和“阶级性是法的唯一属性”进行了质疑,提出了不同观点,并予以系统阐述。同期还刊登了陈浩然的《对“质疑”的质疑》一文,与张宗厚文中的观点进行了讨论和争辩。《法学》1986年的《新年寄语慰读者》和张宗厚、陈浩然文章的发表,在我国法学界激起了巨大的冲击波,给我们的思想以极大的震撼。因为直到20世纪80年代中期,上述从苏联引进的关于法的定义的三个核心命题,是我们熟悉并认为是天经地义的,几乎从未有人提出质疑。而张宗厚的文章则颠覆了我们的传统法学观,其震动不能说不大。而陈浩然的文章,虽然是对张宗厚观点的反质疑,阐述的力度相对小一些,但陈文给学术界带来的推进学术研究"百花齐放、百家争鸣"的贡献,则有目共睹。

在法学研究发展中,一直让我们法律人纠结的就是政治与法律的关系问题。而在阐述法律与政治之关系时,思想最为解放的文章,就是陈鹏生在《法学》1987年第1期发表的《没有法律的政治是危险的政治——法学研究的反思》一文。文中指出:"本来,政治和法律都是上层建筑的组成部分,相互作用,共同为自己的基础服务,是马克思主义的常理。但是,由于高度集权思想的影响,政治被强调到可以冲击,甚至代替一切的荒谬地步。政治与法律相互作用的关系,变成政治决定法律的关系。而按照'左'的一套理论的逻辑推导,政治就是阶级斗争,阶级斗争就是敌我矛盾。于是服务于并决定于政治的法律,就只能是以阶级性作为自己的唯一的质的规定性,以'阶级斗争的工具'作为自己的唯一职能了。以法作为自己研究对象的法学,当然也只能是'阶级斗争'的[学问了]。"

作者认为,这种理论的后果,一方面,使法律失去了自己的独立性,唯政治需要决定自己的兴废存亡:政治安定时,法律成为民主的点缀;政治严峻时,一言可以废法,实际上是以"人治"代替了"法治"。另一方面,也把法律与阶级斗争捆在了一起,使法律与政治一起成为学术讨论和争鸣的禁区,"一旦涉及,就'以言治罪',出现'文笔贾祸',法学研究也就不复存在"。作者进一步指出:"我们的民主,首先是制度,然后才是干部的思想作风。否则民主就会随领导的喜怒哀乐而变样。因此,要政治民主化,就应该依靠法律制度,保障民主不会因领导人的改变而改变,也不能因领导注意力的转移而改变。我们的法学家,应该通过对法制建设深刻的历史反思,从理论上令人信服地告诉人们千万不要忘记一条历史教训:政治离不开法律,没有法律的政治,是危险的政治、灾难的政治。"因此,为了防止这一点,我们必须研究如何通过法律来保障公民权利义务一致性原则的确立和实施,以及这种意识的形成。

应该说,作者关于"没有法律的政治就是危险的政治、灾难的政治"的观点,不仅是对中国"重政治,轻法律",崇尚"人治",轻视"法治"之传统的深刻揭示和批判,而且也阐明了理顺法律与政治的关系,对防止历史悲剧的再次发生、建设社会主义法治的重要意义。应该说,在当时的环境下,没有思想的解放,是不可能有如此大的理论勇气提出这么尖锐和鲜明观点的。①

---

① 就在此文发表两年前,谢次昌在"论政治与法律的关系"一文中,还强调"政治与法律相比,政治总是处于主导地位,法律的制定和实施必须服从政治的需要",载《法学》1985年第5期。

二

解放思想也促进了法学研究在我国经济体制改革中推动作用的发挥。1982年中期,随着我国改革开放的深入,社会主义经济体制转型,经济领域犯罪日益增多且形态各异,尤其是许多正常的经济活动和犯罪行为容易混淆,这对我国的法学理论研究和定罪量刑等都提出了严峻挑战。《法学》解放思想,敢于打破常规,使法学研究及其对司法实践的指导走在了全国的研究前沿。《法学》1982 年第 7 期刊登的一组关于"职工受外单位聘用接受高额报酬是否构成犯罪"的讨论文章,就是突出的一例。

当时,随着打击经济领域犯罪的深入展开,不少单位和群众对一些在职的或退休的职工受外单位聘请、接受高额报酬的行为,向有关机关举发。当时政法机关内部对这类行为到底是否属于犯罪产生了很大分歧。而这种分歧,在 1982 年春上海某区人民法院受理检察机关诉上海某国营工厂的技术人员王某受贿①一案中获得了集中体现。从 1980 年起,王某私下接受外单位(自己的家乡奉贤县钱桥公社橡胶塑料厂)的委托,在业余时间,利用本单位的设备,从事产品试制并获成功。由此给钱桥公社橡胶塑料厂带来了巨大利润,王某也从该厂获取报酬 3800 余元。检察机关认为王某的行为已构成受贿罪,依照《刑法》第 185 条规定,予以公诉,要求惩处。在审判机关内部,有认为该定受贿罪的,有认为该定贪污罪的,有认为该定投机倒把罪的,有认为该定破坏经济秩序罪的,也有认为不该定罪的,等等,不一而足。《法学》抓住这一典型案例,组织专家进行深入讨论,最后一致认为,王某的行为虽有瑕疵,犯有错误,但还未构成犯罪,不该定刑。特别是,在改革开放的大背景下,为加快社会主义现代化建设事业,法律必须引导广大技术人员发挥自己的专长,多为国家做出贡献。而在此过程中,他们的劳动必须得到尊重,必须获得报酬,这不仅不是犯罪,而且是法律应该鼓励的行为。《法学》所发表的专家意见受到了司法机关的重视,不仅王某最终没有被定罪,而且对以后一些在职的或退休的职工受外单位聘请、接受高额报酬行为的评价也发生了良性变化。②

---

① 根据《法学》1983 年第 3 期发表的龚介民的"重视韩琨案件中的法律与政策问题"和张传桢、铁犁的"韩琨案功与罪之争",载郭道晖、李步云、郝铁川主编:《中国当代法学争鸣实录》,湖南人民出版社 1998 年版,第 285 页。王某的真名是韩琨,上海橡胶制品研究所助理工程师。

② 之后,《法学》还接连讨论了刘亨年、戴振祥等有罪还是无罪的案件。参见《法学》1987 年第 7~11 期、1988 年第 10~12 期。

当然,《法学》在经济领域发表学术观点,并有力地冲击了传统法律观点、推动了我国社会主义市场经济体制确立的最有影响力的文章是曹建明、钱富兴、顾长浩、李朝兴所写的《外商租用土地与经营房产业的理论与实践》。① 该文指出:"土地是一种重要资源,也是利用外资、引进技术、进行生产和经营活动的基本条件。""因此,发挥土地经济杠杆在对外开放中的积极作用,实行出租土地给外商从事综合性经济活动,并允许外商在我国购买和经营房产的政策,将涉及我国对外开放中土地和房产两个方面的法律问题,而其中地产业的问题又是最为关键的。""外商租用土地和经营房产业,可在相当的程度上解决开放城市建设资金不足、外汇不平衡的困难。"

文章接着阐述:实行出租土地给外商以及允许外商在我国购买和经营房产的政策,在目前还是一个非常复杂和严重的问题,比如,允许外商租用开放城市的土地,"是否会重演帝国主义在半殖民地旧中国建立租界的悲剧"? 作者认为,不会。因为"在对外开放中出租土地给外国投资者,与帝国主义在旧中国的租界是有本质区别的":不仅性质不同,前者是经济活动范围的概念,后者是政治主权的概念,而且产生的原因和条件也不同。作者接着进一步就外商租用我国土地问题的理论依据和法律依据进行分析。比如,出租土地的法律行为并不违背马克思主义的基本理论,也不违反我国的宪法和法律;各国关于外国人租用本国土地的法律制度及其在我国的实践;外商租用土地、经营房产与开放城市经济发展战略的协调;外商租用土地和经营房产业的法规及其协调;等等。

文章刊登后,在全国引起了很大反响。虽然也有一些不同的观点,认为文章提出的主张违反了我国 1982 年《宪法》第 10 条关于"任何组织或者个人不得侵占、买卖、出租或者以其他形式非法转让土地"的规定(因为此时宪法尚未修改),因而是违宪的。② 但大多数学者对文章的观点表示理解、支持和赞赏,认为文章回应了我国改革开放带来的引进外资、迅速发展我国市场经济的实践所提出的实际法律问题,具有重大理论指导意义。1988 年宪法修改,吸收了文章提出的观点,取消了出租和转让土地的禁止条款。文章发表以来,我国经济发展的实践证明了该文的正确以及它的强大生命力,也证明了《法学》思想的解放以及非常的理论勇气和远见卓识。

---

① 参见《法学》1986 年第 7 期。

② 实际上,文章本身已经回答了出租土地给外商是否违宪的问题,文章认为,《宪法》第 10 条并没有禁止"国家"出租土地的行为,只禁止了组织和个人;当时已颁布实施的《中外合资经营企业法》中已经规定了允许出租土地给外商。

三

解放思想也促进了法学学术的进步与繁荣。学术的进步与繁荣,最为重要的就是营造一个有利于学术讨论与学术争鸣的环境和氛围。而这种环境和氛围的形成,必须是在解放思想的前提下,能够说真话,实事求是,不唯书、不唯上,打破不合理的偏见和传统,在理念、观点和制度上创新。在这方面,复刊后的《法学》做得非常好。

比如,在1981年的复刊号上,就发表了华东政法学院院长徐盼秋的《关于社会主义法律与客观规律》一文。在文中,作者解放思想、实事求是,一层一层地分析批判了以往片面夸大意志的作用,要人治,不要法治,权大于法,以言代法等不顾社会发展客观规律的错误观点,明确指出,"利用客观规律来造福于国家和人民是社会主义法律的光荣任务",但我们"要利用客观规律,必须首先掌握客观规律"。作者认为:"社会主义法律必须反映客观规律,但是它并不等于客观规律。""客观世界是不可穷尽的,人们对于客观世界的认识也永远没有完结。所以,人们只能随着对客观规律认识的发展来不断完善社会主义法制。"作者最后指出,社会主义法律,作为社会主义社会上层建筑的一部分,它对客观规律的反映,与上层建筑的其他部分相比,具有自己的突出特点:社会主义法律对客观规律的反映不是以原理、定律等科学理论的形式,而是以法律条文的形式使其规范化;被社会主义法律所反映的客观规律,有国家强制力的保障,这使它本来就具有的客观必然性更加强化,能够加速这种客观必然性的实现;法律对客观规律的反映具有稳定性和严肃性,如果能够坚持以法治国,国家就会以更加符合客观规律的方式获得迅速发展。

与徐盼秋的文章相呼应,《法学》1982年第5期发表了余先予的《论法律自身发展的客观规律》一文,该文将社会主义法律与客观规律的学术探讨进一步引向深入。余文指出:"法律自身发展规律的问题,与法律表现客观规律的问题,是两个不同范畴的问题。前者是指法律这种客观的社会现象的自身发展受哪些客观规律的支配;后者是指法律这种客观事物与其他客观事物之间的关系。为了更好地完善我们的社会主义法制,我们不仅要研究法律与其表现的客观规律之间的关系,而且也要研究法律自身发展的客观规律,使我们的法律既符合客观形势所提出的要求,紧密地为解决党和国家所面临的各项任务服务,又符合法律自身发展的要求,建立完备的社会主义法律体系,真正担当起社会主义时代的历史所赋予法律的任务。"

那么,纵观数千年法律发展的历史,它有哪些规律呢?余先予教授认为,法律自身发展的规律,主要有五个方面:第一,法律制度本身是一种社会的客观存在,它源于物质生活关系,受社会经济条件制约,不是什么人想要就要、想不要就可以不要的东西,也不是可以随心所欲地"创造"的东西。第二,法律都具有鲜明的阶级性,它是取得胜利、掌握政权的阶级意志的体现,是建立和维护有利于统治阶级的社会制度和社会秩序强而有力的杠杆。第三,法律由国家机关制定或认可,以国家强制力为后盾,对全社会具有普遍约束力。第四,法律以肯定的明确的行为规范的形式,给予法律关系的当事人以权利和义务,规定他们可以做什么,不可以做什么。第五,法律制定出来就必须执行,在现实生活中兑现,务求做到有法必依,执法必严,违法必究。

又如,比较法研究,包括法系理论,在新中国成立的前30年,是一个遭受批判的领域,也几乎是一个被人们所遗忘的领域。直至改革开放之后的20世纪80年代初,比较法研究和法系理论依旧被认为是资产阶级的学术观点,是西方资本主义的研究领域。在此时,《法学》解放思想,冲破上述认识的樊笼,在全国率先提出比较法和法系的问题,在王召棠、陈鹏生的《社会主义中国法系初探》①和王召棠、张传桢、陈鹏生的《对中国式社会主义法律体系的探讨》②等文章中,作者旗帜鲜明地提出:"法系不应是资产阶级法学的专用语,而应是整个法学领域中应该着重研究的一个课题。"建立中国社会主义法系,必须肃清重刑轻民的历史影响,必须正确地处理好政治与法律的关系,肃清以政治代替法律、冲击法律的思想影响。应该说,这些观点不仅在当时,即使在目前,也是一种解放思想的观点。

再如,虽然我国于1982年12月通过了新中国的第四部宪法,但宪法理论的研究并没有很好地展开,这当中,除了人们还没有从1966~1976年10年"文化大革命"的噩梦中清醒过来,我国在言论自由方面还没有确立很明确的法治原则(对此,骆伟雄的《言论自由的若干法律问题》一文③有很好的分析)之外,宪法学研究者不能解放思想、缺乏理论勇气也是一个重要原因。对此,我国著名的比较宪法学家龚祥瑞的《中国需要什么样的宪法理论》④一文,勇开先河。龚文认为,宪法意识是从"权力必须受到限制"这个思想出发的。各国宪法规定的限制权力的表现形式可能有所不同,但立宪政府的一个共同信念,就是政府权力不

① 载《法学》1982年第2期。

② 载《法学》1983年第5期。

③ 载《法学》1989年第2期。

④ 载《法学》1989年第4期。

能无限。而宪法就是授予和限制权力的根本法，它规定了立法、行政和司法机关的职责以及彼此的监督和制约，规定了对公民权利的保障，这就是现代宪法的由来。因此，"宪法是治国之法，治官之法，是从崇尚个性解放，保护私有财产，保护人身、言论出版等自由，遏制暴政、苛政，保障公民利益出发的"。"针对权力的先定性和腐化性、侵略性，人们就要用宪法与行政法来约束它、管制它，使之分别由不同主体行使，并置于人民监督之下，这才是我们重新开始要做的。"作者最后指出："宪法是保护人民利益的根本大法。我们要研究人性中残酷的一面、人间的疾苦的一面，忠诚地以人类追求正义的精神而不懈地积累、更新如何预防权力被人类弱点所滥用的根源、技术和方法，重新开始宪法理论问题的研究。"

重读20多年前文章中这些即使在现在看来思想也是非常解放的观点，我们不得不佩服作者的理论勇气，也不得不佩服《法学》思想的解放。我们认为，龚文的上述观点，对新中国宪法学的研究一定具有长时间的理论指导力和学术影响力。

又如，就我国改革开放之后几次大的法学学术理论探讨，关于开展法学基本理论研究、关于开展社会主义法律体系的讨论、关于社会主义法的本质、法哲学的内涵和价值、①法的阶级性与社会性、宪法司法化、复员军人进法院、"坦白从宽，抗拒从严"的质疑、"婚内强奸"的讨论、法制建设协调发展、②罪刑法定与罪刑相适应的原则、③关于"廉政建设的法律思考"、法学的现状与发展、著名学者论依法治国、"克隆人"与法律、社会主义法的精神、④创新和繁荣法学理论笔谈、⑤《物权法》草案是否"违宪"、检察监督权之探讨、"双规"的合宪性等，《法学》的研讨也都是走在全国前列的。如关于中国社会主义法的体系的讨论，曾

---

① 如傅季重："法律哲学研究的对象及其任务"，载《法学》1982年第3期；公丕祥："也谈重视法哲学的研究"，载《法学》1983年第4期。

② 详细参见《法学》1984年第5~10期、第12期所发文章。

③ 罗平："同名数罪，毋须并罚"，载《法学》1982年第10期；邹涛："关于同种数罪及并罚问题"，载《法学》1983年第4期；魏皓奔："也谈'罪刑适应'"，载《法学》1983年第7期。

④ 郭道晖在《法学》1994年第10期发表了"社会主义自由——当代社会主义法的精神"，从孟德斯鸠的著作《论法的精神》一书中的思想，谈了"法的精神"的科学含义以及社会主义法的精神的问题。张光博在《法学》1995年第5期上发表了"法的精神与法律精神论略——与郭道晖同志商榷"。郭道晖在《法学》1995年第6期上再发"再论社会主义法的时代精神——答张光博教授"一文，展开了激烈的思想交锋，引起了法学界的关注。

⑤ 参见《法学》1987年第1期至1988年第8期。其中，有些文章探讨的问题在当时都是非常前沿和大胆的，如夏之的"对'马克思主义法学'提法的商榷"，魏皓奔的"社会主义社会同样产生犯罪"（当时许多人都认为只有资本主义才是产生犯罪的"温床"），崔敏的"客观性也是法的本质属性"，周叶中的"宪法实施：宪法学研究的一个重要课题"，舒国滢的"对法概念之争的思考"，吴家如的"法学研究应从适应型向创造型转变"，杨海坤的"对建立我国行政诉讼制度的思考"，等等。

经是改革开放初期我国法学界热议的课题,《法学》于 1983 年 4 月 21 ~ 29 日联合中国社科院法学所,在上海率先举办了关于法律体系和法学体系的专题研讨会。当时的一些法理学大家,如吴大英、沈宗灵、刘瀚、齐乃宽、王传生、陈汉章、余先予积极参加,撰文发言,有力地推动了中国社会主义法律体系和法学体系的形成。

尤其是从 1997 年起,《法学》在当时的主编郝铁川教授的主持下,连续刊登了一组"建国以来法学界重大事件研究"的文章,其中有《对新中国摧毁旧法制的历史反思》、《"刀把子"风波记》、《无罪推定在新中国的命运》、《1957 年错批杨兆龙的"法律继承论"纪实》、《关于 80 年代"法的社会性和阶级性问题"大论战》、《关于前苏联法对中国法制建设的影响》、《人权禁区是怎样突破的》、《人权研究中的一场风波》、《一场有缺陷的司法改革》、[1]《"再为司法独立鼓与呼"一文的风波》、《"法权"还是"权利"之争》、《从"法制"到"法治"二十年改一字》、《新中国第一次法理讨论会的回忆与思考》、《五十年代〈法学〉是为何被迫停刊的》、《1996 年"晓南"风波纪实》、《1957 年的王造时》、《关于更改反革命罪名的风波》、《死刑的限制与扩张之争》、《正当防卫立法的进展与缺憾》、《我们是怎样逐步实现"罪刑法定"的》等。这些文章,后来结集为《当代中国法学争鸣实录》一书,[2]在湖南人民出版社出版,在法学界引起了很大的反响。

最后,《法学》还非常重视对实务法律问题以及重大疑难案件展开学术研讨,直面社会现实对法学研究提出的要求,并给予法律实践以指导。这方面的例子非常多,如 1997 年对"碧纯"水侵权案件的研讨,1999 年对"枫叶"诉"鳄鱼"不正当竞争案件的研讨,2000 年对全国首例老虎袭人致死案件的研讨,对 2001 年綦江彩虹桥垮塌案件的讨论,2001 年深圳中级法院审理之中国首例贞操损害赔偿案件的研讨,对 2002 年"陆来富案件"的研讨,2003 年对"孙志刚案件"的研讨,对 2005 年"圆明园环评事件"的研讨,2008 年年初关于"许霆案"、"孕妇死亡案"、"彭宇案"的讨论,2009 年对"杨佳袭警案"、"齐玉苓案"的热议,等等。与此同时,《法学》也积极参与我国的立法活动,组织专家学者就各项法律草案进行学术研讨,对立法活动建言建策。其中最主要的有《立法法》、《行政处罚法》、

① 主要指 1952 年的司法改革运动。这场运动的结果:一是将 6000 多名旧法人员从我们的审判队伍中全部剔除了出去;二是将"法律面前人人平等"、"司法独立"、"法不溯及既往"、"尊重诉讼程序"等观点全部认定为"旧法观点"而予以彻底批判;三是用马克思主义和毛泽东思想的国家观和法学观武装我们的司法干部。详细参见何勤华:"论新中国法和法学的起步——以'废除国民党六法全书'与'司法改革运动'为线索",载《中国法学》2009 年第 4 期。

② 郭道晖、李步云、郝铁川主编:《当代中国法学争鸣实录》,湖南人民出版社 1998 年版。

《行政复议法》、《行政许可法》、《公务员法》、《公司法》、《物权法》、《劳动合同法》、《刑法(修正案)》、《刑事诉讼法》、《国家反腐败法》、《能源法》、《水污染防治法》、《反垄断法》、《政府采购法》、《监督法》、《罢工法》等。从而为我国新时期的立法、加快形成社会主义法律体系做出了贡献。

四

《法学》复刊30年的历史证明,一本杂志的进步需要解放思想,一门学术的进步也需要思想解放。这一点不仅仅是《法学》复刊30年的经验和教训,也是它之前的历史透视出来的经验和教训。

《法学》创刊于1956年6月15日。当时,正是中华人民共和国第一部宪法1954年宪法颁布实施、全国法制建设形势一片大好之时,《法学》(1956年创刊号及后面两期刊名为《华东政法学报》)应运而生。从其诞生的第一天开始,它就宣称要解放思想,鼓励学术创新,展开"百家争鸣"。其发刊词称:"'百家争鸣'是推进学术思想的重要精神。不奖励自由思想,不展开自由讨论,没有批评和自我批评,学术上就不会有进步,不会有新生力量。《华东政法学报》将充分体现'百家争鸣'的精神,重视有独立劳动和首创精神的作品,重视'问难析疑、求同存异'的学术争论。"①

正是在上述解放思想的指导方针下,《法学》在其创刊至1958年9月16日被迫停刊,这不到3年的时间内,发表了一批解放思想、极富学术创造力的好文章,如梅泽濬的《哲学上的因果关系及其在刑法中的运用》、②李良的《"百家争鸣"和法律科学》、③刘焕文的《在"百家争鸣"中谈旧法思想》、④杨兆龙的《法律的阶级性和继承性》、⑤孙晓楼的《关于中国法学遗产问题的看法》、⑥黄道的《略论刑事诉讼中的无罪推定原则》、⑦张光博的《关于"公民在法律上一律平等"的

① 载《华东政法学报》1956年第1期。
② 同上。
③ 载《华东政法学报》1956年第2期。
④ 同上。
⑤ 载《华东政法学报》1956年第3期。
⑥ 同上。
⑦ 载《法学》1957年第2期。

意义》、[①]李光灿的《论共犯》、[②]丘日庆的《现阶段国际法的体系》、[③]刘家骥的《谈谈双重国籍问题》、[④]叔思的《对建立我国刑法分则体系的一些意见》、[⑤]董敬之等的《谈重婚与通奸》[⑥]等。但到1957年夏天"反右"运动开始、法学界的思想受到禁锢以后,《法学》上也就再没有刊登什么好文章了,甚至登出了黄道被迫写的批判自己无罪推定观点的检讨文章,而中国此时的法制建设和法学研究也基本上处于停顿状态。

法学的历史是这样,其他学科的历史也一样,甚至世界上所有国家的情况都一样。在古代罗马,随着公元426年《学说引证法》(Lex Citationum)的出台,盖尤斯(Gaius,约130~180年)、乌尔比安(D. Ulpianus,约170~228年)、帕比尼安(A. Papinianus,约140~212年)等五大法学家被授予法律解答权(jus responddendi),他们五人的学说观点被认可具有法律效力,而其他法学家则不具有这种权力。百家争鸣的学术环境不再存在时,罗马法学也就失去了学术创造力,日益走向衰弱。中世纪意大利的注释法学派、法国的人文主义法学派、近代欧洲的私法注释学派、第二次世界大战之前的日本民主主义宪法学说等,其走向衰落的重要原因之一,也都是促成这些学派和学说兴盛的解放思想运动日渐衰微。

因此,解放思想是法学进步的原动力:解放思想营造了法学研究领域讲事实、摆道理、说真话这么一种"百花齐放"、"百家争鸣"的环境和氛围,激发了法学研究创造力的勃发,带动了法学方法论的创新,也改变了法学研究的整个面貌。更进一步说,解放思想是法学进步和繁荣的灵魂。应该认识到,在现代社会,包括法学研究在内的科学研究,与现代化生产劳动有着巨大的差异。

一方面,现代化生产劳动(不管是工业生产还是农业劳动)具有重复性,尤其是商业化生产、流水线作业,重复(复制)是其基本特征;而科学研究就不同,它不具有上述特性,它需要每一个项目、每一个专题、每一个观点的创新。如果科学研究不能摆脱重复性,那就是复制,就是模仿,甚至是抄袭,这样的科学研究就没有了原创价值。

---

① 载《法学》1957年第2期。
② 载《法学》1957年第2~3期。
③ 载《法学》1957年第3期。
④ 同上。
⑤ 同上。
⑥ 载《法学》1957年第4期。

另一方面，现代化生产劳动，一般具有集团性、流水作业的性质，这样，才能节约成本，最大限度地利用有限的资源，才具有商业竞争力；而科学研究（尤其是文科研究）不具有这一属性，每一个人大脑里的构思、想法，其他人是无法精确揣摩，也是无法取代的，它完全是个人思考的产物，具有个性化（包括由此带来的多元化）的特征。有没有个性化，是检验学术和科技有没有生命力的首要指标。

因此，科学研究需要解放思想（这么说，并不是否定生产劳动也需要解放思想，而是强调科学研究对解放思想更加具有依赖性，美国苹果公司创始人乔布斯是一个最好的例子），解放思想是科学研究的灵魂，科学研究与解放思想之间的紧密关联，是科学研究发展的规律之一。作为科学研究之重要组成部分的法学研究，当然也无法摆脱，而只能遵循这一规律，《法学》创刊55年、复刊30年的历程已清楚地表明了这一规律。其结论很清楚：遵守这一规律，法学就进步，就繁荣；违背这一规律，法学就退步，就衰微。

《法学》复刊的历史还证明，一个国家、一个民族的进步，也需要解放思想。改革开放30多年我国社会主义各项建设事业的艰难而辉煌的历程表明，什么时候我们的思想解放了，实事求是了，注重理念、观点和制度上的创新了，敢于打破不合理的偏见和传统了，我们的事业就进步；反之，我们的事业就受挫。《法学》复刊30年的历史，只是我们国家改革开放30多年历史发展的一个缩影而已。

本文刊登于2011年第11期《法学》，当时是为纪念《法学》复刊30周年而撰写。此次作为"法学的历史"丛书的代总序，除个别字词之外，没有做大的修改补充。编辑本丛书，基本目的在于纪念华东政法大学成立60周年，以及《法学》创刊56周年，希望通过本丛书，将《法学》（1956年出版的3期称《华东政法学报》）刊登的有影响的文章保存下来，以真实地记录《法学》，更广范围地说也包括了中国法学所走过的曲折道路，了解新中国50多年法学发展的真实面貌，以为中国法学今天的发展繁荣提供历史借鉴。正是基于这一目的，我们在编辑时，对1981年复刊以来的各期，主要是选出比较重要的文章，而对1956～1958年所出的18期（1956年《华东政法学报》共3期，1957年《法学》全年共6期，1958年《法学》1～9月共9期）文章，全文收入，未作删节和修改，以尊重历史真实。

本丛书的出版，得到了法律出版社社长黄闽、财税出版分社社长沈小英以及各位责任编辑的全力支持和帮助。在此，谨表示我们诚挚的谢意。本丛书规模宏大，参与编辑勘校人员众多，错误和疏漏在所难免，对此我们将承担全部责任，也希望广大读者能予以谅解。

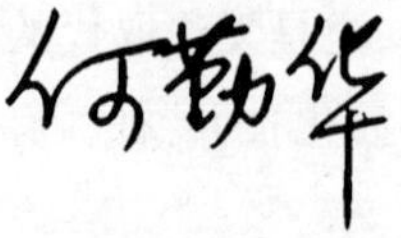*

于华东政法大学

2012 年 8 月 1 日

* 华东政法大学校长，教授、博士生导师，法学博士。

目　录

1984 年

1985 年

1986 年

1987 年

1988 年

1989 年

1990 年

1991 年

1992 年

1993 年

1995 年

1996 年

1997 年

1998 年

1999 年

2000 年

2001 年

2002 年

2003 年

2004 年

2005 年

2006 年

2007 年

2008 年

2009 年

2010年

2011年

1984年

关于法律史研究的几点看法

李光灿*

作为法学体系中重要学科之一的法律史学,应当包括无产阶级法制史(无产阶级领导的新民主主义革命法制、社会主义法制等)、马克思主义法律思想史,中国法制史、中国法律思想史、外国法制史、外国法律思想史以及有关法律与法学的各种专史等。

马克思主义的历史唯物主义原理告诉我们,要从经济来看法律,从社会经济发展的客观规律和历史来了解与之相适应的法律发展的客观规律和历史。并由此探索经济基础决定上层建筑,经济关系决定法律关系,社会经济形态决定其法律制度和法律思想的形态和面貌。

据此看中西法律和法律史的不同,自然经济决定了中国法系的形态和面貌,商品经济决定了西欧大陆法系的形态和面貌。

在西欧,由于商品经济发展得早而快(在奴隶制中后期已很发达),决定了在法律体系上及早地产生了民法的典型化,从而及早地形成了民法、商法、刑法、诉讼法、宪法等独立部门法的法律体系。

在中国,由于商品经济发展得迟而慢(明末清初才显著),分散的、个体的小农业和分散的、个体的小手工业相结合的自然经济,长期统治着封建社会,决定了在法律体系上形成特殊的以刑法为中心的刑罚渗透到各部门法混合的法律体系中。甚至以刑等同于法,以刑概括了法。刘邦的约法三章,实际上只是刑罚三章,就是例证。

西欧和中国不同的法律体系,是因其不同的经济条件决定的。这是研究中西法律史的基本不同点。

根据历史唯物主义关于经济关系决定法律关系的原理,自然就产生了怎样对待历史上法律制度和法律思想的进步和落后的问题。

马克思主义承认历史发展的正当性,在一定历史条件下,要揭示历史发展中的进步现象和落后现象,旗帜鲜明地代表和拥护前者,批判和反对后者,而不是一律看待,更不是相反。

* 作者单位:南开大学法学研究所。

一般地说，在特定的历史条件下，商品经济比自然经济要进步得多。因此反映在法律上，资产阶级的民主和法制比封建地主阶级的专制和人治要进步得多，体现商品经济基础的独立部门法律体系比体现自然经济基础的以刑法为中心的混合性法律体系要进步得多。

以落后的自然经济为基础的中国地主阶级的长期统治，基本靠两条：一是严刑峻法——以刑为中心的混合性法律体系；二是纲常礼教——精神麻醉也渗透到法律、法令中。因此，建立在长期自然经济基础上的中国法系的本质特点必然是(1)以儒家王道仁政、德主刑辅为外壳（口头禅），以法家暴力统治、严刑峻法为内核（真正实行）相结合的封建法系。(2)以中央集权主义君主专制为基础的极端人治主义的封建法系。(3)以男权为中心的家长制、族长制、宗法制的社会基层细胞和在此基础上捆束纲常礼教罗网的封建法系。(4)以刑法为中心的诸法混合的封建法系。(5)在亚洲有两千多年历史的封建大帝国形成的具有长期固定性和深远法制历史影响的封建法系。总之，中国法系是封建自然经济基础上产生的，从中国地主阶级长期统治经验总结中形成的，对中国古代农民大众统治最有效的混合性法律体系。混合法律体系与混合法学体系相适应，在中国，独立的法学分工，独立的法学学科和独立的法学家的形成，乃是1840年以后的事。

在自然经济充分发展的基础上体现混合性法律体系——中国法系最完备、最典型的《唐律疏议》，是集中国法系之大成的封建法典注解。它一方面在本质上全面体现了中国封建刑法的单纯惩罚主义、阶级报复主义、重刑主义、威吓主义和酷刑主义，对这些我们应当坚决地摒弃；另一方面也积累和总结了中国奴隶主阶级和封建地主阶级实行阶级统治的成熟经验和有效手段，对这些我们又应当把它作为古代法律与法学的历史文化遗产，进行研究、批判和实事求是的吸取、借鉴。1951年董必武同志曾经指出：如封建法中的“监守自盗者从重”的规定，其贿赂罪中“与受同科”的规定，以及《左传》所说“罚疑从去，所以慎刑”（当罚而疑，则宁不致罚）的观点，《尚书》所说“与其杀不辜，宁失不经”（对可杀可不杀者，与其杀之宁姑生之）的观点，以及秋审监候等刑制，都可以参考研究，在参考研究中要着眼于鉴。对问题的这后一方面，也不应忽视。

西欧商品经济——以民法的出现为先导和突破口而历史地形成了各部门法独立出现的法律体系。这一法律体系在西方发展到资本主义阶段，积极影响世界东方各国落后的混合法系，先后仿照它们由部门混合体系迅速改变为各部门独立体系。最先实行这种改变的是日本的明治维新（公元1868年），过了相当长的时间即40年以后才是清末时的中国。但由于中国走向半封建半殖民地性质，因而自然经济在很大程度上仍居支配地位，所以反映在法律体系上有点貌合神离,变成畸形。对这些,都应仍从经济条件来理解。

应当指出,对于上层建筑对经济基础重要的反作用、法律对经济的重要的反作用,必须同时予以肯定和强调。这是坚持历史唯物主义原理的又一个重要方面。

总而言之,用历史唯物主义理解世界性法律体系,便历史地而又逻辑地得出以下科学总结。

罗马法:其"古典时期",相当于公元前27年~公元284年,其发展完备时期,是在公元6~12世纪。这是在西欧发达的简单商品经济基础上产生的最早的民法,从而创立了独立部门法的开端,恩格斯称它是"简单商品生产即资本主义前的商品生产的最完善的法"。①

《唐律疏议》:把唐王朝的《武德律》(公元624年)、《贞观律》(公元637年)、《永徽律》(公元651年)综合起来,针对《永徽律》的律文注解全书的封建法律,公元652年奉诏编撰,公元653年颁行。它晚于早期罗马法680年。这是在中国已经高度发展的自然经济基础上产生的最完备的以刑法为中心的混合性封建法系的典型。

《拿破仑法典》:公元1804年颁布的《法国民法典》,它晚于早期罗马法1800多年,也晚于中国《唐律疏议》1150多年。这是在发达的资本主义商品经济基础上产生的民法典,从而创立了资本主义独立部门法的法律体系,恩格斯称它是"典型的资产阶级社会的法典。"②

由此可见,上述三个法典,代表了人类社会发展的三个历史时代。在发达的简单商品经济基础上产生的罗马法,代表了西欧奴隶制高度发展的时代,在发达的自然经济基础上产生的《唐律疏议》,代表了中国封建制度高度发展的时代;在发达的资本主义商品经济基础上产生的《拿破仑法典》,代表了西欧资本主义制度高度发展的时代。这就是在研究世界范围内法律史问题上,用历史唯物主义原理考察历史阶段中从奴隶制、封建制到资本主义制的法律体系的概貌。

关于帝国主义时期的法制问题。随着资本主义商品经济的高度发展,使这一社会经济形态从上升的自由竞争的自由资本主义转变为没落的垄断资本主义即帝国主义。由于生产积聚导致垄断的形成,使生产社会化发展到更高水平,资本主义固有的基本矛盾更尖锐,必然要求以生产资料公有制代替资本主义私有制。在帝国主义商品经济走向垄断之后,由于阶级斗争激化和世界无产阶级革

① 《马克思恩格斯全集》(第36卷),人民出版社1977年版,第169页。
② 《马克思恩格斯全集》(第4卷),人民出版社1977年版,第248页。

命新时代的来临,迫使他们的反动统治者如法西斯主义者,采取法外加刑、非法滥刑的残酷手段来镇压广大工人阶级和劳动人民。因此,反映在法律和法制上,不可能创造什么典型化的法律和法典,只会在暗杀、破坏等公开恐怖的反革命专政基础上产生大诰令、集中营法、危害民国紧急治罪等类的反动货色。这是面临危机的帝国主义垄断性商品经济基础上的法律产物。

关于社会主义法制问题。在社会主义制度下,由于生产资料公有制同生产社会化相适应,从而为社会分工、生产专业化和大规模劳动协作的进一步发展创造了条件,而生产力的发展,生产社会化程度的不断提高,又推动生产资料公有制向更高阶段发展。作为高度发展的崭新的社会主义生产社会化的计划经济(而附之以作为过渡性的商品经济),将产生崭新的社会主义法律和法制,从而将建立社会主义的法律体系即进一步发展和完备的独立部门法的法律体系。中华人民共和国和其他社会主义国家,正在社会主义计划经济的基础上,不断创造、发展社会主义的法律体系。

还有一个特别重要的问题,就是在法律史学的研究中,都会直接或间接地联系到关于马克思、恩格斯早期法律思想能否作为我们研究的指导思想问题?我的看法是肯定的。

近几年来,有人以"马克思、恩格斯的早期思想(1842~1847年)是所谓'向共产主义思想过渡的资产阶级民主主义思想'"为借口,直接或间接地产生了对学习马克思、恩格斯、列宁、斯大林、毛泽东著作的消极冷淡态度,这是一种原则错误。产生它的原因之一,是没有划清马克思、恩格斯早期思想同资产阶级进步思想家之间的原则界限。经仔细考虑,我个人认为两者的原则界限至少有以下几点:

第一,阶级立场不同:前者的根本是劳动人民立场(代表劳苦大众),后者的根本是资产阶级立场(有的只是在一定程度上同情劳动人民)。

第二,世界观(思想体系)不同:前者基本上是历史唯物主义,后者基本上是历史唯心主义。

第三,在民主思想方面,其民主思想的本质和内容不同:前者是包括无产阶级在内的劳动人民的民主主义,后者只是资产阶级的民主主义。因此,早期的马克思和恩格斯不等同于资产阶级民主派。

总之,早期的马克思和恩格斯,是站在劳苦大众立场上的劳动人民民主主义和共产主义思想的结合。从社会成分看,列宁说得对:马克思、恩格斯早期的思想过渡,是近代进步的知识界(不是资产阶级民主派,也不是资产阶级知识分子)向无产阶级共产主义的思想过渡。

因此，我们对学习马克思、恩格斯早期思想和著作的基本态度，首先应当反对几种不正确的看法，如"要批判的接受"；"不能以之为根据，只可作参考"；把他们当做"资产阶级民主派"；他们也是"资产阶级知识分子"，等等。同时要明确指出，对早期的马克思、恩格斯及其思想，要当做无产阶级革命导师和马克思主义思想武器来看待。而在认真学习和领会其早期著作中，鉴于他们的思想还不够完全成熟，因此在学习中要善于抓住其思想的本质和主流，在原则肯定的前提下同时认识其不足之点（不明确性、旧的痕迹等）。这应是对马克思、恩格斯的早期思想同对资产阶级进步的民主主义者的思想的原则区别。

鉴于马克思主义法学理论对法学和法制建设的极端重要性，建议我国法学理论、法律史和各部门法的教学研究工作者，都应把认真学习马克思列宁主义、毛泽东思想关于法学的著作作为整个研究过程的中心，为此并建议：

第一，编辑《马克思、恩格斯、列宁、斯大林、毛泽东著作中关于法学书目详细索引》，作为法学界查阅、攻读马克思主义法学著作的完备的工具书。

第二，组织编写《马克思主义法学原理》、《马克思主义法律思想史》两部专著，作为法学界深入研究法学各学科的基本读物和重要参考书。

在以上基本建设任务完成之后，法律史学以及整个法学的研究，必然开拓一个新局面。

谨将粗浅之见提供到我国法律史工作者之前，敬盼批评和指正。

（1984年第4期）

1985 年

略论《开皇律》的历史渊源及其对《唐律》的影响

李曙光*

隋朝统治37年而亡,立国虽短,但在封建法制建设上颇有建树。它的一个最重要的成果就是一部《开皇律》,确立了为《唐律》所承袭的十二篇目,创建了封建刑罚制度中的"五刑制",厘定了"十恶"、"八议"、"官当"之制,确定了一些封建刑事立法原则。因此,《开皇律》实为上承汉典、下开《唐律》的关键,在中国封建法律制度的发展史上占有相当重要的地位。笔者试就《开皇律》的历史渊源及其对《唐律》的影响作初步探讨。

一、《开皇律》的历史渊源

关于《开皇律》的历史渊源,史书上有三种记载,由此形成三种看法:

其一,以《北齐律》为蓝本,不袭周制说。认为《开皇律》"多采后齐之制,而颇有损益"(《隋书·刑法志》)。其二,取汉以来历代法典折中说。认为《开皇律》"上采魏晋刑典,下至齐梁,沿革轻重,取其折衷"(《隋书·裴政传》)。其三,因袭周齐旧政说。认为"隋文帝参用周齐旧政,以定律令,除苛惨之法,务在宽平"(《旧唐书·刑法志》)。

以上之说皆有偏颇。笔者认为,历史唯物主义的一个基本观点就是把历史看成一个永恒的运动、变化、发展的过程,绝不能孤立地、静止地看待一种历史现象。对于历史上的事件、人物、政治法律制度和阶级关系,意识形态和科学技术等,都应看到他们的渊源和影响。封建朝代的法律制度,其维护的封建专制制度和阶级意志的本质是相同的,因而它们的渊源也是一脉相承的,前后王朝有痕迹可循。然而由于社会物质生活条件的变化,阶级斗争形势的发展,后一代的法律为了适应其统治的需要,就要在新的历史条件下总结经验,去弊存利,形成本朝法律的特点。中国封建社会度过了战乱纷繁的两晋,及至政治上高度统一、经济上空前繁荣的隋朝,在法律制度方面制定出一部《开皇律》,这表明中国封建社会法律制度发展到一个新的阶段。《开皇律》对中国封建社会历代法律制度有

* 作者单位:中国政法大学。

沿有革，集历代法典之大成，中国封建法律制度至此趋于完善。《开皇律》既在很大程度上以《北齐律》为蓝本，又采摭了承汉律之统的魏晋法典，下至齐梁诸律，增删折中，而且还受到《北周律》的影响，后人赞誉其为“上集六朝刑典，下开唐人律学之先河，承先启后，厥功最祚”。

笔者认为，《开皇律》虽对《北齐律》有所继承，但也很受《北周律》的影响。

首先，隋承北周，文帝杨坚曾为北周丞相，为北周制定过带有法典性质的《刑书要制》。文帝鉴于北国“刑政苛酷，群心崩溃”，招致覆亡的教训，标榜所谓“以轻代重，化死为生”的律意来制定《开皇律》。开皇三年法典的主撰者裴政也曾参与修订周律的工作。因此，《开皇律》就不能不打上周律的印迹。《旧唐书·刑法志》：“隋文帝参用周齐旧政，以定律令，除苛惨之法，务在宽平。”

其次，从可考见《开皇律》部分具体内容的“五刑”看，当据《周律》。第一，《开皇律》五刑中的徒刑沿袭《北周律》。中国古代很早就有五刑之名。商周时五刑谓大辟、宫、剕、劓、墨，至北齐有死、流、刑罪、鞭、杖五刑。至北周有杖、鞭、徒、流、死五刑。《开皇律》最后确定为死、流、徒、杖、笞五刑。这五刑中的“徒刑”历代有作刑、耐刑、年刑、居作、输将、鬼薪、城旦舂、白粲、司冠作、完刑等称呼。至北齐仍称“刑罪”、“耐罪”。《北周律》中始称“徒刑”，《开皇律》取《北周律》“徒刑”。第二，《开皇律》五刑中的笞刑亦沿《北周律》。在《北周律》中笞刑还未成为独立的刑罚，而仅作徒刑的附加刑，但笞刑作为附加刑也有等级，《北周律》笞刑是十至五十，以十为差，凡五等。《开皇律》去鞭存笞，笞刑成为五刑之一，而笞刑等级也是自十至五十，以十为差，凡五等，与《北周律》相合。第三，《开皇律》五刑中的流刑也很明显是沿《北周律》而来。《隋书·刑法志》记载：《开皇律》修改旧律“流级六年，改为五载，刑徒五岁，变从三祀”。据《唐六典》载：北周流刑是以6年为限，而《北齐律》其流刑是男子长徒，女子配舂6年。据此《开皇律》五刑是参照《北周律》而未沿袭《北齐律》。

最后，《开皇律》篇目中也有不因北齐而承北周之处。如断狱律。其起于后魏，至北齐，与捕亡律相合，更名捕断律，至后周复后魏之旧，称断狱律。《开皇律》沿北周而未沿北齐，定篇名为断狱律。

另外，《开皇律》“十恶”条目虽“多采后齐之制”，却也颇有损益，其损益也是参照了《北周律》的。据《唐律疏议》称“周、齐虽具十条之名，而无十恶之目”，可知周和齐同样具有重罪十条。《隋书·刑法志》载，北周重罪十条中的六条条目：恶逆、不道、大不敬、不孝、不义、内乱之罪，与《开皇律》“十恶”中六条完全相同。当然，作为一部集历代法律之大成的法典，《开皇律》不可能不受其他前代法律的影响。笔者认为，《开皇律》虽然在一定程度上采纳了“周制”，但它也在一定程度上吸取了《北齐律》、承《汉律》之统的魏晋法典以及齐梁诸律中的部分。如《开皇律》的总则《名例律》即沿《北齐律》而来。其源出自战国魏文侯师李悝所造《法经》六篇，第六篇即为《具法》。商鞅将《法经》六篇传之于秦，改法为律。汉萧何在六律上加户、兴、厩三篇，称为《九章律》。《具律》仍为第六。魏袭汉律，但改《具律》为“刑名”，并置于篇首，完成了我国古代立法体例上的一次革新。晋朝贾充时，在魏《刑名律》中又分出《法例律》。宋齐梁及后魏因之。至北齐时，把“刑名”和“法例”合并为一篇，因此中国封建法制史上第一次出现了《名例律》，作为法典的总则。《开皇律》相沿北齐之制，称《名例律》，后世也相承不改。

二、《开皇律》对《唐律》的影响

隋代国祚短促，仅37年。《开皇律》的律文在南宋战乱时即已亡佚，因此历代很少有人注重研究，而此后光照千古的《唐律》的熠熠光辉使早已亡佚的《开皇律》更显得黯然无光。因此后代学者多过重推崇《唐律》，而轻视忽略了《开皇律》，以致作了一些悖于史实的结论。

诚然，《唐律》在中国封建法制史上的重要地位毋庸置疑，其对亚洲各国封建法律的影响也极其深远，但《唐律》在很大程度上是抄撰《开皇律》而成，几是以《开皇律》为蓝本的。

据《旧唐书·刑法志》载：武德元年（公元618年）年唐高祖诏纳言刘文静等“因开皇律令损益之，尽削大业所用烦峻之法”，不久又命裴寂等人参照《开皇律》制定《武德律》十二篇，其篇目一准于《开皇律》，“唯正五十三条格，入于新律，余无所改。”《唐六典注》云：“皇朝武德中，命裴寂、殷开山等定律令，其篇目一准开皇之旧，刑名之制，又亦略同。”贞观十二年（638年），唐太宗又颁下《贞观律》，它也是比于隋代旧律，“削烦去蠹”而成，流传至今的唐《永徽律》，即是在武德、贞观两律的基础上编纂而成，其篇目仍一准于《开皇律》，为十二篇。这些都明确表明《开皇律》对《唐律》具有直接的影响。程树德先生说：“是今所传唐律，即隋《开皇律》旧本，犹之南齐永明律令用晋律张杜之本也。……疑唐初修律诸人，仅择《开皇律》之苛峻者，从事修正，其他条项，一无更改。”程树德所言《唐律》受《开皇律》影响笃深，并无过实之处。

《唐律》虽在很大程度上是沿袭《开皇律》而来，但是唐统治者也是根据其统治需要和当时的社会政治经济文化诸方面的情况而对《开皇律》有沿有革，有所损益的。

概括起来,《开皇律》对《唐律》的影响主要表现在以下几方面。

1. 篇目刑名的相袭

《唐律》的十二篇目,一准于《开皇律》,甚至其篇目的排列顺序也毫无更改。《唐律》对《开皇律》的刑名也无更改,全部照抄。不过有两个变化值得注意。其一,《唐律》把《开皇律》规定的五刑次序“死、流、徒、杖、笞”改为“笞、杖、徒、流、死”,轻者置于前,重者放于后。这表面看来只是刑名次序的颠倒,实际上它反映了唐统治者轻刑明威、明法慎刑的立法思想。其二,《唐律》的流刑是2000~3000里,这比《开皇律》流刑1000~2000里来得重。这表明唐统治者对犯流罪者处罚严厉,这是因为《唐律》仅对那些严重侵犯封建统治阶级利益的“罪犯”才判流刑,《唐律》规定犯罪者可以铜赎罪,而对犯五流罪者(即加役流、反逆缘坐流、子孙犯过失杀流、不孝流、会赦减死流)却严格禁赎。

2. 十恶、八议、官当制的相袭

《唐律》“十恶”名称与《开皇律》未有歧出,“自武德以来,仍遵开皇,无所损益。”[①]《唐律》还沿袭《开皇律》的八议、减等、听赎之制,规定了请章、减章、赎章等维护封建贵族特权的法律。不过《唐律》也有稍异于《开皇律》的。《开皇律》规定:“其在八议之科及官品第七以上犯罪,皆例减一等,其品第九以上犯者,听赎”。[②] 而《唐律》规定,“八议犯死罪者,应先奏请议,议定后再奏裁,流罪以下减一等,七品以上官犯流罪以下从减一等之例,诸应议请减及九品以上官犯流罪以下,听赎”。[③] 可知《唐律》减等规定均以流罪以下为限。《唐律》官当之制也基本沿袭《开皇律》,《开皇律》规定“犯私罪以官当徒者,一官当徒二年;九品以上,一官当徒一年”。[④]《唐律》和其规定完全一样。犯公罪官当则稍有不同,《开皇律》规定:“若犯公罪者,徒各加一年,当流者各加一等。”《唐律》规定:“若犯公罪者,各加一年当。”[⑤]这说明《唐律》在袭用《开皇律》的同时,还是根据实际情况有所增损的。

3. 一些定罪量刑原则的相袭

累犯加重原则的相袭。《开皇律》规定:“其累徒过九年者,流二千里。”[⑥]

---

① 《唐律疏议·名例》。

② 《隋书·刑法志》。

③ 《唐律疏议·名例》。

④ 《隋书·刑法志》。

⑤ 《唐律疏议·名例》。

⑥ 《隋书·刑法志》。

《唐律》规定:"诸盗经断后,仍更行盗,前后三犯徒者,流二千里,三犯流者,绞。"①《开皇律》和《唐律》都把所谓"屡教不改"而又严重危害封建统治秩序的"惯犯"作为打击的"重点",采取从重的原则。

共同犯罪造意为首原则的相袭,《隋书·郎方贵传》载:郎方贵外出,与一船手发生争执,被折断手臂,回家后即把此事告诉其弟。其弟寻到那位船手,将船手殴打致死,被官府擒获。县官判决,以郎方贵为首犯,应处死刑,而其弟乃为从犯,只坐流刑。《唐律疏议·斗讼律》规定:"诸斗殴杀人者绞。"又规定:"即威力使人殴击而致死伤者,虽不下手,犹以威力为重罪,下手减一等。"郎方贵一案,县令依隋律认定郎方贵为造意犯,胁弟使其殴杀人,故判决郎方贵为首犯,处死刑,其弟则为从犯,即下手,减一等。由此案例可知《唐律》规定与《开皇律》相同。

4. 其他一些法律条文的相袭

以法律保护宗教、寺观方面,《开皇律》规定:"沙门道士坏佛像天尊,百姓坏岳渎神像,皆以恶逆论。"(《隋书·刑法志》)《唐律》也有保护宗教寺观方面的规定,不过其处罚较之《开皇律》为轻。《唐律》规定:"诸盗天尊、佛像者徒三年,即道士、女官盗毁天尊像,僧民盗毁佛像者,加役流。"(《唐律疏议·贼盗律》)这表明隋、唐统治者都以维护宗教偶像来巩固自己"神的代理人"的地位。

禁止走私方面,《开皇律》当中有禁止走私的规定。《隋书·宇文化及传》载:"化及遣人入番,私为交易,事发当诛。"《唐律》中也有类似的规定:"诸赍禁物私度关者,坐赃论。"上述规定,说明隋唐对外经济极为发达,为保证国内市场繁荣,严禁国内昂贵物资外流,封建统治者需要制定有关维护其封建经济秩序的法律条文。

禁止以官物入私方面。隋朝时,隋文帝儿子秦王俊,曾将官物入私,触犯法律。左武卫将军刘升为其向隋文帝求情,谏曰:"秦王非有他过,但费官物营廨舍而已,臣谓可容。"隋文帝回答说:"法不可违,若如公意,何不别制天子儿律?"(《隋书·秦王俊》)《唐律》也有禁止官物入私的规定:"诸财物应入官私而不入,不应入官私而入者,坐赃论。"(《唐律疏议·厩库》)可知《开皇律》和《唐律》都旨在保护封建统治阶级的国家利益。

① 《唐律疏议·贼盗律》。

三、简短的结语

笔者认为研究断代法律，既要从中总结出其不同于其他断代法律的特点，也要考察其历史渊源及发展线索。既要有宏观的研究，也要有微观的研究，“辩章学术，考镜源流”，把一部法典放到一定的历史范围进行多角度的观察，以正确把握其在整个法律发展史长河中所处的地位，并从这个基础出发，在马克思主义理论指导下去探求古代法律发展演变的规律。

通过以上论述，我们可以得出结论：《开皇律》是一部集历代法典之大成的法典。它在篇目、刑名、立法原则及具体内容诸方面都对中国封建法律有很大发展，使中国封建法律统一化、制度化、规范化，并对《唐律》产生了直接的影响，甚至东亚、东南亚国家的封建法律也受到其直接间接的影响。可以说《开皇律》是中国封建法制史上的一个新的里程碑。它在中国封建法制发展史上占有相当重要的地位。

（1985 年第 8 期）

1986 年

谈谈中国法律思想发展的基本线索

杨鹤皋*

在我国丰富的历史文化宝库中，法律、文化遗产占有重要的地位。几千年来所积累起来的法制和法学的文献资料，就其完整的程度和数量来说，是世界所罕见的。它在立法理论、法典编制和司法执行等方面，不但内容丰富，独具特色，而且有其明显的发展沿革。就中国法律思想的研究来说，我们的任务在于"通过一切迂回曲折的道路去探索这一过程的依次发展的阶段，并且透过一切表面的偶然性揭示这一过程的内在规律性"。① 笔者认为，中国法律思想发展的基本线索是礼治—礼治、法治对峙—法治—礼法融合。

毫无疑问，我们深入地探讨这条基本线索及其在各历史阶段中的表现形式，弄清它对国家立法、执法的作用和影响，批判地吸收其中合理的因素，可以为当前的立法、司法提供一些有益的东西，并且有助于建立一个具有中国特色的社会主义法学体系。

一

西周是礼治盛行的时期。礼是西周统治阶级治国安邦的大法。西周礼治的基本特征是"礼不下庶人，刑不上大夫"。

我国奴隶制时期，占统治地位的法律思想是奴隶主贵族"王权神授"、代天行罚的神权法思想和以"亲亲"、"尊尊"宗法等级原则为指导的礼治思想。据《礼记》记载："殷人尊神，率民以事神，先鬼而后礼。"可见当时的神权法思想占有特殊的地位。殷商时就出现了"礼"，但那时它只不过是一种宗教祭典上的仪式。

到西周时期则不同了，礼治兴盛起来。当时，西周统治者吸取殷亡的教训，在一定程度上认识到劳动人民力量的强大，不得不注重人事，实行礼治。这样，客观上就为初步摆脱神权的羁绊提供了有利条件。据说西周政治家周公"制礼

* 作者单位：中国政法大学。

① 《马克思恩格斯选集》(第3卷)，人民出版社1977年版，第63页。

作乐”,把礼运用于社会政治领域,形成了所谓礼治。周公所制的礼是道德和法的统一体,它既是道德规范,又是法律规范,是调整政治、经济、军事、司法、教育、婚姻家庭等方面行为的规范,其中许多规定是用国家强制力来保证执行的,具有法律效力。

周公所制的礼,是维护奴隶主宗法等级制的工具。它严格维护奴隶主贵族所享有的各种特权以及奴隶主内部上下等级之间的秩序,它的基本原则是“亲亲”和“尊尊”,其实质在于维护家长制和君主制。西周刑罚的锋芒,主要不是针对大夫以上贵族,而是指向广大劳动人民。

二

春秋战国是礼治与“法治”对峙的时期。儒家继承和发展了西周的礼治思想,极力倡导以礼治国,法家主张“以法治国”,实行“法治”;两相对峙,争鸣不已。最后,商(鞅)韩(非)的“法治”学说为秦国统治者所采纳,成为统一天下,建立秦王朝的理论武器。

春秋战国时期,奴隶主贵族的统治日益腐朽,奴隶和平民反抗奴隶主的斗争十分频繁,从而破坏了奴隶制的基础,客观上为封建生产方式的出现开拓了道路。随着经济基础的变革,全部上层建筑也发生了激烈的变化。这种变革反映到思想领域就是“百家争鸣”局面的出现。当时,反映各个阶级、阶层利益的思想家、政治家,都针对社会变革中所出现的问题发表意见,提出自己的治国方案,“各著书言治乱之事,以干世主”。在百家中,儒、墨、道、法是最主要的学派,尤以儒、法两家对法律的影响最大。

儒家的创始人是春秋末期的孔子,先秦儒家另外两个代表人物是战国中期的孟子和战国末期的荀子。儒家继承和发展了周公的思想,特别强调“为国以礼”,实行礼治,以礼作为适用刑罚的指导原则,“礼乐不兴则刑罚不中,刑罚不中则民无所措手足”,又主张“为政以德”,实行仁政,强调德礼的感化作用;还倡导“为政在人”,强调有德的统治者在治国中的决定性作用。儒家重教化,轻刑罚,却从不否定刑罚的必要性,他们主张,当劳动人民不接受教化时,则要诉诸暴力。

特别是荀子,他不但“隆礼”,又吸取法家的“法治”思想,将它纳入儒家的思想体系,所以又“重法”。他对儒家的礼作了改造,使之成为划分和维护封建等级的工具;同时,开始把礼法融合起来:“礼者,法之大分,类之纲纪也”,承认礼中有法,法出于礼。实际上他是礼法融合的先行者。

法家是先秦诸子中代表新兴地主阶级利益、主张“以法治国”的一个学派。春秋时期法家先驱管仲、子产、邓析等人都是一些法制改革家，都重视法，有了“法治”思想。法家的主要代表人物有战国初期的李悝，中期的商鞅、慎到、申不害和末期的韩非、李斯。而法家理论的主要奠基者是商鞅，自商鞅以后法家始成为一个学派在社会上发生作用。法家认为，法具有规范性、公正性、平等性、公开性，是衡量人们是非功过、区别罪与非罪的标准；法的作用在于“定分止争”、“兴功禁暴”；法的纲要是赏与刑，必须做到“信赏必罚”，厚赏重罚。他们强调施行重刑，使人不敢作恶，从而达到“以刑去刑”。法家还主张“以法为本”，将法、术、势结合起来。这样，就形成一套完整的以法治国的“法治”理论。法家视法为万能，“一断于法”，因而坚决反对儒家的礼治，认为“法治”和礼治是根本对立的，好像冰炭不能同在一个容器里一样。

经过战国时期政治斗争实践的检验，已经证明：儒家主张的那套德治、仁政，在现实政治中是迂腐之见，而法家“以法治国”的学说，在各国变法运动中却显示出巨大的威力和功效。这样，法家学说就为行将统一中国的秦始皇所接受。

三

秦朝是实行“法治”的时代。秦始皇等统治者是法家学说的信奉者和实践者，他们统一中国是在法家法治理论指导下，凭借武力而获得成功的。统一后，他们仍然崇尚法家的法治，“作制明法”、“事皆决于法”，以为单靠武力就可以统治天下。结果，赫赫的秦王朝只存在了40年，就被陈胜、吴广领导的农民起义推翻了，法家的法治理论在政治上破产了。

秦始皇结束了春秋战国以来“诸侯异政”的局面，建立起中国历史上第一个统一的中央集权的封建国家，这是他的伟大功绩。但他专恃暴力镇压，强化其专制集权，实行严刑峻法，使社会矛盾日益激化；他所推行的文化专制主义，禁止《诗》、《书》，禁止私学，只许“以法为教”，“以吏为师”。这样，不但窒息了其他诸家思想，也阻挠了包括法家本身在内的法律思想的发展。

秦朝统治者这样急于统一思想和舆论，其目的之一在于巩固刚刚建立起来的专制主义中央集权的封建国家。可以说，这是当时新兴地主阶级的一种历史要求，秦始皇等人不过是把本阶级的这种要求付诸实践而已。

然而，意识形态的发展有它自身的规律，政治权力对于意识形态的干预和改造，如果违反了这种规律，必然遭到失败。当时，随着全国大一统的趋势，在意识形态领域里已经在酝酿着为封建制服务的思想的统一。秦始皇等人无视意识形态发展的这种客观规律，企图依靠政治权力来树立法家学说的绝对权威，并禁绝其他各家学说，其结果必然适得其反。

四

从西汉至鸦片战争是礼法融合的时期。这种融合经历了一个比较复杂而曲折的过程，而在此时期中，以礼法融合为基本特征的封建正统法律思想长期占据统治地位。

（一）两汉时期

两汉时期法律思想的发展，大致经历了黄老"无为"、封建正统法律思想形成、谶纬神权法思想同反谶纬神权法思想的斗争诸阶段。在此时期中，较集中地反映出礼法融合趋势的是贾谊用儒家精神改革法律，董仲舒创立新儒学与春秋决狱，马融、郑玄以儒家思想注疏解释法律。

秦王朝的骤亡，对刚刚登上全国政治舞台的地主阶级来说，是一个极大的震动。当时，在法家政治破产、社会经济极端凋敝的形势下，如何维护和巩固地主阶级政权，防止再度爆发农民起义，就成为封建统治阶级命运攸关的问题和最重要的任务。他们"摒弃"法家学说，找到了"治道贵清静而民自定"的黄老学说，作为治国的指导思想。实际上他们也兼采儒、法等家中有利于巩固封建统治的思想，以便更有效地统治人民。

在由秦专任刑罚转变到黄老"无为"的这一过渡阶段中，贾谊是一位力重礼法融合的重要人物。他是试图把儒家礼治理论具体化、制度化、法律化，并力求付诸实践的第一人。他主张"法制度"、"兴礼乐"、"悉更秦之法"。他以礼入法，用儒家精神改革法律，突出地反映出他以礼入法的思想。

经过西汉初期六七十年间社会经济的恢复和发展，汉王朝的经济实力大大增强。年轻而好大喜功的汉武帝再也不满足于清静无为的黄老学说了。"王者功成作乐，治定制礼，其功大者其乐备，其治辨者其礼具。"儒家繁文缛节的礼，这个时候派得上用场了。董仲舒的以儒为主、儒（礼）法合流的新儒学应运而生。它也吸收了道家、阴阳五行家以及殷周的天命神权等各种有利于封建统治的思想因素，形成一种宗教色彩非常浓厚的神学目的论。董仲舒还是以儒家经义应用于法律实践的第一人，他的春秋决狱较集中地体现了汉代礼法融合的趋势。由于董仲舒以经义决狱，以经代律，使儒家思想在法律领域内也占据重要地位，从而奠定了礼法融合的基础。

自从董仲舒新儒学取得独尊地位以后，汉初以来思想活跃的局面消失了。到西汉后期,在连年天灾和农民暴动的压力下,汉王朝的统治摇摇欲坠,统治阶级只好假借天命神权以延续刘氏政权的寿命,于是谶纬神权法思想大肆泛滥起来。

后来,东汉统治阶级把儒家经典奉为最高教条,儒家思想完全占据统治地位,所以,像桓谭、王充、王符、崔实、仲长统这些唯物主义思想家,虽然没有囿于儒学,都在不同程度上批判了谶纬神学,但却都保持着儒家的面貌。在他们的思想主张中,几乎都有类似以前儒家代表人物所提出的礼法并用之说,反映出礼法融合的思想。

东汉的马融、郑玄以儒家思想注疏、解释法律时,应经合义,与礼相应,也较集中地体现了礼法融合。据说他们这些大儒"章句十余家,家数十万言",而他们对法律的注释,被国家确认具有法律效力。

(二)三国魏晋南北朝时期

三国时代,战乱频仍,农民起义此伏彼起。一些政治家、思想家主张严法重刑,但并不排斥儒术。魏晋时代玄学控制了整个思想领域,玄学家们用老庄道家学说来解释儒家的经典《周易》,提倡尚自然,笃名教。南北朝时期,虽然思想界受到佛教与道家的影响,而在法律思想方面,则仍重视儒家思想;在此时期中,礼法融合的主要表现是以礼入律。

三国时的曹操、诸葛亮等比较开明的政治家、军事家,重视以法治国治军,甚至主张严法重刑,但并不排斥儒家的德礼思想。

魏晋玄学是随着豪门世族势力发展而发展起来的,是在新的阶级斗争形势下,豪门世族用以统治人民的思想武器。过去封建统治者所宣扬的谶纬神学,经过唯物主义者的批判和农民大起义的扫荡,已失去它迷惑人民的作用。统治阶级不得不抛弃公开的有神论的形式,而采用精神性的本体,即通过玄学这种精致的哲学理论形式来宣扬唯心主义,借以欺骗人民。实际上,它们是儒家正统思想的变种。

魏晋时的杜预在礼法融合方面是有贡献的。他参与《晋律》的制定,律成之后,又为之注解。他认为上下尊卑贵贱等级关系的集中表现就是礼,皇帝、群臣和百姓"礼不得同"。但对于治理国家来说,应该礼法并重,礼法结合,使礼同法、律、令"相须为用"。

与杜预同时的张斐担任过明法椽,曾注解《晋律》。他提出,制定法律必须符合纲常礼教的要求,使"礼乐崇于上","刑法闲于下",从而达到"尊卑叙,仁义明,九族亲,王道平"的目的。这样,他以儒家的经义来注释当时的法律,使礼治披上了一件"合法"的外衣。

在魏晋南北朝时期,一些儒家学者参与制定、修改法律,对当时的立法产生影响,他们以礼入律,把儒家思想渗透到法律中来。如《曹魏律》中的"八议制",《晋律》中的"五服治罪制",《北魏律》中的"官当"和《北齐律》中的"重罪十条",就是以礼入律的明证。

(三)隋唐时期

随着隋朝的统一,地主阶级内部矛盾缓和下来,隋朝统治阶级积极稳定中央集权制度,制定法律。隋文帝杨坚制定的《开皇律》,体现了宽刑简政、以轻代重、慎狱恤刑等思想。

隋朝只存在37年就被农民起义推翻了。继隋而起的唐王朝吸取隋朝骤亡的教训,实行"安人宁国"的安定政策,在法律上形成了纳礼入律、礼主刑辅、礼法融合等指导思想。礼法融合在《唐律》中得到全面的、最终的确定。这部"一准乎礼"的法典,成为宋元明清历代法律的蓝本。

唐王朝在政治上统一了全国,在经济上十分强大,文化上也相当发达,李世民等封建统治者有条件全面总结和吸取历代王朝的统治经验。他们在"安人宁国"思想指导下,实行"惜民"、"爱民"、"轻刑"等缓和阶级矛盾、恢复和发展生产的政策,使中国封建社会达到鼎盛时期。显然,李世民所实行的有民主色彩的封建开明君主制,有别于秦始皇所实行的极权主义封建暴君专制,其中有较多的"民主性精华"可资借鉴。

就封建法制和法律思想来说,"一准乎礼"的《唐律》的诞生,标志着礼法融合已最后完成,礼治的法律化已告终结。可以说,《唐律》是集战国、秦汉、魏晋南北朝至隋以来封建礼法发展变化之大成,大大丰富了儒家礼法融合的思想,形成了完整的礼主刑辅、礼法融合的思想体系。它明确规定:"德礼为政教之本,刑罚为政教之用,犹昏晓阳秋相须而成者也。"而且使"一准乎礼以为出入"的原则具体贯彻到各项律文之中。

由于礼法融合的《唐律》吸收了历代封建王朝的统治经验和法律原则,为封建统治者提供了一部治国安邦的法典,因而成为宋元明清历代法律的蓝本。正如《四库全书提要》所说:"唐律一准乎礼,得古今之平,故宋世多采用之,元时断狱皆每引为据。明洪武初,命儒臣同刑官进讲唐律,后命刘惟谦等详定明律,其篇目一准于唐。"就法律思想来说,唐以后各代封建王朝,都是以这种以礼入律、礼法融合的思想作为正统思想的。

五

1840年鸦片战争之后,中国逐步沦为半殖民地半封建社会。这种社会性质的大变化,也带来了法律思想的大变化。许多先进人物不断向西方寻求真理,因而引进了一些西方资产阶级革命时期的法律思想,作为救亡图存或推翻清王朝的思想武器。1911 年辛亥革命推翻了腐朽的清王朝,打破了封建礼法的一统天下,在中国历史上绵延数千年之久的礼法之争和礼法融合的线索,至此才被截断。

总体来说,无论礼治、"法治"或礼法融合,都是我国历史上统治阶级用来统治人民的思想武器。它们的出现是和当时经济关系的变化相适应的,并和当时阶级斗争的发展相联系的。它们在不同的历史时期中都曾发生过作用,产生了影响。现在我们用马克思主义观点来探讨中国法律思想发展的基本线索,一定能找到许多有借鉴意义的东西。从总体研究来看,在不同的历史时期,由于统治者所面临的任务有所不同,他们的立法、司法主张就有差异,对待礼、法的态度也有区别。结果,在治国的功效上也不尽相同,从中我们可以找出带规律性的东西。从具体问题来看,如因时立法、"刑无等级"、"法不阿贵"、法律宣传、据律论罪、罪疑从轻、"信赏必罚"、"明德慎罚"、删削繁苛、重视教化、预防犯罪、"慎狱恤刑"、轻徭薄赋、以身守法、以身作则等,都值得我们深入地加以研究。

(1986 年第 2 期)

从世界法律史的比较研究看我国社会主义法律体系

——《唐律疏议·译注》序(上)

李光灿*

由曹漫之教授和王召棠副教授主编的《唐律疏议·译注》(以下简称《译注》),将由吉林人民出版社出版,《译注》的出版,必将给我国广大读者、法学界、历史学界,提供丰硕的学术成果,也必将为中国法制史和法律思想史的进一步研究,提供充分的史料和比较研究的条件。由于这部法律古籍巨著既有现代汉语的译文,又有法律的详细注释,因此,它既是通俗读物,又是提高的专著。它的问世,对于中国法制史的研究,特别对于唐律和《唐律疏议》的研究,都是十分需要和非常及时的。

从研究世界法律,特别是世界比较法制史的角度来看,《译注》的出版,给进一步研究中国法制史和攀登中华法系高一级峰峦,增加了有利条件。

从研究世界法律史的角度,以其中中国和西欧方为例可知,中西法律和法律史是截然不同的。依据历史唯物主义中经济决定法律的原理来看,商品经济决定了西欧大陆法系的形态和面貌,自然经济决定了中华法系的形态和面貌。在西欧,由于商品经济发展得早而快(在奴隶制后期已较发达),以及上层建筑中诸关系之间的相互影响,决定与形成了在法律体系上及早地出现民法的典型化,从而及早地形成了民法、商法、刑法、诉讼法、宪法等独立部门法的法律体系。在中国,由于商品经济发展得迟而慢(明末清初才萌发),分散的、个体的小农业和附着于小农业的家庭小手工业相结合的自然经济,长期统治着封建社会,以及上层建筑中诸关系之间的相互影响,决定与形成了在法律体系上以刑法为中心的、刑罚渗透到各部门法中的混合性法律体系。甚至以刑等同于法,以刑概括了法。如李悝的《法经》,实际上就是刑典;刘邦的约法三章,实际上只是刑罚三章,都是例证。

西欧和中国之不同的法律体系,是因其不同的经济条件决定的,也是因其不同的上层建筑诸条件和不同的相互影响形成的。这是研究中西法制史主要不同

---

* 作者单位:南开大学法学研究所。

点的根据和条件。西欧商品经济——以民商法律问世为先导和突破口而形成了各部门法独立成典的法律体系。这一法律体系在西方发展到资本主义阶段,积极影响世界东方各国落后的混合法系,使它们由混合体系迅速改变为各部门独立成典的体系。最先实行这种改变的是日本的明治维新(公元1868年),过了相当长的时间即40年以后才是清末时的中国。但由于中国在外国资本主义侵略下已转化为半殖民地半封建的社会性质,因而自然经济在很大程度上仍居支配地位,反映在法律上成为封建自然经济和买办资本杂交产生出来的畸形变种。对这些,仍然应当从经济条件来理解。

在肯定经济关系决定法律关系、经济基础决定上层建筑的前提下,还须承认,法律对经济的重要的反作用。从这种科学原理出发,可以历史地和逻辑地得出以下科学论断。

罗马法:其"古典时期",相当于公元前27年~公元284年,其发展完备时期,是在公元6~12世纪。这是在西欧发达的简单商品经济基础上产生的最早的民法,从而创立了独立部门法的开端。恩格斯称它是"简单商品生产即资本主义前的商品生产的最完善的法"。①

《唐律疏议》:把唐王朝的《武德律》(公元624年)、《贞观律》(公元637年)、《永徽律》(公元651年)综合起来,针对《永徽律》的律文注解全书的封建法律,公元653年颁行,它晚于早期罗马法680年。这是在中国已经高度发展的自然经济基础上产生的最完备的以刑法为中心的混合性封建法系的典型。

《拿破仑法典》:公元1804年颁布的《法国民法典》,它晚于早期罗马法1800多年,也晚于中国《唐律疏议》1150多年。这是在发达的资本主义商品经济基础上产生的民法典,从而创立了近代资本主义比较科学的独立部门法的法律体系,恩格斯称它是"典型的资产阶级社会的法典"。②

上述三个法典,代表了人类社会发展的三个私有制的历史时代。在发达的简单商品经济基础上产生的罗马法,代表了西欧奴隶私有制高度发展的时代;在发达的自然经济基础上产生的《唐律疏议》,代表了中国封建私有制高度发展的时代;在发达的资本主义商品经济基础上产生的《拿破仑法典》,代表了西欧资本主义私有制高度发展的时代。这就是在研究世界法律史问题上,人类社会历史所经历的三种法律体系,代表了三个私有制"文明"的时代——罗马法代表了古代奴隶制文明,《唐律疏议》代表了古代封建制文明,《拿破仑法典》代表了近

① 《马克思恩格斯全集》(第36卷),人民出版社1977年版,第169页。
② 《马克思恩格斯全集》(第4卷),人民出版社1977年版,第248页。

代资本主义制文明。这就是用历史唯物主义原理,考察人类法制历史阶段中从奴隶私有制到封建私有制,又从封建私有制到资本主义私有制的三种法律体系发展、演变的概貌。

公有制的现代社会主义历史时代诞生之后,根本改变了世界法律史的面貌。在社会主义制度下,由于生产资料公有制同生产社会化相适应,从而为社会分工、科技革新、生产专业化和大规模劳动协作的进一步发展创造了条件,而生产力的迅速发展,生产社会化程度的不断提高,又推动生产资料公有制向更高阶段发展。

在社会主义有计划商品经济基础上产生的法律体系,根本不同于罗马法、《唐律疏议》、《拿破仑法典》三个私有制时代的法律体系。它是在社会主义公有制基础上,在高度发展的社会主义商品经济基础上,在实现四个现代化即达到社会生产力高度发展的先进经济基础上,创造、发展和完善起来的社会主义法律体系。由于历史实践过程短暂和国际、国内主客观种种因素的影响,致使社会主义法律体系还处在创造过程之中。从1917年十月革命迄今69年,和从1949年中华人民共和国成立迄今37年观察,能够代表成熟的社会主义法律体系的典型法律,如像罗马法、《唐律疏议》、《拿破仑法典》可以分别代表奴隶制、封建制、资本主义制的三类历史时代那样的法典,到今天还未曾出现。这是当前世界各社会主义国家及其法制建设事业上尚存在的严峻的现实。在今后20~50年时间里,世界社会主义法制建设者,应当团结合作、群策群力地严格遵循马克思主义法律观和法学理论,从本国和国际的综合性实际即其客观规律出发,集中最优秀的专业人才,从优从快地制定、修订和完善代表社会主义法律体系的新型法典。

《译注》的出版,它必将受到我国法学界和历史学界同人的赞许,并有力地推动对唐律和其他法律古籍的研究整理工作。《译注》的编著指导思想和译注技巧、编排方法,也都具有自己的特点:他们选定公认的善本滂熹斋藏宋刊本《唐律疏议》为工作底本;注释以阐述疏议为主,不作烦琐考证,不旁征博引;译文以直译为主,意译为辅;标点力求表达律疏原意,体现法律语体特点;将原文与译文并行排列,互相对应,便于参看;书末附有王元亮《唐律疏议纂例图表》,以便读者参看查检。

(1986年第8期)

批判、研究、借鉴

——《唐律疏议·译注》序(下)

李光灿*

中国历代的律学家,对《唐律疏议》的评价是很高的,如清代励廷仪、薛允升以及清末的沈家本等。特别是沈氏,对之论证和赞扬则更为全面和突出。他在《寄簃文存》卷六《重刻唐律疏议序》里阐明了《唐律疏议》,至少有这样几点:

第一,论证了《唐律疏议》的问世,对司法刑审之理论与实践的特别重要性。他称赞《唐律疏议》所阐释的"律"为民命之所系,其义至精。所以主张吸取其精义,即穷其理以辨别案情真伪之端倪,公断无私心以避免主观妄判。沈氏还列举违背《唐律疏议》的律义必将出现冤假错案,司法人员假使不懂得通过彻底调查,只靠临时检举材料来办案,是根本不行的。

第二,论证了唐律和《唐律疏议》阐明的刑事立法和刑罚制度的历史进步性。沈氏的论证,反映了唐律的多次修改,正是从商鞅、韩非等先秦法学家所推崇的严刑峻法、多杀重判的原则和制度,沿着由重而轻的趋向进行修改,即从重刑的刑种和刑度,比较及时地改为较轻的刑种(如对某些条文规定的大辟和绞刑改为流刑、对某些条文规定的流刑改为徒刑等)和刑度(如对某些条文规定的居作即强迫劳动的由3年改为1年等)。这标志着在封建刑法的原则和制度上一种历史的进步。因为在封建的严刑重罚之下,"犯罪人"多为备受剥削和压迫的穷苦农民和其他劳动人民。对他们从过重刑改为较轻刑,正是所谓开明皇帝的"德政"。马克思主义法学思想应当严肃和科学地肯定这一点,尽管这种刑法制度上的进步性是有限的,但它又确是难能可贵的。

第三,论证了《唐律疏议》的真谛及其思想渊源。按沈氏的解释,《疏议》的疏,是阐明律文和注解其意。《疏议》的议,包括两个重要方面,一是阐明律文的深义;二是补充律文本身不周等缺点。我国古代法律界的"律文注释派"的出现,实开始于董仲舒、应劭、马融、郑玄之流,而郑玄则成为皇帝御定的进行律文章句注解的一统法律权威。唐律的思想渊源、《唐律疏议》注解的方法论和思想风格,又起源于汉(两汉)而之魏、而北周、而隋文帝。因此,《唐律疏议》,不纯本

---

* 作者单位:南开大学法学研究所。

太和而郑义多在其中,设律之意也可以考见。

我们用马克思主义观点,从世界历史和世界法系的角度放眼观察,对《唐律疏议》这一律学著作的学术价值又应怎样评论呢?不难了解,这是需要在《评注》序里予以回答的关键问题。

马克思主义的历史唯物主义原理告诉我们,要从经济来看法律,从经济基础来看上层建筑,从社会经济发展的客观规律和历史,来了解与之相适应的法律发展的客观规律和历史。并由此探索社会经济形态决定其法律制度、法律思想的特定形态和面貌。对《唐律疏议》的基本观点和估价,自然不应当例外。此其一。

马克思主义的历史唯物主义原理同样告诉我们,根据经济关系决定法律关系的原理,自然就产生了怎样看待一定的法律制度与法律思想,在历史上的进步和落后的问题。此其二。

一般地说,在社会发展历史上,商品经济比自然经济要进步得多;反映在法律上,资产阶级的民主和法制比封建地主阶级的专制和人治要进步得多;体现商品经济基础的独立部门法律体系比体现自然经济基础的以刑法为中心的混合性法律体系要进步得多。

马克思主义承认历史发展的正当性,在一定历史条件下,要揭示历史发展中的进步现象和落后现象,旗帜鲜明地代表和拥护前者,批判和反对后者,而不是等同看待,更不应采取相反的态度。以"左"倾自发性为基础产生的法律虚无主义,在阶级斗争和法制斗争的紧急时刻,往往将斗争的锋芒,主要指向资产阶级的民主和法制,而忽视对封建法制思想的批判,是值得注意的。因此,对于封建法制需要有一个正确的认识和基本的态度。

以落后的自然经济为基础的中国地主阶级的长期统治,基本靠两条:一是严刑峻法——以刑法为中心的混合性法律关系;二是精神麻醉——纲常礼教也渗透到法律、法令中去。因此,建立在长期自然经济基础上的中华法系的本质特点,历史地形成为:(1)以儒家王道仁政、德主刑辅为外壳,以法家暴力高压、严刑峻法为内核相结合的封建法系。(2)以中央集权主义君主专制为基础的人治主义的封建法系。但同中之异的两类专制派——封建暴君专制派和封建开明君主专制派,在法制上的小异:严刑重罪和惜刑慎刑、暴政和具有一定民主色彩等,却形成了封建统治的两种类型,《唐律疏议》正是在开明君主专制统治下的法律产物。(3)以男权为中心的家长制、族长制、宗法制的社会基层细胞和在此基础上捆束着纲常礼教罗网的封建法系。(4)以刑法为中心、以惩罚为目的的诸法混合的封建法系。(5)在亚洲有两千多年历史的封建大帝国形成的具有长期固定性和深远法制历史影响的封建法系。总之,中华法系是封建自然经济基础上产生的,从中国地主阶级长期统治经验总结中形成的,对中国古代农民大众统治最有效的混合性法律体系。混合法律体系与混合法学体系相适应。在中国,独立的法律体系,与独立的法学分工、独立的法学学科和独立的法学家的形成,乃是1840年以后的事。

在自然经济充分发展的基础上,诞生了混合性中华法系的最完备、最典型的法律——唐律和注解唐律的《唐律疏议》,是历史的必然。它一方面,在本质上全面体现了中国封建法律的单纯惩罚主义、阶级报复主义、重刑主义、威吓主义、酷刑主义、以男权为中心的封建伦理思想和重农抑商政策、闭关锁国政策等,这些,对我们创造和健全社会主义民主法制来说,应当坚决摒弃;另一方面,也积累和总结了中国奴隶主阶级和封建地主阶级实行统治的有效方法和成熟经验。这些,对我们说来,又应当把它们作为中国古代法律与法学的历史文化遗产,进行整理、编纂、研究、批判和实事求是地吸取、借鉴。

董必武同志在1951年曾经指出:对封建刑法的原则和制度,我们要坚决反对和摒弃,如封建刑法中的重刑主义、报复主义、公开不平等,以及株连、反坐、加等刑、籍没、刑讯逼供等,必须坚决反对。但对封建刑法中的有些具体原则和若干正确的制度,则可以参考和研究,如封建刑法中的"监守自盗者从重"的规定,其贿赂罪中"与受同科"(即行贿罪和受贿罪同等处罚)的规定,和《左传》所说"罚疑从去,所以慎刑"(当罚而疑,则宁可不罚)的观点,以及秋审监候等刑制,都应当参考、研究。在参考研究中,要有批判地吸取,着眼于鉴。对于问题的这一方面,也不应忽视。

作为法律科学的学术研究,作为整理和研究、批判地继承历史文化遗产,对董必武同志所说的上述两个方面,都应当予以重视和研究。在这里,既要反对文化虚无主义,更要反对封建继承思想,坚持马克思主义对待封建法律与法学的立足于研究批判、着眼于参考借鉴的观点。

(1986年第11期)

对扬弃中国古代法律遗产的探索

马　南*

建立具有中国特色的社会主义的法律体系是完善民主与法制、巩固我国人民民主政权的一项基本工程。为此,借鉴外国是必要的,但更重要的是总结我们自己的经验,笔者就近几年在古代法律史教学中所接触的问题,谈一些粗浅的看法。

首先,中国古代的法律史遗产是在什么历史环境中形成的?它都具有什么特点?

1. 中国有两千多年的封建专制主义的中央集权的历史,法律制度与占统治地位的法律思想基本上是为这一专制政权服务的,以《唐律疏议》为代表的封建主义的法律制度总结了秦汉以来法制建设的经验,全面体现了地主阶级的意志,是所谓中华法系的精粹。其中以“德礼为政教之本,刑罚为政教之用”的法律指导思想代代相传,至明清而不衰。

2. 以小农经济为基础的家庭和家族是社会结构的主要形式,保护这种结构的法律规范是上层建筑的重要组成部分。唐朝所实行的府兵制以及其他租赋徭役制度就是建立在貌似“保护”小农利益的均田制的基础上,而家长制、夫权制与小农的经济结构也是适应的。

3. 自汉武帝实施“罢黜百家,独尊儒术”的政策以后,以儒家学说为代表的法律思想长期居于统治地位,国法之外,渗透着礼教的家训、族规、乡约,构成各种社会规范的组成部分。

4. 中国历史上农民战争的规模、次数、时间是世界上所仅见的。“等贵贱、均贫富”,扶危济困、患难与共的思想,不仅体现在由农民所直接建立的政权的法律制度中(像太平天国的《天朝田亩制度》),而且在下层群众中有着广泛的影响。

5. 中国历史上曾出现过学术上的百家争鸣,以后不同时期也有过不同学术思想的对立(包括不同法律思想的争论),在正统的儒学之外,还存在代表不同阶层利益的学术思想(包括法律思想),如法家思想、老庄思想、墨家思想等,这

* 作者单位不详。

些思想在历史发展过程中,虽有较多的融合,但他们的对立与分野对后世的法律思想也是不容忽视的。

在上述条件下形成的法律史遗产是多元的、庞杂的、良莠混合的统一体。列宁在《关于民族问题的批评意见》中曾深刻指出:“每一种民族文化中都有两种文化,有普里什凯维奇之流、古契可夫之流和司徒卢威之流的大俄罗斯文化,但也有以车尔尼雪夫斯基和普列汉诺夫为代表的大俄罗斯文化。”在我们民族历史发展过程中,同样存在两种文化、两种遗产,特别在政治法律的学术领域里,同一个作者的同一部著作里,同时存在保守的躯体和充满真知灼见的语言。例如孔子、孟子所宣传的等级观念、仁礼结构无疑是历代封建政治的理论基石,但他们的“为政以德”和“民贵君轻”却又为一切先进思想家所继承,成为向封建暴政斗争的武器。我们必须用马克思主义这把犀利的解剖刀小心谨慎地加以鉴别,取其精华,弃其糟粕,把真正有益的成分变成我们建设社会主义法律体系的营养剂。

其次,在建设社会主义的法律体系中,我们必须长期不懈乃至坚韧不拔地去清除封建专制主义的法律思想和法律制度的影响。因为旧的腐朽的东西,常常会不断改变自己的生存条件,像寄居蟹那样用伪装的形式为自己创造生路。对这些旧的上层建筑的残余,不认真加以清理和扫除,崭新的社会主义的法律体系是无从建立的。在旧的法律思想和法律制度的影响中,我以为以下几点是突出的:

1. 重农抑工商的思想。先秦儒法两家尖锐对立,但在重农抑工商这一点上却是共同的。儒家“罕言利”,孔子说:“君子喻于义,小人喻于利。”法家把工商称作“事末利”,商鞅颁布过“戮力本业,耕织致粟帛多者复其身,事末利及怠而贫者,举以为收孥”的法令。自秦汉以始,“工商食官”,手工业和商业完全成为封建统治阶级享受的附属品,而从事工商者在社会上却居于极端低下的地位,即使在封建经济高度发展的隋唐仍规定工商不许入仕。延至明清,实行闭关锁国政策,严禁海外贸易,并继续实施盐茶官营,用重征商税和限制民间自由开矿的法令压制私人工商业的发展。在中华法系中,调整财产关系的民法极不发达,且常常对违约行为采用刑事惩罚手段,这正是中国商品经济不发达以及广泛的行政干预的反映。

2. 重官轻学的思想。在封建社会里,官僚享有种种特权和优厚的经济待遇,所以读书人皆以入仕为最终目标。尽管不少饱学之士在宦途失意之后曾留下不朽的著作,但始终以治学为职业的学者为数不多。中国封建社会的法律制度,自秦律到清律都有大量对官吏犯罪的宽缓措施,特别是皇族贵戚常可以逍遥法外，而那些正直的学者却又常常因不满现实的诗文受到不应有的惩处。在封建主义的法律体系中，没有一条关于保证治学条件的律文。重官轻学这种旧的传统观念，现在仍然有某种市场。这种情况不利于全社会的知识化，不利于学术文化的繁荣昌盛。

3. 根深蒂固的家庭宗族观念。以血缘为基础的小农经济广泛存在，儒教关于家庭人伦的广泛宣传，强化了人们的家庭、宗族观念，在封建社会的法律体系中关于亲属容隐、庇荫制度、五服制度的详尽规定，使人们很自然把个人的命运与家族的命运紧紧地联系起来。所谓“一荣俱荣”、“一损俱损”。家庭家族开始成为社会关系中一个稳固的支撑点。这种观念至今仍然相当牢固地钳制着人们的心灵：企求得到父母的庇荫，竭力从关系网中谋取利益，努力使某些组织家族化等。我们正在努力建设一个开放的、民主的社会主义社会。而那些封闭的、内向的、传统的家族观念却是建立这种新的社会关系的腐蚀剂。我们不能放松对这种传统的家族观念的斗争。

4. 腐朽的等级荣辱观念。商鞅变法将官吏分为廿等级，“明尊卑爵秩等级，各以差次名田宅，臣妾衣服以家次。”秦汉以后，官僚等级制度更加完备，延至隋唐、官僚等级特权全面体现在法律制度中，《唐律》中的议、请、减、赎、官当即是。在中国封建社会里，宝塔式的官僚等级制是上层建筑的重要组成部分。在这种社会环境里刻意钻营、力求升迁是很多人梦寐以求的追逐目标。升则荣，贬则辱，高则显，低则贱，成为评价人们能力高低的基本标准。这种等级荣辱的观念，在我国有着广泛深刻的影响。

传统是一种惰性，旧的文化传统也是一种不可忽视的潜在的阻碍历史前进的力量，“人们自己创造自己的历史，但是他们并不是随心所欲地创造，并不是在他们自己选定的条件下创造，而是在直接碰到的、既定的、从过去承继下来的条件下创造。一切已死的先辈们的传统，象梦魔一样纠缠着活人的头脑。”①我们这个民族中一些先辈们的传统，也正在“穿着这种久受崇敬的服装”纠缠着活人的头脑，困惑着人们的心灵。列宁也曾指出：“我们把旧时代资产阶级法律和制度的废物扫除得愈干净，我们就愈清楚地看到，这只是为建筑物扫清地基，还不是建筑物本身。”我们只有将旧的法律制度的废物扫除干净，新的建筑物——社会主义的法律体系才能在新的地基上诞生。

最后，在建立社会主义法律体系的过程中，对我们祖先所留下的那些丰富的法律史遗产必须认真鉴别，对在一定领域里反映了客观真理的东西，要恰当地予

① 马克思著：《路易·波拿巴的雾月十八日》。

以借鉴继承,对那些可以帮助我们认清法律的本质、功用,以及与上层建筑诸部门的关系的资料,则应作为历史唯物主义的生动教材,同时成为我们正确认识中国国情、提高识别能力进而鼓舞我们前进的力量。我以为在继承问题上以下几点是重要的:

1. 任何阶级、任何执政者都需要整套法律、纪律、制度制约自己的行为,巩固自己的统治。在中国历史盛衰演变的过程中,我们可以看到一个反复出现的带规律性的现象,那就是兴盛的王朝都非常重视运用法制这一武器来巩固自己的统治,反之腐败和衰落的王朝却常常废弛法典。西汉曾出现过"文景之治"。西汉初期执行与民休息的黄老政策,汉文帝的废除肉刑曾是刑罚制度一个重大的变革。唐朝的"贞观之治"更是这样,一部《唐律》是中华法系的代表作,《唐六典》是第一部完备的行政法典。反之,唐末、五代军阀专横,法制荡然无存。宋辽金元刑罚残酷,法外用刑严重。这几个王朝都长期处在政治不稳定的状态中。无产阶级是人类历史上最进步的阶级,我们的人民民主政权是最高类型的民主政权,我们之所以需要法制来巩固自己的统治,无论从历史经验,或者新中国成立后多次反复的教训都是毋庸置疑的。

2. 任何统治阶级想要巩固自己的统治,除了制定完备的法典外,还要把立法、司法、守法完备地结合起来,形成统一的体系。在《贞观政要》这本凝结着李唐王朝政治统治经验的著作中,曾多次提到李世民如何严格执法、守法的事例。这说明了违法必究、执法必严的重要性。当然我们不可过分美化封建帝王进步的一面,但贞观年间以李世民为首的统治集团,注意带头执法守法以致蔚成风气,这是形成贞观之治的一个重要条件也是毋庸置疑的。

3. 以孔子"仁政说"为核心的慎刑恤刑思想,曾是历代许多法律制定者的指导思想,尽管许多帝王可以置这些法律于不顾,但一些开明的君主和兴盛的王朝还是在不同程度上贯彻了这种精神。在慎刑恤刑思想指导下所形成的死刑三复奏、五复奏制度,登闻鼓的直诉制度,九卿会审制度,在一定程度上都体现了对"人命关天"的严肃态度。中国历史上也曾出现过一些不畏权贵、刚直不阿、重视证据、一丝不苟的执法官。他们的这种精神是值得我们学习并发扬光大的。

4. 官吏是国家机关的基本成分,严格的吏治是一个王朝兴盛的重要标志。秦始皇曾建立了一个庞大的帝国,他在"明主治吏不治民"的法家思想指导下,对各种官吏的职责、任免、调迁、奖惩都作出了非常严格的规定。《唐律》中的《职制律》曾规定:国家机构必须精简,"署置过限及不应置而置,一人杖一百,三人加一等,十人徒二年",对那些"贡举非其人及应贡举而不当举者,一人徒一年,二人加一等,罪止徒三年"。其他诸如应值不值、逾假不归、之官限满不赴任、稽缓制书、官文书上书奏事误、应奏不奏等,都要分别处以笞或徒刑。至于受财而为人请求、受所监临财物、私设使所监临的牛马车船等均以贪赃论罪。据《通典》记载:贞观六年时,朝廷文武官吏不过642员。唐初有效的机构和吏治的清明,也是形成"贞观之治"的一个重要原因。

历史是有继承性的,历史上的治乱盛衰,也有某些共同性。历代统治阶级中的有作为者都是非常重视总结历史经验的,他们把编写的历史称作"资治通鉴"即是一例。我们是马克思主义者,对中国的法律史遗产按照历史唯物主义的观点,正确地加以总结,不仅有助于建立社会主义的法律体系,而且对于抵制封建专制主义的影响,建设社会主义的精神文明,也有着极大的现实意义。

(1986年第12期)

1987 年

孙中山的“五权宪法”思想

张伟国*

一

孙中山“五权宪法”思想，最早是在1906年《民报》创刊周年纪念会的演讲中正式提出的，1924年在一次演讲中又作过专题论述。此外，他多次在谈话和著作中又不断阐述和丰富了这一思想，并把它作为建设理想共和国的指南。孙先生五权宪法的一个基调，就是“适乎世界之潮流，合乎人群之需要”。他认为一个国家的政治制度必须符合自己的国情，外国的制度只能借鉴，不能照搬。他说：我们的革命要能成功，其成果要能巩固，光靠照搬“三权分立”，那“中国一点好处没学到，所学的坏处却是百十倍”，结果是弄得国会议员变成“猪仔”议员，分赃贪利，为全国人民所不齿，亦是世界各国自古所没有。这是因为中国的历史、社会与外国完全不同，“如果不管自己的风土人情怎么样，便象学外国的机器一样，把外国管理社会的政治照搬进来，那便是大错的。”①只有当我们看清自己的国情，迎合世界潮流去做的时候，“社会才可以改良，国家才可以进步”，“我们拿欧美以往的历史来做材料，不是要学欧美，步他们后尘，是用我们的民权主义，把中国造成‘一个全民政治’的民国，要驾乎欧美之上。”②

孙先生在经过把本国的封建“法制”和外国的三权分立进行了比较分析以后，认为中国早在封建社会之初就有了“分权”，只是具体分法不同。中国是分君权、考试权、监察权，“不过中国的君权兼有立法权、司法权和行政权”。综观中外两种法制的得失利弊，孙先生既看到了“分”的合理性，又看到了“合”的必要性，他提出把权力分作政权和治权两部分（亦称权能分治）：政权由人民大众掌握，而管理国家的治权可委托人民信赖的人掌握，具体说就是立法、行政、司法、考试、监察五权所组成的政府，由国民大会产生并向国民大会负责，但人民在选出了自己的国民代表大会以后，仍握有罢免权、复决权、创制权等项具体直接的政权——民权，以保证政府的治权不背离人民的意志。孙先生根据五权宪法

---

* 作者单位不详。

① 《孙中山选集》（下卷），第722页、728页。

② 同上，第722页。

的思想，建立五院制政体，这样就可组成一个服从人民意志的“万能政府”。

事实上，在经历了全世界最漫长的封建社会之后的中国，孙中山先生是第一个系统提出推翻封建专制，创建资产阶级民主与法制的理论的杰出代表。他的五权宪法思想，代表了当时已经萌芽和正在成长的资产阶级利益，顺应了历史发展的潮流，这在当时政治法律界是一面最进步的旗帜。他用资产阶真诚的民主思想，唤起人民把几千年一直是神圣不可侵犯的皇帝拉下宝座，宣称“中华民国主权，属于全体国民”。列宁在1912年写的《中国的民主主义和民粹主义》一文中，对孙中山作了高度的评价，他指出，孙先生革命纲领的每一行，都渗透了战斗的、真诚的民主主义，以孙中山为代表的资产阶级革命民主派，在斗争中正确寻找复兴中国的道路，而创造出一定会被将来无产阶级革命党细心辨别、保存和发展的革命民主主义内核。①

二

孙先生有一个崇高的信念，世界潮流浩浩荡荡，顺之者昌，逆之者亡，但他又绝不是一个赶浪头的“风流”人物。作为一个伟大的革命家，他努力从实际出发，把自己的立足点扎在本国的土地上，他首创的这个五权宪法，并非是不着边际的空想，而是历史发展到当时中国那个特殊阶段，作为资产阶级民主的两个必然产物；亦是“中国式”的宪法思想的雏形。

孟德斯鸠在《论法的精神》一书中论述过：“一切有权力的人都容易滥用权力，这是一条万古不易的经验。权力会腐蚀人，即便是英明的天才也难例外。”绝对的权力导致绝对的腐蚀。从本质上讲，要防止滥用权力，就要用权力来约束权力。这样就要求立法权、行政权、司法权不能集中在同一个人或同一个机关中，因为，当权力合而为一，虽然没有君主专制的外观，但人们却时时感到君主专制的存在。孟氏在这一系列思想的指导下，集三权分立思想之大成，为资产阶级法制奠定了基础，在资本主义发展史上起过重大的作用。我国辛亥革命前后，一大批向西方寻求救国之道的志士仁人，都主张照搬“三权分立”。孙先生的高明之处，就在于他既注意研究外国的情况，又坚持立足于中国的历史和现状。他深深懂得，治国的人不能光为外国的箴言规则所陶醉，那种根植于中华民族心灵深处的“中国法系”（最典型的东方式封建传统），光靠“引进”三权分立是不能从

① 《列宁选集》（卷2），第423～428页。

根本上解决问题的。

比较一下古代各国的政治制度，就可看到我国的集权传统与西方的民主传统是截然不同的。西欧远在奴隶社会之初，就有过雅典等国的民主共和政体，以后又经过了“文艺复兴”、“启蒙运动”，资产阶级提出了以人性为基础的“人权”口号，冲破封建专制，主张实行开明的君主政治和资产阶级民主政治，随即产生了按分权原则建立起来的各种资产阶级民主政体。而在中国，自秦以来，一直是在封建专制的皇权统治之下，且愈到后来其专制统治也愈严密。但也有一些有作为的帝王，注意到要坐稳天下，就要网罗有才能的人来辅佐，以胜任其所分配的权力，于是便有了“任人唯贤”。在长期寻找代理人的过程中，产生出一套行之有效的方法——考试。秦汉时采用“贡举制”，由官吏向君主荐举贤能，唐高宗、武则天以后，进士科最为社会所重，参加进士科考试，被认为是至身通显的重要途径。尽管所有这些考选之法，都不过是补充君主专制统治的一种手段而已，但靠着它搜罗来的“人才”，对封建社会苟延残喘二千多年之久，不能不看做一个重要的因素。

近代中国的社会经济和精神文明，仍未到不用考试就能找到最有才能的人来为国效劳，并鼓励全社会的人奋发向上这个阶段。故孙先生对这一制度极为重视，他说：“考试是一个很好的制度，也是一件重要的事。”他认为，“共和时代考试是万不可少的”，“如果实行了五权宪法以后，国家用人行政都要照宪法去做，凡是我们人民的公仆，都要经过考试，不能随便乱用。”[①]很显然，这种考试选人的方法无论从政治民主还是从整个社会的实际工作效率来考察，都未过时，只是随着社会发展，精神文明的提高，考试的方法、种类愈来愈丰富了。在一个因文化落后和其他种种原因而不能顺利行使人民民主权利的国度里，孙先生把考试制度单独地作为中国近代共和政体一个不可缺少的组成部分，乃是从实际出发，给了人民行使自己民主权利一种较可靠的保证。

经考试选用的人，在质量上有了较可靠的保证，但仍免不了在权力的腐蚀下“变质”。封建君主为保自己的宝座“千秋万代”地传下去，本能地意识到这一点，因此随之就建立起一套监察制度来防止某个权臣的叛逆，或破坏其封建统治秩序。中国古代的监察官一直可追溯到战国时期的御史，后来有了独立的监察弹劾机构——御史台。孙先生说，“说到弹劾权，在中国君主时代，有专管弹劾的官，象唐朝谏议大夫和清朝的御史之类，就是遇到君主有过，也可以冒死直谏，

① 《孙中山选集》(下卷)，第583页。

这种御史梗直得很,风骨凛然。"[①]在我国封建史上,像汉高祖刘邦、唐太宗李世民这类稍有作为的君主,极其重视对这项权力的设置和运用,视谏如镜,取得了封建鼎盛的辉煌政绩。以后我国历史上,凡出现动乱的时候,多与此项权力未能正常地发挥作用乃至被根本取消,有极大的关系。孙先生把监察权作为近代民主共和政体的又一项独立大权,以便保障人民的直接民权,这是符合中国国情的经验总结。孙先生还在五权宪法的演说中,揭露了西方资产阶级国家给人民的只是一种虚伪的无保障的选举权;提出要保障民权之真实,人民除有选举权外,还须有罢免权、复决权、创制权等。

罢免权,就是对人民选举产生的而又代表不了人民意志的官吏可进行罢免的权力,这是选举权重要而有效的补充,即绝不允许治理国家的"公仆"背离主人的意志。创制权,是"人民要做的一种事业,要有公意可创订一种法律,或立法院立了一种法律,人民觉得不方便,也要有公意可以废除"。复决权,是"立法院,如立了好法律,在立法院中大多数议员通不过,人民可以用公意赞成来通过"。这两种做法类似于全民投票。只有这三种直接的民权,"才是真正的民权,""五权宪法好象是一架大机器,直接民权便是这架人机器中的掣扣。"[②]人民就通过这个"掣扣"来操纵这台机器,生产出自己所需要的"产品"来。

由手握三种直接民权的人民,选出国民大会;分掌五权的五个院,由国民大会产生并对其负责,国民大会则向选举它的人民负责,监督五院,以便更有效的帮助人民实现四项直接民权,造成一个全民政治的强国。这种五权的"分",与最终统属到人民手中的"合"的交叉,就像是一个立体的民主集中制,只是它不集中在个人或一部分人手中,而是集中在全体人民手中。孙先生在总结太平天国等历史上的历次革命之所以不能成功的原因时,深刻地揭示:"所以那种失败,完全是由于大家想做皇帝。"所以他指出:"共和国成立之后,是用人民来做皇帝,用四万万人来做皇帝。"[③]在孙先生看来,权力随便怎样分,都是统属于人民的。在此前提下,具体的五权分立,只是从中国的实际出发,为方便人民手中四项直接民权的行使,以确保整个权力的民主实质不变。由此可见,西方资产阶级的三权分立只是以消极限制行政和立法等各项权力为目的,而孙先生的五权分立则是以积极造成"万能政府",实行"为人民谋幸福为目的的",三权分立是议会间接民权的代议政治,五权分立则不以间接民权为满足,而是直接民权的

① 《孙中山选集》(下卷),第581页。

② 同上,第587页。

③ 同上,第675~677页。

“全民政治”和间接民权的有机结合。这在中国从专制向民主发展的法制史上，迈出了极其重要的一步，也标志着孙先生逐渐摒弃资产阶级的民主共和，确立了人民民主共和的思想。毛泽东同志在《论人民民主专政》一文中写道：“除了谁领导这个问题外，当作一般的政治纲领来说，这里所说的民权主义，是和我们所说的人民民主主义或新民主主义相符合的，只许为一般平民所共有，不许为资产阶级所私有的国家制度，如果加上工人阶级的领导，就是人民民主专政的国家制度了。”这足以说明，孙先生在对中国新兴的无产阶级的领导地位缺乏认识的情况下，其民权主义已包含有人民当家作主的思想了，这也就是他革命民主主义思想的核心。

孙中山先生的五权宪法思想乃是集西方三权分立之精华与中国考试、监察之法制传统熔于一炉的结晶，去两者之弊，成一家新言。其真正的价值在于，借鉴历史传统与吸收外国经验相结合，努力为建设适应人民觉悟的政治体制服务，为帮助人民当家作主提供有效的手段。

三

毛泽东同志曾说过：金无足赤，人无完人。就像历史上许多伟大人物，都有某些不可避免的缺陷和局限性一样，孙先生的五权宪法思想，也有必要在实践中认真检验、清理的地方。

首先，中国的封建王朝，历来都由半人半神的皇帝独揽大权。从秦统一起，这种专制机制一经生产力发展的社会需要形成以后，反过来又渗透到社会的每一个细胞——家庭之中。在这种国体下的任何分权，都统属于皇帝。各级各部门的官吏唯皇帝意旨选用，都必须向皇帝负责，其晋升、谪贬亦全由皇上定夺。皇帝的权力是至高无上的，即逢开明的君主，真要直谏，仍须冒被杀头的危险，那时绝不可能有与君权平等的其他独立大权，即便是一项独立的政治制度，也是随意性很强的，这与近代资产阶级的监察弹劾制度是不可同日而语的。这一点孙先生未能辨别清楚，或许亦是一种反封建不够彻底的流露，孙先生领导的革命之所以失败，也可以在对这种旧封建皇权的分析估计失误上，找到一点原因。

其次，无论三权分立，还是五权宪法，若说这些对保证为统治阶级服务，只起了一种横的制衡作用的话，那就还缺一条纵的“防线”。孟德斯鸠曾说：一切官职如果权力大，任期就应该短，以资补救。严格的限制任期，是资产阶级民主制度的一个重大特征。经验证明，就是实行了分权原则，如果没有任期的限制，也仍要蜕化为专制政权的。虽然孙先生在辞去大总统职位的实际行动中，体现了忠实于民主的伟大思想境界。但光靠这种品德显然不能从根本上解决问题的。而在集中体现孙先生法学思想的“五权宪法”中,竟对这一问题未能述及,这不能不是一个缺憾。

再次,孙先生在“知难行易”的哲学思想指导下,把统治者看成高人一等的圣才贤智;把群众看做平庸卑贱的无知阿斗。人民掌权,政府治国,把政权与治权分开——权能分离。面对当时中国民众的落后状况,用先进的革命的思想去唤醒他们,并用考试等方式选拔出在斗争中经受了考验而又德才兼备的人来领导革命,无疑是正确的。但把权和能分离开来,势必带有一种极端的色彩。他主张人民有权而又认为人民无能,这种自相矛盾的说法,反映了中国资产阶级的软弱性,既想取得胜利,又怕由此引起的人民觉醒,这也多少反映了孙先生二元论哲学思想的一个印迹。显然,在这种世界观指导下的民主和民权,都蒙上了一层“主观社会主义”的色彩,这与真正的社会主义的民主集中制、人民当家作主是有很大距离的。

最后,孙先生五权宪法中最致命的缺陷,乃是在于对中国汪洋大海般的小生产经济缺乏足够的认识。辛亥革命后,旧生产关系束缚仍未革除,大多数农民的思想仍停留在旧帝制时代。要真正建立民主共和制,首先要打破旧的机器,变革小生产的经济基础。孙先生对经济基础的决定性作用认识不足,想要不改变建筑在落后封建的小生产经济上的国体,而进行五权宪法的政体“改良”,显然是行不通的。这一点,在我们要建立中国式的社会主义法制的今天,仍有给予足够的重视的必要。

孙先生的五权宪法思想迫于当时的各种原因,一直没能实现,以后建立起来的形形色色的政权,大多都背离了孙先生的主张,本质是封建军阀的统治,一直到帝国主义、封建主义、官僚资本主义三座大山的统治。建设中国式法制的重任,历史地落在了中国共产党领导的我们这一代人的肩上,今天我们的国体就是人民民主专政。在此前提下,要建设具有高效能的政治体制——健全和完善社会主义的民主与法律制度,因此,认真的研究孙中山先生的五权宪法思想,继承其中有益的精华,对目前正在进行的政治体制改革和法律思想的健康发展是有积极意义的。

(1987年第2期)

《易经》与我国古代民法

武树臣*

《易》是西周晚期卜筮之官整理的一部书。西汉以后成了儒家经典之一。它是西周社会生活和人们认识活动的真实记录,其中涉及大量的法律制度。本文仅就民事法律制度谈谈个人的理解。

一、"不富以其邻"

"不富以其邻"(《谦》),即不能通过侵害邻人的手段来致富。这是一条古老的道德准则。"不恒其德,或承之羞"(《恒》),是说人们如不能长久保有德行,就免不了遭受耻辱。这种羞辱常常与强制联在一起:"畜臣妾","执之用黄牛之革,莫之胜说(脱)"(《象》),是说对擅自将他人的奴隶藏在自己家中据为己有的,要用黄牛皮带紧紧捆绑以示羞辱。

"富以其邻"(《小畜》)往往招致家族间的械斗,即"有孚血去"。孚:信,证据,去:"人相违也"(《说文解字》)。血去:血亲复仇。意为被人侵害(指财产)的一方只要掌握可信的证据,就可以采取武力报复行动。筮辞几次谈道"丧牛于易"(《旅》)、"丧羊于易"(《大壮》),殷代先祖王亥到有易部落被土著居民抢走牛、羊,后来王亥的后代打败有易,夺回牛羊。筮辞引用这个典故阐明复仇的原则,警告人们不要侵犯他人财产。

二、"无平不陂,无往不复"

"无平不陂,无往不复"(《泰》)是买卖交易的重要原则。平:议也,指契约;陂,移予也,指把财物从此地迁至彼地。往、复,指货物、货币的交换往来。全句意思是:买卖双方如未达成协议,卖方则无义务送货,卖方不送货,买方也无义务交出价金。"朋来无咎,反复其道,七日来复,利有攸往"(《复》),这是一宗先交付定金又分期送货的较复杂的买卖。"利西南,无所往,其来复,吉,有攸往,夙

* 作者单位:北京大学。

吉”(《解》),这是建立在相互信任基础上的买卖,达成了协议,货物还没送去,买方就把价金交付了。当时买卖交易原则完全可以用《拿破仑法典》第 1612 条、1702 条、1650 条作注解。

三、“迷逋复归”

迷,指牛、马、羊跑失,或遗失其他财物;逋,指臣、妾、童、仆等奴隶逃亡;复归,指归还原主。按当时的法律和惯例,凡得到上述财物或奴隶的,应呈报专门机关,归还原主,并可以从原主那里得到偿金,否则将引起诉讼。

《损》:“利有攸往,得臣无家”,“益之十朋之龟,弗克违,元吉。”一个外出做生意的人得到一个逃亡奴隶,奴隶的原主用“十朋之龟”赎回,商人没有拒绝,避免了纠纷。

《旅》:“丧其童仆”,“怀其资,得童仆”,“得其资斧,我心不快”。丢失奴隶的原主给了捡到奴隶的人一笔报酬,从而恢复了对奴隶的所有权,捡到奴隶的人虽然得到财物却感到不合算。

《震》:“亿丧贝,跻于九陵,勿逐,七日得”,“震行,无眚”,“亿无丧,有事”。跻:登;陵:山丘、关隘;震:起,举,发;行:“中行”、“行人”、“行师”,专门执掌民事诉讼的职官;眚:过错;事:报酬、酬劳。全句意思是:有人遗失巨额货币,赶往几个关口要道去通报,回答说:不必追寻,7 天内可以找到。捡到货币的人通报官府,经查验,货币完好如初,拾者无过失,应当得到报酬。

“迷逋”事件常常引起诉讼。如《无妄》:“无妄之灾,或系之牛,行人之得,邑人之灾。”捡了别人跑失的牛而不上报,“行人”受理失主的起诉,便在遗失牛的地方进行大搜查,这是当地人的耻辱。《讼》:“不克讼,归而逋,其邑人三百户无眚。”当地人捡到逃亡的奴隶后归还原主,以后奴隶再次逃亡,失主不能以“诱逃”为由控告当地人,因为他们没有过错。同卦:“不克讼,复,即命渝安。”不论拾者有什么过错,只要把失物归还原主,双方就应相安无事,不能再提起诉讼。

关于“迷逋复归”制度,《尚书·费誓》载:“马牛其风,臣妾逋逃,无敢越逐,祗复之,我商赉汝。乃越逐不复,汝则有常刑。”是说,得到跑失的马牛和逃亡奴隶,不能据为己有,要如数归还原主,这样可得酬金,否则要受到处罚。《周礼·秋官·朝士》:“凡得获货贿、人民、家畜者,委于朝,告于士,旬而举之,大者公之,小者庶民私之。”意思是,凡得到遗失的财物、逃亡奴隶和跑失的牲畜,应向“朝士”报告,由“朝士”招领,10 日内无人认领,奴隶马牛归公,小额财物则归拾者,以资酬劳。此处的“朝士”有似于筮辞的“行”、“行人”、“中行”;“旬日”则类似于“七日”,是招领的期限。《左传》昭公七年载“周文王之法”有一条是:“有亡荒阅”,即奴隶逃亡后被人擅自据为己有而不交还原主,则由政府在可疑地区举行大规模的搜查。《左传》文公六年载“赵盾之法”有“董逋逃,由质要”,即处理逃散马牛奴隶归属的争讼,应以购买马牛奴隶的契书为凭据。这同筮辞中的“有孚中行”大致相同。

四、“婚媾有言”

《蒙》:“取女见金,夫不有躬”;《震》:“不于其躬,于其邻,无咎,婚媾有言。”男方向女方求婚要行聘金,但不能亲往女家,只能由别人代聘。《诗经·伐柯》:“娶妻如之何,非媒不得”;《周礼·地官·媒氏》:“媒氏掌万民之判合”;《春秋公羊传》僖公十四年何休注:“礼,男不亲求,女不亲许。”正如恩格斯在《起源》中指出的:“在整个古代,婚姻的缔结都是由父母包办,当事人则安心顺从”;“直到中世纪末期,在绝大多数场合,婚姻的缔结仍然和最初一样,不是由当事人自己决定的事情”。

《睽》:“见豕负涂,载鬼一车,先张之弧,后说(脱)之弧,匪寇婚媾。”豕:猪;涂:道路;鬼:一种含有红色汁液可做染料的草;弧:弓。是说,远远的有一群人走来,是强盗吗?箭上弓弦,准备迎击。只见这些人赶着猪,车上装满鬼草,原来不是强盗,是娶亲的,松开弓弦吧。

《贲》:“舍车而徒”,“束帛戋戋”,“白马翰如,匪寇婚媾”。徒:走路;戋戋:丰盛状;翰:皮毛美丽之状。聘婚的人徒步而来,车上载着一捆捆丝织品,那匹皮毛光亮的白马也是礼物。

(1987年第4期)

清代刑法关于共同犯罪的一些规定

罗　平*

我国历代封建社会的刑法，对共同犯罪人通常分为首犯、从犯两类。

《秦简·法律答问》："甲谋遣乙盗，一日，乙且往盗，未到，得（被捕获），皆赎黥。"所谓"谋遣"，指主谋指使。甲为主谋指使者。所谓"往盗"，指乙按主谋指使者的意图去盗窃。两者在共同犯罪中的实际作用显然不同，前者为主谋、主使，即首犯；后者是根据主谋者的意图实行盗窃，即从犯。

唐律和唐以前的魏律及唐以后的元律等，都明确将共同犯罪人分为首犯、从犯。《唐律·名例律》"共犯罪造意为首"条规定："诸共犯者，以造意为首，随从者减一等。"唐以前的《魏律》："诸共犯罪皆以发意为首。"唐以后的《元律》："诸无故议论谋逆，为倡者处死，和流者"、"诸盗贼共盗者，并赃论，仍以造意之人为首，随从者，各减一等。"

但是，我国封建刑法，在确定共犯者分为首、从，也有例外情况。如唐律中"家人共犯，止坐尊长"。也有特殊情况，如"家人共犯侵、损于人"者，如共同盗窃他人财物，或共同斗殴杀、伤人，则"以凡人首、从论"，而不独坐家长。此外还规定有："共监临主守为犯，虽造意，仍以监、主为首；凡人以常从论。"

唐律除"共犯罪造意为首"条外，另有"共犯罪而本罪别"，规定："诸共犯罪而本罪别者，虽相因为首、从，其律各依本律首、从论。"反映了封建刑法以身份服制区分罪名刑罚等一些特点。该条还规定有两种不分首、从的共犯。一种是"若本条言皆者，罪无首、从；不言皆者，依首、从法"。这主要是指谋反、大逆、谋叛、谋杀期亲尊长等应处斩的重罪。凡不言皆者，都区分首犯、从犯，并分别判处刑罚。另一种是"强盗，及奸，略人为奴婢，犯阑入，若逃亡及私度，越关、栈、垣、篱者，亦无首、从"。唐律认为这些犯罪均属"各自身犯"，故亦不分首、从。

明律合并唐律之"共犯罪造意为首"及"共犯罪而本罪别"两条为一条，删除唐律"共犯罪造意为首"条中之"共监临、主守为犯，虽造意，仍以监主为首；凡人以常从论"一段，另增些小注。其他和唐律基本相同。

清律关于共同犯罪的规定，和明律基本相同。现将《清律·名例律》"共犯

---

* 作者单位不详。

罪分首从”条分为以下几点说明。

1. “共犯罪者,以造意为首,随从者减一等”

共同犯罪人以造意者为首犯的规定,反映了我国封建刑法对共犯人的分类,特别注重了共犯人主观方面的危害性。清《刑律》“谋杀人”条:“凡谋杀人,造意者,斩;从而加功者,绞。”按《唐律疏议》的解释:“造意犯,谓元谋屠杀,其计已成,身虽不行,仍为首罪。”造意犯,是指犯意的发意者、倡导者、原谋者,而随从者,是指根据造意者意图实行犯罪的人。两者在主观方面,有共同故意;在客观方面,构成同一犯罪行为。原谋屠杀他人者,本人虽不参与杀人的实行行为,然而其杀人计谋已通过实行犯得以实现。

造意犯,因其在犯罪中处于主导地位和起着决定性作用,原则上作为首犯。但在特定的个别犯罪中,也有因其情节轻微而不作为首犯的。如“同谋共殴伤人者,各以下手伤重为重罪”。原谋如未伤人,或虽殴人而伤轻,均可按重伤他人者减一等判处刑罚。共谋为盗,临时共犯者进行窃盗,造意者如分赃,即是盗窃首犯,如不分赃,则为盗窃从犯。此外,清律和唐律一样,还有一些特殊规定。

2. 清律关于共同犯罪的特殊规定

(1)“一家人共犯,只坐尊长”

家人共同犯罪,只坐尊长的规定,反映了家长专制和以男权为中心的封建宗法思想。一家人共犯一罪,封建刑法认为:卑幼是依据尊长之意而行,尊长能制约卑幼,卑幼不能制约尊长,所以只判处尊长刑罚,对卑幼则不处罚。如果碰到尊长年80以上或为笃疾之人,依清律例不能判处刑罚者,则归罪于共犯罪之次尊长。例如,乾隆三十七年(公元1772年),刑部驳安徽陈孝等私铸一案,认为一家共犯非侵损于人之罪,尊长为从,卑幼为首,应以为首之罪坐尊长,卑幼按律应免予刑事处罚。如果尊长老疾,或定案时已身故,仍应拘获卑幼,坐以为首之罪。① 一家人共犯,只判尊长一人,其中并不包括妇女。如果遇有妇女和卑幼共犯一罪,妇女即使是尊长,也不以尊长判处刑罚,而要判处共同犯罪的男性卑幼。这是一家人共同犯罪通常的判刑原则。但一家人犯“侵、损于人者”,仍以凡人首、从论罪判刑。

所谓“侵、损于人”:侵,指侵夺他人财物,如盗窃、诈骗、侵吞他人财物等;损,指损伤他人身体,如斗殴、杀、伤他人等。凡属侵损于人的犯罪,虽一家人共犯,也仍按一般人共同犯罪以造意为首,随从者为从的原则,分别判处刑罚。而不属于一家人共犯只坐尊长的范围。

---

① 《大清律例汇辑便览》(卷五)。

(2)“共犯罪而本罪别者”,各依所犯之罪分别首、从判处刑罚

共犯罪而本罪别者,同封建刑法按身份服制确定刑罚分不开。例如,由儿子主谋,联合其父杀死亲叔父,子应按谋杀期亲尊长,凌迟处死;父则根据故杀亲弟,处以绞刑。又如,甲勾结外人乙共殴甲之兄丙,甲为首殴兄,应按殴同胞兄、姊的规定杖九十、徒二年半。乙助甲殴丙,为一般斗殴的从犯,应按一般斗殴的规定处刑。这说明:虽然罪有首、从之别,但因共犯者与被害人之间有无亲属关系及服制的不同,在定罪判刑上有律条之分。

(3)共同犯罪不分首从

清律中,共同犯罪不分首从分为两种情况。一种情况是:“若本条言皆者,罪无首、从。”以《刑律》“贼盗”为例,在二十七条罪名中竟有近一半的罪名为“言皆”。如“盗大祀神御物”、“盗制书”、“盗印信”、“盗内府财物”、“盗城门钥”、“盗园陵树木”、“监守自盗仓库钱粮”、“强盗”、“劫囚”以及“盗贼窝主”、“共谋为盗”等条。或规定“皆斩”、“皆杖一百”、“流三千里”,或规定“不分首、从,并赃论罪”。这类犯罪,多是直接威胁或侵犯地主统治阶级切身利益的犯罪,故不分首、从一律重罚。

另一种情况是“其(同)犯擅入皇城、宫、殿等门,及(同)私、越度关,若(同)避役在逃及(同)犯奸者,(律虽不言皆)亦无首、从。(谓各为自身犯,是以亦无首、从,皆以正犯科罪)”这就表明,清律除对其地主阶级的统治构成威胁、危害严重的犯罪采取皆凌迟处死、皆斩等外,还从共同犯罪行为本身性质的所谓“自身犯”属性出发,规定都应按正犯判处刑罚,而不必区分首、从。

乾隆四十年,曾有一家人共同犯罪的条例,足以说明所谓共犯奸罪为“各自身犯”均按正犯处刑的不科学性和不合理性。该条例规定:“凡父兄子弟共犯奸、盗、杀、伤等案,如子弟起意,父兄同行助势,除律应不分首、从及其父兄犯该斩、绞死罪者,仍按其所犯本罪定拟外,余俱视其本犯科条加一等治罪,概不得引用为从字样。”①这一条例,是根据江苏宿迁县刘俊强抢民女奸占为妻案,遵旨拟定的。据载:刘俊之父刘殿臣明知其子强暴横行,不仅不进行教育,反而亲往助势。刘俊强抢民女奸占为妻的行为,依律应属强奸罪,如以共犯奸罪判处其父刘殿臣,那么奸罪的助势者和实行强奸的罪犯能否说都属“各自身犯”呢?所谓“视其本犯科条加一等治罪”,刘殿臣本犯科条是那一条?如何加等?都不清楚。其实刘殿臣的助势行为无论怎样严重,也都不属于“自身犯”。

总之,清律对共犯人种类的划分(共犯罪者,造意为首,随从为从),虽然反

---

① 《大清律例汇辑便览》(卷五)。

映了共同犯罪中共犯者的结构、相互联系的方式、互为作用的主要方面，从而区分了共犯者在共同犯罪中的不同地位和作用。但由于地主阶级受其报复主义、重刑主义的封建反动思想所支配，因此，清律中关于共犯不分首从、同罪不依同一律条惩罚、家人共犯只判处尊长的做法，都是不符合共同犯罪应按共犯者在犯罪中实际所处的地位和作用惩罚的原则。特别是所谓“各自身犯”的观点和做法，更是极端错误的。

（1987 年第 6 期）

评沈家本《律例杂说》的名例篇(上)

李光灿*

一、关 于 五 刑

名例,是刑名和法例的简称,为唐律十二篇篇名之一,相当于近代刑法典的总则。《唐律疏议·名例》称:"名者,五刑之罪名;例者,五刑之体例。名训为命,例训为比,命诸篇之刑名,比诸篇之法例。"该注本《唐律疏议》下文:"笞者,击也,又训为耻;徒者,奴也,盖奴辱之;流,不忍刑杀,宥之远方。"笞、杖、徒、流、死这五刑的罪名和体例相结合,就叫"名例"。

沈家本在《律例杂说》中对名例、五刑篇的论说如下:

热审例:笞五十以下之罪,俱行豁免。杖六十以上,俱不减等。今杖六十与笞五十,俱系折责二十板。遇热审时,虽减杖为笞,而折责之数,仍与不减无异。应将笞五十者,折减十五板,庶减等各有分别。

重枷,重35斤(此重枷,指例内应用重枷者)。

惟缘坐流罪,不加杖。

隐蔽差役律,有免杖充军一条。此军罪之不加杖者。

沈氏上述四项的内容是:热审减杖问题,重枷的分量问题,缘坐流罪不加杖问题,充军罪不加杖问题。

现作如下评释:

1. 关于热审和热审例

热审,指在每年的小满后10日起,到立秋前一日止(如遇六月立秋,于六月终止)这段天气炎热的时间,进行审案(主要指用笞、杖进行刑讯)。

热审例,就是规定有关热审的条例。热审例是秋审律例的一部分。沈家本在《律例偶笺》卷1中指出:"前明无秋审名目,故律内无文。今秋审之典特重,似宜于断狱门内,别立秋审一目,而移此文为律,并将一切条例、条款汇集一处,

---

* 作者单位:南开大学法学研究所。

以为一代之典制。”热审例中规定，热审时应当减等，是指用笞、杖等刑罚时减等。正如薛允升所说：“凡遇热审，杖罪人犯均准减等。”

但是，对于盗窃和斗殴伤人两类犯人，却不准减等。关于这种规定，参考《律例偶笺》，有以下数点：

(1)热审者，凡军、流、徒枷、杖等，会同三法司减等，10日一次，汇题发落。其笞罪竟行宽免。至于现在拘禁人犯，无论已未结案，牵连待质人等，俱交各该旗、该地方官暂行保释，亦俟立秋后，送部审理完结。应枷者，照减等例，暂行保释，亦俟立秋日补枷。其斩绞重犯内或有情节可矜、可疑者，另行请旨。倘内外谳狱衙门，有故意迟延，恣行奸弊或人妄希巧脱者，除本犯不准减等外，其因缘作弊之官吏，严加治罪。此雍正元年，奉旨修复者，虽军、流、徒，俱准减等2年。

(2)又，奉上谕，嗣后凡盗犯热审，不必减等，以纂入例册。至军、流、徒之不准减等，未详始于何年。

(3)《律例通考》谓：雍正二年八月，刑部奏请：凡军、流、徒罪并旗人犯军、流、徒罪，枷号者俱不准减等，而雍正五年刻本前条旧例，尚列入钦定例内，此其故所未详也。

针对以上所列，沈家本的评论是：

“窃谓盗犯热审不减，原指情节较重之犯而言。故谕旨但云不必减而不及宽免一层。迨军、流、徒犯不准减等，乾隆五年将例文改为‘应拟枷号杖笞之盗犯，五十三年又将盗犯二字，改为窃盗。嘉庆六年复修，并于热审例内，殆因系钦奉事件，故修律时，不复详为区别，此拟笞窃盗热审不免之缘因也。”

“斗殴伤人不准免，乃乾隆二十五年四川按察使永泰条奏：殆以侵损于人之故。然侵损于人者，亦何止此一事也！夫窃盗监犯笞乃未得财者，然未侵损于人，情节最轻，此而不准宽免，毋乃太过。”

“窃盗之犯，杖者计赃，尚不甚多；斗殴之成伤，应拟笞杖者，论伤尚不甚重，准其减等，亦不为失之轻纵。似可将例内除窃盗至其余删，去繁就简之端也。”

“凡立法于细微处，节目以疏阔为是。”

沈家本的上述论断，概括起来就是：(1)对窃盗和斗殴伤人两类判处笞、杖时，于热审时应当准予减等。(2)所谓“热审不减”，原指情节较重之犯，情节不重自应减等。(3)在立法的细节上，主张“疏阔”，以便使审判者机动灵活，这确是司法官的经验之谈。

2. 关于赎刑

赎罪或赎刑，为我国旧制，即统治者规定犯人可用财物代替或抵消其刑罚的制度。

赎刑在我国由来已久：《尚书·舜典》、《吕刑》、《国语·齐语》、《秦简》等都有赎刑的规定。

汉惠帝时，得买爵十三级（一级值钱二千）以免死刑。汉武帝时，赎死罪者很多，并作常法，至东汉才成定制。

经魏、晋、南北朝至隋，赎罪形成制度。

《唐律疏议·名例》，记载详尽，历代沿袭，直至清末。

清代赎刑，有三种形式。

（1）纳赎：以军民犯公罪和生员以上犯轻罪为限。官员犯笞、杖、徒、流及杂死罪等，一般均可赎罪；贪赃、真犯死罪、十恶、常赦所不原，干名犯义，受财故纵，奸、盗、杀伤人等，均不许赎。无财力赎的，照原判执行。清制为：无力依律决配，有力照例纳赎。沈家本《律例偶笺》说：《会典》云："军民犯公罪者准焉。"

（2）收赎：适用老幼废疾、天文生。妇女犯徒刑罪，除杖一百外，徒刑部分，照例先按规定标准，折成杖数，然后照杖数赎罪。

（3）赎罪：适用于官员正妻，照例不能执行笞杖的罪犯，妇人有财力者，受皇帝诰封的妇女犯了须执行笞杖的罪，过失杀人者，徒刑期内已满70者，诬轻为重未决者。沈家本《律例偶笺》说：《星袍馆随笔》云："赎罪本于律文，故向有律赎、例赎之分。"以例赎钱而注云：照律赎罪。误。沈家本按：纳赎图内，照律作照例，可据以订正。寻常妇人，亦无论有力无力，更何论官员正妻等字。惟赎罪银数，别与纳赎，收赎，仍不同也。

由此可见，清刑律和其他封建刑律关于赎刑的规定，反映了极端的不平等（等级森严，谁准赎、谁不准赎，均硬性规定）和十分繁杂、琐碎，但也"丰富"、"多样"，凑成了一门"赎刑"的学问。

（笔者按：沈家本的《律例杂说》的五刑项内，没有赎刑的论说。为完全计，特予补正。）

二、关于十恶

中国古制为常赦所不原的十种重大罪名，所谓"十恶不赦"。

沈家本在《律例杂说》中，对十恶的论说如下：

一曰：谋反，篡夺也。二曰：谋大逆，废立也。不敢指斥，故注云云……四曰：恶逆，《注》：杀伯叔父母云云。杀字，不分谋、故、殴……八曰：不睦。《旧说》云：会赦原宥。按此有分别。《集注》：妻告夫虽曰不睦，但非义绝，亦不离异，遇赦原宥，罪至死者，恩赦不宥。准不睦者，会赦原宥。不至死，不待言也。据此，则妻告夫一项，亦自有分别矣。谋杀缌麻以上亲，此专指尊长，不准原宥者。卖缌麻以上亲，或云专指犯尊长。见乾隆十六年部议，大赦条款，无此项也……十曰：内乱，奸小功以上亲，系指服制而言。小功亲之妻无服，不同内乱说，见《纂要》。若奸小功以上亲之妻，则当按服图并各奸例，详慎科之。父妾无服，以分亲义重，故特著其文。

这里，沈家本只简略提到一、二、四、八、十等五恶。现特作如下评释：

1. 沈家本在《律例偶笺》中的考论

《会典》云：十恶为法所不容，其罪至死者，皆常赦所不原。惟不孝内别籍异财；不睦内殴告夫；不义内闻夫丧匿不举哀等项。罪不至死，遇恩赦得原减。

按“十恶”之目，定自隋开皇年间，自唐以后，相沿不改。其罪不至死或罪止拟杖，逢恩既在得减之列，即未可谓为大憝。《示掌》亦云：不孝条内，居丧嫁娶从吉，亦有不得已者。《笺释集解》：“法重情轻，似应酌拟。”是《旧说》已有议及之者矣，可否酌量删除？记参……六曰：大不敬。《注》中有“伪造御宝”之文，而律例并不见。似应酌增。

2. 对十恶的五点注解

关于谋反。按沈家本的论说是：“谋反，篡夺也。”这是对谋反罪的本质揭示。《唐律·注释》：谋反，即“谓谋危社稷。”具体解释是：谋反，就是二人以上阴谋造反罪。唐律规定，对谋反、谋大逆一律处斩刑；家属缘坐，其父子年16岁以上皆绞；年15以下及母女妻妾，子的妻妾，祖孙兄弟姊妹（女子许嫁已定，男女为人所养，娶妻未成者除外）连同部曲，均没入官府为奴婢；财产田宅也没收；男夫年80和笃疾，妇女年60和废疾，才免予缘坐等。明、清两代更加严苛，对谋反和谋大逆，凡共谋者，不分首从，一律凌迟处死；祖父、父、子、孙、兄、弟及同居的人，不分异姓及伯叔父母兄弟之子，不限同籍、异籍，年16以上，不论笃疾、废疾，皆斩；其15以下及父母妻妾姊妹与子之妻妾，给付功臣人家为奴婢；财产入官；知情故纵隐匿者斩；知而不首告官府者，杖一百，流三千里。

关于谋大逆。沈家本对此问题只说了几句话：“谋大逆，废立也。不敢指斥，故注云云也。”谋大逆，按唐律注释“谓谋毁宗庙、山陵及宫阙”，对谋大逆之处罚，与谋反同。对中国封建法律的这一保护对象，甚至只有语言“冒犯”并无毁坏行为,也属“大逆无道”,同样处以重刑。沈家本对皇帝王朝体系“废立”的思想和行为,则以“不敢指斥,故注云云”的无可奈何的语言,表示抗议。

关于恶逆。沈家本的论说是:“四曰恶逆。注:杀伯、叔、父、母云云。杀字,不分谋、故、殴”。按唐律注释、恶逆:“谓殴及谋杀祖父母、父母,杀伯叔父母、姑、兄、姊、外祖父母、夫、夫之祖父母、父母者。”沈家本的评注“杀字,不分谋、故、殴。”是指:对犯恶逆罪者的“杀字”,一是不分谋杀(预谋杀害行为)和故杀(一般意义上的故杀,不是特殊意义上的谋杀),二是不分谋杀和故殴,都包括在内。沈氏的言外之意还有:这两个不分,处罚未免失之于重了。

关于不睦。我国旧制是指在特定亲属之间有谋杀、出卖、殴打或控告的行为。为十恶之八。《唐律疏义·斗讼》包括:(1)谋杀及出卖(强卖、和卖)缌麻以上亲属,不分尊卑长幼均在内。(2)殴打或控告夫及大功以上尊长,小功尊亲属。对不睦罪的处罚,如妻殴夫,徒1年,若殴伤重者,加凡斗伤三等。沈家本评、注的着眼点在于对不睦罪应当分别论处,宽严适当。其要点如下:(1)妻告夫虽曰不睦,但非义绝,亦不离异,遇赦原宥。(2)罪至死者,恩赦不宥。(3)准不睦者,会赦原宥。(4)谋杀缌麻以上亲,此专指尊长,不准宽宥者。卖缌麻以上亲,或云专指犯尊长。

关于内乱。指违反封建伦常的奸污行为,是我国旧制十恶之十。唐律包括:(1)奸污小功以上亲,如兄弟之妻,母之妹,堂侄女,已出嫁的堂姊妹,同曾祖父的再从姊妹等。(2)奸污父或祖父的妾媵(陪嫁的女子)。(3)与前述亲属和奸的妇女及妾媵。沈家本对内乱罪的论说,只突出了被奸污者是否属于服制(五服)之内。第一,沈氏所谓“奸小功以上亲,系指服制而言。小功亲之妻无服,不同内乱说”。就是不应按内乱行为处刑。第二,沈氏又说:“若奸小功以上亲之妻,则当按服图并各奸例,详慎科之。”“各奸例”指对奸污五服以内血亲的各不相同的处罚规定。第三,沈氏并指出:“父妾无服,以分亲义重,故特著其文。”就是说,奸污父之妾,虽属无服,但因亲义重,似应重处。由此可见,沈氏对“内乱罪”的论说。强调对奸污不在服制之内者,从宽论处;但对奸污父之妾,因为“亲义重”,又应重处,说明沈氏在认罪定刑问题上,仍未摆脱儒家封建伦常思想的旧圈子。

按照沈家本的论说,对十恶只论了五种恶,而对于三谋叛、五不道、六大不敬、七不孝、九不义等五种恶,没有涉及。笔者在此从略。

三、关于八议

我国封建刑制规定的对八种人犯罪,须经特别审议并享受减免刑罪的特权的办法，是封建特权的法律不平等的突出表现。

八议是议亲、议故、议贤、议能、议功、议贵、议勤、议宾。沈家本在《律例杂说》中只谈到议功一项。他指出：

三曰议功。宁济一时，如值水、旱、疫、蝗、饥、寇、盗，能使智力，周济一时，使老少不致死伤也。

按：功是八议之一，就是对有大功的人犯罪而减免刑罚（十恶罪除外）的特别审议。唐律为八议之五。考其沿革：周代就有议功之辟。三国魏新律开始入律，历代沿用。所谓功，唐律指"有大功勋"。明律议功为八议之三，是指"能斩将夺旗，摧锋万里，或率众来归，宁济一时，或开拓疆宇，有大勋劳，铭功太常者"。

沈家本这里只提出对"宁济一时"者之功。即面对天灾人祸等困难时刻，有人能开动脑筋，出好智谋而周济一时使群众不致死伤的功劳。对这样有功劳的人犯罪，也在八议之中，即须经特别审议和减免刑罚者。

（1987 年第 7 期）

评沈家本《律例杂说》的名例篇(下)

李光灿*

四、关于犯罪得累减

沈家本说:“《合纂》:累减与递减异。累者,层累而减,指一人说。若递减,则因众所犯,分轻重递减之。(一事可缓两例而累减)”

沈氏的分别是:累减,是指对一个犯人来说的,即因一定客观原因或主观情况,对已判刑的犯人,一减再减三减。递减,是指对共同犯罪(一般共犯或有组织的犯罪集团)来说的,即因主犯要减,从而引起一些从犯或帮助犯次第减轻下去。例如,对主犯原判10年,对从犯甲、乙原各判7年,对帮助犯丙原判4年,由于一定的主、客观原因,致使主犯改减为8年,而对从犯、帮助犯,则依次改减下去,即改减从犯甲、乙为5年,改减帮助犯丙为2年。

五、关于流囚家属

沈家本在《律例杂说》中说:蒙古偷窃牲畜,发遣当差,遣犯病故,只需验讯,取结报部,就近探埋。毋庸议传尸亲,领骸归葬[乾隆五十三年(1788年),刑部通行]。

显然,这是沈氏特“抓典”举例以说明之。按蒙古偷窃牲畜,系指抢劫重罪而言。不通知其家属收骨,显系较重的处理。

再看沈氏在《律例偶笺》中所说:

佥妻之例久停,流囚之家属即无办法,此律可删。

1. 军流发遣人犯,到配后生长子孙云云。佥妻之例既停,则此人犯其妻子自愿同往,或再配另娶妻室,其所生子孙,即不必官为管束。子孙之欲往他处,女之嫁养,皆可听其自便,似毋庸呈明该管衙门转滋纷扰。此例可删。

2. 赏旗为奴人犯之在籍子孙云云。此指发遣为奴之犯,言今为奴之例停止已数十年,即无此等人犯矣。此例无关引用,可删。

---

* 作者单位:南开大学法学研究所。

3. 凡罪应缘坐及造畜蛊毒云云。此毋庸佥妻之通例。无关引用,可删。

4. 发往乌鲁木齐等处人犯云云。乌鲁木齐遣犯,久经停止发往。且佥妻例停。此例亦属赘文、可删。

5. 蒙古人犯例应佥遣之妻子云云。此专指蒙古有犯抢劫,例应抄没佥妻者而言。惟佥妻之例既停,不应蒙古仍行佥妻,将谓匪类不可留旗,则一人犯案,未便并其妻子,悉目为匪类。四海之内,莫非王土。旗下所不留匪类而转发内地,何歧视内地也。内地盗犯并不科及妻子,此独照缘坐之例办理,未免过重。似应删除。再查蒙古例文,比核近年,亦未见有此等案件。

从以上援引可知,沈家本在关于流囚家属的规定上,一是主张宽处,反对重刑,对盗犯的惩处不得科及妻子,反对缘坐。二是主张简易,反对烦琐、无用的"赘文"。这种思想,主要反映了儒家的德政思想,同时也反映了他受到近代资产阶级关于宽处和轻刑思想的影响。

六、关于常赦所不原

按:我国古刑制中规定有免除或减轻罪犯刑罚的"赦"。赦,可分四种形式:一是大赦;二是曲赦(指赦免灾区或帝王车驾所至地的罪犯);三是特赦(又称德音);四是别赦(因特殊原因而赦免)。明、清律又分恩赦与常赦两种。可参看《乾隆会典》一书。

沈家本在《律例杂说》中说的"常赦所不原",是指在常赦中所不能原宥的人犯和也有可以原宥的人犯。沈家本指出:

"律文:首节重其有心故犯,次节矜其无心误犯,末节推广特恩之意。"

"条例:每遇查辨恩诏时,部文内所云:常赦不原,例内载明:不准援免者,俱不准援免,云云,即指以下各条。"

"应准援赦之犯,不候释放,遽行脱逃,只应枷责示儆,以治其先行私逃之罪。"(笔者注:这一条,就是可原的一例。因为只予以枷责示儆,以治其先行私逃之罪,然后仍予以释放。)

七、关于犯罪存留养亲

沈家本在《律例杂说》中,说了三点:

其一，凡是犯死罪非常赦不原者。“非常赦不原者，专指死罪。其徒流军罪，不论常赦应原不应原，概责四十板，准留养父老，老疾应侍。律例奏或老或疾，有一于此，即属应侍，不必相兼。”

按犯罪存留养亲条，是中国封建刑制中根据犯人的实际情况予以照顾的规定。这种照顾，或老或疾，有一项即属于“应侍”的范围即可行使“存留养亲”的制度。此制的法律思想基础，是渊源于儒家纲常伦礼。沈氏坚持此说，亦属履行封建人伦思想。这也是“法不足怨”中的“情有可原”之一。

其二，是对杀人犯有秋审应入缓决的规定。“此查被杀之家，是否独子之例。专指死罪人犯言军流徒，即有关人命，亦毋庸查。”对杀人犯死罪的人犯，如果缓决而执行军、流、徒时，而被杀之家如是独子，当死罪人犯未决前可代被杀之家的老、疾，存留养亲。

其三，关于“帅承认瀛奏服制情实，改缓人犯，呈请留养一折。此案：龚奴才误伤伊父龚加红，由情实改缓四次不准援减。惟念该父母，年以七十，家无次丁。以该犯素非冷逆，伤由过误。呈情留养，其情可悯。龚奴才著施恩准其留养。此系法外施仁，后不得援以为例。该部知道”。此例是说：第一，按律例而论，对龚奴才不准援减；第二，但念其父母年老无人照顾，特法外施仁加以援减，以后不得援以为例。“法外施暴”则民积怨，“法外施仁”则民感恩，正是封建刑制的两个对立面。沈家本愿意颂扬后者和责贬前者，也表现了他的儒家仁政的法制观。

八、关于老、小、废疾、收赎

收赎，是赎刑的一种，也是我国古制中对某类罪犯的“矜恤”而加以照顾的一种制度。

沈家本在《律例杂说》里指出：“侏儒、口哑、耳聋，不作废疾。”就是对这三类人犯了罪，不作为废疾来对待，即不能实行收赎。沈氏又说：“‘瘫’，准作废疾收赎”。（见乾隆十一年例）就是对于瘫痪人犯了罪，准予按照废疾来收赎。

九、关于犯罪时未老、疾

这个题解应当是：在犯罪人实施犯罪时未老、无疾的情况下能不能实行收赎呢？沈家本在《律例杂说》中指出：“两人对敌，各成笃疾，并合作犯罪时，未老、疾事发时。老、疾，各拟应得罪，一律收赎。”

按:对沈氏这段话的解释,有四层含义。(1)两人敌对,因殴伤而各成笃疾时,不得收赎;(2)都是笃疾的人而合作犯罪(即共犯),不得收赎;(3)罪犯还没有老(如没过70岁)或者还没有成为笃疾、废疾时,就"事发"(破案)了,也不得收赎;(4)犯罪时已老、疾时,都应根据情节判处应得之罪,但可以一律收赎。

十、关于给没赃物

没收,我国古已有之,是剥夺个人财的一种刑罚。没收,分一般没收和特别没收两类。一般没收,指把犯人的全部财产一概剥夺,没归公有。特别没收,指没收与犯罪有密切关系的特定物。沈家本在《律例杂说》里所说的给没赃物,是指犯罪所得的物。沈氏从清律例中的给没赃物条首先指出:"此于追赃中存矜恤也。"给没财物,就是向犯人追赃。"存矜恤",就是有所照顾。

关于追赃,沈氏说:"人赃俱亡,不欲累人赔偿。虽人已死,而正赃现在;或正赃花费而犯人未死。犹追还官主,故同。余皆征之。"也就是说,(1)人赃俱亡者,不征。(2)人死赃在或赃无人在者,也要追还给官、主。(3)其他情节,一概征没。

接着沈氏又说:"身死勿征。"一般是指当犯人已死去,就不追赃。但是,沈家本又说:"按:今窃盗赃,监守、常人盗赃,虽正赃已花费,本犯正法或病死,犹以家产变赔。"也就是说,对这类情况(窃盗赃物的、监守盗赃的、常人盗赃的)、虽然人死赃亡,还要用"家产变赔",因此,不适用"身死勿征"之例别。犯身死者也与这条相同。

最后,沈家本又具体说明了以下两种况:"一、断付死者之财产,遇赦,不得免追或葬银。窃盗援赦,虽减免应追赃。二、盗劫之案,查出盗犯名下云云:资财什物,专指本犯随带向例入官者而言,不可误为犯属家产。如原赃起而未苠,亦应由督抚酌量办理,不可仅以未起之赃数核辩。"

沈氏所说的第一种情况,表明了清代律例中关于追赃的认真和严肃性。虽在"遇赦"、"援赦"的情况下,即使可以减免刑罚(指杖、徒、流等),但仍然应当追赃。他所说的第二种情况,讲的是审判人员要从具体对待出发而有所照顾的一面。如应当把"本犯随带"的物品同犯属的家产分别开来;应当把"原赃起而未苠(尽)"的情况同"未起之赃数"分别开来,不要混同。

十一、关于犯罪自首

沈家本在未刻印稿《律例杂说》中关于犯罪自首的论述如下:

"其遣人代首,若于法得相容隐者为首。得相容隐者为之首,是本犯不知者,若知则自首矣。如遣卑幼首告卑幼,不在犯义之条。干名犯义注条内,有外孙告外祖父母,系小功亲,皆与委父母相告,系缌麻亲,俱免罪。子吐父过于外人,问不应;若吐于官,则同告父。夫为盗,妻因别故骂出、致夫罪发。"

"及相告言。相告者,如伯叔有事,因交恶而相告,亦同得相隐之律。凡师徒同居,彼此告言,准同自首,得免。"

"其知人欲告及逃叛而自首者,减罪二等。与事发在逃不同,此减本罪二等,彼则止减逃罪二等,本罪不减。事发在逃,若容隐者捕送到官,罪人亦同自首,得减逃罪二等,捕送者仍依干名犯义律。若逃者能捕,重囚投首者,依犯罪共逃条断。"

"其逃叛者虽不自首云云。在逃军官自首,免罪,引兵律。其伤于人,《小注》:'得免所因之罪'。《总注》:'得免所因之罪'。如因窃财而伤人、自赌搏而伤人,自首者,得免其窃盗、赌搏之罪,仍科伤人罪也。"

"若私越度关前逃叛而自首,得减此条,首酌。"

"小功缌麻亲首告云云。七年部议"凡杀伤干人亲属代首,不准一例援引,概从末减。荃曰:"有违法事先被容隐,亲属首告,又用财买免,免其原告罪名,坐以用财行求。若系缌麻小功以下论减者,仍以从重论。"

以上,沈家本全面地解释了清代律例中的"犯罪自首"问题。其对我国当前的立法,也颇有参考的价值。

十二、关于二罪俱发以重论

这是中国古代奴隶制刑法和封建制刑法的传统原则和一贯做法,沈家本也持这种观点。沈氏指出:

"各尽本法。据会各尽本法者,谓罪虽从重,归结而轻;罪之赃物等项,仍应逐一科断也。如犯斗殴杀人,又犯诬告人因而致死随行亲属一人,从一科断,然必各从本法,诬告致死,断给财产。"

"近,擅杀窃盗、讹诈、抢夺罪人、一家二命,应拟绞,抵以杀。系窃盗、讹诈、抢夺罪人,从一科断。经部复准照办。"

为阐释沈家本以上两段原文,需作以下论证。

1. 二罪,即指二罪以上的数罪,这是单一罪的对称语。所谓单一罪,就是行为人实施一个犯罪行为或几个具有内在联系的犯罪行为而具备一个独立的犯罪构成。所谓数罪,就是行为人在判决宣告以前,实行几个具有不同犯罪构成的犯罪行为;或者是实行几个同种犯罪构成的犯罪行为,但是这些行为彼此都缺乏内在联系。如果在前一个犯罪行为受到宣判以后而刑罚还没有执行完毕又犯新罪者,也是数罪。区别单一罪和数罪,是关系到量刑的轻重和计算刑法时效的重要原则之一。

2. 二罪俱发以重论即数罪俱发论,这是中国古代刑制关于一人犯数罪,同时或先后被告发,予以合并处理的办法。按《唐律》规定,其内容有以下几个层次:第一,数罪同时被告发时,如果轻重相等,任以其一罪论处;如果轻重不等,以其中的重刑论处。数罪先后被告发,后告发的罪如在前罪判决之后而轻重与前罪相等,不予追究;如重于前罪,应加重审理,前罪已科之刑,得折充入后罪计算。第二,频犯赃罪不采取"以重论"的原则,一般是累计赃值,折半论处。第三,一行为触及两罪名,罪法差等则累论,罪法不等则以重法并满轻法分处。第四,上述数罪,分别依"重赃并满轻赃"或"重法并满轻法"处理,按轻赃、轻法的总值折半论罪,其刑责未必比数罪中的重罪要重,有时还有可能要轻。这也就是沈家本所说"谓罪虽从重,归结而轻"的意思。第五,沈家本说的"各尽本法",按《唐律》规定是"其应除、免、倍、没、备偿、罪止者"。除,指除名,官爵悉除;免,免官,倍,加倍赔偿(强盗、窃盗之赃一般要加倍赔偿);没,由官府没收;备偿,偿还原物;罪止,判刑的最高限额(超过此限就不再加刑)。按明、清律规定是:"其应入官、赔偿、刺字、罢职、罪止者。"

3. 沈家本说的"罪之赃物等项,仍应逐一科断",是指要一个案件一个案件地分别科断,然后累计赃值,折半论处。至于对"犯斗殴杀人,又犯诬告人因而致死随行亲属一人"的案件,则要"从一科断",即按"数罪从重者论"处理。而对于诬告致死的罪行,除从本法判处刑罚外,还要"断给财产",否则,将使被害人的家属生活无着。

4. 沈家本所说的第二段话,即近来数罪俱发中的"擅杀窃盗、讹诈、抢夺罪人、一家二命,应拟绞,抵以杀。"清刑律规定同为死刑的绞、杀两种执行方法,同时又是两种死刑的刑罚,即区分执行身首不异处的绞刑轻于身首异处的斩刑(杀)。因此,沈氏说的"拟绞,抵以杀",算是从重刑改为轻刑的一种。至于对"窃盗"、"讹诈"、"抢夺罪人"等数罪俱发者,应"从一科断",即按"数罪从重者"论处。这些变通的规定,业经法部"复准照办"。

后注《律例杂说》是沈家本先生关于律、例问题的自由谈,写于1908年。本文只就其中《名例》的主要部分,作了简要评述。

(1987年第8期)

1988 年

略论唐律在发展唐前期经济中的作用

王立民

唐律在唐太宗贞观十一年(637年)定本,唐高宗永徽二年(651年)对其稍作修改,二年后又在律后附上"疏议",使内容更为规范和明确,此后便代代相传,修改无几,直至唐亡。

唐前期的统治者从巩固和维护自己的封建专制统治出发,处处以隋亡为鉴,注意用法律手段发展社会经济。由于隋统治者的暴政,隋后期法制严酷,徭役不已。据《通典·卷七》所载,隋炀帝命"每月役丁二百万人"建洛邑,命"导洛至河及淮",又"筑长城两千余里,皆征百万余人"这一切严重摧残了社会经济,那时"黄河之北,则千里无烟;江淮之间,则鞠为茂草"。[①] 人民只能"剥树皮以食之,渐及于叶,皮叶皆尽,乃煮或捣木为末而食之。其后人乃相食"。[②] 于是隋末农民起义爆发了,"天下之人,十分九为贼",[③]隋王朝随之崩溃。唐前期的统治者目睹了这一惊心动魄的事实并以此为鉴。他们认为,要使社会长治久安,就必须大力发展社会经济,满足人民最基本的生活需要,所谓"使民衣食有余,则自不盗"。[④] 而要发展社会经济就须使用法律手段,唐前期的统治者除了用令、格、式等法律形式对有关经济法律关系作了详尽的规定外,还把一些重要的内容制定在唐律中,以促进经济发展。

1. 保护土地所有权和使用权

唐前期的土地分为永业田和口分田,前者农民拥有所有权和使用权,后者农民只拥有使用权。唐律对分田、卖田、占田、盗耕田和侵夺田等都作了明确的规定。《唐律疏议·户婚》"里正授田课农桑违法"条规定,里正应依令"授人田","若应受而不授"的,"笞四十"。"卖口分田"条规定,农民对口分田只有使用权,没有所有权,故不得买卖,"卖口分田者,一亩笞十,二十亩加一等,罪止杖一百。""盗耕种公私田"条规定,凡盗耕种公私田的,"一亩以下笞三十,五亩加一等;过杖一百,十亩加一等,罪止徒一年半。""在官侵夺私田"条规定,官吏如以

① 《隋书》(卷七十)。
② 《隋书》(卷二四)。
③ 《通典》(卷七)。
④ 《唐鉴》(卷三)。

强凌弱，侵夺私田的“一亩以下杖六十，三亩加一等，过杖一百，五亩加一等，罪止二年半”。这些规定使农民重新有了土地，生产和生活都有了基本保障，有利于提高他们的生产积极性。

2. 严究诈欺毁公私财物的行为

诈欺毁公私财物的行为直接危害国、民的合法经济利益和社会生产力，故唐律研究这种行为。《唐律疏议·诈伪》的“诈欺官私财物”条规定，凡通过诈欺手段非法侵占公私财物的“准盗论”，即盗一尺杖六十，一匹加一等，五十匹加役流。《唐律疏议·杂律》“弃毁器物稼穑”条规定，凡故意“弃毁官私器物及毁伐树木、稼穑者，准盗论”，过失者“减三等”。这些规定直接保护了包括生产工具、生产对象在内的国民的合法经济利益，有利于促进社会生产力的发展。

3. 维护国家的税赋徭役制度

税赋徭役是封建国家剥削农民的主要形式，也是国家生存和发展的主要经济来源，故唐律竭力维护这种制度。《唐律疏议·户婚》“输课税物违期”条规定，凡国家规定应交课税之物，如违期不交的“以十分论，一分笞四十，一分加一等”。‘“善科赋役违法”条规定，地方官吏依法收赋派役，凡违法“杖六十”。“丁夫杂匠稽留”条规定，凡被役之人都须按期赴役，如不赴者，“一日笞十，三日加一等，罪止杖一百”。这些规定都有利于贯彻和执行国家的税赋徭役制度，确保国家进行重点经济兴造项目的资金和劳动力来源。

4. 重罚赃罪

唐的赃罪是指受财枉法、受财不枉法、受所监临、窃盗、强盗和坐赃，简称“六赃”。赃罪中既有直接有损国、民经济利益的一面，如窃盗、强盗和坐赃，又有通过官吏渎职而有损国、民经济利益的一面，如受财枉法、受财不枉法、受所监临，社会危害性较大，故唐律重罚赃罪。《唐律疏议·职制》“监主受财枉法”条规定，凡监临官接受所监临人财物而枉法的，“一尺杖一百，一匹加一等，十五匹绞”。《唐律疏议·贼盗》“强盗”条规定，凡用暴力手段强取他人财物的，“不得财徒二年；一尺徒三年，二匹加一等，十匹及伤人者，绞，杀人者，斩。”《唐律疏议·杂律》“坐赃致罪”条规定，凡坐赃的，“一尺笞二十，一匹加一等；十匹徒一年，十匹加一等，罪止徒三年。”这些规定都有助于减少、杜绝利用非法手段侵占他人财物和利用职务进行经济犯罪的行为，保护生产关系。

5. 保护债权人权益

债务关系在唐前期已很广泛，它是社会经济发展的必然产物，也促进着社会商品的流通与交换。唐律对债的问题也作了规定，其中主要是保护债权人的权益。《唐律疏议·杂律》“负债违契不偿”条规定：凡负债不还的，“一匹以上，违二十日笞二十,二十日加一等,罪止杖六十;三十匹,加二等,百匹,又加三等"并"各令备偿"。"负债强索财物"条规定,国家保护债权人的权益,由官司负责解决债务问题,"公私债负,违契不偿,应牵掣者,皆告官司听断。"这些规定都有利于债的履行和正常的经济交往。

6. 严禁非法兴造行为

唐前期的统治者出于集中人力和财力进行大规模建设的需要,严禁非法兴造各种工程,制裁非法兴造行为。《唐律疏议·擅兴》"兴造不言上待报"条规定,凡兴造较大的工程项目都须上报,违者在动工前要"笞五十",动工后要按"坐赃论减一等"处罚。"工作不如法"条规定,凡兴造的工程都须按规定施工,违者"笞四十"。这些规定有助于保证国家重点经济建设项目的进行。

7. 打击其他扰乱经济秩序的犯罪

唐律还打击私铸钱币、短斤缺两、价格不公和走私等扰乱社会经济秩序的犯罪。《唐律疏议·杂律》"私铸钱"条,重罚私自制造钱币的行为,规定凡有私造工具而未成币的"徒二年",已铸成的"流三千里"。"私作斛计秤度"条规定,凡私造量衡工具而造成短斤缺两的,要"计所增减,准盗论"。"市司评物不平"条规定,在公私交易中市场管理人员必须持平,如有违犯要"计所贵贱,坐赃论,入己者,以盗论"。《唐律疏议·卫禁》的"携禁物私度"条规定,凡走私的均按"坐赃论"。这些规定不仅维护了国、民的合法经济权益,也有利于稳定社会秩序。

综观以上唐律的规定,可见它具有以下特点:

(1)唐律规定的内容与当时的经济制度和状况相吻合

唐前期的主要经济制度是均田制和租庸调制。均田制规定:"凡天下丁男,给田一顷,笃疾废疾,给四十亩,寡妻妾,三十亩,若为户者,加二十亩。所授之田,十分二分为世业,余以为口分。世业之田,身死则承户者授之。口分则收入官,更以给人。"①租庸调制规定:"课户每丁租粟三石。其调随乡土所产绫绢拖各二丈,有加五分之一。输绫绢拖者绵三两,输布者麻三斤,皆书印焉。凡丁岁役二旬;无事则收其庸,每日三尺。"②唐律中有关分田、卖田、占田、盗耕田和侵夺田的规定正是适应了保护均田制的需要,有关税赋徭役的规定,是为了适应贯彻租庸调制的需要,这就决定了唐律能成为促进当时经济发展的一个主要原因。

(2)唐律规定的内容比较完整和协调

唐律通过两种方法把唐前期的一些主要经济关系都作了规定。一种是在律

---

① 《唐会要》(卷八三)。

② 《大唐六典》(卷三四)。

内明确规定一些较重要的经济法律关系，制裁经济犯罪，以上归纳的七类都属此种情况，另一种是把违反了令、式中规定的具体经济法规而律中无规定的内容，也确认为犯罪并按违令、式进行处罚。《唐律疏议·杂律》"违令"条规定，凡违令的"笞五十"，违式的"减一等"即笞四十。这样，唐律就使生产、流通、交换和消费中的各环节都有章可循，内容比较完整。此外，唐律的内容也比较协调。以量刑为例，它对每一犯罪中的故意与过失、既遂与未遂、危害性大小等都作了区别，处罚合理。《唐律疏议·杂律》"校斛斗秤度不平"条，根据监校者故意和过失的不同主观因素，规定故意的"杖七十"，过失的"杖六十"。"私铸钱"条根据既遂和未遂、危害程度，分别处罚。内容协调则显示出法律的力量，可有力打击经济犯罪。

(3)唐律中的制裁比较严厉

唐律在制定过程中虽大量削繁去蠹，变重为轻，但对于经济犯罪的处罚仍重于一般犯罪，下面列举官民两例为证。《唐律疏议·职制》"上书奏事有误"和"事应奏不奏"两条规定，官吏渎职的，最高处刑"杖八十"；而《唐律疏议·职制》"事后受财"条规定，官吏在收受他人财物之后，即使不违法，也要构成犯罪，最高处刑为"流二千里"，明显重于前者。还有《唐律疏议·斗讼》"斗殴以手足击人"条规定，在斗殴中如使对方"血从耳目出及内损吐血"的，只"杖一百"；而"强盗"条规定，不得财的也要"徒二年"，亦重于前者。这也说明唐前期的统治者，很重视通过严惩经济犯罪来维护正常的经济秩序，发展社会经济。

(4)唐律通过治吏来打击经济犯罪

唐律重视通过打击犯罪官吏，来维护国家的经济法制，这可从规定内容的多少和量刑幅度两方面来看。唐律中规定的经济犯罪多与治吏有关，以"六赃"为例，受财枉法、受财不枉法和受所监临三赃纯属职务犯罪，是直接治吏的，其他三赃是针对一般公民的，亦含官吏。还有，在近似或相同的犯罪中，对官吏的处罚严于百姓，如同样侵占私田行为，《唐律疏议·户婚》"妄认盗卖公私田"条规定，公民侵占私田的，"一亩以下笞五十，五亩加一等；过杖一百，十亩加一等，罪止徒二年。"而在"官侵夺私田"条则规定，官吏侵占私田的"一亩以下杖六十，三亩加一等；过杖一百，五亩加一等，罪止徒二年半"。后者亦重于前者。这也从一个侧面反映了唐初的统治者已重视治吏在发展社会经济中的特殊作用。

唐律对唐前期的经济产生了积极作用。那时经济秩序良好，陆上是"外户不闭，行旅不赍粮，取给于道路焉"。[①] 水上是"弘舸巨舰，千舳万艘，交贸往还，

① 《资治通鉴》(卷一九三)。

昧旦永日"(《旧唐书》卷九四)社会经济也持续发展,唐太宗时已是"天下大稔,流散者咸归乡里,斗米不过三、四钱"。[①] 唐高宗时物价更便宜,以马价为例"天下以一缣易一马,秦汉之盛,未始闻也"。(《汪笺隋唐史论稿》)到了唐玄宗开元、天宝年间,社会经济发展到了顶峰,那时"耕者益力,四海之内,高山绝壑,耒耜亦满"。[②] 国家财政收入情况良好,以致在"安史之乱"以前,唐玄宗平均每隔6年就有一次减免全年的租庸,在中国历史也属罕见。经济的繁荣也促进了社会的昌盛,以户口数为例,唐高祖时全国有户数200余万,唐太宗时上升为300万,唐高宗时增加到380万,唐玄宗时达到8,914,709户。故史称那时是"贞观之治"、"永徽之治"和"开元盛世"。

唐律作为唐前期统治者发展封建经济的一种强有力手段,的确起过积极作用,但是,唐律中规定的经济法律关系内容过于分散,十二篇中有七篇都有此类规定,尤其是在"杂律"中更是如此,这样就不便于掌握和实施。而且,唐律是唐前期的产物,只能满足唐前期发展社会经济的需求,到了后期,社会经济状况发生了较大的变化,它也就几乎成为具文,以格式破律、代律的情况普遍存在,其作用也就黯然失色了。

(1988年第10期)

① 《资治通鉴》(卷一九三)
② 《元次正集》(卷七)。

上海律师制度历史沿革简介

王　申*

一

近代上海律师公会是辛亥革命以后建立起来的一个社会团体，是近代资产阶级民主革命的产物。它在半殖民地半封建的上海司法活动中占有一定地位，对近代上海司法活动具有相当影响。研究上海律师公会的形成、活动、性质和作用，可以从一个侧面使我们了解近代上海法律制度的发展。

鸦片战争以后，中国固有的封建旧法已经不能适应急剧变化的经济和社会关系。为改变上层建筑以适应社会变化，清王朝重要之举便是“变法改制”。在这一过程中，西方法学思想的输入起了催化作用，打破了原来自成一体的古老的中华法系。

1910 年由沈家本主持编纂的《大清刑事、民事诉讼法》中，出现了“律师”字样。沈家本在奏折中说：“盖人因诉对簿公庭，惶惊之下，言词每多失措，故因律师代理一切质问、对话、复问各事，召若遇重大案件，则由国家拨予律师，贫民或由救助会派律师代伸权利，不取报酬，补助于公私之交，实非浅鲜。”这可说是对律师的最早表述了。

我国在民国以前，虽有专门从事法律事务的人，但并无律师，只有“讼师”或贬称“讼棍”。清末，产生由官厅许可的代书制度，代书者须通过裁判所举办的代书考试，及格者，准予为人撰拟诉状，诉状须记载翔实，否则要追究责任，后因弊病甚多而禁止。宣统二年（1910 年），两广总督袁树勋曾奏请开设律师研究班。第二年，徐谦等考察了外国的司法制度，也曾建议建立律师制度，终未被采纳实行。不久，辛亥革命爆发了。

辛亥革命以后，孙中山领导的临时政府曾仿效资本主义国家，起草过律师法草案，准备推行律师制度，后因临时政府很快被解散而未实现。袁世凯窃国以后，北洋政府曾于 1912 年 9 月制定《律师暂行章程》第 38 条，《律师登录暂行章程》第 7 条。它规定在诉讼制度上，为当事人设置辩护人和代理人，由律师参加

---

* 作者单位：华东政法学院（现华东政法大学）。

诉讼,为被告人辩护,确立处罚必经审判,审判必许辩护两大原则。1920 年前后,我国律师主要分布在一些经济发达的沿海城市,特别是外国商人集聚的城市,如北京、上海、天津、广州、南京、福州、长沙、济南等地。

律师最先并无统一组织,一般是以个人名义参加诉讼活动。有的称辩护士,有的称律师。1912 年,上海出现了律师组合的形式,即律师公会组织。律师公会是一个要求严格的社会团体,加入者必须持有律师证。《律师法》第 9 条规定:"律师不加入律师公会,不得执行职务。"当时的《诉讼法》还规定:"凡律师俱准在各公堂为人辩案",但要取得律师资格,须在法律学堂考取合格,以及胜任律师的文凭,且须殷实保人二名,立誓具保所保律师品行端正,人凭相符,方准该律师在所在高等公堂或各属公堂辩案。

上海律师公会建会初期,入会人数不多。1927 年以前,仅 200 余人。1927 年以后,逐渐增多。其原因是由于租界司法权逐步收回后,我国律师能在租界内各法院出庭。1929 年以后,上海律师人数激增,据统计,1929 年为 816 人,至 1935 年已达 1282 人。

上海律师公会在全国成立较早,且是人数较多的律师组织。上海当时作为中国工商业集中的开放城市,理所当然地成了全国律师人才汇集之地。这些律师的主要来源:一部分是各法学院历届毕业生;一部分是政界中不得志或对政府不满而离职的、以自由职业谋生的人士。一般是个人或合伙执业,许多人与政府的联系非常密切。当时的律师常常先私人执业,等到有了一定的资历、物力和社会影响以后,再转入政界工作,或者在政界工作了一段时间再从事或恢复律师执业。

上海律师公会的组织形式初期暂定为会长制,由会长一人全权负责公会的一切事务。1927 年南京国民政府成立以后,上海租界司法权逐步收回。律师人数急剧增加。同年 9 月 18 日上海律师公会举行改选大会,会议指出:"以本会全权付托会长一人,无怪乎因循简陋,故步自封。以会长有限之精神,若期其事事整饬,何肯以一身为取怨之府。于是授人口实,欲取而代者,四出钻营,思高踞此席而后快,我会员不谋根本改革,每值定期大会改选时,但相率缺席。遂使年年流会,造成终身傀儡会长之机……以我改组律师公会之同人,毖后惩前,不避嫌怨,抑尊崇为平等,化专任为分劳,不得不采用委员制,以图改善于万一也……以凡公会会员不满百人者,适用会长制。超过百人者,适用委员制。上海律师公会达 200 会员以上,仍应适用委员制……"此文呈由上海地方检察厅转呈国民政府司法行政部批准。改组后的上海律师公会,设执行委员 15 人,常务委员 3 人,监察委员 13 人。自 1927 年第一届执监委员宣誓就职之日起,至 1937 年抗日战争爆发止，均是执监委员制。在这十年中，共改选过九次，第九届执监委员一直延任至抗日战争胜利。抗战胜利后，原任第九届执监委员恢复办公。1945年年底公会执监委员呈请上海市社会局批准，改执监委员制为理监事制的组织形式。1947年2月23日上海律师公会第一届理监事联席会成立，设理事21人，互选常务理事7人，监事7人，互选常务监事3人，理监事制一直延续至1949年中华人民共和国成立。

新中国的成立，标志着国民党在大陆的反动统治彻底结束，标志着国民党的旧法统在大陆完全废止。1950年1月12日，中国人民解放军上海市军事管制委员会主任陈毅、副主任粟裕批示："悉查旧上海律师公会和国民党反动政府的司法制度有不可分离之关系，依照共同纲领第十七条之规定，反动政府司法制度既经废除，该律师公会的社员资格亦随之消灭……"至此，上海律师公会遂告结束。

二

在现代社会中，任何一个国家离不开法律，当然也就离不开律师。有人据此以为，从律师在社会上的地位和活动状况，就可以衡量一个国家究竟是实行民主还是专制，是人治还是法治。这种看法虽然有些偏颇，但却道出了律师在现代社会中的重要性。

律师职业被人称作为自由职业，其主要是由于从事这种职业的灵活性很大，他的工作是有关于当事人私人利益的特定事务。他可以根据需要，按照自己的意志自由地接受或者不接受他人的委托。律师职业的范围很广，对私人纠纷和社会纠纷，几乎无所不包。这也可能是引起许多人热衷于律师工作的理由之一，因为这种职业能够给他们带来各种不同的处世经验。

近代上海是一个畸形的非常复杂的社会，各帝国主义租界林立，他们互相独立、各自为政，俨然如国中之国，这就使律师的权利相当复杂。而这种复杂主要体现在我国律师同公共租界法院和法租界法院的关系上，当然其实质还是与我国司法主权的丧失和收回紧密相连。那时凡获得律师资格的人，如欲执业，除需要申请加入律师公会，遵守公会之规定约束外，还要得到地区法院的核准，营业地仅限于该法院允许的一些地区。

依照中华民国法律规定，上海律师公会的主管部门在地方为市政府社会局，其一切活动必须受社会局及所在地方法院首席检察官之监督。比如，公会需要召开会员大会，按例须通知社会局及检察院和法院，由他们派人监督。律师由于其职业的特点，使他在经济上往往有较高的收益。一般而言，律师的收入须看他们的办案效果和社会影响而定，影响越大，慕名而来的当事人就越多，其收入也就越多。律师收费大体上是由他们和当事人之间亲自安排的事，不过律师公会也规定了最低限度的收费标准。但是律师如果对一些重大案件办得成功，他往往可以得到约定以外的酬金。

对于一些经济不宽裕或财力微薄而无力聘请律师的当事人，律师公会显示了它与众不同的社团性质，公会制定贫民扶助法，免费为他们提供法律服务，这对广大生活在贫困线以下的劳动人民多少带来些好处。

三

近代上海是一个交织先进与落后的畸形社会，帝国主义列强的炮舰既把近代一些民主与法制意识带了进来，同时也把殖民的枷锁套在了上海人民头上。从表面上看，一些以资本主义法学为蓝本建立起来的司法制度，在实践中确实起到了一些作用，然而另一方面国家的司法主权却丧失了。这具体表现在外籍律师这一现象上。上海在司法主权尚未收回以前，凡有领事列席之案件，由工部局公董局为告发人之案件，以及有领事裁判权国人诉无领事裁判权国人的民事案件，均许外籍律师代表任何方面出庭，而不必遵守我国律师章程之规定。这种制度对我国司法主权无疑是一种严重的侵犯，然而，上海第一批律师中有很多人，是从外籍律师的写字间里脱颖而出的。

在这样复杂的社会里产生的律师制度，有其与生俱来的先天不足。我们综观近代上海律师公会，在它短暂的37年中，既有维护正义与公正，体现进步的一面，也有维护旧法统，保护反动统治的一面，当国难当头，民族利益受到侵害的时候，他们能发出时代的声音。1930年，律师公会在收回不平等条约的宣言中指出："我国受不平等条约之束缚，在领土以内尚有并世界各国所绝对不能忍受之领事裁判权及观审制度，肆其活动割裂我法权，侵损我独立，深耻大辱久铭刻我四万万民众之脑中。"但是，1949年上海律师公会在组织"反对内战大同盟"时竟指人民解放战争为"叛乱"，吁请"戡乱"，表露了它的反动立场。

四

上海律师公会从1912年成立，到1949年解散。在这37年中，与国民党反动政权的兴衰紧密地联系在一起。当时有不少人与官僚、买办、流氓串通一气，徇私舞弊、敲诈勒索。1948 年 2 月 5 日大公报曾刊登了一篇题名为“律师万能”的文章，说：“律师是怎样的人？律师是叫另外二人脱掉衣服打架，他自己却拿了他们的衣服走了。”但是，历史也向我们证明，在强敌入侵，国难当头或反动统治倒行逆施，民族危难紧急关头，也有过一批正直的律师，不畏强暴，仗义执言，成为民主的斗士和先驱。如在“二·七”革命斗争中被反动军阀杀害的施洋律师。还有沈钧儒、史良、沙千里等，他们不仅能为广大劳苦大众争取民主、自由去斗争，同时，他们还能与中国共产党站在一起，为争取中国革命的解放事业而战斗。

律师制度，虽然是统治阶级司法制度的一个重要组成部分。然而它在半殖民地半封建的旧中国出现，却有其特殊的意义。首先，在一个半殖民地半封建的社会里，出现一个替当事人辩护和代理的组织，不能不说是一种社会进步，它在一定程度上有利于人民大众同擅专独断的司法官吏进行斗争。一些倾向革命的先驱，利用法律职业的特殊性，以资产阶级法律中虚伪的民主和自由的规定，来营救被迫害的革命人士。律师公会辩护团 1933 年营救廖承志、陈赓的活动，1936 年营救“七君子”活动等都是对中国革命解放事业的大力支持，这是毫无疑问的。

（1988 年第 11 期）

1989 年

论朱元璋的重典政策

阎青义*

明太祖朱元璋在元末农民战争中扫灭群雄,推翻元朝的黑暗统治,建立了朱明王朝。朱元璋非常重视法律的制定及实施,他在总结历代王朝兴衰的经验教训,特别是总结元朝的腐朽统治和覆亡的教训时曾说:"元氏昏乱,威福下移,法度不行。"所以他主张:"立国之初,当先正纲纪。"且明申:"吾治乱世,刑不得不重",若"惩创奸顽",必须用"重典"。基于这一治国思想,朱元璋于执政期间实行了严酷的重典之治。

一

朱元璋首先用重刑思想指导立法工作,于吴元年(1367年)10月,就命中书省定律令,以左丞相李善长为总裁官,参知政事杨宪等20人为议律官,参照唐律制定律285条,令145条,到12月书成,颁行之。洪武六年冬,诏刑部尚书刘惟谦详定大明律,"每成一篇,辄缮写以进,上命揭于两庑之壁,亲加裁定。"于次年2月书成,颁行天下,篇目一准于唐,共计606条,分为30卷。洪武九年朱元璋以律条"犹有未当者",命丞相胡惟庸、御史大夫汪广洋等"详议厘正十有三条"。洪武二十二年(1389年)刑部又奏请更定一次,"取比年所增者,以类附入"。重新编订至洪武三十年(1397年)五月,正式颁行全国。总其名曰《大明律》,共30卷460条。

《大明律》的颁行,是朱元璋"劳心焦思虑患防微近二十载"的经验总结,朱元璋把它看做治理的法宝,他在《祖训》中说,"凡我子孙,钦承朕命,毋作聪明,乱我已成之法,一字不可改易。"

《大明律》比前代律加重,凡谋反及大逆者,不仅本人要凌迟处死,其被株连的亲属包括祖父、父、子、孙、兄弟及伯叔父、兄弟之子,凡年16岁以上者一律处斩刑。凡强盗不分首从皆斩。凡伪造宝钞不分首从及窝主皆斩,财产并入官。私犯盐、茶,拒捕者斩。官吏"若与内官及近侍人员互相交结,漏泄事情,夤缘作弊,而符奏启者,皆斩"。大臣不经朝廷专擅选用官吏者斩;对亲戚非奉特旨不

---

* 作者单位不详。

许授官职,违者亦如之。若有上言宰执臣美政才德者,处斩刑;宰执大臣知情,与同罪。所以它是封建时代一部具有代表性的重刑法典。

朱元璋制定明律的同时,在洪武十八年(1385 年)亲自采辑用重刑惩治臣民的案例编成《大诰》,次年又钦定《大诰续编》、《三编》,令臣民诸色人等,户户有一本,"臣民熟观为戒",并且规定如民家有一本《大诰》者,"若犯笞杖徒流罪名,每减一等,无者每加一等",并"令天下府、州、县民,每里置塾,塾置师,聚生徒教诵御制《大诰》,欲其自动知所遵守"。朱元璋花费这么大的力量宣传律令,这是历代封建王朝少见的。其目的则是要臣民"奉法守分",顺从朱明王朝的统治。《大诰》比《大明律》还要严酷,是法外之法。

二

朱元璋在司法上对人民、勋臣、官吏、富豪都实行了残酷的刑杀。这是朱元璋实施重典政策的一个突出表现。

朱元璋曾是红巾军领袖,深知农民反抗力量的巨大威胁,因而对明初各地爆发的聚众起义给予严厉的镇压。如洪武五年 9 月,南海"黑鬼"聚众起事,被擒捕 370 余人,尽杀之;十五年正月,潮州海阳县曹名用聚众 300 人反抗朝廷,"悉诛之";同年广东一起义军,首领号称"铲平王",聚众数万人,明派兵镇压,残杀 8800 多人。朱元璋重典政策的主要锋芒,是对着广大劳动人民的。

朱元璋担心臣僚结党营私,削弱皇权,大肆诛杀元勋宿将。洪武十三年(1380 年)朱元璋以"擅权植党"的罪名诛杀左丞相胡惟庸,同时被杀的有陈宁、涂节等数人。胡狱案,坐死之功臣封侯者至 20 余人,坐诛者 3 万余人,此为明初"第一大狱"。二十六年(1393 年)又以"谋反"罪名诛杀大将军蓝玉。胡蓝两案,史称"胡蓝之狱",前后 14 年之久,诛杀 45,000 余人,"元功宿将相继尽矣"除此外,还有朱祖亮、胡美、周德兴、王弼、谢成、傅成、傅友德以及冯胜等冤狱。

朱元璋对贪官污吏惩治也极严厉。洪武十八年,户部侍郎郭桓与北平二司官吏通同舞弊,吞盗官粮,朱元璋下令法司拷讯,并手诏列郭桓等人罪,处极刑。这起贪污案件,处死者六部侍郎以下数百人,下狱拟罪者数万人。

朱元璋还常用剥皮之刑惩罚官吏。"按《草木子》记……凡守令贪酷者,许民赴京陈诉,赃至六十两以上者,枭首示众,仍剥皮实草。"

为了防止旧豪族地主在地方上危害封建政权的巩固,朱元璋进行了严厉的限制和打击。除施用严刑外,还将豪门富民之家迁徙出本地乡土,"亡其宗"。洪武三年徙江南 14 万户于凤阳,二十四年徙 5300 户于南京,三十年又徙14,300余户于南京。这些豪门富民,田地被籍没,远离乡土,使之财势俱失,不能危害朱明王朝。

三

朱元璋设锦衣卫,建廷杖之制,是极端君主专制制度在法律制度上的反映。洪武十五年(1382年)朱元璋特设锦衣卫。锦衣卫下设镇抚司,有监狱和法庭,从事侦查、逮捕、审讯、判刑等活动,其直接承命于朱元璋,而审讯、杀人可不丽于法,不通过"三法司"。世称"诰狱"。

廷杖本无法律规定,只要廷臣违忤旨意,朱元璋就命锦衣旗校"行杖"。廷杖始于元代,朱元璋施行得更普遍厉害。《明史·茹太素传》称:"茹太素……(洪武八年)陈时务……言多忤触,帝怒召太素面诘,仗于朝。"此后廷杖便经常施行。不少廷臣往往被活活杖死,京官人人自危。每旦入朝,必与妻子诀,及暮无事,则相庆以为又活一日。

朱元璋设立的酷刑极多,除鞭死、剥皮外,还有凌迟、枭首、肢解、挑筋、去膝盖、剥指、断手、刖足、阉割,还有剁趾枷令、常枷号令、枷项游历,还有免死广西拿象、戴罪还职、戴死脚镣坐堂审案等。明野史载,有铲头会(15人并列、掘泥埋其头,特露其顶,用斧削之,一削去数颗头)、刷洗(裸置铁床,沃以沸汤,以铁刷刷去皮肉)、钩背(背悬之)等。这些极惨厉的酷刑,是皇帝专制极端发展的恶果。

四

明初,"战乱"尚未平息。豪强地主霸占大量土地,欺压百姓,贪官污吏侵吞官粮,受财枉法,破坏禁令,严重地威胁着明王朝的统治。因而朱元璋用严刑酷法惩治,对恢复农业生产,稳定社会秩序起到了一定的促进作用。同时还用重法惩治伪造和使用假宝钞者,私铸钱者,贩私盐者,以及伪造茶"引"、贩卖无"引"茶者等经济犯罪。这对保护经济的恢复和发展有一定的积极作用。

但是,朱元璋的重典政策,对整个社会历史发展起着十分严重的阻碍作用。

朱元璋的法外用刑破坏了封建法制,特别是皇帝特令锦衣卫特务组织,巡察缉捕,专理"诏狱",驾于"三法司"之上,控制司法大权,这在历史上确是空前之举。朱元璋死后,历代皇帝遵守"祖训",大颁重刑条例,"因律起例,因例生例,例愈纷而弊愈无穷",使奸吏任意出入人罪。特务制度并不断扩大,明成祖十八年设置"东厂",宪宗十三年又设"西厂",曾撤销,武宗时又重设"西厂"。到朱棣时,大小特务达十余万人。在全国各地可以随时告密逮捕人民,只要"片纸朝入",便会"严命夕传,纵抱深冤,谁敢辩理,不但破此诸族,又将延祸多人,但有株连,立见败灭",全国一片阴森恐怖气氛。明王朝实行以皇帝为头子的特务政治,造成了封建政治的极端腐败,阻碍了中华文明的发展和进步。

朱元璋统一全国后,在他的翼护之下新的官僚和地主阶级通过合法赏赐和非法兼并,迅速占有了大量土地和佃户。据洪武四年(1371 年)统计,李善长、徐达、汤和等六国公二十八侯共拥有佃户 38,194 户。洪武三十年户部上报,除云南、两广、四川以外,全国占地 7 顷以上的地主共有 14,241 户。自天顺八年(1464 年)至正德九年(1514 年),皇庄 36 处,占地 37,595 顷 46 亩。《明史 · 食货志》载,"占夺民业","为民厉者,莫如皇庄及诸王、勋戚、中官庄田为甚。"逼得农民四处逃亡、聚众反抗和起义,明起义次数最多,规模最大,导致社会生产日益萎缩,广大农村一片荒凉,严重地破坏了农业生产的继续发展。

朱元璋的重典之治,虽对明初社会经济起过积极作用,但到明中后期就成了社会经济发展的严重桎梏。它们对在封建商品经济内部刚生长出的资本主义生产关系萌芽,实行种种禁令,进行严酷的摧残。成化元年(1465 年)"令都察院申明浑河大峪山煤窑禁约",并令锦衣卫巡视,遇有私开掘者,"重罪不宥"。嘉靖二十九年(1550 年)规定,"西小一带地方,内外官豪之家,私自开窑卖煤、凿山卖石、立厂烧灰者",处以充军之罪。据《天下郡国利病书》载,对全国各地出现的金、银、铅、锡、矿洞,实行封禁,"封塞完固"并派旗军、保甲人员看守。明统治者认为"开矿必当聚众,聚众必当防乱",因而抓获者"立毙杖下",或处斩刑。成化以后,又重申"私贩、窝隐俱论死,家属徙边卫,夹带越境者充军"。嘉靖年间,又宣布"私茶兴贩,夹五百斤者",予以终身充军。明统治者还用重税手段对工商业者进行残酷的掠夺,成化、弘治时,钞关税吏"以增课为能事,以严铲为风力,筹算至骨,不遗锱铢常法之外,又行巧立名色,肆意诛求。船只往返过期者指为罪状,辄加科罚。商客资本稍多者称为殷富,又行劝借……少有不从,轻则痛行笞责,重则坐以他事,连船拆毁。客商狼籍,号哭水次,见者兴怜",以致"客商畏惮征求,多致卖船弃业"。这种对经济贸易的限制,严重地束缚了社会生产力的发展和科学、技术、文化的进步。

总之,朱元璋所推行的重典治国政策,遗患无穷。它加强了封建君主专制对人民的反动统治,严重地阻碍了社会生产力的发展,因而也加速了明王朝在农民战争的风暴中灭亡。

(1989 年第 7 期)

新中国外国法制史的回顾与展望

何勤华*

一

新中国40年外国法制史学的发展,大体经历了三个阶段:

(一)形成与发展受挫阶段(新中国成立初期至20世纪70年代末)。新中国成立以前,我国未设外国法制史这门课程,也没有这一法学学科,教学涉及外国法制史的只是几个比较具体的领域,如罗马法、日耳曼法等。当时也出版过几本概论性质的外国法制史作品,如穗积陈重的《法律进行论》、莫理斯的《法律发达史》等,但它们都是译著,且尚未纳入高等教育的体系。新中国成立以后,我国首先在中国人民大学,接着在华东政法学院等院校开设了《国家与法权通史》与《苏联国家与法权历史》两门课程。前者按奴隶制、封建制、自由资本主义、帝国主义等时代顺序,讲述了古代埃及、巴比伦、希腊、罗马、法兰克、阿拉伯哈里发以及英国、美国、法国、德国、日本等国的国家与法权历史,基本上囊括了苏联、中国之外的世界各主要国家。后者主要论述从基辅国家产生起至现代苏维埃社会主义时期苏联的国家与法权历史。20世纪50年代末至60年代初,仿照苏联教科书的模式,我国也编印了一批外国法制史教材,发表了若干外国法制史专业论文、译文。这样,外国法制史就作为一门高等院校法律教育的基础课程和一门独立的法学学科登上了中国舞台。由于中国革命一开始就受到苏联的深刻影响,整个上层建筑的建设也以苏联为模式,加上新中国成立初期至20世纪70年代存在的极“左”思潮与法律虚无主义,因此,该阶段外国法制史的教学与科研带有明显的时代特点,即以苏联教科书为基础;国家与法尚未分开,外国法制史事实上成了外国国家与法律制度史;虽然经历时间较长(近30年),但科研成果很少,论文译文总数不足100篇;教学与科研呈日益萎缩状态,至“文革”爆发,终于完全停止了发展。

(二)复兴阶段(20世纪70年代末至1982年)。十一届三中全会以后,随着法制建设事业的逐步发展,外国法制史学也获得了新生。1982年,成立了全国

* 作者单位:华东政法学院(现华东政法大学)。

外国法制史研究会；在北大、人大、西南学院、华东学院等政法院校的外国法制史教材的基础上，编写出版了统编教材《外国法制史》（陈盛清主编，林榕年、徐轶民副主编，北京大学出版社）；在全国数十所法律院系开设了外国法制史必修课，并在安大、北大、人大、厦大、西南、华东、北京等政法院校开始招收外国法制史专业硕士研究生；发表了一批有质量的论文，如陈盛清的《论法制史的比较研究》、徐轶民的《罗马法学家在罗马法发展中的作用》（均载《外国法制史汇刊》第1辑，武汉大学出版社）等。该阶段的特点为：在一定程度上摆脱了苏联的模式，将国家与法律分开，外国法制史的研究对象被限定为外国法律制度发展演变的规律；历时不长，但成就比较大，研究组织、教科书、论文集同时面世；基本上形成了全国统一的外国法制史教学和科研体系与秩序。

（三）迅速发展阶段（1983年至今）。1983年以后，随着我国体制改革的深入，对外开放政策的进一步实施，外国法制史学也获得长足的发展，出现了与前一阶段不同的新特点：外国法制史学术活动非常活跃；研究会能如期每年召开年会；除大学本科外，成人自学考试、中央广播电视大学、司法干部函授等也增设了外国法制史专业；在外国法制史教学体系上，出现了一批基本摆脱苏联教科书模式、适合我国实际的教材；除论文的数量进一步增加外，还出版了一批有质量的外国法制史专著；一批硕士研究生和本科生走上外国法制史教学和科研岗位，进一步壮大了该学科的力量。

二

总结外国法制史学40年尤其是后10年的发展，成就是巨大的。

第一，成立了外国法制史教学和科研的协调组织机——全国外国法制史研究会。该会成立至今已召开了8次全国性学术会议，围绕外国法制史教学和科研的重大课题，如外国法制史的研究对象与体系，外国法制史如何为我国的经济政治体制改革服务、如何面向世界、面向未来、面向四个现代化，当代各国法律制度的特点及发展趋势，港、澳、台的法律制度，伊斯兰法的社会价值与研究意义等进行了充分的讨论。其成果，有些已以论著形式面世，有些则被吸收进各法律院校的教学内容、体系当中。此外，研究会还正在组织编写当代外国法律制度丛书，酝酿编辑出版《外国法制史》多卷本。

第二，出版了一批外国法制史专业教材、资料。除统编教材《外国法制史》（1982年初版，1987年修订版）和《外国法制史资料选编》（上、下）外，1983年群众出版社出版了周枏、吴文翰、谢邦宇编写的统编教材《罗马法》，1987年中央广播电视大学出版社出版了徐轶民编写的全国电大外国法制史专业教科书《简明外国法制史》及《外国法制史教学大纲》,同年光明日报出版社出版了由嵘、孙孝堃编写的自学辅导教材《外国法制史简编》。与此同时,各政法院校还编写了一批校用或地区用教材。上述教材,在体系上有突破,在内容上有创新。如徐轶民的《简明外国法制史》、华东政法学院的《外国法制史纲》以及中国政法大学出版社 1988 年版的同名教材,除了将国家与法明确分开之外,还打破了原来的将外国法制史分为古代、中世纪、近代、现代四个阶级,每一阶段涉及各个国家,各个国家中又分别阐述各个部门法这样一种体系错综、内容庞杂、不利于教学的传统模式,而将外国法制史按法律制度分成若干章,分别论述几个典型时代、典型国家的法律制度,线索清楚,简明扼要,适合于本科尤其是电大、函授、自学考试等学生学习。又如,西南政法学院的《外国经济法制史》(何力等编写),围绕世界各主要国家经济法制的发展线索展开论述,使教材能适合于经济法系、国际经济法系学生学习,能比较紧密地服务于我国当前发展商品经济的需要。

第三,发表了众多的论文、译文、专著、译著。仅《中外法学》、《法学译丛》、《外国法学研究》等 14 家杂志,自 1979 年以来发表的外国法制史论文、译文就有 3500 多篇,法律出版社等十几家出版社出版的外国法制史专著、译著达百余种。其中,林榕年的《外国法制史研究中的几个问题》(《汕头大学学报》1985 年第 1 期),对外国法制史研究中遇到的法和阶级斗争、法和国家、法的批判和继承、法的历史类型和法系等问题作了深刻阐明。由嵘的《日耳曼法概说》(法律出版社 1987 年版),对现代西方法律两大渊源之一的日耳曼法的起源、发展、基本内容、与罗马法的关系以及对后世的影响等作了充分的论述。李昌道的《美国宪法史稿》(法律出版社 1986 年版),对世界上颁布时间最早、适用年限最长、影响力最大的现行美国宪法的沿革及其社会历史背景作了清晰的描述。由林向荣审定的外国法制史翻译丛书(西南政法学院印发),对大陆法系、法国法与英国法、英国法的渊源等专题作了介绍,推动了外国法制史的基础建设。华东政法学院法制史教研室的《简明法制史词典》(河南人民出版社 1988 年版)中的外国部分(徐轶民主编),系新中国成立以来第一部外国法制史专业词典,虽内容较为简单,但仍不失为从事该学科教学与科研的一本有价值的工具书。此外,周格的《罗马法提要》(法律出版社 1988 年版)、曲可伸的《罗马法原理》(南开大学出版社 1687 年版)、江平、米健的《罗马法基础》(中国政法大学出版社 1987 年版),也在内容与体系上对罗马法作了许多新的探索。

第四,开设了内容丰富的必修与选修课。除外国法制史以外,各校开设的属外国法制史内容的课程还有:罗马法、法学史、外国法制史研究、比较法制史、外国经济法制史、苏联及东欧国家法律制度、当代各国法律制度概论、外国宪法、外国刑法,外国民商法等,从而适应了各个专业学生的不同需要。

第五,培养了一批专业人才,并将外国法制史知识普及社会。目前,全国已有近二十所高校设立了外国法制史专业硕士点,已有50多名外国法制史专业的硕士研究生毕业,活跃在教学、科研和法律实务岗位上。同时,通过将外国法制史课程纳入电大、函授、自学考试教育体系,进一步扩大了外国法制史的社会影响。

三

回顾40年外国法制史学的发展,也还存在许多缺陷,表现为:其一,某些过时的观念尚未改变。这里的观念,主要指指导思想。当然,外国法制史研究应以马克思主义为指导思想。但马克思主义体系庞大,且形成已有100多年,因此以马克思主义中哪些观点作指导以及如何理解这些观点就是一个十分重要的问题,而过去我们往往很少注意这一点,因而出现了教学和科研中死板僵化、牵强附会、违背历史事实的错误倾向。比如,由于我们过分强调马克思国家学说中的国家与法同时产生密不可分的一面,因而在相当长的一段时间内将国家与法律的历史凑在一起,混淆了外国法制史的特定对象,由于我们片面理解阶级斗争的观点,因而对剥削阶级尤其是资产阶级的法制成果始终肯定不够。就是1987年修订版的《外国法制史》,在论述外国法制史的主要任务时还认为:“介绍世界上一些有影响的法律制度和原则”,只是为了“揭露剥削阶级法律制度压迫劳动人民的阶级实质”;即使是可以“批判地借鉴、利用和吸收”的东西,也仅仅是“外国历代统治阶级运用法律制度实行统治的经验”(该书第3页)。其二,体系尚未理顺。如前所述,几十年来,我们基本上沿用了苏联教科书“四大块”的体系,即按照历史概况、阶级结构、国家制度和法权的基本特征四部分论述的格局。《外国法制史》教科书虽然对此有许多突破,如将国家制度史部分拿掉,删掉了许多不很典型的法律制度等,但在基本体系上仍沿用了苏联按年代、按国家、按部门法层层划分的模式,因而存在纵横线索不清、形式雷同、内容繁杂、分量太重的缺陷。1987年的修订本虽对此又作了一些修改,如删掉了巴黎公社的法律制度,补充了战后各主要国家的法制变化等内容,但基本上仍维持了原来的面目。近两年来,中国政法大学、西南与华东等政法学院在突破旧的体系方面作了一些尝试,但就全国总的情况看,仍停留在统编教材的框框之内。其三,在外国法制史研究中使用的方法也比较陈旧。如在相当一个时期内,我们只强调历史唯物主义方法而排斥运用其他方法,即使在运用历史唯物主义时也往往将其简单化为阶级分析一种方法等。产生上述缺陷的原因,除了历史的、政治的以外,也与我们长期以来囿于建立在产品经济之上的法制模式有关。这种模式求稳怕动、强调一致排斥多元、重视义务轻视权利、注重法律的镇压功能忽视法律的管理协调作用等,作为这种法制模式之组成部分的外国法制史学,当然也不可能跳出这个臼穴。

四

那么,如何改革、发展外国法制史学科,使其更好地为我国的社会主义实践服务呢?笔者认为,应做好两方面的工作。

第一,发挥外国法制史学科的特点与优势,更好地为我国的商品经济与改革开放服务。外国法制史的特点与优势,一个是“外”;另一个是“史”。所谓“外”,是指它涉及的都是外国尤其是世界各主要国家的法律制度;所谓“史”,是指它总结的基本上是已经成为历史(当然也包括正在发展变化的)、形成经验的东西。而这些对发展我国的商品经济恰恰是最为珍贵的财富,因为世界各主要国家都是商品经济历史最长、最发达的国家,都有一整套建立在商品经济之上的法律机制,而这种机制又是经过数百年实践检验被证明是适应并促进商品经济发展的,学习这种机制就可以使我们少走许多弯路。具言之,外国法制史学科在这方面发挥着三个作用:(1)参谋作用。目前,我国已有部分省市宣布将直接引进(移植)世界发达国家与新加坡、香港等地的法律来发展我国的商品经济。那么,这些法律中,哪些可以直接引进、照抄照搬?哪些必须经过修改后才能适用于我国?哪些完全不能为我所用?外国法制史学科将为此提供咨询、作出参谋。(2)培养作用。通过对本科生及研究生系统讲授外国法制史的各门必修与选修课程,增加学生的外国法制史(尤其是现代经济法制史)基础知识,更好地从事商品经济活动。事实上,我们已有一些外国法制史专业毕业的硕士研究生活跃在外贸、外经法律实务工作岗位上。(3)交流作用。通过外国法制史的教学与研究,派遣访问学者、进修生、留学生,互相交流图书、资料、情报,加强与世界各国的学术联系,外国法制史学科架起了一座交流中外法律文化的桥梁。

第二,加强外国法制史学科的自身建设,为建立适合有计划商品经济发展的法律模式作出贡献。将我国目前建立在产品经济之上的法律模式转变为适应、促进商品经济发展的法律模式,是包括外国法制史在内的各门法学学科的共同任务。就外国法制史学目前的情况而言,必须强调:首先,更新已经过时的外国法制史学观念，在坚持马克思主义指导的前提下，广泛吸收现代西方哲学、政治学、经济学、社会学、法学、心理学中的一切优秀成果，作为外国法制史教学与科研的指导思想，摒弃学习外国法制史只是为了“揭露剥削阶级法律制度压迫劳动人民的阶级本质”，只是为了加深对“马克思列宁主义关于法的理论的理解”这种片面的观点，重视对世界各国的公民主体观念、权利保障观念、权力制衡观念的发展史的研究，等等。其次，明确外国法制史教学与科研的重点，逐步增加当代外国法律制度发展变化内容的比重，以缩短其与我国社会主义法制建设实践的距离。再次，完善外国法制史学体系。目前的任务是要在各院校已作出诸多尝试的基础上，形成一个能适合研究生、本科、电大、函授、自学考试等各种层次，适合法律学系、犯罪学系、经济法系、国际法系等各个专业的外国法制史教学体系，以使外国法制史学科跟上法学其他学科前进的步伐。复次，加强对外国法制史学方法论的研究，重点是突破以往方法论上的一元化，实行多元化。只要有利于外国法制史学科发展与繁荣的，什么方法都应吸收、什么手段都可以运用。最后，重视外国法制史学科的资料建设。作为一门历史学科，外国法制史学如果忽视资料的翻译、收集、整理与积累就将一事无成。就目前情况而言，我国虽已出版了《外国法制史资料选编》，但它下限只到1946年，第二次世界大战以后就成了一片空白。近两年，各部门法专业虽也陆续翻译出版了一些当代外国著名法典，如苏联和各加盟共和国的《立法纲要》、日本的《关于禁止私人垄断和确保公正交易的法律》等，但缺少统一规划、缺少系统性。因此，外国法制史学科应将这项任务承担起来，按年代或按国别翻译编辑出版当代外国法制史资料选。如碍于战后各国法典众多，卷帙浩繁，全部搞有困难，可以先搞一个目录索引，至少可以将已译成中文的部分的目录汇集起来，以为外国法制史教学和科研提供一部系统的工具书。

（1989年第8期）

1990 年

玄学法律观在法律思想史中的地位

王召棠*

玄学是魏晋士大夫以老庄学说糅合儒家经义而形成的一个唯心主义学派。魏晋玄学的兴起，包括其余波，一直延续到南北朝，时间长达300多年，影响及于上层建筑的各个方面，一时成为社会主要思潮。玄学探讨的中心是关于宇宙的本体及其发展规律问题。玄学家对具体法律问题虽无专门论述，但所谈的“天道自然无为”，目的是要纠正正统儒学以神学目的论为基础的政治法律观，用以补救东汉以来封建统治的思想危机。玄学家在论证自己观点中，对正统的礼法制度进行了充分甚至无情的揭露，总结了封建政治和礼法制度得失，对推进封建法律思想的发展提供了有益的启发。中国古代法律思想是多元而丰富的，魏晋玄学中的法律思想也是思想史宝库中的一个有机组成部分。遗憾的是这方面的研究还处在拓荒之中，亟待同人们的重视和探索。

一、历史上的争议点

对玄学的评价，从魏晋开始就有很多争议，见仁见智，取舍颇有不同。有的以儒家正统自命，目之为异端；有的带着儒学衰落的伤感心情，予以非难；有的则直诋为“罪深于桀纣”。这些抨击的代表性著作有西晋的《崇有论》，东晋人葛洪的《抱朴子》以及《晋书·范宁传》所载的批判。魏晋以后，唐太宗御撰的《晋书·儒林传》、宋人吕东莱的《晋论》以及宋叶适《水心文集》中也都有激烈评辞。明末顾炎武的《日知录·正始条》，颇欲以玄学为士大夫的借鉴，指斥玄学是无文无君足以亡天下的谣言惑众，说“（正始）名士风流盛于洛下，乃其弃经典而尚老庄，蔑礼法而崇放达，视其主之颠危若路人然……以至国亡于上，教沦于下，羌戎互僭，君臣屡易，非林下诸贤之咎而谁咎哉？”我们不能说这些批评毫无道理，但其共同点则是多不究其学术思想，而把主观好恶与学术牵在一起，以致常把玄学与魏晋社会的内乱外患完全混为一谈，给玄学以全部否定。

到了清代，汉学家中已多有为魏晋玄学辩护的言辞。清人朱彝尊的《王弼

* 作者单位：华东政法学院（现华东政法大学）。

论》从学术文化角度方面指出:“传《易》者更相祖述,进魏世王辅嗣(王弼)之注,独冠古今。汉儒言《易》,或流入阴阳灾异之说,弼始畅其义论,惟因范宁一言,诋其罪深桀纣,学者过信之。”钱大昕的《何晏论》中说:“自古以经训颛门者,列于儒林,若辅嗣之《易》、平叔(何晏)之《论语》,当时重之,更数千载不废。方之汉儒即或有间,魏晋说经之家,未能或之先也。”近代民主革命家、思想家章太炎称钱大昕为何晏辩诬之辞是堪称千载难遇之知己,他又在《五朝学》一文中极贬前人数责魏晋学风之过当,提醒学者应当重视研究魏晋玄学中的一些有益观点。

应该说,历史上的是非褒贬,在今天学术界中仍未解决。有的仍把玄学中的学术思想同纵欲、放荡以至荒唐同日而语,也有的又把它比美于西方文艺复兴思想,是什么几百年间精神上的大解放。显然也都是偏颇之见。但从中确也可以看到,盛行于魏晋南北朝300多年的玄学,并没有白白地折腾历史,在学风和学术基本观点方面,无论是正面的还是反面的,都有着探讨的价值,其中当然也包括法律观点。

二、玄学法律思想的主要特点

玄经家不是法律思想家。但玄学既然是当时社会政治经济的反映,目的是企图用自己观点来补救封建统治思想的不足,就无法回避其对政治和法律制度方面的态度,中国古代从来没有产生过西方那样的纯粹法学家。古代“法家”,严格来说,也只是法律实践家;儒家法律观也是在儒家经学中表现出来的,这是中国古代法学思想的传统表述方式,玄学也不可能摆脱这个传统。因此玄学家虽然对具体的典章法规没有作过专门论述,但他们在对社会如何控制、调整以及精神生活这一类高层次思维中,他们的法律思想是毫不含糊的;玄学也不是不涉世务的空谈,他们所涉及的是统治阶级的指导思想问题,正因如此,玄学思潮的发展,又曾经成为当时政治斗争的工具。

玄学法律思想的一个主要特点,是在西汉儒家国家学说实行300多年之后,首先提出了重新审视现存统治制度中的“名教”得失。名教,狭义是指以正名定分为中心的礼教;广义则可包括整个礼教和法律规范。法律思想史上,自汉代独尊儒术之后,向以礼法合一、礼法并称为特点,礼法实际上是当时法律制度的通称。魏晋时期通用的“名教”一词,就是指广泛地渗透于政治体制、名分等级、伦理风尚和道德法律规范中的礼法制度。儒家把这套制度说成是“人道”,“(人)

道之大，原出于天（道）。天不变，道亦不变”，“与天同者大治，与天异者大乱，”[①]可是汉末农民起义把威严赫赫的汉帝国推翻了，统治阶级内部争权夺利、互相残杀，甚至任意杀死贵为天子的皇帝，而为了骄奢淫逸的腐化生活，连虚伪的纲常名教准则也可以不顾，这些现象，正统儒学不能解释，就是刑名家的一套法术之学也无所用其技。在这种思想危机下，玄学家出来承担补救之道了。玄学家说，支配宇宙万物的并不是“天”，而是“道”，道是“万物之宗”，道“任自然”而无为，所以传统的那套束缚人性的礼法制度应该修正，人性应该效法自然，让其自然地存在发展，不要多加干涉。玄学家一般都标榜“蔑视礼法”。他们从“天道自然无为”观察出发，认为一切礼法制度是“有为”的产物，都是违背自然之性的，他们认为“有为”是人的有目的作为，必以同于己者为是，异于己者为非，必然要引起是非之争，因此正统儒学把那套纲常礼教、仁义道德说成人们共同准则，是一套虚伪说教，应该受到蔑视。阮籍、嵇康更主张“越名教而任自然”，甚至直诋“六经”为鬼话，“仁义”为臭烂，斥责礼法之士是裤裆里的虱子。其批判言辞之激烈，实是空前，魏晋之世，“儒墨之迹见鄙，道家之言遂盛”，[②]玄学以道家学说为标榜，以道家的“自然之道”批判儒家后礼法制度，揭露了封建礼法制度的不合理性，应该是值得肯定的。

玄学法律思想的另一特点是，对君主专制政体的再探讨，主张“无为而治”。依儒家的国家学说，君主是封建统治阶级的最高代表，有绝对权力，“圣人之道，同诸天地”，“人主立于生杀之位，与天共持变化之势。”[③]但在实际政治生活中，对君主权力的实施问题一直存在理论上的不同观点。“无为而治”作为一种政治法律观点，主要点是在于限制君主权力的不加节制。由于东汉以来变乱迭起的根源，包括宦官之祸、外戚干权以及党锢之祸等，大都与君主纵欲无度、滥用权力有关，加之汉魏之间的农民起义，统治阶级内部“挟天子以令诸侯”的一系列复杂的政治斗争，瓦解了君权神圣的基础，从而使“无为而治”的观点得到广泛流行。魏晋思想包括崇尚儒学的学者和政治家也往往从不同途径接受了“无为而治”的思想，如刘颂认为“凡政欲静，静在息欲，息欲在无为”；羊祜以“成无为之化”作为自己追求目标；杜预认为“上古之政，日循自然”，是最高的政治典范。不过玄学家主张的“无为而治”带有更为浓厚的权力色彩。他们一方面主张君主“法自然”，拱默无为，反对君主察察为明、专依刑罚威势治理国家，而另一方

① 董仲舒：《春秋繁露》。
② 《晋书·向秀传》。
③ 董仲舒：《王道》。

面又要求君主"恩仁令物",推恩于臣属。可见其目的仅仅在于君臣的权力分配之争,其实质是要求君主无为,实行大臣专政。而这一点,正是魏督门阀世族所需要的,因而又成了曹魏和司马氏集团争夺权力的理论工具。将阀世族在其力量还不充分的时候是需要有个君主无为、大臣专政的政治体制,而在取得统治权之后又是不可容忍了。所以魏晋玄学家的"无为而治",无论在曹魏还是司马氏时期,都只能是个虚构的幻想。

玄学法律思想的最大特点,是在学风上打破了正统儒学的僵化模式,开辟了"执一统众"、"以简御繁"的思维方式。汉代学术以"经"为学,自汉武帝宣布"具以春秋对"以来,儒学以《春秋》为中心,支配了时代学风。及后,章句盛行,经有数家,家有数说,学者徒劳而少功。东汉经学大师郑玄"网罗众家,删裁繁芜",开了儒学简化之风,但充其量还只能阐明群经之大义,犹不免流于烦琐。魏晋玄学则从万物的最高原理上提出"统之有宗、会之有元"的本体论解答,退《春秋》而重老庄,通儒道而为一,探求万物的最高原理,被当时人称"以简御繁",从此学风为之一变。这种学风影响于法学研究,使得魏晋法学进入了一个新的转变时期。古代法律有一个由简到繁而又由繁入简的发展过程。汉初法九章,武帝时已有律令繁多之患。汉律不仅律令繁杂,而且体例"错糅无常",刑罚"轻重乖异",魏晋法律的昭昭特色就在于"蠲其苛秽,存其清约。"《魏律》经过删繁去秽,依事分类,已是一部纯粹的刑法典,又改《具律》为《刑名》,列于篇首,创立"以一统众"的先例;《晋律》清晰明目,简要得体,归于益时。与此同时,魏晋注释律学也有突出成就。汉时律学各为章句,解释不一,多方发展而无定说,曹魏下诏,只用郑氏章句,以谋统一,到《晋律》颁布杜预注解律令,"皆网罗法意",简而不漏,繁而不乱,"使用者,执名理以审趣舍",以法理统御法条,相当程度地完善了封建法网。张裴的《律表》说:"律始于刑名者,所似定罪制也,终于诸侯者,所以毕其政也……其相须而成,若一体焉。刑名所以经略罪法之轻重,正加减之等差,明发众篇之多义,辅其章条之不足,较举上下纲领。"正因如此,刘颂才能大胆地说:"律法断罪,皆当依律法令正文。若无正文,以附名例断之,其正文名例所不及,皆勿论。"魏晋律学的这些成就固然不能全归于玄学,魏晋律的制定也非出自玄学家之手,但魏晋学术思想由专从一经之说到儒道兼综,其受玄学"执一统众"、"以简御繁"的本体论影响应是毋庸置疑的。中国古代律学从汉律至唐律达到最高成就,其间魏晋玄学推动了学风的转变,使律学研究进入一个融通诸家学理、以学理统率律条的新时期,为此后唐律的完备化奠定了继往开来的基础,其所起作用也是应该肯定的。

三、颓唐的人生观

历史地肯定玄学法律观的一些积极因素,并不能掩盖玄学在人生观上的颓唐以致政治上带来的危害性。玄学是魏晋南北朝时期社会动荡、国家分裂、政治黑暗等社会环境下的产物。这时期,与封建大一统相维系的正经儒学衰落了,一批士大夫带着空虚的头脑,产生了对时代的悲观、失望心态,终于在"君子道消"之时找到了老庄学说的消极面,来作为其人生哲学的基础。《老子》中的自然无为,《周易》中的神秘主义,《庄子》中的不谴是非和蔑视礼法思想,都是他们为填补思想空虚和应付社会危机的有用思想资料。因此就玄学的思想体系来说完全是消极的。玄学家们以颓唐的心态来对待现实的礼法制度,虽然也能揭露得淋漓尽致,但提不出任何补救措施。所以他们批判了封建法制的不合理性,而在回答人类理想制度时,却又采取了虚无态度:"返璞归真",回到太初社会中去。这就完全暴露了玄学人生观的虚幻性。他们一方面积极地批判了正统儒学的礼法制度,另一方面又企图用逃避现实来对待现实,于是只得以纵欲主义为归宿,走向自身堕落的泥潭,这是玄学家本身的人世观所决定的,也是唯心主义玄学学派发展中的必然走向。当然,魏晋玄学家由于处在这样一个社会多变、政治动荡不定的时代,其所受到的政治遭遇以及个人的思想品格、对人生价值的理解都各有所不同,因而走向自身堕落的原因也不同。有的人是政坛失意,如何晏等人,有的人如阮籍、嵇康虽也纵欲放诞,却是因为寻找不到正确的出路而借此以反对传统礼法的一种发泄;另一种人,则完全是魏晋门阀世族腐朽没落思想的反映,他们裸体狂饮,戏弄婢妾,全然是一伙不齿于人类的丑类。而在这一部分人中,当权的人物给社会带来的危害性更大。

放达、纵欲是一种不顾社会利益,只图个人眼前享受的利己主义者,是一种不顾是非、不要廉耻否定社会公德的腐朽思想,它在任何时代都没有起过积极作用。魏晋南北出现的这一股颓唐风气,从皇帝到公卿大夫愈演愈烈。就这方面来说,顾炎武所指斥的由"蔑礼法而崇放达"以致"国亡于上"的话是完全正确的,西晋末年有个官至太尉的玄学代表人物王衍,带领晋兵10万余人抵抗石勒军,为石勒所包围,全军覆没,王衍也被活埋;临死前,谓人曰:"呜呼!吾曹虽不如古人,向若不祖尚浮虚,戮力以匡天下,犹可不至今日。"[①]这确实不是危言

① 《晋书·王衍传》。

耸听。

玄学是魏晋南北朝时期腐朽政治经济制度的产物，玄学的颓唐人生观正是玄学思想体系的反映。它的存在和发展往往是人们看不到希望和前途时的精神寄托，所以到了隋唐统一帝国的时代，玄学的消极感才渐告消失。但是作为学术思想来说，都不能抹杀它的作用。学术思想的发展规律总是前者启迪后者，后者丰富了前者。魏晋玄学家对于正统儒学法律观的批判，对于法学研究学风的发展，都作出了应有的贡献，唐初法制进入了一个高度完善阶段，其中魏晋玄学法律思想应该说起着开创性作用。这样说，大概不会过当吧，玄学法律观在中国法律史中实占有不容忽视的地位。

（1990年第1期）

嵇康法律观探析

徐永康*

嵇康,作为三国时代魏国的文学家、哲学家和音乐家,早已为人们所熟悉。但作为一个有独特法律思想的思想家,还鲜为人知。笔者从现存《嵇康集》10卷中看出,他的独特的法律思想的形成是与他的个人际遇连在一起的。由此,他的法律思想染上了一抹浓厚的个人性格志趣的色彩,亦当属情理中的事了。

一、越名教而任自然

嵇康生活的年代正处在魏晋易代之际,长期战乱,奸邪得势,民不聊生,社会道德风尚悉遭破坏,东汉以来门阀士族的统治已面临着严重危机。在这种情况下,有相当一部分知识分子消极地接受了老庄思想,要求取消一切政治行为,退回到"自然"的状态中去。"玄学"主宰了当时的学术思想界,也不可避免地影响着嵇康的思想。嵇康同何晏、王弼一样,推崇虚无无为,"游心于寂寞,以无为为贵",但嵇康的思想又有别于正统派玄学家,如玄学家们都主张"名教本于自然",而嵇康则认为"名教"与"自然"是对立的。他反对名教,主张放任自然,在他的诗篇和著作中,到处都流露出"越名教而任自然"的主旨,他十分羡慕上古时期"超世独步,怀玉被褐"的生活,感到那时虽然物质生活水平低下,但人心淳朴善良,不存争斗,安闲自在。可是后来,人们为了争利不顾起码的道德,斗智斗巧,更要受形形色色的世俗人情摆布,这自然是豁达放荡的嵇康所鄙视和不屑为的。因此,嵇康提出了回归自然的主张,在他看来,名位利禄只是引人进入烦恼之国的根源,若欲自得其乐,就要让思想感情与外界的名位利禄完全隔绝,要做到"清虚静泰,少私寡欲",就必须心无措乎是非,不去关心外界的是是非非,只要自己的行动合乎道就可以了。

嵇康的这些言论,表现了魏晋易代时期封建统治阶级中的一部分人,特别是一批自视清高的知识分子,对现实政治不满,对动乱的时局厌烦,可是又无法改变这种现实,因而企图通过对封建制度的自我毁弃来寻求解脱。所谓"越名教

* 作者单位:华东政法学院(现华东政法大学)。

而任自然”，是要人们挣脱名教的束缚，不尚虚荣，抛弃物质享受等欲望，不为追求富贵而胡作非为。但要指出，嵇康所说的“越名教”，并不是真正教人违背“名教”，而是在讥讽司马氏提倡“以孝治天下”的封建名教的虚伪性时所发的过激之语。他提出理想的古代社会的美好图景与后来的“名教”社会相互比照，借歌颂古代自然社会，来指摘后来的“名教”社会，抨击门阀世族统治的不合理，在客观上起了破坏封建礼教的作用，同时又是一贴麻醉药，既麻醉了众人，也麻醉了自己。

二、非汤武而薄周孔

嵇康从“越名教而任自然”的基础出发，又自然地推演出了“非汤武而薄周孔”的论点。作为老庄派哲学的思想家，他的法律思想也浸透了“无为而治”的理论，既然人情是原本自然的，那么让人们按照自然规律去生活便可以了，何必要什么礼法呢！他通过自己的笔，表达了人民渴求安逸生活，憎恶威逼扰攘的愿望，也是婉转地向统治者进言，尽量给百姓以休养生息的条件，这在某些方面和西汉初年一些政治家的言论正相吻合。

然而，嵇康却未必能如愿。他的名望、他的才华，使他身不由已地被卷入了政治风云的旋涡。在那篇千古闻名的《与山巨源绝交书》中，他极其坦直地表白了自己的心迹。信中嵇康责怪山涛不该纠缠自己出仕，同时满腔愤慨地攻击了时政，以绝世不仕表示与政治的对抗。在这封长信中，嵇康秉笔直书：“人伦有礼，朝廷有法，自惟至熟，有必不堪者七，甚不可者二。”公然表示对当时虚伪的封建礼教的鄙视和对朝廷法制的敌视态度。所请“必不堪者七”是历数了做官为宦的种种不便；“甚不可者二”则是指“每非汤、武而薄周、孔，在人间不止，此事会显，世教所不容，此甚不可一也；刚肠疾恶，轻肆直言，遇事便发，此甚不可二也”。好个“非汤、武而薄周、孔”，这真是惊世骇俗之言！商汤王和周武王，以臣伐君，都靠武力定天下，周公以辅佐成王而秉政，孔子祖述尧舜，而尧舜是禅让天下的，司马氏篡权正是要仿效这些古圣先例和以此为理论根据。在当时，虽然“司马昭之心，路人皆知”，但这样大胆地揭露却是不多见的。这无疑是捅了马蜂窝，当然要引起司马氏的忌恨。

嵇康之“薄周孔”，除了上述原因外，也有人认为是因为周公孔子之礼，使人浇竞，故薄之。这或许是有根据的。嵇康主张顺乎人的自然情欲，反对六经，他在《难自然好学论》中曾说：“六经以抑引为主，人性以从欲为欢，抑引则违其愿，从欲则得自然；然则自然之得，不由抑引之六经，全性之本，不须犯（范）情之礼律。”对抑引、束缚人性的六经和礼律颇多贬词。他认为,礼律仁义都是违背人的自然生存规律的,是人们出于相互间的争斗等目的而伪造出来的,并非自然状态原先就存生。

在当时晦暗的政治之下,嵇康敢于“轻贱唐虞而笑大禹”,“非汤武而薄周孔”,放肆地嘲笑司马氏想借禅让之古风,文饰篡夺曹魏政权的阴谋,表现了一个正直文人不畏强权的铮铮铁骨,只可惜“魏晋之际,天下多故,名士少有全者”,嵇康的此言此行,已注定了他人生道路的悲剧结果。

三、公私明而赏罚必

嵇康对老庄哲学的崇尚,决定了他的法律思想的基调是主张无为而治,反对恶法伤民的。他说,“法令滋章冠生,纷然相召不停,大人玄寂无声,镇之以静自正。”认为法令太多了,只会引起犯罪的增加,而君主少搞些扰民的措施,臣下也清明平和地管理属民,天下自然就会太平无事,所以,“古之王者,承天理物,必崇简易之教,御无为之治。”在《太师箴》中,他又描绘了一幅国家法度遭到破坏的情景:负有赏罚之重任的法律法令虽仍存在,却已成具文,既无以劝善,亦无以禁恶了,刑罚本来是用于惩治暴虐的,现在却变成了威迫忠贤的工具,过去是为了“天下”而实施(当要这是嵇康的偏见),如今则是服务于帝王一人。正是因为他们“凭尊恃势,不友不师,宰割天下,以奉其私”,才使法令不行,奸邪肆虐;正是因为“君位益侈,臣路生心,竭智谋国,不吝灰沉”,才使战乱频仍,国势日颓。这些,已经从历朝亡国丧乱的例子中得到了印证。

但是,嵇康并不是“非君”主义者。《太师箴》可算是比较集中地反映了嵇康政治法律思想的一篇文章,也是他思想感情的真实流露。他提出自己的为政标准,即居执政地位的帝王不要唯我独尊,专横恃强,而应当远离奸佞小人,采纳不同观点,“唯贤是授,何必亲戚”,“虚心导人,允求谠言。”他还要统治者“为天下而尊君位,不为一人而重富贵”,力求做到“君臣相忘于上,蒸民家足于下”。由此看来,嵇康非常希望出现一个能关心体察民瘼的好君主,使人民能够摆脱颠沛流离,横遭欺压之苦。这是比较了解下层疾苦的嵇康,在他可能达到的限度内所萌生的一种善良的,也几乎是梦幻般的想法。

为了使政治清明,嵇康强调为政要“释私”,还专门写了《释私论》,指出君子行贤,最重要的是“任心无邪”,“显情无措”,而不在于察法度,因为如果不存私念,坦然为公的话,自然就会符合法度,终成善果的。如果做到了“公私交显”,则行私者无所冀,而淑亮者无所负矣。行私者无所冀,则思改其非,立公者无所忌，则行之无疑；此大治之道也。

前已说过，嵇康的思想反映了魏晋易代时期一批知识分子的悒愤和消极情绪，他的“非汤武而薄周孔”，并不是真正反对礼教，而是因为司马氏之流明则提倡礼教，实则破坏礼教，因此一气之下，索性来一个彻底的否定。嵇康对法律的观点和看法也时常表现出这种叛逆性和奇异点。

对于刑罚的实施，嵇康还抱有一种“恶有恶报，善有善报”的朴素的因果报应思想，“必积善而后福应，信著而后祐来；犹罪之招罚，功之致赏也。”当然，也不是没有例外，“世无自理之道，法无独善之术，苟非其人，道不虚行。礼乐政刑，经常外事，犹有所疏，况乎幽微者耶？”但即便如此，嵇康在骨子里也没有否定礼法的作用，比如，“三年丧不内御，礼之禁也，莫有犯者。酒色乃身之佳也，莫能弃之。由此言之，礼禁交虽小不犯，身雠赊虽大不弃。”之所以出现这种现象，就是礼法能够“禁于未然”的缘故。

嵇康是主张“无为而治”的，因此，他的法律思想也更多地注重于法律能够预防犯罪这一面，相对而言，对法律惩罚犯罪的一面论述就较少。他本人是力行“顺天和以自然，以道德为师友，玩阴阳之变化，得长生之永久，任自然以托身，并天地而不朽”的，主张“奉法循理，不经世网，以无罪自尊，以不仕为逸，游心乎道义，偃息乎卑室”，结果也没有使自己逃脱天外飞来的杀身之祸，刚交不惑，就被卷入吕安一案，成为司马氏谋篡政权的牺牲品。

中国自进入封建社会以后，魏晋是一个社会大动荡的时期，随之也带来了思想上的大解放。社会生活中的种种矛盾终于纷呈和显露出来，黑暗腐败的社会现实已无法掩饰，门阀世族的等级统治在衰落和强化的交替之中。许多异端思想家乘隙冒出，极力追求新的思想境界，一批思想学派开始兴起，律学也发展到了前所未有的阶段。

嵇康的法律思想就是魏晋时期思想大解放的产物，他是一个具有强烈反抗性格的人物，因而其法律思想也有许多出格之处。他企望变革，要求去私为公，刑宽政平，使人民安居乐业，表现了他法律思想的进步性。但嵇康又是一位老庄哲学的思想家和颇有才气的文人，他的超然物外和出世的观念又难免在其法律思想上打上烙印。细观其有关法律思想的资料，理想的成分似乎多于务实的成分，想象的发挥似乎也多于具体的论述，这可能是思想家在着力追寻一种现实生活中并不存在的精神上的安慰和寄托。

（1990年第7期）

唐律实施问题探究

王立民*

唐律被认为是中华法系的代表作,历来人们都给予较高的评价。但它的实施情况如何? 本文拟对其中的一些问题作些探讨。

一、以格断狱问题

唐格是皇帝制敕的汇编,亦是司法官判案的依据。自唐高祖颁行《武德新格》始,唐代撰修格的活动连续不断。《新唐书·刑法志》载,违反格要依唐律制裁,即"一断于律",其实不然。在实际司法中,依格断狱的情况十分普遍。这是因为格比律更加灵活,能随机应变,弥补律之不足。如外,格还有其自身的有利条件,它的许多法条都由罪名与法定刑两部分组成,完全可独立适用。如《神龙散颁刑部格》的规定"流外行署、州县杂任,于监主犯赃一匹以上,先决杖六十,满五十匹以上,先决一百;并配入军"就是如此。格补律主要表现在以下三个方面。首先,格规定了一些律所没有规定的罪名。同格还规定了"伭诱官奴婢"罪,凡构成此罪者"先决杖一百",再依唐律中"略和诱奴婢"行为处罚。唐律中无此罪。唐律《贼盗律》的"略和诱奴婢"条只规定略和诱私奴婢的行为是犯罪行为,"略奴婢者,以强盗论;和诱者,以窃盗论。各罪止流二千里。"没有言及"伭诱官奴婢"的行为。其次,格还规定了一些律所没有规定的刑罚。唐律规定的刑罚为"五刑"即笞、杖、徒、流、死。而且是一罪一罚,"五刑"都单独适用,不合并用刑。格却规定一些"五刑"以外的刑罚。上述格规定"先决一百"、"并配入军"把杖与流合并起来,形成了一个新刑种。还有决棒。开元职方格中出现了"决六十棒"的规定。最后,扩大受罚范围。《神龙散颁刑部格》规定,凡"私铸钱"的,除了本人要受罚外,"其家民资财并没","邻保处徒一年","里正、坊正各决杖一百"。唐律《杂律》"私铸钱"条仅规定,私铸钱的,"流三千里",未言及要处罚其他人。

另外,还需提及的是格的地位比律高,这是以格补律,甚至以格破律的重要

* 作者单位:华东政法学院(现华东政法大学)。

原因,唐前期以格破律的情况已经存在,而且得到唐律的确认。唐律的《名例律》"彼此俱罪之赃"条"疏议"明确规定:"其铸钱见有别格,从格断。余条有别格见行破律者,并准此。"这一规定实际上已允许以格破律,以格断狱。到了中唐以后,这一情况更为普遍。从现存唐格残卷的内容看,格规定的有些罪名虽与律同,但处罚不同,多严于律。如《神龙散颁刑部格》规定,犯有"伪造官文书印若转将行用"、"盗用官文书印及亡印而行用"和"伪造前代官文书印若将行用,因得成官,假与人官,情受假"三种行为都要处罚,都"先决杖一百",然后流配,并"不在会赦之限"。此规定的用刑重于唐律。唐律《诈伪律》规定此三种行为的用刑分别是"流二千里"、"流二千里"和"徒二年",而且没有"不在会赦之限"的规定。

二、以制敕断狱问题

唐制敕是皇帝就特定的人或事发布的命令。常与诏令具有同等意义。唐玄宗即位后,改定"命曰制、敕",此后制敕之名广为使用,由于制敕是皇权的象征,因此它的地位亦比律高,这在唐律中也有规定。唐律《断狱律》"辄引制敕断罪"条"疏议"明确规定:"事有时宜,故人主权断制敕,量情处分。"这实际上已允许司法官依制敕不依律断狱。考虑到制敕内容的特定性,此条同时规定:"诸制敕断罪,临时处分,不为永格者,不得引为后此",否则将追究司法官的责任。到了唐中后期,随着社会情况的变化和唐律一些条文的不合时,制敕的地位和作用更越前期,以制敕断罪的情况更为普遍,以致长庆三年(824 年)十二月二十三日下敕规定:"自今以后两司检详文法,一切取最后敕为定。"

综观唐制敕的内容,主要在以下几个方面补律、破律。首先,制敕增加罪名、制敕规定了唐律中没有规定的罪名。如唐律《杂律》中只规定"私铸钱"是犯罪行为,未言及私销、私铸钱行为。以后,制敕把此二种行为也都认定为犯罪行为。宝历元年(825 年)八月下敕规定:"销铸见钱为佛像者,同盗铸钱论。"元和十二年(818 年)正月曾颁敕规定:"京城内自文武官僚,不问品秩高下,并公郡县主、中使等,下至士庶、高旅、寺观、坊市,所有私贮见钱并不得五千贯……有违犯者,自身人军宜付所司决痛杖一顿处死,其文武官及公主等并委有司闻奏,当重科贬。"其次,增加新刑种。制敕规定了唐律没有规定的刑种。如死刑,唐律仅规定绞、斩两种,制敕却规定了杖条。建中三年(783 年)八月二十七日下敕规定:"其十恶中恶逆以上四等罪,请准律用刑。其余应合处绞、斩刑,自今以后,并决重杖一顿处死,以代极法。"再次,用行政制裁代替刑罚执行。唐律规定的一些应处以刑罚的行为，在制敕中却以行政制裁代之，罚俸就是其中之一。唐律《职制律》"之官限满不赴"条规定，官吏超假不到任的，"一日笞十，十日加一等，罪止徒一年"。可贞元二十一年(804年)却下敕规定："三品以上，假满日，正衙见。如有违越，请准乾天元年三月敕，每犯夺一月俸。"即允许违律官吏可用罚俸来换刑执行，最后，扩大连坐范围。制敕的一些规定扩大连坐范围，把唐律中不列入连坐的也一并划入。如唐律并未规定官吏犯班要连坐长官，但建中元年(780年)一月二十一日却下敕规定："今以后，丞、簿、尉有犯赃私，连坐县令，其罪减所犯官三等。冀递相管辖，不得为非。"

三、唐律允许不依律断狱的问题

唐律一方面要求司法官必须恪守法律，依法断狱。另一方面又规定某些行为可不依律定判，另作别论。这些行为主要包括：

其一，是一些违礼不违律的行为。有些违礼不违律行为，虽不在律之处罚之限，但由于它们触犯了封建伦理纲常，所以亦可依礼制裁。如唐律《名例律》"老小及疾有犯"条"疏议"在解释"老小重疾"违礼不违律时说："其殴父母，虽小及疾可矜，敢殴者乃为恶逆。或愚疑而犯，或情恶故为，于律虽得勿论，准礼仍为不孝。老小重疾，上请听裁。"即允许皇帝按礼的要求处理此类案件。

其二，是"不应得为"行为。唐律《杂律》"不应得为"条解释是"谓律、令无条，理不可为者"。"理"含哪些范围，唐律没作进一步说明。这种违理不违律的行为要按理的规范进行制裁，具体是"不应得为而为之者，笞四十；事理重者，杖八十。"唐律为何允许依理处断，此条"疏议"作了如下解释："杂犯轻罪，触类弘多，金科玉条，包罗难尽。其有在律在令无有正条，若不轻重相明，无文可以比附。临时处断，量情为罪，庶补遗阙，故立此条。"唐律中有使用这一规定的条款。唐律《职制律》"匿父母及夫等丧"条规定，居丧期"或遣人作乐或自奏管炫，既玷大猷，须加惩诫，律虽无文，不合无罪，以'不应为之坐"。其处罚幅度是："期丧从重，杖八十；大功以下从轻，笞四十。"

其三，是化外人同类自相犯行为。唐律《名例律》"化外人相犯"条"疏议"解释"化外人"说："'化外人'，谓蕃夷之国别立君长者。"唐律允许化外人同类自相犯的可依其本俗法处理，而不按唐律的科断。化条规定："诸化外人，同类自相犯者，各依本俗法。"其原因是因为他们"各有风俗，制法不同"。但是，如果是异类相犯，那还须以唐律论。

综上可见，唐律不只是调整违律行为，一些违礼、违理而又不违律的行为，亦属其调整范围,上述有关"老小及疾有犯"和"不应得为"的规定就是如此。前者只违礼不违律,但仍需"上请听裁"。后者只违理不违律,却要依违理程度,分别处理。同时,唐律也不是调整所有的违法犯罪行为,一些特殊的违法犯罪行为不属唐律调整,如化外人同类自相犯就是如此。凡化外人同类在唐自相犯的,"依本俗法"科断,而不依唐律。这些规定正是疏而不漏、原则性和灵活性相结合的体现。它可使一切有损于唐统治秩序的行为都受到应有的惩罚,也给一些特殊的违法犯罪行为以灵活处断的余地。这正是唐律制定者的良苦用心所在。

(1990 年第 10 期)

1991 年

“五听”:中国古代审讯艺术

殷啸虎*

“五听”是运用察言观色的方法,通过对当事人的心理活动的考察,从而揭露犯罪事实,平反冤屈的审讯方式,它是中国古代司法审判中主要的、经常运用的审讯方式。

“五听”之说最早见于《尚书·吕刑》:“两造具备,师听五辞,五辞简孚,正于五刑。”即在审判活动中,在原被告双方都到齐后,司法官吏须通过五个方面的考察,以判断他们陈述的真伪。“五辞”也就是“五听”。在《周礼·秋官·小司寇》中,对“五听”的方式作了具体的阐述:“以五声听狱讼,求民情,一曰辞听,二曰色听,三曰气听,四曰耳听,五曰目听。”“辞听”就是察其言词是否不直,不直则理曲,直则理正,“色听”就是察其颜色,理直则色不变,理曲则色变,“气听”就是察其呼吸,理曲心虚则呼吸急促,理直则呼吸正常;“耳听”即察其听觉,理曲则惑,理直则不惑;“目听”就是察其眼神,理曲则失神,理直则坦然。通过辞、色、气、耳、目五方面的异常变化,观察当事人的内心活动,以求得实情。因此,“五听”作为一种审讯方式,注意对当事人的心理考察。这比起先前常用的单纯依靠神示证据及简单的刑讯逼供的审讯方式,无疑是一个进步。秦汉以后的历代封建王朝均继承了这一传统。唐朝在法律上明确规定以“五听”为法定的审讯方式。《唐律·断狱律》“讯囚察辞理”条:“诸讯囚者,必先以情,审察辞理,反复参验,犹未能决,事须讯问者,立案同判,然后拷讯。违者杖六十。”《狱官令》的规定更为明白:“察狱之官,先备五听,又验诸证信,事状疑似,犹不首实者,然后拷掠。”明确以“五听”作为主要的审讯方式,只有在通过“五听”尚不能得实情以及在罪犯拒不招供的情况下,才准使用刑讯。如此意义而言,“五听”是对刑讯逼供的一种法定限制。这一规定亦为以后历代刑典所沿袭。《宋刑统》直接将《周礼》中有关“五听”的内容载入律条。《大明会典》中也规定:在审讯时,必须先“观看颜色,察听情词,其词语抗厉,颜色不动者,享理必真;若转换友吞,则必理亏,略见真伪,然后用笞决勘”。成为封建时代刑事案件审判中最为主要的审讯方式。

* 作者单位:华东政法学院(现华东政法大学)。

“五听”的方法，首先在于考察当事人的心理活动。《周礼》项氏注：“心者，形之君，辞者，心之声，声发于中，不能掩于外，其辞信则色定气舒，耳目不乱；其辉伪则色变气索，耳目皆惑。”王昭禹在解释《周礼》中关于“五听”的论述时说得更明白：“听其辞，因察其色，以色若乎颜而为心之表故也……则察其色固足以得其心矣。以色未足，又察其气，以气充于体而为心之运故也……则察其气亦足以得其心矣。耳目者，心之枢机，心之情伪寓于耳目视听之际，察其视听，亦足以得其心矣。”把人的言词、面色、气息、听觉、眼神等，看做心理活动的外在反映，并通过对当事人上述五方面的异常变化，达到揭露罪犯、证实犯罪事实的目的。

其次，运用“五听”的方法，一般来说，还应辅之以一定的客观证据。南宋的著名刑事侦查学家郑克在他所编著的《折狱龟鉴》中就曾说过：“鞠情之术，或以其色察之，或先以其辞察之，非负冤被诬审矣，乃检存验物，未有不得其情者也”；“初察其色，已见其情，乃更详其本末，而验覆以事，验证以物，于是情既露矣，辞必穷矣，安得不服乎？”关于这一点，自《唐律》以后的历代法律也有明文规定。如元朝的第一部成文法典《至元新格》中，就有“诸鞠间罪囚，必先参照原发事头，详审本人辞理，研究合用佐证，追究可信显迹”的记载。将当事人的心理变化与客观证据结合起来，进行综合考察，以求得真情。

最后，由于“五听”的方法具有很大的主观性，因此，除了要辅之以一定的客观证据外，就使用这一方法的司法官吏而言，切忌先入为主的主观臆断。《列子·淡符》中的“人有亡斧者”的寓言，就形象地说明了这一点。郑克在论述这一问题时也曾说过：“夫察奸者，或专以其色察之，或兼以其言察之，其色非常，其言有异，必奸诈也，但不可逆疑之而……苟逆疑之，则与意其邻人之子窃斧者类矣。”即不能预先对当事人无故怀疑，否则就会像《列子》上所说的无端怀疑邻人之子偷斧的人那样，会冤枉无辜者。

“五听”作为我国古代的主要审讯方式，至迟在春秋战国时期，就已普遍在司法审判中适用的。《列子·说符》篇记载，晋国多盗，请郻雍去捕盗、郻雍采用察言观色的办法，通过对被告眉睫之间的观察便能实情，百无一失。《韩非子·难三》篇也记载：郑子产晨出，过东匠之间，闻妇人哭声，便停车听一会儿，派官吏将她抓起来审讯，果然是一个谋杀亲夫的罪犯。事后有人问他是怎么知道的，子产说：凡人对于他们的亲人都是始病而忧，临死而惧，已死而哀，但这个妇女的哭夫声不哀而惧，所以知道其中心有奸诈之情。这一案例，可以说是中国古代早期运用“五听”察言观色的方法破案的典型案例。而子产破案所用的方法，也为后人所仿效。东汉的扬州刺史严遵，唐朝的镇海节度使韩幌，以及北宋的益州知州张咏等，都是运用这一方法侦破杀夫案的（三案均见《折狱龟鉴》卷五）。从中国古代司法实践中运用“五听”的方法破案的大量案例看,这一方法在审讯中的运用主要有以下几种情况。

第一,通过“五听”察言观色的方法辨诬雪冤。《明会要》载:明惠帝(建文帝)为太孙时,官兵捕获盗贼7人,他对7人仔细观察之后,对太祖(朱元璋)说,只有6个人是真盗,1个人不是的。经审讯之后果然如此。太祖问他是怎么知道的,他回答说《周礼》听狱,色听为上,此人眸子了然,顾视端详,肯定不是盗贼。这一记载,虽有夸张之处,但比较客观地反映了这一方法在辨诬雪冤中的作用。

第二,运用“五听”察言观色的方法,以证实罪犯的犯罪事实。在许多案件中,尽管罪犯的疑点很多,但由于缺乏确凿的证据,难以定案,在这种情况下,运用“五听”察言观色的方法,对罪犯施加心理压力。往往能出其不意,迫使罪犯供认犯罪事实。在清末吴趼人的《我佛山人笔记》中,就记载了这样一则案例:清苑县有兄弟二人各自分居,弟妇为谋夺弟之家产,借至兄弟借钱之机,在食物中放了毒药,不料兄子因腹饥先食,中毒而死,弟妇便又转诬是侄媳谋杀亲夫。由于证据不足,当事人又屡供屡翻,因此积3年不能定案。直隶总督便檄某知府重审。知府在经过初步调查后,于第二日再审时,充分运用了“五听”察言观色的方法。他先对众人说:“昨夜我梦见死者对我说:‘凶手不是我的妻子。杀我者,右手掌变青,白睛色变黄。’”说完,以目环视众人,然后指着弟妇说:“你就是凶手,我说‘杀人者右掌变青’的时候,傍人皆神色自若,唯独你却急视手掌,这是你自己招供了,我说‘杀人者白睛变黄’的时候,傍人神色自若,唯独你丈夫急忙看你的眼睛,这是你丈夫替你招供了,你还有什么可抵赖的!”弟妇惊慌失措,被迫招供了犯罪事实。事后知府对人说:“我破此案并非神明,仅仅是运用了‘察言观色’四字诀窍罢了。”

这一案例,生动而形象地揭示了运用察言观色方法以揭露犯罪事实的特征。由于年代已久,又没有其他确凿的证据可以佐证,知府便利用了罪犯的心理上的弱点,通过察言观色,在罪犯心理失去平衡并形于言表之际,出其不意地揭疑罪犯。

“五听”察言观色的方法,在中国古代刑事案件审讯中运用极为普遍,并在长期的实践中积累了相当经验,对审讯艺术的发展产生了相当的经验。但是,由于这一方法带有很大的主观臆断性,在某种情况下,为司法官吏任意出入人罪大开方便之门;此外,前人关于“五听”察言观色的一些理论,又为司法官吏主观擅断提供了依据,产生了一些极为不良的影响。也正是因为如此,在当今的一些法律史、刑侦及证据学方法的论著中,对“五听”的方法,也大多持否定态度。这种观点,虽有一定的道理，但从中国古代有关“五听”的理论及实践的整个发展过程看，又未免失之偏颇。就现存的数以千计的运用“五听”察言观色的理论及方法破案的案例看，毕竟是合理的占了多数。我们并不否认那些没有被封建史学家、文人们所记载的、无以数计的由此而造成的错案、冤案，但也不能因此而完全否认“五听”理论中的合理因素。从古代关于“五听”的理论及运用“五听”方法破案的实例看，不少对我们现在的审判活动依然有一定的参考价值。因此，对中国古代的“五听”理论进行全面的研究，摒其糟粕，取其精华，这正是我们对“五听”这一法律文化遗产所应采取的态度。

（1991年第2期）

论 上 请

王立民*

上请是指由于身份等原因，司法官无权对这些罪犯作出判定，而只能弄清案情并提出审理意见，上请皇帝，由他直接作出终审判决的规定。上请制度是我国古代法制中的一个重要组成部分。

我国早在汉代就已有上请，《汉书》在多处记有关于上请的实例。

《汉书·高帝纪》载，汉高祖七年（前199年）下诏："郎中有罪耐以上，请上。"

《汉书·刘屈氂传》载，汉武帝征和二年（前139年）城门司直田仁"坐令太子得出，垂相欲斩（田）仁"，但御史大夫暴胜之引汉律说："司直，吏二千石，当先请，奈何先斩之。"

《汉书·宣帝纪》载，汉宣帝曾下诏"吏六百石位大夫，有罪先请"。

《汉书·平帝纪》载，汉平帝亦毕："令公、列侯嗣子有罪耐以上，先请之。"

《后汉书·光武纪》载，东汉光武帝在位时下诏："吏不满六百石下至墨绶长相，有罪先请之。"

从以上《汉书》的记载可见：第一，上请仅适用于官僚贵族罪犯。第二，犯罪主体不断扩大，先言适用于"二千石"，又言"六百石"，最后连"六百石"以下都在适用之列。第三，适用的犯罪不断扩大，先定"耐"以上可请，后又改有罪皆习请。这不仅说明汉的上请是一种法定特权，也说明这种特权在不断扩大和延伸，成为越来越多官僚贵族的护身符。

在形式上，汉的上请是汉前法定特权的发展。《周礼·秋官·小司冠》中就已有"凡命夫命妇不躬坐狱讼，凡王之同族，有罪不弃市"和"以八辟丽邦法"的记载。以后，尽管有不少地主阶级思想家竭力主张"刑无等级"、"法不阿贵"，但特权仍不时在法律中被认可。云梦秦简《法律答问》中有对贵族后代用赎的规定："内公孙无爵者，当赎刑，得比公士赎耐不得，得比焉。"到了汉代，地主阶级的统治已十分稳固，中央集权也进一步发展，"刑不上大夫"的呼声在统治阶级内部也越来越强烈，上请就此而被推上法制舞台。

---

* 作者单位：华东政法学院（现华东政法大学）。

魏晋南北时期较多使用"八议",有以"八议"取代上请之势,故各代罕见上请的规定,而常见,"八议"之适用。据《九朝律考》所载,魏律考、晋律考、后魏律考、北齐律考、后周律考中皆有关于"八议"之法。

唐律第一次全面、完整地规定了上请制度,主要内容包括以下四大方面。

1. 上请的适用范围

唐律规定的上请适用范围比以往广泛,归纳起来有以下四大类。

(1)官僚贵族犯罪。官僚贵族犯罪是上请的主要适用对象。《唐律疏议·名例》"皇太子妃"条规定:"诸皇太子妃大功以上亲、应议者期上亲及、孙,若官爵五品以上,犯死罪者,上请。"

(2)罪犯有可矜情节。罪犯有可矜情节的,也可上请。此情节既包括家庭情况,如无期亲以上成丁;也包括本人的生理情况,如老、幼、疾等。《唐律疏议·名例》"犯死罪应侍家无期亲成丁"条规定:"诸犯死罪非十恶,而祖父母、父母老疾应侍,家无期亲成丁者,上请。""老小及疾有犯"条规定:"八十以上、十岁以下及笃疾,犯反、逆、杀人应死者,上请。"

(3)违礼不违律行为。有些违礼不违律行为虽据律应勿论,但因它严重损害了礼,为统治者所不容,故用上请裁定。《唐律疏议·名例》"老小及疾有犯"条"疏议"说:"殴父母,虽小及疾可矜,敢殴者乃为'恶逆'。或愚痴而犯,或情恶故为,于律虽得勿沦,准礼仍为不孝。老小重疾,上请听裁。"

(4)非故意的重大犯罪。一些非故意的重大犯罪就其行为本身来说,易造成较大的社会危害,但因是过失,故情有可原,亦可上请。《唐律疏议·卫禁》"持仗及至御在所者,斩。迷误者,上请"。"宫殿作罢不出"条规定:"在宫殿内作罢而不出",并是"不觉及迷误者上请"。《唐律疏议·斗讼》"诬告谋反大逆"条规定:"诸诬告谋反及大逆者,斩,从者,绞。若事容不审,原情非诬者,上请。"

2. 上请的程序

上请有特定程序,大致是:由审案的司法官先写清罪犯的犯罪情况、适用刑罚和应上请的理由等,直接上奏皇帝,由其裁决。这一过程在《唐律疏议·名例》"皇太子妃"条及"疏议"中是这样规定的:"请,谓条其所犯及应请之状,正其刑名,别奏请。""条其所犯者,谓条录请人所犯应死之坐。""正其刑名者,谓录请人所犯,准律合绞、合斩"。"巧奏者,不缘门下,别录奏请,听敕。"但是,也有个别条款的上请程序有别于上者,其中有"申刑部"的过程。《唐律疏议·名例》"犯死罪应侍家无期亲成丁"条"疏议"说"据令应侍,户内无期亲年十一以上、五十九以下者,皆申刑部,具状上青,听敕处分"。

3. 不适用上请的限制

上请是一种有条件被适用的制度，它在许多情况下无效，而且不同的上请中有不同的限制条件。《唐律疏议·名例》“皇太子妃”条规定：“犯十恶，反逆缘坐，杀人，监守内奸、盗、略人、受财枉法者，不用此律。”即不用上请。“犯死者应侍家无期亲成丁”条“疏议”说：“若有曾、玄数人，其中有一人犯死罪，则不上请。”即仍要依律罚科，不可上请。只有不在这些限制条件内，上请才可通行。

4. 使用上请的原因

唐律的制定者还对使用上请作了说明，并在“疏议”中加以阐述。《唐律疏议·名例》老小及疾有犯条“疏议”对老小及疾犯反逆、杀人应死而上请的原因作了如下的说明：老小及疾应执行“三赦”之法，“有不可赦者，年虽老小，情状难原，故反、逆及杀人，准律应合死者，曹司不断，依上请之式，奏听敕裁。”《唐律疏议·卫禁》“宫殿作罢不出”条“疏议”对因不觉及迷误而在宫殿作罢不出者适用上请的原因也作了解释：“营作之所，阬宇或别，不觉众出，或迷误失道，错向别门，非故不出”，所以“得上请”。

与以往关于上请的规定相比，唐律不仅大大扩大了它的适用范围，把那些有可矜情节和非故意重大犯罪、违礼不违律行为均归入上请轨道；而且，还对上请的程序、限制等都作了详尽、规范的规定，甚至还对一些适用上请的原因作了学理解释，真可谓举世无双的周全。

唐律中有关上请的内容对唐后的立法产生了深远影响。《宋刑统》、《大明律》和《大清律例》在不同程度上沿袭了唐律的规定。

《宋刑统》照搬唐律的上请规定，绝大多数律条都一字不漏地再现，仅有个别条款有个别无关紧要字词的变动。《大明律》与《宋刑统》不同，较大幅度地改变了唐律中的上请规定，主要表现在以下三个方面：

首先，《大明律》虽仍用“上请”一词，但都大量以“取自上裁”、“奏闻请旨”等取代之。而且，还把唐律中使用上请的程序一分为二。一是直接上报皇帝，由他定夺。二是在上奏前，还须经过议。

其次，与唐律的条目比较，《大明律》有或严或宽的情况。在适用罪名方面，《大明律》严于唐律，因为前者为“常赦所不原”，后者为“十恶”。在适用主体方面，《大明律》又宽于唐律，因为前者为无期亲及亲终等限定，后者则明确规定为无期亲成丁。

最后，唐律中适用上请的另一些条目在《大明律》中，有的被删去，有的虽有相应条文，但不再适用上请。如《大明律》已无唐律中“诬告谋反大逆”的条目，上请自然不存。

由此可见，与唐律中有关上请的内容比较，《大明律》不仅适用范围缩小，而且还有严宽不均现象，这与它的总体内容大致吻合。

《大清律例》中有关上请的规定，与《大明律》同。

上请是中央集权统治在法制中的直接体现。在我国古代的中央集权制度中，皇帝把持着最高司法权，决定着臣民的生死，上请就是表现之一。皇帝通过上请，直接插手司法，根据自己的意志和愿望，决定官僚贵族的生杀和一些特殊案件的定夺，封建集权在上请制度中得到淋漓尽致的反映。

上请制度还随着中央集权制的发展而发展。据史籍记载，这一制度有明确规定的是在汉代，那正是中央集权制度的巩固时期；它的完整规定是在唐代，此正是中央集权制进一步发展时期；到了明、清，它似乎在适用范围上有些缩小，但那时的会审制度却充分发展，并以会审与上请双管齐下，而此时的中央集权制度已发展到了顶峰期。上请制度的发展与中央集权制的不断加强同步。

上请制度也为中央集权统治效尽犬马之劳。它使皇帝对司法权的控制变成合法化，并堂而皇之地用它行使司法大权，达到自己的统治目的。上请制度是维护这种集权统治的工具。

上请大量、经常地表现为维护特权。这又可从以下两个方面来理解。一是上请虽也适用于一些特殊案件，但大量和经常地适用于官僚贵族犯罪。汉代的上请只对官吏贵族敞开大门，百姓望尘莫及。唐及以后各代的规定也都把高官品和贵族列入当然上请之内，一般百姓非特殊情况，也不能沾边。二是上请只让那些特定范围的官僚贵族享有，仅次于“八议”，稍作比较即可明了。根据唐律的规定，“八议”主要适用于三品以上职事官及皇亲国戚，上请则适用于四五品职事官和太子妃大功以上亲等，“八议”不适用的条件仅为“十恶”，上请除“十恶”外，还包括反逆缘坐、杀人、监守内奸等。这不仅告诉人们上请者享有的特权不及“八议”者大，还同时告诉人们特权也因官僚贵族的地位不同而不等，高者大，低者小。

最后，还需提及的是，从广义角度看，“八议”也是一种上请。“八议”和上请都由皇帝最后一锤定音，本质上无别，故在唐律中也有把“八议”称为上请的。《唐律疏议·名例》“八议者”条“疏议”在解释八议“犯十恶者，不用此律”时说：“其犯十恶者，死罪不得上请，流罪以下不得减罪，故云‘不用此律’。”此句中的上请就是此意。

（1991年第6期）

朱执信法律思想刍议

徐永康*

朱执信是辛亥时期我国资产阶级民主革命的著名的理论家和活动家,激进的民主主义者。他留下的论著有60余万字,其中不乏对法律问题的独到见解。

20世纪初,以康有为、梁启超为代表的一批人以《清议报》、《新民丛报》为阵地,大肆鼓吹君主立宪,诋毁革命,在一般知识分子的思想中造成了极大的混乱。同盟会成立后,资产阶级革命派立即以《民报》为阵地,同《新民丛报》展开了激烈的争论。朱执信作为同盟会中重要的理论家之一,在一年多时间里,就在《民报》上发表了《论满洲虽欲立宪而不能从》、《驳法律新闻之论清廷立宪》等多篇政论,阐发了必须以革命手段,推翻清朝反动统治的观点。

朱执信研究了欧美各国的历史后得出结论,没有不经过革命而能实现立宪政治的,中国如果立宪,也只有经过革命才能达到。他说:"中国立宪难。能立宪者,唯我汉人。汉人欲立宪,则必革命。"并且指出,中国所以"立宪难"的原因,是因为中国的国情与欧美各国不同,因此不可能在全国实行自上而下的立宪运动。"立宪之治,必非满人所能与,其司缮群治法之事,必独赖于汉人。而汉人者,大辱未雪,大欲未偿,亦复何心以商此事。然则纵有条文,而立宪之治不可举,至易知者也。"

朱执信认定,只有"排满"革命才是解决这一矛盾的唯一途径,他指出,"革命者,以去满人为第一目的,以去暴政为第二目的。"而且这两者是联系在一起的,"第一目的既达,第二目的自达。"反对封建统治的政治革命在推翻了清朝统治,解决了民族矛盾后,自然就会实现。

在论述过程中,朱执信还通过揭露清王朝的立宪实质来批驳君主立宪派的谬论。但在议论中,也暴露了朱执信思想中的两个缺陷,即过分强调民族的世仇,具有狭隘的民族主义思想,和贬满扬汉,带有大汉族主义色彩。不过,不可否认的是,朱执信批判君主立宪,提倡"排满"革命的思想主流还是希望中华民族免于瓜分危机的爱国主义精神,以及推翻封建专制制度、实行政治革命,并在革命以后建立一个"贫民专政"的民主共和国的理想。为此,他对革命的性质、目

---

* 作者单位:华东政法学院(现华东政法大学)。

的、任务等作过多次论述。

对革命的性质，朱执信认为："自实际之方面言，革命者，阶级战争也。"这种革命都是"主体"和"客体"两种对立的社会力量之间的斗争，具体地说，政治革命和社会革命的主客体又不同，"凡政治革命之主体为平民，其客体为政府（广义）；社会革命之主体为细民，其客体为豪右。"根据他的划分，政治革命是"平民"反对"政府"的斗争，而社会革命则是"细民"（指"刀役自养之人"）反对"豪右"（指地主、资本家等）的斗争。除此之外，朱执信还从新旧制度的更替上来分析革命的性质，他指出，"凡有一个革命，都是破坏一种不合用的制度。如果不是破坏制度，另行筑设，就不是革命，也不是改造。"革命的目的是破坏以往的或现存的旧制度，另建一种新制度，从而促进社会进步。革命的"要素"是"破坏同时建设"，而不是意欲"毁灭"，"革命破坏有害的秩序，革命能够给人民一个更好的秩序。"他这时候的认识，已经看到社会上各种丑恶现象的根源是在于社会制度，而革命的根本也在于彻底改革政治制度。

值得一提的是，朱执信为了批驳改良派"舍君主而言国家"的实质，对所谓的国家进行了分析，他认为，"通常之言国家，恒有二义：一为法理上者，一为心理上者"，前者是"于法律上以定其人所属之国者"，后者是"人之心中自定共所归向者"。法理上的国家，是以"为人征服之国家为国家"，且认此人属此国家者，只认定其有能力为支配之事实，初不问其为此支配之是非，所以，"法理上属何国家，无是非之可言"，它仅仅是由不代表民意的国籍法所确定的。心理上的国家则是人们根据"历史的、民族的思想"，自己确定所归属的国家，这种思想"决不随外物为转移"，"非可以势力压抑之章制羁縻之"，其身虽被征服者建立的国家所支配，"而心所宗抑，则仍以历史的、民族的关系为判断"。

朱执信强调："所谓国家主义者，当以心理的国家为基础以立说，不当以法理的国家为基础而立说。"改良派反其意而倡之，是因为在"保皇之说"失去市场之后，转而倡言"爱国"，是想继续"以满洲之国家为国家"，以求同样达到"爱君主"和"保皇"的目的，两种国家主义之间的差异是显而易见的。

在谈到宪法时，朱执信有两个基本的观点：一是宪法要反映民意，尊重民权；二是要保证宪法的实施。

早在1905年，朱执信在评论预备立宪时就指出："夫宪法，非可使君主与其二三嬖佞定者也。"到1919年，他又专门写了《我们要一种什么样的宪法》的文章，进一步发挥了这一思想。他认为，制定宪法必须以人民为中心，"国民现在已经完全自觉地有威力了，那宪法就应该把人民的威力表现出来了。除了能够把国里人民和他种势力的关系完全表现出来的，永远不能够成为有实用的宪法。”当时尽管北京新国会和南方旧国会都在商量制宪，但这种“关了门自己做的宪法，只配自己用，不要拿出来污蔑国民”。他还认为，民主国家限制政府的职权，破除贵族的特权，并不是因为宪法上定了出来才有效果，而是因为人民威力已经发达到这个程度，你不承认它，不把它规定到宪法上去，这宪法就没有了实行力，还会闹出乱子。

对当时出现的几个宪法性文件，朱执信也有过一些分析，其中最为精彩的是对南方旧国会所坚持的《天坛宪草》的剖析。他认为“这宪法案上的根本错误，就是只有国会的最高权，没有人民的最高权。从前许多官僚袁党，拼命骂这宪法，说是暴民专制，话是错了一点。你们专制的并不是民，也不能暴，然而专制的思想却是有的，不过有袁世凯压在上面，发泄不来，才做出这种去势的国会万能宪法”。他还具体指出，《天坛宪草》因为将就袁世凯的意思，把所有《临时约法》上束缚行政部的国会权限，削除了大半，另外又加上许多行政部的特权，这是学习了美国所谓“牵制与平衡”的原则，即使这样，“还不为袁世凯所容，才有各省督军通电反对，解散国民党的事。”但是，朱执信认为他同袁世凯反对《天坛宪草》的理由恰好相反，袁世凯是因为宪法草案“破坏行政首长的权利”，“所代表的人太多，近于暴民政治”，而“我们嫌他所代表的太少，近于贵族富族政治”。

同时，朱执信对当时中国实施宪法的条件也有比较清醒的认识，比如，他对民国五年(1916年)八月到六年(1917年)六月的第二期制宪就认为，“设若没有督军团的事实，宪法还是可以早成功的。然而成功了，也不过一个空文。当时的政府也到底没有实行宪法的意思，国民也没有勉强地实行的力量。”这样的制宪是注定了没有实际效果的。

要言之，朱执信的理想中的宪法是能体现直接民权的宪法，“吾人今日惟当致力使中国有一有效之宪法，而其中包含有直接民权之规定而已。此其目的，简单明了普遍，而一旦达之，不患其复有流弊。”他在护法运动期间的态度，也一概由此而决定，“吾人力攻北方军阀，深恶伪国会，原不外以其蔑视民意，敢行卖国，只知有一己利害，不知有国家利害。”他对南北军阀的实质，也有比较清醒的认识，在《干预纠正》一文中，他对军阀无视人民，无视法律，组织所谓“救国同盟”的行为进行了无情的揭露，在他后期的论著中，已经明确地把军阀势力当作了中国制宪的主要障碍，而克服这一弊病的方法就是“主权在民”。

朱执信的思想中，一向把法律作为国家统治的一个必不可少的工具，而且认为法律的内容也应当随着社会的发展有所改变。他在谈到国家的起源和存在时说，初期国家之成立，虽非如卢梭所谓有社会契约，但国民因生存需要而承认此国家之制度，则无异于社会契约。“国家之制度，为增进生存价值之一手段。军备、司法各制度,又为国家存立之一种手段。故求其民之爱国而民应之,强以奉公守法而不拒也。"可见法律是为了维护国家的存立而产生和发展起来的,国民之遵守法律,其最初动机也是为了维护本身的利益。

从他批判袁世凯"弃去民众的法治主义,而以独断的人治主义代之"的态度来分析,朱执信也是强调法治、树立法律的权威的,而且在行动中也是这么做的。武昌起义后,朱执信在广东军政府中,最初担任了总参议,后兼任过广阳绥靖督办,军政府核计院长、军法处长等,当时陈炯明是他的上级,但当陈违反财政规定时,他仍义正词严地去信责问:自己立法而又自己废法,这样怎能责怪他人? 在担任军法处长时,也曾违反过陈炯明的"指示",按照法律,处理了两个赌徒。

对于法律的改革,朱执信是毫无疑问持赞成态度的,在谈到习惯法时,他曾说:"是真法律也有讨论改革的余地,是习惯法便怎样呢? 野蛮的人,生第一个儿子,要宰了来吃,叫做宜弟,这是他的习惯法。哥哥死了,要拿嫂嫂当老婆,也是犹太的古代习惯法。不是不可以改革的。"他又说:"法律其他政治经济上规定,本亦随社会以改变。然在其实际上能梗阻之者,本属于一特别阶级,此阶级即因于制规之停滞腐败以受特别利益者也。故欲排除此种梗阻,彼必主张其神圣不可侵,拒绝一切改革。"这么一来,法律就成了一特别阶级维护其特殊利益的工具,法律的改革也就难乎其难,于是,"小者争之以口实,大者诉之于武力"的要求改革法律的斗争便势不可免了。这种情况只有到了近代资产阶级法制确立之后才会改变,因为到了此时,"立法及其改正,可依于代议政治,及直接民权制,以达其所主张之一部,故于此制度既行之国家,可以平和之手段,达所主张,则于其所反抗者,态度可稍缓和",在他的观念中,建立在直接民权制和资产阶级代议制基础上的立法体制才是保证法律能顺时改革的良好制度。

从另一角度去分析,朱执信所以如此重视法律的改革问题,是因为他看到了包括资产阶级法律在内的所有法律都可能存在弊端,并且"最善之法律,可变为最恶之法律",在这一点上,他比资产阶级革命派中某些把资产阶级法制看成完美无缺的人又要高明一些。比如,对西方国家的法律,他曾提出过一些实事求是的批评,他评论英国的法律说:"英人之重习惯出于天性,历久不衰。故于贵族之制,其不合于法理明甚,而犹保持之不废去,则他可知已"。对基督教法律,他也毫不留情地揭露道:"旧教的法律,凡有奴隶告主人的,除了犯大逆罪以外,通不要审问,把这个奴隶先拿来用火活烧了再讲。后来路德改革的时候,碰着人民起来反抗他的王公,那些王公信了新教,路德就告诉他说:'这等蠢人,是不晓得身份的'。那些王公也就放手残杀人民了。可见新教、旧教里头自由平等都是好像的话,做奴隶就该烧,做人民就该杀,有什么道理可以讲的呢。"他又说:"那欧洲的野心家,对于我们东方非基督教民族,完全不认我们的人格,是从基督教固有的属性来的。我们拿着自由、平等、博爱和他讲,真是无聊。"这种对资本帝国主义的侵略本性和虚伪法律的分析虽不全面,但敢于大胆批判的精神在当时却是难能可贵的。

（1991 年第 8 期）

1992 年

中国古代伦理法观念的渊源及其流变

——兼与西方宗教伦理法观念的比较

何勤华*

法律和道德、宗教等混合在一起，从而使法律带有强烈的伦理色彩，这是古代法的一个共同特点。然而，由于中国特定的历史文化条件，中国古代法的伦理化倾向特别突出，由此演变成的伦理法观念也特别强烈。这是中国古代法观念与西方古代法观念的一个重大差异。

一

伦理法观念来源于伦理法的实践，其萌芽见于夏、商、周三代。当时，在法律思想界，占统治地位的是神权宗教伦理法观念，这种观念，奉行“天罚神判”的原则，假借天和神的名义而实施司法制裁，将宗法制、奴隶主的道德和法制要求、对天命和鬼神的崇敬以及皇帝的权威等掺合在一起，目的在于将皇帝说成是受命于天，普天统治百姓，以维护奴隶主的恒常秩序。

春秋战国时期，随着封建的生产关系的兴起，原封不动地保持宗法伦理法观念已不能适应时代发展的潮流了。于是，奴隶主阶级中的改革派孔子，提出了一整套以维护奴隶主阶级的“礼”的秩序的世俗伦理法观念，这一观念也被称为“德治”学说，其中心思想是主张统治人民不应仅仅靠刑罚，而更应注意道德教化。这一学说，经过战国中期孟子的发挥，影响进一步扩大，成为儒家学说中的一个重要内容。

至汉代，由于大儒董仲舒的全力提倡和汉武帝的大力支持，儒家的德治学说通过“引经断狱”和“以礼入律”的方式，逐步渗入立法和司法实践之中，开始了所谓“中国法律的儒家化（道德化）”进程。从引经断狱来看，不仅在两汉时期风行全国，还一直延续到了隋唐五代。仅当时的判例集《疑狱集》中就记录了数十例，可见影响之深远。而从“以礼入律”来看，从曹魏的“八议”入律，到《晋律》确立“准五服以制罪”的原则，从《北魏律》的“官当”法律化，到《北齐律》的“重

---

* 作者单位：华东政法学院（现华东政法大学）。

罪十条"等,都十分清晰地显示出伦理化在不断地深入和扩大。而至隋唐时期,中国封建法律达到了较为完善之程度,法律的伦理化也最终完成,"唐律的一准乎礼",表明了以礼为核心的儒家伦理道德已成为中国法律的最高价值和终极目标,成为评价法律是否有效的基本标准。①

二

随着法律伦理化进程的深入,在人们(统治阶级乃至庶民百姓)中逐步形成了一系列伦理法制度与观念。

忠君。忠君观念来源于奴隶制神汉法观念中的"尊尊",经过儒家学派的提倡、阐述,到两汉时演变成为"君为臣纲"。董仲舒对忠君观念作了哲学上的理论阐述:"天子受命于天,天下受命于天子。"②君主"立于生杀之位,与天共持变化之势",有代天行罚奖赏的绝对权威。在统治阶级的努力下,自汉律开始,将"不忠"确定为大逆不道,到了魏晋时代,又对各种不忠情况进行分类,定为"重罪十条",至隋唐时代,终于在法律中明确规定了以"忠君"为核心的"十恶"犯罪。忠君,君为臣纲,这种封建统治阶级的伦理道德,在披上了法律这件外衣之后,经过长期的贯彻实施,在统治阶级、封建士大夫以及庶民百姓中,都产生了广泛的影响,成为一种全社会性质的法律观念。

恤民。恤民观念来自西周时代奴隶主统治阶级代表人物周公等人的"保民"思想:"民之所欲,天必从之。"③到孔子时,他便系统地提出了以爱人为本意的"仁"的学说:"樊迟问仁,子曰:'爱人'。"④这个"爱人"原则中,包含了伦理法观念的诸多内涵,如父慈子孝,兄友弟恭,"君使臣以礼,臣事君以忠",等等。

孔子、孟子等儒家学派的恤民观念,被后世学者称为"民本思想",这种"民本思想",其实质还在于劝告统治阶级要施行仁政,要取得人民的支持。这一学说确实也为一些开明君主所重视和吸收,被作为统治经验制定为基本国策。汉文帝的"与民休息"政策,轻徭薄赋的立法措施,唐太宗李世民的"以民为本"、"为君之道,必须先存百姓,若损百姓以奉其身,犹割股以啖腹,腹饱而身毙"⑤等,都是很好的例证。

---

① 张中秋著:《中西法律文化比较研究》,南京大学出版社 1991 年版,第 123 页、153 页。

② 张国华主编:《中国法律思想史》,法律出版社 1982 年版,第 23 页、168 页。

③ 同上。

④ 《论语·颜渊》。

⑤ 《贞观政要·论君道第一》。

恤民从汉代时开始入律，到唐太宗立法达到系统化之地步，如为了体恤民困，他于贞观初年规定，停止诸方进贡珍贵异品，限制营建宫室，破除厚葬的陈规旧俗，规定葬制一律从简，如有违反，依法问罪，以及一系列体察民间疾苦，恤刑慎杀的立法措施，包括重修《武德律》，对死刑一再从轻，等等。

恤民，这一封建的伦理道德，作为统治阶级经验的总结，在被制定为法律规范时，也开始渗透到社会一般成员，尤其是封建官吏和士大夫的观念之中。在人们的观念中，评判一个官吏好坏的标准之一，就是能否恤民。它与“父母官为民作主”、“清官”意识等掺合在一起，成为中国古代特有的封建伦理法观念的重要内容。

三纵。三纵观念早在西周制礼定法时已有所体现。在汉代的法律中，进一步规定对妇女不用黥、劓、刖等肉刑，也不公开处死。而在唐律中，这种三纵观念在法律中得到了全面的体现。《唐律疏议》规定：年龄在70岁以上，79岁以下，15岁以下，11岁以上，和患有废疾等，为了怜念他们，审判时不加拷讯，在他们犯了应被判处流刑以下刑罚时，可以用财物收赎。对于孕妇，怀孕时不受刑，产后也要过100天才能行刑。如违反者，法官要被判处徒刑。

录囚。是封建时代上级司法机关通过对囚犯的审理，检查下级司法机关审判的案件是否合法和有无差错，以便发现冤狱随时平反的一种制度，是封建统治者恤刑省罚，宽待囚犯的一种表示。该制度最早始于汉代。到南北朝时，梁、宋等朝也实行过由中央有关官署或中央与地方长官共同录（虑）囚的制度。唐代法律规定，“凡禁囚皆五日一虑”。至宋朝，令各州长史“五日一虑囚”，后改为“十日一虑囚”。明清两代虽无定期录囚制度，但君主随时可以诏令录囚。

亲属互为容隐。亲属互为容隐是中国伦理法观念在诉讼制度中的具体体现。它最早由孔子系统提出：“父为子隐，子为父隐，直在其中矣。”①至汉代，当统治阶级将儒家思想奉为正统的意识形态，并将其融入法律之中时，孔子的这一思想便被确立为一项重要的司法原则。据《汉书·宣帝纪》记载，宣帝地节四年（公元前66年）曾专为亲属互为容隐下了一道诏令，上称：“父子之亲，夫妇之道，天性也，虽有祸患犹蒙死而存之，诚爱结于心，仁厚之至也，岂能违之哉！自今子首匿父母，妻匿夫，孙匿大父母，皆勿坐，其父母匿子，夫匿妻，大父母匿孙，罪殊死，皆上请廷尉以闻。”

至唐代以后，容隐的范围更为扩大，不但直系亲属和配偶包括在内，只要是同居的亲属，不论有服无服，都可援用此律，便是不同居的同姓大功以上亲属，以

① 《论语·子路》。

及大功以下的孙媳,夫之兄弟,兄弟妻,和外祖父母、外孙,也包括在内,明清法律的范围进一步扩大至妻亲,连岳父母和女婿也一并列入。不但谋匿犯罪的亲属,即使是漏泄其事或通报消息给罪犯,使之逃匿也是无罪的。①

当然,在中国古代,儒家伦理法观念的根本目标在于维护封建阶级的统治秩序,而最高统治阶级也只有当儒家伦理法观念对其统治有利时才加以提倡、鼓励、贯彻。因此,如果当亲属所犯的不是一般的罪行,而是如同谋杀、谋大逆、谋叛等大罪时,法律便不允许亲属互为容隐了,人们的观念中也就不敢存有容隐之念了。

审案中教化于民由于儒家道德原则成为中国法律的出发点和归结点,因此,执行这种法律就成为一种执行中国封建统治阶级的道德的活动,法庭成为进行教化的场所。法庭的教化,不仅推及诉讼当事人,还往往经法官的努力,使其影响当地的父老百姓。清人汪辉祖就曾强调升堂断讼(吸引路人公开审案)的教化作用:在升堂断讼之场合,“大堂以下伫立而观者不下数百人,止判一事而事之相类者为是为非皆可引伸而旁达矣,未讼者可戒,已讼者可息,故挞一人须反复开导,令晓然于受挞之故,则未受挞者潜感默化,纵所断之狱未必事事适快人隐,亦既共见共闻,可无贝锦绳站之虞。且讼之为事大概不离乎伦常日用,即断讼以申孝友睦姻之义,其为言易入,其为教易周。”②

这种利用儒家思想教化人民的活动,在上,得到了帝王君主的全力支持,如康熙在其执政的第九年(1670 年),就曾颁布过著名的《圣谕十六条》,宣称:“朕惟至治之世,不以法令为亟,而以教化为先……盖法令禁于一时,而教化维于可久。若徒恃法令而教化不先,是舍本而务末也。”③在下,由于经那些深受儒家伦理法观念影响的地方行政官(兼法官)的推波助澜,影响更为深远。甚至在判词之中,有时也会出现大段的说教、感慨,道德上的愤怒和申斥,先贤圣哲语录以及具有道德教训意味的古代故事的引述。

三

中国古代伦理法观念,除上述诸种表现之外,还有复奏,放任复仇,严惩亲属相奸等形态,这种法观念是中国古代社会的必然产物:中国古代社会是以一个一

---

① 瞿同祖著:《中国法律与中国社会》,中华书局 1981 年版,第 56 页。
② 梁治平:“礼与法:法律的道德化”,载《学习与探索》1989 年第 4 期。
③ 孟昭信著:《康熙大帝全传》,吉林文史出版社 1987 年版,第 54 页。

个宗法小农家庭为经济细胞的，在这种家庭中，年长的男性为一家之长，然后，依辈分大小、年龄长幼、性别差异形成一个宝塔形的系列结构，这种家庭本身就是一个独立的王国。在这个王国中，需要一定的伦理准则，儒家的伦理道德宣扬的是“父慈、子孝、兄良、弟悌、夫义、妇听、长惠、幼顺”等，因此，它适合了维持中国古代家庭秩序的需要，成为家庭伦理道德准则的基点。

中国古代国家，是在继承、强化原始社会末期胜利了的氏族首领的基础上发展起来的。到封建社会，这种原始的宗法性受到削弱，但家天下的局面更为坚固。在家天下的条件下，国家合为一体，家是国的基础，国是家的扩大。在这种情形下，儒家的“在家行孝，出门尽忠”，“忠孝一体，忠为大义，孝为小义”，以及“尊尊”、“亲亲”的伦理观，便是封建统治阶级的治理国家的最好精神武器，因此，历代统治阶级不仅大力鼓励、倡导儒家的忠孝节义的伦理观，并且大力予以实践，将儒家的道德观纳入立法、司法活动中，使法律成为贯彻封建地主阶级正统伦理思想的武器及其附庸。

从中国官吏阶层来看，它们都是经过严格的科举考试以后，被选拔到中央和地方的各级行政管理岗位，而贯彻着儒家伦理道德原则的儒家经典《四书五经》，在中国古代被当成科举考试的官定内容。因此，虽有许多是靠继承爵位而任官，属不学无术之辈，但绝大多数是饱读儒家经典的封建士大夫，即使是贫家子弟，经过多次考试大关之后，也已成了货真价实的儒学志士，一旦他们就任百姓之“父母官”，行使朝廷立法和司法之职时，将儒家伦理法观念注入法律，或将已被道德化了的法律施教于民，便是十分自然的事情了。

中国古代伦理法观念，对近代中国人的法律生活产生了巨大影响。现实生活中的“唯上不唯下”、“人情重于法”以及“法律不是万能的，必须借助道德等其他手段来施行”、“丧尽天良，必须从重从快”等思想和观念，乃至于亲属犯法，互相包庇等，在我们平时都很熟悉且习以为常的用语中，都渗透着中国古代伦理法观念的传统与痕迹。这些传统观念和痕迹中的有些成分，对于我们今后处理法律和道德之关系，更好地加强社会主义法制和精神文明建设有一定的积极意义，但在总体上，中国古代伦理法观念，对于我们今天加强社会主义法律的权威，严格实行法治，是一种观念阻碍。

四

在西方，虽然早期的立法曾与伦理道德相混合，如在希腊早期的德拉古法律中，曾规定一个人“懒惰”的话，将被处以极刑等。但是，随后不久，西方的法律就开始与道德分离，走上了独立发展的道路。

在罗马，即使是在《十二表法》中，就已经显示出法律和道德彼此分离的状况，如各种民事诉讼，即使是再小的事由，也由法庭处理，债务人如在规定的期限内还不出借款，债权人可以将其（即使是左邻右舍）出卖为奴或杀掉（在有多个债权人时可以肢解债务人的身体），对奇形怪状的婴儿，应立即处死，任何人非经审判，不得处死刑，死者的丧衣以3件为限，出丧时妇女不得无节制地嚎哭。这些，与中国古代伦理法观念之下，由乡邻父老处理各种民事纠纷，怜贫恤困，大办丧事等，都是不同的。至公元3世纪，罗马人已经发展起了一种独立的、完备系统的私法规范体系，在这一体系之内，伦理道德的色彩几乎看不见了，人们的衣食住行，人们的婚姻生活、家庭生活、经济生活等的各个方面，都由法律独立地规制、调整。

有的学者认为，与中国古代法律受儒教（学）伦理影响相对应，古代西方法律受到了宗教伦理的巨大影响，这是对的。但是，他们又认为，这种宗教性影响在罗马时代即已有，如《十二表法》就是一部法律和宗教相混杂的法典，其第十表即规定了"宗教法"，[①]这是不正确的。事实上，在罗马早期，法已和宗教分开，《十二表法》是一部世俗社会的习惯法汇编，其第十表虽冠以"宗教法"之名，但几乎没有宗教内容。该表规定的主要是如何节俭办丧事、移风易俗的问题。虽然在公元4世纪基督教成了罗马国教，但整个罗马帝国时期，宗教伦理对法律的影响并不是很大的。宗教伦理对西方法律的影响，是从西欧进入封建社会以后才开始的。当时，罗马法律已随着罗马国家的灭亡而消失，而日耳曼人的法律又比较简陋，相反，基督教却随着信徒的增加而势力大增。这样，基督教的教义就成为当时人们日常生活的重要行为规范。

然而，与中国古代法律的伦理化过程和内容不同，西方的宗教伦理对法的影响，从未达到水乳交融的程度。在中世纪，教会法是一种独立的法律渊源，虽然，它渗透进封建法之中，或者说封建法在婚姻家庭继承等领域采用了教会法的规定，但这种渗透是可以分离的，也就是说，即使是在这种场合，也可以分辨出法律中哪些是宗教性的原则规定，哪些是封建法或地方习惯法的内容。到近代以后，资产阶级尽管也承认基督教会法的某些内容的合法性，或者在法律体系中保存了教会法的少量原则，如关于遗嘱执行人的规定等，但法律与宗教伦理的界限是比较清楚的，这和中国古代、近代的情况是不同的。

在西方法律和道德（宗教伦理）发展的独特现实之下，产生了和中国古代不

---

① 张国华主编：《中国法律思想史》，法律出版社1982年版，第23页、168页。

同的西方社会的法观念，这种法观念，虽然在自然法的基础上，出现了正义法、理性法等法律和道德要求的一致，在基督教神学法观念中，宗教伦理成为束缚人们思想、行为的桎梏。然而，自然法的观念，在强调人类正义、理性等道德要素的同时，更强调维护人的平等，自由的本性，强调天赋人权和社会契约论，强调人权和法治，主张尊重人、理解人、解放人，这与无视、反对人的自由、权利、平等的封建伦理法观念是针锋相对的。至于宗教伦理法观念，作为封建专制制度的帮凶，曾扼杀了许多进步人士，但它早在中世纪后期就已经开始动摇，到资产阶级革命时，更受到了毁灭性的冲击。并且，即使是这种法观念，与中国伦理法观念也是不同的，因为在宗教伦理法观念中，并存二元结构，即神法（宗教法）和人法（封建国家法），这种结构，否定或限制了国王的权威，这与中国儒家伦理法观念中的君主至高无上是不同的。同时，在宗教法观念中，至少在表面上强调上帝面前信徒人人平等，而在中国，即使是儒家的“仁政”、“爱人”说教，仍是以“尊尊”、“亲亲”等宗法、伦理、等级原则为前提的。

（1992 年第 3 期）

中国古代妇女立法的特征

赵元信*

法律,既是阶级意志的一种体现,又是历史文化的一种积淀。从文化的视角透视法律,可以窥测一个民族的深层次的法律价值观念,可以找出一根贯穿于过去、现在与未来法律走向的经线,从而更好地思考与建设我们的法制系统工程。

历史上的妇女地位低下,中外皆然。这种社会现象大概要从母权的跌落开始。然而在不同国家和地区,由于社会文化背景的千差万别,妇女的法律地位亦不尽相同。同样是资本主义社会,日本和美国妇女的地位就不一样,前者低于后者。在中国古代,妇女地位低下,与西方中世纪并无本质差别,但本质虽然相同,表现形式却有着自身的文化特征。

中国古代的妇女立法,散见于各朝的法律法令中,涉及家庭、婚姻,继承、买卖、户籍、赋税、土地及刑事犯罪和惩罚各个方面。这些规范,与封建法典一样,随着社会思想文化、经济政治的变化发展而有所变异和进展,在整个封建历史长河中,又保持着统一性和连贯性。综观其全貌,呈现以下特点。

一、阶　层　性

妇女世界中,地位的高下贵贱悬殊。这种阶层性,实质上是男子中心社会等级性的延伸。有官品或邑号的为贵妇,由皇妃、宗室女、官吏的妻、妾、母、女等构成,她们可以享受一定的法律特权。《周礼》有“命夫命妇不躬坐狱讼”的记载,想来是汉以前就有的制度。唐《名例律》中,对贵妇犯罪也规定了请、减、赎之例的特权,甚至五品以上的“通贵”之妾,“犯非十恶者,流罪以下”也可以“听以赎论”。不过,这种特权却仍是因为依附于男子才得的。《律疏》谓:“依礼:凡妇人,从其夫之爵位。”因而,“妇人品命既因夫、子而授,故不得荫亲属”,她不能因自己沾得的这片恩荫再荫及亲属。明清时期虽然改变了这种固定的优待条例,但贵族与平民审判的程序仍然是有差别的。

贵族妇女以外的妇女,还有良贱之分。良人即平民,多数当然是一般的农

---

* 作者单位:华东政法学院(现华东政法大学)。

妇,贱女指官私奴婢、倡优之例。良贱之间泾渭分明。唐代的法律中,明明白白指明了“奴婢贱人,律比畜产”。在重视贞操的古代社会中,良人妇女若被贱民男子触及过,便将成为终身的污点,良女被贱男强奸,唐宋处贱男徒二年半或三年,明清则要处斩。在法律上刑罚呈加重趋势。令人惊异的另一种情况是:贱女若被良男奸污,则被认为无足轻重,对男子的处罚极轻。贱民女子的丧失人权,还表现在未婚贱女的婚姻必须“合由主处分”,其父兄若“辄将其女私嫁于人,须计婢赃准盗论罪”。从享有特权到丧失人权,差别之大不言而喻,相同的是这些皆非女子的独立属性。如果说等级制乃阶级社会的特点,中国古代妇女的等级差别却是别有一番韵味的:这种等级,不论是贵还是贱,都与父亲或丈夫的等级地位密切相关。对男性的依附不仅是本质上的,而且是形式上的,中国古代没有如西方中世纪那种出入于社交场合的单身女性就是明显例证。“别”的观念在儒文化中表现得更加细微:别贵贱、别尊卑、别男女巧妙地结合在一起,影响着妇女立法。

二、轻 视 性

对女子的轻视,伴随着对妇女的偏见所至。通常以为:“女人是祸水。”因而不论何种情况,女子动辄得咎。在法律上,妇女也成了歧视对象。古代妇女没有任何权利保障可言,备受侮辱和摧残,没有专门保护妇女身心健康的法律。由于注重女性贞洁,有所谓“性污点”的妇女更是绝对不受法律的保护。汉律规定妻与人通奸处以极刑,妇女私自改嫁要弃市。明清律对通奸罪的重惩,使得妇女受压迫更为深重。清律中的所谓“刁奸”,指与人通奸的妇人被见者强奸,“不以强论”,而强奸罪的构成,必须有“强暴之状”,要“有人知闻”,被害妇女还要受伤,衣服还要被撕破,不具备这些条件便不能确证为强奸,既非强奸,即是和奸或通奸,还有何等脸面见人?只能以死解脱。妇女生命的不被重视,便由几条法律定了下来。此外,妇女在婚姻和家庭中没有自主权,唐宋后对女子的财产继承权有所放宽,但也只能得男子之半;在经济上,隋炀帝规定除妇人、奴婢、部曲之课,实际上这以后妇女、奴婢就不再受田;这一系列有关规定,使得女子的从属地位更加坚固。

法律上对妇女的轻视,并不全由于母权失落的延伸,因为父亲取代母亲是全球性的胜利和悲剧。政治上、经济上和法律上对妇女的轻视,与文化特质有极深的关系。有人以为儒文化的始祖孔丘的“唯女子与小人难养也”一句话,已经奠定了世世代代儒文化包围中的妇女命运,并以此作为妇女法律地位低下的起因,这不是没有道理的。儒家认为,“载弄之瓦”的女子只能在家操持家务、养育儿女,只能依着男子生活。于是,男尊女卑就成了一条自然法则,作为封建立法的依据。

三、保 护 性

古代法律中,有对妇女轻视的一面,也有对妇女保护的一面:《左传·襄公十九年》有“妇女无刑,虽有刑不在朝市”的记载,据疏,即对女犯不用黥、劓、刖等肉刑,处死妇女也不暴尸于市。此外,在法定刑的内容上,对妇女所处的劳役刑相对较轻,并不如规定那样与男子处以同质同量的刑罚。汉令:“女子犯罪,作如徒六月,雇山遣归。”妇女被刑6个月以下时,将相当于一个月300钱的赎金交纳官府,就可免除实刑。这种特别的恩典还表现在汉、唐以至明、清的律令中,有关妇女系狱释枷、对妊娠期死罪妇女实行缓刑。如:西汉平帝和东汉光武帝时,先后下诏规定,对妇女,老人和儿童“自非不道,诏所名捕,皆不得系,当验即就验”。《唐律》:“诸妇人犯死罪,当决者,听产后一百日乃行刑。”唐至明、清几朝对略人、略卖人罪处罚较重,对拐卖妇女,儿童为奴婢、为人妻妾子孙,或拐卖妇女为娼者,都要处徒流以上的刑罚。

上述法律规定,不能说都是假仁假义的骗术(虽然秦简中有女犯受黥、劓之刑的记载,似与《左传》所记相左),但究其实质,并不在于保护妇女的身心不受侵犯,而在于维护封建的伦常关系和统治秩序。如果说妇女犯罪在处刑上有优待的意味,那则出于儒家的宽刑主义,而把妇女作为增殖人口的工具给予特别保护,当是合乎情理的。

四、被 动 性

中国很早就有了族刑连坐的法律规定。《尚书》中的“孥戮”一词,已把无辜妇女搭连了进去。从秦文公二十年设立三族之刑以来(商鞅时始称连坐),与犯罪并无瓜葛而被白白牵连去“坐死”被收为官婢的妇女不计其数。我们现在对于古代“三族”范围究竟有多大并不很清楚,推测起来,因为自己的父亲、丈夫、公公、兄弟,夫家兄弟及叔叔、舅舅等犯罪而被牵受罚的,绝不会在少数,否则,何以在魏晋以后罪奴会成为官私奴婢的主要来源呢?据载,《汉书·孔光传》:“大逆无道,父母妻子同产、少长者皆弃市”,《魏律》:“……大逆无道、腰斩。家属从坐。不及祖父母、孙。"北魏世祖太武帝时规定:"大逆不道,腰斩。诛其籍。年十四以下腐刑,女子没县官。"除谋反大逆等大罪要连坐,其他罪行也有株连的情况。东汉末,曹操辅政时曾设"士亡法",规定士兵逃亡"罪及妻子",其刑罚包括弃市和收为官奴婢。东晋时,犯劫(即强盗抢劫)者本人腰斩、家人弃市。南朝宋时,犯劫罪则要"同籍之期亲、补于兵"。可见不同时期家族连坐的形式、范围都不尽相同。

一个女子,在家从父,出嫁从夫。可是,"父母有罪,追刑已出之女",而"夫党见诛",又要"随姓之戮"。如果两家同时背罪,除非她有分身之法,否则,反倒欠了朝廷一条人命。于是,曹魏时程咸建议:"在室之女,从父母之诛,既醇之妇,从夫家之罚",得到朝廷同意,此后,已嫁女不再连坐父母之罪。西晋进而改制:女儿不再从坐处死,但仍要受其他刑罚。南朝梁确定为收为官婢。唐代对妇女连坐规定相对汉代要轻得多:为人妻、母,60岁以上者免坐,60岁以下,若犯谋反大逆,谋叛,杀一家非死罪3人,造畜蛊毒及"密有征讨而告贼消息者",母,妻、妾得缘坐处流刑,对犯罪者女儿的连坐仅限于谋反,大逆和造畜蛊毒三种罪行。明清时妇女的连坐主要是没为官婢。

妇女立法的这种被动性,是儒家经义"三从四德"原则的体现。女子不仅在身份地位上跟从男子,而且要随从男子背罪处刑。这种"从"的文化背景,不仅抹杀了妇女起码的生存权,也与儒家的"仁义"相悖,因而在历史上不断引起议论并在立法上一再改轻。

五、禁　锢　型

这主要是指妇女的生活范围狭窄,被关在家的牢笼中不得发展,因而,法律调整妇女行为的规范相应地面也较小。妇女不能参政从政,妇女参政,就是"牝鸡司晨",《尚书》说:"北鸡之晨,唯家之索",母鸡啼叫,灾祸就要到来。因而法典中大量涉及官吏的规范与妇女无缘,妇女参与社会活动较少,社会犯罪也较少,在窃盗,强盗、抢劫、诈骗,杀人伤人之类的犯案中,妇女比例极小,直接参与谋反大逆之类的重罪就更少了。从现在存留的大量古代案例来看,妇女的罪例大多是婚姻违律,奸非和涉及户籍,户产、家族内争端之类与家庭关系密切相关的违律行为,也因为这个原因,封建社会后期成文的家法族规中,尤其是清代的宗族法中,对妇女行为和妇女与家庭,社会关系调整得比封建法典更为全面和细致。出于对妇女贞洁要求的提高,其中对通奸罪的处罚,往往比律例要加重得多。中国古代妇女法规的禁锢性,既然是社会实际的反映,但在一定程度上,又成了妇女更多地参与社会生活的樊篱。

以上粗浅的归纳,是为古代妇女立法的性质提供一点线索。对中国古代妇女法律地位的研究,是随着社会文明的进步,妇女社会地位的提高和制定妇女法的必然性和必要性,被人们日益重视起来的。马克思在《致路·库格曼》一文中说:“每个了解一点历史的人也都知道,没有妇女的酵素就不可能有伟大的社会变革。社会的进步可以用女性(丑的也包括在内)的社会地位来精确地衡量。”如果以此作为本文的结尾,那么,我们以妇女法律地位为线索来揭示法律与社会文化关系的目的已经很清楚了。

(1992 年第 7 期)

中国古代等级法观念的渊源及其流变

——兼评西方法的等级观和平等观

何勤华*

中国古代的等级法观念,自夏、商、周三代开始萌芽,至近代数千年而不衰,其影响渗透到立法、执法乃至人们社会生活的各个方面,对中国国人心理的影响一直延续至今,成为中国传统法律观念的重要组成部分。对其进行剖析,可以使我们对中西方法律文化的异同有更深的理解。

一

等级法观念来源于等级法律运行的实践。在中国周代,社会的等级划分已十分明确,天子、诸侯、卿大夫、士、庶人五个等级,各个不同等级的人,身份地位、权利、义务都不相同,礼仪、服饰、器用都有严格的规定,不能僭越。

进入封建社会以后,地主阶级在反对奴隶主阶级等级特权的同时,确立了自己的等级制度。在秦国,自商鞅变法时,便定爵位二十级,各依等级享有相应的政治、经济特权。汉以后,仅在统治阶级之中,正式的官的等级就有九等(九品),各等(品)中又有无数的类别,各依官品、爵位、类别享有不同的特权。这种等级制现实,不仅使以周礼、孔子学说为代表的奴隶制等级观念生存了下来,而且进一步得到了强化,等级观念渗入社会生活的方方面面,如饮食(如天子食太牢,牛,养,羊齐备,诸侯食牛、卿食羊,大夫食灸,士食鱼豚,庶人食菜),服饰(如隋唐宋时,紫、朱、绿、青四色只有官品才能服用),住房(如称呼上便有宫殿,府邸、公馆、第、宅、家等),丧葬(如棺木不同,礼仪不同,抬棺人数不同、坟墓不同等)。祭祀(如等级不同的庙数也不同,祭品多少不同等),即使对一个人的死,也可以有不同的称呼,如称帝王的死为"崩",三品以上官为"梦",五品以上官为"卒",小官及庶人为"死",等等。

* 作者单位:华东政法学院(现华东政法大学)。

二

在中国古代的等级法制度及其观念中,影响最大的是八议、上请、官当、"刑不上大夫,礼不下庶人"以及忌讳等。

八议。起源于西周。据《唐律疏议·名例七·八议》称:现在的"八议"就是周代的"八辟"。这里的"辟"意思为"法则","八议"即是关于亲、故、贤、能、功、贵、勤、宾八种人的特殊处罚法则。从曹魏起,就将八辟吸收进了法律之中,规定了八议制度。八议之制既符合封建地主阶级的政治、经济利益,因为在中国封建社会,以皇帝为首的地主阶级,具有整体利益的一致性;又符合地主阶级的伦理原则,因为它解决了统治阶级集团中,皇帝和大臣,大宗和小宗,大官和小官之间不同利益的不同等级保护及其特权的分配,而归根到底,八议之制符合了君主专制集权的中国古代国情,因为即使是对八议之范围内的统治阶级成员刑罚的减、免,最终仍必须由皇帝一个人决定,皇帝完全可以根据自己统治的现实需要,来处理各种违法犯罪的臣属。因此,在本质上,八议之制与"忠君"观念,家天下意识等是一致的。

上请。是指上述"八议"者之近亲属以及官至五品以上的人,若犯了流罪,可以减一等处罚,如果犯了死罪,可以不依一般司法程序,而是上请皇帝裁决的制度。它与"八议"虽然名目不同,但却有异曲同工之妙,是"八议"之制的进一步扩大和延伸。如同"八议"之制的根本目的在于维护封建地主阶级的统治秩序,因而其对象犯了"十恶"之罪不适用"八议"一样,上请也不适用"十恶"犯罪,并且由于"上请"之对象的社会地位较低,对其限制要更多一些,如"十恶"之外,对于反逆缘坐、杀人、监守内盗、盗、略人和受财枉法者,即使属于"上请"之范围,也都不能适用请权而减免其刑罚。

官当。是指官吏犯罪以后,可以用其官职予以折抵,从而不受或少受刑罚的制度。其萌芽在商、周时代即已出现。至唐宋时代,对"官当"的规定可以说是达到了无微不至的程度,官当虽然至多只能比徒3年,但另以种种方式使不致实徒实流。例如,有一官现任六七品职事官兼带六品以下勋官,犯了流罪,例减一等,合徒3年,依据官当法,他可以先以职事官中最高的一官(六品官)当徒1年,再以勋官当徒1年,还剩1年徒刑,他以前还任过八品官又可以当徒1年,正好将罪除尽。即使仍不能抵挡他所应得的罪,他也不必忧虑,法律上规定得很清楚:“诸以官当徒者,罪轻不尽其官,留官收赎,官少不尽其罪,余罪收赎。”①

在中国古代,以官当罪的事例是很多的,这当中,康熙皇帝以功赦免罪犯鳌拜可算是突出的一例。据史籍记载:康擒拿住鳌拜后,公布其死罪共有七大项,但这样一个“罪大恶极”的叛臣,最后处理结果仅六个字“以功免死拘禁”。虽然,这个处理包含康熙笼络人心的策略考虑,但鳌拜的官位(四大辅政大臣之一)和赫赫战功不能不说是一个重要原因。

“刑不上大夫,礼不下庶人。”此语最早见于《礼记·曲礼》,以后曾在中国古代社会广泛流传。虽然,中国学术界目前对这句话的含义有多种理解,但它作为中国古代社会等级法律制度的现实在人们观念中的典型反映,则是无可非议的。

首先,在中国古代社会,刑主要是针对老百姓的。如秦律规定,盗赃一钱以上便要斩左趾。即使是对人民生活中的细枝末节等类“犯罪”,秦律也都要处以严厉的刑罚。明太祖朱元璋统治时期,广东儋州陈逢想率领百姓反抗朝廷,朱元璋不仅把陈逢想问斩,还把他手下的1400人全部割掉了鼻子。

其次,“刑不上大夫”是中国古代等级法观念的一个原则,这是就其本质说的,事实上,统治阶级成员中有人犯了罪,也是要对其施以刑罚的。如郑国国君突(史称郑厉公)依据周刑杀贵族傅暇,商鞅在秦国遭到车裂的酷刑,李斯被秦二世腰斩灭三族,以及唐太宗李世民处死外甥赵节,明太祖朱元璋杀丞相胡惟庸,等等。但是,这种对大夫(贵族)上刑,或者是这些人犯的罪实在是太大,不处罚不足以维护封建统治秩序,或者是与最高统治阶层发生了矛盾,影响到其政治统治。一般而言,在中国古代各个王朝中,对大夫的处刑总是有别于庶民百姓。其出发点仍是维护统治阶级的等级特权的“尊严”。

再次,礼作为一整套完整的宗法等级制度,其本质是确立中国古代统治阶级内的等级特权关系。一方面,礼规定社会各阶级、阶层间的尊、卑、贵、贱等级秩序。另一方面,礼宣扬忠君、孝亲等道德伦理观念,所谓礼者,“父子有亲,君臣有义,夫妇有别,长幼有序,朋友有信”,等等,其核心仍是等级观念,至于礼的其他内容,如祭祀、朝觐、冠婚等礼仪制度,也从头到尾贯彻了等级原则。因此“礼不下庶人”中的礼,的确首先是适用于统治阶级中各个阶层的。

最后,礼经过中国古代历代统治阶级的认可、提倡、宣传,逐步演变成为适用于社会全体成员的法律。此时,礼是下庶人的。康熙皇帝颁布充满儒家之礼要点的《圣谕十六条》后,又由臣属将其逐条详加阐述和注释,以《圣谕象解》20卷之名,印行全国,让每个老百姓都知道、遵行,此事就说明,礼也规范着庶民百姓

① 《唐律疏议》(卷三):“以官当徒不尽。”

的行为。但是,礼下庶人,并不能减少礼所体现的等级色彩。事实上,让老百姓了解礼,遵守礼本身,就是为了让其知道等级名分,不要去僭越。因此,无论是“礼不下庶人”还是“礼下庶人”,其本质都是强调了中国古代的等级法观念。

避讳。这里,主要是指避皇帝之“讳”。在中国古代,皇帝位于等级社会宝塔的塔尖上,至高无上,极为尊贵,因此,任何对皇帝形象的损坏都是不能容忍的,甚至某些事实上无损于皇帝一根毫毛的也是皇帝所忌讳之处(如名字、出身、经历、外貌、年号等),也是碰不得的,否则,将受到法律的严惩。可以说,避讳在中国古代,不仅与忠君观念联为一体,也是等级社会法观念的极端表现,它对每个古代中国人的行为方式,都是至关重要的。在中国古代,最早系统实行避讳的是秦始皇。他规定,全国臣民对秦始皇及其祖先的名字,在记事、上书甚至言谈话语中都要避讳,不得直呼,其他必须使用涉及皇帝姓名的字的地方,以异音同义词代替。至汉代,避讳制度得到进一步发展,如汉朝时,中国的丞相称为“相邦”,但由于“邦”字恰好和汉高祖刘邦的名字相同,为了避讳,故将“相邦”称为“相国”。而实行避讳最严格的莫过于朱元璋了。由于朱元璋出身贫寒,当过和尚,入过起义队伍红巾军(当时被地主阶级骂为“红贼”),因此,凡是“光”、“僧”、“秃”、“贼”等字以及相关的字,都是禁忌的,甚至与这些字同音的字,如“生”、“则”等,也都不得使用。如当朝的林元亮、赵伯宁、蒋镇、贾翿、许元等数十人,因为在文章、表奏中使用了这类字眼,被朱元璋全部处死。

三

中国古代等级法观念,除了上述表现以外,还体现在官贵民贱、父尊子卑、男女有别、良贱有序等方面,可以说,等级法观念已渗入到中国古代社会的每一个细胞——阶层、集团、家庭、行业之中,规范着人们的日常生活。应该说,中国古代等级法观念在经济基础上和伦理法观念同出一源:它们都是在家长领导下的一家一户、自给自足的小农经济的产物。同时,等级法观念的形成和发展,也与儒家学派和法家学派的倡导有关,前者将自然界中天地相异、日月有别等状态、秩序来解释人类社会,得出人类应是分等有序的等级社会的结论,后者通过将君主的意志绝对化,使君主取得了至高无上的地位。但是,与伦理法观念稍有不同,等级法观念对中国社会的影响之所以如此巨大,主要的原因是在政治上。

等级制度,其政治核心是特权,而这种特权,由于具有经济内容,因此,在中国古代,谁的特权大、特权多,谁获得的经济利益和物质享受也多。而特权中最高级者即是整个国家,这个国家,不是人民的,而是皇帝的(至少在观念上),或是皇帝一个家族的(家天下),皇帝对国家的一切拥有所有权(特权),这个特权是不能让与的(除非被人推翻)。因此,这一特权是皇帝的命根子,绝对不能丢掉。各级官吏,根据他们与皇帝关系的亲疏及对"皇帝的国家"的功劳大小,获得自己的特权——封地、爵位以及各种经济、政治的利益。这种特权,可以囊括社会生活的一切方面,甚至要多少妻妾,也是根据各个人的特权的有否、大小而决定,在这种社会状态下,皇帝以及下面的各级官吏无不竭力为维护整个等级秩序,为自己的特权而奋斗——包括运用立法和司法的手段,等等。

等级法观念对中国现代社会的影响是巨大的,虽然,公开的等级制度已不复存在,但特权观念却在一部分人的心中沉淀了下来。尤其是在某些领导干部的思想深处,常常有凌驾于群众之上、不愿受法律制约的意识在作怪。虽然,这样的领导在目前是越来越少了,但在我国,要彻底清除等级法观念,将宪法中规定的"法律面前人人平等"的原则落实到每个中国公民(包括干部)的观念中,则还需要我国人民作出巨大的努力。

四

在剥削阶级社会中,是不可能排除干净等级制度和等级法观念的。这一点,西方社会与中国并无两样。然而,由于西方社会特定的历史文化条件,使其法观念在等级性方面也呈现出不同的特点。形象一点地说,西方社会法上的等级观念和平等观念犬牙交错,走过了一条马鞍形的发展道路。

在早期希腊(雅典)社会中,除奴隶被当做"说话的工具"之外,在自由民当中也是等级森严的,氏族贵族享有政治、经济以及适用法律上的种种特权。公元前621年的德拉古立法,曾试图缓和下层自由民和贵族的等级矛盾,结束了以前法律不成文,仅仅为贵族掌中玩物的局面,但其维护的仍是贵族的利益。公元前594年梭伦当上执政官以后,试图进一步缓和贵族与平民之间的矛盾,颁布了取消债务奴役制的"解负令",规定凡自由民均可参加民众大会,等等。但梭伦仍按财产的多少将自由民分成四个等级,并规定只有第一等级才能担任最高官职。

随着雅典社会商品经济的发展,奴隶主民主范围的扩大,等级制度开始衰落,等级法观念也日趋淡化,而平等观念则开始兴起。这表现在三个方面:首先,当时执政的是工商业奴隶主阶级,他们为了自己的切身利益,必须倾全力发展商品生产和商品贸易,并将其制定为基本国策,而这一国策的实行,客观上打击了早期奴隶主阶级的等级法观念,促进了平等法观念的形成和发展。其次,当时的雅典,由于实行的是民主制,因此,国家的最高统治者执政官均由公民选举产生,并没有至高无上的帝王的存在，从而也就没有“家天下”以及依与皇帝之关系亲疏，对皇帝贡献大小为依据形成的宝塔形等级系列及其观念。最后，由于建立了整个公民阶层都可参加的民众大会和陪审法庭，故凡犯法的人，均将受到一视同仁的处罚，从而也就没有“八议”、“上请”、“官当”等一系列等级法律特权，也没有“刑不上大夫，礼不下庶人”等的等级法观念，在公民中有的只是谁犯罪谁就得受处罚的平等法观念。当然，在雅典发展起来的平等观，只能是奴隶主阶级内部的平等，带有诸多历史的局限。

在罗马早期，通行的是市民法，它除了带有浓厚的形式主义色彩以外，还具有强烈的等级性。比如，它规定贵族与平民之间不得通婚，罗马市民不得与从事卑贱职业者结婚，子女必须服从家长的指挥，丈夫对妻子享有夫权，居住罗马的其他民族的自由民，没有选举权和被选举权，等等，违反这些等级法规定，不仅当事人的权益得不到法律的保护，也要受到社会舆论的谴责。

然而，在罗马市民法所确立起来的等级法制和观念并未维持多长时间，从公元前3世纪开始，随着罗马商品经济的发展，统治阶级不得不在市民法体系之外，运用公平、正义的衡平原则，创设起了以保护罗马市民以外其他自由民的万民法和最高裁判官法。到公元212年，罗马帝国又颁布法令，宣布罗马境内的每一个居民（奴隶除外）都享有完全的、平等的公民权，从而使商品生产所必需的平等要求，成为全体居民的共同观念。在这种观念之下，即使是奴隶，也并不是绝对被鄙视的。如奴隶可以被主人解放，被自由民和贵族收为养子，继承其社会地位和财产等，而这与中国的情形是不同的。

中世纪以后，在罗马帝国的废墟上，建立起了各个封建王国，这种王国以封建领主所有制为经济基础，人们依据对土地占有的多少，形成了宝塔形的等级社会结构：最上面的是国王、大封建主（公爵、伯爵）以及高级僧侣（主教），其次是他们的陪臣中小封建领主（男爵、子爵、骑士等），他们之下是小封建领主，再下面则是依附于封建领主的农民和农奴。这种等级制不仅表现在对土地的拥有上，也表现在衣、食、住、行、称谓、姓氏以及对犯罪的处罚等各个方面。比如，按照公元5世纪法兰克王国《撒利法典》的规定，同样是犯罪，因被害人地位不同，所受的处罚也不同。如杀死一个国王亲信，罚款600索里达，杀死一个自由法兰克人罚款200索里达，杀死一个普通罗马人罚款100索里达；杀死一个奴隶只赔偿主人30索里达。

但是，西欧的封建等级社会和中国古代有许多不同，因此，在此基础上形成的法观念也不同，一方面，西方社会等级制度延续的时间比中国相对要短得多，另一方面，西欧社会中的等级关系是依靠所谓“双务契约”来确立的，即依靠上下级之间的"合意"成立,上级在要求下级尽各种义务的同时,也必须承担各种责任,如果上级封主不尽到此责任,下级附庸也可以不尽义务。这点,和中国古代单向的、以上凌下的等级制不同。同时,在中世纪西欧,即使在君主专制时期,国王的权威也不是绝对的,它要服从上帝的意志,要受到大封建主的制约,受到法律的规范。这样,就使西欧的等级制度远不如中国古代那么严密、完整。在这种情况下,中世纪西欧当然不可能形成如同中国那样严密的等级法观念。

资产阶级兴起以后,随着资本主义商品经济的全面发展,等价交换的平等要求渗入到社会生活的各个方面,也融入宪法、民法、刑法等各个法域,并使法律上人人平等的原则成为国民的基本观念。虽然,资本主义社会的平等始终只能是形式上的,因为资本主义社会人与人之间在经济上的不平等,使人们无法在事实上做到平等,法律的平等也无法得以彻底实现。就拿美国黑人而言,他们占了美国人口的12%左右,但在比较体面的职业(如律师、法官、医生、科学家等),只占1%左右,他们中的大多数人从事的是重体力劳动。但资本主义社会毕竟摧毁了封建等级法律制度,在法观念上实现了一场革命。

通过以上论述,我们是否可以得出这样的结论:商品经济的发展与等级法制度和观念成反比,与平等法观念成正比。这就告诉我们,发展中国的社会主义商品经济,是荡涤中国社会几千年等级法观念,特权思想的根本途径。

(1992年第9期)

1993 年

《法经》考辨

殷啸虎*

《法经》的真伪,是当代法制史研究中争议较多的问题之一。在过去,有关这一问题争议的焦点,主要集中在两个方面。第一,史籍中有关李悝制定《法经》的说法是否可信。日本学者仁井田陞在20世纪30年代撰写《唐令拾遗》一书的绪论中说:"目前还有一种通行的说法,认为魏文侯时李悝撰定而流传下来的《法经》六篇,是首创的法典。其依据的资料是《晋书·刑法志》、《唐律疏议》、《唐六典》注以及《通典》的记述。但是,《史记》、前后《汉书》等对此并无只言片语。"戴炎辉的《中国法制史》一书也认为,"通说以为,这部《法经》六篇,系我国最古的法典,但有力学说,则以为甚有可疑。盖《史记》、前后《汉书》等,只字不提《法经》六篇。或许战国时代的法家,对刑书作如《法经》六篇的分类。"不同的观点则认为,汉代史学家对秦律是讳莫如深的,特别是《汉书·刑法志》,不屑谈秦律,对作为秦律祖本的《法经》,当然也是如此了。日本学者堀毅就认为,由于《汉书》作者班固本人主观方面的原因,有意识地省略了《法经》到秦律的记载。第二,《七国考》中关于《法经》的引文是否可信,杨宽的1980年新版《战国史》后记中说"桓谭的《新论》是南宋时散失的,董说这些引文究竟从哪里转引来的,无从考查,实不足信"。并以为《法经》引文中提到的一些官职,在魏文侯时并不存在,因而可能是董说伪造的。不同的观点则认为,《七国考》中关于《法经》的引文,是有来历的,其中所引的原始资料,是战国时的文体,绝非董说伪造,其史料价值不应低估。上述两种观点,对有关《法经》的史料记载见仁见智,各抒己见,这无可非议,但另外,传统的以《法经》六篇为封建法典特别是秦汉法律渊源的说法,在有意无意中将秦汉法典的内容局限于尚未完全肯定的《法经》"六篇"的窠臼中,这又在事实上影响并束缚了对秦汉法律制度的研究。其不良影响,在《云梦秦简·法律答问》内容的整理和编排上,就有一定程度的反映。因此,有必要对史籍中关于《法经》的记载,以及有关的史料,重新进行一番探讨。

---

* 作者单位:华东政法学院(现华东政法大学)。

一、关于《晋书·刑法志》等史籍的记载

对李悝制定《法经》的说法表示怀疑的最有力的证据,就是《法经》不见于《史记》及前后《汉书》的记载,而在一千多年以后的唐代人编纂的《晋书·刑法志》以及《唐律疏议》等书中,却突然冒出了一部《法经》,其真实性自然值得怀疑了。但是,毕竟只是怀疑,要说明这一问题,关键还在于这些记载的可信程度究竟如何。

不可否认,在对于前代法典编纂的历史发展及沿革方面的记载,《晋书·刑法志》比起《汉书·刑法志》,更为详细、具体。认为《晋书·刑法志》是《汉书·刑法志》续篇或补篇的说法,也不无道理。但是,详细并不代表真实。从内容上看,《晋书·刑法志》在史料的选择、分析等方面,比起《汉书·刑法志》,显得杂乱无章,并有很大程度的失实。在这一点上,《晋书·刑法志》关于汉《九章律》的记载,就是一个很好的例证。笔者在《〈九章律〉考辨》一文中,对此曾略有论及。《晋书·刑法志》关于《九章律》的记载是这样的,“汉承秦制,萧何定律,除参夷连坐之罪,增部主见知之条,益事律兴、厩、户三篇,合为九篇。”在这短短的记述中,就有两处明显失实。首先,关于参夷连坐之罪,萧何定律时并未废除,后汉的《政论》中也说:“昔高祖令萧何作九章之律,有夷三族之令。”直到高后元年,才除三族之罪。其次,关于部主见知之条,所谓部主见知,是指监临部主、见知故纵的规定,这是汉武帝时著名的酷吏张汤、赵禹主持制定的。《汉书·刑法志》“于是招进张汤、赵禹之属,条定法令,作见知故纵,监临部主之法”。此外,《汉书·刑法志》关于《九章律》制定的记载是这样的,“于是相国萧何捃摭秦法,取其宜于时者,作律九章。”也就是说,《九章律》是萧何对秦律进行整理、删选,将其中能够适用的篇章内容汇编而成的。(从现存的《云梦秦简》及魏律对汉律的修订过程看,都可以证明这一点)并无另作事律三篇之举,但在《晋书·刑法志》中,却成了“益事律兴、厩、户三篇,合为九篇”了,这显为断章取义。作为《唐律》渊源的《九章律》,在唐代人编纂的史书中,记载失实如此严重,而对早于《九章律》二百余年的《法经》的记载,其可靠性也可想而知了。

《晋书·刑法志》在谈到李悝《法经》时,是这样记述的:“(李)悝撰次诸国法,著《法经》,以为王者之政,莫急于盗贼,故其律始于盗贼。盗贼须劾捕、故著网、捕二篇。其轻狡、越城、博戏、假借不廉、淫侈、逾制,以为杂律一篇。又以具律具其加减,是故所著六篇而已。然皆罚名之制也。商君受之以相秦。”而《唐律疏议》、《唐六典》注在谈到《法经》时,又是这样说的:“魏文侯师于李悝,集诸

国刑典,造《法经》六篇。一盗法、二贼法、三囚法、四捕法、五杂法、六具法。商鞅传授,改法为律。”显然,同为唐代人的记述,都有一个十分明显的矛盾之处,那就是后人喋喋不休地称道的“改法为律”的问题。从《唐律疏议》及《唐六典》注的记述看,商鞅对《法经》的最大改革,就是将“六法”改为“六律”。现今几乎所有的法制史教材都沿袭这一说法。然而,在《晋书·刑法志》中,不仅无“改法为律”之说,而且《法经》六篇也都称作“律”。究竟是《晋书·刑法志》错了,还是“改法为律”之说本来就是子虚乌有,这大概连作者自己也很难说清了。但我们就此可以发现一个问题,那就是唐代史学家对于《法经》,并没有掌握第一手可靠资料,而是根据一些不太可靠的传闻,根据编史的需要加工改造。因此,对这些连作者自己都未弄清的记载,是难以令人信服的。

在《晋书·刑法志》等史籍的记载中,还有一个重要问题,那就是所谓秦律对《法经》的继承问题。这些史籍中,都说秦律是全盘继承《法经》六篇,直到汉《九章律》,才另增三篇成为九篇。然而,正如前所述,这种说法也是不正确的。从《云梦秦简》看,不仅秦的法律体系不止是“六律”,就是作为法典主体部分,也已不止六篇。最近,笔者重新研读《云梦秦简·法律答问》,得出这样一个结论,那就是从内容上看,《法律答问》应该是对秦成文法典所作的解释,就像《唐律疏议》之于《唐律》一样。而从《法律答问》解答的范围看,除了所谓六篇以外,自“实官户关不致”至“吏有故当止食”数条,当为“厩律”方面的解答,自“擅兴奇祠”至“何谓通事”数条,当为“兴律”的解答,其余如“甲徙居”,“部佐匿诸民田”、“何谓匿户”及以下数条,当为“户律”的解答(现本《云梦秦简》的整理者是依照所谓《法经》六篇的模式进行编排的,这些条文都被归入了“杂律”部分,所以相互之间的次序完全被打乱了。由此也可见传统的说法对秦汉法律研究与整理中的不良影响)。所以,从《云梦秦简》的解答范围看,秦的成文法典已超出了“六篇”的体系。显然,《晋书·刑法志》等关于商鞅沿用《法经》六篇制定秦律,至汉《九章律》始增为九篇的说法,也是不符合实际情况的。

二、关于《七国考》中的《法经》引文

如前所述,关于《七国考》中的《法经》引文(以下简称“引文”)的真伪问题,过去的一些论著从正反两个方面各自提出了一些较有见解的看法,但较多地仍是局限于典章制度方面的考察,缺乏对法律内容的分析。如果我们以《云梦秦简》等为依据,对“引文”内容进行探讨,不难发现,“引文”不仅法律用语不可能是秦以前的,而且内容前后矛盾,不像是一部法典的内容。

第一，关于刑事责任年龄的问题。在“引文”中，对刑事责任年龄，有这样的记载：“其减律略曰：罪人年十五以下，罪高三减，罪卑一减。”这一记载经常被后人援引，但他们忽略了一个问题，那就是在秦以前，对于未成年人的年龄，并不是用岁数，而是以身高来判定的。这在先秦史籍是屡见不鲜的。如《论语·秦伯》：“可以迁六尺之孤”，《孟子·滕文公上》：“虽使五尺之童适市，莫之或欺”，这里的五尺、六尺都是未成年人的代称，是虚指，《战国策·楚策二》：“悉五尺至六十三十余万”，这里的五尺是实指。可见对未成年人的年龄用身高来判定，是有定例的。在《云梦秦简·法律答问》中，有几处文字也颇能说明这一问题。其一，“甲小未盈六尺，有马一匹自牧之，令马为人败，食人稼一石，问当论不当？不当论及偿稼。”（第218页）其二，“甲谋遣乙盗杀人，受分十钱，问乙高未盈六尺，甲何论？当磔。”（第180页）其三，“甲盗牛，盗牛时高六尺，系一岁，复丈，高六尺七寸。问甲何论？当完为城旦。”（第153页）显然，在《云梦秦简》中，对责任年龄，也是以身高来判定的。这种做法，主要是由于当时户口登记制度尚不完备，很难对未成年人的年龄进行准确的核查，如果仅凭当事人自报的年龄来治罪，又难免会出入人罪。因此，用身高来作为确定成年与否的标准，在当时无疑是唯一可行的办法。据说秦始皇幼年多病，影响了身体发育，所以直到22岁时，身高才达到六尺五寸，才能举行象征成年的冠礼。由此也可见一斑。至秦始皇十六年，始“初年男子书年”，令境内男子普遍申报登记年龄。而在法律上对未成年人的年龄普遍按岁数来判定的做法，则是汉王朝建立以后的事了。所以，“引文”中的“十五以下”的说法，显然与战国的实际情况不符合。有的学者引证《周礼》贾招中“七尺谓年二十，六尺谓年十五”的注解，来证明“引文”与《云梦秦简》中关于刑事责任年龄判定的一致，殊不知却忽略了另一个问题，那就是如果《法经》关于责任年龄确实是这样规定的，为什么继承《法经》的秦律反而以身高来判定，这又怎么解释呢？

第二，关于对盗罪量刑的问题。在“引文”中，关于“盗”罪的处罚，有如下记载：“大盗戍为守卒、重则诛。窥宫者膑，拾遗者刖，曰为盗心焉。”在这一记载中，有两个问题。首先，“引文”中关于盗罪量刑的矛盾。“引文”中说：“大盗戍为守卒”，而下文又曰：“拾遗者刖”，按照“引文”的解释，在路上拾取他人遗失物的行为，是“盗心”萌发表现；对之处以断足之刑，目的就是“惩其盗心”；反之，有了“盗心”（拾遗行为尚不属于盗）就要处以仅次于死刑的断足之刑，而对真正的“大盗”，仅仅“戍为守卒”，量刑上怎可能有这样大的矛盾？其次，按照通行的说法，秦律基本上是抄袭《法经》的，但从《云梦秦简》来看，断足之刑适用的记载仅有两处，一是“五人盗，赃一钱以上，斩左止，又黥为城旦”（第150页），二是“群盗赦为庶人,将盗械囚刑罪以上,亡,以故罪论,斩左止为城旦”(第205页)。从两处记载看,断足的刑罚,主要适用于“群盗”等严重犯罪,对一般的盗罪是不适用的。(《盐铁论》中说秦“断足盈车”,是汉儒的夸大之辞,不足信)这与“引文”中“拾遗者刖”的普遍适用断足刑的记载也是不同的。如果说秦律是《法经》的继承和发展,那么量刑及刑罚适用上的这种差异又怎样解释呢?

第三,关于《法经》“守为国法”的问题。“引文”末云:“自武侯以下,守为国法矣。”也就是说,《法经》制定以后,被魏文侯的继承人魏武侯及以后历代君主奉为治国的基本法典。这一点,在《史记》、《汉书》及《战国策》等史籍中,均无记载,而在《战国策·魏策四》“魏攻管”篇中,有这样一段记载,却值得注意,其文如下:“安陵君曰:吾先君成侯,受诏襄王以守此地也。手受大府之宪。宪之上篇曰:子弑父、臣弑君,有常刑不赦国虽有赦,降城亡子,不得与焉。”安陵是魏国第四代君主魏襄王弟弟的封国。可见,在魏襄王以前,确实有作为国法的、根本法存在,并且世代相传,但并不称为《法经》,内容也与后世所谓《法经》不同。因此,引文中关于魏国将《法经》“守为国法”的说法,也没有根据的。

当然,笔者并无意否认,在秦以前,已有比较完整的成文法典的存在,但是它的名称、作者,以及基本内容等,对这些问题,尚未基本弄清以前,还是不要过早地作出结论,也不应在缺乏其他可靠史料的情况下,断章取义地大谈其“重要意义及影响”。至于《七国考》中关于《法经》的引文,既不能是《法经》的原文,也不可能是后人对《法经》真本的传抄。在此,笔者不禁联想到:在1988年3月1日《法制日报》的头版头条,曾发表了题为《历史又添新篇,国宝重放异彩——失传千百年的〈法经〉今被发现》的报道。从这篇报道的内容看,有两点值得注意。一是这个《法经》是“古印本”,也就是说,在时间上不会早于宋代;二是从报道的介绍看,这个《法经》的内容与《七国考》中的《法经》引文大体格似,两者之间有什么内在的联系,由于未能见到此书,当然不便妄作推测。但顺便说一句,这个《法经》印本交付出版已有四年半了,但至今尚未见正式出版,当然不能排除出版难等客观因素的影响。但是,《云梦秦简》从出土到出版仅用了一年多的时间,其整理难度大大高于一般古籍的整理。如果这个《法经》古印本真有如报道中所说的重要史料价值的话,似乎不应至今杳无音信吧!

(1993年第12期)

1995 年

试析《元典章》的特色

舒炳麟*

《元典章》即《大元圣政国朝典章》的简称。是至治二年(1322年)前元朝法令文书的分类汇编。此书元史未载。但沈家本认为,虽非修纂之书,然“乃奉官刊布,以资遵守,非仅为青吏之钞记”①之说似较公允,此亦编辑是书之目的,并开创了明清律例按六部分类的仿例。此书记述的内容大多是元代政治、经济、法律、风俗等原始资料,便于系统地研究元朝社会及其法律制度,故史料价值很高,远非一般综述性书籍所能及。本文拟就《元典章》的特色作一探索,以求教于同行。元朝是个多民族统一的朝代,它的建立,促进了各族人民之间的联系。由于控制元朝政权的是蒙古贵族集团,为了保持自己的特权地位,确实在法制上也有不少落后方面,尤其在民族不平等待遇上多所表现。但综观全体,元朝法制也有许多突破儒家传统法律观的可取之处,值得记述探讨。

一、禁愚孝奢乐,良贱可以通婚

封建婚姻家庭立法,是封建社会上层建筑的重要组成部分,是地主阶级利用宗法制度的血缘纽带关系,以加强政治权力、巩固统治秩序的重要手段和维护封建制度的思想工具。而其核心,就是夫权和族权。《元典章》在沿用唐制的同时,又保留了一些习惯法的特点,因而又有别于唐宋和明清,其最具特色的是禁愚孝奢乐和确认良贱通婚以及女子有财产继承权。

1. 旌表孝节,禁愚孝奢乐

旌表孝节。大德九年成宗立皇太子诏,对曾经旌表过的孝子、顺孙,若“有材堪从政者”,准“保结申明,量才录用”,②以旌孝节。《元典章》载,至元十二年,大都路民人魏阿张“庸计孝养”,侍奉老姑等“节守不嫁”事,应由“官为接济,仍令所在官司免差役,再加族表,以励风俗”。③ 但若失节适人,不许受封,“庶几

* 作者单位:安徽大学法律系。

① 沈家本:《寄移文存·钞本元典章跋》。

② 《元典章》(卷二),《圣政》一,“旌孝节”。

③ 《元典章》(卷三三),《礼部》六,“魏阿张养姑免役”。

士大夫之家敦尚节弋，妇人女子亦知有耻”。[①]

禁愚昧和奢乐。元代崇尚孝节，但同时也禁止一些有悖人情的行为。对此，《元典章》作过限制性的规定，如至元三年，松州民梁清弟垂兴为母病割肝行孝事，经部议依旧例：“诸为祖父母、父母、伯叔父母、姑儿、姐舅割股”属实者，官给绢五匹、酒二瓶、羊二口，以劝孝悌。后对“其割肝、制眼、窗臂胸之类”的行为，应“并行禁断”[②]。至元七年后对此类旌赏体例又予以取消，理由是：此举虽为行孝之一端，但有违“圣人垂戒：不敢毁伤父母遗体”同时又恐愚民不知侍养常道，“因缘奸弊，以致毁伤身体，或致性命”，反增父母之优。为此规定：“今后遇有割股之人，虽不在禁限，亦不须旌赏。”[③]至于卧冰行孝事，至元八年也予以禁断，因“为孝奉侍自有常礼，赤身卧冰，于亲无益，合行禁断”。[④]

另对居丧宴饮和一些迷信活动也予禁断。正如延佑元年监察御史王奉训奏言中所指出，“死敛葬祭，自古莫不有礼”。但近年以来，“风俗日薄”，不遵古制，“江南尤甚”。如遇父母之丧，“小敛未毕，茹荤饮酒，略无顾忌。至于送殡，管弘歌舞导引；循柩焚葬之际，张筵排宴，不醉不已”。如此“泣血未干少”而“享乐如此”，“诚可哀悯”，宜加“禁约”。得到各省部的批准。因国家以风俗为本，人道以忠孝为先。古制三年之丧，送终葬祭，当尽其礼，而礼莫过于“哀戚”，今居丧饮宴，殡葬又动乐声，“实伤风化”，有失“孝道”。为此规定，“除蒙古、色目宜从本俗，余并禁止”，违者“治罪”[⑤]。还对民间丧葬中的一些无益破费之现象，经省部议定并请准圣旨，对丧葬中的纸糊房子、金钱、人马并彩帛衣服帐帷等物，尽行禁断。至于送殡动用仪仗等物事，特别是对一些“权势之家，官为差拨；士庶之户，用钱雇请”之举，经省部议定：“若品官遇有婚丧，止依品职合得仪从送迎”，“无官百姓人等不得僭越”，因此举“实违国家置备仪从之礼，拟合禁断”，[⑥]此外，即使结婚的“聘财筵会”也有规定。如庶人中上户聘财为“一百贯，中户五十贯，下户三十贯”。“以财畜折充者听”筵会“上户中户不过三味，下户不过二味”。[⑦] 上述这些禁止性规定，尽管有维护封建等级特权的一面，但对禁止享乐和愚昧之类的行为是有积极意义的，也是难能可贵的。

---

① 《元典章》（卷十一），《吏部》五，“失节妇不封赠”。

② 《元典章》（卷三三），《礼部》六，“禁割肝剜眼”。

③ 同上，“行孝割股不赏”。

④ 同上，“禁卧冰行孝”。

⑤ 《元典章》（卷三十），《礼部》三，“禁治居丧饮宴”。

⑥ 同上，“禁送殡迎婚仪从”。

⑦ 《元典章》（卷十八），《户部》四，“婚资聘财体例”。

2. 良贱可以通婚

为保持尊卑、贵贱等封建宗法等级关系,《元典章》对良贱、主奴间作了很多不平等的规定,但在对良贱之间的婚姻关系上,元朝又有异于唐宋和明清。如《唐律·户婚篇》就明确规定良贱不得为婚。"诸与奴娶良人女为妻者,徒一年半。女家减一等。离之。其奴自娶者亦如之"。[①] 而《元典章》中虽有"奴婢不嫁良人"、"驱奴不娶良人"、"良人不得嫁娶驱奴"等规定,但又准许"如委有自愿者,各立婚书许听为婚"。[②] 可见,良贱可以通婚,并得到了确认,只不过改变原有的身份而已——如良家女嫁与人奴为婚者,即为奴婢;奴女嫁良人为妻者,即为良人。

二、刑民分诉,诉状划一

诉讼,即今之"打官司"。诉讼法,即关于诉讼程度方面的法律规定。中国古代虽无单独的诉讼法,但早有诉讼程度的规定,至唐代已很完备。元朝在沿袭唐制基础上并将诉讼独立成篇,同时又结合蒙古族的旧有习惯,有所修正和发展,特别是刑民之诉已有初步分离的趋向以及诉状的划一规范,更具特色。

1. 刑民分诉

区别对待。由于封建经济的发展,元朝的民事诉讼日趋活跃,迫使统治集团注意民事纠纷的解决,以免激化矛盾,危害政局。当时民、刑虽未明确分开,但在诉讼中已注意区别对待。如对民事诉讼的当事人,一般不予羁押。如《元典章》有一案例:真定路南宫县达鲁花赤等将"互争田土"的贾珍,"枷收断遣",并"自行主意,五杖子换一个人,将贾珍断讫三十七下"后"因杖疮五日身死"。经省断:达鲁花赤笞"三十七下,除名",县尹、县丛各"二十七下"、"一十七下",并都"解见任,期年后降先职一等叙用",并"征烧埋银两给付苦主"。[③]

民事调解。《元典章·刑部·听讼·至元新格》规定,凡是涉及婚姻家财、田宅债负的诉讼,只要不是违法重事,并听社长以理喻解,庶免"妨服农务,烦紊官司"。这是由于近年以来,"民诉之繁,婚田为甚"。因此要求各处官司,应对"媒人各使通晓不应成婚之例,牙人使知买卖田宅违法之例,写词状人使知应告不应告言之例",并要使具"不违甘结文状",以塞起讼之源。

---

① 《唐律疏义》(卷十四),《户婚》四二,"奴娶良人为妻"。

② 《元典章》(卷十八),《户部》四,"奴婢不嫁良人"。

③ 《元典章》(卷五四),《刑部》十六,"违枉"。

军官、巡检不干预民事。鉴于有些路镇守司并省都镇抚司诸衙门，往往接受民间一切词讼理断事，实有害政令之统一，为此规定，一切民间词讼，各“从本路总管府依理施行”，[①]并严禁“捕盗官受理白状”，若“依前违法，严行治罪”。[②]

允许告拦。为革民事田土之争，一再繁扰官府之弊，《元典章》载有大德十一年王成与祈阿马相争地生历时十余年之案，致紊乱官府，劳民伤财。同时“民间词讼甚多，而肯自休和者十无一二”，大都是官府不为明辨使然，使令一再兴讼不绝。今王成又自愿休和。对此，经都省议得：“王成与祈阿马相争地土，准拟告拦。”并规定，今后凡告婚姻田宅家财债负等民事纠纷，若有愿告拦者，经“详审别无违枉”等情弊，则“准告以后，不许妄生词讼”，官府亦“不许受状”，“违者治罪”。[③]

婚田词讼本年结绝。为不影响农时，至元二十四年圣旨规定，除公私债负外，“婚姻良贱家财田宅”之类的词状，“三月初一日住接”，“十月初一日举行”，其间为停务期。后大德年间经省部议后改定，凡争告未结绝前事，须自下而上，先从本处官司归理。此及务停，须要了毕。如因地远事难等情节，“再令务停一次，本年农隙必要结绝，不许更入务停”，因“务停之法，本欲恤民。令告田宅词讼，年深不绝者甚众”。其原因在于“有司背公拘私奸弊滋甚，贪民被抑，纵恣富势”使然。

因此规定，凡“二次农隙之间而不绝结，所属官司拟合治罪”。又若“事可归绝不应务停，及乡经入务而不了”者，由“本管上司廉访司官随事治罪”；“若事见问而受理，并已断相应而改断者，罪亦如之”[④]。同时状外不准别生余事。如“原告人若有急告公事”，须“候见告公事结绝了毕，受理官司再令具状陈告”。[⑤]

2. 诉状划一

元朝沿袭宋代“教司词讼”之风，致诉讼活动更趋活跃，特别是民诉实繁、婚田为甚的现状，诱使许多人不得不求教于法律，希求胜诉，因而各种与法律有关的书籍得以陈列于书肆书坊。如当时的民间大型类书《事林广记》的《别籍·公理类》就载有《告状新式》，从而捉进了各种状铺之设立及诉状格式的划一。但同时也带来了一些弊端，正如大德五年江南行台监察御史忻都呈奏中所指出的：“各处状铺之设立，本欲书写有理词状”，使“知应告不应告言之例，庶革泛滥陈

---

① 《元典章》（卷五三），《刑部》十五，“军官不许接受民词”。

② 同上，“巡检不得接受民词”。

③ 同上，“田土告栏”。

④ 同上，“年例停务月日”。

⑤ 同上，“状外不生余事”。

词之弊”,从而“使官府词讼静简”。然而事实上所“设立的书状人,多是各官悌己人等于内勾当”,为括民财,“百般调弄,起灭词讼”,致失原“立书铺之意”。为此建议:“今后举令有司于籍记吏员内遴选行止谨慎、吏事熟闲者轮差一名,专管书状,年终经换。”若“果无过错,即便收补”充任,“但仍先责书状人甘结状”。如有违法等情,“许令告人经赴所属官司陈告”,查实后即将“书状人等黜罢”。若所属官司包庇不行,则由“廉访司到官体察究问”。如此,方能尽革前弊,使“官民便益”。十一年,经都省准呈,“遍行各处”[①]施行。此外,对书铺的书状人的要求和应负的责任以及诉状的格式都有具体的细密的规定,从而使书状得以规范划一,如《事林广记·别集·公理类·告状新式》中就附载了14种诉状程式,除少部分为刑事案例外,大部分分属民事诉状和行政申诉状。其格式大致分为台头、正文、呈送、甘结、请求等部分,最后署明写状日期和告状人姓名。其中“正文”部分,应本着“长词短状”的精神叙述。于此足见元朝的诉状确实具有严密统一的格式,称得上规范划一。

综上可见,仅就《元典章》所涉及的有关旌表孝节,以励风俗,禁止有悖人情的愚昧和奢乐行为,都是值得称道的,而确认良贱可以通婚之制更是难能可贵的。至于刑民已有初步分离的趋向,是对唐律的发展;而诉状划一规范,可以减少无理之讼,使官民便益,更是值得借鉴。

(1995年第1期)

① 《元典章》(卷五三),《刑部》十五,“籍记吏书状”。

近代中西法律文化冲突概观

陶广峰*

纵观世界法律文化的历史，任何一国法律文化都有其产生、形成、发展的社会历史条件和地域、民族的土壤环境，从而形成各种不同类型，不同模式和不同价值观念的法律文化，这些差异又往往反映在由此而创制的各种不同的法律制度体系中。受区域文化发展不平衡所决定，不同区域的法律文化在交流传播过程中，发生了碰撞、排斥和抵触，便产生了我们称为法律文化的冲突。近代中西方法律文化冲突就是不同区域的有着不同价值观念、不同模式的两种不同类型的法律文化的冲突。

一

中国是一个有着悠久文明史的国家，在进入近代以前，与之有文化往来的民族的国家，在文明程度上都显得相对落后，所以这种交流往往是一种文明的单向辐射（即由中国向四周辐射），久而久之，便使中国人产生一种传统文化上的优越和自豪感。这种“尊夏卑夷”的观念导致在对外关系上形成了所谓中国是君临一切的中心的世界秩序观。“德以薄中国，刑以威四夷”，就是天朝大国不可一世，唯我独尊的写照。

到近代，优越的文化观和世界中心论，加剧了政治上的保守与封闭。当西方各国迅速发展之时，古老的中国却仍陶醉在昔日的辉煌之中。中国文化和西方文化在发展阶梯上的档次被拉开了。

建立在如此文化基石上的大清帝国，不仅在思想上大行愚民政策，禁锢人们头脑，在经济上限制与西方诸国交往，不许与西方人士接触，在法律上，它仍承袭了汉——唐以来的法律制度，尤其承袭并发展了封建法律严苛，残酷的一面，大兴文字狱，严惩思想犯。斩首、戮尸、凌迟等酷刑花样翻新，无视世界法律日益朝着人道、文明方向发展这一法律文化发展的潮流。于是在两者相遇、相互撞击之时，从根本上讲，冲突是不可避免的。中西法律文化的冲突就是在这一

* 作者单位：兰州大学法律系。

背景下出现的。

二

1840年,漂洋而来的"么尔小夷"用坚船利炮轰开了中华帝国的大门,在铁与血的耻辱中猛然醒来的中国人发现,一向傲视天下的"天朝大国"不过是世界的一角。于是,人们开始思索,冀图尽快对异质文化的入侵作出有效的回应,以重新恢复"天朝大国"的地位和荣耀。

历史的局限,使人们认识到,中国的失败仅仅在火器历法、机械练兵方面显得不足,即在于"船炮不坚、兵心不固",[①]至于在思想文化、典章制度方面,中土固有的依然优越。于是人们对西方的物质文化群起效尤,"整顿海防""师夷长技"的口号喊得震天响,并于19世纪兴起了重在引进西洋技艺的"洋务运动"。

就在人们竞相学技艺、群起办洋务之际,西方列强在其本土和中国土地上,向中国的士大夫们展示了他们"君民不隔","议院上下同心"的制度文明。这使人们认识到:西方的器物文化,有待于从它的制度文化上得到解释。中国的技艺、练兵不如人,正由其政教国体不如人。最早看到这种差异的,是19世纪七八十年代清廷派驻外国的使臣。他们发现,西方的观念和法律与清朝有很大的不同。如西方国家最重"奸盗拐骗"侵犯个人权利的犯罪,而清律对于"弑逆篡夺"则仅"驱之禁之而已,不甚予以重辟。而舆论非惟不贬绝之,转有钦佩其为英雄者";[②]清朝皇帝居于法律之上,君王口出法随,而西方国家则是"君主不尊,律例为尊"。[③] 现实使他们感道:"今日立国,不能不讲西法"。[④] 而认为欲富国强兵,必须改革内政,即对西方文化作出"洞本见源",认识和创造性回应的,当数改良派先驱郑观应,他说:"六十年来,万国通商,中外汲汲。然言维新,言守旧、言洋务、言海防,或是古而非今,或逐末而忘本,求其洞见本深,深明大略者,有几个哉……(观应)涉重洋,日与彼都人士交接,察其习尚,访其政教,考其风俗利病得失盛衰之由,乃知其治乱之源,富强之本,不尽在船坚炮利,而在议院上下同心,教养得法……中国遗其体而求其用,无论竭蹶步趋常不相及,就令铁舰成行,铁路四达,果足恃哉。"[⑤]郑观应之论把向西方学习向前推进了一步。

---

① 《道光夷务》(第2册),第50页。

② 薛福成:《出使日记续刻》。

③ 刘锡鸿:《英国轺私记》。

④ 薛福成:《出使英法意比四国日记》。

⑤ 《盛世危言·自序》。

中国人对西方政治法律文化态度发生根本变化，是在19世纪90年代。李大钊作如是分析："惟夫海禁大开至于甲午，由甲午以至于今，我国外文历史，概可分为三期：甲午以前，我国朝野士大夫，昧于天下大势，心目中惟以中国处华夏之中，礼义文化远出他邦之上，所有东西各国，非虏即夷，皆不足与我较，此时外文可谓夜郎自大之时期；甲午之役，挫于日本，举国大哗，方知国力不足恃，旧法不足尚，对于外人亦一变前日骄矜之态度……前据后恭，判若两人。"①中国人对西方政治法律文化看法的转变，是在付出了血的代价之后获得的，是同民族危机的加剧相辅而成的。日益觉醒的中国人发现，中国被日本击败的一个重要原因在于制度本身。正是在民族危机的关头，出现了一批本着挽救民族危亡，为全面学习西方，因而对西方法律文化冲突作深入比较研究的学者。著名的如严复，他在《论世变之亟》一文中说："自由一言，真中国历史圣贤之所深畏。从而未尝立以为教者也。彼西人之言曰'唯天生民，各具赋界，得自由者乃为全守'。故人人各得自由，国国各得自由，第务令毋相侵损而已。侵入自由者，斯为逆天理，贼人道。其杀人伤人及盗蚀人财物，皆侵入自由之极致也。故侵入自由，虽国君不能，而其刑禁章条，要皆为此没耳。"并认为，中西"自由既异，于是群异丛然以生。粗举一二言之：则如中国最重三纲，而西人首倡平等；中国亲亲，而西人尚贤，中国以孝治天下，而西人以公治天下；中国尊主，而西人隆民，中国贵一道而同风，而西人喜党居而州处，中国多忌讳，而西人众讥评；其于财用也，中国重节流，而西人重开源；中国追淳朴，而西人求欢虞。其接物也，中国美廉屈，而西人务发舒，中国尚节文，而西人乐简易。其于为学也，中国夸多识，而西人尊先新知。其于祸灾也，中国委天数，而西人恃人力"。由于西方"以自由为体，以民主为用"。"故凡所谓耕凿陶冶，织经树牧，上而至于官府刑政，战斗转摘，凡所以保民养民之事，其精密广远，较之中国之所有所为，其相越之度，有言之而莫能信者。"②黄遵宪则用比较的方法，在《日本刑法志序》中论述了中西方刑法的差异，他说："中国所重在道德，遂以刑法为卑卑无足道也。而泰西论者专重刑法，谓民智日开，各思所以保其权利，则狱讼不得不滋，法令不得不密，其崇尚刑法以为治国保家之具，尊之乃若圣经贤传。然同一法律，而中西立论相背驰至于如此者，一穷之本，一究其用故也。"

中西方法律文化观念的这种巨大冲突，实际上是两种制度的差异，即西方法

① "我国外交之曙光"，载《甲寅》月刊1917年2月9日。

② 严复：《原强》。

律文化建构于市场经济基础之上,而中国传统法律文化则建构于自然经济的基础之上。两种不同的经济文明体系,必然造就两类不同的法律文化体系,从而形成人治主义与法治主义,义务本位与权利本位等的价值冲突。

中西方法律文化差异的事实,尤其日本改以大唐政治法律制度模式为基础的日本政治法律文化为西方政治法律文化,国富兵强,赢得甲午海战胜利的事实,促使了中国人产生改变现存法律文化体制的强烈愿望和实际行动。为设计新的政治法律文化制度,学习和引进西方的政治法律文化经验和知识就成为必需的了。清朝末年,西方政治法律文化在中国大地上的广泛传播,和清廷所进行的法律改革,就是在这样的历史条件下产生的。

三

清末,西方法律文化在中国大地上广为传播的重要标志,就是西方法律、法学的大量输入中国。

西方法律、法学输入中国大致可以甲午战争为界限,分为前后两个时期,即19世纪后半期到甲午战争,和由甲午战争到清朝灭亡两个阶段。

前一个阶段输入西方法律、法学者主要是西方传教士和洋务派,且以国际公法为多。根据梁启超《西学书目表》记载,美国传教士丁韪良著译的法律著作有五部:《万国公法》、《公法会通》、《公法便览》、《公法千章》、《中国古世公法》。英国传教士傅兰雅也译了五部西方法律著作:《公法总论》、《各国交涉公法》、《各国交涉便法》、《比国考察罪犯纪略》、《西方洗冤录》。这些法律译书的出版者,主要是洋务派创办的京师同文馆、江南制造局和广学会等。后一阶段输入西方法律、法学的是资产阶级改良派和资产阶级革命派。输入的法学译著主要有:卢梭的《民约论》(今译《社会契约论》)、孟德斯鸠的《万法精神》(今译《论法的精神》)、斯宾塞的《原政》(后译《代议政体》)、《美国独立檄文》(今译《美国独立宣言》)等名著。除以上外,当时任清末修订法律大臣的沈家本也组织翻译了一大批外国法典和单行法规。包括:法、德、荷、意、日、俄、比等国的刑法、民法、刑事诉讼法、民事诉讼法共34部。不仅如此,沈家本等还在法律学堂聘请日本法学家冈田朝太郎、松冈义正等“来华讲授”,①派人赴日本考察司法监狱等事宜,为后来清廷的修律做了大量的准备工作。

① 沈家本:《法学通论讲义序》。

上述参与输入西方法律、法学的各派人物虽在引进西方法律文化精品时的目的不同，其利益和要求也有别，但他们都为西方法律文化在中国的传播，为中国传统法律文化走向近代化作出了贡献。如果说西方法律，法学的输入只是传播了西方法律文化，只是中国传统法律文化走向近代化的第一步，那么，清末进行的法律改革，则是西方法律文化与中国传统法律文化由冲突走向融合的分水岭。清末法律改革的原因，简单说来主要有：一是清末社会经济的变革，即原来的自然经济逐步解体，商品经济逐步发展；二是清政府出于其政治上的统治需要，即清廷为了维持自己政治上的统治和平息列强对中西法律文化冲突的不满；三是西方法律文化在中国大地上广为传播的催化作用。而就清末修改法律的直接动因而言，则是西方列强放弃在华领事裁判权的允诺。

在1901年签订的《中英续议通商行船条约》第12条这样规定："中国深欲整顿律例，期与各国改同一律，英国允愿尽力协助，如成此举，一俟查悉中国律例情形及其断案办法，及一切相关事实，皆臻妥善，英国允弃其领事裁判权。"① 以及在沈家本给清廷的上书中写道："综而论之，中重而西轻者为多……故中国之重法，西人每訾为不仁。其旅居中国者，皆借口于此，不受中国之约束。夫西国者重法权，随一国疆域为界限，中国之人侨寓乙国，即受乙国之裁判，乃独于中国不受裁判，转予我以不仁之名。此亟当幡然变计者也。方今改订商约，英、美、日、葡四国，均允中国修订法律，首先收回治外法权，实变法自强之枢纽。臣等奉命考订法律，恭绎谕旨，原以墨守旧章，授外人以口实，不如酌加甄采，可默收长驾远驭之效，""法权渐挽回"。② 正因为如此，所以清廷确定了"将一切现行律例，按照交涉情形，参酌各国法律，悉心考订，妥为拟议，务期中外通行，有裨治理"③的宗旨。

正是在此宗旨的具体指导下，清政府自1903年设立修订法律馆始，至1911年辛亥革命爆发，前后虽只8年余，却编订、颁行了一系列中国法律文化史上前所未有的专门法典和法规。如《钦订宪法大纲》、《重大宪法信条十九条》、《大清现行刑律》、《大清新刑律》、《大清民律草案》、《大清商律草案》、《刑事诉讼律草案》、《民事诉讼律草案》、《法院编制法》，等等。这些法典、法规，就其渊源而言，虽然保留了中国传统法律文化的某些因子，但主要均来自西方法律文化。因而，将清末法律改革，视为中西法律文化由冲突走向融合的

---

① 1902年清朝与日本、美国、葡萄牙等签订的《通商行船条约》也有类似规定。

② 《大清法规大全·法律部》(第三卷)，第1～2页。

③ 《大清德宗景皇帝实录》(第四九八卷)。

分水岭是完全不为过的。综括以上,近代中西法律文化的冲突,其历史意义是巨大的。就冲突的实质而言,可以归结为先进扩张的工业文明和传统而保守落后的农业文明的相撞,其根源在于市场经济与自然经济的价值对立。近代中国社会乃至法律文化的变迁,从根本上讲是从农业经济向市场经济的历史性飞跃。两类文明的明显优劣态势,决定了中国传统法律文化机制终究要从封闭保守转向引进吸收西方法律文化机制的必然性,虽然中国近代转向引进吸收西方法律文化机制的过程是痛苦的。近代中西法律文化冲突的结果还告诉我们,中国法律文化的转型,必须建构在市场经济的深厚基础之上,改造中国传统法律文化,重建新型法律文化,最根本的要以市场经济代替自然经济。随着发达的市场经济的确立,中国法律文化现代之路无疑是光明的。

（1995 年第 3 期）

传统中国政治生活类型的转变

——依唐代经济法律所作的一种分析

张中秋*

一

中唐时期,中国的政治生活类型发生了彻底的变化,大约在中唐以前(也可以稍早一些),中国的政治基本上还是为贵族所控制和把持,这是一种在汉亡以后逐渐形成的政治生活类型,表现出很强烈的世袭性和军功性。中唐以后,贵族的力量基本衰弱,他们在政府中的地位尤其是高级职位被职业官僚所代替,这些职业官僚依靠自己的才华并通过科举登仕,成了统治王朝的代理人,而不是社会某集团的代表。随着这一变化,皇帝的地位也改变了,他不再仅仅是贵族精英中的第一号人物,而是雄踞于整个社会之上拥有不受贵族制约反而受到整个官僚阶层拥戴的至尊地位和无上权力(这种权力在明清达到了极点),在它之下而形成的政府、行政、法律和社会组织的类型一直延续到传统中国的终结。对于这样一种政治生活类型,我们并不陌生,即通常所谓的官僚制专制政治或者说专制官僚政治。

中唐时期所发生的这种政治生活类型的转变是一个极其复杂的历史过程,以中唐为界只是一个大约的时间概念,正如我们在科学上不能把1840年看成是中国社会性质发生转变的准确时间,这是因为历史变迁中的新旧交替是不可能用具体的年月来划定的。对隋唐政治生活类型的变化,就有不同的认识,贡献最大的有中国现代最伟大的史学家陈寅恪先生和日本的内藤虎次郎、宫崎市定以及英国剑桥大学的崔瑞德教授,他们的研究或改变或拓宽或加深了人们对中国中古史的认识,笔者在充分认同和敬重这些研究成果的前提下,也想谈一点自己的感受,这个感受肯定是粗浅的,但它是从一个特殊的经济法律角度出发的。

* 作者单位:南京大学法学院。

二

贵族政治的力量和权威过去一般都认为主要是建立在贵族本身也即高贵的血统和他们的军功之上的，这在一定的范畴内是正确的。但问题还不是那么简单，一种政治力量的存在与强弱不是凭空所有的，物质力量始终是最关键的。我们可以从对隋唐时期经济法律制度的分析中看到贵族政治的物质根基。

古代中国的经济生活和有关经济的法律制度都是以土地为基础和轴心的，我们的分析也以此为据。隋唐特别是唐代的土地制度即是著名的均田制，有关这一制度的详细内容此不赘述，从那些具体的规定中，我们可以发现均田律令在分配土地上并不均平，皇室（本身即是紧密结合的西北贵族中的成员）、贵族在土地的分配上享有特权，他们可以合法地占有高于普通人几倍、几十倍乃至上百倍的土地量，虽然同样享有这种特权的还有官僚。但当时的事实是，高级官职基本上还是为贵族所垄断。这样，贵族不仅在法律上而且在事实上取得了非同一般的经济特权。与此同时，社会上非贵族出身者既不可能在法律上，也不可能在事实上占有大量的地产，因为土地是禁止买卖的（只在少数特殊情况下不受此限制）。这就造成了在初唐时期，除皇室之外，社会上不存在第二支像贵族（集团）那样强大的经济力量，即使有既非贵族而是大地产者（初唐的商品经济是不发达的，商人的力量仍很薄小），在数量上也是少数派，由于政治和历史的原因，更形成不了贵族那样的集团力量。这样，贵族的身份加上他们所拥有的广大地产，为他们参与政治生活带来了血统（资格）、关系、时间、文化、经济和影响力上的充分保证。事实上除了武后在执政时期为她的政权而有意贬杀旧贵、任用亲信与科举新人致使贵族政治遭受打击外，均田制推行时期尤其是推行较好的初唐时期，国家政治舞台上的主角大都是贵族或贵族出身者。

贵族的衰落有诸多因素，武后的打击、自然的淘汰以及他们自身的变化等均与此有关，但土地制度的变化恐怕还是至关重要的一项。从高宗开始经武后到玄宗开元天宝时期，均田制度渐趋瓦解。安史之乱后，唐德宗采纳杨炎建议，颁行两税法。两税法有关土地的内容对贵族是一个致命的打击，它承认当时土地占有的现实，意味着均田制在事实上的废止。从此，国家不再承担均田制下的土地收授职责，贵族在法律上独享拥有广大地产的权利结束了，土地任私人占有，占有的数量不再受身份的限制，土地像其他商品一样可以自由买卖，并获得国家法律的保护。结果是“能者辐辏，不肖者瓦解”，社会上拥有经济实力的阶层、集团或个人不再是贵族一类。事实上，经过一百多年的历史淘汰，贵族作为一个整体力量到中唐已经式微，其中有一些也许还保有前辈的荣光和权势，但不足以形成气候，因为更多的贵族或因某种原因而自生自灭，或因政治事件而遭灭杀，或顺应时势而改变了自己，成为文人学士加入官僚阶层，不再具有贵族的性格。这些变化加上法定的经济特权的丧失，使早已虚弱的贵族又遭受了一场釜底抽薪的打击。贵族政治不得不更加彻底地让位于开始走向成熟的官僚制专制政治。这种政治的物质基础即是取代均田制而起的租田制经济。由于这种经济一直存续下来，官僚制专制政治因此而代代相传。

三

隋唐时期的贵族政治是从社会关系简单、粗糙、原始的北朝沿袭而来的，这种历史传统给初唐的政治、经济和法律都打上了很深的烙印。有史料证明，初唐政府是简朴和节省的，它的最高统治者推崇的是理想化了的儒家正统理论，对农民和土地予以特别的关注，以为有道的政府应以农业为岁入的主要来源，手工业者只能食在官府（国营），商人和商业必须受到严格的管制，经济主要表现为饥寒无虞的民生，奢侈性的工艺品和金钱、物欲要受到律法的限制和社会的谴责，布、吊、谷、粟是比黄金有价的东西，政府的理想是在文治的同时主要通过武功而取得天下的信服。因此，经济必须为政治和军事服务，也不能有违道德和良心。这些观念构成了唐代前期均田律令、租庸调法、工商贸易及货币流通诸经济立法的思想渊源。中唐以后，随着社会的发展与变迁，这些观念和制度与社会现实之间的关系趋于紧张，原先奉为准则的律令时时受到挑战和损伤。正像唐廷对待商税那样，政府在表面上至少在公开场合，虽然仍没有放弃原有的理想和制度，但事实上的行为已与初唐相异。已严重丧失权威的唐廷政府夹在旧制度和新现实之间痛苦不堪，对现实它只能采取有限范围内的改制或默认。两税法对均田律令的废止，对租庸调法的取代。商人法律地位的变化，盐铁茶酒的专卖。解决钱荒的法律措施等，既是对现实的一种承认，又未满足时势的要求；既是对初唐制度的改革，又未公开或彻底放弃不合时宜时旧制度。唐王朝带着这种左右两难的痛苦进入了它的晚期，至此，我们已看不到贵族政治的风格，初唐的制度在整体上已趋于瓦解，农业和农民处于痛苦的深渊，政府成天为钱着想，甚至想把自己变成银行（作为原始形式的信用制度的更换，与后来的钱庄及近代的银行确有某些相似之处），官爵可以用钱来交换，金钱之凶猛使田野不辟、村舍空虚、官场腐败。初唐时期的法律、理想、道德也许条文尚存、书籍有记。但人们只重实利，不绝如缕的王朝除了苟延残喘别无他为。这种状况在缺乏有力而合理的制度、理想及道德约束下继续恶化下去,等到物极必反变为现实时,一切都已成了历史。

四

历史中包含着经验和教训,以唐为鉴,可以发现:制度与社会之间应保持一种合理的关系,过分松弛,让社会处于无秩序的自流状态,恶的趋势必将社会带入泥沼;过分紧张,社会的发展将受到阻碍,制度本身也将归于瓦解。因此,制度与社会之间的合理关系意味着,社会要受到制度的约束,但制度首先必须适应社会上的合理要求和发展中的合理趋势。要在社会与制度之间维持这种合理的关系,法律应在经济与道德(这里主要指政治理想和社会良心)之间有所作为。法律不能让经济成为政治和道德的牺牲品,也不能无条件地让道德成为经济吞噬的对象。法律对经济或道德的不同态度完全基于社会一般公认的合理性,即大众的利益。当某一种经济或道德的存在与发展已与大众利益相冲突,法律应毫不迟疑地主持均平的正义,将有违众利的那种经济或道德规范到合理的途径上来。这个认识可能是一种发挥,但的确是基于隋唐经济法律的历史实践而感生的。

(1995年第6期)

1996 年

我国古代法的一个重要特点
——兼论部门法法典与诸法合体法典问题

王立民*

我国古代法有个非常重要的特点、那就是在世界上最早具有独立的部门法法典,其代表作是现存的《唐律疏议》。它是一部刑法典,颁行于唐永徽四年(公元653年)。

一

笔者以为,所谓特点,即某一(或某一类)事物所独有的现象。特点又是相比较而存在的,比较的方法是揭示特点的必要手段。没有比较,就很难准确地表现特点。

翻开外国古代法制史(包括奴隶制和封建制两个时期的法制史)可以发现,没有一个古代国家比中国更早地颁布过部门法法典。也就是说,中国是世界上最早颁行部门法法典的国家。

先从古代东方国家的立法情况来看,在公元7世纪以前,无一国家公布过部门法法典。

在楔形文字法中,有不少法典。其中,有世界上现存最早的制定于公元前21世纪前后的《乌尔纳姆法典》,还有《苏美尔法典》、《汉穆拉比法典》和《赫梯法典》等,但是它们全都是诸法合体的综合性法典,每一法典里均包括有两个或两个以上部门法的内容。就以这些法典中颁行较晚的《赫梯法典》为例。此法典中包含有刑法、民法、婚姻法和诉讼法等的内容。如该法典的第119条中的规定属于刑法范围,第151条中的规定属于民法范畴。第30条中的规定是婚姻法的内容。第176条中的规定,又在诉讼法的框架内。

俄罗斯的《罗斯法典》(亦称"罗斯真理")制定于公元10~11世纪,明显晚于《唐律疏议》,而且其内容也是诸法合体,如该法典的第7条规定有刑法的内容,第51条规定有民法的内容,第21条规定有诉讼法的内容。

---

* 作者单位:华东政法学院(现华东政法大学)。

在印度、希伯来和伊斯兰三个宗教法国家里，宗教经典、法学家等人的论述（著）、单行法规等是主要的法律渊源，在7世纪以前没有制定法典，更不用说是部门法法典了。这些法律形式与法典大相径庭。如伊斯兰教的经典《古兰经》，被认为独具一种"新奇美妙"的文体，它"既不是依照韵律的，又不是以若干押韵的短节来表达一个意义的，也不是没有节奏和韵脚的散文"。① 印度的《摩奴法典》、《那罗陀法典》（亦称《摩奴法论》、《那罗陀法典》）等实是"法论"，即人们对包括法律在内的一些问题的论述，它与法典有天壤之别。

东亚一些国家，如蒙古、朝鲜、日本和越南等，均曾模仿《唐律疏议》制定过其本国的法典，如日本的《大宝律令》等。即使这些法典属刑法典，也大大晚于《唐律疏议》。

由此可见，在古代东方其他国家，没有一个早于《唐律疏议》而颁行部门法法典的。下面再来看看古代西方国家的立法情况。

在古希腊，公元前5世纪时制定的《哥地那法典》是一部综合性法典，内容涉及刑法、民法和诉讼法等。在古罗马，制定于公元前5世纪的《十二铜表法》，也是一部包括刑法、民法和诉讼法等多种部门法的综合性法典。到了公元6世纪，罗马颁布了《罗马法大全》。这一法典尽管在内容上比《十二铜表法》大大前进了一步，而且突出了民法的地位，但它仍没摆脱诸法合体的窠臼。

日耳曼人在公元5~7世纪间编纂的《尤列克法典》、《里普利安法典》、《勃艮第法典》和《伦巴德法典》等，均是习惯法的汇编，其结构也是民、刑法皆有，程序法与实体法合一。以后，由法兰克王国于公元9世纪初终成的《撒利法典》，仍保持着多种部门法混于一体的状况。

公元9世纪以后，西方国家颁行的法典越来越多。其中出现了专门的部门法法典。如法国的路易十四国王曾于1607年公布了大赦令，其内容全为刑法，是一部刑法典，但在颁布的时间上却晚于《唐律疏议》一千余年。可见，古代西方国家也没有在《唐律疏议》前颁行过部门法法典。

据此，我们完全可以作出这样的结论：无论是在古代东方，还是在古代西方，《唐律疏议》都无愧是最早颁布的部门法法典。因此，最早具有独立的部门法法典不能不说是我国古代法的一大特点。

① 《古兰经》，中国社会科学出版社1991年版，第1页。

二

有一种传统的说法,认为《唐律疏议》是一部诸法合体的法典。这种说法实际上否认了它是一部部门法法典。对于这种说法,笔者不能苟同。笔者以为,部门法法典与诸法合体法典的一个主要区别在于:前者只规定一个部门法的内容,后者则规定两个以上部门法的内容。所谓部门法只是调整特定领域的社会关系,并由此而划分为不同的部门法。如民法调整的是财产和人身关系,婚姻法调整的是婚姻及家庭关系,诉讼法调整的是诉讼程序关系。刑法是个例外。刑法是各部门法中强制力最强的法律,它打击的是危害国家利益并达到犯罪程度的各种行为。因此,刑法法典中所涉及的社会关系特别广泛,大大超过了其他各部门法所调整社会关系的总和。同时,刑法与其他部门法也有较为明显的差别,以致不会与它们混淆。刑罚是其中的重要标志之一。只有刑法才适用刑罚,适用刑罚的也只能是刑法,这两者完全统一。只要在一个法条中有刑罚,它就属刑法。即使刑罚与其他部门法的制裁方式合用,也总是以刑罚为主,其他的为辅,那么此类法条还应属于刑法。这一区别很重要,是划分刑法法典与诸法合体法典的一个基本出发点。

从《唐律疏议》的内容来看,它是一部刑法典。在类似现今刑法总则的《名例律》中,共有57条律条,条条与犯罪和量刑有关。就是其中的一些行政制裁方式,如"除名"、"免官"、"免所居官"等,也只是作为附带而设,并不单独适用,目的是解决犯罪官吏的官职问题。如《唐律疏议·名例》"除名"条规定:"监临主守,于所监守内犯奸、盗、略人、若受财而枉法者,亦除名。"这里说的是官吏犯了以上的罪,除了要被适用刑罚外,还要"除名"。《唐律疏议·名例》"除免比徒"条"疏议"举例作了说明:"假有人告五品以上官,监临主守内盗用一匹,若事实,盗者合杖八十,仍合除名。"其他的行政制裁方式也都如此。

《唐律疏议》的其他11篇,则类似现今刑法的分则,其中的每一篇都以打击两类以上的犯罪为内容,而且全部律条均由罪行和法定刑两部分组成。如《唐律疏议·户婚》"杂户官户与良人为婚"条规定:"诸杂户不得与良人为婚,违者,杖一百"。此条的前半部是罪行,后半部分是法定刑。有少数律条中有其他部门法的制裁方式,但刑罚仍是主要制裁手段,其他的只是附带而已,如《唐律疏议·厩库》"官私畜损食物"条规定:"诸放官私畜产,损食官私物者,笞三十,赃重者,坐赃论。失者,减二等。各偿所损。"其中的"偿",即民事赔偿。在这里,民事赔偿的"偿"只是附属于刑罚"笞"而适用。《唐律疏议》本身也认为自己是刑法,是规定罪名和法定刑的法律。《唐律疏议·名例》“称日年及众谋”条“疏议”说:“律以正刑立制”。其他唐人也这样认为。《唐六典·刑部》说:“律,以正刑定罪。”后人的看法与唐人同。《新唐书·刑法志》说:“其有所违(令、格和式)及人之为恶而入于罪决者,一断以律。”这里的“律”均指唐律,亦含《唐律疏议》。可见,《唐律疏议》在我国古代是被公认的刑法典。

至此,可以断定,《唐律疏议》是一部刑法典,而不是诸法合体的法典。它不仅是中国,而且是世界上第一部现存的、内容最完整的刑法典。

当然,这不否认我国也有诸法合体的法典,《大元通制》是其中之一。它颁行于元至治三年(公元1323年),内容由诏制、条格、断例和别类四部分组成。从现存的条格(亦称“通制条格”)来看,已包括有刑法、民法、婚姻法等内容。《通制条格·卷二十》中有关在捕获盗贼,“如有争差不实,罪及当该官司”的规定,属于刑法。《通制条格·卷三》中有关“若有身丧户绝别无应继之人,其田宅浮财人口头匹尽数拘收入官”的规定,属于民法。《通制条格·卷四》中有关“父子夫妇,人伦至重,比年缺食,往往嫁卖,俱系违法,指定合禁约”的规定,属于婚姻法。可见,我国与世界上许多国家一样,拥有诸法合体的法典。但是,却晚于世界上一些颁行诸法合法法典较早的国家,如至今还能看到的一些内容较为完整的,楔形文字法的一些法典。因此,诸法合体不是我国古代法的一个特点。相反,它是世界古代法的一个普遍现象。

三

我国能在唐代制定出刑法典,有其深刻的历史原因:

其一,有长期的刑事立法发展的积累。从现存史籍的记载来看,我国早在夏、商时期就已有刑法,而且还在诸法中占有很重要的地位。当时一些重要的法律,如“禹刑”、“汤刑”、“五刑”等,均与刑法有关。西周时期的刑法已独占鳌头,《吕刑》中的规定基本属于刑法到春秋、战国时期,在法家重刑轻罪思想的指导下,刑法进一步发展。以后,经过秦汉、魏晋南北朝及隋的演进,到了唐代,刑事立法在我国已有近三千年的发展历史,在这一基础上,再上一个台阶,制定一部专门的刑法典,易如反掌,也是水到渠成。

其二,有较为发达的刑法学为基础。春秋末期,我国公布了成文法以后,法学便迅速发展起来。其中，主要是刑法学，管仲“劝之以赏赐，纠之以刑罚”①和子产宽猛相济的理论都突出了刑法的作用。战国时期，法家的力量空前强大，以刑法为主要研究对象的法学也应运大发展。在一些法家代表人物的法学理论中，都突出刑法的作用。如商鞅的“刑用于将过”②和韩非的“用刑德制臣”③都是如此。汉代开始了礼法结合的过程。这里的法，也主要是指刑法。因此，这一过程主要表现为刑法与礼的结合过程。此时刑法学研究的重点之一是如何处理刑法与礼的关系。董仲舒“任德不任刑”④是较具代表性的学说。魏晋南北朝时的法学特别重视对刑法自身问题的研究，以致像张斐那样能对刑法中一些基本概念，如“故”、“失”、“盗”和“赃”等，作出了较为科学的解释和说明。⑤ 到了唐代，刑法学继续发展，从《唐律疏议》中的“疏议”中就可看到它的成就。有较为发达的刑法学为指导，制定出一部刑法典便是件顺理成章的事。

其三，还有唐代社会政治、经济发展的客观要求。唐代是我国封建社会的鼎盛时期。在这一时期中，社会各领域均有了新发展，特别是在政治、经济领域。在政治领域，中央集权统治得到了进一步加强。在中央，唐太宗在执政时期已启用一些低品位的官吏参入中书、门下和尚书三省，便于自己对这些中央中枢机关的控制。在地方，唐太宗规定由自己亲选刺史，县令也须由五品以上京官推举，确保地方官也在自己的一手操纵之下。要使这种专制统治得到强有力的保障，制定一部能为这种统治服务，而且内容较为系统、完整的刑法典完全有必要。在经济方面，唐前期实行的主要经济制度是均田制和租庸调制。根据这一制度，国家控制着全国大部分土地，土地国有形式是主要的田地所有权形式。为了保证国有土地不受侵犯，维护当时的经济制度，需要用严厉的手段打击有损这种制度的犯罪，制定刑法典当然是最佳方式之一。这种政治、经济发展的客观要求，促成了刑法典在唐代的诞生。

与中国相比，世界上的其他国家在当时皆不具备产生部门法法典的客观条件。在东方，楔形文字法属于奴隶制法，社会及其法律都没有得到充分的发展，不具备制定专门的部门法法典的条件。俄罗斯法诞生较晚，待汇编成《罗斯法典》，已晚于《唐律疏议》几近一个世纪，而且内容还是综合性的。印度法、希伯来法和伊斯兰法都是宗教法，宗教经典在司法中的特殊地位，决定了象征世俗法

① 《国语·齐语》。
② 《商君书·开塞》。
③ 《韩非子·二柄》。
④ 《春秋繁露·基义》。
⑤ 《晋书·刑法志》。

的法典,不可能独立于宗教的藩篱之外而存在,在西方,有的国家形成较晚,法律的制定也较晚,在客观上不具备产生部门法的条件。有的国家的法律虽形成较早,如古希腊、罗马法,但社会变化较大,而且整个西欧在封建制时期又有所滞后,这都阻碍了部门法法典的产生。正确认识我国古代法的这一特点有其重要的意义。它可帮助人们科学地掌握我国古代法的特点,消弭一些误解,有利于更为深入地探讨我国古代法律和法律文化。

(1996年第2期)

法律文化史论

何勤华*

法律文化研究,在我国已经热了十余年,而且至今不减。这说明法律文化研究对促进我国法制建设和法学研究有着重要的现实意义。在法律文化研究中,人们对法律文化的概念、中国传统法律文化的特点、中西法律文化的比较,以及中国传统法律文化与现代化的关系等问题已作了充分的探讨,但对法律文化史的研究则还没有很好地展开,本文试对这个问题作些论述。那么,什么是法律文化史呢?这个问题是与对法律文化的含义的理解相联系的。在我国,关于法律文化的定义已不下数十种。① 这些定义从各个侧面阐明了法律文化的内涵与外延,对我们都有启发意义,限于篇幅和本文的主题,这里不能一一加以评述。笔者对法律文化的理解是:法律文化是指与法律有关的各种活动的创造性成果的积淀,包括物质的和精神的两个方面。法律文化史,就是关于法律文化发展的历史过程及其规律的描述的学问(科学),具体包括对历史上各种法律事件的出现和演变,各种法律制度和原则的兴衰,关于法律的名词、概念、术语,法学人物、学派、学说、理论等的形成和发展,以及在法律文化发展中它与经济、政治、道德以及其他社会文化现象的关系等的阐述。

一

历史上各种法律事件,尤其是一些重大的法律事件,是法律文化史研究的首要内容。因为这些事件背后隐含着不同国家、不同民族和不同时代法律发展的文化特征。对这些事件的研究,有助于我们理解历史上某些法律制度为什么是这样而不是那样;为什么有些在古代曾经很有生气的法律制度后来消亡了,而有些却在全世界开花结果;以及为什么在大体相同的条件下有些国家的法律文化近代化成功了,而有些国家却没有。

在法律事件中,首先要提及的是立法事件。比如,法国和德国同属大陆法

---

* 作者单位:华东政法学院(现华东政法大学)。

① 武树臣著:《中国传统法文化》,北京大学出版社1994年版,第27~30页。

系，都继承了罗马法的传统，都以成文法典为基础，1804年《法国民法典》和1900年《德国民法典》在基本原则和主要内容上也都有许许多多的相似之处，但近代西方这两部主要的民法典之间还是有着重大区别。第一，前者是以《法学阶梯》为蓝本的，采用了三编制的形式；而后者以《学说汇纂》为模式，采用了五编制的体例。第二，前者比较简明扼要，通俗易懂，而后者则比较冗长，用语比较隐晦。第三，在法律制度的规定上，后者比前者要系统完备得多，尤其是对发展资本主义的商品生产起重大作用的法人制度，《法国民法典》没有作出规定，而在《德国民法典》中，则用了369个条文，予以系统规定。第四，在法学成果上，后者也远远超过了前者，近代资产阶级民法学，基本上是在《德国民法典》的基础上建立起来的。此外，尽管《德国民法典》颁布时间要比《法国民法典》迟得多，但其保留的封建因素却比《法国民法典》要多得多。法德两国民事立法上的这种差异，也应该到两个国家当时法律文化中去寻找。《法国民法典》制定时，法国资产阶级处于上升时期，他们对自己的前途充满信心，希望用清楚、明确、简单的语言来表述自己的意志。拿破仑曾经设想，要使《法国民法典》成为一部像《圣经》一样的作品，放在每个家庭的床头柜上，使每个公民在遇到法律问题时都能查阅，以维护自己的合法利益。而《德国民法典》制定时，一方面，资本主义已处在垄断时期，统治者需要用比较隐晦的语言来表述自己的意志；另一方面，由于《德国民法典》制定时，资本主义已得到充分发展，股份公司已成为社会经济的主要载体。因此，该法典对法人作出了详细的规定，而《法国民法典》却未能这么做。此外，德国资本主义发展比较晚，资产阶级革命也具有较大的保守性，它事实上是一次资产阶级与"容克"(Junker)封建贵族的妥协。因此，尽管《德国民法典》比《法国民法典》晚出，但其保留的封建制度的残余却比较多。第五，后者的制定在时间上比前者晚了近一百年，制定时又花费了二十多年，这使得德国法学家可以从容不迫地对资本主义民法的体系、概念、原则以及各项制度作深入的探讨，对社会经济关系进行充分的概括和总结，从而构造起一个系统完备的民法学体系。

因此，某些法典条文之间的差异，反映出来的却是整个法律文化背景的不同，因而对这些法典精神的理解或许比对法典本身更为重要。

在执法方面也同样如此，某部法典制定出来以后，其能否执行，很大程度上取决于该国当时的法律文化背景。中国汉代以后关于肉刑存废的争论，日本明治维新以后关于旧民法施行的争论，以及20世纪上半叶美国关于禁酒的第18

条宪法修正案的存废争论等,[①]都说明了法律的执行问题绝不仅仅是几项条文的问题,而是体现了一个国家关于法律文化的价值取向。

此外,历史上的其他一些法律事件,如1135年前后意大利的比萨人因攻陷阿马尔菲城而获得《学说汇纂》的手抄本,20世纪初法国考古队在中东苏萨城发现《汉穆拉比法典》,1975年中国湖北省云梦县发现《睡虎地秦墓竹简》,以及18世纪英国著名法律改革家边沁(J. Bentham,1748~1832)在英国、19世纪美国著名法律改革家利文斯顿(E. Livingston, 1764 ~ 1836)和菲尔德(D. D. Field,1805~1894)在美国倡导成文法典运动遭受失败等,都对相关国家和地区乃至整个世界法律文化的发展产生了划时代的影响,因此,它们也是法律文化史研究的重要内容。

二

除法律事件之外,法律文化史研究的第二个重要方面是法律制度。众所周知,我们目前适用的各项法律制度,都是在不同时期、不同国家和地区形成与发展起来的,都是一种法律文化活动的成果积累,反映了各自的时代和民族特色。下面,我们就举两个比较典型的例子来阐述这个问题。

我们知道,法国早在13世纪就有了检察官制度,而英国则迟至19世纪末才建立这一制度。那么,在这两个同属西方法律发源地的国家(前者是大陆法系的发源地,后者是英美法系的发源地),为什么在检察制度上出现如此大的差异呢?答案同样在于两国法律文化的不同。英国迟迟没有建立检察官制度,因为它早在12世纪就形成了陪审制度。11世纪,诺曼人入侵英国、建立起统一的中央集权的封建国家后,为了调查全国的土地状况,采用在大陆法兰克王国流行的"纠问式诉讼"方式,从当地居民中选择一部分人士,经宣誓后让他们作证。12世纪,巡回法官在各地审理土地纠纷时,沿用了这一制度,并使出庭作证的人固定在12名,他们就被称为"陪审员"(juror;juryman)。在以后几个世纪中,陪审员的使用,从审理土地纠纷扩大至其他民事案件,又从民事诉讼渗入刑事诉讼,并在只管起诉的"大陪审团"之外,又发展起了从事审判工作的"小陪审团",并于14世纪成为定制。既然有了公诉人身份的陪审团,社会对检察官的需求自然就不那么迫切了。那么,如果继续问:为什么起源于中世纪法国的"纠问式诉

① 该修正案于1919年生效后因无法执行而于1933年被废止。详见李昌道:"简介美国有关禁酒的宪法修正案",载《外国法制史汇刊》(第1辑),武汉大学出版社1984年版。

讼”不能在法国本土演变成为陪审制，反而在大洋彼岸的英国开花结果呢？这又得从当时英国所具有的各种特殊的法律文化背景中去寻求原因，如诺曼人对英国的入侵、作为征服者的威廉（William I the Con－queror，约1027～1087）需要调查全国的土地状况，英国封建中央政权的强大，以及巡回审判制度的实行，等等。

众所周知，亲属相隐制度，是中国古代法上的一大特色。这一制度，最早起源于孔孟的理论。当叶公告诉孔子道：我那里有个坦白直率的人，他父亲偷了羊，他便去告发。孔子就回答："吾党之直者异于是：父为子隐，子为父隐。——直在其中矣。"[1]孟子在回答弟子所问的假如舜的父亲杀了人，舜应当如何办时，也说，舜将视抛弃天下如抛弃一双草鞋那样果断，然后背了父亲逃到海边，在那里愉快地过一生。[2] 这一理论至汉代便被修入法律，汉宣帝地节四年的诏书明确规定："亲亲得相首匿。"[3]以后，唐律的《名例律》和明、清的法律都将"亲亲相隐"作为一个重要的法律原则。"亲亲相隐"这一制度在西方国家是不存在的，其原因就在于中国的封建法律是建立在宗法制度之上，而西方国家的宗法基础远不如中国强烈。非常有趣的是，中国的"亲亲相隐"制度也影响到了日本，仿造中国隋唐法制制定的《养老律·名例律》（公元8世纪初）也设置了"亲亲相隐"的条文，除了"谋反"和"大逆"等罪之外，发现亲属犯罪不得告发。[4] 这当中的原因，当然是和日本是东方国家，其法律生活以及人们的观念习惯与中国相近有关。

三

法律名词、术语、概念等的形成、发展和演变，也反映了其背后所隐含的丰富的法律文化的内容。

在谈到"法人"一词的起源时，人们都会提及罗马法的规定。确实，在罗马共和国后期，已开始承认某些社会团体和经济实体享有人格的权利，如作为社会团体的国库、地方行政机关、寺院，作为商业营利团体的食盐社团、面包社团、船舶和矿业社团，作为财团性团体的慈善基金会等，法律还规定了这些团体成立的

① 《论语·子路》。

② 《孟子·尽心》（上）。

③ 张国华著：《中国法律思想史新编》，北京大学出版社1991年版，第205页。

④ 大竹秀男、牧英正主编：《日本法制史》，青林书院1975年版，第72页。

条件和程序等。罗马出现法人制度的萌芽,并不偶然,除了简单商品经济的高度发展以外,还与当时关于人格理论研究的展开相关。比如,罗马著名法学家乌尔比安就曾对法人实体进行了较为深入的探讨,他指出:“在团体中,其成员是否经常变化不影响团体的存在,因为团体的债务并不是其个别成员的债务,团体的权利无论如何也不属于其个别成员的权利。”①然而,由于罗马的商品经济只是一种简单的商品经济,作为法人形式的主要表现者公司还没有出现,加上当时的法学家对法人理论的研究还无法深入,因此,在罗马法上,法人制度是非常简陋的,没有能够从中抽象出“法人”的概念。只是到了18世纪末,随着资本主义商品经济的逐渐发达、近代法人团体公司的不断涌现,人们对法人制度的理论研究日益深入,才使“法人”一词的出现具有了物质和理论的基础。1798年,德国法学家胡果(G. Hugo,1764~1844)在《实定法哲学之自然法》一书中,第一次明确地提出了“法人”之概念:juristische person。以后,德国法学家又对法人作了进一步的系统研究,如萨维尼(F. K. Savigny,1779~1861)的“法人拟制说”和祁克(O. F. Gierke,1841~1921)的“法人有机体说”等。于19世纪末,德国立法者又吸收了上述理论研究成果,从而在1900年《德国民法典》中用了众多的条文,系统地规定了法人制度。因此,“法人”概念的发展演变,事实上也从一个侧面反映了西方私法文化的发展轨迹。

在中国古代,“法”、“刑”、“律”三个概念常常被混用,在解释时常被互训。如《说文》曰:“法,刑也”。《尔雅·释诂》称:“刑,法也”,“律,法也”。这种状况,反映了中国古代国家起源于部落战争,法律起源于对异族的军事镇压、为维护同族内的统治秩序而实行的杀戮这种历史事实。虽然,随着中国封建社会的逐步发展、完善,在表示各代的法典时,最后不再用“法”、“刑”,而都使用“律”一词,但内含的刑事镇压的本质一直未变(晋代以后,“律”事实上成了刑法的专称②)。因此,“法”、“刑”、“律”三个词,在中国古代包含了丰富的法律文化内容,对其进行考证和研究,可以从一个侧面探索中国传统法律文化的发展线索以及其基本特征。③

---

① 林榕年主编:《外国法制史》,群众出版社1994年版,第171页。

② 杜预:《律序》,“律以正罪名,令以存事制”。

③ 这方面已有很多成果面世,见梁治平、武树臣、张中秋、马小红等人的有关论著,这里不再详细展开。

四

最后,历史上一些重要的法学家和法学流派的出现以及其活动,也对世界法律的发展产生了巨大的影响。而这些法学家和法学流派的出现,则往往是与某一国家或某一时代的文化背景密切相关。

以前,在谈到1804年《法国民法典》的诞生时,人们往往说是全面继承罗马法的结果。然而,随着研究的深入,各种史料的发掘,学术界一般都认为该法典的制定,与吸收法国历史上习惯法学的成果相关,也就是说,《法国民法典》既吸收了罗马法学成果,又以法国中世纪的习惯法为基础。而对法国中世纪习惯法学作出系统总结,并为《法国民法典》提供某些比较成熟的制度、原则和术语的是法国18世纪著名私法学家朴蒂埃(R. J. Pothier,1699~1772)。而朴蒂埃的成长,又与当时法国特定的历史文化背景密切相关,如15~18世纪法国习惯法的发展,罗马法学在法国的复兴,朴蒂埃所在的"奥尔良学派"的崛起,朴蒂埃的家庭和朋友的影响,以及朴蒂埃本人所具有的素质等,使他充任了法国传统法律文化向近代法律文化过渡的桥梁。

19世纪初,在德国形成了以胡果和萨维尼为首的历史法学派。该学派强调法是"民族精神"的体现,如同语言一样,随历史的发展而自发地生成和发展,法律的渊源首先是习惯而不是立法,法学家的历史使命是对历史上的习惯法作出深入细致的研究,而在当时的德国这一步工作还没有完成,因而反对制定一部统一的民法典。许多学者基于这些方面,认为历史法学派是一种"反动思潮",是为维护封建统治服务的。其实,从法律文化史角度来分析,这种评价是不公正的。因为,第一,当时,法国革命已经成功,建立了统一的民族国家,所以,可以制定一部统一的《法国民法典》,但德国当时还处于邦国林立的割据状态,缺乏编纂统一的民法典的客观基础。第二,历史法学派提出从"民族精神"中寻求法的起源和法的本质,如同自然法学派提出从人类的理性中寻求法的起源和法的本质一样,虽然都不科学,但都是一种为试图探索法这一社会现象而作的努力,给我们以方法论的启迪,不可全盘否定。第三,萨维尼等人虽然出身于封建贵族,在政治上与封建势力有着千丝万缕的联系,但从其整个思想体系和法学理论体系来看,是资产阶级的,而不是封建主义的。他构造的民法学体系,为近代民法学的诞生奠定了基础,对发展资本主义的商品经济作出了巨大的贡献。因此,历史法学派统治西欧近一个世纪,后来成为资产阶级私法之楷模的1900年《德国民法典》和《德国商法典》在历史法学派的思想孕育下诞生,都不是历史的偶然。

我们只有从法律文化史的整体上分析历史法学派，才能对其作出恰如其分的评价。

像朴蒂埃这样对法律发展作出巨大贡献的法学家、法学流派，可以举出许许多多。比如，1804年《法国民法典》能够在短短4个月中制定出来，除了其他各种条件之外，必须归功于拿破仑的支持和参与（在总数达102次的法典起草会议中，拿破仑参加了90多次）；我们现代使用的大部分汉语法律词汇，来源于日本近代著名法学家箕作麟祥（1846～1897）在翻译法国六法全书时的创造性劳动；中国近代法律改革运动的展开，也应归功于大法学家沈家本（1840～1913）。而历史上的注释法学派、评论法学派、人文主义法学派、自然法学派、分析法学派和社会学法学派等，则分别从古典文献、人类的理性、法的逻辑结构以及法与社会之关系等各个方面，对法这一社会现象作了研究、阐述，使人类对法的认识不断趋于深化。

当然，法律文化史研究的内容远远不止这些，古今中外的各种法律原则、学说和理论，如公法学上的人权学说、"国家法人说"、"天皇机关说"、罪刑法定主义理论、法不溯及既往理论、罪刑相适应理论、无罪推定理论，私法学上的私人权利人人平等原则、所有权神圣不可侵犯原则、契约自由原则、过失责任原则，以及各种法律设施、各种法律运行机制、法院组织和庭审艺术、司法检验和勘查技术的兴衰消长，等等，都应当是法律文化史研究的重要对象。

五

法律文化史研究的展开，对我国的法制建设和法学研究将产生重大的影响。

第一，开展法律文化史研究，对我国的法学研究是一场方法论的革新。众所周知，在本世纪以来的近百年中，我国的法律史研究基本上是沿着四条途径展开的：中国法制史、中国法律思想史、外国法制史、西方法律思想史。我们在大学开设的课程、专业，我们所带的硕士生、博士生，也都是依从这四个方向进行的。这样做的好处是，发展线索比较清楚，课程体系容易确定，缺点是造成了制度和人物、思想的隔离，中国与外国的对立，无法帮助学生或读者从整体上了解法律发展的历史。法律文化史的研究，将法制史、法律思想史、法学史等糅合在一起，既有制度，又有人物，又有思想，又有理论和学说，因而为人们提供了新的视角、新的方法，以帮助人们从宏观上、整体上把握法律发展的整体风貌，从而开辟了一个新的研究领域：不要认为法律史研究已没有什么东西可搞，而是大有可为。

第二，法律文化史研究，加深了我们对有些法律制度和原则的理解。比如，采用法律文化史的研究方法来分析三权分立原则,我们首先就要追寻古代希腊民主政治中关于分权的理论,阐述孟德斯鸠、洛克等人的学说的形成及其演变,论述美国建国时期政治学家和法学家如杰弗逊、汉密尔顿、麦迪逊等人的主张,讨论1787年美国宪法对三权分立原则的具体规定,以及马歇尔等人通过判例对该原则的发展等。再如,用法律文化史研究方法来探讨西方的法治传统,那么,我们除了讲清西方法治在制度上的规定和内容,法治的特点与历史沿革之外,还要提及古代希腊斯多噶(Stoic)学派的观点,亚里士多德(Aristotle,前384~前322)的理论,古代罗马西塞罗(M. T. Cicero,前106~前43)的学说,中世纪英国布雷克顿(H. D. Bracton,1216~1268)、爱德华·科克(S. Edward Coke,1551~1634)等人的理论,以及近代自然法学派、哲理法学派的贡献等。也就是说,将法制史、法律思想史和法学史融会在一起的综合研究方法,可以进一步加深我们对历史上一些重要制度和原则的理解与把握。

第三,法律文化史研究,为我们选择中国法律文化现代化的道路提供了有益的启示。法律文化现代化研究,已越来越成为学术界讨论的热点。然而,目前人们对法律文化现代化的道路、模式、重点、难点等许多问题的看法是不一致的。而法律文化史的研究,至少可以从一个综合的视野上,为我们提供一个思路。比如,有学者提出以私法文化为基础来构造中国法律文化的现代化。然而,事实上在具有两千多年专制主义传统的中国,公法文化的薄弱可能更甚于私法文化。又如,在依据中国传统法律还是依据移植西方法律来建设中国法律文化的现代化问题上,学者间也存在诸多分歧。而笔者认为,在这个问题上,我们不仅要顾及制度层的现代化,也要考虑到理论、思想、传统观念以及国民的感情、意识等深层次的问题。因此,在对待中国法律传统和移植西方法律文化的问题上,绝不是简单的、仅仅以哪个为主就可以解决了的,而应当引入法律文化史的综合思考方法。

(1996年第10期)

1997 年

清末中国从日本民法中吸取德国民法

王立民[*]

清末，中国进行了较大规模的法制改革，传统的法律体系逐渐解体，西方化的法律体系渐渐孕育形成。在这一过程中，中国大量引进先进的西方法律，其中包括民法。那么，中国吸取的主要是哪国民法、吸取的主要途径又是哪种呢，本文略作探讨。

一

从现象上看，中国在清末主要是吸取日本民法，其表现在以下这些方面：

其一，从日本聘请法学家到中国讲授民法和帮助制定民法典。清末，清政府曾派员聘请多位日本法学博士作为法学家，到中国从事讲授包括民法在内的法律和帮助制定民法典的工作。《日本讲演录》载，清政府曾"派员至日本延聘（法学）顾问"，"计先后聘得法学博士冈田朝太郎、松冈正义、小河滋次郎、志田钾太郎，充（法律）馆中顾问暨学堂教习"。[①] 不仅如此，他们还直接参与制定法律的工作。"法律馆前清庚子乱后设立……延聘日本法学博士，冈田（朝太郎）、志田（钾太郎）、松冈（正义）诸博士，从事编纂，六法草案皆出诸博士手。"[②]其中的松冈正义特别擅长民法，参与讲授民法和帮助制定大清民律草案的工作。日本法学家的这些工作有意无意地把日本民法带到了中国，对中国新民法的诞生产生影响。

其二，翻译出版日本民法和与民法有关的法律和法学著作。在这一时期里，清政府特别重视翻译出版日本的民法和与民法有关的法律和法学著作。宣统元年（1909年）正月，沈家本曾对自光绪三十三年（1907年）以来，已经翻译和正在翻译的法律和法学著作作了一次统计，[③]共有45种，涉及10个国家。其中，日本的最多，占13种。在这13种里，民法和与民法有关的法律、法学著作有《日本民

---

* 作者单位：华东政法学院（现华东政法大学）。

① 《日本讲演录》，第158页、172页。

② 同上。

③ 李贵连："近代中国法律的变革与日本影响"，载《比较法研究》1994年第2期。

法》、《商法》、《票据法》、《加藤正治破产法论》等。这些法律和法学著作传到中国,也对以后中国民法的制定发生作用。

其三,派遣留学生到日本学习日本法律。清政府在这一时期分批派遣中国留学生到日本学习法律,其中自然包括日本民法。据统计,清政府在 1905~1911 年曾对回国的留学生进行考试,留学日本的有 1200 余人,占参考总人数的 92% 以上,其中学法政科的有 800 人,占日本留学生总人数的 2/3。① 在这些数字中,还不包括那些虽到日本学法律,但未参加考试的留学生。随着留日学生的回国,日本民法也被带到了中国。

然而,这只是表面现象。实际上,中国从日本民法中想要吸取的却是德国民法,清末中国民法的主要内容,实际上源自于德国民法。

二

为什么从现象上看清末中国引进的是日本民法,但实际上真正吸取的却是德国民法呢?这可从日本民法本身所含的内容和《大清民律》草案与《德国民法典》的比较结果两个方面来看。

日本法律在明治维新以后,经过两大模仿时期:第一个是模仿法国民法时期,第二个是模仿德国民法时期,这两时期的分界线在 19 世纪 80 年代末期。在模仿法国法时期,日本把法国法作为蓝本,制定自己的法律。在模仿德国法时期,日本把德国法作为楷模,制定自己的法律。在后一时期中制定的日本法实是德国法的翻版,关于这一点,日本法学家至今仍直言不讳。伊藤正已在他主编的《外国法与日本法》一书的第三部分里,专门阐述日本法对外国法的接受问题,其中把这一时期说成是德国法起支配作用的时期。②

日本这样做有其一定的原因。明治维新以前,俄国、美国、英国、法国、意大利、葡萄牙等一些西方国家先后在日本取得了治外法权(领事裁判权)。在日本与他们签订的条约中,都有"刑事被告应依其本国法律审判之"的条款。③ 明治维新以后,日本企图收回治外法权,但是遭到拒绝,理由是日本的封建法律过于落后。但是,他们却承诺,如果日本改革法制,引进西方的先进法制,就可放弃治外法权。面对西方国家的这种压力,日本不得不加快了改革法制的步伐。在这

① 李贵连:"近代中国法律的变革与日本影响",载《比较法研究》1994 年第 2 期。

② 伊藤正已主编:《外国法与日本法》(日文版),岩波书局 1966 年版,第 172 页。

③ 孙晓楼等著:《领事裁判权问题》(上),商务印书馆 1936 年版,第 110 页。

种急于求成的情况下,日本根本就没有充足的时间去考虑如何更好地把西方法律与本国的实际情况结合起来,只能照搬照抄而已。这正如一位外国学者分析的那样:"由于希望尽快改革,没有更多时间根据国情和吸收外国法律的积极因素以制定出真正切合本国实际的法典,而只能主要地依赖外国法典。"①因此,日本在模仿德国法时制定的本国法律,几乎是德国法的拷贝,其中也包括民法。

历史也证明,日本民法的制定过程,就是日本选择和吸收德国民法的过程。19世纪80年代末以前,日本曾大量抄袭《法国民法典》,并制定了自己的民法草案。因为《法国民法典》闻名于世,还是大陆法系的一面旗帜,所以,首选《法国民法典》也在情理之中。这正如一位中国学者所说:"法国民法典在当时仍是民法国家主要的、具有代表性的法典,日本在制定本国民法典时仿效这部法典是不难理解的,正像许多国家所做的那样。"②但是,当民法草案公布以后,遭到了国民的强烈反对,认为把《法国民法典》这部典型的市民阶级社会的法典稍加改动,就照搬过来,和日本的社会情况有许多不相适应之处。有人甚至说:"旧民法(指模仿法国民法典制定的民法)不合日本国情,应予修改,否则民法出,忠孝亡。"③于是,在19世纪90年代,日本转向引进《德国民法典》。《德国民法典》第一次草案公布于1887年,第二次草案公布于1895年。日本仿效《德国民法典》草案,也于1895年制定了总则、物权、债权三编,1897年又制定了亲属、继承两编,并于1898年7月16日起正式施行。当时,人们称其为日本新民法。这个新民法从它的法典体系结构和编纂风格都明显取自《德国民法典》,实是《德国民法典》的日本版而已。中国在20世纪初引进的《日本民法典》,正是这部民法典。

从《大清民律》草案与《德国民法典》的内容比较,也可看到中国民法虽师从日本民法,但结果却是得到了德国民法,也是《德国民法典》的翻版。关于这一点,已得到许多中外学者的认同。一位德国学者说:"德国的民法制度对中国产生了很大的影响,1911年中国的民法(指大清民律草案)吸收了很多德国民法典的内容。"④中国学者也这样认为。杨幼炯在他的《近代中国立法史》一书中说:

① [德]诺尔:"法律移植与1930年前中国对德国法的接受",李立强等译,载《比较法研究》1984年第2期。

② 由嵘主编:《外国法制史》,台湾五南图书出版股份有限公司1982年版,第313页。

③ 邓曾甲著:《日本民法概论》,法律出版社1995年版,第3页。

④ K. A. Bünger, Das Neue Chinesische BGB Seine Entstehungeschichte und Systenatik, *Blatte Für lnternationalen Privatrecht* 6, 1931, p. 267.

"民律草案(指大清民律草案)仿德国潘德吞编制法(Panderkten System),计分五:第一编总则,33 条。第二编债权,654 条。第三编物权,339 条。第四编亲属,143 条。第五编继承,110 条。"[①]他们的说法都没有违背事实。把《德国民法典》[②]与《大清民律》草案[③]比较后发现,许多内容确有相同或相似之处。这里仅举两例证之。如关于限制行为能力的代理人问题。《德国民法典》第 165 条规定:"代理人所为或所受的意思表示的效力,不因代理人为限制行为能力人而受影响。"《大清民律》草案在第 216 条中同样规定了这一内容,而且内容一致,说:"代理人或向代理人所为意思表示之效力并不因代理人为限制能力人而受影响。"又如关于债权中受领迟缓问题,《德国民法典》的规定与《大清民律》草案的规定也很相似。

以上可见,日本民法的内容主要来自德国民法,德国民法是它的主要成分;中国实际上吸收的是德国民法,《大清民律》草案与《德国民法典》极其相似。因此,不难看到,中国虽在清末向日本学习民法,但得到的却主要是德国民法,中国只是把学习日本民法作为引进德国民法的间接途径罢了。

三

中国在清末为什么要从日本民法中间接地引入德国民法呢?这也有其一定的历史原因。

应该看到,德国民法是那时世界上最好的大陆民法。它是罗马法的直接继承者,继承和发扬了罗马法的优良传统。就民法典而言,《德国民法典》虽与《法国民法典》一样都同宗于罗马法,但它比《法国民法典》更胜一筹。"德国民法典与法国民法典同属大陆法系,但前者编纂于后者施行一个世纪以后,各国法学家都认为前者比后者更系统化、现代化、条理化,用词更简练,内容更确切。"[④]因此,"它被认为是最好的"[⑤],不愧是大陆法系中最优秀的民法典。德国民法的这一成就与它的其他法律一样,以其独特的社会条件为背景,其中它的古典哲学尤为引人注目。德国古典哲学在世界上享有盛誉,它在唯物论和辩证法方面的成就,为世人所信服。以这种哲学为基础,德国民

① 杨幼炯著:《近代中国立法史》,台湾"商务印书馆"1966 年版,第 73 页。

② 《德意志联邦共和国民法典》,法律出版社 1984 年版。

③ 《法律草案汇编》,修订法律馆司法出版处 1926 年版。

④ 《德意志联邦共和国民法典》,第 14 页。

⑤ Ulich Manthe, Roman Law in the People's Republic of China, *Asian* 10, 1984, p. 59.

法便具有了逻辑严谨、概念精确和规定细密的优点。“德国民法典比法国民法典更为发展，它有德国的古典哲学为基础，能准确地表达法条的含义。”①与此有关联的是“德国的立法技术比较好”。② 中国的传统法律以成文法为主要特征，接近大陆法，远于普通法。所以，中国在引进外国民法时首选德国民法是明智之举。

但是，德国远离中国，文化又与中国有异，中国要完全从德国直接引进民法，就会遇到“费重道远”等一系列困难。相比之下，日本是中国的邻邦，又同属一个文化圈，文化比较接近，如果间接从日本民法中吸取德国民法，可起到事半功倍的作用。中国的有识之士在当时已认识到这一点。康有为在他的《南海先生四上书记·上清帝第五书》里就说：“闻日本地势近我，政俗同我，成效最速，条理尤详，取而用之，尤易措手。”当然，康有为在这里并非狭指引进日本民法问题，而是泛指引入日本法制，但其中也包含着民法。

20世纪初，日本民法已发展得很完善，尽管其中充满着德国民法的内容。它的成就连西方人都十分佩服。在《袁世凯奏议》里的刘坤一、张之洞、袁世凯会同沈家本、伍廷芳在修订法律的奏折中说：“近来日本法律学分门别类，考察亦精，而民法一门，最为西人所叹服。”可见，日本民法也确实有值得学习的地方，可以充当中国吸取德国民法的中介角色。历史也证实：“日本吸收西方法律起了双重作用，日本不像其他国家那样只把外国法作为比较对象，而且在中日两国接受外国法的过程中还起着联结作用。”③

当时的清政府官员也明白，日本法中的主要因素是德国法。《德宗景皇帝实录》载：在谈到“慎重私法编订”问题时，就有人奏言：“查欧洲法学系统，约分法、德、英三派。日本初尚法派，近尚德派，自当择善而从。”④其中也含日本民法。可见，清政府是比较自觉地把引进日本民法作为间接吸取德国民法的一条途径，其最终目的还是了解、掌握德国民法，并为自己制定民法创造条件。

但是，中国毕竟是借助日本民法和日本文字而获得德国民法的，因而易给

---

① Wang Jze—Chien, Die Aufnahme des europaischen Rechts in China, *Qrchiv für Zivilistische Praxi* 166, 1966, p. 347.

② K. A. Bünger, Das Neue Chinesische BGB Seine Entstehungeschichte und Systenatik, *Blatte Für lnternationalen Privatrecht* 6, 1931, p. 267.

③ ［德］诺尔：“法律移植与1930年前中国对德国法的接受”，李立强等译，载《比较法研究》1984年第2期。

④ 《德宗景皇帝实录》（卷五八三）。

人们造成一种错觉，似乎是日本民法影响了中国而非德国民法。对此，当时就有人从日本民法的来源来提醒大家，要“溯始穷原”，说：“中国近多歆羡日本之强，而不知溯始穷原，正当以德国为借镜。”至今看来，此话的寓意仍十分深刻。

（1997年第1期）

从清代私家注律看传统注释律学的实用价值

何　敏*

中国古代的注释律学,是传统法律与实践的结合点,是以注释国家的制定法为根本特征的。由于其注释对象是历代王朝颁布的主要法典,所以注释的内容既包括对构成法典主要基干的律的解释,也包括对从属性的令或例以及律注进行注释。注释的宗旨是,在统治者设定的框架内,准确注释法律条文的含义,阐明法典的精神实质和立法原意,维护法律在社会生活中的统一适用。

传统注释律学经过了漫长的发展过程,形成了饶有特色的传统。在清朝统治下,注释律学达到鼎盛,历200年不衰,直到西学东渐,封建法律解体,建立中国近代法律体系止。在注释方法、注释内容和注释风格上,更达到完备性、规范性,成为传统注释律学的最终成熟形态。

一、清代注释律学的兴盛

清代注释法律的主体乃是官府与私人并举。官府注律一如晋唐那样,奉旨纂修法律的立法者们,在制定法律的同时对法律条文进行简明注释,注文附于律中,其效力和律文等同。所以,这种立法者代表国家、皇帝所作的解释是一种立法解释。清初编纂法典时以每条律文中夹小注,或律文后附总注的形式对律文进行注释,条例则以小注进行注释。但注释的对象以律文为主,对条例注释较少。这种注释风格除乾隆五年最后修律时删除律后总注,将总注中的部分内容或纂为小注,或纂为条例外,基本得以保持。

与晋、唐、明律不同的是,清代立法者们就法律条文所作的解释,除继承这三朝法典中原有注释(主要是明律中小注)外,其余皆引用明人或清人的私注。顺、康、雍时修律,律中小注就多源自明人王肯堂、雷梦麟、彭应弼和陆柬之等对明律的解释。如"劫囚"律中律文下小注就多系顺治三年制定《大清律》时,采集王肯堂《律例笺释》中关于该律例注释而成;[①]"发冢"律中小注亦是如此。[②] 至

---

* 作者单位:司法部。

① (清)吴坛纂:《大清律例通考》(卷二四)。

② 《大清律例・三泰奏疏》,乾隆五年(1740年)。

于康、雍时律后总注，就辑录了《刑书据会》、《读律管见》、《律例笺释》三家明人的释律观点。其后，乾隆五年最后定律，律中小注除保留数家明人释语外，又增辑了清代注释名家，如王明德、沈之奇、朱轼、夏敬一等人的解说。由此可见，清律中的官方注释相当程度上是私家注释的法律化。

与官方注释《大清律例》相映成趣，清代私家注释《大清律例》的活动十分兴盛。这种注释总的来说并不具有法定效力，较之于官方的有权解释，私家注律是无权解释，或用现代意义的话来说是学理解释。但清代的私家注律却有其特殊性。清代政府对私家注律较为重视，认为是“备律所未备”，[①]尤其是私家注律的广泛性和注律家身份的特殊性，使私家注律活动的影响力较官方注释为大。无论是刑部尚书、封疆大吏、州县长官还是无职无衔，以襄佐东主为生的刑名幕友，都纷纷撰写解释《清律》的文本，以私人名义刊印流行。有的私注家已不满足于仅仅对法典本身作规范性的注释，还把兴趣转向于法律实务的理论与应用上，以便使法律和实践更紧密地连接起来。可以说，清代注释律学的发展主要是通过私家注律活动来实现的。注律成果直接表现为私家释著，一些律学理论也是注律家在注释活动中创立的。因此，私家注律是清代注释律学的主要代表。

据不完全统计，终清之世，私家解释《清律》的就有百余家，150 多种注本，尚不包括同一种书的不同版本。《清律》私家释本种类繁多，形式多样，有辑注、笺释、全纂、汇纂、统纂集成、通考、根源、图说、歌诀等。各释本的写作原意也各有不同，有立意于注释律例条文，疏解律意，阐发立法原意的文本；也有为初入仕或初入幕者编写的实践性很强的指导文本；还有一些以便于记诵、查阅为目的而编写的简本。私家释著内容广泛，涉及注释、校勘、文字、音韵等方面的知识，有些还涉及现代法理学、刑罚学、犯罪学、诉讼法学等学科。在解释技术和注释风格上，私家释本集历代注释法律之大成，融注、疏、解、释、评、议为一体，具有一定的科学性，反映了我国封建法律文化的成熟和完备。

二、注释流派与主要代表作

经查阅这 150 多种私家释著，笔者发现这些注本或相互间存在继受关系，或有着相同的著作目的，因而形成一定的流派。大致可区分如下：

1. 辑注派。此派的特点是立意于诠释律例条文，阐发法律精神，注解法律

---

① 《大清律例汇辑便览 · 凡例》，同治十一年(1871 年)，江苏臬署刻本。

原则。所谓"辑注",按照律学家万维翰的解释:"辑:录也,注、著也。辑诸家之说,间申鄙见,疏其意,解其辞,析其同异,使断狱者准情以比例,依例以定律,互相证明,开卷了然。"

该派本以康熙五十四年(1706年)沈之奇的《大清律例辑注》和乾隆五十一年(1766年)万维翰的《大清律例集注》为代表。

《大清律例辑注》是一代名幕沈之奇总结30年刑幕及多年从事律例研究的经验,在明人所著笺释、律解、直引、傍训和顺治、康熙初年各家注释《清律》的释本基础上编纂的,于康熙五十四年刊印问世。该书是清代私家解释《清律》的权威性著作,对清王朝的立法、司法产生了极大影响,尤其在司法实践中,各地刑署衙门多援引《辑注》的观点作为断案定性的依据,甚至刑部在审复疑难案件时,也多所参考。《大清律例集注》系名幕万维翰在浙江臬署幕中所著。该书以乾隆五年颁行的《大清律例》436条律文为准,对《辑注》作修改增补,并用自己的观点解释条文,同时,汇集《辑注》、《集解总注》、《笺释》、《据会》、《管见》、《律训抄》等名家释本,照《辑注》形式分上、下二栏疏解。《集注》一书是权威性仅次于《辑注》的释著,在当时广为流传,注释观点也被后来注家多加采辑。

该类书还包括:《大清律集解附例笺释》、《读律佩》、《大清律例朱注广汇全书》等多种释律著作。

2. 考证派。乾隆以后考据学的流行也渗透于律学中。一些精研考据学的官僚、学者也转而用考据的方法研究法典,形成考据律典派(考证派)。该派的特点是注重对《清律》条文的沿革变化进行探源溯流的历史考证,以阐释立法的原意及变动的因由,"使用法者寻绎其源,以明律例因革变通之理。"①该派虽人数较少,但影响较大,他们研究的成果,从一个特定的角度向人们展示了中华法系的基本轮廓。

该派本以乾隆四十四年吴坛《大清律例通考》(以下简称《通考》)和光绪三十一年薛允升《读例存疑》为代表。

《通考》一书,对上古唐虞时代至清高宗乾隆四十一年的历代律例条文的源流、演变,逐条进行考证,并将《清律》历次增删修改的条文注以按语,间或予以评注,重在考证、辨析律例条文的历史源流和变革因替的过程。后人考证《清律》的历史沿革,多以此书为宗。《读例存疑》为清朝晚期著名律学家薛允升所著。薛允升根据《唐律疏议》、《大明律例辑注》、《大明律例笺释》、《读律琐言》、《大清律例通考》、《大清律集解附例》、《六部则例》等书和著者自己的观点,将

① 《大清律例通考吴重熹跋》。

光绪年间行用的《清律》条文中,“彼此抵牾、前后歧异,或畸轻畸重、应增应减,及分析未明、罪名杂出之处”进行逐条疏证核议,并考辨条文源流及因革过程,每条之下加以按语,借供律例纂修者参考。

该类书还有《大清律目附例示掌》、《大清律例根源》等。

3. 司法实用派。该派着眼于法律适用。主要是一些有多年司法经历的地方主守官和一些刑名老幕办案经验的总结。该派实力较强,著述颇丰。其中权威性较高,并被广泛援用的当首推康熙初年王明德的《读律佩觿》和于琨辑次的《祥刑要览》二书。

《读律》一书,择取《清律》中较重要的条文和条文中意思表示不甚明确的文字,依据《清律》本注、旧注及王肯堂笺释、传记等书,先加以阐释,进而推究律义,补解条文中不明确所在,以供读者随手查阅、解除疑问之用。书中“律母释义”和“律眼释义”二篇,系其独创之作。“律母释义”,即“释例分八字之义”,是在《清律》中对所附的“例分八字之图”作了官方注解的基础上,对“以、准、皆、各、其、及、即、若”八字作详细而规范的释义,冠以“律母”之名,实为“解律之母”。“律眼释义”篇,是著者将《清律》中常用词提炼出来,单成一篇,附于“律母释义”篇后,从文字学、音韵学和法律应用的角度进行解释。王明德在书中阐述了这种立意,“读律之法,必先八字之义,先为会通融贯,而后可与言读法”。《读律》一书终清之世广为流传、翻印,不仅为私注本中的杰作,其“律母释义”和“律眼释义”还广为各注家抄录引用,甚至得到清廷的重视和肯定。

该类书中其他影响较大的释本还有:《新刻萧曹致君术》、《读律心得》等。

4. 便览派。《清律》条文较多,而众多注律家却泛泛于旁征博引,列举过细的注释,致使注本卷帙愈益浩大,查阅不便。一些注律家择取律例条文中合乎时宜经常适用的部分条文,节选各家注释而成为一种简易阅本,以方便阅览之用,故取名为“便览”。

该类书以咸丰九年蔡嵩年、蔡逢年兄弟所撰的《大清律例便览》为代表。书内择要节录《清律》内常用条文 412 条,加以简明释语。每页分二栏,下栏辑录律例条文,加旁注;上栏节要抄辑各家注语,并申明著者的观点。

该类书还包括:《大清律例提纲》、《大清律例总类》、《读律提纲》。

5. 图表派。该派以“图说原取简便,定案时易于印证”为纂辑原意,将律例全书简化成图表形式,省略赘疣,加强律例的适用度。因以乾隆十五年万维翰《名法指掌》和以乾隆五年沈辛田《律例图说》为代表,取其名为“图表本”。

《名法指掌》一书将《清律》的刑名部分订成图表,使罪名与处分相对,余以类推，纵横求索，如指诸掌，因而取名《指掌》。书成后，又将董南厚所辑《钱谷刑名便览》，依指掌成格，辑为一册，附录于后，定名为《增订刑钱指掌》。《指掌》层次分明，了然于目，便于参照查阅，颇为州县刑署称道。时人称赞其“纲举目张，体例甚善，一展卷而条目毕备，巨细无遗，谳狱者诚莫便于此”。《律例图说》一书，以图表的形式详释《清律》条文，重在考证辨伪。

图表本系统主要有：《律例全纂》、《律例掌珍》等。

6. 歌诀派。该派的主要特点是，立意于《清律》易读易记，故将《清律》中适用较广的条文编成歌诀，加以注脚，以便进行法律宣传教育。例如：程梦元的《大清律例歌诀》共1册3卷，将律例要点编成七言歌诀，分科分门加以介绍，全书共1636句。

该派书流行于光绪年间。主要的还有《大清律例歌括》、《大清律例七言集成》等。

7. 比较研究派。清代注释律学发展至光绪时，一些注律家已不满足于单纯注释律例或主要为司法适用的目的来探讨律例的优劣得失，而是受西方法学输入的影响，怀着批判的精神来研究现行法律。著名律学大师薛允升就是终清一代首屈一指的比较律学家。他在《唐明律合编》中，将唐、明律进行了比较研究，找出彼此的同异而加以评论。《唐明律合编》仿元代郑汝翼《永徽法经》体例，每卷合唐、明律文，依原来门目次序汇编，以便逐条比较两律之异同出入。此外，沈家本的《汉律拾遗》，也可谓出色的比较律学专著。

三、注释法律的方法

清人突破了明以前仅对法律条文本身进行训释、疏议的单一解释方法的限制，把法律解释方法向多元化方向发展，从而具有较强的技术性，能够准确地把握法典的基本精神和各条文的含义，加强了法律的适用度。

1. 法律术语的规范性解释。对法律术语进行规范性解释，自晋张斐注释晋律始，至明朝已较为完备，发展到清，更加纤悉备至。值得推崇的是，清人重视从司法适用的角度进行解释，进而更具有实用性。

例一，“律母”释义。《大清律例》在卷首把整部律中常用的8个关键性词（以、准、皆、各、其、及、若、即）提炼出来，绘为一图，置于丧服诸图之后，予以解释，并取名为“例分八字之义”。但作为官方的立法解释，却未免失之简约、粗疏。康熙年间，刑部郎中王明德对“八字”作了详细的释义，并冠以“律母”之名，意为“解律之母”，使“八字”的含义更加明确。现举“以”字，对照《律例》的规定和王明德的解释，进行比较。

《大清律例》："以者，与实犯同谓。如监守，贸易官物，无异实盗，故以枉法论，以盗论，并除名，刺字；罪至斩、绞，并全科。"《读律佩觿》："以者，非真犯也。非真犯而情与真犯同，如真犯之罪罪之，故曰。"

比较这两种解释，可以看出，官方的立法解释着重以举实例来释"八字之义"（其他七字均如此）；而私家注释则重视从立法原意上对"八字"作规范化释义，弥补了官方立法解释的不足。

例二，"律眼"释义。《读律佩觿》还把《大清律例》中常见多用的一些法律词语（但、同、俱、依、并、从、累减、递减、从重论、罪同、同罪、听减、得减 13 个字词）提出，专成一篇，冠以"律眼"之名，用文字、音韵、训诂等方法，对其进行精确和全面的规范性定义，并举实例佐释。现举"从重论"一例，证明如下：

"从重论者，较量重轻，从其重者以论罪也。'从重论'三字亦有二义，如《名例》内云：'二罪俱发，从重论'，则又有所犯之事之律言者……此又一义也。"

例三，"六杀"释义。"六杀"，即封建法典中规定的谋杀、故杀、斗杀、误杀、戏杀、过失杀六种杀人罪。西晋至明代，众多释本都对"六杀"作了诠释。但这种诠释较多地从立法解释的角度来阐述，忽略其与司法实践的联系。清代释律家注意到这一点，注重从司法适用的角度对其进行规范性解释。现以对"戏杀"一罪的解释论证如下：

于琨《祥刑要览》："戏杀本无争竞，谓以堪杀人之事为戏。如立约相打，比较拳棒，互相击搏以角胜负。或于危险桥船、水火、兵刃之下，明知其足以相害而两相和同以为之，则知其杀伤非同出于不易也。故各以斗杀伤论。盖戏杀原属有意，如仅相偎戏而偶致陷人于不测者，此又过失而非戏杀矣。若知津河水深、泥泞及桥梁、渡船朽漏而诈称平浅牢固，诳哄令人过渡，以致溺陷死亡，虽与戏杀相等，仍亦以斗杀伤论。"这条释文从三个方面对"戏杀"作了解释：第一，戏杀是双方主观上没有恶意，是嬉闹玩耍中不慎导致的伤害，是一种主观上完全无预见性的伤害行为。第二，对主观上有预见性、却又疏忽大意或放任这种危险发生的行为，其罪责显然超过游戏的范围，应属于斗杀罪的范畴。第三，二人嬉戏时，由于意外情况的发生，致使双方同时遭受不测，当属于过失伤害罪范围。其余"五杀"的解释方法与此大致相同。

2. 互校解释。比较各家观点，提出自己见解，这是清人在释律中常用的手法。如关于"侵占田宅"条，《辑注》是这样表述的："《琐言》曰：'田宅曰侵占而不言强占，设有用强霸占显迹者，当依强占山场等项律；'《笺释》亦云曰：'山场言强而不言侵占……'《读法》谓：'两节之义互见，有犯当互此；'《据会》云：'其无强者，不过盗取剩，当依盗论；'《笺释》又云：'当随事酌处。'诸解俱得见，不可泥定耳。"这段释文中，就侵占田宅的定性问题，《辑注》节取五家观点，加以比较，得出自己的见解。

3. 限制解释。指对法律规范的文字含义加以限制性说明。当某一法律规范的效力并不及于条文文字内容所包括的一切情况时，即需要对法律规范的文字含义加以限制。如律例中，凡是涉及"盗"的条文，皆以"得财"、"不得财"作为确定不同刑罚责任的标准，但对"财"、"得财"、"不得财"却规定得含糊，常难以界划。为此，释律家们结合律例原意，对二词作了限制性解释。《律例增修统纂集成》："不得财者，因追逐而不得也。若入盗手即谓之赃，其未分受者是不分赃，非不得财也。"《辑注》："盗罪但论得财，不论分赃……不得以不分赃为不得财也。"《集注》："在事主家谓之财，入贼手谓之赃，贼人弃财途中被他人拾去亦以得财论。盖盗虽未得赃，而事主之财已失矣，惟事主拾回方是不得财也。"

从以上三条释文可以看出，第一，财物在事主家中叫"财"，若被盗，入了盗贼之手，就成了"赃"。第二，盗贼从事主家中盗走了财物，就构成了"得财"。即使盗贼在途中将财物丢弃，被他人拾去，也不影响"得财"的构成。第三，盗贼被追逐，将财物丢弃，被事主拾回，叫"不得财"。如几个盗贼共同作案，盗得财物，来不及分赃就被抓获，不能叫"不得财"，而是叫"不分赃"。第四，盗贼只要"得财"，盗罪遂成立，分赃与否不影响此罪的构成。

4. 扩大解释。指对法律规范所作的广于其文字含义的解释。清人常用这种解释方法来补充由于律文抽象概括所造成的意指不明的缺憾。例，对"略人略卖人"条中"杀人伤人"的扩大解释。律文："凡设方略而诱取良人为奴婢者，皆杖一百流三千里……因而伤人者，绞；杀人者，斩。"《辑注》："伤人杀人，非但杀伤被诱略之人，凡在旁之人、追捕之人与被略人之父母、兄弟等亲皆是。"释文将"略人略卖人"律中的"伤人、杀人"概念的外延扩大了。

5. 类推解释。即《大清律例》中的"比附援引"，是对条文中没有直接规定的现象，援用律例中最相类似的条款进行比附解释。清人释律时，遇到法无明文规定，情节疑难的情况时，多采用这种方法。例如，对"比附援引"的诠解。律文："凡律例该载不尽事理，若断罪无正条者，援引它律比附应加应减定拟罪名。"例文："律无正条，比照某律某例某科断或比照某例如一等、减一等科断。"对律文，《辑注》释为："该载不尽者，如城门钥遗失，无文，比遗失印信，以皆为关防之物也。"对例文中的"比照"二字，《辑注》解为："例称照者，即容光必照之照也。如日光照隙，其隙之大小长短不为稍增、稍损也……称比照者，实非是律为之比度。虽比照某律某例以科其罪，然彼此不相乳水也。"

6. 判例解释。用判例(成案)解释《大清律例》,自《大清律例汇纂》始。乾隆中期以后私家释著多在注释、疏解律例条文后,引用大量判例阐释律文主要精神。一如清人在其释著中所称:“成案(即判例)与律例相为表里,虽未经通行之案不准引用,然其衡情断狱,立议折衷,颇增学识,兹亦广为采辑,以为互证。”① “凡有各省条奏及咨请部示,请六部议准并刑部随案修改例文,核其将来应纂为例,暨奉特旨载入例册者,皆列于条例之后。”②判例解释是乾隆中期以后,解释《清律》的重要方法。例如,对“图财而害命”的解释。条例:“凡图财害命,应分别曾否得财定拟。其得财而杀死人命者,首犯与从而加功者,俱拟斩立法……”《律例增修统纂集成》:“谋杀人命条引乾隆三十三年部改河南案:‘杨风来遇刘玉树,托其觅亲。(刘)骗言定娶周姓寡妇,先后诓取(杨)银钱,订期过门。至期,杨风来追寻,刘玉树知必败露,虑其探究,将杨风来害死,剥衣花用。查:刘玉树始因骗财而谋命,继复谋命而取财,其险恶阴谋始终为财起见,不应依谋杀人问拟,改依图财害命律斩决’。”

四、注释法律的特点

由于清代注释律学诞生于专制主义极端强化时期并深受考据学风的影响,因而形成了自身独有的特点。

1. 重实用、轻理论。清代注律从一开始就受统治者倡导的“实用”方针的支配,受着社会需要的制约,走着崇尚实用之路。在这种“实用致世”的价值导向下,清人注律都是在基本肯定现行律例合理性的前提下,研究条文如何理解、如何适用,不大重视对现行法律进行理论上的研究和批判。这种实用性表现在:一是文体贵朴实、简洁,文字重通俗、流畅。二是对法律条文的整体注释以务实为准。三是在注释对象的选择上以适用为目的进行取舍。

2. 重考证、轻分析。清律家非常重视“考镜源流,辨其原委”。这一特点显著地体现在考证和比较两大流派的注释中。清考证派和比较派纵横并举,从纵处着手,着意与反映横向方面的变化,即清律中每一条律文和例文在清朝历次立法活动中的增删修改情况,通过这些变化不仅使读者了解现行法律的本原以及与历史上法律的密切联系,而且还掌握有清一代立法创制的总貌和清代不同历史阶段的社会政治、经济形势对立法、司法的影响。这种注律重在考证的特点又

---

① 《大清律例重订辑注通纂》,胡肇楷序。

② 同上。

与当时政治形势所造成的学术思潮息息相关。有清一代所谓学术,主要是考证学。

3. 重归纳、轻演绎。归纳和演绎是两种推理形式。和西方民族相比,中华民族传统思维方式偏重于形象思维,强调直观感悟。传统注释律学也体现了这一特点。作为清代学术之一的注释律学,偏重对律文进行分门别类的归纳注释。在清代诸多注律流派中,辑注派、考证派和律例比较派的释著中都具有这种重归纳的明显特征,尤其以辑注派为最。辑注派在注释时首重归纳律意,根据条文中规定的不同犯罪主体、情节、手段和侵害的不同客体及造成的危害后果,把每一条律文从结构层次上归纳为若干项,进而提炼出不同项中的不同法律内容。

4. 重刑事、轻民事。受传统法律思想的影响,清人注律时也表现了重刑轻民的倾向。一是在注释条文方面,对刑律门和断狱门内各律条详细注释、列举、引用成案和其他法源较多,对户律门、杂律门等涉及民间婚姻、田土之类的"细故",注释相对粗疏简略,引用成案和其他法源也较少。在辑注派、司法应用派和便览派中,这种特征极为突出。各家大多辑录刑律条文进行注释,较少留意于民事法律方面的条文。二是即使在户律门中,注释时也着重对与国家和社会经济生活联系密切,国家直接干预和控制的户役、田宅、钱粮、仓库、盐法、钞法之类的条文进行注释,而对虽也由国家干预,但却纯属私人事务的一些法律,诸如婚姻和民事侵权之类的注释却相对简约。

五、注律成果对本朝法制建设的影响

清代十分重视释律家们的注律成果,这些成果从多种渠道流向清代的法制建设领域,使这些原本为学理性的解释著作,某种程度上得到国家的认可,被赋予一定的法律效力,影响着一代王朝立法和司法实践。

(一)对立法的影响

清代历次修律时,都很重视释律家们对《大清律例》所作的注释,在有限的范围内,赋予这些解释以一定的法律效力。

通过对《大清律例通考》一书的查证,乾隆四十三年以前,私家注律成果对清代立法的影响主要表现在以下两个方面:一是将私注释文纂修为法条。《名例》"以理去官"律后附例,"子孙缘事革职,与无禄人同科"。《通考》:"谨按:此条例文系仍《笺释》①律注,康熙、雍正年间已纂入律小注及律总注内。乾隆五年馆修奏准纂为专条,以补律文之所不及”。《刑律》“骂制使及本管长官”律文后附例:“凡在长安门外等处妄叫冤枉、辱骂原问官者,杖一百,用一百斤枷枷号一个月发落。妇人有犯罪坐夫男,若不知情及无夫男者,止坐本妇,照常发落”。《通考》:“谨按:此条亦系明律旧例。条内‘杖一百’三字,原系‘问罪’二字,乾隆五年律例馆奏准,以‘问罪’亦未指定罪名,查照《笺释》,依违制律增入。”二是将私注释文纂为律注。清代私家注律成果主要表现为以律注的形式进入法典中。最突出的是王明德的《读律佩觿》和深受康熙皇帝推崇,被冠以“御制”之荣的沈之奇《大清律辑注》等。如《大清律例》在卷首设“例分八字之义”篇,对“以、准、皆、各、其、及、即、若”简单释义,王明德对此进行的再释义,一直被视为有权解释,法典中凡是论及“八字”释义的律注,多出于王氏之注。此外,《大清律例》还规定了纳赎各条的适用,参照《读律》的规定。乾隆五年律例馆最后一次大规模修订律文时,将《辑注》的部分观点吸收为律注或作为律注的指定参考释文。

(二)对司法的影响

清代注律成果对司法的影响和实际指导作用尤为突出。特别值得强调的是,像《大清律辑注》、《王肯堂笺释》、《大清律例集注》和《大清律例全纂》等优秀释著对清代司法活动的影响相当广泛。各地刑署衙门乃至刑部,在审断案件时,常将《辑注》等本与《清律》互相参照使用。甚至当《辑注》本的观点和本律稍有歧异或相悖时,司法官常常引私注而弃律例。通过对清代影响最大、流传最广、集案最多,反映清王朝2/3 司法审判历史的《刑案汇览》的考察,发现其中明确提及引用《辑注》等私注观点作为审断案件依据的有近 40 个案例,他们分别体现在地方和中央司法审判中。

1. 地方司法审判中对《辑注》等观点的援用或参考。一是援私注引申律文之意。最早引用《辑注》观点的是乾隆二十八年(1763 年)甘肃巡抚就佃户陈再堂父子劫掠原佃主的女儿,强占成婚一案咨报刑部的题本。② 陈再堂与其子陈襄里商量欲聘娶原佃主的女儿为陈襄里之媳,提亲后遭到该女的拒绝。陈再堂

---

① 指清人顾鼎重新编辑的《王肯堂笺释》。据张伟仁《中国法制史书目》载,王肯堂所著《大清律附例笺释》(又称《律例笺释》)原版至康熙时就已湮没。薛允升在《唐明律合编例言》中也说,《律例笺释》因《四库全书》未著全录,也极少传本流世。顾鼎所辑《笺释》虽本于原著,但也参酌当时诸家之说,用以增补遗漏。该书辑成于康熙三十年(1691 年)。后世所用《笺释》,皆本于此。

② [美]陈张福梅:“《沈之奇辑注》对清代司法审判的影响”,载《中国法律传统论丛》(法律史 1980 年年会论文集),1980 年。

恼羞成怒,遂与其子密谋劫持该女成婚。于是让陈襄里带人到原主家抢走该女,强行奸占。案发后,主犯与3名同犯被捕下狱。其后,陈再堂在狱中病死,甘抚将陈襄里以"劫掠尊亲属妻女奸占为婚罪,拟处绞刑。"刑部复审时否决甘抚的拟判,认为甘抚适用律文不当,定性不准,陈犯奸占该女后并未成婚,只能以犯奸罪论处,故将此案驳回重审。甘抚不服刑部的裁定,再次咨报刑部,并援引《辑注》的观点作依据。咨文中说:"《辑注》曰:论人犯,律以犯者犯意为主。该管官吏应定人犯之犯意。若人犯强奸良家妻女,以犯奸论,若奸占其为妻妾者,以犯娶尊亲属妻女论。"甘抚认为,既是"律以人犯犯意为准",推究陈犯的犯罪动机,意在奸占此女为妻,所以,仍应依"奸占良家妻女"罪,处绞刑。刑部再次复审后,认为甘抚引用《辑注》的观点言之有理,赞成甘抚的定性,不再坚持将陈襄里按犯奸罪处罚。

二是律例无明文时,引私注观点作为定案依据。道光二年(1822年),伊犁将军咨报刑部一个题本。[①] 题本中说,军士何云骑马路经民人王恩长估衣铺下,适逢王恩长用棍叉挑取悬挂在铺檐下的衣服。突然,捆绑挂衣绳柱子的绳结断裂,柱子倒下击中马头,顿时惊马急驰,不仅将何云甩倒在地,还将流遣犯郑象碰撞摔死。伊犁将军将何云、王恩长二人定为过失杀人罪,并准照斗殴杀人罪收赎。因律例无二人致死一人作何处理的明文规定,伊犁将军根据《辑注》的观点拟断,《辑注》认为,二人过失杀人应追两份收赎银,一份给付其家,一份充公。但因何云贫穷,无力缴纳赎金,遂改照不应重律,将何去杖八十完结,马归原主领回。此案最终因刑部不同意伊犁将军依过失杀人定性的处断,并否决了对《辑注》的引证权,但由此可见,在律例无明文规定时,地方司法机关援私注观点作为定案依据的情况是存在的。

三是律、注两歧时,请求刑部予以解释。[②] 嘉庆二十年,山东巡抚向刑部进一题本,请求对律文进行解释。兖州知府在审理一起斗殴致死人案件中,对同谋共殴的胁从犯所适用律文的准确性,甚无把握。依律,原谋共殴亦有致命重伤,以原谋为首;如致命伤轻,则以殴有致命重伤之人拟抵,原谋仍照律拟流。至乱殴不知先后轻重者,有原谋则坐原谋为首,无原谋则从初斗者为首。依《辑注》:共殴之时一起混打,不知何人下手、致命,若原谋同殴,则以原谋坐抵;若原谋不同殴,则以先动手殴起之人坐抵。这位知府认为,律文与《辑注》实属两歧,但因罪关生死,不敢草率定断。也就是说,在律条与《辑注》有矛盾的情况下,这位知

① 《刑案汇览》(卷三一),"戏杀误杀过失杀伤人",道光二年说贴。
② 《刑案汇览》(卷三十),"斗殴及故杀人",嘉庆二十年案。

府虽未引注弃律,但却表现出对私注观点的尊重,并无法确认律典与《辑注》何者更为权威。刑部的回答是以律文规定为准。

2. 刑部对《辑注》等观点的援用和参考。刑部在司法审判中也在相当大的程度上援用或引证《辑注》等观点作参考,并以私注观点作为回复下级审判机关的依据。

一是援《辑注》等确定律例条文的含义。如龚云瞻挟嫌诬告案。① 龚云瞻充军发配期间,与一同服役的军流减徒犯孙万林和减徒役满流犯朱四一向不和睦,于是捏造情节,诬告朱四纵妻子与孙万林通奸,请求将孙万林递解回原籍。经该省审断,将龚云瞻依"奸赃事情污人名节例"定拟。刑部复核后认为省里定性有误。"查现行例载:假以建言为由挟制官府及将暧昧不明奸赃事情污人名节,报复私仇者,文武官俱革职,军民人等皆发附近充军。"再查:"《笺释》、《辑注》俱云:所谓建言者,宜兼条陈与控告言之。条陈者,惟图己之得利;控告者,希冀人之获罪。怀忿私仇,捏造奸赃不明事情欲以污人名节,巧为报复,其意不在条陈与控告,而是泄私忿……其有捏奸捏赃控告到官,企图拖累或止欲陷人于罪,并无污人名节之心,自当仍循诬告加等本律。若谓一经捏告即系污人名节,正与将暧昧奸情污人名节之例相符。"根据二家解释,刑部将龚云瞻依"诬告加等"本罪拟徒。

二是律例无明文规定,引《辑注》等作为判案依据。刑部湖广司复审梁天兆案。梁天兆殴其婿陈大年,致陈大年畏惧自缢身亡。依律:"若威逼期亲尊长致死者,绞,大功以下,逐减一等。"由于翁婿关系疏远,服属缌麻,并且律未规定翁逼其婿致死条。湖抚依《辑注》对"不应为而为"律条的解释,判梁天兆杖八十的刑罚。刑部湖广司在复审此案时,也查照《辑注》。据《辑注》:"律未规定尊亲属威逼卑亲属致死的原因,是由于后者不得不死。依律中'不应为而为'条,无期亲关系的亲属致卑幼死应受罚。"故湖广司认为,湖抚拟判"系照辑注办理,似可照履"。

三是引《辑注》等观点解释律意、阐发律旨。刑部浙江司复审邱阿三和诱拐卖妇女案。② 邱阿三先与祝李氏通奸,后劝诱二人同逃,出逃后,邱阿三又将祝李氏卖与王正来为妻。其后祝李氏因被本夫经官控告,差人拘拿,羞愧之下自缢身死。浙抚将邱阿三依"和诱为首"律拟斩,并声明:祝李氏应依"背夫在逃"律拟绞,因该氏已死,不再追究。浙江司复审时认为,该抚对祝李氏的处断失当。

① 《刑案汇览》(卷四五),"越诉",嘉庆二十二年说贴。

② 《刑案汇览》(卷二十),"略人略卖人",嘉庆元年说贴。

该司强调,律文虽规定:妻背夫在逃而擅自改嫁,应处以绞监候。但应正确把握“背夫”之意。根据《辑注》的解释:“背夫者,谓非因别事,专为背弃其夫而逃也。律贵诛心,故其法重如和同相诱犯罪。逃走有被诱畏罪之因,即非立意背夫也。”所以,根据《辑注》的观点,“背夫”主观上有背叛其夫的故意,而本案祝李氏的背夫在逃改嫁,是“系由邱阿三诱令同逃所致,正与逃走有被诱畏罪之义相符,自不得与背弃其夫而辄自立意改嫁者并论”。祝李氏理应“照被诱减等拟徒更正”。

3. 刑部对援用私注的两种态度。客观地说,刑部对私注的态度是比较暧昧的,实际上是一种有限制的援用,表明了各取所需的功利倾向。一是刑部对地方司法审判中援用私注观点的限制。本文所举的地方司法审判中援用《辑注》等观点作为审判依据的3个案例,其中两例或被刑部否决,或被驳斥不得引用。如第三例,刑部就兖州知府的关于律文和《辑注》内容两歧,不知引用何者为好的咨文进行驳斥道:“例内既载明有原谋则坐原谋,无原谋则坐初斗之人,系属专条,又何必拘泥于向不引用之《辑注》。况律例系由刑部颁发,《辑注》系坊肆流传,焉能舍官颁而据坊刻,致滋牵混,应令该抚转饬,遇有似此之案,恪遵定例办理。”刑部的答复很明确,例有专条,并且律例由国家颁布,而《辑注》则私下刻印,当然应以律例为准。再如第二例中伊犁将军引《辑注》追收两份赎银之案也遭致刑部类似的驳斥:“《辑注》并非部颁律例,所载远年成案向不准引用”,并且规定,“嗣后办理案件不得引用《辑注》,致滋错误”,甚至例无明文规定时,也不得直接引用《辑注》作依据。

二是刑部对援用私注观点的肯定。本文“刑部对《辑注》等观点的援用和参考中所举之例”,一则证明刑部对地方司法审判中援用私注观点的认可,如梁天兆案;二则证明刑部本身在遇到律义难以明了或律例无专条及律文难以解释的情况下,援用《辑注》等观点或作为断案依据或参考。甚至需要查阅已往律例但现行律例中又未纂入的,也以《辑注》等为参考。如嘉庆三年,刑部浙江司在复审一起盗窃案时,对盗窃再犯是否加杖的问题,因现行律例未规定,故无法确定。于是该司请示刑部尚书,尚书批示:“旧闻有加杖不加杖之说,除律例言明五日一等加枷之外,余俱不加枷也。此说不记出于何条,不可不明,或于《笺释》、《辑注》内一查,已释其疑。”

这种一面明令不许地方司法审判中引用私注观点;另一面又认可律例馆和各司官引用辑注等私注观点作为复审的依据和参考,其矛盾态度说明,刑部作为国家最高审判机关和立法机关,一是在皇帝监督下进行工作的,一般来说,对法条的含意会正确理解而不至于曲解。二是刑部官员作为法律专业人才,其素质和法律知识要比掌管刑名钱谷混合事务的地方官强得多。并且《辑注》、《集注》、《全纂》等私注本都是地方问刑衙门中的幕友之作，不免带有地方性色彩并受个人办案经验及法律素养的局限。三是刑部对私家释注的援用是经过慎重考虑的，是有选择的。并且，他们对什么情况下援用私注，什么情况下摒弃私注把握适度。此外，凡引用私注观点的刑部题本是六部文件，当刑部的答复转发回省时，原件中参考《辑注》等观点的文字部分已被删除。四是刑部限制地方引用私注观点，是担心会产生引注弃律，最终导致法出多门的混乱局面。

从清代私家注律的蔚为大观可以看出，传统注释律学从形成时起，始终在统治者规定的范围内生存和发展，走着服从于国家政治、符合统治阶级利益要求的道路。严格遵循立法者的构思和意图行事，以立法指导思想为注律指导思想，以"实用"为目的，最大限度地使法律条文的含义准确、规范具体，使用法者得以援法为据，量刑准确，被罚者心悦诚服，实现"情法两平"。这就是传统注释律学最大的价值追求。

（1997 年第 5 期）

试论宋代士大夫司法活动中的德性原则与审判艺术

——中国传统法律文化研究之二

陈景良*

两宋士大夫承儒家卫道弘毅之精神,挟道自重,学贵创新,在司法实践中融人文精神于德性原则与审判艺术之中,胸中流淌的是一种忧国忧民的悲愤意识。从此一角度研究宋代法律文化,乃至中国传统法律文化的个性,学界还鲜有人论及,本文对此从以下两个方面略加论说,以补学界研究之不足。

一、德性原则与对孤幼的保护

在西方的法律传统中,“良心原则”曾深深地影响着法制的进程。依此原则,法律不仅可以在学究式的推理中发现,而且可以在立法者或法官的心中求得。① 在中国古代,文化的最大个性莫外乎重礼尚德。古语有言:“君子尊德性而道问学,致广大而尽精微,温故而知新,敦厚以崇礼。”②著名学者唐君毅先生将孔子人文思想的特点概括为重人格。他说,孔子学说的意义是“在周代传下的礼乐仪文之世界的底层,再发现一人之纯‘内心的德性世界’。而孔子以后的儒家,从孟子直到宋明理学,其整个学问的中心不外探索‘德性与人格之如何形成的智慧思想’。”③

只不过到了宋代,“德性”因时代不同而独具特色罢了。申言之,此种特色可作如下概括:其一,士大夫作为司法活动的主体,其在听讼断狱时,固然不可能从根本上脱离中国传统法律文化的窠臼,依然奉行“兴教化、息诉讼”的儒家传统,但毕竟随着时代的发展,单纯的人伦教化已不足以解决现实生活中复杂多变的矛盾与冲突。尤其是剧烈的民族矛盾冲突更使宋之士大夫于审判活动中多了

---

* 作者单位:河南大学法学院。

① [美]伯尔曼著:《法律与宗教》,梁治平译,三联书店1991年版,第76页。

② 《大学·中庸》。

③ 胡伟希著:《传统与人文:对港台新儒家的考察》,中华书局1992年版,第77页。

一层深切的忧患意识。因此,他们于司法中一方面主张“敦亲睦族,教化为先”,另一方面又不把民事纠纷视为“民间细故”,而是十分重视,认真审理。其二,士大夫在审理财产纠纷时,他们对德性原则的把握,其旨趣不再是单纯的兴教化,而是通过对案件的具体审理,推“德性原则”于保护孤幼的财产权利之中,在启迪人的内在自觉性的同时,努力塑造一种既“温厚朴实又聪慧强干”的理想人格。

笔者以《名公书判清明集》卷六《争屋业》中的“叔侄争业”为例,对此略加论说。该案的大意是:盛荣与盛友能为族叔侄。盛荣诉其侄盛友能包占古路,侵占祖墓、强占竹地、桑地共四事;盛友能反诉其叔盛荣私贩糯米。审理此案的法官是吴恕斋。

经审理查证,基本事实是:盛荣所诉盛友能包占古路、侵占祖墓两项为虚。惟强占桑地、竹地两项,吴恕斋认为,官司于此有当考究。经进一步审理,结果是:桑地一事,乃盛荣父文旺先买得文智之产。“绍定年间,盛荣之侄友闻盗卖于友能为业。友能不问来历,不收上手契照,鲁莽交易,宜有今日之讼。至于所争竹地一事,据盛荣执出分书,委系文旺、文贵各得其半。盛荣即文旺之子,友能即文贵之孙,理当盛荣,友能各得一半。”①

此案在宋代司法实践中并非是最复杂的案例,但就是这样一个案例,也有几个要点是大可值得注意的:其一,此案是以叔诉侄,即以尊告卑。其二,此案到吴恕斋审理时,已是从县到府,兴讼数年。这说明,在宋朝,不论是以尊告卑,还是以卑告尊,官府都不会单纯以人伦说教“宁曲其卑,不曲其尊”。否则,盛荣作为友能之叔父绝不会“嚣讼不已”。其三,从诉讼的时间及友能反诉其叔“私贩糯米”来看,当事人的诉讼观念在宋朝是广为流行的,连年兴讼在《清明集》一书中并非个别现象,而且官府受理此案非常认真,非敢以“民间细故”视之。其四,判决的结果是在查明事实的基础上,依据法律和社会实际而作的,并非不保护卑者的财产权。以本案为例,吴恕斋判道:

盛荣与友能为族叔侄,居止相近,安有绍定二年卖过此产,而不知之理?况友能自得此地,筑屋其上,种竹成林,已十四五年,而盛荣始有词讼,何邪?在法:诸同居卑幼私辄典卖田地,在五年内者,听尊长理诉。又诸祖父母、父母已亡,而典卖众分田地,私辄费用者,准分法追还。令原典卖人还价,即满十年者免追,止偿其价。揆之条法,酌之人情,历年既深,在盛荣只合得价,不应得产。欲贴县,

① 《名公书判清明集》(卷六),《叔侄争》(上册),第189~190页。

监友闻先卖契字，仍给还友能管业。外所争竹地一段，据盛荣执出分书，委系文旺、文贵各得其半，盛荣即文旺之子，友能即文贵之孙，今友能乃全有之，别无片纸干照，必是影带包占，此盛荣所以反复嚣讼不已也。欲并贴委官，照分书将上件竹地标钉界至，作两分管业，庶几予夺各得其当。如盛荣再健讼，照已判断施行。①

《清明集》一书中，胡石壁的判词最多，他向以兴教化为宗旨，所谓“宗族之间，最要和睦”。这说明胡石壁十分注意在审理案件过程中通过“德性原则”来塑造理想的人格。但有趣的是，这并不妨碍他对孤幼财产权利的保护。让我们试以胡石壁所判“叔父谋吞并幼侄财产”为例，略加申说。

该案的大意是：李细二十三（人名）为李文孜之叔父。李文孜年幼，其父母双亡。李文孜父母在生前曾收养李细二十三的儿子李少二十一为养子，但李少二十一不孝，致其养父母家破人亡。现李细二十三父子合谋吞并李文孜父母家产，遂引起官府的重视。

胡石壁判道：

李文孜蕞尔童稚，怙恃俱亡，行道之人，所供怜悯。李细二十三为其叔父，非特略无矜恤之心，又且肆其吞噬之志，以己之子为兄之子，据其田业，毁其室庐、服食、器用之资，雉、豚、狗之畜，毫发丝粟，莫不奄而有之。遂使兄嫂之丧，暴露不得葬，孤遗之侄，逃遁而无所归。其灭绝天理，亦甚矣！纵使其子果是兄嫂生前所养，其在法：所养子孙破荡家产，不能侍养，实有显过，官司审验得实，即听遣还。今其不孝不友如此，其过岂止于破荡家产与不侍养而已，在官司亦当断之以义，遣逐归宗。况初来，既无本属申牒除附之可凭，而官司验其父子前后之词，反复不已。又有如主簿之所申者，上则罔冒官司，下则欺虐孤幼，其罪已不可逃，而又敢恃其强悍，结集仇党，恐喝于主簿体究之时，劫夺于巡检拘收之后，捍拒于弓手追捕之际，何以诘暴！准敕：诸身死有财产者，男女孤幼，厢耆，邻人不申官抄籍者，杖八十，因致侵欺规隐者，加二等。厢邻不申，尚且如此，况叔侄乎？因致侵欺，尚且如此，况吞并乎？又敕：诸路州县官而咆哮凌忽者，杖一百。凌忽尚且如此，况夺囚乎？又律：诸斗以兵刃射人，不着者杖一百。射平人尚且如此，况拒州县所使者乎？合是数罪，委难末减，但子听于父者也。李少二十一岂知子从父令之为非孝。原情定罪，李细二十三为重，李少二十一为轻，李细二十三决脊杖

① 《名公书判清明集》（卷六），《叔侄争》（上册），第190～191页。

十五，编管五百里，李少二十一勘杖一百，押归本生父家，仍枷项，监还所夺去李文孜财物、契书等。李文孜年齿尚幼，若使归乡，必不能自立于群凶之中，而刘宗汉又是外人，亦难类似托孤之任，此事颇费区处，当职昨唤李文孜至案前，问其家事，应对粗有伦叙，虽曰有以授之，然亦见其胸中非顽幂灵者，合送府学委请，老成士友，俾之随分教导，并视其衣服饮食，加意以长育之，其一户产业并从官司检校，逐年加租课，府学钱粮，官与之拘榷，以充束修服食之费，有余则附籍收管，候成丁日给还。①

就本案来说，胡石壁对孤幼的保护有以下几点：首先，以律、敕为据，惩罚了李氏父子。其次，斟酌情理（如李文孜年幼），送李文孜去府学就读，并派“一老成士友，俾之随分教导并视其衣服饮食，加意以长育之”。再次，责令李少二十一返还所夺李文孜财物、契书等。最后，李文孜一户产业，并从官司检校，候成丁日（指李文孜长大成人）给还。“检校”是宋代设立的一项保护孤幼子女合法权益的制度。史称，所谓“检校者，盖身亡男孤幼，责付亲戚可托者抚养，待及格，官尽给还”。② 不言“权利”而从儒家“矜老怜幼”的仁爱意识出发，融“德性原则”于保护孤幼的司法实践中，这既是宋代士大夫和西方职业法学家的最大不同之处，也是两宋司法活动中普遍存在的现象，胡石壁只不过是个典型代表而已。

二、德性原则与审判艺术

这里所说的审判艺术，不单纯指自西周以来盛行于中国古代司法实践中的，以察言观色为旨趣的“五听”审理方式，而是指在注意当事人心理活动的基础上，既要查明事实，依法判决，这是司法的前提，又要参酌案件的实际情况，以诗歌、故事、比喻入判，启发当事人的内心自觉性，从而达到天理、国法、人情互为圆融的“和谐”境界，塑造中国文化浸润下特有的理想人格。

在《清明集》中，真德秀所写的《谕州县官僚》一文，是该书的总纲。就文中倡导的“以四事勉同僚”而言，可知“德性原则”体现在司法活动中绝非仅仅是“敦亲睦族，教化为先”，它同时还有着时代的内涵。申言之，它至少包含有下列两层意思：

---

① 《名公书判清明集》（卷八），《叔父谋吞并幼侄财产》，第285～286页。

② 同上，《检校》，第228页。

第一,天理、国法、人情皆有所指,并非是法官以己之喜怒而参与其间。就"天理"而言:一是为官要廉。所谓"廉者,士之美节;污者,士之丑行"。[①] 二是从事司法活动,应以"哀矜恻怛为心,而以残忍、掊克为戒"。[②] 三是"是非分明。"所谓"是非不可易者,天理也"。[③] 再说"国法"。士大夫在司法活动中,至少要有这样的观念:国法指的就是朝廷的法令,执行法令一定要出于公心。真德秀说:"公事在官,是非有理,轻重法有,不可以己私而拂公理,亦不可执公法以循人情。"

至于人情,并非是说法官可以据此上下其手,以快己私,而是指在审理婚姻、财产、田土的诉讼纠纷时:其一,注重诉讼双方的关系,是否亲戚、邻居、故友等。其二,指案件之中当事人的实际情况,如是否孤幼,是否典卖房屋而不离业等。其三,适当保护或照顾孤幼的利益。

第二,天理、国法、人情互为圆融的审判艺术。在案件的审理过程中,国法强调审理案件的客观性、执法的公平性;天理旨在强调审案是非分明,恰如其分。人情要求司法官员权衡实际,灵活断案。三者都与司法官员的"德性原则"密切相关,处理好三者之间的关系并不容易,它需要一定的审判艺术。我们通过案例来看宋代士大夫对这个问题的处理。

案例一。《受人隐寄财产自辄出卖》。判者:翁浩堂。

该案的大意是:江山县临江乡吕千五诉称:詹德兴卖给毛监丞宅的土名坑南、牛车头、长町丘等田,本是盗卖,该田是吕的家业。

而当事人则称:毛监丞宅买田有淳熙十六年及绍熙五年詹德兴买田之契约两件,证明詹德兴所卖之田属于自己所有,买卖合法,又有"嘉熙四年产簿一扇,具载上件四段,亦作詹德兴置立,不可谓非詹德兴之业也"。[④]

但吕千五又称:该田本是吕家所有,嘉定十二年寄于詹德兴家,且有詹德兴典该田于吕德显(业主)之契约。

经查证,事实是:该田确为吕千五家所有,之所以出现上述矛盾,是因为吕千五父(吕德显)为逃避差役,故意将田产隐寄于亲戚詹德兴家。詹德兴趁机自卖以邀利,致使事情败露,遂兴争田之讼。

吕千五父所为,在宋代称为"诡名挟户",又称"诡户",是宋代社会中常见的现象。所谓诡户,可分为"诡名子产"和"诡名挟佃"两类。前者指一户虚立几户

---

① 《名公书判清明集》(卷一),《谕州县官僚》,第5页。
② 同上,第6页。
③ 同上。
④ 《名公书判清理集》(卷五),《受人隐寄财产自辄出卖》,第136页。

乃至几十户户名，以便降低户等，冒充下户，规避上户承担的某些税役。吕家所为，显是后者，即“诡名挟佃”。就是将田产隐寄于官户、形势户，冒充客户，规避主户承担的某些税役。

就本案来说，吕千五、詹德兴显然皆有过错。只有毛监丞宅不知情，作为买者，他是无辜的。该怎样处理天理、国法、人情之间的关系呢？审理此案的翁浩堂是这样判决的：

在法：诸诈匿减免等第或科配者，以违制论。注谓以财产隐寄，中假借户名，及立“诡名挟户”之类，如吕千五所为，正谓之隐寄、假借。既立产簿，作为县户，却又兜收詹德兴典契在手，赋役及己，则有产簿之可推，户名借人，又有典契之可据。其欺公罔私，罪莫大焉。今智术既穷，乃被詹德兴执契薄为凭而出卖，官司既知其诈，而索以还之，是赏奸也，此吕千五之必不可复业也。詹德兴系吕千五之嫡亲，故受其寄，及亲谊一伤，则视他人之物为己有，不能经官陈首，而遽自卖之。在法：即知情受寄，诈匿财产者，杖一百。詹德兴受吕千五户之寄产，自应科罪，官司既知其伪，而遂以与之，是诲盗也。此詹德兴之必不可得业也。西安赋税陷失，科配不行，邑号难为者，皆因乡民变寄田产所致。当职或因索干照而见，或阅版籍而知，未能一一裁之以法，亦未见有寄主与受寄人如是之纷争也。上件因酌以人情，参以法意，吕、詹二家俱不当有。毛监丞宅买，本不知情。今既管佃，台从本县给据，与之理正。两家虚伪契簿，并与毁抹附案，詹德兴卖过钱，追充本县及丞厅起造，牒县丞拘监。詹德兴已死，吕千五经赦，以免科罪，詹元三留监，余人放。①

就本案来说，翁浩堂判词中的“酌以人情”含义有二；其一，指吕千五、詹德兴皆有过错这一事实，吕氏规避差役，詹德兴则趁机自卖，二人皆应受法律处罚。其二，毛监丞宅作为不知情者，在买田交易中是无辜的，且已管典多年，理应得到保护。显然，这里“人情”是指案件的实际情况，而非飘忽不定的法官之喜怒。

再就翁浩堂的判决来说，“酌以人情，参以法意”，使所争之田吕、詹二家皆不得有。唯有对无辜者—毛监丞宅则“本县给据，合从理正”。应该说，这是至为公允的。

案例二。《孤女赎父田》。判者：吴恕斋。

该案的大意是：俞百六娘及夫陈应龙诉戴士壬，要求赎回其父俞梁典出的田

① 《名公书判清明集》（卷五），《受人隐寄财产辄自出卖》，第136～137页。

九亩三步。但据戴士壬称,该田已于绍定二年买得,价钱是四十五贯。也就是说,案中所诉田地,先由戴士壬以八十七贯典得,后又以四十五贯的差价买断。

经查,事实是:戴士壬所执田契,典契是真,买契是伪。如此,该田理应由俞百六娘夫妇照契取赎。判决并不难作出。

但是法官吴恕斋并没有简单判决,认为仍有"当参酌人情者"。其一,俞百六娘夫妇赎田当念"士壬培壅之功"(即指对土地的投资);其二,"开禧田价,律今倍有所增;开禧会价,较今不无所损。"故俞百六娘夫妇赎田应以官会还戴士壬。

考虑到上述因素,吴恕斋的判词是这样写的:

今索到戴士壬原理典卖俞梁田契,唤上书铺,当厅辨验,典于开禧,卖于绍定,俞梁收押,汹出两手,笔迹显然。典契是真,卖契是伪,三尺童子不可欺也。作伪心劳,手足俱露,又有可让者,俞百六娘诉取赎于嘉熙二年二月,而士壬乃旋印契于嘉熙三年十二月,又尝于嘉熙三年三月内,将钱说诱应龙立契断卖四亩,以俞百六娘不从,而从牙保人骆元圭者,尝献其钱于官,使其委增断买,契字真实。何必再令应龙立断卖契,又保为旋投印卖契于俞百六娘有词一年之后耶?此其因阿俞有词取赎,旋选伪契,以为欺罔错赖之计,益不容掩。切原士壬之心,自得此田,历年已深,盖已认为己物,一旦退赎于业主之婿,有所不甘,故出此计。照得诸妇人随嫁资及承户绝财产,并同夫为主。准令:户绝财产尽给在室诸女,而归宗女减半。今俞梁身后既别无男女,仅有俞百六娘一人在家,坐当招应龙为夫。此外,又别无财产。此田合听俞百六娘夫妇照典契取,庶合理法,所有假伪卖契,当官毁抹。但应龙既欲取赎此田,当念士壬培壅之功,盖已年深,亦有当参酌人情者。开禧田价,律今倍有所增;开禧会价,较今不无所损。观应龙为人,破落浇浮,亦岂真有钱赎田,必有一等欲炙之徒资给之,所以兴连年之讼。欲监陈应龙当官备十八界官会八十七贯,还戴士壬,却与给还一宗契字照业。俞梁既别无子孙,仰以续祭祀者惟俞百六娘而已,赎回此田,所当永远存留,充岁时祭祀之用,责状在官,不许卖与外人。如应龙辄敢出卖,许士壬陈首,即与拘籍入官,庶可存继绝之美意,又可杜应龙贱赎贵卖之私谋,士壬愤嫉之心,亦少平矣![1]

通过以上案例的分析,可见宋之士大夫判词中的"人情"均指案情而言。"参以人情",就是在调查研究的基础上,明辨是非,依据法律灵活判决。对它的

① 《名公书判清明集》(卷九),《孤女赎父母》,第315~316页。

把握,须以人证、物证为基础,以法律为依据,这是宋之士大夫特有的审判技巧。

在宋代的司法实践中,士大夫从关心民生疾苦的角度出发,一方面对现实采取强烈的批判态度,另一方面又以其卫道的职业精神和实用的态度认真对待因婚姻、田土、财产而发生的诉讼纠纷,亲临田边、墓地、池塘作实地查验,以求获得第一手资料。宋人郑克曾说:“旁求证佐,或有伪也;直取证验,斯为实也。”①胡石壁则说:“大凡官厅财物色加之讼,考察虚实,则凭文书,剖判曲直,则依条法。”②

从这种认识出发,士大夫作为司法官员在审理案件时对书证(包括各种契据、图册、账簿、定亲贴子、族谱、遗嘱等)、证人证言、检验结论(书铺所作鉴定文书真伪的报告)、勘验笔录(即司法官员或所派人员到双方当事人所争田、坟墓等现场勘验结果的报告)等格外重视,并在判定书证真伪上积累了大量的经验。以诗歌、故事、比喻入判,以法律为据,兴教化于美学之中。以崇尚德礼为原则,中国传统法律文化向以“明刑弼教”为先。孔子有言“不教而杀谓之虐。”③然而,如何寓教化于司法实践活动中,中国古代各封建王朝则因时代不同而各具特色。就宋而言,以诗歌、故事入判,以比喻为技巧,以法律为依据,兴教化与美学之中则是两宋士大夫判案的最大特色。

《清明集》卷六载一案例,名为《谋诈屋业》。说的是涂适道谋诈其师陈国瑞屋业一事,该案的大意是:陈国瑞本是涂适道之师,涂自小随陈读书。陈无房屋,于嘉定十三年租赁沈宗鲁等书院三间房屋而居。7年之后,沈宗鲁将上件屋一间半,就典与陈国瑞,并立契云:所典屋与基地系陈学谕在内居住。继之后,沈崇也于宝庆三年冬将上件屋一间半典与陈国瑞。“契也云,其屋原系陈学谕居住,所有房门板障,乃陈学谕自己之物。”陈国瑞从赁至典,甚合条法。不料,后来沈崇竟重叠交易,又把典给陈国瑞的一间半房屋与沈权作了交易,沈权又把此屋典给了涂适道。涂便趁机觊觎此屋业,不仅要赎回沈宗鲁、沈崇典给陈国瑞的房屋,而且还指示楚汝贤等人“阳与和对,阴行倾陷”。诱陈国瑞交出契书,并强迫陈签约领钱。

此案的结果,当然是涂适道阴谋败露,受勘杖八十的处罚。我们的关注点不在于判决的结果,而在法官叶岩峰的判词韵味上。叶以生花之笔写道:“尝读杜甫诗曰‘安得广厦千万间,大庇天下寒士俱欢颜’。使涂适道观此诗,将愧死无

① 《折狱龟鉴》(卷六),《证慝》,“程颢辨钱”。

② 《名公书判清明集》(卷九),《户婚门质库利息与私债不同判》。

③ 《论语·尧曰》。

地矣。涂适道,庸妄人也,固不责其庇寒士,不夺其师所居之屋足矣……涂适道操心不仁,见利忘义,莫甚于此。涂不合悖慢师道,妄吝屋业,并合勘杖八十。"①

在这种饶有趣味的判词里,字里行间漾溢着法官的人文主义情愫,如对涂适道悖逆师道的批判,对八十老人身遭不幸的同情等。诗歌的引用则使教化之主旨寓于美学趣味之中。

不仅如此,在士大夫的判词中,还有不少引用故事、借用音乐之器乃至花鸟来比喻兄弟之情、人伦之爱的事例,以融教化于天理、人情、国法之中。② 对宋代士大夫来说,处理好一件婚姻、田土、财产纠纷,并不是一件轻松的事。如何摆正天理、国法、人情之间的关系,这便是一项艺术。法律是断案的依据,它体现着客观、公平,故执法应严明。但严明不等于苛刻,更不是照搬法条。对此郑克解释说:"夫所谓严明者,谨持法理深察人情也。悉夺与儿,此之谓法理;三分与婿,此之谓人情。武(人名)以严断者,婿不如约与儿剑也;咏之明断者,婿请如约与儿财也。虽小异而大同,是皆严明之政也。"③

两宋时期,士大夫融"德性原则"于司法实践之中,他们怀着强烈的忧患意识,批判现实,关心人生与民间疾苦。在处理天理、国法、人情三者之间的关系时,既从法律判决是非,《清明集》一书中诸多"在法"、"准律"、"依敕"等语便是明证;同时又要不伤物情,不害事体,这是天理;然后亲临现场勘验、调查,获得一手资料后,据案情实际,作出判决,这是"参酌人情",如判词中既倡以和睦,寓教化于审美趣味之中,又要注意保护卑幼的财产权利,这不能不说是宋人在司法活动中特有的创新意识与审判技艺,对此,我们在研究中国传统法律文化时应格外予以关注。

(1997年第6期)

① 《名公书判清明集》(卷六),《谋诈屋业》,第192~194页。

② 如许多判词把兄弟人伦之爱比作"鸟中鹡鸰"、"棠棣之华",等等。见《名公书判清明集》,第375页、367页。

③ 《折狱龟鉴译注》,刘俊文译注点校,上海古籍出版社1988年版,第462页。

先秦法哲学论考

何勤华*

先秦时期,是中国古代法哲学形成、发展和繁荣时期,儒家、法家、墨家以及道家等学派,都从不同的侧面、不同的立场对法的起源、法的本质、法的作用以及法与其他社会现象的关系等作了系统探讨,形成了百花齐放、百家争鸣的繁荣景象。本文试图对先秦时期法哲学的主要内容、基本特征及其形成原因,以及其对中国古代法学发展的影响作些探索。

一

先秦时期,中国古代法哲学的内容是非常丰富的。首先,什么是法?商鞅回答:"法令者民之命也,为治之本也,所以备民也。""法者君臣之所共操也。"①这是说,法律是统治人民、防止人民犯罪、管理国家的基本手段。韩非指出,"法者,编著之图籍、设之于官府而布之于百姓者也。""法者,王之本也。"②这是说,法律是编写进图书中、设置在官府里、公布到民众中去的治理国家的重要工具,是君主称王天下的基础。以管仲为首的齐国法家也对法作出了详细的解释:"尺寸也、绳墨也、规矩也、衡石也、斗斛也、角量也,谓之法。"③"法者,天下之至道也,圣君之实用也。""法者,上之所以一民使下也。"④"法者天下之仪也,所以决疑而明是非也,百姓所悬命也。"⑤应当说,在两千多年前的古代,法家学派能对法作出这么清楚、明确的说明,是很不简单的。

除法家之外,墨家学派和儒家学派中的荀子等,也对法作出了阐述。⑥

---

* 作者单位:华东政法学院(现华东政法大学)。

① 《商君书·定分》;《商君书·修权》。

② 《韩非子·难三》;《韩非子·心度》。

③ 《管子·七法·经言六》。

④ 《管子·任法·区言一》。

⑤ 《管子·禁藏·杂篇四》。

⑥ 如墨家认为:"法,所若而然也"(《墨子·经上》);荀子指出:"法者,治之端也"(《荀子·君道》)。只是,墨家在这里阐述的法的定义,比荀子和法家学派的要广泛得多,它事实上是指顺从自然界的规律行事。

在对法的定义作出解释的基础上，先秦思想家又对法与平等、法与公正、法的公开性和稳定性等作了阐述。所谓“法不阿贵，绳不挠曲”，“刑过不避大臣，赏善不遗匹夫。”[①]说的是法家关于不管是贵族，还是平民百姓，在法（刑）的适用上一律平等的主张；所谓“同罪异罚，非刑也”。[②]“为政者不赏私劳，不罚私怨。”[③]表达了儒家学派关于平等、公正运用法律和刑罚的思想；所谓“不党父兄，不偏富贵，不嬖颜色。贤者，举而上之，富而贵之，以为官长；不肖者，抑而废之，贫而贱之，以为徒役”。[④] 要求“赏必当贤，罚必当暴”的观点，也体现了墨家学派关于法的平等、公正的主张。而商鞅关于“诸官吏及民有问法令之所谓也于主法令之吏，皆各以其故所欲问之法令明告之”。以及“国贵少变”，[⑤]儒家学派的“出令不信，刑政放纷，动不顺时，民无据依，不知所力，各有离心。上失其民，作则不济，求则不获，其何以能乐？”[⑥]则分别表述了法的公开性和法的稳定性对于治理国家的重要意义。

当然，法家强调法的平等、公正、公开，目的都在于维护君主的绝对权威，巩固君主的专制统治。因为，法家眼里的法、刑，都是君主的产物，除君主以外的全体臣民都必须严格执行。“壹刑者，刑无等级，自卿相将军以至大夫庶人，有不从王令、犯国禁、乱上制者，罪死不赦。”[⑦]所以，法家对于法的平等性、公正性、公开性和稳定性等的强调，事实上是对君主神圣权力的强调。这是法家关于法的理论的本质特征。与法家相连，墨家学派也是君主专制制度的鼓吹者，所以墨子关于法的平等、公正的阐述，在本质上与法家的理论是一致的。而儒家学派历来主张君君、臣臣、父父、子子，等差有别的等级制度，在法律方面也不例外，故儒家在这里提出的关于适用法律和刑罚方面的平等要求，事实上在于强调奴隶主贵族上层统治阶级内部的既定秩序和安定局面，其目的也是维护奴隶主阶级的根本利益。

其次，关于法的作用。与法的本质相联系，先秦思想家对法的作用、功能也作了探讨。归纳各家的言论，关于法律的作用、功能主要体现在四个方面。(1)“定分止争”。法家认为，人们之间之所以会发生争斗，就是名分未定。商鞅举例说：“一兔走，百人逐之，非以兔可分以为百也，由名分之未定也。夫卖兔者

① 《韩非子·有度》。
② 《左传·僖公二十八年》。
③ 《左传·昭公五年》。
④ 《墨子·尚贤中》。
⑤ 《商君书·定分》;《商君书·去强》。
⑥ 《国语·周语下·单穆公谏景王铸大钟》。
⑦ 《商君书·赏刑》。

满市，而盗不敢取，由名分已定也。”[①]因此，法律的首要功能就是确定名分，禁止人们争夺。(2)“律度权量”。认为法是一种规范、调整人们行为的尺度、准绳、规则。前述《管子》书中关于法的定义，充分体现了这一点。(3)“兴功禁暴”。这里，“兴功”，主要指富国强兵。如韩非所言：“国无常强，无常弱。奉法者强，则国强；奉法者弱，则国弱。”[②]“禁暴”，是指压迫被统治阶级，使其不要反抗。“凡刑人之本，禁暴恶恶，且征(惩)其未也。”[③]“昔之能制天下者，必先制其民者也……民本，法也。故善治者塞民以法。”[④](4)“役民使齐”。对于君王而言，法更是一种役使臣民、使其行为划一的工具。荀子指出：“由士以上则必以礼乐节之，众庶百姓则必以法数制之。”[⑤]齐国法家指出：“夫法者，上之所以一民使下也。”“不明于法，而欲治民一众，犹左书而右息之。”[⑥]韩非也认为：“夫圣人之治国，不恃人之为吾善也，而用其不得为非也。恃人之为吾善也，境内不什数；用人不得为非，一国可使齐。为治者用众而舍寡，故不务德而务法。”[⑦]

再次，关于法的进化理论。与法的起源理论相联系，先秦时代的思想家已经认识到了法一旦形成后也不是一成不变的，它仍在发展，处在不断进化的过程中。商鞅指出：以往有作为的政治家，都是“各当时而立法，因事而制礼。礼法以时而定。制令各顺其宜”。故“治世不一道。便国不必法古”。[⑧] 韩非也指出：“治民无常，唯治为法。法与时转则治，治与世宜则有功……故圣人之治民也，法与时移而禁与能变。”[⑨]而《吕氏春秋·慎大览·察今》则总结各家观点，进一步提出了法律进化论的四点根据：(1)先王之法不可得；(2)古今“言异而典殊”，很难掌握古法的真义；(3)先王之法是当时社会的产物，现在情况已经变化，所以古法不可效法；(4)今人完全有权力依今日之情况而立今法。“世易时移，变法宜矣。”

法的进化理论，不仅仅是法家的主张，儒家后学和道家也有类似的观点。如荀子明确提出了“法后王”的主张：“欲观圣王之迹，则于其粲然者矣，后王是也。彼后王者，天下之君也，舍后王而道上古，譬之是犹舍己之君而事人之君也。”[⑩]

---

① 《商君书·定分》。
② 《韩非子·有度》。
③ 《荀子·正论》。
④ 《商君书·画策》。
⑤ 《荀子·富国》。
⑥ 《管子·任法》；《管子·七法》。
⑦ 《韩非子·显学》。
⑧ 《商君书·更法》。
⑨ 《韩非子·心度》。
⑩ 《荀子·非相》。

道家学派的“天下万物生于有,有生于无”等,①也表述了相同的观念。而记录道家、儒家思想比较完整的《淮南子》一书更明确指出:“先王之制,不宜则废之;末世之事,善则著之。”“天下岂有常法哉!当于世事,得于人理,顺于天地,祥于鬼神,则可以正治矣。”②

提出进化论的理论,表明了先秦思想家对法的发展规律有了一定程度的认识,也是当时社会变革、统治者需要解决新问题的现实要求对思想家的感召。应当说,这是中国古代法哲学中一笔宝贵的文化遗产。在对法本身的内涵、功能、发展等问题作出阐述的同时,先秦思想家还对法的起源、法与其他社会现象如经济、政治、道德等的关系作了探索。

二

从上面先秦思想家所述法哲学的理论来看,其具有一些不同于其他古代国家的基本特征。

首先,先秦法哲学在本质上是一种伦理哲学。这一点在儒家学派的观点中表述得最为充分。比如,他们认为,忠孝人伦等宗法家族伦理是大经大法,是规范人们行为的基本准则。“有天地然后有万物,有万物然后有男女,有男女然后有夫妇,有夫妇然后有父子,有父子然后有君臣,有君臣然后有上下,有上下然后礼义有所错(措)。”③这种宗法家族伦理是法的基本渊源。因此,法的目的仅仅是贯彻、实现宗法家族伦理。在这种宗法家族伦理之下,法的价值不在于个人,而是家族。“人必须将自己置于一个永远延续着的家族生命的过程之中,为父祖的香火而生存。因此,对他而言,必须记录下父祖生活的足迹的善与恶,并原封不动地依此作为生活的指针。过去父祖的善言善行,成为应当遵守的法;而失败的事例,则成为不应该再犯的规则(法)。”④这种宗法家族伦理,决定了法的性质、价值、精神和目的,从而使道德功能扩张到社会其他各个领域,包括法的领域,如《周礼》明确提出了用六种“德”(知、仁、圣、义、忠、和)和六种“行”(孝、友、睦、姻、任、恤)来教育民众,规范、纠正他们的行为。⑤ 而这种泛道德的终极目的,是要通过道德的内在修养功能,来达到规范人们的行为,淳化社会风俗,达

① 《道德经》第四十章。
② 《淮南子·汜论》。
③ 《周易·序卦》。
④ [日]滋贺秀三主编:《中国法制史基本资料的研究》,东京大学出版会1993年版,第84页。
⑤ 《周礼·地官司徒》。

到社会和谐的目的。

其次,先秦法哲学在本质上也是一种刑法哲学。这主要表现在三个方面。

第一,在当时人们的思想观念中,法与刑是同一种东西,都是统治阶级强加给民众的绝对命令和惩罚手段。[①]《尔雅·释诂》称"刑,法也"。人们一讲到法律处理,首先想到的就是用刑。商鞅明确指出:"行罚而民不敢怨者,法也。"[②]韩非也说:"凡所治者,刑罚也。""罚,所以禁也;民畏所以禁,则国治矣。"[③]在这种观念之下,人们对法的看法,事实上也就是对刑的看法,法的哲学也变成了刑法哲学或刑罚哲学。

第二,在上述观念下,本来由法律来处理的事情,现在全部都由刑罚来解决。本来,在先秦思想家那里,就一直强调用道德和法律两手来治理国家,驾驭臣民。当道德手段不能解决问题,就动用法律工具。而现在,在法和刑混同的现实条件下,道德不能解决的问题就当然地全部诉诸刑罚手段。先秦时代的泛道德主义就演变成为泛刑罚主义。在处理社会矛盾、民事纠纷和家庭关系等问题时,本来应当依靠民事法律、行政法律等手段,现在全都变成动用赤裸裸的刑罚。秦代法制的实践是最好的例证。

第三,与上述两点相联系,先秦思想家进一步提出了"以刑去刑"、"以重刑刑轻罪"的主张,认为用刑罚可以达到一个完善的社会。如同商鞅和韩非所言:"以刑去刑,国治。以刑致刑,国乱。故曰:行刑重轻,刑去事成,国强;重重而轻轻,刑至事生,国削。刑生力,力生强,强生威,威生惠。"[④]"行刑,重其轻者,轻者不至,重者不来,此谓以刑去刑。""故明王峭其法而严其刑也。"[⑤]

最后,先秦法哲学在本质上还是一种政治哲学。法律和政治密不可分,抑或说法律是政治的一个组成部分,这都是可以的。因此,说法哲学具有政治哲学的性质,并非不可理解。问题是在先秦思想家那里,法被视为纯粹的镇压民众的工具,和术、势一起,成为维护君主独裁的手段,而忽视或否定法的其他诸项功能,这是一个只有中国古代社会才有的特色。先秦法哲学同时也是政治哲学,集中

---

① 胡适对此有不同看法。他认为,中国古时有两个法字。一个作"亼",从亼从正,是模范之法。一个作"法",是刑罚之法。在这两个法字中,后者是从苗民输入中国本部的,比前者要晚。至《尹文子》时,对法的解释已有四个含义:不变之法;齐俗之法;治众之法;平准之法。"法即刑"的观念事实上只取了法的第三种含义,只是战国法理学家的主张。参见胡适著:《中国哲学史大纲》,东方出版社 1996 年版,第 324 ~327 页。

② 《商君书·画策》。

③ 《韩非子·八经》。

④ 《商君书·去强》。

⑤ 《韩非子·五蠹》。

体现在韩非的法、术、势相结合的理论之中。

韩非认为,法律虽然是治理国家的重要工具,但它只能富国强兵,却不能保住君主的权力。因此,要维护君主的专制统治,还必须有"术"和"势",只有法、术、势三者结合,才能充分发挥法的效用。这里,"术"是指君主自己掌握的、不可以泄露给他人的、控制和驾驭臣下的手段,其内涵大体包括:(1)多设耳目监视臣下;(2)权势不可以假人;(3)深藏不露;(4)把人当成坏蛋;(5)毁坏一切伦理价值;(6)励行愚民政策;(7)罚须严峻、赏须审慎;(8)遇必要时不择手段。[①] 而"势",则是君主所拥有的权力、威势,主要为赏罚二柄,亦只为君主独占。[②] 韩非认为,君主只有内藏术、外恃法(刑)、背托势,才能牢牢把住权力,左右臣下的命运。

从上述韩非的理论中,可以清楚地看到,法哲学在韩非那里,完全成为一种政治哲学,权术哲学,专制统治哲学。这种哲学事实上还不是韩非个人的,它前有老子、墨子、慎到和申不害等人的发微,后有秦汉统治者的发扬光大,从而成为中国古代法哲学的一个基本传统。[③]

当然,上述先秦法哲学本质特征的三个方面,并不是毫无关联的,而是有着内在的紧密的联系。第一,伦理哲学与刑罚哲学在本质上是相通的,道德是要使人们趋善,安分守己,不要犯罪,而刑罚是帮助教化的,"刑期于无刑",因此,道德和刑罚的目标完全一致。第二,伦理哲学与政治哲学也是相通的。这一点从儒家学派宣扬的"内圣外王"中可以看得很清楚。《大学》明确指出:"格物、致知、正心、诚意、修身、齐家、治国、平天下。"在儒家学派的观念中,道德的力量是巨大的,人们通过道德修养,可以达到内心的完美;而内心的完美,就可以使人们在家庭中安分守己,使家庭成为一个和谐的集体;家庭和谐了,就可以外出事奉官长,忠于君王了。这样,整个国家(在中国的宗法体制下,国家本身就是家庭的扩大)就成为一个秩序井然、无争无讼的协调一致的社会。这里,伦理哲学与政治哲学完善地结合在一起,而法的作用,也在内化为道德外化为政治的过程中与其融为一体。第三,在先秦思想家那里,用法就是用刑,而用刑又是政治的表现。"法令,所以为治也","故明主之道:一法而不求智,固术而不慕信。故法不

---

① 郭沫若著:《十批判书》,东方出版社1996年版,第370页。

② 郝铁川:"韩非子论法与君权",载《法学研究》1987年第4期。

③ 如西汉刘安主持编纂的《淮南子》一书就宣称:"权势者,人主之车舆;爵禄者,人臣之辔衔也。是故人主处权势之要而持爵禄之柄,审缓急之度而适取予之节,是以天下尽力而不倦"(《主术篇》);君王统治国家,"事有可行而不可言者,有可言而不可行者,有易为而难成者,有难成而易败者。所谓可行而不可言者,趋舍也;可言而不可行者,伪诈也;易为而难成者,事也;难成而易败者,名也。此四策也,圣人之所独见而留意也"(《氾论篇》)。这些思想,可以说已深得韩非术治的真谛了。

败，而群官无奸诈矣。”①因此，刑罚再严酷，目的都在于维护一个无讼无争、尊卑有序的和谐社会，而这又是道德和政治的要求。因此，法哲学同时就是刑法哲学、伦理哲学和政治哲学，它们在本质上具有一致性。

三

先秦法哲学所具有的上述本质特征，是当时社会发展和变革的现实要求的反映。

春秋战国时期，是我国奴隶制社会解体、封建制社会形成时期。由于生产力的发达，农业生产水平的提高，商品经济的发展，使得当时社会可以供养一个脱离生产的阶层。各国执政者所豢养的士，孔、孟、墨等的人数众多的弟子，表明了当时已存在一个庞大的知识分子群体。但当时有作为的知识分子，无论是个人还是群体，事实上都依附于某个阶级或某种势力，他们所表达的思想，在一定程度上都是当时某一阶级或阶层或集团的利益、要求的反映。早期儒家学派主张维持奴隶制的等级秩序，强调用西周的道德礼乐来教化人民，用刑罚手段来规范人们的行为，希望有一个强有力的政府（君王）来约束那些以下犯上的乱臣贼子。墨家的尚同主张和道家的消极无为、君主南面之术等，也是对当时战乱社会的不满和对统一国家的向往。而法家的严刑峻法主张和法、术、势相结合理论，则是当时新兴的地主阶级巩固其既得利益和统治地位的现实政治要求。

春秋战国时代，中国的法律文明已达到相当程度。夏、商时代形成的法（刑），此时也已非常发达、系统，《法经》的出现就是明证。但是，由于中国古代法是随着部族征战而形成这一特殊现实，由于战国时代部族征战不仅没有停止而且愈演愈烈，规模也更为扩大，由于在奴隶制的宗法血缘家族和国家之间的直接联系衰落后，又形成了封建制的宗法血缘家族与国家的间接联系，即血缘氏族体系始终没有得到彻底摧毁，因此，法只能成为维护宗法血缘家族、镇压敌对阶级的反抗、巩固君主权力和专制统治的工具，而未能成为维护自由民之间的平等和自由，保护国民的权利的手段。这种现象，也决定了当时儒、墨、道、法思想家对法的认识只能达到上述水平。②

先秦时期形成的法哲学的基本特征，对中国古代社会以及中国传统法学产生

① 《韩非子·诡使》;《韩非子·五蠹》。

② 当然，小农经济的社会基础，也是使先秦法哲学出现上述特征的主要原因。关于此点，因学术界已有诸多论述，故这里不再展开。

了巨大而深远的影响。一方面,秦汉以后,社会虽然获得了巨大的进步,但法的伦理化倾向不仅没有削弱,反而得到了加强。汉代的“春秋决狱”、引经注律,魏晋隋唐的引经入律,使得中国古代伦理原则深入到了法律的方方面面,使中国古代法和道德进一步融为一体。换言之,先秦时代的伦理法哲学思想,到汉代以后已成为现实的法律体系和法学学科。另一方面,有秦一代,将韩非的刑法哲学运用于立法和司法实践,严刑峻法,使法律完全成了赤裸裸的暴力。汉代兴起后,统治阶级吸取秦王朝二世而亡的深刻教训,不再一味任用刑罚,而是用儒家、道家的理论和措施杂糅之,使得汉以后的法律不再像秦代的那样严酷,但在实际生活中法的刑罚色彩并未减弱。虽然历代统治阶级都强调要宽刑,要罪刑相适应,但在实际上,商鞅、韩非等人的“以刑去刑”、“以重刑刑轻罪”的思想,往往成为立法和司法的原则。诚如王安石所言:“王制曰:‘变衣服者,其君流’,酒诰曰:‘厥或诰曰:群饮,汝勿佚。尽拘执以归于周,予其杀!’夫群饮、变衣服,小罪也;流、杀,大刑也。加小罪以大刑,先王所以忍而不疑者,以为不如是,不足以一天下之俗而成吾治。”[①]还有,秦汉以后,随着国家机器的日益完备,君主的权力得到了进一步的加强,各代统治者都自觉地运用法、术、势手段,来巩固自己的专制统治。所谓君主“摄权势之柄,其于化民易矣”;君主“下必行之令,从之者利,逆之者凶,日阴未移,而海内莫不被绳矣”。[②] 说明了汉代统治阶级对韩非政治哲学的继承和运用。所谓“人主详,其政荒;人主期,其事理”。[③] 则是阐述了老子、韩非等人的君主不拘小事,而把住控制臣下的权术之大事的思想,表明了晋代统治阶级对先秦政治哲学的认识和理解水平。而宋代程颢提出的“圣人创法,皆本诸人情,极乎物理,虽二帝、三王不无随时因革,踵事增损之制;然至乎为治之大原,牧民之要道,则前圣后圣,岂不同条而共贯哉?”[④]则表述了延至宋代,统治阶级仍没有对先秦思想家主张并由秦汉统治阶级确立的王霸道杂之,法、术、势混合运用之治国方法作出实质性的改变。由此可见,先秦法哲学的伦理、刑罚、政治色彩,不仅在当时是一个重要的特征,也是中国传统法学和中国传统法律文化的基本特征。

(1997年第6期)

---

① 《王安石全集》(上),吉林人民出版社1996年版,第402页。

② 《淮南子·主术》。

③ 《晋书·刑法志》。

④ 王孝鱼点校:《二程集·论十事札子》(第2册),中华书局1981年版,第452页。

1998年

《法经》新考

何勤华*

一、《法经》的真伪

根据现有文献,最早提到李悝著《法经》的史料是三国时期陈群、刘邵等人撰写的由《晋书·刑法志》记录下来的《魏律·序》,其中有这样的话:"旧律因秦《法经》,就增三篇,而《具律》不移,因在第六。"但这里讲的是"秦《法经》",故含义并不清楚。接下来《晋书·刑法志》在追述曹魏之法时,才说得比较明确,即"是时(指魏明帝制定魏新律之前)承用秦汉旧律,其文起自魏文侯师李悝,悝撰次诸国法,著《法经》。以为王者之政,莫急于盗贼,故其律始于《盗》、《贼》。盗贼须劾捕,故著《网》(当是《囚》之误)、《捕》二篇。其轻狡、越城、博戏、借假不廉、淫侈、逾制以为《杂律》一篇,又以《具律》具其加减。是故所著六篇而已,然皆罪名之制也。商君受之以相秦。"①

随后,《唐律疏议》也作了比较详细的记述:"周衰刑重,战国异制,魏文侯师于里(李)悝,集诸国刑典,造《法经》六篇:一、盗法;二、贼法;三、囚法;四、捕法;五、杂法;六、具法。商鞅传授,改法为律。汉相萧何,更加悝所造户、兴、厩三篇,谓九章之律。"《唐六典》注也有类似的论述。

至明末,董说编著了一部《七国考》,其中《魏刑法》门引有桓谭《新论》中关于《法经》的一段论述,则对此作了更加详细的阐述。② 自此以后,战国时代魏文侯师李悝著《法经》,并经商鞅、萧何等手传至后世,便成为一个定论。

然而,由于李悝著《法经》之事,在战国时的法家著作中没有提起,《史记》和《汉书》也只字未提,而是由相隔近一千年的唐代学者在重新编纂的《晋书·刑法志》中才突然提出,所以从20世纪30年代起,有人对李悝著《法经》一事开始提出异议。尤其是以日本学者仁井田陞为首的一批东西方学者,竭力对《法经》的存在持否定说。③ 1980年,中国学者杨宽在《战国史》(修订版,上海人民出版

* 作者单位:华东政法学院(现华东政法大学)。

① 《历代刑法志》,群众出版社1988年版,第46页。

② 董说著:《七国考》(卷十二),《魏刑法》,中华书局1956年版,第366~367页。

③ 小川茂树:"李悝法经考",载《东方学报》(京都版)第4册,1933年。

社)“后记”中,也对《法经》以及董说《七国考》中引文的真实性提出了怀疑。他认为,“桓谭《新论》是南宋时散失的,董说这条引文究竟从哪里转引来的,无从查考,实不足信。”

对此,张警在《〈七国考〉〈法经〉引文真伪析疑》(《法学研究》1983 年第 6 期)一文中发表了相反的意见,比较系统地论证了《法经》的真实存在。

张警认为,古书中不见有《法经》的记载,可以作为怀疑的理由,但终究不能作为证据看待。汉代史学家对于秦律,似乎是“讳莫如深”的,班固的《汉书·刑法志》就明显地有这种倾向。他们不谈秦律,因而也不谈作为秦律祖本的《法经》,这是很自然的。《魏律·序》中提到《法经》,绝不会是陈群、刘邵等人的杜撰。《晋书·刑法志》修订于唐贞观年间,以南齐藏荣绪的《晋书》为底本,兼考各家的有关著作改写而成。可能是这些史官,从桓谭的《新论》中找来这些片断资料而写成的。稍后,长孙无忌等人撰写《永徽律疏》时也写进去了。可见在当时这曾一度被传为新发现的史料。董说《七国考》所引《法经》的内容,虽然只是一鳞半爪,但多少填补了《法经》不见于汉人记载的这一缺陷,在中国法制史的史料上有重要意义。对其虽有疑问和异议,①但论据似嫌薄弱,也只是揣测和怀疑,可以予以进一步探索。

首先,张警认为,桓谭的《新论》,在明代尚有完书。认为《新论》在南宋时已亡佚的根据主要是,晁公武的《郡斋读书志》、陈振孙的《直斋书录解题》都未提到《新论》,《宋史·艺文志》也不载此书,因此,断定在南宋时就已散失。但是,《新论》这部书,从东汉初到北宋,流传了一千多年,引用的人也不少,恐怕不会是孤本吧?宋朝刻书事业发达,说不定还会有刻印本。如此说来,不能排除仍有秘本流传的可能性。特别是明代三吴地区的藏书家,多以秘册相尚,或重价购买,或苦借手抄,搜访不遗余力,因此,这种可能性是存在的。比如,元末陶宗仪编纂《说郛》,“取经史传记,下迨百氏杂说之书,二千余家。”其中就有桓谭的《新论》。陶宗仪所做的并非辑佚工作,他很有可能见过《新论》原书。特别值得注意的是,在孙从添所著《上善堂书目》中,有“《桓子新论》十七卷。赵清常校宋本”一条,这可以说是铁证。孙从添是江苏常熟人,有书癖,所藏逾万卷。志书说他对于书是“真知笃好者”。《桓子新论》属于子书类,在封建时代并不怎样为人所重视,大概不至于在《书目》中造假吧?况且还写上“赵清常校”,这也是不

---

① 1959 年捷克斯洛伐克鲍格洛发表“李悝法经的一个双重伪造问题”(载《东方文献》第 27 期),认为董说《七国考》所引用的《法经》条文,是董说根据《晋书·刑法志》所载内容而加以伪造的。前引杨宽著《战国史》“后记”。

利于造假的做法。因为赵清常就是当时知名的藏书家赵琦美，交游很广。又如，董说引用桓谭《新论》，不止《法经》一条，前后共有16处，计15条。这15条引文，经过与严可均和孙冯翼的辑本核对，见于前人引用过的仅有3条。其余12条哪里来的？难道都是董说伪造的？为什么不伪托其他佚书，而偏要伪托《新论》？这都是疑问。因此，反足以推断：董说是看见过《新论》这部书的。

其次，张警对董说的为人作了考证，排除了他作伪的可能性。董说（1620～1686），明末清初人。曾祖父是明朝大官僚。父亲是个藏书家，董说本人也是个藏书家。董说为人有骨气，明亡时，他才25岁，便改名换姓，皈依佛门大师洪储。洪储系抗清复明之志士，1651年被清军逮捕时，寺里徒众都四散逃避，唯有董说毫不畏惧，继续在寺中主持香火。因此，董说是有操守、有民族气节的志士，对那种雕虫小技的作伪玩意儿，恐怕是不会感兴趣的！

最后，张警通过对《七国考》、《法经》条引文内容的分析，对"丞相"、"犀首"等官名沿革的考证，说明董说引文是有根据的。

张警文章发表以后，1988年3月1日的《法制日报》以"历史又添新篇，国宝重放异彩——失传千百年的《法经》今被发现"为题，报道了发现《法经》的经过："日前，记者在访问中国法学会顾问曹海波先生时，获得了一个重要信息：长期失传的在我国法制史上占有重要地位的春秋战国时代的《法经》已被重新发现……长期以来，法学界认为《法经》早已失传。西汉末年植（'桓'字之误——引者）谭所著的《新论》一书中，引用了《法经》的一些条文并加以解说，但《新论》这本书也于南宋时散失（这说明记者未读过张警的文章——引者）。所以，近代学者只能从《晋书·刑法志》对《法经》的简略叙述中，窥知《法经》的一些概略。这对于中国法制史的研究，一直被学术界引为憾事。1987年夏天，最高人民法院出版社副社长阎成铸在整理史籍中发现了一个《法经》的古印本。在曹海波的大力支持下邯郸市法学会秘书长李伟民和张春泉协助阎成铸共同完成了该书的注释任务。目前，该书的整理、注释、编辑工作已基本结束，曹海波为该书写了题为《吸收古代法的精华，为社会主义法制建设服务》的序言，即将由最高人民法院出版社出版。"过了3天，3月4日的《法制日报》又补充报道："载有《法经》详细内容的古本书，是阎成铸于1973年（疑'1987年'之误——引者）在国家书库发现的。原书名为《法经书考》，作者黄氏逸（生卒年代不详），全书约三万字。嗣后，为考证此书的真伪，阎成铸翻阅了大量史料，并会同李伟民、杨春泉（前次报道误为张春泉）等，对全书进行了注释工作。即将交出版社出版的书名定为《法经考释》。内容分为两部分，一部分是《法经书考》的条款，另一部分是浅释和说明，共约12万字。"

《法经》的重新发现，原本可以为围绕《法经》真伪的争论打上一个句号。然而，由于上述阎成铸等人《法经考释》的迟迟未能出版，学术界对《法经》的真实性又发出了疑问。1993 年年底，在与《法制日报》的报道相隔了近 5 年之后，殷啸虎在《法学》（第 12 期）上发表了《〈法经〉考辨》一文，除了对《晋书》的可信程度，对《七国考》中关于刑事责任和盗罪量刑的记载的可信程度等发表疑问之外，还对《法制日报》报道的真实性也表示了怀疑。

出于对《法经》之命运的关心，数月前笔者与阎成铸和李伟民等同志进行了联系。李伟民在写给笔者的信（1997 年 4 月 10 日）中明确表示，《法制日报》的报道是真实的："信述《法经》一书，87 年在国家书库找历史资料时发现，经法学、史学界老先生考证，认为系我国历史上第一部成文法典。经同最高法院出版社副社长阎成铸同志共同研究，由吾执笔完成《法经考释》一书。爱新觉罗·溥杰生前为本书题名，王怀安、张友渔等亦作题，后张老过世。在本书送审时，阎成铸同志因病去世，书稿在他处，故未问世。但吾的意见，作为学术研究，亦应出版。结果如何，尚待商定。"

由于笔者未能见到这本《法经考释》的书稿，所以其与《晋书·刑法志》和《唐律疏议》中所记述的内容是一种什么关系，与董说《七国考》的引文是什么关系，以及与清代黄曾辑的伪书《法经》是什么关系，①现在都无从得知。但随着该书稿的出版，我想这些疑问都会得到澄清。

笔者认为，在对待《法经》的真伪方面，除张警的观点比较有说服力、可以赞同之外，还可以把握如下几点。

第一，在现存的所有文献中，无论是留传下来的史籍，还是地下考古发现，如 1975 年出土的睡虎地秦墓竹简、1972 年出土的银雀山汉简、1984 年年初出土的张家山汉简等，都还没有足以否定《法经》之真实性的证据。因此，不能轻易就说《法经》是不存在的。

第二，从《法经》的内容看，和秦律、汉律、唐律等各代主要法典，历代刑法志的记载，以及《商君书》、《韩非子》等史籍的记叙，在基本精神上都具有一脉相承之处。比如，《法经》关于"太子博戏则笞"等主张，和商鞅就太子触犯法律，对其太傅公子虔处以刑罚、太师公孙贾处以黥刑的所为，以及韩非关于"诚有功，则

① 清代黄曾辑有《李悝法经》（载《汉学堂丛书》《子史钩沈·逸书考》第九十一）一书，虽有当时著名学者孙星衍为之作序，说什么"信为三代古书，未于秦火，足资经证，不可诬也"。但学界均认为此书是伪书。蒲坚在《〈法经〉辨伪》（载《法学研究》1984 年第 4 期）一文中对其作伪之处作了详细论述。笔者留日期间，在东京大学所藏杨家洛主编《中国法制史料》第 2 辑（鼎文书局 1982 年版）中看到此书，复印带回国后曾将其与《唐律疏议》作过详细对照，感到蒲坚所论极有道理。

虽疏贱必赏;诚有过,则虽近爱必诛”①的主张是完全一致的。

第三,从当时各诸侯国变法改革的客观形势来看,公元前536年郑国子产公布《刑书》,过了23年,晋国又将范宣子著刑书铸为刑鼎,以及当时有作为的政治改革家如邓析、吴起等,在改革国政、维护新兴的封建地主阶级的统治,打击奴隶主阶级的反抗时也都曾制定过法律或编纂过刑书。李悝作为一名杰出的政治改革家,编纂《法经》当在情理之中。

第四,在《法经》引文中,即使看到一些当时没有、后世才出现的官名(如“丞相”等)、说法[如有学者认为战国时称人的年龄,不说多少岁,而用身高表示。(前引殷啸虎的文章)等],也不能就此否定《法经》的真实性。因为《法经》也好,其他古籍也好,在经历了多次的修订、传抄之后,会不知不觉地掺入后世的制度、名称、用语,而一种古籍有了新的修订本或抄本以后,除了个别目的(如集书等)外,原版即使不毁掉,一般也不会再流行。这如同我们现在看到的《中华人民共和国宪法》,虽说是1982年宪法,但实际上其中已增加了不少修正案(条文),已不是1982年的版本了,带有了这十多年社会生活的变化轨迹,而1982年宪法本文则只有搞宪法史的人才去查询了。这个道理,不仅可以解释《法经》,也可以说明在《唐律疏议》等文献中,为什么会有许多后来才出现的制度、地名、官职名等。

第五,从古代史料的保存、挖掘和整理规律来看,许多只有孤证,尚无其他文献或考古资料印证的史料,一般还是肯定其真实存在为好。因为在数千年的社会发展中,经过历次战火的洗劫,能够完整保存下来的文献资料只能说是沧海一粟。历代史书中的艺文志中记录的那么多的书籍,现在绝大部分佚失即是明证。在云梦睡虎地秦简挖掘出来以前,有谁会想到秦律的内容是如此的丰富呢?在1972年山东临沂银雀山汉墓中出土《尉缭子》以前,该书不是也一直被学术界认为是伪书吗?② 因此,对于留传下来的文献史料,只要没有明确的证据证明其是伪造的,一般都应认可其真实性。对《法经》也应如此。③

---

① 《韩非子·主道》。

② 关于《尉缭子》一书,先秦古籍无片言只语,《史记·秦始皇本纪》记了尉缭,但未记他有否书。《汉书·艺文志》记载了两种《尉缭子》,但未记作者是谁。秦汉以前的《尉缭子》都已失传,唐以后的《尉缭子》只有24篇,故有人一直认为它是伪书。1972年在银雀山汉墓中与《孙子兵法》一起出土了《尉缭子》,才证明了该书是真实的。参见何法周:“《尉缭子》初探”(载《文物》1977年第2期)。

③ 此外,学术界对《法经》的作者李悝和同时代的李克是否同一个人,也有诸多争议。章炳麟的《原法》、崔适的《史记探源》、郭沫若的《十批判书》、冯友兰的《中国哲学史新编》等,都认为克、悝古字通,李悝、李克乃一人。而齐思和的《李克、李悝非一人辨》,以及古棣、周英著《法和法学发生学》则认为李悝和李克并非同一人。由于这一问题与《法经》的真伪没有直接的联系,故这里不再予以展开。

二、《法经》的历史地位

《法经》编撰之初，只是一部私家法学著作。后为魏文侯之子魏武侯（前397年继位）采用，才成为一部成文法典。由于《法经》具有法学著作和法典两重身份，因此，它不仅对中国古代成文法的发展，而且也对中国古代法学的发展发生了巨大的影响。学术界对前者的研究比较充分，而对后者的探索则比较少。因此，笔者这里重点对《法经》在中国古代法学发展史上的地位作些论述。

首先，《法经》所确定的以罪统刑、以总则统分则的体系，对中国古代刑法学的形成和发展起了巨大的作用。

其次，李悝在《法经》中创设的刑法原则，如"王者之政，莫急于盗贼"、"不别亲疏，不殊贵贱，一断于法"等，成为中国封建社会刑事立法乃至刑法学的基本原则。

最后，李悝在《法经》中所表现出来的法律意识和法律观念，也对中国古代法学发生了重大影响。

除了上述"王者之政，莫急于盗贼"、"不别亲疏，不殊贵贱，一断于法"以及"重刑轻罪"等基本原则之外，李悝在《法经》中还确立了以刑法为主的法学体系。而这一后果，影响中国达两千多年，形成了区别于西方的特殊的法律文化传统。

在古代西方，比如古代希腊，最早的比较系统的立法是梭伦立法。它当中虽然也有刑法规范，但其第一项内容就是颁布"解负令"（Seisacktheia），拔除立在债务人份地上的记债碑，作为债务抵押品的土地无偿归还原主；禁止人身奴役和买卖奴隶，因债务而抵押为奴隶者一律恢复自由，因债务而卖身到外国为奴的自由人由国家出金赎回。[①] 在古代罗马，第一个成文法是《十二表法》，其主要内容也是土地占有、家庭、继承和诉讼等事项。古代希腊和罗马的这些立法也为后世西方法律的发展奠定了传统。但这是另一种类型的法律传统，即以私法为核心的传统。因此，中西方法律文化传统的分歧或者说分界线，可以说早在公元前5世纪前后的《法经》、梭伦立法和《十二表法》中就已经落下种子。

那么，在同样的古代立法改革中，为什么会出现这种分歧呢？应当说，李悝创立的以刑法和刑法学为主的这一法律文化传统，并不是李悝一个人的行为，它

① 何勤华主编：《外国法制史》，法律出版社1997年版，第63页。

实际上是当时中国社会发展的必然结果。因为,李悝作为一个同梭伦一样的法律改革家,他同时还是一名“尽地力之教”的人才,《汉书·食货志》记载了他在这方面的众多事迹,说明他的改革活动中也有经济的、民事的内容,李悝本人不仅熟悉诸国刑典,也具有处理经济和民事社会关系的能力,但由于战国时代中国社会的特殊环境,使他只注重了刑法规范的汇集编纂。这些特殊的社会环境表现为两个方面。

第一,在中国,自商周开始,调整民事法律关系已有了“礼”。尽管这种礼的规范中有相当部分是含仪式方面的,主要为奴隶主阶级服务,封建地主阶级兴起以后,维护奴隶主阶级的特权利益的“礼”受到了很大的冲击,但当时许多民事法律关系,尤其是婚姻家庭、私有财产、民间借贷等关系,仍是由“礼”来规范的。而这种以礼的形式存在的礼法制度是公开的,要公之于魏象,定期宣读。它与当时由奴隶主贵族秘密掌握的刑是两个体系。① 所以,李悝并没有将其纳入《法经》之中。

第二,受当时各国编撰法典传统的影响。由于刑法在当时由奴隶主贵族秘密掌握,在实行上带有很大的任意性,因此,在封建制代替奴隶制的过程中,当时各诸侯国公布成文法时主要是编纂刑法典,如刑书、竹刑、刑鼎等。而李悝就是在集诸国刑典的基础上编就的《法经》。同时,在刑法为氏族奴隶主贵族所垄断的状态下,地主阶级既得的权力和财产也没有保障,需要刑法的公开化,平等化。此外,地主阶级一旦上台后,同时也需要强化刑罚措施,因为对地主阶级而言,财产和权力已经争到,现在的任务主要是镇压敌对阶级的反抗。

由于上述两个原因,加之中国国家和法是在氏族征战中形成,最初的“法”主要表现为带有明显暴力杀戮色彩的“刑”等因素,使李悝在编纂《法经》时只采撷刑事法律规范,从而创下了一个与西方的法律文化传统风格迥异的法学体系。不管李悝本人是否意识到,在事实上,这一法学体系,以及其背后体现的李悝对法的意识和观念,此后影响了中国法和法学的发展整整两千多年!真可谓“功在李悝,罪在李悝”。

(1998 年第 2 期)

---

① 孔庆明:“从《秦简》看法制史研究中的几个问题”,载《法律史论丛》(第 3 辑),法律出版社 1983 年版。

中国古代复仇观之我见

张建国*

瞿同祖先生在《中国法律与中国社会》中，把古代复仇问题系于家族一章之内，并引用《孟子·尽心下》所云："吾今而后知杀人之重也。杀人之父，人亦杀其父；杀人之兄，人亦杀其兄；然则非自杀之也，一间耳。"认为孟子说这话应是亲见许多复仇的事，触目惊心，感慨之余，故发此论。瞿先生据此进一步认为："说先秦是复仇自由的时代大致是可信的。"李明德于《中国古代法律社会特征》中，在引用同一段孟子的话后，也持同样的观点，并缩小时间范围后提出：战国时代可能是自由复仇的时代。他还认为：亲属复仇的长期存在，以及法律与礼义的冲突，说明了家族制度在中国的长期存在，也说明了家族血缘关系对于实际的社会生活的支配。

可是，如果我们把文献所反映的古代复仇问题和所处背景联系起来分析，不免会对上述两位学者的观点感到有些疑惑之处。在此想把自己的一些不成熟的看法公之于世，并提出一些疑问以就教于学界师友。

一、从孟子的话是否能推论出先秦或战国时代是复仇自由的时代

笔者感到，这种推论有值得推敲之处。

首先，笔者觉得，对孟子上述的话加以引申，认为孟子在讲杀人与复仇的事情，这也许是出于后人的一种误解。据《孟子正义》可知，现流传下来最早的解释孟子的章句是东汉人赵岐所作，而赵岐认为孟子这段话的宗旨是："言恕以行仁，远祸之端。暴以残民，招咎之患。是以君子好生恶杀，反诸身也。"显然，能够暴以残民的，只有掌握权力的统治者才有可能，所以，孟子可能是针对当权者说这些话的。《尽心下》一开头，孟子就大谈梁惠王不仁，原因是梁惠王贪图邻国的土地而好战，战而大败后还想再战，但又担心不能取胜，"故驱其所爱子弟以殉之"。接着孟子分析仁和不仁的区别，同时坚决反对战争，甚至对武王诛纣这样的以致仁伐至不仁，也认为不应出现书所称的杀人流血成河的记载，为此孟

* 作者单位：北京大学法律系。

子还感慨地道出他那句名言:“尽信书,不如无书。”在这些内容之后,孟子才谈到杀人父兄的话。我们知道,和父兄相对应的是子弟,所以孟子这段话极有可能是指战争之不可取,因为作为战争一方的某国,即使一时取得战果,可是杀了对方国家的人,被杀者的子弟长大成人后也会攻进你的国家杀你的父或兄。所以,这段话中的父或兄,不过是泛指意义上的,而非指两个家庭之间的仇杀。汉以后的学者,也许没有领会孟子的本意,为《孟子》注疏时,转为引用各种实际在汉以后才成书的古籍谈论起复仇问题,这大概可以说是两千多年来历代学者们的一种误释。

其次,就算我们认定后人解释孟子这段话是没有错误的,即孟子的确是在谈论仇杀问题,那也不能由此认为战国时代是一个复仇自由的时代。“复仇自由”是个什么概念?不言而喻,那等于说复仇不被法律所禁止,完全是一种想复仇就复仇、国家机构不加过问的放任自流的状态。可是,即使孟子当时真的见到许多复仇的事情,也无法证明这些复仇不受国家法律制裁。就是说,孟子所处的时代复仇的事例再多,都不能随之推理出同时代有复仇的自由。

瞿先生自己就指出:“法律机构发达以后,生杀予夺之权被国家收回,私人便不再有擅自杀人的权利,杀人便成为犯罪的行为,须受国法的制裁。”但他认为法律机构发达和国法制裁擅自杀人的时期,是到了公元前1世纪中即西汉后半期时才开始的。这样说显然不正确。瞿先生自己也认为:“中国的学者,除法家外,都偏向于礼经,不肯否认复仇的道义。”反过来说,瞿先生等于也认为法家是不赞成复仇的。可是,众所周知,法家的学说充分应用于实践,正是在战国时期。一个法家思想占有绝对优势地位并被战国各国普遍接受的时代,竟然称为是复仇自由的时代,无论如何是难以自圆其说的。根据各种迹象来判断,战国时期法律机构的发达,可以认为不逊于中国古代的各个时期,甚至可以和其他任何一个时期相比,也许其发达的程度有过之而无不及。战国时的荀况也认为:“杀人者不死,伤人者不刑,是谓惠暴而宽贼也。”而“杀人者死,伤人者刑,此百王之所同”。(《荀子·正论》)连儒家学派的重要人物荀子都持这样的观点,更不要说强调依法而治的法家们了。法家强调的就是对社会的全面控制,比如在秦这样的国家,吸收诸国法律之精神的秦法,其对杀伤人处罚的严厉程度已经使人们“勇于公战,怯于私斗”,在这样的一个时代,究竟还存在多少人能有胆量去做明显属于私斗的复仇杀人的事,是很值得怀疑的。笔者认为,“杀人者死”作为一个古老的原则,恐怕在战国时贯彻得十分彻底,以致到了秦末反秦起义军进入咸阳,刘邦废除差不多所有秦法时,也不能忘记约法三章,把“杀人者死”列在首位。

笔者认为，在有文献记载而又可信的中国历史长河中，所谓“复仇自由的时代”，可能根本就不曾存在过。除非天下大乱，各级政府机关完全崩溃而不存在，当地又没有对社会实施控制的其他政治势力，也就是所谓无法无天的时候，杀人才会无人过问。但这种失控只是短期的，而非延续几百年甚至上千年的整整一个时代。

二、亲属复仇的长期存在是否和家族制度在中国的长期存在相关

虽然笔者并不否认中国的复仇与中国的家族制度有一定的关系，但如果作为一种特征来讲，或者说作为一种中国特色去分析，笔者是持怀疑态度的。复仇者所以要复仇，从广义来说，无非是因为自己的某种利益或情感（包括亲情）受到严重损害。可以说，即使在人类之外的动物界，也不乏复仇的事例。而在人类中，无论哪个民族，恐怕都存在强烈的复仇心态与情感。如果说复仇在中国是基于家族的，那我们也不难在其他文明社会中找到同样的例子。英国莎士比亚所创作的著名的“罗密欧与朱丽叶”的悲剧，正是起因于双方家族的仇杀，说明即使在欧洲，亲属复仇也没有离开家族这一重要因素。至于在中国古代成为复仇焦点的为父报仇，明显是基于父母子女组成的小家庭这一基本的社会细胞，而这种小家庭，可以说在任何文明社会没有例外都是存在的。那么，一定要为父报仇的心愿如何可以说只因中国的家族制度存在而存在呢？“哈姆雷特”一剧的典型性，正说明王子抱定要为父亲报仇的信念这一点是毫无疑问的，剩下的困扰他的问题，只是用什么样的方式和复仇的时机。因此，中国古代复仇观的长期存在，如果以家族制度的存在作解释，不能说是准确的，因为我们很难看出中国与其他国家或民族相比有什么特别之处，无论是为自己为父母还是为兄弟甚至为朋友报仇，在外国的文艺作品里都有相当多的反映，说明作为一种社会现象，各种类型的复仇在那些国家也是存在的。

笔者觉得采用下列观点分析也许比较恰当些，即与其说中国古代的复仇观因中国的家族制度的存在而存在，不如说这种复仇风气的强韧和复仇主义的深入人心，更多的是和中国相当长的一段时期特有的意识形态的存在相关联。正像大家所知道的，在西汉武帝时，中国思想史上出现了一个有划时代意义的变化，那就是儒学的官学化，儒学从此成为国家承认的唯一的正统学说。这种官方正宗的学术，带来的是意识形态领域所出现的深刻变化。可以说，是儒家的伦理观而不是别的什么，影响到中国古代的复仇及其相关的法律问题，与其他国家和民族出现了显著的不同。

诚然,在中国至少从战国初开始就不曾存在过的复仇自由,在以后任何时代也不存在,可是,复仇的问题为何会变成刑事政策乃至司法方面研究的对象呢?笔者认为,它之所以成为一个值得关注的社会问题,完全是因为在复仇问题上,儒家的伦理与法律发生了冲突,而在现实中的冲突,则正是伴随着西汉中期儒家踏上封建的神坛、成为官方占统治地位的学说以后,才逐渐变得显著起来。如果要划分其中的阶段,可以分为:第一个阶段,是《春秋公羊传》首倡复仇,而且主张也是最激烈。第二个阶段,是《礼记》的出现,说法稍趋和缓,但这部书中涉及复仇的文字互有歧义,反映了主张者中间思想的混乱。第三个阶段,是《周礼》的面世,对复仇问题采取一种较为折中的方式,以限制和减少复仇事件的出现。对照两汉时期社会复仇观念的演进,以及法律面对复仇行为时在立法和司法方面的宽大与严厉,可以说在复仇问题上,最能显出古代中国特色的是各种儒家学说的强烈影响。

向汉武帝建议以儒学为正统的汉代新儒家董仲舒,是专治《春秋公羊传》的。公羊传的成书时期在汉初,该书在微言大义里面提出的复仇主张,就比较激烈。《公羊传》隐公十一年就有这样的说法:“君弑,臣不讨贼,非臣也。子不复仇,非子也。”在《公羊传》写到庄公四年时,谈到纪国被齐国灭掉,春秋笔法不直书而写成“纪侯大去其国”,《公羊传》解释《春秋》所以这样写的原因,是灭纪国的齐襄公是贤者,要为贤者讳。从齐襄公往前九世代的先君由于纪侯(指当时纪国的侯)的谗言所陷害,被那时的周天子烹死,齐襄公现在灭掉纪国是为给先祖报仇,因为为祖报仇,所以他是贤者。接下来《公羊传》设问:“九世犹可复仇乎?”回答是:“虽百世可也。”也就是说,为国君的先祖报仇,不受时间限制,即使隔得再久远,也是可以的。公羊甚至公然提出“父不受诛,子复仇可也”的口号。①

再往后到了汉宣帝时,博士戴圣又选集古代各种有关礼义等方面的论述,编成《小戴礼记》,在这部书中,提出了“父之仇,弗与共戴天;兄弟之仇,不反兵;交游之仇,不同国”。② 还有《礼记·檀弓上》稍有不同的另一说法:“子夏问于孔子曰:居父母之仇,如之何?夫子曰:寝苫枕干、不仕,弗与共天下也,遇诸市朝,不反兵而斗。曰:请问居从父兄弟之仇,如之何?曰:仕弗与共国,衔君命而使,虽遇之不斗。曰:请问居昆弟之仇,如之何?曰:不为魁,主人能则执兵而陪其后。”这里通过儒家学说的创始人孔子之口中来表述,更增加了权威性。意思是

① 《公羊传》定公四年。

② 《礼记·曲礼上》。

说，人处在有杀父母之仇的时候，要睡草席头枕木，连就寝也受到这样恶劣条件的刺激，以便时刻提醒自己不要忘记复仇。不出门当官，以示不与仇人共天下。与仇人相遇，不要转回家取来武器再与对方决斗，也就是最好平时随身带着复仇的兵器，一旦见到仇人便可以直接杀将上去。如果是居亲兄弟之仇，那就不和仇人在一个国家里担任官职，当由国君派出为使臣的时候，虽然遇到仇人也不报仇，其他情况下完全可以报仇。如果是堂兄弟之仇，就不要领头报仇了，堂兄弟自己家的人如能报仇，可以跟在后面起帮助性的作用。

《周礼》一书为人所知已经到了处在西汉和东汉中间的王莽统治时期，因而有人认为是西汉末年刘歆所伪造，假托周代的礼制。该书对于报仇的事作了种种规定，如报仇要经过法定的手续，只要事先到专管报仇事务的官吏那里呈报，登记了仇人的姓名，那么杀死仇人不算犯罪。① 另外还设有调人之官，负责调解双方以及安排移乡避仇之事。据说周时有所谓的"和难"制度，规定"凡和难，父之仇，辟诸海外，兄弟之仇，辟诸千里之外，从父兄弟之仇，不同国"。② 可能因为王莽的关系，《周礼》一书在面世后很长一段时间不被学者重视，只是到了东汉末才由大儒郑玄作注。但不管怎样，它至少反映了一部分汉儒的观念、主张和理想。

日本学者富谷至指出，复仇的理念在儒家学说中有的达到了超越时空的程度。③ 这个说法的正确性不难在经典中找到证明。主张报仇"虽百世可也"，无疑是超越了时间；主张父仇"弗与共戴天"，显然也是一种空间上的超越，即使对方出了本国，跑到天涯海角，那仇恨也仍然是不共戴天。

复仇与禁止复仇所反映的，实际是礼与法的尖锐冲突。

当儒学官学化，成为社会占统治地位的学说以后，在汉代那么推崇孝道的时代，这种主张血债要用血来偿的理念将给国家和社会带来什么样的影响呢？不言而喻，那一定是复仇之风的兴起，并且随儒家思想在社会上越来越普及，复仇的火焰也是越煽越炽。人们为了证明自己不是孱头，不是有学问的人所说的那种"子不报仇非子也"的末流人物，必然甘冒国法，先杀掉仇人再说，至于杀了人自己也要被国家处死的事，已经不在孝子考虑之列，视死如归的，敢于杀人后并不逃走；还希望能活下去的，隐姓埋名遁迹他乡。而且随着儒学在社会上影响的加大，复仇也向纵深和广度方向扩展。

---

① 《周礼·秋官司寇·朝士》。

② 《周礼·地官司徒·调人》。

③ 富谷至著：《古代中国的刑罚》，日本中央公论社 1995 年版，第 164～167 页。

我们从《后汉书·桓谭传》可以窥知向纵深发展的情形,桓谭在东汉初年向光武帝上疏:"今人相杀伤,虽已伏法,而私结怨仇,子孙相报,后忿深前,至于灭户殄业,而俗称豪健,故虽有怯弱,犹勉而行之,此为听人自理而无复法禁者也。今宜申明旧令,若已伏官诛而私相伤杀者,虽一身逃亡,皆徙家属于边,其相伤者,加常二等,不得雇山赎罪。如此,则分怨自解,盗贼息矣。"

复仇向广度上的发展,可以从以下情况反映出来。一是复仇不仅限于为亲人,也可以为自己;二是不限于被杀伤,也可以是被侮辱。

汉儒的学说在东汉时期取得了比西汉时期更高的或者说真正的意识形态上的统治地位,在这种儒学普及强大势头下,社会对于复仇者几乎出现了上下一致的同情与赞扬,从普通百姓和一干读书人中形成的社会舆论,到本应依法办事的司法官吏,在法律和伦理发生尖锐冲突时,差不多都倒向了后者。复仇主义是如此深入人心,以至于法律虽然仍禁止复仇,但在处罚上却一度从"杀人者死"的古老原则向后倒退,因为标榜自己是以孝治天下的皇帝,也不能不受到当时社会风气的影响。东汉章帝建初年间,某人因为父亲被人侮辱而将侮辱者杀死,章帝免其死刑,从轻发落,自此作为决事比即后来断案可以比附的典型案例,到了汉和帝时,又被整理成轻侮法,对类似的复仇,规定了可以从轻的条款。只是由于尚书张敏提出反对意见,一再据理力争,才使汉和帝最终采纳了他的建议,轻侮法终于被废止。

以后虽然没有了轻侮方面的法律,但根据皇帝的特赦没处死刑的例子仍存在,在儒学伦理和复仇观强大感召下,就连平时足不出户的弱女子也会勉力为之,把法律抛诸脑后。而那些怕死不敢复仇的人,会被人们特别是笃信儒家学说的读书人认为是忍辱乃至无耻之辈。

东汉后期,酒泉女子赵娥为父亲报仇的事例,以及她在杀死仇人去官府自首以后在朝野引起的强烈反映,无一不在说明,从普通百姓到基层官吏,自耆老宿儒至高官显贵,已经完全被儒家的精神所笼罩。这恰恰是儒学礼义逐步渗入社会各个阶层中的结果,可以说,复仇受到社会同情与赞扬的程度,和学术思潮中儒家思想地位的高扬几乎同步。在这里我们还看到,意识形态影响到社会,社会又影响到法律,两者之间发生的冲突,使执法在究竟是维护礼义重要还是维护秩序重要的天平上徘徊。在复仇问题上,与其说是礼法逐渐融合,不如说是礼挟带着强大的社会舆论向传统法律实施一次次的单方面攻击,两者从来就没有很好地融合过。可能复仇是唯一严重触犯法律而不受社会舆论谴责的行为,人情与法律的冲突在这件事上也比任何其他事情上反映得更强烈。但我们应注意,这种状况不是在以前,而是在儒家思想开始占统治地位的西汉中期以后,才逐渐显露的。到了东汉，随着时间的推移，不仅一般的社会舆论，而且在经过各种途径担任国家官员的人们中间，占优势的也是对复仇行为予以肯定，而不管是否于法律有碍，官吏们实在没有办法必须依法对复仇者判处死刑的时候，也要表现出高度的同情，如果有人只知依法行事，丝毫不重视复仇者在道义方面有可矜之处，便可能被人认为是个酷暴官吏。

东汉刮起的复仇之风，从客观现实方面来讲，无异于是在国家大力提倡孝的前提下，汉儒提出的一些学说向依照法家学说制定出来的法律的挑战，由此造成法律适用上的困难和法律与礼义的矛盾，影响了几乎以后各个封建朝代。继汉而起的三国时的曹魏，从曹操执政便禁止复仇，仍然是屡禁不止，以致到了曹丕当上皇帝后为了消灭复仇的现象，不得不规定对复仇者“皆族之”。① 逼得皇帝作出这样不顾礼义的决定，正说明复仇从汉末以来的泛滥。最后到魏明帝时期制定魏律稍微作了一些让步，规定故意杀人和斗殴杀人，官府立案捉拿时杀人犯逃跑，“许依古义，听子弟得追杀之”，但“会赦及过误相杀，不得报仇”②，这是立法时向复仇古义所作的妥协，却不是承认复仇的合法性，只是使官府缉拿应该法办的杀人犯时多了一批追捕的力量，因为没有一个逃跑的杀人犯会乖乖地束手就擒的，受害者子弟得到的不过是和官府负责抓人的人差不多的权利。而这里所说的“古义”，实际不过是汉儒宣扬或者说是炮制的一系列学说中的一种罢了。

这种学说由于被后来的许多朝代所崇信，造成大大小小复仇案例上的礼法问题难以平衡。有些提出来以解决礼与法的矛盾的办法当时也许非常地认真，而在后人看来是十分可笑的。比较典型的，如唐代武则天当权时，徐元庆为被县吏冤杀的父亲报仇，杀人后自首一案。对徐元庆应如何处置？当时任左拾遗的陈子昂提出：按照礼，徐的做法正是国家教育人们应当做到的事，所以不宜处死；而按照国家法律，杀人者死又是不能因人而异的不二之法。为了解决这一矛盾，陈子昂认为应当杀了徐元庆，理由竟是徐元庆既然为了仁义舍生忘死地为父报仇，杀了他可以成全其杀身成仁的气节，如果不杀的话，反而是“夺其德而亏其义”。在杀了徐元庆后，则要在徐元庆的家和墓碑上对其加以大力嘉奖，以表彰其为父报仇的英烈之举。③

（1998 年第 8 期）

---

① 《三国志·文帝纪》。

② 《晋书·刑法志》。

③ 《陈伯玉文集》复仇议状。

中国古代第一部法律史著作
——《汉书·刑法志》评析

何勤华*

秦汉时期,中国在法哲学和法律注释学发展的同时,对法律史的研究也开始活跃起来,除了分散在一些思想家的论著中的零星成果之外,①还推出了中国古代第一部法律史著作《汉书·刑法志》。

一

《汉书·刑法志》是东汉著名史学家班固(公元32~92年)的一篇重要作品,是继《史记》之后中国最伟大的史学著作《汉书》的重要组成部分之一。

由于《汉书》成于四人(班彪、班固、班昭、马续)之手,所以,《汉书·刑法志》(以下简称《刑法志》)成书于何时,现已无法详考。但从《后汉书·班彪列传》中关于班彪、班固的生平事迹中,我们可以大体得知其成书的年代。

据《后汉书·班彪列传》记载,班固死于汉永元四年(公元92年),此时《汉书》已经大体就绪,还剩下八表和一篇《天文志》尚未完成。和帝刘肇(公元88~105年在位)命班固之妹班昭参考东观藏书替他补作,又命他的同郡人马续帮助班昭作成《天文志》。由此,我们可以得知,《刑法志》成于公元92年之前是没有问题的。接下来的问题是,在班固接手《汉书》的撰写时,班彪已经完成了65篇(取名《史记后传》),而这60篇中是否包含有《刑法志》?从《后汉书·班彪列传》中"今此后篇(即《史记后传》),慎核其事,整齐其文,不为世家,唯纪、传而已",以及班固少时"九流百家之言,无不穷究",接续父业后,"以(班)彪所续前史未详,乃潜精研思,欲就其业","探撰前记,缀集所闻,以为《汉书》。起元高祖,终于孝平王莽之诛,十有二世,二百三十年,综其行事,傍贯《五经》,上下洽通,为《春秋》考纪、表、志、传凡百篇"等记叙来看,《刑法志》系班固本人所撰为确定无疑。因为这里提到班彪所撰《史记后传》65篇时,只讲它们是"纪"、

---

* 作者单位:华东政法学院(现华东政法大学)。

① 在这些零星成果中,包括了陆贾的《新语》、贾谊的《过秦论》等。

"传",并未提到"志"(《史记》将记载典章制度的部分称为"书",但这里也未提到"书"),而讲述班固所撰的百篇《汉书》时,则明确说明它们是"纪、表、志、传"。

由于《刑法志》系班固本人所作,而据《后汉书·班彪列传》记载,班固"自永平(公元58年至75年)中始受诏,潜精积思20余年,至建初(公元76年至83年)中《汉书》乃成"。因此,《刑法志》的成书年代应在公元58~83年间。

二

《刑法志》对汉代以及汉以前历代法律史的阐述,其内容是比较丰富的。

(一)国家与法的起源

《刑法志》首先对国家与法的起源作了较为详细的论述。班固认为,人类是世界上有生命之动物中最为灵巧的("有生之最灵者也")。它与其他动物的区别,在于能够充分利用外在物质,为自己所用,崇尚智慧而不依恃力量。他指出,由于人类拥有仁爱之心,所以能够成群,利用外物,制止争夺。而能够以自己的仁爱之心博爱众人,具有卓越的才能,品德高尚的人,就能够服众,成为君主,成为帝王。为了确定君主与百姓之间的名分,维持一种正常的秩序,就产生了法律。

班固的这种国家与法的起源说,是糅合了儒、法两家学说的产物。一方面,班固的观点否定了自董仲舒以来西汉学术界的流行观点,即董仲舒依据"天人合一"的君权神授说,强调"天子受命于天,天下受命于天子","王者承天意以从事",[①]主张法是上天意志的体现。既然如此,"出于天"的国家与法,当然与天共存,也就无所谓起源的问题了。[②] 另一方面,班固也改造了法家学派在国家与法的起源问题上的理论。如商鞅、荀子等认为,人类为了满足物质生活的需要,不能不群居在一起,以战胜大自然。但群居必然会产生争斗。为了避免和解决争斗,于是就产生了君主、官吏、法律等("定分止争说")。而班固则将"仁爱之心"糅进了上述法家的理论之中,并强调要用礼和刑来规范,才能使正常的群体秩序永远不败。

班固的这种国家与法的起源的理论,虽然没有提及财产所有制和阶级的因素,从而没有能够揭示国家与法起源中的内在规律,但由于仁爱辅之礼刑的说

---

① 《春秋繁露·为人者天》。

② 高恒著:《秦汉法制论考》,厦门大学出版社1994年版,第258页。

法，糅合了儒、法两家在国家与法的起源问题上的观点，比单纯的法家的“定分止争说”更符合已经走上“霸王道杂之”的治国之路的统治阶级的口味，因此成为后代立法者、修史者的理论基础。《晋书·刑法志》、《唐律疏议》等都因循了班固《汉书·刑法志》的说法。

（二）立法史的描述

《刑法志》在肯定了立法权属于天子（“圣人既躬明哲之性，必通天地之心，制礼作教，立法设刑”）的同时，又对汉代以前历朝的立法史作了论述。

比如，从“周道既衰，穆王荒，命甫候度时作刑，以诘四方。墨罚之属千，劓罚之属千，髌罚之属五百，宫罚之属三百，大辟之罚其属二百。五刑之属三千，盖多于平邦中典五百章，所谓刑乱邦用重典者也”的记载中，我们了解到了五刑的制定过程、当时的历史背景，以及周代统治阶级的立法政策。从“夏有乱政，而作禹刑；商有乱政，而作汤刑；周有乱政，而作九刑”①的记载中，我们知道了夏、商、周三代的立法概况，并得知《春秋左氏传·昭公六年》中关于夏、商、周三代立法的记载，在汉代已经得到了公认。

从“秦用商鞅，连相坐之法，造参夷之诛”的记载中，知道了株连的立法早在商鞅相秦时就已被确立为国家的正式法律。

从“汉兴，高祖初入关，约法三章曰：‘杀人者死，伤人及盗抵罪。’蠲（juan，免除）削烦苛，兆民大说（悦）。其后四夷未附，兵革未息，三章之法不足以御奸，于是相国萧何捃摭秦法，②取其宜于时者，作律九章”的记载中，我们了解了汉初立法的状况、九章律的出台，以及汉律和秦律之间的内在联系。

从“乃至孝武（汉武帝）即位……招进张汤、赵禹之属，条定律令，作见知故纵、监临部主之法，缓深故之罪，急纵出之诛。其后奸猾巧法，转相比况，禁罔浸密”中，我们知道了汉武帝上台后的立法情况，以及法律的日益严酷，一直到西汉末，这种状况都没有实质性的好转。

（三）司法制度史的总结

在《刑法志》中，班固对司法制度的沿革，对汉以前法律的运作情况，也作了比较详细的论述和评析。

比如，“凡杀人者，踣诸市，③墨者使守门，劓者使守关，宫者使守内，刖者使

① 九刑，据韦昭注解，系五刑之外，加流、赎、鞭、扑。

② 颜师古注曰：“捃摭，谓收拾也。”

③ 颜师古注曰：“踣，谓毙之也。”

守囿(you,养动物的园子),完者使守积。① 其奴,男子入于罪隶,女子入于舂槁。② 凡有爵者,与七十者,与未龀者③皆不为奴”——这一段记述了周代杀、劓、墨、宫、刖五种刑罚的执行情况以及例外(有爵的人,70岁以上的老人,以及七八岁的儿童不收为奴)。“汉兴之初,虽有约法三章,网漏吞舟之鱼,然其大辟,尚有夷三族之令。”汉文帝两次下诏,要求废除。在此情况下,陈平和周勃才表示“臣等谨奉诏,尽除收律、相坐法”。但其后新垣平谋为逆,复行三族之诛——说明当时法令的制定和废除与司法实践并不一致:汉文帝元年刚废除夷三族之令,至汉文帝十七年,新垣平诈骗汉文帝事发,实际处刑时又恢复了夷三族的刑罚。

“考自昭、宣、元、成、哀、平六世之间,断狱殊死,率千余口而一人,耐罪上至右止,三倍有余……郡国被刑而死者岁以万数,天下狱二千余所,其冤死者多少相覆”——说明从汉昭帝刘弗陵、汉宣帝刘询、汉元帝刘奭,及至汉成帝刘骜、汉哀帝刘欣、汉平帝刘衎六代之间,刑罚一直是非常严酷的,受刑者众多,监狱多达二千多所,冤死者多得互相迭压的悲惨景象。

(四)对历史上重大法律事件以及当朝的法律制度的评论

《刑法志》在总结汉以前立法史和司法史的同时,对历史上重大的法律事件和当朝的法律制度也作出了评述。

公元前536年,郑国的子产适应新的生产关系和阶级力量对比的变化,铸刑书,公布成文法。此事遭到了晋国大夫叔向的强烈反对。《刑法志》通过对叔向和子产两人来往信件内容的详细介绍,表达了与当时孔子评论此事时的同一立场,即法律是社会风气日益衰败、人们的道德水平下降而不得不推出的手段,是乱世的产物,好的治国方法应当是礼治和教化:“导之以德,齐之以礼,有耻且格;导之以政,齐之以刑,民免而无耻。”

汉文帝十三年(公元前167年),齐国的太仓令淳于公获罪将被处刑,其女缇萦上书曰:“妾父为吏,齐中皆称其廉平,今坐法当刑。妾伤夫死者不可复生,刑者不可复属,虽后欲改过自新,其道亡徭也(没有路可以走了)。妾愿没入为官婢,以赎父刑罪,使得自新。”书奏天子,汉文帝怜其孝心,深感肉刑之惨烈,下诏废除了肉刑。但由于废除肉刑之后,有的肉刑改为死刑,有的为笞刑(三百至五百下)所代替,结果使很多原本应处肉刑的人反而被处死或笞打致死。对此,班固一针见血地指出:废除肉刑,一方面造成“死刑既重,而生刑又轻,民易犯

---

① 颜师古注曰:“完,谓不亏其体,但居作也。积,积聚之物也。”

② 韦昭注曰:“舂,舂人;槁,槁人也。给此二官之役。”

③ 龀(chen),换牙。颜师古注曰:“龀,毁齿,男子八岁,女子七岁,而毁齿矣。”

之";另一方面,"斩右止(趾)者又当死。斩左止(趾)者笞五百,当劓者笞三百,率多死。"从而增加了死者的人数。所以,废除肉刑是"外有轻刑之名,内实杀人"。

汉宣帝时期,司法官吏在执行法律时玩弄法律条文,陷人入罪愈演愈烈。汉宣帝意识到这一点后,派遣廷史与地方官一起审讯案件,增设廷平之职(定员四人),协助廷尉办案,并要求每年秋季的最后一个月,将重大的疑难案件上报皇帝亲自审理。汉宣帝为此"常幸宣室,斋居而决事,狱刑号为平矣"。对此,班固借涿郡太守郑昌的上疏,发表见解说:"立法明刑者,非以为治,救衰乱之起也。"你皇帝亲自审案,不要廷平,也能公正、清明。但是想以此启发后代,那么,"不若删定律令。律令一定,愚民知所避,奸吏无所弄矣。"这里,班固表达了公开、透明、稳定的法律,比皇帝亲自审案,以及增加几个官职是更为有效的措施的思想。

最后,《刑法志》通过对自夏、商、周以来包括东汉当朝的法律制定和运作实践的总结,得出一些结论性的观点,即以上各代的法律之所以越来越繁多,越来越混乱,施刑越来越严酷、越残暴,根本原因在于"礼乐阙而刑不正也"。因此,为了"清源正本",班固提出了他的主张:"删定律令,撰二百章,以应大辟。其余罪次,于古当生,今触死者,皆可募行肉刑。及伤人与盗,吏受赇枉法,男女淫乱,皆复古刑,为三千章。诋欺文致微细之法,悉蠲除。如此,则刑可畏而禁易避,吏不专杀,法无二门,轻重当罪,民命得全。"虽然不能达到成康之治时的刑罚不用的太平境界,但也可以重现汉文帝时的一年只判400件重案的刑罚大省的局面。

三

虽然,《刑法志》作为一篇法律史作品,是不够严谨的,西汉王朝颁布的许多律令,如尉律、酎金律、钱律、左官律、尚方律、秩禄令等,它都没有涉及,一些与法制有关的问题如非常有名的董仲舒的《春秋》决狱等也没有论述。同时,在观点上,班固的有些论述也有偏激之处,如对废除肉刑的看法等。但《刑法志》对中国古代法和法学的研究仍作出了巨大的贡献。

《刑法志》开创了史学家在通史中辟法律史栏目的传统,从而保存了各朝法律发展的史料。从《汉书》开始,以后各朝的正史,如《晋书》、《魏书》、《隋书》、《旧唐书》、《唐书》、《旧五代史》、《宋史》、《辽史》、《金史》、《元史》、《明史》和《清史稿》都撰写了《刑法志》。个别没有《刑法志》的史书,如《后汉书》、《三国志》等,也通过《晋书·刑法志》和《隋书·刑法志》作了补充。特别是在唐代以前,中国制定的大的成文法典基本上都已亡佚,因此,《汉书》、《晋书》、《魏书》和《隋书》等刑法志所记录下来的法制史料是极为珍贵的。可以说,仅此一点,《汉书·刑法志》的贡献就是不可估量的。

《刑法志》对儒法思想的糅合,为儒、法合流作出理论贡献,《刑法志》的理论基础,主要是儒家的学说,但也已经糅入了法家的理论。而这一儒、法合流的立场,基本上为以后各朝的《刑法志》所继承,所以,各代《刑法志》的编纂,事实上对从西汉开始的儒、法合流的法律思想的发展趋势起了推波助澜的作用。最后,《刑法志》总结的各项法律原则,如以民为基、仁义为本;礼刑互用、复礼慎刑;刑罚世轻世重;法律应当公开、明确;约法省禁;与其杀不辜,宁失有罪;赏罚分明、罪刑相适应等,也为中国古代法学的诞生作出了贡献。

(1998 年第 12 期)

1999 年

中国近代法律思想的历史发展、主要内容和特点

陈景良*

中国的近代社会不同于西方近代社会。第一,西方近代的历史,是资本主义生产关系孕育于中世纪封建社会母体内,然后分娩、成长、壮大的历史,是社会发展史上的正常状态;而中国近代的历史,资本主义生产关系的萌芽虽然早就出现于明末,但由于封建国家机器的扼制和帝国主义的侵略,始终没有正常地发育成熟。中国近代的资本主义生产关系,从某种意义上来说,是从西方移植过来的,这在社会发展史上属于非正常状态。第二,西方近代的历史,基本上属于资产阶级逐步战胜封建地主阶级的历史;而中国近代的历史,除了与西方相同的一面外,还具有中华民族各个阶级抵抗帝国主义侵略的历史内容。正因为中国近代的社会历史与西方有着如此的不同之处,所以中国近代的法律思想也就具有许多不同于西方的历史特点,以及不同于西方的逻辑演进过程。

一、中国近代法律思想的历史发展

不管是西方近代社会,还是中国近代社会,其历史主旋律都是资本主义制度逐步取代封建制度、资本主义生产关系逐步取代封建生产关系。但在中国近代,由于资本主义生产关系主要是外来移植的,因此,资本主义制度代替封建制度的具体途径,则是中华民族逐步认识和继承评判西方资本主义制度,用外来的先进制度逐步抛弃落后的封建制度。

这一历史特点反映在法律思想领域,就表现为各个阶级、各个阶层思想家通过一系列历史事变,不断加深对西方资本主义法律制度的认识,由朦胧到清晰,由破碎到系统,由介绍到称赞,由宣传到实践,由崇拜到思辨、继承批判,这大体上是中国近代法律思想演进的历史过程。

鸦片战争时期,地主阶级的改革派初步认识了西方法律制度。他们不满腐败的封建政治,更通过鸦片战争中清政府的失败,意识到了完全恪守传统的"以

---

* 作者单位:河南大学法学院。

夏变夷”的思维习惯是万万不行的。因此,他们肯定了西方近代政治法律制度的合理性,以及学习西方先进技术的必要性。从龚自珍到魏源,地主阶级的改革派在学习、借鉴西方资本主义制度的问题上迈出了重要的一步,走到了资产阶级民主革命的边缘。

太平天国革命时期则是农民阶级的思想家认识、接受西方资本主义法律制度的历史时期。洪秀全仍然属于旧式的农民起义领袖,具有这样的双重性格:他是一个封建专制政权的破坏者,同时又是另一个封建专制政权的创立者。而洪仁玕就与此不同了,他找到了农民革命的出路,即走资本主义的道路,建立资本主义的政治法律制度,这在当时无疑是先进的思想。从洪秀全到洪仁玕,表明农民革命已成为资产阶级民主革命的一部分。

洋务运动时期是地主阶级的思想家对西方政治法律制度加深认识,亦明确主张引进的时期。洋务派是从早期改革派(龚自珍、魏源)发展过来的,龚自珍是对沉闷的晚清政治局面不满意,认为必须要变,但找不到变的道路,最后又回到了封建制度的轨道上。魏源则找到了变的道路,他先是主张学习西方的军事技术(“师夷长技以制夷”),后来又接触到了西方议会民主制度的资料,他给予了赞扬,但未明确主张引进。洋务派继承发展了魏源的思想,张之洞提出“中学为体,西学为用”,虽主张“三纲五常”不能变,但主张参酌西方法律制度,对封建法律制度作局部的改良。同样是洋务派的郭嵩焘则与张之洞不同,他认为西方的制度有“本”有“末”,中国的制度亦有自己的“本”与“末”,拿西方之“末”与中国之“本”相结合,则不伦不类,不会成功。因此他主张学习西方的宪政。这表明地主阶级的思想家已开始思索如何引进、借鉴西方政治法律制度,比改革派大大深化了一步。

戊戌变法时期是资产阶级改良派引进、借鉴、实施西方君主立宪制度的时期。康有为利用传统经学为君主立宪制度寻找依据,把西方的政治法律制度说成是古已有之。梁启超则径直地大量翻译、介绍西方法学名著,力主用西方的民主法律制度代替封建君主专制制度。

辛亥革命时期是资产阶级革命派引进、借鉴、实施西方民主共和制度的时期。孙中山是资产阶级的伟大的思想家,他超越前人之处在于他一方面对西方的民主宪政制度予以批判继承;另一方面又能够对传统文化批判继承,因此提出了中西合璧的“五权宪法”思想。

综上可知,中国近代法律思想史演进的主线是各个阶级、各个阶层对西方资产阶级法律思想的认同、继承与批判。这条主线是伴随着中国近代社会的改革与开放进程而形成的,鸦片战争逼迫中国对外开放,一开放就看到了自己的落后。要改变落后状态,就要改革封建制度。怎样改?这就又必须以西方的民主法律制度作为参照系。因此,从开放到改革,从改革到开放,两者组成了近代社会历史的双重奏。中国近代的思想家们正是在这种双重奏中,用西方的资产阶级法律思想否定了中国地主阶级的法律思想。

二、中国近代法律思想史的主要内容

中国近代法律思想史从本质上来说,是资产阶级法律思想代替地主阶级法律思想的历史。中国封建地主阶级法律思想的核心是"三纲五常"学说,因此,用什么思想学说取代它,就成为中国近代思想家的历史任务。在马克思主义传入中国以前,中国的思想家们只能从西方资产阶级那里寻找理论武器。

鸦片战争刚结束,魏源就明确认为美国既不专制又不世袭的民主制度,比起乾纲独断的中国式的"古今官家之局"优越得多,又"公"又"周",尽善尽美,甚至认为这种制度可以"垂奕世而无弊"。[①] 这表现了魏源对西方民主制度的蒙眬向往,可他尚未明确提出以民主制度代替专制制度的问题。太平天国时期,洪仁玕建议洪秀全一切大政均"宜立法为准",这表明他开始考虑如何限制君主专制的问题了。洋务运动时期,正式提出了封建纲常名教与西方民主宪政制度的关系问题。张之洞主张在维持纲常名教不变的前提下,采用部分西方法律制度来改良中国的刑事司法制度,郭嵩焘则认为纲常名教亦需改变,应采用西方的议会民主制度。甲午战争后,资产阶级维新派将先前开设议院的议论作为政治口号正式提了出来,同时输入、传播了天赋人权论、社会契约论以及自由、平等、博爱等西方资产阶级法律思想,大胆地抨击了纲常名教,要求用君主立宪代替君主专制。但是,康、梁等人虽然宣传了自由、平等民权思想,但没有逻辑地得出推翻清朝专制的结论,所以他们的思想只能算半截子民主思想。随着义和团运动的失败,《辛丑条约》的签订,民族危机更加严重,清朝政府的反动嘴脸暴露无遗。以孙中山为代表的资产阶级民主革命派提出了建立民主共和政体的任务,还提出了通过国民革命来完成这一任务的具体方法。与此同时,革命派还从上层建筑到经济基础等各个方面对封建三纲五常进行了深刻的批判。

因此,可以这样说,中国近代法律思想史就是一部西方资产阶级宪政主义、社会契约论、天赋人权论等法律思想与中国封建"三纲五常"的法律思想相互斗

① 《海国图志·后叙》。

争的历史。不过,最后的历史事实表明,中国资产阶级利用西方法律思想学说、民主学说并没有彻底战胜封建主义的法律思想,这不仅仅是由于资本主义的经济基础在中国不够强大牢固,同时还因为西方资产阶级的民主法律思想不够普及。袁世凯称帝以后,这个问题重新引起了人们的重视,于是又来了一次更大规模、更为深刻的民主与法律思想的启蒙,即五四新文化运动,重新宣传人的尊严、个性解放,批判封建名教。同时,一些激进的民主主义者又敏锐地感觉到,资产阶级的民主法律学说已是明日黄花,无力回天,因而他们把目光投向了社会主义民主。在思想领域里,社会主义民主开始取代资产阶级民主,成为先进人们的追求目标,中国近代民主思想史又翻开了新的一章,学术界习惯把五四运动至新中国成立前这一段的法律思想称为中国现代法律思想。

三、中国近代法律思想史的特点

第一,思想流派的多元性。地主阶级中有改革派、顽固派、洋务派,农民阶级中有旧派(洪秀全)、新派(洪仁玕),资产阶级中有外国传教士、改良派和革命派。不同的阶级、不同的阶层都有自己的思想家,都提出了不同的法律主张,因而使得中国近代法律思想史的内容相当丰富。中国近代之所以法律思想流派众多,是因为中国近代是半封建半殖民地社会,阶级关系远较西方近代社会复杂,而且救亡图存、抵御外侮的严峻形势,逼得各个阶级、阶层迅速拿出救国方案,马上付诸实践。此外,中国封建君主专制历史长达2000年,西方君主专制的历史一般不满千年,中西相比,是二比一。中国近代资产阶级的法律思想,从酝酿、产生、发展到成熟,到资产阶级民主共和国成立,70年;欧洲从文艺复兴到法国大革命,300年;中西相比,是一比四。这一长一短,表明中国近代的历史步骤十分急促,在时代激流中,一些本来站在前列的代表人物,很快就退到后列,甚至成为障碍,由人们所敬仰所追随,变而为所舍弃所批判的对象。这就是中国近代法律思想异彩纷呈的重要原因。

第二,思想内容的集中性。法律思想包括宪政、民法、刑法、诉讼法等方面的内容,但中国近代的法律思想却主要集中在宪政方面。马克思主义认为,一种理论在一个国家被接受的程度,是由这个国家对这种理论的实际需要程度而决定的。鸦片战争以后的中国,主权日削,国土日蹙,列强环伺、虎视鹰瞵,而2000年来相沿已久的封建专制制度却腐朽不堪,无法承担起领导中华民族抵抗外侮的历史重任。中国仁人志士逐渐认识到,要救国,就要学西方,“师夷长技以制夷”一语简洁地概括了手段和目的两方面的内容。然而,“长技”的内容究竟是什么？进步的思想家们对它有个由表及里、由浅入深的认识过程，即由坚船利炮，而工商科技，而议会政治这样一个认识过程的三个阶段。中国人民是顺着御侮救国之路而不是顺着个性解放、自由平等之路寻到议会政治这一武器的，而是直接将议会民主制度作为救国御侮的最佳手段。因此，对西方近代宪政学说的介绍、宣传、实践，就构成了中国近代法律思想史的重要特点。何以如此？原因在于，专制制度与民族危机有着不可分割的内在联系。鸦片战争以后，封建君主专制病入膏肓，百弊层呈。道光，颟顸无知，虐骄自大；咸丰，色厉内荏，贪色多欲；同治，幼承帝统，短命而夭；光绪，四岁即位，纯属摆设。宫廷政变，太后垂帘，宦官干政……各种弊病，纷呈不绝。这种腐败性，因帝国主义的侵略，暴露得更为充分。因此，近代中国每一次民族危机的加深，都是对封建专制腐败的进一步暴露，也都进一步激起爱国的人们对封建专制的恶感和对西方民主宪政制度的渴望。所以，近代思想家们不管是赞成的还是反对的，都把目光投向了西方宪政学说。

第三，思想传统的转换性。“历史思想家……在每一科学部门中都有一定的材料，这些材料是从以前的各代人的思维中独立形成的”。① 西方资产阶级法律学说与地主阶级法律思想的相互斗争是中国近代法律思想的主要内容，而地主阶级的法律思想主要来源于儒家学说。在西欧，中世纪只知道一种意识形态，即宗教神学。中世纪把意识形态的其他一切形成——哲学、政治、法学，都合并到神学中，使它们成为神学的科目。中国的儒家思想同西方中世纪宗教神学的地位相似，但它不是宗教，带有本身的特点。它是封建地主阶级的正统法律思想，西方资产阶级法律思想要想扎下根来，就必须对儒家学说进行整理、分析和再认识。龚自珍、魏源、康有为是利用儒家今文经学附会西方政治法律学说，章太炎则利用儒家古文经学附会西方政治法律学说，孙中山也从儒家学说那里吸取了不少命题。但他们与地主阶级顽固派不同，他们不是恪守儒学，而是对儒学进行新的诠释，创造性地转换。因此，从一定形式上来看，中国近代法律思想史上不同流派的斗争，似乎是儒家不同学派之争。而实际上，大都是利用传统为现实服务，近代的儒学早已不是古代的儒学，有些往往是披着儒学外衣的西方资产阶级政治法律学说。

（1999 年第 5 期）

① 《马克思恩格斯选集》（第 4 卷），第 501 页。

2000年

明代律学的珍稀作品

——佚名著《律学集议渊海》简介

何勤华*

学术界有许多人认为,明代是中国古代律学的复兴时期。① 笔者对明代的律学作品进行调查以后,感到上述观点是有道理的,至少在律学作品的数量上,明代不仅远远超过了元代,而且也比唐和宋两个朝代多得多,据笔者统计,已知明代出版的律学著作有101种,其中,如何广的《律解辩疑》、王肯堂的《律例笺释》、雷梦麟的《读律琐言》等,则在律注释学的内容和形式上也都达到了相当高的水准。对这些作品作出全面的介绍和评述,需要写一部专著。本文拟对明代律学作品中一部我国学者尚未接触过的珍稀之作、佚名著《律学集议渊海》作些论述。

《律学集议渊海》,是明代中后期一部比较重要的律学著作。线装,小楷抄本,一帙6册,足本,共7卷。国内(大陆和台湾地区)无藏本,笔者在日本东京大学法学部地下书库发现此著作②,(明)阙名撰。开卷为"大明洪武编制《律学集议渊海》,第一,名例律;第二,吏律……第七,工律。"接着是正文:"律学集议渊海名例律:名者,五刑之罪名;例者,五刑之体例也……"

从《律学集议渊海》的体例而言,先是引用律文,接着以"谨详律意……疏议曰……答曰……"等展开论述,集各家之长,旁征博引,内容十分丰富,如在阐述"犯罪自首"条时,《律学集议渊海》是这么展开的:

(律文)凡犯罪未发而自首者,免其罪,犹征正赃。其轻罪虽发因首重罪者,免其重罪。若因问被告之事,而别言余罪者,亦如之。其遣人代首,若于法得相容隐者,为首及相告言者,各听如罪人身自首法。若自首不实及不尽者,以不实不尽之罪罪之。至死者听减一等。其知人欲告及逃叛而自首者,减罪二等坐之。其逃叛者虽不自首,能还归本所者,减罪二等。

其损伤于人、于物不可赔偿,事发在逃,若私越度关及奸并私习天文者,并不

---

* 作者单位:华东政法学院(现华东政法大学)。

① 怀效锋:"中国传统律学述要",载《华东政法学院学报》1998年创刊号。

② 书号:甲-2,955,J11424(全)。

在自首之律。

若强窃盗诈欺取人财物而于事主处首服，及受人枉法不枉法赃，悔过回付还主者，与经官司自首同，皆得免罪。若知人欲告，而于财主处首还者，亦得减罪二等。其强窃盗，若能捕获同伴解官者，亦得免罪，又依常人一体给赏。

（释文）谨详律意：犯罪之人，惟务掩饰，既能自露，是知过也。免其罪者情可容而法宜贷，犹追赃者，罪可恕而物宜还也。

因轻以首重，因少以首多，所首虽殊，情则一也。

遣首者，已虽不往，为首者，身虽不知，互讦虽有交讼之心，论其亲情，举同自首也。

不尽不实而仍坐余罪，至死犹得减科，终系首也。

伤难赎补，物难赔偿，逃去者于情难容，度关者余程难复，奸淫已行首告安改，天文已习首已莫追，不准首条罪一如律。

盗诈受赃还主，终有悔过之心，知人欲告而还，亦有畏法之意，盗捕同伴，给赏不殊，旌其悔过，赏其除恶也。

一、不准首

强盗杀人放火

损伤人

于物不可赔偿

越关

犯奸

私习天文

强窃盗再犯

窃盗拒捕杀人自首免其本罪，仍问斗殴杀人。若窃盗持刃伤人自首，免其斩罪，仍问刃伤人，引例充军。

条例：窃盗自首不实不尽者，及知人欲告而于财主处首还，律该减等拟罪者，俱免刺。

《管见》云：强盗首作窃盗，脏虽尽，仍以强盗不得财科之。

又云：监守诈取首作私借，首赃虽尽，仍以诈取未得科之。

又云：受不枉法，无禄人八十贯首作诈欺取财，罪同情异，仍问不应。

又云：如有禄人受枉法，赃一百六十贯，止首八十贯，余未尽，仍该绞罪，但因首而法至死减等；

二、遣人代首，不限亲疏。

三、家长不得为奴婢、雇工人隐。

四、如侄有事而叔首告,叔有事而侄讦举者,俱引得相容隐之人为首。如叔侄俱有事,彼此互相讦首者,则引得相容隐之人相告言。二项须要分别明白,不可乱用,致差律意。

议式:

窃盗自首式:某依窃盗已行得财一百二十贯,罪止律杖一百,流三千里。有

(因下一字提到"大诰",故另起一行)大诰减等云云,系犯罪未发而自首,依律免罪,追赃完日,仍免刺字,宁家充警。

窃盗亲属首发式(小字:若系卑幼,仍以干名犯义得实之罪拟之,余仿此):

某依窃盗得财云云

大诰云云,缘本犯系伊(小字:期亲某,大功某)首发,同罪人自首,依律免罪。

某依窃盗得财云云

大诰云云,缘本犯系伊(小字:小功,缌麻)亲告发,得减本罪三等律。

某依窃盗得财云云

大诰云云,缘本犯系伊无服亲首发,减一等律。

强盗亲属首发式(小字:依服免罪减等俱如前):

另居亲侄打劫叔财,被同堂叔首发式:

某依亲属行强盗,卑幼犯尊长,以凡强盗得财斩,系小功亲首发,得减本罪三等律,杖九十,徒二年半。

堂兄打劫堂弟家财,被再从兄告发式:

某依各居亲属行强盗,尊长犯卑幼,亦依亲属相盗,大功减凡强盗得财斩罪四等,系小功亲告发,通减本罪七等律,杖一百。

强盗遣人代首式:

某依强盗已行得财律,斩决不待时。缘本犯遣某人代首,听如罪人身自首法,依律免科,请

(另起一行,顶格)旨。

强盗自首行查式:

某系强盗云云,系事未发而自首,依律免罪宁家。缘本犯虽系自首,但同盗某未获,中间恐有杀人放火别故,难便释放,审毕遁回。该州县查无隐下重情,依拟发落。若有别故,从重问结。缘系自首强盗,请

(另起一行,顶格)旨。

家主谋叛被雇工人首发式:

某合依谋叛未行为首律,绞。缘系于法得相容隐雇工人首告,听如罪人身自

首法，依律免罪。

妻为窃盗夫知要告首发式：

某氏依窃盗已行得财，系于法得相容隐夫为首，听如罪人知人欲告而自首，减凡人一百二十贯二等罪律，杖九十，徒二年半。

某依知人欲告而自首，减恐吓取人财计赃准窃盗一百二十贯加等罪止免刺二等律，杖九十，徒二年半。

某依逃叛而自首，减谋而未行为首绞罪二等律，杖一百，徒三年。

某依强盗已行得财律，斩。缘本犯于事主处首服，与经官司自首同，依律免罪宁家。

某依强盗已行得财律，斩。缘本犯捕获同伴解官，依律免罪，仍依常人一体给赏。

《博答》云：假如赵甲打劫得银五十两，将二十两出首。钱乙强盗首作窃盗。孙丙打劫三次，隐下二次，将一次出首。李丁先后共劫二次，先已首一次，今又首一次。各得何罪？

答曰：赵甲问不应从重；钱乙自首不实；孙丙自首不尽。俱以不实不尽强盗得财之罪罪之，至死减等律，杖一百，流三千里。李丁再犯，不准首，仍问强盗得财斩罪。

又问曰：假如周戊窃盗银十两，将五丙出首。吴己窃盗银二两，将一两出首，何断？

答曰：周戊虽首赃不尽而罪已尽，止问不应从重。吴己自首不尽，以不尽窃盗得财四十贯之罪罪之律，杖一百，照例免刺（小字：吴己不可以不尽一两之赃拟之，谓其一百二十贯罪止故也。其各赃首不尽者，仿此）。

又问曰：假如郑庚犯掏摸得财事发，到官自又言私铸铜钱，何断？

答曰：郑庚轻罪虽发，因首重罪者，免其私铸铜钱重罪，合依掏摸罪，同窃盗得财一百二十贯罪止律，杖一百，流三千里。有

（因下一字提到“大诰”，故另起一行，顶格）大诰减等，杖一百，徒三年，系民初犯，于右小臂膊上刺“掏摸”二字，发冲要驿递照徒年限摆站满日宁家充警（小字：系军免刺送总兵官，拨发缺入墩台哨了，满日放回着伍）。

又问曰：假如王辛犯私盐事发，到官又言曾盗牛，何断？

答曰：除因问被之事，而别言盗牛余罪者，亦如犯罪未发自首免科，合依犯私盐者律，杖一百，徒三年。

《裒集》问曰：一如强窃人财，或受赃十两，花费五两，连见（现）存数目出首，何断？

答曰：盗情赃数既已首尽，余无不实不尽，止问不应。

从以上的阐述中，可以看到《律学集议渊海》的内容是极为详尽的，对自首的方方面面几乎都已囊括无遗。除了本条所提及的《官见》、《博答》、《裒集》等律例注释书之外，该书还大量引用了《集说》、《集解》、《辩疑》、《琐言》等著作。《博答》、《集说》的作者及详细情况已不可考，而《集解》、《琐言》、《管见》、《辩疑》、《裒集》，根据笔者掌握的资料，分别是明中叶出版的《明律集解附例》（郑汝璧撰、高举发刻）以及雷梦麟的《读律琐言》、陆柬的《读律管见》、何广的《律解辩疑》、陈永的《法家裒集》诸书。应当说，《律学集议渊海》的书名，比较恰当地表达了其对各家法律注释书予以广泛引用的特点。

关于《律学集议渊海》的作者，详细情况现已无法得知。但我们从上述该书所引的各家法律注释书中，可以推测出一点线索，即该书作者应当是一位对律学有很深研究、手中掌握各家律学著作的律学家；同时，从其对犯罪自首实务等方面知识的熟悉程度；也可推断出作者曾从事过审案实践工作；此外，从该书大量引用《琐言》、《集解》、《管见》、《辩疑》、《裒集》、《博答》等，但却一处也未引用王肯堂的《律例笺释》之情况，可以推知此书的成书时间当为上述诸书之后、《律例笺释》之前，即《琐言》、《裒集》等均出版于嘉靖年间，郑汝璧的《明律集解附例》刊行于万历二十二年（1594年），而王肯堂的《律例笺释》约面世于万历三十年（1602年）之后，因此，大体可推定《律学集议渊海》成书于万历二十二年（1594年）与三十年（1602年）之间。

（2000年第2期）

清末报律与言论、出版自由

春　杨*

中国封建王朝历来言禁极严，没有制定过有关言论、出版方面的专门法律。清末，清政府在推行"新政"的进程中，首次制定颁布了5个近代意义上的新闻法规，即《大清印刷物专律》（1906年7月）、《报章应守规则》9条（1906年10月）、《报馆暂行条规》10条（1907年9月）、《大清报律》（1908年3月）和《钦定报律》（1911年1月）。清末报律是近代西学东渐之风的产物，然而它的制定和实施却与新闻言论自由的法治精神大相径庭，对此，本文将作具体论证，以进一步揭示清末报律的本质，同时也为促进我国《新闻出版法》的早日出台提供一点历史的启示。

一、清末制定报律的目的在于限制言论自由

清末报律的制定与国家社会的变革进程及报业的发展密切相关，其目的并不是保障言论、出版自由，使庶政得以公诸舆论，而是清政府力求用法来控制报馆，保证其求新、变法政策的贯彻和推行。

长期以来清代对于出版权的控制并无专门法律，《大清律例》中刑律"盗贼"类的"造妖书妖言"条是清政府用来处理有关报纸案件，和对民间出版物及办报人进行迫害的主要法律依据，并被视之为"其恶已极，其罪至大"的"十恶"之一。该条规定："凡造谶纬妖书妖言，及传用惑众者，皆斩。""各省抄房，在京探听事件，捏造言语，录报各处者，系官革职，军民杖一百，流三千里。"①清雍正四年（1726年）发生的何遇恩、邵南山案，乾隆十六年（1751年）发生的"传抄伪稿案"以及光绪二十九年（1903年）的"《苏报》案"都是援用此条比附判罪的。

鸦片战争以后，中国开始创办近代报业，由于报纸发行量有限，影响不大，而且外报占绝大多数，清政府对办报活动采取听之任之的态度，干预甚少。戊戌变法时期，国人办报逐步发展，大量政论报刊的涌现引起了清政府对于报刊功能和

---

* 作者单位：中南政法学院（现中南财经政法大学）。

① 戈公振著：《中国报学史》，三联书店1955年版，第322页。

法学的历史　第6卷　法制史卷（1981年～2011年）

作用的重视。清政府曾制定官报章程3条,对官报言论作出初步限制,规定:“不准议论时政,不准臧否人物,专译外国之事。”①百日维新时,为保障维新派报刊的出版和言论发挥,康有为曾上奏请求“酌采外国通行之法,参以中国情形,定为中国报律”。奏折得到光绪皇帝的批准。百日维新诏令还明确“允许自由创立报馆、学会”②,它标志着中国封建时代第一次正式确认新闻自由。随后,变法失败,慈禧专权,囚禁光绪,封闭报馆。然而,从1901年起,近代中国报业再次掀起高潮,报刊活动充分利用境外和租界等有利条件进行宣传。新闻活动越来越频繁,报业与政府、社会、个人及其相互之间的矛盾冲突日益明显,而报业与清政府的矛盾尤为突出。1903年“《苏报》案”发生,清政府在办理此案过程中颇费周折且颜面扫地,因而深知报刊的作用和对之加以限制的必要,同时也认识到无法再以旧的手段去控制。所以在标榜实行“新政”,玩弄立宪骗局时,清政府开始制定专法来控制言论、出版自由。1906年6月,奉派出使考察宪政的载泽等5大臣相继回国,在给清政府的奏折中提出了“定集会言论出版之律”的建议,他们在赞美君主立宪国言论自由由法律所定的同时指出:“与其漫无限制,益生厉阶,何如勒以章程,咸纳轨物。”③制定报律的目的在于:“以息邪说,而重关防”,“用以维持正义,防制讹言,使舆论既有所发抒,而民听亦无淆惑”,“使一切邪说横议不禁而自止”。④ 奏折得到了清政府的认可,于是一批管理报刊出版的法规被陆续颁发出来。作为我国近代第一部新闻出版法的《大清印刷物专律》,在对言论、出版自由的限制方面表现为:第一,实行注册登记制度,凡印刷物及新闻记载均须向所在地巡警衙门呈请,报交京师印刷总局注册。第二,专门规定了“讪谤”条款,凡有“令人阅之有怨恨或侮谩,或加暴行于皇帝族或政府,或煽动愚民违背典章图制”者,须科以10年以下的监禁或5000元以下的罚款等。第三,法律赋予地方各级行政长官以很大的司法权,规定他们有权管理对印刷物的指控,逮捕被告,随意封闭印刷所。⑤ 其他4个报律以此为典范,在限制言论、出版自由方面均有详细的规定。由巡警部拟定的《报章应守规则》第9条规定:新开报馆必须经过巡警所同意;严禁刊载“诋毁朝廷”、“妄议朝廷”、“妨害治安”、“败坏风俗”和涉及“内政外交秘密的文字”。⑥ 1907年8月清政府民政部拟定《报

---

① 《光绪朝东华录》(四),光绪二十四年(1898年)元月,总第4143~4144页。

② 《戊戌变法档案史料》。

③ 《出使各国大臣奏诸宣布立宪折》。

④ 转引自戈公振:《中国报学史》,三联书店1955年版,第322页。

⑤ “大清印刷物专律”,载《时报》6月25~26日“要件栏”。

⑥ 《本馆接巡警部颁布报律9条专电》及当时各大报刊,《申报》1906年10月13日。

馆暂行条规》,在奏折中称:"查现今风气渐开,京外报馆,日见增益……而挟私攻讦,借端诋毁,甚或煽动异议,摇惑人心者,亦在所不免。京城为根本重地,报章论说,动中外瞻听,稽查约束,刻不容缓",其内容与《报章应守规则》相似,但把《大清印刷物专律》规定的注册登记制度变为更加严格的呈报批准制度,即"除已开报馆之外,凡欲开设者,皆须来所呈报批准后,再行开设"。

1908年3月颁布的《大清报律》是以前所颁报律的内容全貌,与前者相比,在钳制报界、控制舆论方面更加严厉:第一,呈送检查时限提前,把事后检查制度改为事先检查制度,"每日发行之报纸,应于发行前1日晚12点钟以前,其月报、旬报、星期报等类均应于发行前1日午12点钟以前,送由该管巡警官署或地方官署随时查核,按律办理。"①第二,禁载内容限制加宽,"凡谕旨章奏未经阁钞官报公布者,报纸不得揭载。"第三,对报馆的惩罚加重,如报馆揭载诋毁宫廷之语,淆乱政体之语,扰害公民不语,科发、编、印人6月以上2年以下之监禁附加20元以上200元以下之罚金,报纸永远禁止发行。其情节较重者,仍照刑律治罚(原为罚金百元监禁20日以上6个月以下,报纸暂禁发行)。②

第四,采取保证金制度,限制报纸发行,增加保押费,每月发4回以上者由银300元增至500元,每月发行3回以下者由银150元增至250元。相比《大清报律》,《钦定报律》的核心内容即关于禁载内容的规定除个别词语出入外,实质仍是大同小异的。由此可见,从1906年的《大清印刷物专律》到1911年的《钦定报律》,其主要内容表现为钳制报界、控制舆论,而且它对言论、出版自由的控制呈逐步强化的趋势。就世界近代出版法制史的发展趋势来看,是由预防制转向追惩制,从事前检查制逐步转向特准制的保押金制,乃至呈报制。而我们从《大清印刷物专律》到《大清报律》来看,却是逆世界历史潮流而动的,由最初的呈报制向特准制,最后向保押金制加事前检查制过渡。③

二、报律实施中有法不依、以权代法

清末政府虽然制定颁布了5部报律,并且在1908年的《钦定宪法大纲》中还宣称:"居民于法律范围以内,所有言论、著作、出版,及集会结社等事,均准其自由",但在实施中并没有依法办事,相反,以权代法,甚至用残酷手段破坏言论、

① 《宪政编查馆考核报律内容》及当时各大报刊,《申报》1908年3月23日。

② 同上。

③ 张宗厚:"清末新闻法制的初步研究",载《新闻研究资料》总第8辑。

出版自由。

清末报律的施行,在中央由民政部下属的巡警部,在地方由各督抚具体负责。这种把检查权与审判权混淆一团的体制根本违背了立宪政体行政、司法分权的宗旨。虽然后来的《钦定报律》增加了"关于本律诉讼由审判衙门按照法院编制法及其他法令审理"一条,但同时保留了该官署的行政处罚权。而且从实际运作来看,大多数的报案仍由该行政官操纵办理,由巡警衙门具体执行。少数报案虽然移交审判衙门审理,但审判官无权解释报律,不能独立核以报律定罪和判罚,而是听命于该行政长官,因此,实际的决定权仍操纵于行政长官之手,民政部、地方督抚一手抓,既是最高行政部门,又是最高司法首脑,新的执法机构有名无实。如1911年8~10月的汉口"《大江报》案"即可说明问题。该报因讥评督办铁路大臣,攻击陆军第八旗第29标统带李襄邻,刊载度支公所以七厘行息借评款50万元合同,以及发表《大乱者求中国之良药也》、《亡中国者和平》等论说,被鄂督瑞徵以"宗旨不纯、立意嚣张、淆乱政体、扰害治安"等罪名饬令巡警道王履康查封,永禁发行。经理兼主编詹大悲被拘捕至审判厅讯问。第一次审问时詹以事实雄辩力驳,拒不承认。最后法官声明不能作主,必须禀明督宪,督宪瑞徵欲以刑律治罪。与此同时,审判厅秉承督宪之命拿获副主编何海鸣到厅,以该报所登"广东乱事时评三件,皆是鼓吹刺客,下注海字"为据进行审问,何直认不讳,并质问法官此三项犯何种报律。法官答以"我不知道,这是上头命令,俟禀过督院,再行核示"。其后审判厅将审讯情形及援据报律裁判之意见禀鄂督核示。鄂督以为轻纵,又严谕遵照扰害治安律文科罪,后因舆论压力才批准审判厅依据报律判罚。审判厅最后以鄂督、检察厅指控二点为该报犯罪事实,核以报律判处詹、何二人各监禁一年半结案。[①] 报案的处理、审判表明:审判厅实际权力远在行政长官之下,审判只是形式而已。清末行政衙门办案仍是常规通则,三权分立体制尚未确立。

在报律的实施中,主管官员不但不依法办事,而且还任意罗织罪名,以严酷手段摧残新闻事业的发展。当时封禁报纸的主要罪名通常为"扰乱治安"、"毁乱治安"、"毁谤朝廷"或"妨碍外交"等。主管官员就报纸文字中的只言片语无限上纲。而报纸一旦被指控,就广事株连,不仅发行人、主编首当其冲,其他稍有关系的如投资人、赞助人、撰稿人也往往获罪。封建统治者对于一些敢于揭露和触犯他们的新闻人,更以原始野蛮手段迫害。最骇人听闻的是1903年的"沈荩

① 刘望龄著:《黑血、金鼓——辛亥前后湖北报刊史事长编》,湖北教育出版社1991年版,第232~248页。

案”。北京记者沈荩因报道了有关中俄密约的丑闻遭清廷忌恨而被捕，不到半月，在未经任何审讯手续的情况下被判斩立决。适逢慈禧寿庆不宜公开杀人改判“立毙杖下”，行刑时，“特造一大木板，而行杖之法又素不诸习，故不至二百条下，血肉飞裂，犹未至死，后不得已始用绳紧系其颈，勒之而死。”①由此可见一斑，根据我国著名新闻史学家方汉奇的统计，从1898～1911年，至少有53家报纸遭到摧残，其中30家被查封，14家被勒令暂时停刊，其余的分别遭到传讯、罚款、禁止发行、禁止邮递等处分。办报人中，有2人被杀，15人被捕入狱，还有百余人遭到拘留、警告、遵释回籍等处分。②

三、报界全面抵制，报律形同虚设

清末社会危机四伏，报界作为不同利益群体的代表，希望表达各自的呼声，要求法律的承认与维护。清政府钳制言论、摧残报刊、新闻人的种种措施必然引起报界的强烈反弹，为了争取言论、出版自由，报界主要采取以下方法，普遍抵制报律的实施，使之形同虚设：

第一，托庇于租界和外人，摆脱报律束缚。在开办报刊登记手续时，许多报刊利用清政府唯恐开罪洋人的心理，以外商名义注册，使清政府不敢轻举妄动，为报纸出版争得机会。上海《国民日报》曾以英商在英领事馆注册；日知会员冯特昆所办汉口《楚报》系在香港注册。卞小吾所办的《重庆日报》则聘日本人竹川藤太郎为名义社长。端万督鄂时，就不敢对“悬评旗”的《汉口日报》随便下手，只好先将该报买到手，“而后封禁之令始下”。

第二，采用假名注册登记。在公开合法的出版物中，有部分报刊的发行人、编辑人、发行所、印刷所使用假名登记，“神出鬼没，使官吏知有其纸出，而不知其发行印刷之所而无从封禁。”如北京《国风日报》发行人白逾恒化名“乌有氏”注册，广州《齐民报》、《天民报》的发行人伪托“冯光裕”、“黄平”，实际并无其人。所以，尽管开办手续形式上较为完整，但实际上没有照律办理。

第三，在刊载内容上，旁敲侧击地抨击弊政，迂回曲折地宣传革命思想。报界抑制报律最突出地表现在无视报律禁载规定，一如既往地揭露弊政，抨击外交得失，点名“侮骂”各级政府官吏；有的采用隐讳手法，“正言若反，寓言曲笔”，以瞒过清廷耳目；有的在受检后故意采用开天窗的办法以激动时论，获得以无胜有

① 参见1903年8月4日《大公报》。

② 徐培汀、裘正义著：《中国新闻传播学说史》，重庆出版社1994年版，第212页。

的效果,迫使巡警官署宣布"不再检查"。《神州日报》通过照录法庭审讯革命党人的供词来阐述革命大义,并且大量编发清朝各级政府发布的有关革命党活动的通报、缉捕革命党人的函电文告等,向读者透露革命形势。

第四,抑制处罚。当遭受处罚时,当事报馆也根据不同情形,积极采取抵制措施,如对轻微罚款,一般也遵照执行,但也发表抗议声明;对暂禁发刊、永禁停刊、查封等较重处罚的,虽被迫接受,但仍多方设法冲破禁令,或谋求报界同人帮助,发动舆论反击;或另创报馆,再辟阵地。其他报馆则纷纷行动、声援被压迫同业。①

总之,尽管清末报律对报馆的限制宽泛,而且清政府着力推行报律,以期达到约束报业、控制言论的目的,但由于报界的全面抵制,加之清政府自身日趋衰落,报律终于难以生效,报业逐步发展成"舆论之母","与军队之势力相辅而行",直接动摇了满清专制王朝的统治地位。

四、历史的启示

通过以上论述,我们从中可以获得一点历史的启示:清末政府依照东西方先进强国的成法,先后制定颁布了5部新闻法,并且设置专门机构着力推行报律,显露出法制近代化的端倪;但是终于没有取得成功,清末报律并未真正切实贯彻。相反,清政府对言论、出版自由的摧残却激起报界强烈的反抗,清廷控制舆论的能力更加削弱。分析其原因主要在于:

其一,报律自身存在严重弊病,使之难以贯彻推行。如作为报律核心的"禁载"和处罚规定主要仍来自于通行的旧法和既有行为规范,清政府实际上是将以前对待报刊的一套落后的惯例和常规法律化、制度化,而与保障新闻自由的近代法治精神根本无关。而且禁载范围的规定过于简略,对于什么是诋毁宫廷、淆乱政体、扰害治安、损人名誉等缺乏具体界定标准。立法贵在施行、条文用语应明确具体,否则,一方面使执法机构操作时可彼可此,或百般罗织,妄加罪名,严加处治;或放任自流,听之任之。另一方面,报界仍然我行我素,漠视报律,借口报律限制太宽而拒绝遵守。

其二,行政、司法不分的体制必然导致人治而非法治的恶果,在此前提下,新闻自由只能是空想。清末负责报律实施的为巡警衙门和地方督抚,审判厅有名

① 王学珍:"清末报律的实施",载《近代史研究》1995年第3期。

无实，即检查权与审判权不分、行政与司法合一。所以，官府有权力而无责任，即使滥用特权，随意制造报案、制裁报馆也无须承担失查失误之责。这样一来，报律对官府缺乏甚至没有约束力，反之，报馆只有责任义务而无权利，只能绝对服从，动辄得咎。

综上所述，我们在今后制定、推行新闻出版法的过程中，理应以史为鉴，以保障言论、出版自由为根本目的，立法上应充分体现广大人民的共同利益，表现出相当程度的灵活性与适应性，争取广泛的接受；同时，要加快司法体制改革，真正实现司法独立，有力排斥行政权的不当干扰，以确保新闻自由的实现。

（2000 年第 3 期）

庞德与中国之法制

——1943年至1948年之中国法制历史

刘正中*

一、前　　言

中国自古以来,即有“溥天之下,莫非王土;率土之滨,莫非王臣”之思想,视外来民族为蛮夷之邦。16世纪中叶以来,耶稣会教士传入西方科技,渐启中西接触之大门;1840年鸦片战争后,中国与外国签订《南京条约》、《中英五口通商章程》等不平等条约,并丧失国家独立自主的法权——领事裁判权。中国自给自足的闭关自守社会,因国际贸易等对外经济活动日益频繁,在政治与经济双重危机下,于清季晚期开启了一连串法制现代化的改革。

法制现代化进入中国,第一步当属进行法律著作的“翻译”工作,最早翻译外国现代法律著作,应起于林则徐,林则徐于鸦片战争期间主持编译《各国律例》;其后,魏源于《海国图志》中,也介绍了西方法律制度,强调“师夷长技以制夷”。1862年8月同文馆开馆,教席丁韪良(William Martin)主持翻译了《拿破仑法典》; 1902年清廷派刑部侍郎沈家本、伍廷芳为修订法律大臣着手修订法律,江庸、徐谦、董康襄理修律,“将一切现行律例按照交涉情形,参酌各国法律,悉心考订,务期中外通行,有裨治理”①。沈家本对改革法制有几项现代化的具体作为。

第一,成立修订法律馆,革故鼎新。沈家本一方面修订旧律,另一方面参考外国立法例、立法之原理,制定新律。其后经历“调查”、“译书”、“编订”等工作之进行。在修订旧律上,沈家本删除了《大清律例》中的部分酷刑,修订为《现行刑律》;在制定新律上,颁布了《商人通例》、《公司律》、《破产律》、《票据法》、《禁烟条例》、《违警律》、《法院编制法》、《各级审判厅试办章程》等,草拟完成之法律但未颁布施行的有《钦定大清刑律》、《大清民律》、《大清商律》、《刑事诉讼律草案》、《民事诉讼律草案》、《海船法草案》等。

---

* 作者单位:台湾力世证券股份有限公司法务襄理。

① 沈家本撰:《寄簃文存》(卷一),《删除律例·内重法折》。

第二,“延请外国法律专家,随时咨问”①,聘日本法学家冈田朝太郎为修律顾问,并参与起草法律。

第三,首创法律学堂,聘冈田朝太郎、松冈义正任教席,培养法律人才。

与此同时,清廷对外急于取消各国在华领事裁判权,但因各国均坚持中国须先整顿本国法律与各国一致,以实行改革法律及司法制度为交换条件,方允取消。当时主张新政之张之洞,更提倡留学日本,而清廷又颁鼓励学生游日办法,凡游学日本毕业归国者,皆给予拔贡、举人、进士等出身分别录用,得博士文凭者,给予翰林出身。一时之间游日学生,争学法政,以日本明治三十年(1897 年)至明治三十四年(1901 年)间,为留日极盛时期,平均每年有 3 万 ~4 万人赴日留学,而国内法政学堂亦陆续成立,留学美国、英国、法国者亦有之,法律人才辈出,不计其数。1910 年(宣统二年)3 月,清廷派徐谦、许世英等代表,赴美国参加第八届世界监狱暨司法制度会议,会后赴欧考察各国司法制度,前后历时 10 个月,遍历俄、德、法、英、意、比、荷、瑞士、奥地利 9 国,归国后,将司法考察结果撰写报告,可惜未受重视及被采纳。②

沈家本值此图强变革之时代中,着手现代法律制度体系的建立与法律教育的倡导等各项改革,使中国固有之中华法系,渐蜕变为西方之大陆法系。这是近百年中国法制现代化之滥觞,亦为中国法制现代化转变的一大关键。

1911 年 10 月 10 日武昌起义后,各省纷纷独立,武昌起义志士集议于武昌抱冰堂,制定《中华民国军政府组织条例》,军政府成立,推黎元洪为大都督,为革命之国家临时元首,复由张知本任军政府司法部部长,11 月 5 日就职,延彭汉遗、宁伯青、石志泉、韩玉宸、王巽伯、李稼生等人。11 月 9 日发布军政府司法部第一号公告,揭示满清吏治腐败,司法黑暗,在武昌设立临时上诉审判所及临时江夏审判所,受理民刑案件,湖北其余府厅州县,亦积极擘划筹办司法审理事宜。1912 年 1 月 19 日,发布军政府司法部第二号公告,招考司法人员,奠定司法独立审判的基础,除此之外,由宋教仁、张知本、居正、汤化龙、刘公、孙武等人草拟一份具联邦制色彩的《鄂州约法》,未及施行,南京临时政府成立。此后,司法制度的建立与兴革延续清廷未竟之功,参与修订法律工作有王宠惠、董康、罗文干,而江庸、徐谦、许世英等法律人才亦位居要津,一时俊杰辈出。

美国哈佛大学法学院院长庞德,以法学素养精湛闻名于世。1945 年中国在历经 8 年的对日抗战后,面对国家战后复员工作,法律制度亟待重建,宪法制颁

① 沈家本:《奏修订法律大概办法折》。

② 许世英著:《许世回忆快录》,人间世月刊社 1966 年版,第 27 页。

与宪政制度之建立，均胥赖法制之建设，庞德来华得以成行，其中有两位关键人物以及一位灵魂人物，这两位关键人物就是当时的国民政府司法行政部部长谢冠生，司法行政部参事倪征礇，而一位灵魂人物就是司法行政部刑事司司长杨兆龙。谢冠生应杨兆龙之建议，由倪征礇亲自赴哈佛大学法学院延请庞德为司法行政部顾问，为中国战后复员及法制各项建设进行筹划。庞德在中国担任司法行政部顾问期间，进行各项司法研究、司法改革计划以及司法调查工作，皆由杨兆龙负责协助与翻译。这可以说是继沈家本之后，第二次有系统、有计划的司法改革建议。

二、战后司法各项复员

1945年11月国民政府司法行政部由重庆的歇马场小湾许家祠堂迁回南京。1943年，司法行政部即着手准备司法复员工作，复拟就具体计划，分司法复员工作计划、恢复法院计划、恢复监所计划、储备司法人员计划四种。司法行政部为革新司法，首先将壁山与重庆两地方法院改组为“实验地方法院”，并因重庆为战时陪都所在，人口激增、事务殷繁、涉外案件尤多，故参照南京地方法院组织办法，将四川高等法院第一分院改由司法行政部直辖，重庆地方法院之行政事务亦由四川高一分院呈部核办，并将该四川高一分院与重庆地方法院之院长职、首席检察官职改为简任。1943年5月10日，重庆地方法院组织扩大后之首任院长倪征礇，在四川高一分院院长孙鸿霖之监誓下，宣誓到任，其后重庆地方法院院长倪征礇与司法行政部参事查良鉴互调，倪征礇重新回任司法行政部参事。

司法行政部由重庆迁回南京的前一年，美国国务卿派美国前驻华法院法官密尔顿·海尔密克（Milton Helmiek）来华访问，开启中美司法考察互访之门。1944年11月24日，密尔顿·海尔密克（Milton Helmiek）来华访问，海尔密克系美国斯坦福大学法学博士，曾任美国驻华法庭庭长9年，并曾在上海东吴大学法学院执教。1944年11月29日，海尔密克飞抵重庆，由倪征礇陪同赴重庆实验地方法院参观，并由查良鉴负责接待，海尔密克对重庆实验地方法院简化诉讼程序之成果极为赞赏，另外亦询问涉外案件处理的情况。海尔密克又在倪征礇参事陪同下访问立法院院长孙科，并关切中国战后公司法的立法内容。

1945年2月8日，海尔密克离华前，对当时国民政府司法制度提出几点建议。①

第一，诉讼案件由律师进行审理及诘问，以减轻法官办案之负荷，法官应于不阻碍律师执行职务之范围内，加以正当适度之监督，检察官之地位应与被告律师相等，审理时不与法官同座，法官之正当任务，不在调查证据或讯问证人，其任务在谛听并估定事实、适用法律而为裁判，故法官不应负担案件之展开，以避免案牍劳形。

第二，证据法则之适用，对民事案件，法官辨别证据之强弱而为判断；对刑事案件，除有明确而直接之证据或有充实之情况证据，对所控之犯罪事实，已无常情上可得认为疑窦者外，不得判处被告罪行。对于被告起诉及命其到庭待审，不得推定其有罪责，在被告未为辩护以前，应由检察官当庭提出证据，为被告有罪之初步证明。

第三，巡回审判制度，有采行必要，因中国幅员广大，司法推行当以法院就当事人。

第四，自诉似应废止，检察官对自诉有监督之权，以防恶意滥诉。

第五，中央指纹机构之设立，裨使检察官于刑事案件搜集证据，享受与各警务机关一般之便利，联合相关部门共同成立一个交换情报之系统。

第六，简化民事诉讼程序，求其便民，省其劳费，避其扰民，以减当事人之讼累。

1945年2月11日，在倪征燠送行下，海尔密克自昆明离华，结束3个月的司法考察及访华。

1944年同盟国于伦敦组织“调查战罪委员会”，设远东分会于中国重庆，由王宠惠代表中国出任委员。国内部分，在行政院设“敌人罪行调查委员会”，负责战犯罪行调查工作，1945年5月改隶司法行政部，谢冠生指派杨兆龙兼掌其事，成立“战犯罪证调查室”，由杨兆龙为主任，倪征燠为副主任，此一战犯罪行调查工作由各地司法机关办理初步调查与审核工作，呈司法行政部“战犯罪证调查室”杨兆龙核定后，经外交部转送同盟国“调查战罪委员会”远东分会审查，战犯分由东京国际军事法庭、国内军事法庭审理。国内战犯由分设于南京、上海、北京、武汉、广州、徐州、济南、太原、沈阳、我国台北地区十地审理。②

1945年2月22日，司法院成立“讨论战后法规特种委员会”，进行战后民刑

---

① 《战时司法纪要》，中国台湾地区“司法院”重刊，1971年。

② 谢冠生：“战后司法概述”，1948年1月5日。

事法规的整理工作，派洪文澜、王龄希、孙潞、余觉、刘镇中、倪征日奥、邓子骏、季手文、周韫辉、吴与新、王镇南、孙善才、孙希衍、洪均培、汪兆彭为“讨论战后法规特种委员会”委员，指定洪文澜、王龄希、余觉、刘镇中、倪征日奥、邓子骏、季手文、吴与新、孙善才为民事组组员，孙潞、周韫辉、王镇南、孙希衍、洪均培、汪兆彭为刑事组组员，以洪文澜、王龄希为委员全体会议召集人，余觉为民事组组员会议召集人，孙潞为刑事组组员会议召集人。此为司法院为整理战后民事、刑事法规所作之司法复员工作。①

海尔密克离华后，美国司法部门来函，邀请中方派员回访，谢冠生以资源委员会提供出国考察经费，派倪征日奥考察美国工商法规与司法制度，倪征日奥遂于1945年6月21日，向司法院院长居正请辞“讨论战后法规特种委员会”委员一职，复以司法行政部参事身份访美1年，此次回访也为1946年社会法学派大师罗斯寇·庞德(Roscoe Pound)来华担任司法行政部顾问，铺成一条大道。

1945年7月15日，倪征日奥为考察美国工商法规回访美国司法界，途中，倪征日奥在印度转机时巧遇吴经熊，吴经熊携联合国宪章英文原稿，自美衔命返国从事联合国宪章中文翻译工作，吴经熊将此一文件交由杨兆龙负责完成中文翻译工作，并在国内发表。② 7月18日倪征日奥抵达纽约，先在美国联邦最高法院与国会图书馆，进行美国联邦与各州司法制度、法规、法学著作之研究；1946年1月，倪征日奥赴哈佛大学法学院亲自邀请院长罗斯寇·庞德(Roscoe Pound)来华担任司法行政部顾问，并进行法律学术演讲。倪征日奥于1946年7月底结束考察工作返抵上海。

三、庞德访华

1935年8月16日，哈佛大学法学院院长罗斯寇·庞德(Roscoe Pound)以私人身份首次访华游历，其搭乘林肯轮抵达上海，稍作停留后，当日晚上即赴香港，8月26日游抵上海，并觅访中国法学家。

1937年2月24日，庞德院长再次访华，抵上海游历；2月26日访问南京，下午3时许，由司法行政部长王用宾陪同，前往法官训练所作学术演讲，讲题为“司法之功能”，听者计有该所学员百余人，历1小时结束。下午5时应中央大学之请，在中央大学科学馆致知堂作学术演讲，讲题为“法律之理想运动”。

① 国民政府司法院令，治人字第220号，1945年2月22日。

② 倪征日奥著：《淡泊从容莅海牙》，法律出版社1999年版，第69页、76~77页。

（一）庞德正式访华（1946 年 6 月 28 日～1946 年 9 月 18 日）

1946 年 6 月 23 日，庞德应司法行政部之聘请担任法律顾问，搭乘军机离美正式来华，因途中遇暴风，迟至 1946 年 6 月 28 日始抵达上海，留沪 2 日，除应哈佛同学会、法院首长及学术团体欢宴外，并会晤王宠德、孙科、孔祥熙、吴经熊等人；6 月 30 日由杨兆龙陪同赴南京司法行政部；7 月 1 日下午 3 时谢冠生举行茶会欢迎庞德抵任。庞德表示其本人虽为美国人，但对大陆法系研究甚深，今后研究之建议绝不强以英美法系精神加诸于今日实施大陆法系之中国。庞德于停留期间将先就民刑事诉讼法与法院组织法，进行研究并提供改革意见。

1. 庞德的学术演讲。庞德来华后，除专心研究中国现行之法律制度外，亦应各界邀请，发表演说。

1946 年 9 月 4 日起连续 3 天，庞德应教育部与司法行政部之特邀，在南京国民大会堂二楼作学术演讲，首场演讲，讲题为"法律与法学家——法律与法学家在现代国家之地位"，由杨兆龙担任翻译。①

演讲内容大意言：法律是文化产物。文化是人类生活的高度发展。文化就是人类对自然界的控制能力，人类对于自己的本能和大性的拘束的能力。要求控制自然界的能力加强，先决条件是加强人类自己约束本能和天性的能力，否则一切是徒劳的。约束又须依靠社会的制裁，如道德的压力、舆论的压力等。社会制裁可以分有组织的和无组织的两种；最初当然是无组织的，后来才通过政治组织，来达到一种社会制裁的目的。所谓法律，也可以被解释为一种很进步、很特殊的社会制裁方式。

宪政就是依据宪法的政治，历史上有两个宪政最发达的国家——共和时代的罗马与英国，大陆法系源于罗马，英美法系源于英国。英美法系制度不健全，还保留许多原始时代的制度。法学家应包括律师、法官、法学教授三者，中国应三者并重，从法律教育着手，是整顿法治、厉行法治的聪明办法。

1946 年 9 月 5 日，第二场演讲因国民大会堂容积太小，地点改在香铺营文化戏院举行。讲题为"法院组织与法律秩序"，由倪征㬇担任翻译。②

演讲内容大意言：法院的成立，先于法律，理论上来说，应该先有法律，后才有法院，但从历史发展来看却是不合逻辑的。一国的皇帝就是法官，皇帝依家长之资格，行使职权，处理讼事。后来由裁判官受命于国王行使职权，行政、立法、司法权力未划分，司法机关有立法责任，立法机关有行政责任，行政机关有司法

① 《中央日报》1946 年 9 月 5 日。

② 《中央日报》1946 年 9 月 6 日。

责任。而行使司法权的方式就有三种:第一,以立法为主,制定法律,附带行使司法权。第二,以行政为主,附带行使司法权。第三,纯粹由司法机关之法官,行使司法权。中国法院采法国之三级制,至为合适。诉讼进行应多利用律师,以分担法官之负担。培养律师,应从法律教育着手,而法律教育则以职业道德、职业技术为其两大重心。

1946年9月6日,第三场演讲讲题为"法学思想与法律秩序",由杨兆龙担任翻译。①

演讲内容大意言:法学思想的重要性,就是从历史的分析来的,罗马法与英美法发展到现在,经过四个不同时期,现在已进入第五个时期。(1)法律的原始时期,具浓厚种族色彩,纪元前4世纪之罗马法,中世纪初叶之日耳曼法,13世纪之盎格鲁—撒克逊法,是最好的例证,其特点在于注重习惯,缺乏系统,损害赔偿非由程度来决定,而是由被害人报复欲望的强弱来决定。(2)严格法时期,纪元前4世纪至前2世纪之罗马法,12~16世纪之近代罗马法,13~17世纪之英国法属之,特点在于着重救济,但太拘泥于形式,而忽略事实上的需要。(3)衡平法与自然法时期,纪元前2世纪至后2世纪之罗马法,十七八世纪之近代罗马法与英美法属之,开始注意确立原则之重要性,道德原理与法律原理融合统一,借此符合道德标准。(4)成熟法时期,以《查士丁尼法典》出版为终点,于限度内回复严格法的观念与方法,重心不在条款,在正义的表现,同时注重个人合理的自由。(5)法律社会化:财产权的限制、契约的履行具伸缩性规定,同时认为国家的存在是为了对人民服务,所以行政与行政效率更受重视。

2. 庞德的初步建议。1946年7月12日,庞德将其初步完成之研究工作,作成四点初步建议。

第一,中国现行之大陆法系,异常完美,仍应保持。一般浅识外人改革法系之意见,均不足采;第二,现行法典,大体完善,法律思想,亦颇进步;第三,中国人应对自己保有信心,不应盲从外人,尤应于最短期内创造、培养合于自己国情之法律制度;第四,关于解释法典巨著,中国犹付阙如,今后应聚集有名学者,潜心研究,合力完成此类伟大著作,以免法律适用时发生困难。因若无此等巨著,则不仅许多法律问题不得解决,即使法律解释及法律生活,亦将不能统一。

庞德于阅读民刑法及诉讼法后,大体尚感满意,唯对刑法中关于刑事政策规定,则拟提出修正意见。

1946年8月7日草拟完成创设"中国法学中心"(The Chinese Juristic

---

① 《中央日报》1946年9月7日。

Center)之计划纲要，此一计划纲要分两部分：第一，中心的组织；第二，中心的首要工作：中国法律的编纂计划，即准备一中国法通典（TheInstitutes of Chinese Law）的编纂。

庞德于送谢冠生之信中称："如果此项组织得以创设，此项典籍得以完成，我敢说这将是统一中国法的一个重要步骤，而且可能是对于中国司法所能做的最有用的一件事……如阁下认为可行，我愿竭尽全力求其实现。如认为时机尚早，则请留下作为日后之用。"

1946年8月20日左右，庞德提关于法律教育问题之报告。[①]

庞德就研究中国法制之结果，对中国法制发表三项意见：第一，中国目前实行30余年大陆法系，并无瑕疵，不要轻易代以英美法系；第二，现行法典规定完备，若能辅以良好法律教育，则法制前途大有可为；第三，应召集全国法律学者共同著作标准法律书籍，俾能划一法律解释，使国民法律生活趋于统一。

（二）庞德离华（1946年9月18日～1947年9月20日）

1946年9月7日晚，陈立夫自牯岭去电南京谢冠生，转述蒋介石三点指示：第一，庞氏聘约，明年必须续约，待遇须从优，以示尊礼贤者；第二，庞氏返美后，司法行政部应派员随往，帮同工作；第三，中国宪法草案，庞氏有何意见，希就近询问。

1946年9月18日，庞德顾问返美处理哈佛大学法学院院务，司法行政部派刑事司杨兆龙率中国司法代表团随往，帮同工作。庞德返美后，除续执教鞭外，也专心撰写中国司法复员与司法改革的各项计划。杨兆龙博士于在美期间亦赴各大学法学院讲学，1947年4月12日，由波士顿到印第安纳州立大学法学院讲学，并应美国外交政策协会及国际关系协会之邀请，讲述"中美关系之将来"与"中国政治及社会之动向"，论及中美友好之重要及将来两国应有之努力，并对当时美国社会谣传之反美运动，予以驳斥，并叙述中国近20年来法治教育及抗战时期各项建设之进步。

其后，杨兆龙博士应田纳西州范德堡大学（Vanderbilt University）法学院、爱俄华大学法学院等校之聘，前往讲学，杨兆龙博士在美考察司法制度、法学教育约2个月时间。1947年6月，杨兆龙博士当选国际刑法学会副会长并为中国分会筹备人及会长，6月中旬离美赴英，在伦敦停留一星期，访晤联合国战罪委员会主席，并参加战罪审查会。7月初抵巴黎，转赴比利时首都布鲁塞尔参加国际统一刑法学会第八届大会及国际罪行研究委员会，会后，停留柏林，调查研究欧

① 谢冠生："追怀庞德教授"，台北，民国53年（1964年）7月。

陆法制变迁与盟国管制等。7月底,以首席代表身份参加在瑞士日内瓦举行之国际刑法学第五届大会,当选副会长。8月初,赴意大利,由罗马转赴法国,经巴黎,由伦敦返回美国哈佛大学。① 返美后,杨兆龙博士将所搜集之各国法制资料及特殊问题研究,协同庞德顾问拟订"法典诠释委员会"详细计划,组织7~8人之委员会,计划编纂中国法制有系统的法学巨著七巨册,每册1200页,以解决学术上之争议。

(三)再次抵华(1947年9月20日~1948年11月21日)

1947年9月20日,庞德与杨兆龙搭机离美,9月22日飞抵上海。1947年11月5日,"全国司法行政检讨会议"召开,庞德应邀发表"近代司法的问题"。庞德指出:英美法律发展重于私人,往往缺乏协调与联系,亦无全面性;中国当前法制建设有"司法行政部"作为发动立法改革、司法调查与研究工作,对立法后法律发展与后续影响,法律适用之研究与修法,具有全面性的功能,但是否会因此影响干预裁判,则须留意。法律的完美发展是立法、裁判、法学著作共同促成的。中国目前所必需的基础是建立法学学理著作,必须要有一套完整的体系,要使判例发挥作用,必须要有一套权威的判例报告,对法律可适用之事实,为简明准确之叙述,于法律原则可适用事实与适用程度如何,予以说明,使法律制度施行稳定、准确后,使一个制度先有定形(Form)而后才可谈到改革(Reform),在法典解释及叙述必须统一,不应以刻板方法,机械式地运用法条,法律适用与解释不同,如分辨不清,非但裁判不能依据法律,而法律反随裁判为移转,则法律条文又将变为迎合预定裁判的一种东西。另外,国际私法应加以学理的研究发挥,世界经济日趋统一,法院审理案件,需要适用多国之法律,法院工作繁忙,法官不能在裁判上作什么创造的工作,这类案子使法院感到困难,要解决这种困难,不但要有学理的著作指示法院适用何种法律,并且还要有完备的、容易利用的图书馆,以帮助决定某国的法律究竟如何。②

1947年12月15日、17日、19日,庞德至南京国立政治大学演讲,讲题分别为"比较法学与历史作为中国法律之基础"、"统一法律解释与适用"、"中国宪法的发展"。

1947年12月27日,庞德在孝卫陵法官训练班演讲,1948年2月4日,在法律教育委员会议演讲"欧美各国法律教育之历史及新趋势",言欧洲各国古代学

① 国民政府司法行政部编:《全国司法行政检讨会议汇编》,民国36年(1947年),第15~16页。

② 同上,第1~14页。

制，最初仅有神学院，以后渐设医学院及法学院，法学教师限于律师。①

1948年5月，司法行政部为求彻底改善法制，特于部内设“法制研究委员会”，从事法制推行实际调查、法制改革方案研究、重要法学编纂等工作，委员会下分设“法学著作编纂委员会”及“司法调查团”。司法调查团团长庞德及副团长杨兆龙，就调查团工作分设五组进行，第一组负责治安机关及刑事调查与侦查机关之调查；第二组负责刑事诉追及裁判之调查；第三组负责刑罚执行与刑事感化之调查；第四组负责民法典及其补充法规适用情形之调查；第五组负责民诉及执行法规适用情形之调查。全团人员配备共20～25人，其中8～10人由司法行政部延聘专家担任，其余人员则由部内人员及部属机关人员调充，调查期间暂定1年，调查区域暂以京沪、沪杭、浙赣三路及其附近地区为限，以后调查区域，视实际情形逐渐扩充。调查工作程序，定为：第一，调查项目或问题之准备。第二，与各机关团体取得联络，以便利工作进行。第三，出发调查。第四，整理及编制报告。②

1948年6月7日，司法调查团在南京正式展开调查。团长庞德及副团长杨兆龙率全团赴南京监狱及南京高院、地院所属监狱看守所进行调查，并赴南京警察厅及所属机关。8日，团长庞德及副团长杨兆龙率该团二、三、四、五组赴高院、地院两院进行法院与监所调查，第一组赴南京警所，调查南京警务与司法之关系，司法调查团在南京调查一周后转至上海。6月17日，司法调查团在上海除举行分组司法座谈会外，下午3时由庞德在上海高等法院举行一般综合性的座谈会。18日离开上海转赴杭州，庞德等一行人于午后下榻杭州外宾招待所，司法调查团19日在杭州调查各司法机关，杭州市律师公会举行律师及司法问题座谈会，7月26日司法调查团返回南京。8月1日司法调查团赴江苏省进行调查，在苏调查竣事，将调查资料整理后，制作成调查报告，呈司法行政部作为法制改革之参考。

1948年9月10日，律师公会全国联合会在华侨招待所礼堂举行成立大会，大会由主席戴修瓒律师主持，司法院秘书长端木恺、社会部部长谷正纲、司法行政部部长谢冠生、立法院秘书长张肇元、行政法院院长张知本等人均与会致辞。会末，庞德发表演讲，讲述“美国律师公会对司法之贡献”，由杨兆龙翻译，演讲大意为：美国律师公会的创建与演变，美国律师公会对司法贡献有四方面：改革诉讼程序、统一法律见解、提高律师资格、监督同业风纪。Profession 一字，与普

---

① 谢冠生：“追怀庞德教授”，1964年7月。

② 《中央日报》1948年5月24日。

通职业，如工商业或运动家等，含义不同，其他职业或谋本行之利益，或求炫耀于社会；而 Profession 则着重以个人修养所得，贡献人群，教士、教员与律师皆是所谓的专业人士，并评论美国律师公会之得失。①

1948 年 11 月 21 日，国共内战，战事紧张，庞德在美国驻华大使通知下离华。

四、庞德对中国司法之建议

庞德为战后中国，拟就了三项具体的司法建议。

第一部分：当代中国法律的发展（Development of Law in Moden China）。

中国循着现代罗马法的道路，已有良好发展基础，向前走去是最适当不过，罗马法已成为世界法，罗马法能适用于不同的社会政治、经济、地理环境下的不同民族，而要企求一个现代化的司法制度，不是仅仅向外国模仿或借鉴而为之，一个国家如果没有英美法的背景，转而重建为英美法系统，以既无合用的法律书籍，更不便于法典化的情况下，如此重建，便是一种浪费，特别是将英美法移植于已有罗马法为历史背景的中国之上，将是无益的。中国法律的发展，于中国法律文献开创上，应有权威性的法律典籍，借此确保法律的统一，法律原理的阐述，本于理性予以发展，本于经验予以实证，以此方式作为法学上的处理，从而建立统一的法律传统，使成为司法制度的基础，以适应一个进步的泱泱大国所需。现行已制定之法典，大致完好，重要之事不在修改法典，而在如何使法典有效付诸实施，对法典必须有统一的解释与统一的适用。而为求统一的解释与适用，则需划一法律教育，使法官、律师在同一基础上受到训练，方能在同一基础上，对法律有统一的解释与适用。在划一的法律教育制度下，所培育的法学教授，应积极从事完整而有系统的法律注释工作，其注释成果对法官与律师适用法典，将有极大的帮助，如法学教授能提供精辟批注与释义，法官与律师能协力达成公平之司法裁判，则中国法律之发展前途无量。②

第二部分：创设中国法学中心（The Institutes of Chinese Law）。

中国法学中心之任务，将中国法律综合成一系统的汇编，每一法律领域与其他法律领域相互关联，而形成一个整体，也就是编成《中国法通典》。卷首之绪论，用分析的、历史的、哲学的、社会科学的方法，为中国法之科学导言；次言之，

---

① 谢冠生：“追怀庞德教授”，1964 年 7 月。

② Roscoe Pound, Development of Law in Modern China, *Sino – American Relations Quarlerly*, Vol. II, No. 2, 1976.

法典制定前的法律史、法学思想、现代罗马法作一专论性大纲;最后,阐述现行中国的法典。

中国法学中心之组织,由法律学校联合会组织成一私人团体,由政府予以监督与扶助,由法官、法学教授、律师、实务家等自愿参与,此一合作应视为自愿参与为公众服务之性质,组织由会员共同参与组织而成,会员大会推选理事,组织成理事会;依法律领域成立民法委员会、刑法委员会……各委员会设总编纂一人,各章节专业领域分设专门编纂一人。专门编纂提出编纂草案,交付各委员会充分反复讨论并修正草案内容,如仍未获一致结论,则将全部、一部分或某特定章节相歧之草案,送理事会作最后决定之讨论,理事会就任一部分或特殊部门,均视为与整体“中国法通典”有关与否,为最后的认许,认许前,如认为仍有修正之必要,可将该部分交还该委员会及总编纂进行适当之修正。此一计划之完成,自中心组织成立与通过典籍编纂计划开始实施,至少需费时2年。

第三部分:法律教育报告(Report on Legal Education)。

法律教育是法律的基础,而法律是立宪政府的基础,中国欲建立永久的立宪政府,应准备并维持一个良好而统一的法律训练制度,使产生有效的司法,于人民与官员间建立公平和谐的关系。立宪政府是依法而治,独裁者定下之宪政,得由其任意为变更或漠视。立宪政府的法律教育不仅是训练法学教授、法官、律师,更训练行政官员、立法者,在统一的法律教育训练基础上,使司法与行政、行政与立法、立法与司法能保持合作,避免因不统一的训练基础,造成误解与不合作。当此中国法律教育正在重建与统一之际,此一机会使统一的法律教育能对法律、政治、经济秩序发挥最高之效用。

五、结　　论

庞德教授自1946年6月28日正式来华,迄于1948年11月21日正式离华,其停留中国,除离华返回哈佛大学处理院务外,共计17个月。第一次,庞德停留2个月又21天,研究中国现行之法律制度,并拟就初步司法改革建议。第二次,庞德停留14个月又10天,参与司法行政检讨会议、进行实地司法调查工作,为中国战后司法复员,拟就了三项具体的建议。

从中国过去的法制建设与法制发展可以看出,中国的法律制度由传统的中华法系,帝制律令形成的Rule of Law,进展到大陆法系,民主法治形成的Rule by Law。前者是“用法来治”,强调法律是统治者用来管理人民的工具,保障的是统治者的权能,是人治;后者是“依法而治”,强调法律的正当性与合理性,保障的是人民基本权利,是法治。

而1945年海尔密克之建议,以及1948年庞德对中国提出司法建议以来,距今已届52年,两岸之法制建设较之西方民主法治社会尚有相当差距。以案件审理进行方面言,中国台湾地区司法案件统计,法官平均每月审理未结案件高达100~120件之多,法官负荷之重,审判品质低落,素为人诟病;而海尔密克55年前访华即曾建言"诉讼案件由律师进行审理及诘问,以减轻法官办案之负荷"。再以检察官之地位方面言,在诉讼上,检察官仅为代表国家公权力行使诉追之当事人而已,自然不宜高居法官席之同列,此一现象,中国台湾地区迟至1988年才有所调整改善,将公诉人与辩护人分列左右席,而法官席位居中。

中国人治进步到法治的过程,其中人的因素与色彩至今存在,影响到现代法制的进步与发展,甚至造成意识形态与政治口号凌驾于法律规范,使法制建设沦为意识形态之争,而不见具体法律体系的建立。1956年12月,杨兆龙博士在《华东政法学院学报》第3期上,发表了《法律的阶级性和继承性》一文,强调各个不同时期和各种不同类型的国家立法,将产生广泛且深远的不同影响,新政府不应将旧政府的法制建设全盘否认,另创一套全新的法制。中国迟至改革开放之第2个10年之后,始渐见具体法律体系的重建。杨兆龙博士对欧美法制发展历程知之甚稔,对国民政府时期发展到人民政府时期,首要建设的就是保留或重建前时期主导性或关键性的法律规范,也就是建立新政府的"统一法典"。杨兆龙博士此一观点,可以说是,庞德在国民政府时期为中国提出司法建议,将原有之司法建议的延伸。庞德对中国法通典的编纂、统一法律解释与适用以及统一法律教育等建言,对中国当代法制建设与发展,实深具参考之价值。

(2000年第12期)

2001 年

新中国法制史:21世纪一个亟待开拓的中法史研究领域

陈鹏生*　王立民**

伴随着中国社会变革的时代步伐,我们已进入了21世纪。每一门学科,都应该密切关注自身在历史进程中的发展和变化,研究现实生活中向本学科提出的新问题,这对中国法制史来说也不例外。中国法制史的研究能否做到这一点,是中国法制史学能否具有时代生命力的关键所在。

过去的20世纪,中国经历了一场历史性的社会变革,特别是新中国的成立,使中国开始了从传统社会向现代社会的历史转型。而属于法律发展范畴的法制现代化,正是新中国法制反映社会进程历史要求的发展总趋势。这里面既有法律制度、内容和体系的变革与创新,也有法律文明价值观念、体系的转变与重构,这些无疑是21世纪中国法制史一个亟待开拓的研究领域。有感于此,我们特就新中国法制史研究问题,谈几点看法,以期与法史界同人共勉共勉。

一

新中国已成立50余年,新中国的法制也已有50余年的历史,可是我国对新中国法制史的研究非常不够,远不及对以往法制史的研究。

从通史来看,无论是单卷本《中国法制史》,还是多卷本《中国法制通史》,都没有包含新中国法制史的内容。这些通史都是上起夏朝的法制,下至南京国民政府、根据地人民民主政权的法制,唯独没有新中国的法制。近年来,虽然难能可贵地出版过诸如《中华人民共和国法制通史》①等著作,但数量毕竟极少,研究还远没有形成气候。至于就新中国法制的某一方面的历史发展专门研究的,也是寥寥无几,只是在近几年才出版了少量的专著,如《中华人民共和国刑法

* 作者单位:华东政法学院(现华东政法大学)。
** 作者单位:华东政法学院(现华东政法大学)。
① 韩延龙主编,中共中央党校出版社1998年版。

史》、[1]《中国法制建设20年》、[2]《上海改革开放二十年·政法卷》[3],等等,明显少于其他时期的专著。这里以有关唐律为例。唐律只是唐朝法制中的一个组成部分,但自1982年以来,专门研究唐律的专著就有多本,其中有《唐律初探》、[4]《唐律研究》、[5]《唐律论析》、[6]《唐律与中国现行刑法比较论》、[7]《唐律新探》、[8]《唐律与唐代吏治》[9]和《唐律与唐代法律体系研究》[10],等等。

从论文来看,在很长时间里,没有专门关于新中国法制史的论文。据《法学论文目录集》[11]的统计,从1949~1984年全国共发表了中国法制史论文597篇,但其中没有一篇是关于新中国法制史的专文。这一情况近年来稍有好转,但此类论文的数量仍然不多,其深度和广度也不够。据中国人民大学书报资料中心对重要中国法制史学论文的统计,在1997年第1期至2000年第5期的《法理学、法史学》中,摘载中国法制史学的论文目录及文章共有500多条(篇),可其中关于新中国法制史的只有17条(篇),只占3.4%。

以上这些尽管是不完全的统计,但从中可以看到,对新中国法制史的研究,没有引起中国法制史学界的足够重视,其成果明显偏少,滞后于其他时期法制的研究。关于这一点,在中国法制史研究综述和中国法制史学研究的回顾与展望中同样可以得到反映。

《中国法制史研究综述》[12]一书综述了1949~1989年40年间中国法制史的研究状况,其中"包括研究概况总述、对同一问题的不同观点、某些在法史学界已得到普遍认同的结论、各方面研究所存在的不足、亟须研究并加以解决的理论课题,等等"。[13] 其内容分为17章,下限是"革命根据地法律制度研究",而新中国法制的研究,则是空缺。

在近几年的中国法制史研究的回顾与展望中,也是如此。《1997年中国

---

① 张希坡编著,中国人民公安大学出版社1998年版。
② 许骅等主编,中州古籍出版社1998年版。
③ 林青山主编,上海人民出版社1998年版。
④ 杨廷福著,天津人民出版社1982年版。
⑤ 乔伟著,山东人民出版社1985年版。
⑥ 钱大群等著,南京大学出版社1989年版。
⑦ 钱大群等著,江苏人民出版社1991年版。
⑧ 王立民著,上海社会科学院出版社1994年版。
⑨ 钱大群等著,中国政法大学出版社1994年版。
⑩ 钱大群等著,南京大学出版社1996年版。
⑪ 童兆洪等编,浙江人民出版社1986年版。
⑫ 张晋藩主编,中国人民公安大学出版社1990年版。
⑬ 《中国法制史研究综述》"说明"。

法制史学研究的回顾与展望》①一文对1997年中国法制史学的研究与发展作了概括性总结，认为“1997年中国法制史研究的主要内容有：断代法制史研究、制度通史研究、历史纵向研究、民族法制的研究和发掘等方面”。文章具体介绍了6个方面的研究，它们是：关于先秦法制史研究、关于汉代迄唐代的法制史研究、关于两宋至清代中期法制史研究、关于清末迄民国时期的法制史研究、关于法制通史的研究和关于民族法制史的研究。在这6个方面中，没有一个方面是专门关于新中国法制史的，而且在其介绍的文章和内容中，也没有关于这一方面的。

《1998年中国法制史学研究的回顾与展望》②一文总结了1998年中国法制史学界在这一年中的研究情况，其成果令人高兴。文章说：“由于法史学者们注意挖掘新的史料，综合运用各学科知识，勇于探索新的研究领域，中国法制史研究成为研究成果最多的领域。”可是，在介绍的成果中只有一项是关于新中国法制史的，这就是张希坡编著的《中华人民共和国刑法史》。它“对新民主主义革命时期根据地刑事法律法规的产生和中华人民共和国成立后刑事立法的发展变化进行了全面系统的考察研究”。其他的均与新中国法制史无缘。

《1999年中国法律史学研究的回顾与展望》③一文对1999年法制史学界的研究状况作了总结，认为这一年“法律史研究者们不仅综合运用跨学科知识、方法，而且专注于探寻新的史料及从史料中发现新的问题，不断拓展法律史学研究的新领域”。可是，这一“新领域”似乎不含新中国法制史，在介绍的成果中没有一项是专门关于这一法制史的。显然，在中国法制史研究综述和中国法律史学研究的回顾与展望中，被介绍的有关新中国法制史的成果极少，此领域几乎是被冷落的领域。这不是写就综述、回顾与展望的作者的过失，而是此领域的成果太少，不成气候，巧媳妇难为无米之炊。

综上所述可以得出这样的结论，即对于新中国法制史的研究，在很长时期内是几近空白，近几年虽有些成果，但数量不多，留有很大的空间，是21世纪中国法制史学界可以也应该积极拓展的领域。

---

① 曾宪义等撰，载《法学家》1998年第1期。

② 曾宪义等撰，载《法学家》1999年第1期。

③ 曾宪义等撰，载《法学家》2000年第1期。

二

新中国法制史研究相对滞后的原因有多个方面,但归结起来主要可分为主、客观两大方面。

从主观方面来看;中国法制史学界的有些学者对新中国法制史的研究不够重视,且有各种想法。有的认为,研究新中国法制史有一定难度,特别是对其评价不易把握,弄不好还会与政治搅和在一起,带来麻烦;有的认为,当代法制史还是让后人去研究、评说较为妥当,因为后人相对比较超脱,看问题比较客观;有的则认为,自己长期研究传统法制,在这方面比较得心应手,没有必要另起炉灶,去研究新中国法制史,以致事倍功半等。这些想法都忽视了研究新中国法制史的重要性,因此也就没有把它作为自己的研究对象或主要研究对象。还有些人,即使涉足其间,但往往因政治风波或政策多变的影响,知难而退,或者浅尝辄止,终于导致成果不多,有分量的成果更是难觅。

从客观方面来看。中国的传统法制历史悠久,内容丰富,而且在世界上影响较大,确有许多可研究的领域。它自我运行了几千年。中国古代的统治者具有自己的法制思想,制定了许多著名的法典,创建了特有的司法体系与制度,使其在世界法制史上独树一帜。以中国传统的法制为核心,还形成了中华法系,并成为世界五大法系之一。中华法系的代表作唐律堪称世界中世纪的代表性法典。其中,确有许多值得研究的内容。自清末以来,已有不少学者致力于中国传统法制史的研究,也有一些可喜的成果面世。尽管如此,面对浩瀚的史料,以及地方文物的不断出土,中国古代法制仍有很大的研究空间,还有很多可以探究的问题。另外,新中国成立后,在“左倾”的思想影响下,法律长期被定性为阶级斗争的工具,不但法制建设滞后、法律研究也常受政治风云的制约而成为人们望之生畏的禁区,使得法史界总是避开现实法制发展的问题而醉心于古代法制史的研究。十一届三中全会以后,中国法学迎来了新生,出现了繁荣的景象,但是,就法制的发展过程来看,几十年来的坎坷与曲折,都直接地和政治有关,有些问题由于拨乱反正不彻底,上面不说,下面难说,加上涉及的内部资料掌握困难,这些都仍然是妨碍新中国法制史研究深入发展的客观因素。同时,相比之下,新中国法制史由于时间跨度不大,再加上有相当一段时间法制建设又遭到破坏,因此就内容而言,可研究的余地就不及传统法制史的大。这也是新中国法制史容易被忽视的一种原因。

但是,从法制发展史来看,新中国法制的重要性却是毋庸置疑的。它是中国法制史中的一个重要组成部分,中国法制史中不能没有这一部分。中国是个具有悠久文明历史的国家,其法制也是如此,上起夏朝下迄中华人民共和国,从未中断。其中,中华人民共和国法制即新中国法制是一种开天辟地的新型法制。它在本质上不同于以往的传统法制,在内容上也与根据地人民民主政权的法制不尽相同。经过这20年来的法制建设,具有中国特色的社会主义法制已是形成比较完整的体系,法律比较健全,内容比较丰富,在中国法制史上可称旷古未有。可以想象,到21世纪,中国的法制还会更趋健全和完善,新中国法制史将成为中国法制史上一段令人瞩目的发达史。它将反映中国现代法制的最优秀成果,显示中国文明的成长,及其时代的走向。这在中国法制史上无疑占有极其重要的地位。

此外,新中国法制史还具有重要的作用。它反映的是新中国法制建设的经验和教训,并从中发现新中国法制发展的一般规律,这些都可为以后的法制建设所借鉴。这种借鉴在现在和今后的法制建设中都具有重要的价值。自党的十五大以后,中国把依法治国、建设社会主义法治国家作为自己的治国方略,法治已成为国家的主要治国手段,这是五千多年来我国在治国方略上一个具有时代性的进步。正因为如此,作为法治中一个重要组成部分的法制在社会生活中的地位也越来越重要了。为了更好地依法治国,健全社会主义法制,这就需要总结新中国成立以来法制建设的经验和教训,并从中得到启示,改进现行法制。事实证明,50年的新中国法制史中确有不少值得总结的经验和教训。在教训中较为突出的方面有:在不短的时间里,强调领导人的权威而忽视法律的权威,因而在实践中仍然是人治高于法治;往往以强调"突出政治",党的"政策"取代国家的法律,导致有法不依,有法难依;在司法实践中,较长时间存在重"刑"轻"民"和重实体轻程序的情况,私权保护滞后,等等。在经验中较为突出的方面有:十一届三中全会以后,党和国家重视社会主义法制建设,特别是党的十五大提出了依法治国的方略,并正式载入宪法,使我国的法制建设实现了历史性的转折;注意把世界上先进的法制与中国的实际情况结合起来,使具有中国特色的社会主义法律体系初步形成,并日趋完善地发展。在21世纪,随着中国法制建设的发展,新中国法制史的研究将继续为健全社会主义法制,建设社会主义法治国家提供有益的经验和教训。

我们企盼中国法制史学界在21世纪和衷共济,重视新中国法制史的研究,并为扩展这一领域,进行必要的"投资",改变其滞后的状况,使中国法制史学出现一个新面貌。

三

我们认为,研究新中国法制史有几个问题值得注意。

(一)通史与部门法史的关系

在21世纪中,要继续投入力量写好新中国法制通史。通过不断撰写,使新中国法制史研究及时跟上法制发展的步伐。从整体上反映新中国法制的面貌,总结法制发展的一般规律。这些在21世纪的中国法制研究中都不可或缺,也是中国法制史学界义不容辞的义务。现在已有了《中华人民共和国法制通史》。它阐述了新中国1949~1995年46年间的法制史,是“对建国以来近半个世纪的法制建设经验教训加以总结”。[①] 随着时间的推移和中国法制的发展,这一新中国法制通史还需不断续写下去,可以想象,到21世纪末,将会产生一部新的中华人民共和国法制通史,时间跨度为150周年。

除了新中国法制通史外,中国还需有新中国部门法史。现在,中国的法律体系已经形成,部门法也已基本俱全,研究和撰写新中国部门法史的条件已经具备。部门法史所反映的是部门法的总体面貌和特殊发展规律,也是对通史中部门法部分的放大和补充,具有不可替代的作用。我们应该认识到,中国法制发展的历史虽然漫长,但真正制定部门法并付诸实施的,从严格意义上说,是新中国成立以后,特别是在改革开放以来,部门法的发展很快,诸如知识产权法等前所未有的部门法也逐步建立起来;因此在研究新中国法制通史时,不可忽视部门法史的研究,而应两者结合,齐头并进,从不同角度反映中国法制发展的历史和规律,这样相得益彰,有利于使新中国法制史的内容更完整,架构更合理,也为后来者的研究积累宝贵的资料。

当然,我们不能不看到,21世纪部门法的内容将随着中国经济和高新技术的快速发展而变得更为复杂。中国法制史学界要克服自身部门法知识局限的困难,其有效途径之一是与部门法学界合作,共同进行研究,正如《1998年中国法律史学研究的回顾与展望》中讲的:“法律史学在法学研究中处于基础学科的地位,它担负着为应用法学提供理论根据的历史重任,同时也需从部门法学中汲取营养,这就要求法律史学要把法律史学和部门法学结合起来进来研究。”只有这样,新中国法制史的研究才会事半功倍,成绩非凡。

---

① 韩延龙主编:《中华人民共和国法制通史》,中共中央党校出版社1998年版,前言。

（二）中央法制史和地方法制史的关系

根据我国宪法的规定，我国的立法体系是多层次的立法体系。全国人大及其常委会，地方人大及其常委会都有立法权，它们可根据实际需要制定中央法律或地方法规。因此，21世纪的中国法制史应分为中央法制史和地方法制史。中央法制史所反映的是全国性法制的历史，地方法制史所反映的则是地方法制的历史，它们所表现的是不同层次法制的历史。中央法制史反映中央法制的运作及其规律，涉及范围涵盖全国，是中国法制史中的主线。没有中央法制史便没有中国法制史，特别是在我国这样一个单一制国家里，其重要性不言而喻。

可是，地方法制史也不可忽视。它表现各地地方法制的运作及其规律，反映各地法制的特殊的一面。这从立法的侧面体现我们民主政治体制的精神，正是这种地方法制的运作及其规律、特殊的一面，才反射出各地法制在宪法精神原则的统领下，因地制宜的特色，从而体现一个泱泱大国法制发展历史的丰富多彩，生动活泼。事实上，地方法制史也确是中国法制史中的一个重要层次，是这一法制史中不可缺少的组成部分。从目前情况来看，地方法规的数量已大大超过中央立法，其年均立法数是全国人大及其常委会和国务院颁布法律、行政法规的6倍以上。“20年来，除了修改颁布1982年宪法和两个宪法修正案外，全国人大及其常委会制定了法律和有关法律问题的决定333件，年均立法16件；国务院制定行政法规700多件，年均制定行政法规近40件；地方人大及其常委会制定了6000余件地方性法规，年均立法300余件。”①可以这样认为，如果新中国法制史中只有中央法制史而无地方法制史，那就无法反映中国法制史发展的全貌。以前，中国法制史学界对地方法制史的研究不够重视，成果也不多，这种情况应该改变。在以后从事新中国法制史的研究中，应对此有足够的认识，投入一定的力量，弥补其不足，以使新中国法制史能全方位反映中国整个法制史的面貌。

（三）中国法制史学界与其他学术界的关系

中国法制史学界是研究中国法制史学的主力军，新中国法制史的研究要依靠这支队伍。以往的事实已经证明，中国法制史界已为中国法制史的研究作出了巨大贡献，其成绩有目共睹。中国法制通史等许多重大成果相继在近几年中面世，实在令人振奋。同时，也在研究中国法制史方面积累了丰富的经验，掌握了行之有效的研究方法，扩充了相关知识，这些都为今后研究新中国法制史创造了有利条件。可以相信，只要中国法制史学界重视研究新中国法制史，投入力量，一定会在这一领域取得更大的成就。

① 刘瀚等：“我国法制建设20年成就与展望”，载《求是》1998年第23期。

我们应注意到，新中国法制史是新中国上层建筑中一个组成部分，与新中国的经济基础和上层建筑中的其他方面有千丝万缕的联系，要准确、全面地反映这一法制史不可不顾及这些方面。马克思和恩格斯早就指出学科的融合是科学发展的必然趋势，并指出学科的邻接领域将是新学科的生长点。因此，21 世纪中国法制史学界需与文、史、哲、经等其他学术界加强联系，取长补短，切磋学艺，从中受益，为顺利研究新中国法制史打下较为坚实的基础。有学者提出："今后的法律史研究更多地要运用综合研究的方法，运用文化学、社会学、法学、历史学等学科的综合知识，既要有考据的扎实功底，又要有系统的理论背景，研究内容既要涉及历史上的制度内容，更要究其历史原因，探其历史影响，特别是在建设社会主义法治国家中的作用。"①我们完全赞同这种认识。

此外，21 世纪的中国法制史学界还应注意处理新中国法制史与当代外国法制史，特别是发达国家法制史等其他一些关系，把新中国法制史的研究提高到一个更高的水平。

四

研究新中国法制史，要改变传统的研究方法。对中国法制史的研究，传统的方法是着重于整理、注释和考证。这有其深刻的历史原因。中国古代法制的发展，源远流长，又陈陈相因，沿革不断，很少受外来的影响。但往往因年代久远，资料缺失零散，文字传讹，需要费很大的力气再对资料进行搜集整理，去伪存真，订正考证，以力求反映法制发展历史的真实。新中国法制的历史则完全两样，是一种由传承向创新的发展过程。新中国法制的发展史，作为一种模式和态势，实质上是法制现代化的历史进程的表现。我们的研究不但要客观地反映这种法制的历史发展，还要在全面地进行历史审视的基础上，探究社会发展与法律进步之间的互动关系和关联结构，寻找出法制变革及发展的内存机制。清代学者章学诚说过，史学的社会功能是"上阐古人精微，下启后人津逮"。我们研究新中国法制史，应当充分体现法史学科的社会功能，使法制史学的展示作用为现实的法制建设，为当前的改革、开放提供正反两方面的借鉴。特别是新中国法制在向现代化发展的历史过程中，如何从人治型的价值规范体系向法治型的价值规范体系转变，这广阔的时代背景，深刻地

① 曾宪义等："1997 年中国史学研究的回顾与展望"，载《法学家》1998 年第 1 期。

反映出法制的发展与整个社会的经济、政治、文化传统、意识形态、社会结构的变革大潮相影响、相适应的过程，这也正是研究新中国法制史应该解决的问题，这是无法按照传统研究方法所能办到的。

我们认为，研究新中国法制史，在指导思想和研究方法上，还需要有一个观念上的更新。按照传统的划分，法制史作为法律史的一个分支学科，主要是研究法律制度本身，偏重于法律制度的论述。而今，世界各国都从法律文化的角度来研究法制的发展，这种以人类法律实践活动为基础，把法律制度、法律思想和立法、司法、执法等有机地结合起来进行研究，有利于从总体上反映法制发展的全貌，促进有关法制发展的规律性探讨。其实，我国古代从《汉书·刑法志》开始的历代刑法志，就是从法律实践活动的宏观角度，对当时的法制、法律思想和立法、司法活动进行有机地、综合地描述。我们认为，现在我们来研究新中国法制史，在客观上，无疑是更有条件从法律文化的角度进行研究。

如果说，古代中国法制的发展很少受外来的影响，那么，处于向现代化法制发展的创新时期的新中国法制，则是从法律制度、法律思想到立法技术，都在不断地吸取外来的合理的东西。因此，对新中国法制史的研究，还应该注意加强中外法制的比较，以期从中得到借鉴和启迪。

（2001年第2期）

古罗马法学家在法治思想上的贡献

汪太贤*

在罗马帝国时期，当古典政治哲学日趋衰落的时候，法学却获得了空前的发展。因此，过去一贯由政治哲学传播和张扬法治的思想使命，也自然由法学来担当。不过，法学家与政治哲学家在表述自己的法治理念时的方式并不完全相同：一方面，政治哲学家总是从政治制度或体制这一角度来揭示法治的内涵；而法学则往往从法本身这一视角来表述法治的基本理念。因而，政治哲学家侧重于法治的整体架构，他们的思想往往孕育在制度或体制的理念中；而法学家则侧重于法治的规则这一侧面，他们的思想常常蕴涵在法的理念之中。另一方面，政治哲学家关于法治思想的表达多是建立在逻辑推论的基础上，而法学家关于法治思想的表达多是采用经验的直接陈述方法。这样，当古典政治哲学家推导出人类为什么需要法治等结论的时候，罗马法学家并没有重复着这些逻辑的证明，而是积极关注法治的具体要求。在今天看来，正是法学家那些蕴涵在法的理念中的朴素表达，揭示出了法治的核心要素，从而奠定了古罗马在西方法治思想史上的卓越地位。

罗马法学兴起于罗马共和国的《十二表法》制定之后，而繁荣于罗马帝国的形成。在帝国时代，法学研究备受重视，公民学习和研究法律成为时尚，在贵族阶层还以知晓和精通法律为荣耀，这种氛围促成了一大批法学家的成长。同时，法学的兴旺发达又促进了法律的高速发展。在帝国的前期，罗马法就已经发展到了顶峰。其原因部分是因为法律扩展到更宽广的司法领域，扩展到既包括意大利公民，也包括生活在异地他乡的外域人的生活和财产方面。但主要的原因在于，奥古斯都及其后继者授予一些杰出的法学家以在法庭审判时对案件中的法律疑问问题的陈述意见的权利。这些被陆陆续续指定的法学家中有盖尤斯、乌尔比安、帕皮尼安和保卢斯。尽管他们大都任过高级判官，但他们主要是以律师和法律问题的著作者的身份享有盛名。① 这些法学家所陈述的法律意见即答复，不仅使法学和法律原理具体化，并成为罗马法中最精湛的部分，而且在这些

---

* 作者单位：西南政法大学。

① ［美］菲利普·李·拉尔夫等著：《世界文明史》（上卷），赵丰等译，商务印书馆 1998 年版，第351 页。

法律意见或解答里蕴涵着关于法治的一些基本理念和思维方式,成为后世法治论者的重要依据。

一、法与权利的结缘

把法律赋予权利的正式含义,以及把法律看成捍卫权利的规则,是罗马法学家的创造。在罗马法学家的眼中,法律主要不在于为政治国家提供模式,而在于为公民私人的行为创设准则。它除了维护社会秩序外,关键是保护私人的利益和权利。所以,法学家把罗马法分成三大分支,即民法或市民法、万民法和自然法。民法或市民法是罗马及其公民的法律,它以成文和不成文两种形式存在,既包括元老院的法律、元老的敕令、大法官的公告,还包括某些具有法律效力的古代习惯。万民法则是不论种族如何对所有人一视同仁的法律。该法律承认奴隶制和财产私有是合法的,明确了买卖、合作和契约的原则。万民法并非凌驾于民法或市民法之上,而是作为它的补充,主要适用于罗马帝国的外来居民。

从罗马法学家关于法的划分中可以看出,法保护的重心不在于公共利益,而在于私人权益。所以,他们把"法"、"正义"和"权利"作为等值的概念,赋予法以正义和权利的内涵。如罗马法学家乌尔比安说:"对于打算学习罗马法的人来说,必须首先了解'法'(ius)的称谓从何而来。它来自于'正义'(iustitia)。实际上(正如杰尔苏所巧妙定义的那样)法是善良和公正的艺术"①,而"正义是给予每个人他应得的部分的这种坚定而恒久的愿望"。② 每个人"应得的部分"在罗马法学家的学说或罗马法里就表述为"权利"(jus)这一概念。可见,法的善良和正义在实际生活中表现为给予人们应有的权利。正是在这个意义上,法学家把法学定义为"关于神和人的事务的知识;是关于正义和非正义的科学",把法定义为正义和权利的规则。他们的结论是:"法律的基本原则是:为人诚实,不损害别人,给予每个人应得的部分。"③也就是说,法律的目的是确定权利、保护权利,而权利则是法律所确认和捍卫的利益。

在这一点上,罗马人无疑超越了希腊人。尽管希腊政治哲学家也大谈法律理性和正义,但是他们都是从普遍道德意义上来揭示理性和正义的内涵,而未能

---

① [意]桑德罗·斯奇巴尼著:《民法大全选译·正义与法》,黄风译,中国政法大学出版社1992年版,第34页。

② [古罗马]查士丁尼著:《法学总论》,张企泰译,商务印书馆1989年版,第13页。

③ 同上。

将其与公民的世俗利益联系起来。所以,他们不可能形成权利概念。当代美国著名法学家庞德写道:“希腊哲学家们并不议论权利问题,这是事实。他们议论的是,什么是正当的或什么是正义。但是罗马人却以法律,即政治组织社会的强力的系统适用,来支持凡是正当的或正义的事情,而这就引到权利的观念上来了。所以,希腊人在当时所考虑的是事情的症结,即在人们相互冲突和重迭的要求之间,什么是正当的或正义的。我们可以感到一个主张应当由法律加以承认和保障,于是称它为一个自然权利。它可能为共同集体的一般道德感所承认并为道德舆论所支持,这时我们称它为一个道德权利。它可以为法律所支持,而不论有无任何其他东西支持它,这时我们称之为一个法律权利。希腊人并没有明确的权利观念。他们讲到正义和用于特定场合的正当行为,他们所考虑的毋宁说是一种确定的或法律上被承认的道德义务。”①

按照庞德的说法,希腊人所讲的法律正义不同于罗马法学家所讲的,希腊人的正义强调的是人们根据法律应当实施何种行为,而不是根据法律可以实施何种行为。因而他们所讲的正义仍然没有跳出义务的范畴。萨拜因则更进一步指出:“希腊认为,他的公民资格不是拥有什么而是分享什么,这很像是处于一个家庭中的成员的地位……这就意味着像希腊人所设想的,问题不在于为一个人争得他的权利,而是保证他处于他有资格所处的地位。”②在他看来,希腊人和罗马人的法律观念里都强调公民资格,但是希腊人的公民资格主要指的是公民根据这一资格可以获得什么样的身份和地位,而罗马人的公民资格则意味着他们应当获得哪些权利。

由此可见,在西方法治思想史上,权利的概念最早出现在罗马法或罗马法学家的学说中。尽管在罗马法学家那里,“ius”或“jus”一词也包含法律、正义和义务等多重含义,但它仍然是现代权利概念的直接来源,特别是个人权利概念的源头。难怪梅因断言:“概括的权利这个用语不是古典的,但法律学有这个观念,应归功于罗马法。”③由于罗马法在很大程度上是罗马思想家和法学家所创造的,所以我们有足够的理由说:权利的概念是由罗马思想家和法学家创造的。12世纪以后,随着罗马法的复兴,西方人进一步发展了“ius”或“jus”一词中的“权利”内涵,并将其原本在私法领域广泛使用的权利概念延伸到了公法领域,渗透

---

① [美]罗·庞德著:《通过法律的社会控制·法律的任务》,沈宗灵等译,商务印书馆1984年版,第44页。

② [美]乔治·霍兰·萨拜因等著:《政治学说史》(上册),盛葵阳等译,商务印书馆1986年版,第25页。

③ [英]梅因著:《古代法》,沈景一译,商务印书馆1959年版,第102页。

到国家或政府的理想之中，从而促使政治观念和学说的重大变革。特别是经过近代思想家和法学家的努力，一方面将法律与权利紧紧联结在一起，把法律看做权利的载体；另一方面把罗马法学家这一较为朴素的、私人领域的权利概念发展成为普遍的、永恒的"权利"概念。对此，维柯分析道：到了实行民众政体的人的时代，理智就在大型议会里发生了作用，从此理智抽象出来的具有普遍的法律概念就被人说是存在于对法律的理解之中了。这种理解涉及立法者表达在所立的每条法律中的意愿（这种意愿就叫做"法"，ius）。这种意愿就是公民们的意愿，根据合理的共同利益这个想法而达成协议。他们必须把这种意愿看做精神性的，因为这类权利全不依附行使它们时所涉及的具体事物（它们就叫做 nuda iura，赤裸裸的即不依附肉体的权利），它们据说是"存在于理智之中的"。权利既然是这样精神性实体的存在方式，所以它们是不可分割的，因而也是永恒的，因为毁坏不过是由于各部分分割开来了。

在此，我们不难看出，西方权利与法律的"血肉"关系的传统在罗马法和罗马法学家那里就已经奠定。正是这一传统的形成，锁定了近代西方法治的价值取向。

二、自由、平等：从自然法的理念转化为实在法的原则

罗马法和罗马法学不仅把自然法作为一种法的观念，从古希腊的智者学派、斯多葛学派和西塞罗那里继承了下来，而且还把它发展为一项重要的法律原则确立下来。这样，自由、平等也就成了法律的固有内涵。也就是说，自然法不是罗马法和罗马法学家发明的，但是把自然法的观念演绎成实在的法律原则，则是罗马法和罗马法学家的创造。

从渊源上讲，自然法的思想最早萌生于古希腊。古希腊的早期哲学家大多是自然哲学家，他们不仅用自然来解释整个世界，而且还主张人应该遵循自然而生活。智者学派明确指出，"大神"令人类都享有自由，奴隶制正好违背神的旨意，因而是不合自然的。这些思想实际上就是自然法思想的最早表达。

直接而较为系统地阐述自然法则的是希腊化时代出现的斯多葛学派，他们明确地将自然法定义为宇宙的理性法则。不过，在他们那里，自然法还只是伦理意义上的。在罗马时代，斯多葛学派则进一步把自然法从宇宙的法则转移到人类的法则。由于曾经不可一世的希腊被罗马征服之后，斯多葛学派的哲学家感兴趣的不再是政治而是自然。在对自然的研究中，斯多葛学派发现了它的秩序、协调和合理。他们认为，在自然界中没有任何东西是偶然发生的，自然界的全部

发展过程，都是被理性的和普遍的自然规律严格制约着的。也就是说，自然世界不存在任何独一无二的现象，在现在发生的事情，在过去就曾经发生过，而且在将来还会发生。太阳将继续是温暖的，云彩仍然会带来雨水，河流永远不会停止流动。自然的过程不是紊乱和变动不拘的，而是合乎理性的，因为它是以一个统一的规律为基础而运行的。斯多葛学派从这一自然的发现，联想到了人类社会，认为人类社会也具有与自然世界具有相同的性质。因而认为，与自然事物具有普遍的理性一样，所有的人也都具有理性。像自然界表现出普遍的规律的作用一样，人类社会也必然遵循普遍的规律。这样，自然与人类社会一样，都受一个普遍的理性规则的指导。斯多葛学派把这种指导自然和人类社会的理性规则称为自然法。在他们的眼里，自然法不是司法实践的产物，而是哲学的结晶，它具体体现为普遍的正义和公正的法则，并且适用于一切社会。因此，他们暗示：所有的人在本性上都是平等的，都享受一些基本权利，这些源于自然的权利，是任何个人和组织都无权侵犯的。

这里，我们不得不指出的是，斯多葛学派这种思考方式对于法治理论的意义：它以一个新的视角为我们提供了思考法治的方式和方向。一方面，它把人们的行为和规则必须服从理性、正义的自然法，解释为一种崇高的自然道义，从而为人们思考法律和法治找到了一个新的伦理视角。在斯多葛学派看来，自然的要求与理性的要求是一致的，它排除了作为对立因素的、感性冲动的规定。据此，人的道德生活就是与自然相协调，同时也是一种规律的生活，这种规律对于感性的人要求一种规范性的效力。也就是说，人的生活从属于自然规律，他的意志服从于世界的行程，服从于永恒的必然性。这样，“根据自然、根据理性而生活是一种职责，是圣人必须履行的职责；是一种法律，是圣人必须服从以对抗感官上的爱好的法律。”[①]这种责任感，这种对“职责”的严峻意识，以及对高级秩序的认识，既是人们的行为服从理性的条件，也是人类法律和统治模式遵从理性的基础。斯多葛学派“最有价值的贡献是这样一种普遍应用的思想：人，以他内在的和外在的整个行为，对高级命令负责”。[②] 这一思想，不仅是对每个人的行为的约束，而且也是对人类法和政治统治提出了合法性和正当性的要求。特别是，它暗示立法者或统治者：按照意欲而创立的任何规则和统治形式，都是违反自然和理性的。另一方面，斯多葛学派弥补了柏拉图和亚里士多德的法治思想的缺陷。这主要表现在，斯多葛学派的普遍的人类法的观念在柏拉图和亚里士多德

① ［德］文德尔班著：《哲学史教程》（上卷），罗达仁译，商务印书馆1997年版，第232页。
② 同上。

的法的观念里是不存在的。柏拉图强调法律理性和正义的属性,但他没有把这种法律的对象确定为社会所有的人。亚里士多德虽然强调法律至高无上的权威,但他没有感到有必要为所有的人制定一种法。虽然他承认非公民也是国家的组成部分,但国家的法律只适用于公民,而非公民不在法律的保护之下。正是斯多葛学派指出了为一个社会中所有的人制定一种普适性法律的可能性。在这方面,毫无疑问,他们是近代以来西方法学的奠基者。据此,斯多葛学派在强调法律的普适性的时候,进而为法律平等的思想埋下了"伏笔"。其实,无论是柏拉图还是亚里士多德,都不赞同法律的真正平等。而斯多葛学派所讲的所有人都要服从同一个法律,本身就蕴涵着法律面前人人平等的意思。他们发现了人人具有理性,这一发现就可以确证人本来就是平等的;他们说每个人在本性上都是理性的动物,无疑就是肯定人人都具有天赋的权利,尽管人本身也存在差异。①

然而,斯多葛学派并没有把上述自然法观念用来具体阐释人类法的原理,以及为现实政治提出要求。事实上,真正把自然法这样一种纯粹的抽象伦理要求与政治现实联系起来,作为一项法律原则来理解和规定的,既不是希腊的自然哲学家,也不是希腊化时代的斯多葛学派和罗马的斯多葛学派,而是西塞罗和罗马帝国的法学家。西塞罗曾宣称:真正的法律是与自然法协调一致的健全理性,它扩及所有人之中,始终如一,永恒不变。凡颁布的条例有违背这一"法律"精神的,便是宗教所禁止的,即使部分地废止它也不可以,同时我们也无法通过元老院或人民摆脱它的约束。在他看来,自然法优于实在法,也优于国家本身,任何擅自亵渎它的统治者必然成为暴君。帝国时期,继西塞罗之后的法学家的自然法观念比西塞罗更接近社会生活,他们虽然也传承着斯多葛学派和西塞罗的自然法思想,用理性和正义来概括自然法的本性,表达人们应当崇尚法律的理由。但是他们已不像斯多葛学派和西塞罗多是从伦理意义上来解读自然法的理性和正义,而是从社会生活的自由和权利来注释自然法的理性、正义,这正是罗马法学家对希腊思想家法治思想的又一大发展。如罗马法学家认为,根据自然法则,"一切人都是生而自由的","而奴役是违反自然法的";"自由是每个人,除了受到物质力量或法律的阻碍外,可以任意作为的自然能力"。②

可见,罗马法学家并不仅仅在抽象意义上来表述自然法,而且还在理念和原

① [印]阿·库·穆霍帕德希亚著:《西方政治思想概述》,姚鹏、张峰等译,求实出版社1984年版,第47页。

② [古罗马]查士丁尼著:《法学总论》,张企泰译,商务印书馆1989年版,第7页、12页。

则的基础上，把自然法的思想蕴涵在一项人类共同遵守的实体法则之中。如盖尤斯写道："所有受法律和习惯调整的民众共同体都一方面使用自己的法，一方面使用一切人所共有的法。每个共同体为它自己制定的法是它们自己的法，并且称为市民法，即市民自己的法；根据自然原因在一切人当中制定的法为所有民众共同体共同遵守，并且称为万民法，就像是一切民族所使用的法。因而罗马人民一方面使用它自己的法，一方面使用一切人所共有的法。"①

这里，盖尤斯所说"万民法"虽然不能完全等同于"自然法"，但是"万民法"中却有自然法的影子，或者说自然法已经表现在万民法中，把万民法视为重新发现的自然法典。它泛指那些包含在任何法律体系之中的内在合理、正确的原则。尽管法学家没有明确提出自然法高于市民法，市民法必须合乎自然法的原则，但是他们把自然法作为人类共同遵守准则，不能不包括人类的立法活动本身也应当遵守自然法。②

法学家的自然法思想对罗马法的影响是不可否认的。在法学家看来，自然法不是实在法，而是与实在法共存的理想的法或法的理想。它存在于人类的观念层面，因而它必须先于实在法的存在，成为制定实在法的依据。在罗马，尽管自然法的理念和原则，总是与实在法保持一定的距离，但是这些理念和原则对实在法的引导是客观存在的。自然法"这个概念之所以有其价值和作用，是因为它能使人在想象中出现一个完美的典型，它并且能够鼓舞起一种要无限接近于它的希望，而在同时，对于还没有适应于这个理论的那些现存法律义务，它又从不使法律实务者或市民加以否认。同样重要的，应该看到，这个模范制度同许多在以后时期曾嘲弄过人们的希望的制度不同，并不完全是幻想的产物。从来没有人把它看做建筑在完全没有经过考验的原则之上的。一般的看法，它是现存法律的基础，并且一定要通过现存法律才能找到它"。③ 也许正是自然法的力量，才使罗马法具有惊人的成就，也才使罗马法成为后世青睐的对象。也正是在这个意义上，梅因写道："我找不出任何理由，为什么罗马的法律会优于印度的法律，假使不是'自然法'的理论给了它一种与众不同的优秀典型。"④在这里，应

① [古罗马]盖尤斯著：《法学阶梯》，黄风译，中国政法大学出版社1996年版，第2页。

② 美国当代史学家拉尔夫分析道："大多数法学家并不认同自然法概念与哲学家的自然法的概念非常相似。虽然法学家并不认为该法是对民法自然而然的限制，但他们也认为它是人们的法令和法条应当永远遵守的伟大典范。作为一种法律原则的负担的正义概念的发展是罗马文明的一个最卓越的成就。"参见[美]菲利普·李·拉尔夫等著：《世界文明史》（上卷），赵丰等译，商务印书馆1998年版，第351～352页。

③ [英]梅因著：《古代法》，沈景一译，商务印书馆1996年版，第44页。

④ 同上。

当指出的是，自然法给予罗马国家实在法的绝不是技术，而是思想。这样思想就是理性、正义、自由、平等。也就是说，自然法中蕴涵的理性、正义、自由、平等精神注入罗马法后，才使它成为古代法律世界中的“优秀典型”。①

法学家的自然法思想在一定程度上引入了罗马法，尽管它未能使现实的罗马法或市民法完全符合自然法要求，但它至少化作了一种推动罗马法向平等和人道的方向进化的力量。比如，在罗马法学家的自由、平等的思想的影响下，实行军事专制的塞普提米攸斯不得不在他的法律中体现人道和平等的精神。“这个时期的大法学家，如帕皮尼安（又译为伯比尼安——作者注）、乌耳皮安（又译乌尔比安——作者注）和鲍卢斯（又译为保罗——作者注）等人，都能自由发挥他们所赞成的人道主义思想，即法律对于人人平等并有责任保护一切人的生命，特别是保护弱者和贫者这种思想。帝国的军事化为社会大革命开辟了道路，而罗马法律则在这场大革命的前夕最后一次显示了自己的最崇高和最光辉的一面。”②在法学家看来，自然法与市民法存在一定的冲突。如公元3世纪罗马法学家乌尔比安说：“从民法的观点来看，奴隶是什么也算不得的。但是根据自然法来看便不是这个样子。从后者的观点来看，一切人都是平等的。”③根据自然法则，人生而自由，生而平等，但现实的罗马民法却并没有消灭奴役，并且规定奴隶与自由民之间是不平等的。这不能说明自然法思想完全脱离实在法，对实在法没有任何影响；只能说明自然法已经远远超越了实在法，对实在法的规定提出了挑战。④ 罗马后来逐渐改善奴隶的境遇，其实也直接或间接与自然法思想的传播有关。罗马后来的法律就禁止随意杀死奴隶；允许释放奴隶，归还他们的自由，并给予被释的奴隶一切政治权利，如可以担任国家的低级官吏，这也同

---

① 史学家R. H. 巴洛中肯地评论说，罗马法学家们吸收了斯多葛学派所强调的行为标准，“他们开始认为‘各民族法’与‘自然法’有着密切关系，并且相信‘各民族法’与‘自然法’约略相似。法的目标于是益发接近某些客观的标准，这些标准珍藏在以理性为基础的自然法之中，反之，这里所讲的理性，并非是某个人或某个民族的，而是指作为自然部分的人的理性……其结果是：在进行制订法律、修订和解释现存法律的全部劳作过程中，始终存在一种引导他们的标准或准则，即对于一种天然本有正义的理想，对于一种客观善的理想，它们远比任何人类发明之物崇高而广泛，法学家和哲学家们努力地发现它们，并将其逐步纳入罗马帝国的法律之中”。参见R. H. 巴洛著：《罗马人》，黄韬译，上海人民出版社2000年版，第235页。

② ［美］M. 罗斯托夫采夫著：《罗马帝国社会经济史》（下册），马雍、厉以宁译，商务印书馆1985年版，第567页。

③ ［苏联］科瓦略夫著：《古代罗马史》，王以铸译，三联书店1989年版，第816页。

④ 罗素分析说：“天赋权利的学说对罗马立法产生了一些有益的影响，对于那些被剥夺一切社会地位的人来说，它起到了安抚、平息的作用。在后文艺复兴时期反对君权神授的斗争中，它又以相似的原因得到了复兴。”参见［英］白特兰·罗素著：《西方的智慧》（上），崔权澧译，文化艺术出版社1997年版，第238页。

样与自然法观念的流行有关。在当时，自然法关于自然自由、平等的观念虽然不可能从根本上铲除奴隶制，但至少能促使人们用比较人道的态度对待奴隶，使他们获得更多的自由与尊重；并为以后最终消灭这种非人道的制度提供了正当根据。

（2001年第8期）

论唐代民事法律的发展及其特点

金 眉*

唐代是中国中古社会的鼎盛和转折时期,国家强大,疆域广袤,经济繁荣,文化发达,法律臻于完备,是当时世界上最文明、最开放的国度之一。这一时期虽然与传统中国的其他时代一样,没有形成独立的民法典,民事法律规范也没有统一的规制,其内容虽主要沿袭前朝,但也有革新和发展,某些方面还形成了自己独有的特征,本文就此略作论述。

一

唐代民法与唐代社会相适应可分为前后两个阶段。唐朝存续289年,历22代,依据社会、政治、经济、法制和文化状况,一般可分为两个时期,大抵以“安史之乱”为界,即武德元年(公元618年)至天宝末年(公元755年)的130余年为前期,其后150年为后朝。同时,在文史学界也有初唐、中(盛)唐、晚唐的划分,一般唐建立政权的最初几十年为初唐时期。唐代制度基本形成并完备于唐前期,有关民法规定的国家基本法——唐律和唐令在初唐时即已完成。《唐律疏议》以唐太宗时期的《贞观律》为基础,完善于唐高宗永徽年间,公元653年即永徽四年颁行天下。《唐律疏议》是唐代法律体系的核心,后期法典的楷模,其《名例》、《户婚》、《厩库》、《斗讼》、《杂律》、《断狱》诸篇均有关涉民法的规定。唐令是国家法中正面规定民事活动规则的主要法律,从史料和后人辑录的《唐令拾遗》①来看,情形犹如唐律,唐前期的《武德令》、《贞观令》、《开元令》构成唐令的主体,具体民事内容即是前述民事法律渊源所及诸令。唐代的格和式与律和令并为国家法律的四种形式,基本内容同样完成于前期。有论者统计,唐前期重大立法活动有16次,律、令、格、式臻于完备。②

指导唐人民事法律行为的另一重要法源是礼。据新、旧唐书《礼仪志》记载,

---

* 作者单位:南京大学。

① 日本学者仁井田升在继承前人成就的基础上,经多年努力完成《唐令拾遗》巨作的编纂。该书中译本由长春出版社1989年出版。

② 张晋藩主编:《中国法制史·隋唐》,法律出版社1999年版,第142~144页。

唐最初武德年间完全沿用隋礼，从贞观到开元，太宗、高宗和玄宗朝对礼不断进行增损修改，随着《开元礼》的颁布，"由是五礼之文始备，而后世用之，虽小有损益，不能过也。"今存《通典》卷106～140所录即是《开元礼纂类》，礼涉及民事的有祭祀、册封、仪仗、丧葬、婚姻、家庭、继承等，礼俗还涉及买卖。民间习惯或者说惯例作为传统中国实际有效的重要法源，由于受不成文的形式限制，我们现在难以判断其在唐前后期的具体情形，从张传玺教授辑录的《中国历代契约汇编考释》隋唐部分来看，有多种契约惯例出现在唐前期契约文书中①，表明唐前期这些领域已适用惯例。

惯例地位的上升及其相关契约形式的格式化应是在唐后期，现在所能见到的大量契约文书都出现于这一时期，②这是唐后期民法的一个变化；与此同时，唐前期国家法全面发展的势头停止下来，据记载和研究，后期比较重大的立法活动只有7次，律、令、式都没有修订过，主要是编撰敕格和刑律统类，也即对皇帝制、敕的分类整理与汇编。制、敕涉及民事法律规定的为数不少，这在后文的论述中可以见得。由于制、敕源于皇权，所以效力往往优于先前的律、令、格、式，这种特别法优于普通法的情形与惯例上升一样，都是唐代社会变化的反映。唐自"安史之乱"后，中央权威下降，地方割据，均田、赋税、府兵等多项制度崩溃，有关的律、令成为具文，造成民事调整的空缺。另外，制度的瓦解加速了人、物、财的流动，民事活动的增加，社会迫切需要相应的调整和规范，于是灵活制宜的制、敕和民间公认的习惯成为填补空缺、应对社会的重要法源。唐后期民法的另一变化是，礼教的地位上升。唐前期受佛教、胡化③和功利主义的影响，儒家思想和礼教受到抑制④，所以唐律虽一准乎礼，但礼教作为法源其重要性不如后期，因为经历外族祸害的"安史之乱"后，唐人的民族意识觉醒，社会趋向保守，儒家思想和礼教受到更大的尊重，礼教、礼俗对人们的日常生活和民事行为影响更大，这在婚姻家庭部分可以看到这种影响的存在。比较唐前后期的变化，概括地说，唐前期是民事法律制度的全面确立时期，后期是国家普通法制度建设停止，特别法和礼教、习惯的上升时期。

二

唐代民法在发展和实施中形成了有别于前后诸朝的一些特点，感触最深的

---

① 张传玺主编：《中国历代契约汇编考释》（上册），北京大学出版社1995年版，隋唐部分。

② 同上。

③ "胡"是古代汉族对周边特别是西北少数民族的称呼，有礼数中心观下的轻蔑之意。胡化指唐代受少数民族文化和风气之影响。

④ 傅乐成著：《汉唐史论集》，台湾联经出版事业公司1977年版，第117～142页。

是它深受国家、礼教、胡化三重因素影响。总体上看唐代民法未脱传统中国法的基本特征，其最显著的莫过于官方重刑事轻民事，对民事活动中的契约行为大都采取“官有政法，民从私约”的放任态度，但唐前期毕竟是制度完备、国家控制严格的社会，有关民事权利主体的身份、土地所有权、婚姻、家庭、继承等都由明确的律、令予以规定，违者治罪，体现出国家的干预性。随着中央权威的衰落，唐后期国家的干预度下降，民事活动中的自由性增加。相反的是，礼教对民法的影响不止贯彻唐代始终，而且愈趋增强，唐前期是法律的礼教化，后期是礼教的普遍化，这在婚姻、家庭领域有突出的反映。胡化与礼教相互消长。唐初无论是在血统或文化上，都是大规模与外族混合的时代。① 未受礼束缚的少数民族尚武、自由、女性地位高，影响到唐代民事法律上，妇女地位在中国历史上较其他时代特别是中唐以后为高，离婚、改嫁相对自由。这种现象到唐后期尤其是理学兴起后的宋代不复再现，法律受礼教的影响趋于保守。

这一时期民法的另一个特点是相对制度化。从结构上看，唐代民法与传统中国其他王朝相类，由制定法和非制定法组成。唐代前期律、令、格、式构成完备法制，律、令之中包含了主要的民事规范，民间习惯和礼教相对律、令不占主导。在身份、婚姻、家庭、亲属等方面，唐代法制承前启后，达到了传统法制中的完善。由纯粹民间习惯或礼教指导的民事行为，如果发生了纠纷，多数情况下依唐律“不应得为”和“比附”处理，这也是一种制度化的过程，因为这两种处理方式都是在法律和法理指导下的官方司法过程。唐代民法制度化尽管如此之高，但受传统中国法律体系和文化的限制，仍未能产生独立的民法典，民法规范分散于不同的法律形式，民间习惯和礼教地位上升，早先的许多制度实成具文。这些情形即是笔者所说“相对制度化”的因由。

唐代民法还有一些特点，如前后有变化，这已在前面有论及。再有整体受到轻视，民事处理手段刑事、行政化，对东亚有重大影响等。这些有的是传统中国民法的共性，此不赘述。

（2001 年第 11 期）

① 傅乐成著：《汉唐史论集》，台湾联经出版事业公司 1977 年版，第 351～361 页。

2002 年

透视唐代经济民事法律

张中秋*

一

本文要讨论的是唐代的经济民事法律问题。在现代法学范畴内,直面和回答这样的问题让人有些犹豫。正像我们一直所做的那样,撰写中国法制通史或断代的著作,一般不用担心受到质疑,但分门别类地研讨传统中国的刑事、行政,尤其是经济、民事诸法,就会有令人头痛的中国固有文明与现代科学的对接问题。现代科学起源于西方,法学亦不例外。我们生活的这个时代,这样的科学早已是世界文明的主流。尽管西方文明的普适性、价值观,相对于人类的多样性必有限制,文化多元也是人类的事实和理想选择,但现在还是无法想象,撇开这一套科学体系,人们又如何进行科学探索。这使我们面对一个无法回避和克服的难题,这个难题是源于西方的现代科学而且是我们研究的既定前提。同样,对探讨传统中国法律问题的学者来说,还有一个既定的前提,即传统中国法律文明的独特性。传统中国的法律和法律学术别具一格,从法律的表现形式、编纂体例到概念术语、精神原则,显而易见异于西方。这意味着借用现代法学的学科体系、概念工具和分析方法,解读中国固有的法律文明是很危险的。但放弃这样的冒险,又如何获得所谓的科学认识呢? 这是更大的问题。简单又常见的办法是似而非的混淆,或对他人的努力过于苛求的批评。这不可取。

实际上,我们面临的是现代非西方文明研究中的共同难题。张光直教授在考察中国古代文明在世界文明中的重要性时说了一段很能说明问题的话。他说:"……上面把中国古代社会的特征做了简单说明,是为了把具有这些特征的中国古代社会放在西方社会科学的一般原则中作一番考察,看看两者是否合辙。如果合辙的话,那么我们可以说中国的材料加强了西方社会科学的这些原则;如果两者不符合,我们就要处理其中的矛盾,也就是根据中国古代社会的资料来改进这些原则,或甚至试求建立一些新的原则。"①

---

* 作者单位:南京大学法学院。

① [美]张光直著:《考古学专题六讲》,文物出版社1986年版,第13~14页。

二

自西方法学在清末传入中国以来，一些优秀的中国学者和域外专家就此已作过可贵的尝试。他们将传统中国的法律研究从一般的通论和单一的刑事法拓展到断代和分门别类的专题。这些工作已构成近代以来中国法学史的一部分，是中国移植西方法学并使之中国化的努力。置于历史的境地，我们要看到，这些努力有如前述是势所使然，此外，还有其内在的根据。依我自己的经验，在没有相应的谨慎、互动和说明下，言之凿凿地谈论传统中国的刑法、民法、经济法等，确与现代法学的理念和精神相去甚远，结果有可能误解遮蔽了科学的理解。同时，法律毕竟是人类社会生活的秩序化反映，毕竟是人类对公正理想追求的体现，即使人类的法律千差万别，其功能和本质自有相通之处。德国比较法学家说："每个社会的法律在实质上都面临同样的问题，但是各种不同的法律制度以极不相同的方法解决这些问题，虽然最终的结果是相同的。"①这种功能性原则是全部比较法的基础，不承认这一点，人类法律就无法比较。因此，不能以传统中国没有发展出西方式的法律体系，就取消或无视事实上同样存在的中国人的多种法律生活。如果我们不拘泥于西方法学的范式和理念，不仅限于法律的形式和固定的概念，注意到法律的成长是一个过程，直面法律的功能和目标，那么就应该承认，传统中国有它自己的刑事性法律、经济性法律和民事性法等。这里，我没有直接使用刑法、经济法和民法这类机械对应并易引起误解的现代法学概念，而是在法律之前附加了相关"性"的定语，既表明我并不赞成简单地用现代法学的分类来直接裁剪和解读传统中国的法律，同时又相信，在属性和功能上，传统中国的法律能够与现代法学接通。

三

借现代法学理论，从宏观上概括唐代的经济民事法律，有一些共同的特征值得提出。首先，唐代经济民事法律的制度化程度较高，但没有独立的法典化。这是一个很令人疑惑的特征。法律科学告诉我们，人类的法律由习惯而习惯法，由习惯法而成文法，由成文法而法典化，这是法律发展的一般途径。中国是具有成

① ［德］K. 茨威格特著：《比较法总论》，贵州人民出版社1992年版，第56页。

文法和法典化传统的国度,早在春秋战国时期即已开始这一进程,演进到唐代,法典编纂达到了极高的水准,《唐律疏议》成为人类法典编纂史上的杰作。同样,唐代经济民事法律的制度化也达到了较高的程度,就法律渊源论,经济法律的绝大多数规定和民事法律的原则性规定大都集中在唐律和唐令中。律、令是唐代法律体系(律、令、格、式)的主体和代表,国家制度借此构成。唐代经济民事法律由于律、令化的成文法原因,除物权和债权有所限制外,各项制度都较完善,特别是经济法律制度和民事中的身份、婚姻、家庭、亲属、继承、诉讼等,制度化程度是中古欧洲所不能比拟的。① 但与西方不同的是,欧陆法律进入近代后分门别类地诞生了独立的民法和民法典,20世纪又发展出独立的经济法和经济法典。传统中国的经济、民事法律,尽管在唐代已有较高的制度化表现,但迄清末,中国也未能孕育出独立的民法和经济法典。

为什么会出现这种现象?要回答这个问题,性质上有点类于"李约瑟难题"。② 历来有论者习惯于从中华法系的法典编纂体例"诸法合体"上去索解,也有从社会发展和分工程度上理解的。无疑,这些都是线索。但确乎不能令人满足。其实,对这样的历史文化之谜,任何个别的回答都是盲人摸象,唯有大家参与,才是破案的正途。我浅而又显的认识是,法典的编纂体例是现象而不是原因,"诸法合体"曾是人类法律发展中的普遍现象,西方亦不例外。同样,社会发展和分工水平低自然是"诸法合体"的重要原因,但中国的特殊性是,一方面高度制度化;另一方面始终不能独立的法典化。这是完全不同于西方的地方。因此,要认识中国的特殊性,不妨先从正面来理解:传统中国何以形成独特的法典编纂,这是接近认识问题的前提。以我之见,社会结构的相对封闭和等级性,经济构成上的单一性,政治上的大一统,文化上重政治道德轻经济民事和长综合短分析的思维模式,应是传统中国法典编纂的背景和基础。换言之,这些背景和基础是传统中国法典编纂的既定前提和无形框架,法典的结构不外是这个无形框架的有形化。所以,用"诸法合体"这样简单明了的现代法学词汇,确实很难解读浓缩了诸多传统中国特色的法典编纂结构。进而,我们是否可以明白,唐代经济民事法律的制度化始终是社会框架内的,框架不破,制度化程度再高也无法溢

① 罗马法曾达到高度的制度化和法典化,但中古欧洲通行的是教会法、王室法和庄园法。在经济民事法律方面,习惯化色彩很浓厚,制度化程度因此受到限制。有关唐代经济民事法律的制度化设计,详见张中秋著:《唐代经济民事法律述论》,法律出版社2002年版。

② 传统中国文明曾经高度发达,但为什么近代科学不是诞生在中国而是西方。这是英国科学家李约瑟(Joseph Needham,1990～1995)终身求解的课题,谓之"李约瑟难题"。他主持编纂的7卷34册《中国科技史》(*Scienceand Civilisation in China*)是对这一问题的求解。

出框架独立法典化。

与唐代社会的变迁相适应,唐代经济民事法律的另一个共同特征是前后之变化。唐以“安史之乱”为界可分为前期与后期。① 唐代的基本制度大都形成并完备于前期,有关经济民事的国家基本法唐律和唐令初唐即已完成。《唐律疏议》以唐太宗时期的《贞观律》为底本,完善于唐高宗永徽年间,公元653年即建唐85年后的永徽四年颁行天下。《唐律疏议》是唐代法制的核心,其《名例》、《户婚》、《擅兴》、《杂律》、《断狱》诸篇,均有专涉经济民事的规定。唐令是国家法中正面规定经济民事活动规则的主要法律,从史料和后人辑录的《唐令拾遗》来看,②与经济民事直接相关的《户令》、《田令》、《封爵令》、《赋役令》、《关市令》、《杂令》、《狱官令》等,内容大都定型于唐前期的《武德令》、《贞观令》和《开元令》。唐代法律体系的“格”和“式”同样完型于前期。有论者统计,唐前期重大立法活动16次,律、令、格、式臻于完备。③ 唐代民事法律渊源与经济法律有所不同,经济法律集中在律、令、格、式成文法中,民事法律除成文法外,还有不成文法的礼和习惯等。唐初沿袭隋礼,经贞观到开元年间,唐廷对礼不断增删修改,随着《开元礼》的颁布,“由是五礼之文始备,而后世因之,虽小有损益,不能过也。”④习惯或者说惯例由于不成文的原因,难以流传下来,因此,虽然现在难以判断其在唐前后期的具体情形,但从张传玺教授辑录的《中国历代契约汇编考释》唐代部分来看,⑤有多种契约惯例和惯语出现在唐前期契约文书中,表明这一时期已适用习惯。

“安史之乱”后,唐代国家法全面发展的势头停止下来。据统计,后期比较重大的立法活动只有7次,律、令、式都没有再修订过,唯一的一次修格,主要是编纂格后敕和刑律统类,也即对皇帝敕令的分类整理。⑥ 敕令涉及经济、民事行为的为数极多,是唐后期这两个领域的重要法源。敕令一般是针对具体情况发布的,属于特别法范畴,但由于敕令源于皇权,效力往往优于具有普通法性质的

---

① 唐朝(公元618~907年)存续289年,历22代。依据社会、政治、经济、法制和文化的发展状况,一般可分为两个时期,大抵以“安史之乱”为界,即武德元年(公元618年)至天宝末年(公元755午)的130余年为前期,其后150年为后期。同时,在文史界也有初唐、中(盛)唐、晚唐的说法,一般唐建立政权的最初几十年为初唐时期。

② 日本学者仁井田升在继承前人成就的基础上,经多年努力完成《唐令拾遗》巨作的编纂,该书中译本1989年由长春出版社出版;1997年池田温又出版了续编《唐令拾遗补》。

③ 张晋藩、陈鹏生主编:《中国法制通史·隋唐》,法律出版社1999年版,第142~144页。

④ 《新唐书·礼乐志》。

⑤ 该书广搜各类契约文书,特别是出土的敦煌吐鲁番文书,具有极高的文献和学术价值,由北京大学出版社1995年分上、下两册出版。

⑥ 张晋藩、陈鹏生主编:《中国法制史·隋唐》,法律出版社1999年版,第144~145页。

律、令、格、式。这种特别法优于普通法的情形与民事法源中习惯和礼的上升一样,都是唐代社会变迁的反映。经"安史之乱"的冲击,唐中央权威衰落,地方割据,均田、赋税、府兵等多项制度崩溃,政令常有不出都门的现象,前期有关经济的均田、赋役、货币等律、令成为具文。民事调整也出现很多空缺,制度的瓦解和商品化进展又加速了人、财、物的流动,经济、民事活动增加,社会迫切需要相应的规范加以调整。于是,灵活制宜的敕令和习惯成为应对社会、填补空缺的重要法源。还有,作为民事法源的礼的重要性在唐后期迅速上升。比较唐前后期经济民事法律的变化,概括地说,前期是经济民事成文法制度的全面确立时期,后期是国家成文法制度建设停滞,特别法和习惯、礼的上升时期。

国家与礼教是贯通和支撑唐代经济民事法律构架的两根支柱,虽然两者轻重的分布各有不同。这是我感受最深的一点。唐代经济法律中各项制度无不体现出国家强有力的干预,不妨这样说,唐前期的均田律令本质上使其成为一种国家强制经济。很显然,均田律令竭力确保国家对土地所有权的最后控制;赋役是国家的物质基础和利益所在,赋役法不遗余力地为国家利益服务;官工"食在官府",商人和商业由严格的城坊法令管制;专卖、货币和对外贸易的法律规定是国家控制经济的典型,表现出国家利益的至上性和国家干预的坚强有力。唐后期,作为国家代表的朝廷通过法律对经济的全面控制远不能与前期并论,但敕令对律、令、格、式的优先,一方面表明国家制度化了的全面强制力的下降,同时也说明特别干预的加深,尤其是国家通过法律控制经济(及人)的意愿不因法律形式的变化而变化。唐代民事法律总体上没有脱出传统中国重刑轻民的特征,官方对民事活动中的契约行为不同于经济法律的强制,而是采取"官有政法,民从私约"的相对放任态度。但唐前期毕竟是制度完备、国家控制有力的时期,有关民事主体的身份、土地所有权、负债强牵财物、婚姻、家庭、继承、诉讼等,都由律、令予以明确的规定,违者治罪,同样体现出国家的干预。经济法律大多涉及国家和公共利益,依欧陆法律的分类,可归于公法,国家干预理所当然。民事法律专注私人事务,原则上属于私法,国家干预应尽量减少,由当事人自主。但中古的唐代还是一个等级的礼教社会,理论上天下一家、家国相通,官方自来以"为民作主"自誉,私人自主的空间十分有限。所以,其中的国家干预稍逊于同时的经济法律而远重于西方的民法。

唐代国家干预在经济民事法律中所造成的一个不同于西方或现代法制的延伸特点是,调整方法上的刑事化与行政化。依现代法制,经济犯罪可以刑事论处;民事法律贯彻主体平等、意思自治原则,绝大多数是任意性(授权)规范。与此相适应,民事调整方法一般不涉刑罚,即使惩罚也以失权、强令生效、价格制裁、证据规则等形式出现,不同于刑事处罚。唐代经济法律的调整方法通依《唐律疏议》之规定。从契约文书来看,唐代民事虽有返还财产、恢复原状、赔偿损失等实际的救济方法,但所有违反律、令和部分触犯习惯、礼教的民事行为,一律视为犯罪,与经济法律的调整方法无异,适用《唐律疏议》中的刑事和行政处罚,基本的方法是笞、杖、徒、流、死五刑和免官、除名等行政处罚。这是私法公法化的结果,符合唐代法律体系中"一断以律"的规定。根源上乃是家国同构社会中所谓国家利益对私人利益的包容和消解,实际是以王朝为中心的政治国家观念与权力发达在法律上的体现。①

礼教是传统中国文明的根本特征。它的精神和内容已内化在传统中国人的思想、制度和行为模式中,形成民族的心理结构。唐代经济民事法律的支柱,国家之外即是礼教。这首先决定于唐代法律体系的礼教化。唐代各部法典可以说是礼教精神和原则广泛均匀的渗透,直如《唐律疏议》开宗明义所揭示:"德礼为政教之本,刑罚为政教之用,两者犹昏晓阳秋相须而成者也。"②后人称赞唐律"一准乎礼",可谓一语中的。反映到唐代经济民事法律上,追本溯源,脱胎于井田制的唐代均田制度,其框架和精神仍然是西周的礼制。史料证明,初唐政府是简朴和节俭的,它的最高统治者推崇的是理想化了的儒家正统理论,对农民和土地予以特别的关注,以为有道的政府应"重农抑商",商人和商业受到严格的管制,经济主要表现为饥寒无虞的民生,奢侈性的工艺品和金钱、物欲要受到法律的限制和社会的谴责,布、帛、谷、粟是比黄金有价的东西,朝廷的理念是在文治的同时,通过武功取得天下的信服。因此,经济必须为政治和军事服务,也不能有违道德和良心。这些以礼教为核心的观念构成了唐代前期均田律令、租庸调法、工商贸易以及货币流通诸经济法律的思想渊源和理论依据。中唐以后,由于社会的变迁,这些观念和制度与社会现实之间的关系趋于紧张,早期奉为准则的经济法律首当其冲受到时代的挑战。现实主义的态度应是革新制度、与时俱进,但唐廷宁愿在事实上与初唐相异,场面上仍不放弃原有的理想,以致不合时势的诸多经济法律制度依然如故,官方试图通过这种"设而不用"的方式表达对理想的坚持。所以如此,礼教发挥了支配作用。很难想象,衰弱的朝廷能够大面积修改虽与社会经济现实相脱节但与社会礼教化趋势相契合的经济法律制度。在信心和权威这两点上,唐廷都不足以做到。所以,它夹在旧制度和新现实之间痛苦

① 有关这一问题的讨论,详见张中秋著:《中西法律文化比较研究》,南京大学出版社 1999 年版,第 98 ~ 101 页。

② 《唐律疏议·名例》"序"。

不堪，对现实只能采取有限的改革和无奈的默认。这是中国社会的特点，理想、理论、制度与现实各有相当的独立与脱节，超现实的理想、滞后的理论，对变化的现实保有历史的惯性和顽强的定力。唐300年经济法律中的礼教体现了这一点。

礼教对唐代民事法律的影响极为深广。由律、令、格、式、敕令之成文法与不成文法之习惯、礼教、法理等构成的民事法律渊源所具有的相通一致之处，凭借的即是“礼法合一”前提下礼的指导作用。从唐代民事法律有关身份、物权、债权的原则性规定来看，礼教与国家同样是支配性的。在民事婚姻、家庭、继承方面，尽管唐前期礼教受到了胡化和功利主义的冲击，①但礼教的支配仍重于国家，后期礼教化更是得到社会与国家的广泛支持。

礼教在唐代经济、民事法律上所引起的一个共同特征是，等级性身份法的制度构成。礼源于华夏先民的日常生活和原始宗教经验，核心是差异，转化为社会主流意识形态礼教后，延伸到制度上就是等级性身份法的构成。唐代经济民事法律中均田制下土地分配上的悬殊，赋税征收上的差别，对工商的歧视，民事主体的阶梯性结构，物权和债权的从属性，婚姻上的“当色为婚”，家庭中父权和夫权的统治，继承方面对女性权利的剥夺和限制，处处都显示出礼教下的等差。从法理上说，唐代经济民事法律贯彻的是身份而不是契约原则。

四

精神原则上的相通和内容上的交叉奠定了经济、民事法律的一致之处，不同的内涵和功能铸就了各自的特色。唐代经济立法思想是“重农抑商”，各项制度无不以它为指导。从具体问题的分析中可以看到，唐代经济法律制度整体上以调整土地关系为基础，以实现建立在均田制之上的租、庸、调为中心任务，对商人和商业通过身份、重税、专卖、货币变化等多项经济法律措施予以抑制，意图是确保“重农抑商”的实现。中唐后情形有很大变化，但如前所述，官方并没有彻底放弃体现礼教精神的相关制度。

唐代民事法律的自我特色也很显著。在法律渊源上，经济法律是成文法，民

① 唐代前期社会主流意识形态是礼教，但有两种社会风气即胡化与功利主义对礼教有冲击。此处的功利主义是指追求实利和享受的俗世生活态度。“胡”系古代汉族对周边特别是西北少数民族的称呼，有礼教中心观下的轻蔑之意。胡化指唐代受西北少数民族文化和风气的影响，不太受礼教的约束。详见傅乐成著：《汉唐史论集》，台湾联经出版事业公司1977年版，第117～142页。

事法律由成文法和不成文法组成。在成文法方面，经济与民事法律一致，通为律、令、格、式和经整理的敕令。在此之外，民事法律渊源还有不成文法的习惯、礼和法理。成文法是唐代基本的民事法源，不成文法是补充，两者及其各自内部形成一定的结构，由礼为其纽带。这是经济法律所不具有的。

成文法与不成文法、胡化与礼教相互消长，这也是唐代民事法律变迁中一个深有时代特色的特点。唐前期中央强大，社会稳定，制度完备，律、令、格、式成文法乃"天下通规"，在法律位阶上优于不成文法。"安史之乱"后，灵活制宜的敕令和不成文法之习惯成为填补空缺、应对社会的重要法源。与此同步的一个变化是，礼教地位的上升。唐前期社会受胡化、功利主义还有佛教的影响，儒家思想和礼教受到抑制。尽管唐律"一准乎礼"，但礼教作为民事法源的重要性不及后期。原因是经历外族祸害的"安史之乱"后，唐人的民族意识觉醒，社会趋向保守，儒家思想和礼教在社会上得到更多的尊重，礼教、礼俗对人们的日常生活和民事行为影响增大。这在婚姻、家庭领域有突出的反映。可以说，唐前期是法律的礼教化，后期是礼教的普遍化。

依现代民法观，唐代民事法律上不放任中的放任颇具特色。基于国家的介入和限制，唐代民事法律性质上具有浓厚的公法色彩，民事主体的民事行为受到国家(法律)的积极干预，总体上表现出一种不放任的态度。同时，在民事契约领域，唐令又规定："任依私契，官不为理。"[①]在出土的敦煌吐鲁番文书中，常见有"官有政法，人从私契"的惯语。契约的种类、形式、内容等主要由民间依习惯约定，也即"人从私契"，[②]表明民法中基于意思自治必然具有的政府放任态度在唐代民事法律中同样存在。但要注意到，唐代的放任不是无限的，要受既定的法律限制，所谓"官有政法"。"政法"即是国家的不放任法。这种不放任中的放任，法理上应理解为公法性私法的表现。

唐代民事法律中另一个有趣的特点是，不发达中的发达。一般说，相对于同时代的刑事、行政、经济法律，唐代民事法律不甚发达，尤其在物权、债权领域没有建构起系统、明晰的规则体系。这也是传统中国民事法律的缺陷。然而，一个有趣的现象是，唐代有关民事主体身份、婚姻、家庭方面的法律则相对发达。这部分内容虽然没有法典化，但详细严格的规定已高度制度化。民事法律的不发达与发达，依现代解释，显而易见是商品经济限定了财产关系。唐代物权、债权法律的不发达客观上根源于简单商品经济所形成的简单财产关系。同样，传统

① [日]仁井田升著：《唐令拾遗》，长春出版社1989年版，第789页。
② 叶孝信主编：《中国民法史》，上海人民出版社1993年版，第260~263页。

中国重义轻利、官方视民事为“细故”的法律意识，主观上也削弱了对物权、债权的关注。然而，由于人的身份、婚姻、家庭和继承本质上是一种人身关系而非财产关系，不在意思自治的范畴内，直接受身份甚于受商品经济的影响，何况在礼教等级的唐代，这种情况更远非现代民法原理所能理解，因此，调整这部分领域的法律呈现出相对发达的状态。

五

沿着现代法学的视线，透视唐代经济民事法律的这些特征，还能看到什么呢？这是我一直思考着的问题。有一天，偶然有一条线索打开了我的思索之门。这条线索起于最简单的法律分类。西方从罗马法开始，法学家将法律分为公法和私法两大类。这种曾受中国大陆批评的分类方法其实有很多的启发意义。不论我们依哪一类标准，[①]经济法大体可归于公法，民法原则上是私法。传统中国没有欧陆法律体系，自然也没有这样的分类。因此，简单的对接是有困难的。不过，借助这种分类作一次冒险，未尝不可。借此，我们从西方公法与私法所代表的公与私、国家与社会、整体与个体、官方与民间、权力与权利的二元结构中，透见到唐代经济民事法律不同于西方的特殊结构。简言之，唐代经济民事法律实际含有公、私两极，但整体上又呈现出主从式的一元化结构。在原则和精神上，唐代经济民事法律表现出公对私、国家对社会、整体对个体、官方对民间、权力对权利的兼容与支配，或者说后者对前者的依附与归属。

这种不同于西方的结构深究下去，就要面对中国固有的文化哲学和社会问题。不论传统中国文化多么千姿百态，理念上是一元论的。“道”是中国文化的本源，所谓“道生一，一生二，二生三，三生万物”是也。[②] 道的基本构成是阴与阳，两者的关系是对极中有包容，包容中有统摄，阳在其中起主导和支配作用。建立在观察和体验之上的这种原初自然哲学推及社会政治法律领域，汉代大儒

---

① 公、私法的分类和标准颇不一致。依徐国栋教授的概括，有法律保护的利益是共同利益还是私人利益、权利是否可以抛弃、主体是国家还是私人、规定关系是否平等、行为者是公主体还是私主体、法律渊源是由国家创制还是由私人创制、法律的规定是否可以由当事人的合意加以变更至少七种分类标准。参见彭万林主编：《民法学》，中国政法大学出版社1999年版，第31页。

② 《老子·四十二章》。道生万物，万物又回归于道。这种有机、整体、连续、自动的宇宙生成论，成中英和杜维明先生有较清晰的阐释。详见［美］成中英著：《论中西哲学精神》，上海东方出版中心1991年版，第216页及前后；W. M. Tu, *the Continuity of Bing: Chinese Versions of Nature, Confucian Tought*, State University of NewYork Pres, 1985, p. 38。

董仲舒在《春秋繁露·基义》中说的一段话可为经典。他说:“凡物必有合……阴者阳之合,妻者夫之合,子者父之合,臣者君之合。物莫无合,而合各有阴阳。阳兼于阴,阴兼于阳。夫兼于妻,妻兼于夫。父兼于子,子兼于父。君兼于臣,臣兼于君。君臣父子夫妇之义,皆取诸阴阳之道。君为阳,臣为阴。父为阳,子为阴。夫为阳,妻为阴……阳之出也,常县于前而任事;阴之出也,常县于后而守空也。此见天之亲阳而疏阴,任德而不任刑也。是故……德礼之于刑罚,犹此也。故圣人多其爱而少其严,厚其德而简其刑,此为配天。”合是合成,兼是兼有,县是悬。在董仲舒眼里,万物的合成不出阴、阳两种要素,从自然万物到家庭社会,再到国家政法,莫不如此。阴阳虽相互兼有,但阳是处于前的积极要素,对阴有统摄和支配性。阴是悬于后的消极要素,对阳有依附性。在传统的中国人看来,阴阳之道对世界有广泛和彻底的解释力。沿着这种哲学的逻辑,天子与臣民、国家与社会、整体与个体、官方与民间、政治与经济、德礼与刑罚、权力与权利、国与家、义与利、公与私等都是阳与阴的对应与体现。因此,相对于体现阳性的德礼,法律是阴;相对于体现国家、整体利益的公法,私法是阴;相对于公法性的经济法律,私法性的民事法律是阴。结论自然是,阳性的国家与礼教对阴性的法律在兼容的同时又有统摄和支配。唐代经济民事法律中的国家与礼教中心主义,政治道德重于经济利益,国家意志优于当事人意思自治,经济法律先于民事法律,控制重于放任,民间屈从官方,个体服从整体,私契不违政法,权力大于权利等,诸如此类完全契合“天人合一”的阴阳之道。

西方公法与私法的划分和分立是建立在国家与社会的二元结构之上的,体现了市民社会与政治国家的分野与独立,这是西方市民社会法律的基本特征。传统中国家国一体化的结构和理念不仅消解了两者之间的紧张关系,最后还以国家整体的名义包容和替代了社会个体的存在与独立。在此基础上,必然形成公与私两极主从式的一元化经济民事法律结构。传统中国的文化哲学对此不过是一个恰当的表达和解释。这样的法律自有它特定的理想深蕴其中,这是理解历史文化所着立场的一个方面。同时要看到,这样的法律必然以限制个体的利益、自由和意志来维护国家名义下的礼教、王朝与家族控制,结果是个体和民众的权益被削弱以致牺牲,统治者与精英阶层的特权和利益被放大和强化。因此,尽管唐代经济民事法律中有不少与现代经济法、民法相通的东西,本质上它还是一种以国家为本位、以礼教为纲目的社会控制法。

六

唐代经济民事法律的内容、原则、精神大都已与时俱去,我们的工作与其说是寻求某种历史文化资源,不如说在明理中获得启发更为妥帖。在探讨这一问题的过程中,有以下两方面给我以启发。

一是法律创制和学科建设上的。如前所述,唐代经济民事法律有较高的制度化而未独立的法典化,这仅适合过去的时代但有悖于社会进步和法律体系自身的发达。而且,经济民事立法应遵循相应的规律,避免成为某种意识形态和一时政策或长官意志的工具,包括唐代在内的传统中国的经济民事立法于此有深刻的教训。更重要的是,经济民事法律必须有自己的学理体系和法理根基,不能像唐代和传统中国那样,有大量的经济民事法律规范,却没有相应的经济法律学和民法学。这提示人们在创建有中国特色的现代法学时,尤应注意并克服中国法律传统中重"术"轻"学",以一般哲理直接担当法理的弊端。

二是对国家控制的转换。从唐代经济民事法律这个侧面可以透视传统中国的特征,依我的理解,这种特性表现为政治国家的控制性和道德礼教的弥散性。相对于西方,政治在社会进程和历史的转折关头具有决定性的作用,经济在性质上被视为政治的一部分。经济的发展不能有违政治目标和文化理想,有害社会结构和性质。社会由政治和道德维持并由其控制和带动,所以公法文化突出。可以说,这已构成传统中国历史内在性①的一个突出方面。近代以前,中国一直依其固有的特性运行着。近代伊始,中国的路向被强行中断和扭转,原因是主导世界历史进程的西方的介入。如同中国一样,西方有它自己的历史路径。不同于中国的是,正如马克思在《德意志意识形态》中所揭示的那样,②经济基础决定上层建筑,政治最终为经济服务,社会发展由经济推动,所以私法文化发达。西方的历史法则随列强扩张逐渐侵入非西方地区,从而不同时速、不同强度地冲击、扭转、中断以致改变了非西方社会固有的历史走向。尽管传统中国在时间、空间、规模和文化传统上都是一个巨人,但时代的落差终使它在西方的冲击下不得不改变自己的路向,由传统转向西方主导下的近代。

时至今日,中国社会并存、交织着两种不同性质的历史动力,一种是传统中

---

① 这是笔者依据自己的认识所拟的一个措辞,意指在长期历史中形成并在根本上制约和支配中国历史走向的内部因素及其力量。

② 《马克思恩格斯选集》(第1卷),人民出版社1977年版,第22页。

国政治道德对社会经济的控制力;另一种是西方社会经济对政治的决定力。前者基于中国的社会结构和历史惯性,构成当代中国历史内在性的主要方面;后者源于西方历史方向的现代性,成为近代以来中国努力的主要方向。这两种力量将长期并存于中国社会,并将在相互激荡、相互纠缠、相互妥协中磨合向前,直至中国真正成为有它自己特色的现代化国家。法制的情形,亦不例外。具体来说,中国的传统和国情内定了国家控制在现代经济民事法制建设中的重要作用,无视和否定以中央为代表的国家作用,既不可能也是对传统政治法律资源的浪费。但同时务必认识到,这种作用要转换到以人为本、遵循规律,为经济建设服务,并与国际潮流相联通的轨道上来。可能会有争议的另一个启发是,法律中"公"的政治文化理想和道德关怀。唐代经济民事法律的文化结构和精神实质表达的是一种价值追求,它沿着"公"的路线迈向大同世界。事实上这是一种乌托邦式的社会理想。但我们是否还应该看到,作为应对人类承担责任的大国,能否放弃对高远理想的追求?不放弃这样的理想,就要赋予人类行为中"公"的内涵。毫无疑问,我们的经济民事法律首先要坚持的是现代法制原则,但不必排斥政治文化理想和道德关怀,何况两者之间有很多的联系。唐代经济民事法律在整体和精神上确是国家政治和礼教道德的工具,而且由于这种政治和道德的滞后,最终导致了法律的落伍和瓦解。但要注意到,历史场景中的这种法律仍是一种具有政治文化理想和道德关怀的法律。表现在经济民事法律上,土地立法中的均田制度和抑制兼并的规定,赋役法中从以人丁为本到以资财为本的立法变迁,工商法律中对商业和商人的过分发展可能瓦解农业和农民的限制,专卖法律中"平准"的理念,民事行为中的放任与不放任,财产继承中"诸子平分"的原则等,都体现了那个时代所特有的政治文化理想和道德关怀,即对一定等级秩序的大同世界和适当均平的理想社会的追求。这种追求的性质和极端化要另当别论,但经济民事法律应体现时代的政治文化理想和普遍的道德关怀,防止因过分现实而迁就时俗,应是没有疑问的。这也符合人类赋予法律对公平正义价值的基本追求。

(2002年第1期)

输出与回归:法学名词在中日之间

王　健*

一、问题与争论

今人常常以为,目前我们习见习用的一整套法言法语大多于本世纪初期来自东瀛岛国的日本,然而事实并非如此简单,有的甚至相反。本文拟就这个问题作些初步的探讨。先从语言学界关于近代汉语语源问题上的讨论说起。

20世纪50年代,随着文字改革和语言规范化运动的开展,关于现代汉语中的学术用语和外来语问题,特别是近代日语对汉语的影响等问题,曾引起过中国语言学家的一场热烈讨论;讨论从一开始就呈现出两种不尽相同的说法,或可说是对立的倾向。

其中一种颇有影响的看法断言,现代汉语中有许多借用日本的语词,这些词,大都是明治维新以后由于日本人翻译西文书籍陆续创造出来的。从历史上来说,它们不仅在我国人的心目中被认为是“新名词”;就是在日本国内也同样被认为是近百年来产生的“新语”。

这种观点以著名语言学家高名凯、刘正琰和王立达为代表。高、刘二人合著了《现代汉语外来词研究》一书,在所列“汉外来词所表现的外来事物及概念一览表”里面,作者指出其中属于外来法律类的总共39个词语全部来自日语,没有一个来自该表列出的其他9种语言中的任何一种,包括俄语、德语、意大利语、英语和西班牙语。王立达则以新名词、新知识一类词典为例,指出其中所收的词汇“几乎有一半是借自日语的”。①

已有学者对他们各自所列出的来自日本的现代汉语词汇作了综合,笔者仅检阅其中有关法律类的语词计有:

人权	公证人	引渡	主权
出诉	出庭	代理	民主
民法	自由	共和	有价证券

---

* 作者单位:西北政法学院(现西北政法大学)。

① 王立达:“现代汉语中从日语借来的词汇”,载《中国语文》1958年2月号(总第68期)。

刑法	仲裁	投票	判决
法人	法定	法医学	法则
法律	法科	法学	法庭
社团	社团法人	免除	治外法权
制裁	取缔	拘留	所得税
所有权	政府	政策	政党
政治家	信任	特权	财团法人
时效	动产	假释	国际
国际公法	最惠国	传票	债务
债权	领土	领空	领海
宪法	总理	证券	警察
议会	辩护士	权利	

这些词在今天法律人的言说中占有怎样的地位不言自明，而令人惊讶的是，按照这个词语表，如此众多而又基本的法律词汇竟然全部都是源自日本的外来语！对此，当时就有人表示不能完全接受这种看法，因为它过分夸大了现代汉语中源于日本的外来语的范围。

值得注意的是，这次讨论似乎只是发生在语言学界的内部，对于从根本上直接涉及的人文社会科学领域的研究，在当时和以后似乎都没有产生什么多大的影响，至少就法学界而言，情形就是如此：因为除了学者偶尔涉及的个别法律语词外，法学界从来就没有对近现代法律用语问题做过专门认真地清理和检讨。可是尽管如此，一个时时可以感觉得到但又都说不大准、模模糊糊的印象是，我们目前所使用的许多（注意这是一个模糊词）法律名词、术语是来自日本的。[①] 而有关于“权利”——这是一个在本文中常常被提起的例子——的近代语源的种种说法，正是反映上述问题的两个典型例证。

关于近现代汉语里的“权利”一词及其相关词语的来源，法学界以往大都认为它（们）是19世纪末到20世纪初期从日本流入到中文里的。明确提出这种说法的书证，至少可以追溯到20世纪30年代一位优秀的民法学家梅仲协（1900～1971年）的民法著作，作者在书中关于权利的专章里指出：按现代法律学上所谓“权利”一语，系欧陆学者所创设，日本从而移译之。清季变法，“权利”二字，复

① 梁治平是对于借助语词分析的方法来剖辨和厘定中西法律概念和学术传统最有清醒意识并取得丰硕成果的一位学者。不过，在他的经典代表作之一的“‘法’辨”（1986年）一文中，梁引用实藤惠秀的著作认为，作为独立合成词的“法律”是近代由日本输入的；而实藤所引之证据，其实最终来源于上文高、刘和王的著作里那些并不可靠的内容，这一点令人颇感意外。

自东瀛,输入中土,数十年来,习为口头禅。[①]

此说在法学界长期相沿,至今仍频见于中国大陆、中国台湾地区和海外的一些法学论著。如郭道晖于 1995 年发表的《论法定权利与权利立法》一文中说:中国法律上"权利"一词始见于清末之立宪和民国之立法。它是由日本传入。日文又是从德文 Recht 译为"权力利益",略作"权利"。[②]

同年我国台湾地区学者李复甸在其《权利辨正》一文里,依据日本平凡社《世界大百科字典》(1988 年)第九卷"权利"词条中的解释,亦说……时下之权利出于东洋之译词,(原文此处有注)迨无争议。国人率而沿用,约定而俗成,如今已成为日常口语。云云。[③]

奥地利维也纳大学法学博士陈添辉在《1912～1949 年中国法制之变化——以民法之制定及施行为例》一文中,引用日本学者 Z. Kitagawa 的说法写道:[④]日本尚属中华法系时,亦无权利的观念。留学荷兰 Leyden 大学的日本法学者 Dr M Tsuda,回到日本后,于明治维新那一年,即 1868 年出版一本书,叫《西方公法学说理论》,因无相当用语来表达权利的观念,于是他在本书首先创造"权利"之用语。在日本社会,权利的观念,曾长期停留在白纸黑字的具文阶段,未为当事人主张。

由于笔者尚未查找到陈文所征引的原著,故无法知晓 Z. Kitagawa 何以如此持论的依据。不过,此论在日本并不独见。早在 1904 年 N. Hozumi 教授的一篇讲演中就有这样的主张:[⑤]日本从来没有权利的概念,直到 Ken－ri(权利)一词出现,而 Ken－ri 一词的直接含义是 power－interest(权力和利益)。该词的始作俑者是 Tsuda 博士,Tsuda 博士曾在荷兰 Leyden 大学读书,1868 年出版了他的博士论文《论西方的公法》,在这篇文章里,他采用了 Ken－r(权利)一词。

显然,以上两段文字中,前者几乎是后者的翻版,他们都认为,日文之汉字"权利",系由日本留学荷兰莱顿大学的法学博士津田真道(M. Tsuda)于 1868 年首先创行的一个用语。

---

① 梅仲协的《民法要义》成书于 1934 年至 1937 年间,以后多次刊印,是一部颇有影响的民法著作。该书的最新版是 1999 年中国政法大学出版社出版的张谷博士的校订本。引文见该书第 32 页。

② 公丕祥主编:《法制现代化研究》(第 1 卷),南京师范大学出版社 1995 年版,第 44 页。

③ 《法令月刊》(台湾),1995 年第 10 期。

④ Z. Kitagawa, aaO. S. 142. 此处所引陈文,载"中国法制史学会"编:《中国法制现代化之回顾与前瞻:纪念沈家本诞辰一百五十二周年》,台湾大学法学院 1993 年版,第 331 页,注释[33]。

⑤ Professor N. Hozumi' s lecture on that Code delivered at the St. Louis Exposition in 1904, in T. E. Holland, *Jurisprudence*, 13th ed., Oxford University Press, (1924), p. 86.

除此之外，也有人指出，日语中的“权利”一词始见于1866年J. S. Mill著作的一个译本；[①]提出这一事例类似情形的还有Pittau。[②]

总之，在长达一个世纪的时间里，无论法学界抑或是语言学界，也无论是中国大陆、中国台湾地区甚至日本，按照一种说法，“权利”是来自日本的一个汉语外来词。

然而，此论相左者一直大有人在。日本著名语言学家大槻文彦（1847～1928年）在他所著《箕作麟祥君传》一书里，曾经详细地描述了明治初年法学家箕作麟祥（1946～1891年）为了翻译法国法律而苦心设造法律新名词的情形，其中就涉及“权利”等词语的翻译问题。兹将这段文字照录如下：[③]这是《法兰西法典》首次被引入日本，法理学也尚未发展。箕作麟祥对这些都并无所知；而且也没有带注释的书籍，没有词典，没有教师；克服这些理解上的困难对他而言是很沉重的负担。每次提到的概念在那时的日本还是完全不知道的，这成了大问题，因为不存在相对的译语。甚至当他请问汉学家时，没有一个人知道该怎样回答；如果他创造一个新词，倘若不是人们已知的汉字的组合，又可能不被接受。像“right”和“obligtion”这样的词，他承袭了中国《万国公法》的翻译，译作“权利”和“义务”；至于像“movables”和“immovables”这样的法律术语，他费尽心思地

---

① *Dore R. P. Education in Tokugawa Japan*, *Routledge & Kegan Paul Lte.*, London. 1965，引见［意］马西尼著：《现代汉语词汇的形成——十九世纪汉语外来词研究》，黄河清译，汉语大词典出版社1997年版，第234页。

② Pitau Joseph, S. J. 在*Political Thought in Early Meiji Japan*, 1868－1889（Harvard University Press, Combridge, Mass, 1967. 2th. Ed. P. 15, note. 21）一书中说，“主权”一词见于津田真道的《泰西国法论》一书，该书是他从荷兰回国后于1868年出版的，在荷兰，他在Simon Vissering教授的指导下攻读法律。

③ 大概文彦的这段文字受到了各国学者的重视，并常在他们的著作里加以引用。我在这里所引用的，是徐文堪翻译的荷兰学者高柏（Koos Kuiper）的《经由日本进入汉语的荷兰语借词和译词》一文中的引文，而该引文又来自日本实藤惠秀的《中国人留学日本史》的引文，当然实氏的引文最终来自大概文彦。再有，谭汝谦与林启修共同翻译了实氏的那部名著（三联书店，1983年版）；谭汝谦、林启修与徐文堪的中译文虽然来源同一，但二者关于这段译文的表述有很大不同。这里将谭、林的译本摘录出来（参见该书第281～282页），以便读者与上引文对照其间的异同：在此之前，即明治二年，当麟祥君在大学南校（指东京帝国大学）的时候，政府任命他翻译法国刑法。竣工之后，又马上翻译了民法、商法、诉讼法、治罪法、宪法等。后来这些翻译都被教育部公之于世。由是，我国人开始知晓法律为何物。然而这些译本有不少误译的地方。当时，法学仍然未开，麟祥君仍未通晓这门学问；没有参考书，没有字典，又缺乏指导老师，遇到难解的语句，麟祥君唯有独自苦心钻研；当时，我国人仍未具有近代法学意识，故此没有可资枚举的成例；他不但苦无可用的译语，即使向那些汉学专家请教，亦毫无用处。虽然创造了新词语，由于人们对这些新语不熟悉，所以往往备受非难。麟祥君所创的新语中，似乎只是“权利”和“义务”两译语（right及obligation）是从汉译《万国公法》一书取来，其他法律用语，如“动产”、“义务相杀”、“未必条件”等，都是辛苦推敲出来的，尤其是“治罪法”等语，更是备尝艰苦，复得什士革君多方参议而成的。

创造了像“动产”(dosan)和“不动产”(fudosan)这样的新词。

这段文字很可能是后来各种关于日本近代的“权利”等词来源于中国早期汉文译本说法的最早的依据。其中值得注意的关键一点,就是作者所依据的丁韪良的《万国公法》汉译本问题。井上哲次郎及其他日本学者即根据同样的理由断言,“权利”一语并非日本人所创译,这个译语是从中国传入的;因为在明治以前,中国学术界既已使用“权利”这个译语了。至于西周,他仅译出了“权”或“权义”,并未用过“权利”二字,所以,“权利”二字实创始于丁韪良。①

与前引 N. Hozumi、Z. Kitagawa 等日本学者的说法对照来看,尽管近代意义上的“权利”一词究为日人所创行,抑或借自中国的成语,日本学者的看法即是两出,但是依照大概文彦提供的史实所表明的看法最终得到了国际汉学界的普遍接受,并已成为一个日益强化的趋势。

美国学者马里乌斯·詹森(Marius B. Jansen)于 1970 年就指出,西方国际法书籍的早期中文译本中所包含的某些重要的汉字词组,如“权利”(right)、“主权”(sovereignty)这样一些相近的字眼,逐渐流入了日本人的“现代”思想中,并于 19 世纪末在日本广泛流传。尽管这些术语和后来大量涌进中国语言里的日本词语比较起来数量有限,但他特别提醒人们注意,说这是“中国较早与西方接触而使日本获得的一个最后的,也是很少被人提到的好处……”②

1993 年意大利学者马西尼发表了他对于近现代汉语外来语的阶段性研究成果。他批评研究汉代汉语、词汇的一些学者,尤其是高铭凯、王立达和实藤惠秀,“通常一味强调后面这段过程(按:指 19 世纪末期),对于那些进入汉语的日语新语,他们以为是借自日语的。而事实是,这类词汇中有很多是由中国传至日本的,几十年后才又回到了中国。”在他所指的情形中,就包括了“权利”一词。③

我国则自高铭凯、刘正琰、王立达的论著发表后不久,郑奠即发表了一篇回应的文章——《谈现代汉语中的“日语词汇”》(1958 年),旨在缩小由前述作者过分夸大了的现代汉语中属于日语词汇的范围。郑采取历史和客观的立场,强调了中日文化交流史的互动过程对于促进汉语词汇发展的重要作用。这篇言简

---

① 余又荪:“日译学术名词沿革”,载《文化与教育旬刊》1935 年第 70 期。

② 费正清、刘广京主编:《剑桥中国晚清史 1800 ~ 1911》(下卷),中译本,第 398 页。

③ [意]马西尼著:《现代汉语词汇的形成——十九世纪汉语外来词研究》,黄河清译,汉语大词典出版社 1997 年版,第 98 ~ 103 页以及附录 2 有关词源的考释。关于“权利”一词,作者指出《万国公法》曾对中国创造的一些新词传入日语起过重要作用。“权”(日语读作 Ken,即 right)字在古汉语里就有,后来丁韪良又赋予其新义,其他还有一些新的复合词,如“权利”(日语读作 kenri,即 right)、“特权”(日语读作 tokken,即 privilege)、“主权”(日语读作 shuken,即 sovereignty),等等。

意赅的文章实际上提出了本应值得注意的思路和线索，但后来它似乎并未引起应有的重视，以致这一问题长期未能得到澄清。①

观上列种种说法，笔者深感这个问题其实本不该如此复杂。从上述一些说法涉及的种种历史资料当中，我们不难推断出汉语“权利”一词的近代渊源，当然也包括其他的法律语词。丁韪良1864年的《万国公法》汉译本明明摆在那里，而非要说权利等词语创自日本。其中原因，除了对自己去今不远的历史茫然无知外，我们还能再说些什么呢？探索近代汉语法律语词的来源无疑要掌握充分的、必要的文献史料。但从上面的例子来看，问题还并不仅仅是史料的占有，而首先是观念上的问题，即我们如何对待历史。这涉及中国和日本各国摄取西学的过程，和两者基于同文的（“汉字文化圈”）文化交流的互动关系，要深入地理解这些词的意义及其演变，我们就应当深入到这些语词创制和使用的时代环境当中，揭开长期遮蔽我们视线的那些观念上的障碍，最终来判别出它们的来龙去脉。而那个障碍，简单地说，就是我们往往强调中国法律的近代化深受日本影响，而对中国在近代化过程中是否曾对日本发生过作用一类的问题缺乏足够的重视。

二、日本模仿中国法的传统及其创造近代法的基础

就中日两国的历史文化关系来看，日本自古即形成了模仿中国法制的传统。一般认为，早在奈良朝时代，日本即开始输入汉学，继受中国法，此后日本乃有成形法。② 当时日本的律令完全模仿中国，其体裁和内容皆与唐律相似；自篇目名称、次序、条文之分配，以至于文章语句，殆无不完全与之相同。正如日本学者所评价：③就法律文化来说，中国对日本的影响最明显也是唐代。唐朝处于中国封建社会的上升时期，在当时世界上是先进、文明的国家，其封建法制为各国统治者所羡慕。唐代的长安城也因此成了国际性的大都市。唐代的法律，被称为中国封建法典之楷模，曾随着络绎不绝的使者和留学生传播四方，日本也不例外。

10世纪以后，武家政治重实用而轻虚文，另外武家之中没有能用汉字起草法规的学者，于是除了惯用的法律术语外，放弃原来法制中的律、令、格、式等纯

---

① 李贵连：“话说‘权利’”，载《北大法律评论》（第1卷第1期），法律出版社1998年版，该文对“权利”一词创自日本之说予以反驳。

② 此部分内容详见穗积陈重：《法律进化论》，中国政法大学出版社1997年版，第三编第六章第一节“日本法文体之民众化”。

③ 三浦一志：“源远流长的日中文化交流”，载《儒学与法律文化》，复旦大学出版社1992年版，第20页。

汉文体。可是即便如此，当时的"缙绅之士，皆以汉文为高尚而尊之，以日本文为卑贱而远之。"德川幕府时代（17世纪以后）的法令用汉字混以平假名（草书字母）书写。

至明治（1868年）以后，法律文体随政体的"王政复古"而复于古。由于维新政府的执政者大部分为汉学出身，如江藤新平、大木乔任两司法大臣，及编纂刑律之水本成美，起草军法之西周等皆为汉学之硕儒，此外大小官吏也多出身于汉学，因此他们写下的法令及公文书，都倾向于汉文体。例如，明治元年（1868）拟定的《暂行刑律》和明治三年（1870年）公布之《新律纲领》，即模仿明清律的体裁编纂。明治六年颁布的《改定律例》的文体亦仿照《新律纲领》，与之同为汉文体。维新政府初期的法令均用汉文体，因此法律用语废除了"御触书"、"御书付"、"御定目"等旧名称，而用"法令"、"布告"、"布达"、"达"、"条例"等名称，不说"公事"而说"诉讼"；不说"役人"而说"官吏"。又如，明治四年颁布了西周为兵部起草的《海陆军刑律》，西周精通汉文，又曾留学荷兰，因此他起草的刑律，内容实质上虽采用西方各国军律，但其形式则采用中国律。各编标题都用"律"字，如"谋叛律"、"奔敌律"、"战时逃亡律"、"凶暴劫掠律"、"盗贼律"之类，又用"凡"字作各条之起句，其文体全为中国律。

因此，日本法律发达的历史，从某种意义上讲，也就是中国文字在日本传播和演变的历史。汉字一直是书写日本法律不可缺少的一种工具。"日本的汉字都是从中国一点一画地学过来的。所以倘使某字的写法在中国加多了一画时，日本也跟着增加一画；减少了一画，日本也跟着减少一画。对于成语，日本人亦墨守中国的成规。"只是到了明治时代（1868～1911年）以后，日本在汉字字形上遵循一律向中国看齐的原则，方才开始动摇。①

再从东西方的文化交流关系上看。16世纪以来，无论是中国还是日本，两者都长期经历了接触或摄取西学的过程。但应当有所区别的是，中日两国在接触西学的途径和方式上有其各自的特点。

一般来讲，近代西方殖民者在东亚进行文化扩张和意图攻取的目标，主要集中在中国。这并不意味着西方忽略日本或东亚的其他国家，也与中国人是否愿意接纳西学的态度或政策无关。他们认为无论在政治、经济、军事和文化传统等方面，中国的地位都要比日本更重要。中国是东方诸国的大宗，一旦"中华归主"，作为处于主体文化边缘地位的藩属，如日本，自会率从。这种意识的出现，

---

① ［日］实藤惠秀著：《中国人留学日本史》，三联书店1983年版，第281页。指出这一时间上界定并非著者，而是该书的译考（谭汝谦、林启彦）。

始于葡萄牙人沙勿略。

沙勿略是最早东来的耶稣会传教士。他起先即在日本传教。其间当他与有学识的日本人特别是僧人讨论时,对方总要问他"汝教如独为真教,缘何中国不知有之?"沙氏惊讶"日本人对其比邻大国之文学哲理深致敬佩,盖此为日本全部文化之本也"。由于这样的问题和作答不止一次,于是他开始思考,最后得出了"使日本归依之善法,莫若传播福音于中国"的结论。在他去世的那一年(1552 年)他记述道,"中国乃一可以广事传播耶稣基督教理之国。若将基督教理输入其地,将为破坏日本诸教派之一大根据点。"①沙勿略决意进入中国传教的愿望虽然未能实现,但却为他的后继者们留下了这条重要的经验。

19 世纪初期东来的新教传教士一开始就把精力主要用在学习中国的语言文字、著述和编译有关西方知识的中文读物上面。他们在中国(初为南洋继而东南沿海)所从事的西学汉译工作,或者反过来说,中国在接触西方知识方面的水平是要高于日本的。

19 世纪中叶以前,日本实行锁国政策和禁书制度。几乎所有与西方文明的接触都只能通过长崎一港与中国和荷兰的有限的贸易活动进行的。当时日本人获取西学知识的渠道因而只有两条:一是从中国传人的西书中文译本当中间接获得;二是所谓的兰学。"兰学"泛指关于荷兰的学问。虽然它在后来发展为内容更为丰富的"洋学",并将中国系统的西方学术也纳入它的名下,但在开国前,它是以翻译和研究荷兰文的西医知识为核心内容的,加之洋书进口的严格控制,②所以兰学对于日本人了解西方的人文社会科学知识的作用十分有限。③

中国输入日本的汉译西书则是日本人获取西方各种知识的主要来源。19 世纪 50 年代"不仅中国新出版的书籍被立即带回日本,即使尚未出版的,也时常传述消息,使日本学者急切盼待。"④据日本学者的统计,仅从 1840 ~ 1855 年的

---

① 《沙勿略事辑》(卷 1),载[法]费赖之著:《在华耶稣会士列传及书目》,冯承钧译,中华书局 1995 年版,第 1 页、2 页。

② 1842 年幕府修改出版令,规定洋书(主要是医学、天文等书)翻译必须接受检查;1850 年还规定洋书进口需要长崎奉行的批准,建立了洋书进口批准制。

③ "兰学"是一个类名词,其内容主要是医学,以 1774 年前野良泽与衫白玄田由荷兰文译出的《解体新书》为原创标志。"……日本的兰学者虽然也翻译了一些荷兰文的科技地理书籍,但所获知识十分有限,远远不能满足幕末日本人迫切要求了解世界、学习西方文化的需要。"加之"译出的书,文字常常佶屈聱牙、晦涩难懂,几乎无法卒读"。而"从已经翻译成汉文的西方书籍上吸收西方文化,对幕末和明治初年的日本知识分子是一条方便的捷径"。因此,"开国以后,日本朝野人士通过中国商船、英美军舰以及亲自赴华贸易考察等各种途径,拼命购买收集汉译西书。"参见王晓秋著:《近代中日文化交流史》,中华书局 1992 年版。

④ [日]吉野造作:"日本近代史上政治意识的产生",载《政治学研究》(第 2 卷),第 48 页。

16年间，中国商船就运载了3407种、45,481部书籍到达日本。[①] 其中就有《海国图志》和《瀛寰志略》等介绍世界知识的最新书籍。[②] 也就是说，19世纪初期新传教士编写的载有丰富的西方政法知识信息的中文西书经此途径完全流入日本。日本人将这些收购来的汉译西学书籍以翻刻重版，或加以训点后印刷出版的方式加以学习和利用，[③]时间上则紧随中国的原刊本出版之后。

丁韪良的《万国公法》正是明治维新前后翻刻汉译政法类书籍次数最多、印量最大而且反应速度最快的书籍之一。

《万国公法》于1864年年底在北京出版后不久就出现了开成所的翻刻本六册，只在人名、地名旁边加上日文字母的读音。该书在日本除了庆应元年（1865年）、四年（1868年），明治四年（1871年）、八年（1875年）、十四年（1881年）、十九年（1886年）的翻刻本外，还有堤士志的《万国公法释义》（四册，1868年京都）、瓜生寅根据英文原文校译的《交道起源》（又名《万国公法全书》，1868年）、重野安绎译述的《和译万国公法》（1870年鹿儿岛藩）、高谷龙州注解、中村正直批阅的《万国公法蠡管》（1876年东京府）等各种不同形式的译、注本出版。总之，明治初期《万国公法》的各种节译、全译的日译本多达数十种。明治五年（1872年）日本公布新学制时，《万国公法》还被指定为教科书。[④]《万国公法》在日本如此受欢迎，与"万国交际之时尤为需要"的情势分不开的。明治政府成立后以废除不平等条约和挽回主权为目标，故这个译本当时被奉为与西方列强进行交涉的权威经典，甚至还流传着"长剑不如短剑，短刀不如手枪，手枪不如《万国公法》"的说法，以致出现了"识者争读此书"，视之为当时"最流行之学问"的局面。[⑤]

除了《万国公法》，当时传入日本的中译西方法学书籍还有《星轺指掌》（原刊于1876年，1879年柳泽信大的训点本）、《公法会通》（原刊于1880年，1881年岸田吟香的训点本翻刻出版）、《法国律例》（原刊于1882年，司法省训点本1883

① ［日］大庭修著：《江户时代唐书持渡书研究》，大宝印刷株式会社1967年版，第227页，《书籍持渡量别表》，该表详列其各年船名及输入书籍量。

② 《海国图志》可能于1851年最早传入日本，此后日本不断进口多部，随即开始在日本出现了各种翻刻本（按照原文直接翻印）、训点本（在汉文旁边加上日文读音）以及和解本（日译本）。仅1854～1856年的3年间就有选本21种，选本的内容几乎是最新的有关外国知识的部分。

③ 除了根据其内扉上的变动，或末页上的发兑书肆名称以及广告外，人们一般很难判别日本的翻刻本与中国的原刊本；训点本就是在行间的字句旁边加注日本式读法符号，而刊刻样式不作任何改动。因此，无论翻刻本或训点本，都是对中国原刊本的照搬照刻。

④ 汪向荣著：《日本教习》，三联书店1988年版，第20～21页、25～27页。

⑤ ［日］尾佐竹猛："近世日本国际观念的发达"，载《中央公论——历史与人物》1982年第2期。

年印行)等。它们都是由京师同文馆才出版不久的。

中译本在日本大受欢迎的原因,除了由于本国尚未具备直接翻译能力,中译本是吸收西洋文化的一条便捷途径,可省学习外语之劳以外,再就是中译本有阅读技术上的便利条件——这些书是日本知识阶层大多熟悉的汉字。在一些人看来,这种中译本还是克服翻译荷兰文化重重障碍的先决条件。直到1871年日本的一条普通学则还规定:①环海各国,皆我同井四邻也……且初学者,未通其语言,未习其文学:故宜先就汉人所译之书而加研习,以得其略。

当时日本人对中译西书依赖和相信之深可见一斑:而这种借助翻刻西书中译本输入西学的做法也一直持续到大约19世纪80年代末。②

既然早在1868年明治维新前后几十年间,《万国公法》等中译本就已经在日本广为传播,成为正处于学习西方知识热潮中的日本人十分熟悉的读物,因此,箕作麟祥、津田真道等这些从事西法译介工作开路先锋的人,在创制近代法律词汇时就不会不受到这些中国译本的影响。在经过苦苦的思索和反复地推敲之后,将那些在中译本里已经出现,而且也是刚刚被赋予了新意的词汇——如"权利"——直接拿过来,去克服他们正在试图逾越的语言难关,是完全可能的。

三、中日关系的逆转:西方法学自日本而来

19世纪60年代至90年代是中日两国同在西方的巨大压力下为实现近代化而竞争的关键时期。与中国对西学反应态度迟缓形成对照的是,日本在这个过程中迅速崛起,至19世纪80年代末,随着出洋学生的陆续回国、聘请外教造就的人才逐步开始任事,日本摆脱中译本而径自输入和吸收西洋文化的条件逐渐成熟,开始告别传统中国文化,所谓"脱亚入欧"。中日两国传统的文化关系自此显示出逆转之势。随着日本推行近代化的成功经验开始引起中国人的注意,经过日本化了的西方制度和知识也开始影响中国。不过这一切并不是一夜之间发生的。1894~1895年间的中日战争有助于我们确定这种转变的性质,但从文化交流的意义上来讲,日本西化以后的文化之影响中国,大约始于19世纪

① 土井赘牙在《翻译全体新论序》中说:今荷兰之学,未经汉译,而我以吾所学以译之。徒以其卷帙众多,指受紊乱,往往有隔靴搔痒之感。此在专门学习者,犹感其人之难,而引以为苦,遑论常人。其由何在?无他,盖无汉译以为据也。

② 汪向荣指出,自从明治二十年(1887年)日本翻刻王韬的《普法战记》以后,就再也不见翻刻、训点汉译本了。此前明治十年时,日本西化程度虽已很高,但对汉译本的信赖依然没有减退;翻刻训点之事仍在进行。参见汪向荣著:《日本教习》,三联书店1988年版,第28~29页。

70年代末以后，即从出使大臣的观察和记述，到维新运动思想家与清廷大员同声鼓吹学习和效法日本，再到成千上万的中国人留学日本，呈现出阶段性的不同途径的输入日本近代制度文化的特征。

中文著作里最早观察并记录日本明治维新以后制度变化的，是清政府派遣日本的出使大臣、那些为了开阔眼界游历外洋的官员以及受地方官府资助的考察人士或自费出游的知识分子。这是日本法律词汇和新概念进入中国语文的一条最初的途径。

在首任出使日本公使何如璋(1877年赴任)的《使东述略》，以及1887年派赴外洋游历的兵部郎中傅云龙的《游历日本图经·馀记》(1887年)、刑部主事顾厚琨的《日本新政考》(1888年)等书籍当中，都不同程度地记录了日本自维新以后靡然以泰西为式的制度、器物、语言、文字的新情况，而且内容越来越详细。例如《日本新政考》一书特辟《刑罚考》一目，反映了明治后日本的法制与司法状况。

然而无论从内容之详备，还是与后来所发生影响的关系上看，黄遵宪(1877年作为参赞出使日本)于1887年写成的《日本国志》，都可称得上是一部最重要的著作。[①] 这部巨著按照中国史书编纂体例的传统，列《刑法志》为其一志。其最有价值的，乃将明治十三年(1880年)公布的《治罪法》(即"刑事诉讼法")和《刑法》(又称旧刑法)全部翻译，并加以自己的注解。可以说，黄遵宪当时已是最权威的日本近代法律专家。

将这两部法律的日文原本与《刑法志》里的中译本进行对照，[②]可以发现，原文中除夹杂以个别的假名之外，条文里的名词几乎全部使用汉字。中译本《刑法志》除了将原文里面凡是有假名的名词或术语里的假名予以删除，并按照中国人的表述习惯对一些字词重新加以调整外，余者则几乎原封不动地保留了下来。

例如，《治罪法》里面的"犯罪ノ搜查起诉及亡豫审"、"告诉及亡告发"、"检察官/起诉"、"民事原告人ノ起诉"、"被告人ノ讯问及亡对质"、"再审ノ诉"、"裁判官辖ヌ定ムヒノ诉"，转变为中译文，便是"犯罪搜查起诉及豫审"、"告诉及告发"、"检察官起诉"、"民事原"告人起诉"、"被告人推问及对质"、"再审之诉"、"定裁判所管之诉"；其他大量不带假名者，则完全照抄，如"违警罪裁判

① 黄遵宪的《日本图志》一书的写作始于1879年而成于1887年，经历了漫长的岁月，而正式刻成出版则已到了1895年(即"光绪十六年羊城富文斋刊本")。

② 这里用以分析的日本《治罪法》和旧《刑法》的材料是据李贵连"二十世纪初期的中国法学"一文中的材料，参见同名论著，北京本学出版社1998年版。

所"、"大审院"、"高等法院"、"搜查"、"现行犯罪"、"起诉"、"令状"、"证据"、"保释"、"特赦"等。

旧《刑法》里的情形亦然。旧《刑法》里面有许多表示罪名的复合结构的名词带有假名。当翻译成中文时,通常是先将假名一概删去,然后将这些名词最前面的表示宾格的字词后置,并保留原词最后面的"罪"字的位置不变,即告成之。例如,"国家ン关スル罪"——"关国事罪"、"官吏ノ职务ヌ行フルヌ罪"——"伪造货币罪"、"私印私书ヌ伪造スル罪"——"伪造公选投票罪"、"商业及亡农工ノ业ヌ妨害スル罪"——"妨害商业及农工业罪"、"财产ン对スル罪"——"对人财产之罪",等等。

中译本对于日文原本的语言转换如此简便易行,与日本明治维新后的刑事立法技术上采取汉文体有直接的关系。穗积陈重指出,日本自明治维新以后的立法分刑法、宪法和民商法三种系统。这三种系统的文体各殊,用语有异。与宪法系统之庄重森严、民商法系统之平易通俗不同,刑法系统采取汉文体。它以纯用汉文之中古"律"为远祖,并以维新后混以假名的汉文体的《暂行刑律》和《新律纲领》为现时刑事法之始祖,具特性遗传于其以后之刑事法律。基于这种传统的理由,所以当编纂明治十三年(1880年)所发布之《刑法》及《治罪法》之际,专设一名非法学家之汉文大家来担任法典编纂委员。①

作为改革传统法律的起点,日本的《治罪法》和《刑法》又都是在翻译和仿照法国法的基础上制定的。时代所趋,新法不得不创造新词以表达新的概念。新词虽仍借助固有的汉字复合而成,但这些互相连属构成的新词的意思却往往无法从原字的意思中推出。正因此,译文当中随处都有对法律新词概念的解释。从这个意义上说,《治罪法》和旧《刑法》当中实已包含了许多被日语化了的新的法律概念。换言之,黄氏著《刑法志》一篇,已在开始向中国输入日本化的西方法律概念了。黄遵宪撰写之时,日本的民商等法典尚未颁布实施,加之1882年黄被调离日本,另就他任,故关于此类法律语词,《刑法志》一文尚无从道及。②

甲午战争后,国人受到一大刺激。自此,学习西学的途径和目标更趋明确和具体,这就是以日本为途径,以日本为榜样。

---

① 穗积陈重著:《法律进化论》,黄尊三等译,中国政法大学出版社1997年版,第239~240页。

② 日本编纂民法典始于明治三年(1870年),1888年草案告成,后又经反复修订,直至1898年全部告成,并予实施;商法典于1899年实施;民事诉讼法于1890年实施。因此,黄很难在《日本国志》一书中将他离任后民商等法典的情形反映进去,何况当他在日写作之时,即已深感"采辑之难"、"编纂之难"和"校雠之难";仅仅是关乎当时制度的大量文件就"不可胜译"。参见《日本国志》"凡例"。

1895年张之洞发表了他的名著《劝学篇》，广为刊布，风行海内外。这篇被称为"留学日本宣言书"的小册子大力鼓动应多译西国有用之书，并广派出洋游学之人。他权衡了东西洋的各种因素，指出无论从哪方面来讲，游学日本和翻译日本书籍都是迅速达到富强的最有效捷径。他说"出洋一年，胜于读西书五年"，而游学之国，西洋不如东洋，理由之一是"东文近中文，易通晓"。在他看来，"各种西学书之要者，日本皆已译之。我取径于东洋，力省效速，则东文之用多。""中东情势风俗相近，易仿行。事半功倍，无过于此。若自欲求精求备，再赴西洋，有何不可？"他知道欲求精备的西学应赴西洋，但在眼下，唯以日本最佳。此外，他还提出了译书的三项具体措施，其一是各省多设译书局；其二是出使大臣访其国之要书而选择之（晚清修律时许多外国法典的获取，正是这样的途径来源）；其三是利用上海的商业和文化条件，鼓励民间广译西书，其销流必广（这成为清末翻译西书的一条最重要渠道）。

总之，他的观点就是"从洋师不如通洋文，译西书不如译东书"。①

受黄遵宪和马建忠等人的启发，梁启超也发表了他对于翻译外国书籍的激进的观点。1896年在他的第一部政论性著作《变法通议》里面专列"论译书"一节，他指陈过去译书之得失，并倡言当今译书之重要与方法，提醒人们注意以日本作为学习西学的好处。他的结论是：日本自维新以后，锐意西学，所译彼中之书，要者略备，其本国新著之书，亦多可观，今诚能习日文以译日书，用力甚鲜，而获益甚巨。计日文之易成，约有数端，音少，一也。音皆中之所有，无棘刺扞格之音，二也。文法舒阔，三也。名物象事，多与中土相同，四也。汉文居十六七，五也，故黄君公度，谓可不学而能，苟能强记，半岁无不尽通者，以此视西文，抑又事半功倍也。

显然，在主张游学日本和翻译日文书籍这一点上，梁启超的看法与张之洞的上述观点如出一辙，而且更加乐观。在19世纪末各种思想风云激荡的岁月，作为一位出色的鼓动家，同时也是实践者，梁启超拼命通过这种便捷的语言条件吸取新的思想和知识，为日语化的西方思想文化概念的介绍和传播起到了非同寻常的作用；而如此倡导学习日文并翻译日本书籍，这为后来留日学生大量从日本吸收西学制造了舆论。

值得注意的是，上述官员和学者大力提倡学习日本的言论中，不仅带有明显的急功近利的色彩，同时也暗含着对于过去几十年里所推行现代化措施的失望和对以往成绩的低估。而正是在这种情绪的支配下，19世纪大部分时间里学习

---

① 以上均参见《劝学篇》游学第二、广译第五。

引进方面已有的积累最终被抛弃了。另外,日本方面对华政策上的变化,即在"清国保全论"的旗号下,为积极招徕中国人留学日本而采取的种种措施,也是促成文化关系逆转的一方面因素,进而使日本化的西方政治法律概念的传入中国成为可能。

1902年清廷下诏决定修改法律。其目标是"将一切现行律例,按照交涉情形,参酌各国法律……务期中外通行,有裨治理。"修律的途径,三总督(袁世凯、刘坤一、张之洞)在他们提出的关于修律方案的奏折里,一致地指向了日本:①遐稽法、德,近考日本,其变法皆从改律入手……近来日本法律学分门别类,考究亦精,而民法一门,最为西人所叹服。该国系同文之邦,其法律博士,多有能读我之会典律例者,且风土人情,与我相近,取资较易。亦可由出使日本大臣,访求该国法律博士,取其专精民法、刑法者各一人,一并延订来华,协同编译。

由于这一方案,使得清末的法典编纂机构极具有"东洋化"的色彩。

自1906年起,陆续来到北京的冈田朝太郎(1872~1936)、松冈义正(1870~?)、志田钾太郎(1868~?)、小河滋次郎(1861~1925)、岩谷孙藏(1867~1918)等一批日本法学家,成为修律大臣沈家本主持修律必不可缺的助手(在中国历史上,这是第一批来自异国的法律顾问);随着外国法的大量翻译,②仅在短短的五六年时间里,刑法、民法、商法、诉讼法、监狱法等一批被冠以"大清"题头的不东不西的法典草案首次用中文写了出来。四法学家还在京师法律学堂的讲台以及各种讲座的场合,讲授了用他们自己语言才消化过不久的整套的西方部门法知识。③ 而所有这些,又都是在与留日学生,特别是刚刚受过日本法熏陶的曹汝霖、章宗祥、江庸、汪有龄、张孝筘等法科生的互动过程中间实现的——他们或以口头,或以书面的方式传播了他们从日本刚刚学来的法律名词和术语。

此外,大批的留日法科学生还充当了当时正在兴起的法政学堂教员的角色,并以日本的法律书籍为底本编译了中国的第一批法律教科书和其他的法学读物;中国近代最早的法律词典也是他们从日本那里整本地翻译过来的。④

无疑,清末法律制度的变革几乎是依照日本模式而来的。来华日本法律顾问,特别是留日法科学生对于日本法律语词和概念在中国的介绍和传播贡献莫

① 《袁世凯奏议》(卷十四)。

② 法典翻译的详细情况,参见李贵连著:《沈家本传》,法律出版社2000年版,第209~211页。

③ 可参见受聘四人在京师法律学堂讲授内容,即《汪辑京师法律学堂笔记》或熊氏编辑的《京师法律学堂笔记》,均为22册,这些讲义在当时印量极大。

④ 有关这方面的具体情况,笔者在"中国近代的法律教育"(博士论文,中国政法大学1999年)中已有论及,有兴趣的读者可以参考。

大;中国近现代的一套法律话语也正是建立在这样的基础之上的。但这并不等于说,经此途径而来的所有的法律词语就一定是由日本人创制的。马西尼关于语词的文献分析研究表明,在现代汉语里,通常被视为来自日语的汉字借词的1/5,其实早在19世纪后半叶的汉语文献中就已经有了。①

那么为什么有些词语被认为是创自日本的呢?实际上,某一词语何以获得它的新意,和这个词语又何以得到广泛流行和为人们接受,并不是一回事。对此加以适当的区分,有助于我们理解为什么人们会误认为像“权利”以及它一些的政法词语都是从日本传入中国的这个问题。

“权”或“权利”等词早在1864年即已大量出现在国际法译本当中,但是直到十多年以后丁韪良还要对它作出特别地说明,可见当时人们对这些词语的陌生和不理解。更何况当时阅读公法著作的人毕竟只是数量极为有限的上层官僚,因此这类词语影响所及之范围自然有限。这也反映了当时清政府和处于社会中坚的知识分子对西方新概念的不敏不察,反应迟钝,以致最终国人要为思想观念的近代化而感谢日本。这是一个十分深刻的教训。此其一。

其二,上面已经提到,甲午战争之后朝野对洋务运动普遍地、严厉地指责,在很大程度上导致了人们忽视了以往几十年里在输入西学方面的成就。一种抛弃过去已有的积累,而今迈步从头越的激情从人们的内心深处迅速升腾,并且很快把希望全部寄托在了过去一向看不起的“蕞尔小国”日本。这种风向的转变在公共心理上造成了深远的影响。由此,与“洋务”时代只有少数人接触“公法”的情形已经完全不同,到了19世纪末和20世纪初期,成千上万的留学生在日本接受了西方的政治、法律和其他社会科学知识,在头脑中灌注了大量西方的自由、平等、民权、法制的名词和概念。作为立宪共和时代的主角,他们回国以后又大都成了变法改制的思想鼓动家和实践家,他们的话语遂成为社会变革时代的主流话语。

随着负载着西方思想、观念、理论和学说的日本式的语词以及表述方式的普遍流行,一个“东洋化”的近代世界的概念被缔造了出来,这是后来人们往往以为中国近代的法政名词、术语和概念皆自日本而来的最重要原因。

(2002年第4期)

① 马西尼统计了现在汉语中的大约850个日语汉字借词,经过考证其中有170个左右的词不属于日语汉字借词,见前引书,第179页。

新时期中国移植西方司法制度反思

何勤华*

20世纪70年代末以后,随着改革开放国策的不断深入,中国移植西方发达国家的司法制度和原则的活动也得以逐步展开。受篇幅所限,本文无法全面论述这个问题,只能对其中若干个方面作些分析。

一

在司法制度中,诉讼程序是一个主要的方面。改革开放以后,在吸收外国诉讼经验方面,首先应当提及的就是民事诉讼领域。

由于受中国重实体轻程序、重刑轻民传统的影响,《民事诉讼法》迟至1982年才得以公布实施,而且还是试行的。1991年,经过近10年时间的实践与探索,我们制定颁布了新的民事诉讼法典。从两部法典的规定以及民事审判的实践来看,在目前我国民事程序中,虽然还保留着若干苏联民事诉讼法的影响,①但在主要制度和原则上,都已经向西方发达国家靠拢,通过吸收他们的经验,开始创建具有中国特色的民事诉讼制度。

比如,新《民事诉讼法》强调的当事人负责举证、法院仅负责查证(第64条)的规定,就是吸收了西方法治传统中的当事人主义;新《民事诉讼法》第6条规定的民事案件的审判权归法院、法院不受任何机关和个人干扰而独立地依法行使审判权,是吸收了西方之三权分立以及民事程序中司法独立的原则;新《民事诉讼法》强调的我国民事诉讼的目的即维护社会秩序、经济秩序和保障社会主义事业的顺利进行,是移植了德国学者倡导的"维护法律秩序说";②等等。

此外,关于辩论式诉讼的模式(第12条),关于证据必须在法庭上出示并由

* 作者单位:华东政法学院(现华东政法大学)。

① 如我国关于民事诉讼法律关系的定义,就仍然保留了苏联关于诉讼法律关系理论的影响。参见江伟主编:《民事诉讼法学原理》,中国人民大学出版社1999年版,第203页。

② 江伟主编:《民事诉讼法学原理》,中国人民大学出版社1999年版,第126页、134页。

当事人互相质证的做法（第66条），[1]关于特别程序（非讼程序，第15章），关于强调法院判决的确定力和终局性（即既判力，第141条）的做法，关于代表人诉讼制度（第54条），等等，也都是在移植外国模式的基础上加以改造的产物。

可以说，由于20世纪五六十年代受"左"的思想的冲击，以及苏联模式的影响，中国远离了国际民事诉讼法学界的发展主流，民事诉讼立法和理论研究也极为滞后。这种状况，既使民事诉讼程序的发展落后于刑事诉讼程序，但也反过来为比较系统地移植西方发达国家的民事诉讼程序提供了空间。从民事诉讼目的、民事诉讼原则，到具体的各项制度和程序，新时期民事诉讼立法对外国法的移植是全方位的。[2]

在刑事诉讼法领域，改革开放以后中国移植外国法律制度和原则的力度比20世纪五六十年代要更大一点。早在1979年《刑事诉讼法》之中，我国就在总结民国时期移植西方法、新中国建立初期移植苏联法之经验教训的基础上，将外国近现代刑事诉讼法领域中的若干基本制度和原则，如公民在适用法律上人人平等、各民族公民都有用本民族语言文字进行诉讼的权利、公开审判、被告人在审判中有权获得辩护、人民陪审员陪审、职权主义的国家公诉（追诉）、上诉不加刑等，移植进了我国的司法体系之中。

1996年3月17日，第八届全国人民代表大会第四次会议通过了《全国人民代表大会关于修改〈中华人民共和国刑事诉讼法〉的决定》，在总结16年刑事诉讼法实践经验教训、追随当代国际刑事诉讼法发展潮流的基础上，对1979年《刑事诉讼法》进行了重大修改。

就移植外先进的刑事诉讼程序方面而言，除了再次肯定了1979年《刑事诉讼法》中确立的上述诸项制度和原则之外，进一步增加规定了审判独立（第5条）、控审分离（第5条、136条）、无罪推定（第12条[3]）、律师提前介入（第33条、96条）、简易程序（第174条至第179条）、取消庭前实体审查（第3编第2章）、将诉讼中的审问式改为控辩式（即将基本上的职权主义改为基本上的当事人主义，第3编第2章）、将提起诉讼前被指控的人由"被告人"的称谓改为"犯

---

① 移植国外先进的经验，改革现行比较空洞、可操作性比较差的民事证据制度，也是近年来我国司法界关注的热点。2001年12月31日公布、2002年4月1日实施的《最高人民法院关于民事诉讼证据的若干规定》可以说是其中的一项重要成果。关于其解释，参见宋春雨："《最高人民法院关于民事诉讼证据的若干规定》的理解与适用"（上、下），载《人民法院报》2002年1月29日、1月30日。

② 在目前正在进行的民事诉讼方式改革中，学术界对移植外国成熟的民事司法改革经验仍然是乐此不疲。参见齐树洁："德国民事司法改革及其借鉴意义"，载《人民法院报》2002年6月4日。

③ 第12条内容为"未经人民法院依法判决，对任何人都不得确定有罪"。

罪嫌疑人”(第14条、15条)、取保候审中的财产保证(第53条)等这些西方发达国家普遍实施的制度和原则。在我国司法实践中,最近还出现了移植美国的做法,实行“辩诉交易”的案例。限于篇幅,下面仅就无罪推定、律师提前介入和“辩诉交易”这三个问题作分析。①

(一)无罪推定原则

无罪推定的萌芽可以追溯到古罗马时代。② 至近代,它开始成为一种比较完整的法律思想。1764年,意大利著名刑法学家、近代启蒙思想家贝卡利亚(Beccaria,1738~1794)在《论犯罪与刑罚》一书中明确提出了无罪推定的思想。③ 在1789年8月26日公布的法国《人权宣言》中,无罪推定第一次作为一项资产阶级革命的法制原则被明确提出。该宣言第9条规定:“任何人在其未被宣告为犯罪以前应被推定为无罪。”20世纪以后,意大利、美国、苏联、南斯拉夫等国都在其刑法典中将无罪推定作为一项诉讼原则规定了下来。1948年,联合国大会通过的《世界人权宣言》第11条第1款和1966年通过、1974年生效的联合国《人权公约》中的《公民及政治权利国际公约》第14条第2款,也都把无罪推定作为一项司法原则予以规定。从此,无罪推定就成为一项世界性的诉讼法制原则为世界主要国家所肯定。

中国在清末修律和民国时期,尚无明确的关于移植无罪推定原则的活动和争论。④ 新中国成立之后,我国法学界曾有学者提倡学习苏联法,从中移植无罪推定之原则,作为完善我国诉讼法制建设的路径之一。但在“反右”运动扩大化的背景之下,这些学者都被打成了“右派分子”,无罪推定原则(尽管是从苏联引进的)也被斥为“右派言论”和“资产阶级反动观点”而遭到否定。⑤

1976年粉碎“四人帮”之后,随着改革开放之基本国策的实施,我国在司法制度方面也加大了移植外国先进之法律制度和原则的力度。但由于法律虚无主义和轻视公民权利保护之历史传统的影响,在1979年颁布实施的《刑事诉讼

---

① 在上述移植的各项外国刑事诉讼法的制度和原则之中,绝大部分体现了对公民权利的保障,显示了我国改革开放以后法律文明的巨大进步。

② 在罗马法中,有这样的规定:“一切主张在未证明前推定其不成立”,“有疑,为被告人之利益”。参见陈林林:“无罪推定原则思考”,载《法律科学》1995年第5期。

③ “在没有作出有罪判决以前,任何人不能叫罪犯。在没有决定被告人的确是违反了他应遵守的条件之前,社会就不能不对他进行保护。”参见[意]贝卡利亚:《论犯罪与刑罚》,黄风译,中国大百科全书出版社1995年版,第16页。

④ 何勤华:“西法东渐与中国司法的近代化”,载中国人民大学法学院《人大法律评论》编辑委员会编:《人大法律评论》(2001年卷第2辑),中国人民大学出版社2001年版;“西方模式的选择与中国司法的现代化”,载郑少华执行主编:《华东法律评论》(第1卷),法律出版社2002年版。

⑤ 何勤华:“关于新中国移植苏联司法制度的反思”,载《中外法学》2002年第3期。

法》中,并未规定无罪推定原则,当时伴随立法而来的"无罪推定是否符合我国国情及与我国的'实事求是'、'以事实为根据,以法律为准绳'的原则是否矛盾"的争论也被作为资产阶级自由化思潮而受到再一次的批判。

在全国人民尤其是法学界人士的持续努力之下,1996 年我国对刑事诉讼法进行了重大修改,追随世界各国诉讼立法之潮流,基本确立了无罪推定之原则,全面加强了对公民在刑事诉讼中的合法权利的保障。

新《刑事诉讼法》第 12 条明确规定:"未经人民法院依法判决,对任何人都不得确定有罪"。这就是说,在刑事诉讼中,对任何被审查追诉的人,即使是发现已在实施犯罪行为的人,在没有经过人民法院依法作出判决以前,都只能是作为犯罪的涉嫌人、被控告的人,而不是犯罪人。因此,在侦查阶段,发现不应对犯罪嫌疑人追究刑事责任的,应当撤销;如果是已被逮捕的,应当立即释放。在审查起诉阶段,经再次补充侦查的案件,人民检察院仍然认为证据不足,不符合起诉条件的,可以作出不起诉的决定。在审判阶段,经开庭审理后,依据法律规定,属于无罪的,人民法院应当宣告无罪。如果证据不足,不能认定被告人有罪的,也应当作出证据不足、指控犯罪不能成立的无罪判决。① 同时,为了与无罪推定原则相适应,新《刑事诉讼法》废除了免予起诉的规定,改变了被告人的称谓。②

当然,对上述第 12 条的规定是否移植了国外无罪推定之原则,我国学术界尚有不同的看法。有的认为,该条规定在我国确立了无罪推定的原则,③有的认为此条规定的是无罪推定的基本内核,④有的认为第 12 条进一步确认了无罪推定诉讼观念的合理内涵,⑤有的认为此条规定的是"中国的无罪推定原则",还有的学者则明确否定新刑事诉讼法确立了无罪推定原则。⑥

笔者认为,从法律移植角度来看,新刑事诉讼法到底是确立了无罪推定原则,还是确定了无罪推定原则的内核,抑或是引进了无罪推定的观念,甚至并未规定无罪推定原则,等等,差别都不是很大。因为第 12 条的规定,对中国刑事诉

---

① 周道鸾、张泗汉主编:《刑事诉讼法的修改与适用》,人民法院出版社 1996 年版,第 13 页。

② 1979 年《刑事诉讼法》,在侦查、审查起诉和审判阶段都将犯罪嫌疑人称为"被告人"。新《刑事诉讼法》将犯罪嫌疑人和被告人做了区分,在侦查、审查起诉阶段,称"犯罪嫌疑人";在检察机关提起公诉或自诉人提起自诉后,将被控告、指控的人称为"被告人"(第 14 条、15 条、84 条、89 条、91 ~ 96 条、155 条等)。

③ 卢永红:"无罪推定原则的立法探讨",载《甘肃政法学院学报》1997 年第 2 期。

④ 文正邦、孙洪坤:"无罪推定的法哲学思考",载《法商研究》2000 年第 2 期。

⑤ 王俊民:"'罪从判定'与'无罪推定'",载《法学》1996 年第 5 期。

⑥ "无论是从新《刑事诉讼法》的立法思考和法条规定来理解,还是从刑事司法实践来看,我国目前都没有肯定无罪推定原则"(张旭:"罪刑法定与无罪推定",载《现代法学》1998 年第 5 期)。

讼程序，乃至中国整个司法制度来说，都是崭新的革命性的内容，对中国刑事诉讼法的改革和发展具有划时代的贡献。该条所包含的几个要素，如审判独立（"未经人民法院……"）、法律至上（"依法判决"）、将不可定罪之对象穷尽（"对任何人都……"）、确定无罪（"未经……不得确定犯罪"）等，已经将无罪推定（作为一项近代资产阶级法制原则）的宗旨（保障公民之基本人权）充分体现出来了，这在中国传统法律文化中都是没有的，在新中国50年法制历程中也一直是被作为资产阶级的东西受到批判而遭到否定的。因此，新《刑事诉讼法》第12条，已经是无罪推定原则在中国本土化的产物。至于配套的规定尚未跟上，如没有同时规定沉默权等，那是以后不断完善的事情，即移植进来的无罪推定原则今后如何进一步本土化的事情。①

（二）律师提前介入

律师提前介入，是一种比较通俗的说法。它是指相对于旧的《刑事诉讼法》第110条规定的律师只能在开庭前7日（即审判阶段）介入诉讼，新的《刑事诉讼法》规定律师可以在侦查阶段介入案件的审理而言的。新《刑事诉讼法》第33条规定："公诉案件自案件移送审查起诉之日起，犯罪嫌疑人有权委托辩护人"；第96条规定："犯罪嫌疑人在被侦查机关第一次讯问后或者采取强制措施之日起，可以聘请律师为其提供法律咨询、代理申诉、控告。犯罪嫌疑人被逮捕的，聘请的律师可以为其申请取保候审。"无疑，律师提前介入，在新中国50多年法制历程中也是从未有过的，它是移植西方发达国家司法制度的结果。

从法律移植和法律本土化的角度来看，律师提前介入具有重大的意义，因为在西方发达国家，犯罪嫌疑人一般在遭到拘留或逮捕之后的20小时或48小时

---

① 有些同志认为："封建社会采取有罪推定的原则，资产阶级针对有罪推定，提出了无罪推定。我们坚决反对有罪推定，但也不是西方国家那样无罪推定，而是以客观事实为根据"（《法制日报》1996年2月3日第2版）。"在人民法院作出有罪判决以前，我们不称被告人是罪犯，但也不说他没有罪或者假定他无罪，如果假定他无罪，那么侦查机关对他进行侦查，采取强制措施就没有根据了"（胡康生、李福成主编：《中华人民共和国刑事诉讼法释义》，法律出版社1996年版，第15页）。"从我国诉讼实际来看，如果把判决前被侦查、控诉机关追诉的对象假定（推定）为无罪的人，那么为什么要对其实施逮捕、控诉呢？侦查、控诉机关对追诉对象逮捕、控诉，就已经表明不认为（不假定）他无罪了。被逮捕的、被起诉的人虽然与法院判决的罪犯不同，但是他毕竟是由国家司法机关依法将其从清白无辜的状态转化为可能犯罪的状态。此时假定其无罪不是实事求是的态度"（张旭："罪刑法定与无罪推定"，载《现代法学》1998年第5期）。这些认识，事实上都是没有搞清楚无罪推定之内涵所致。无罪推定，在西方也不是说假定涉嫌人无罪，否则，西方国家接下去就无法启动审判程序了。无罪推定的核心在于涉嫌人是否有罪，必须由法律、由司法程序、由法院来判定，在法院依法作出有罪判决之前，对任何人不得确定为罪犯，他所享有的各项权利必须获得法律的保护。因此，无罪推定的宗旨就在于对公民权利尤其是在刑事诉讼中的各项权利的保护。

之内,就可以聘请律师为其服务,从而使犯罪嫌疑人从侦查阶段起就能得到律师的帮助,避免司法机关的枉法侦查,保障自己的合法权利。新《刑事诉讼法》的规定,虽然和国外的规定相比还有差距,如第96条的规定只是为处于侦查阶段的犯罪嫌疑人提供了律师的法律咨询服务,而不是辩护等全方位的法律服务,但仍是追随了世界刑事诉讼立法的潮流,是中国诉讼法制进步文明的重大步骤。

当然,现在的问题是,从国外移植进来的律师提前介入,在具体实施时还遇到了诸多困难,如一方面,由于在以往的司法实践中,侦查机关侦破案件活动基本上处于秘密状态,独立性强,不愿意律师介入,故律师在侦查阶段接受当事人委托比较困难;另一方面,许多司法实践部门同志认为律师会见犯罪嫌疑人,会使其心存侥幸,规避法律,从而增加侦破案件的难度,使犯罪嫌疑人拒供、翻供、串供的可能性增大,因此,往往使律师在侦查阶段会见犯罪嫌疑人比较困难,并在实践中对这种会见设置诸多法律规定之外的限制、监控乃至障碍。

由于这些困难,使有些同志对移植律师提前介入之可行性和必要性产生了怀疑,认为目前的状况使犯罪嫌疑人法定的诉讼权利遭到无情的剥夺,律师推托、拒绝承办刑事案件,侦查机关内部违法违纪的现象缺乏应有的监督,刑讯逼供的行为容易被掩盖,有罪推定的思维被进一步巩固和强化,等等。① 应当说,这些困难以及由此而产生的疑虑,都是存在并且也是正常的。但这并不能否定将国外律师提前介入制度移植进中国的积极意义。

因为在中国,自清末修律沈家本等将西方律师辩护制度移植人中国以来,律师辩护在中国还比较年轻,尚未发育成熟。新中国成立之后,律师辩护制度又多次遭受挫折。在没有律师介入、没有律师监督之下运作的我国侦查机关的活动,已经养成了一种封闭的、独立的、在某种意义上说也是比较有效的刑事侦查机制。现在模仿国外做法,律师介入进来之后,无论在观念上,还是在程序上,都有诸多的不适应,甚至在有些方面还出现了侦查破案效率下降的现象。同时,由于律师体制的不成熟,律师队伍素质的参差不齐,在司法实践中也确实出现了一些律师使犯罪嫌疑人串供、翻供和拒供的事例。但这些,并不是我们拒绝或否定移植国外律师提前介入制度的理由;相反,移植律师提前介入,恰恰能够克服上述困难,解决上述弊端。因为律师提前介入的根本宗旨,既是保护犯罪嫌疑人的合法的诉讼权利,也在于强化我国侦查机关的证据意识,当事人意识,推动证据制度乃至整个刑事诉讼制度的改革。有了律师提前介入这一法律机制,在律师、当事人、社会舆论等各个方面的压力之下,侦查机关以前习惯的那种侦查模式将不

① 徐晓玲:“论律师介入刑事侦查需解决的问题”,载《江西社会科学》2000年第12期。

得不发生变化，朝着公开、透明、程序化、注重证据等方向发展。这大概就是移植律师提前介入制度的最大意义所在。

（三）诉辩交易

在改革开放之后中国刑事诉讼制度移植外国经验的过程中，不仅立法部门比较积极，司法实务部门也在转变观念，进行大胆的尝试。最近出现的诉辩交易的案例就是典型的一例。

2002 年 4 月 19 日，《法制日报》报道了黑龙江省哈尔滨市牡丹江铁路运输法院审结“诉辩交易第一案”的情况。在该案中，被害人王玉杰是个 56 岁的农民，被 7 名犯罪嫌疑人打伤已有 15 个月，但公安机关只抓到了一名嫌疑人。此案的特点在于，王玉杰生活无着、看病无钱已陷入绝境；而被抓的被告人没有犯罪前科，从发案时起就后悔不已，也惧怕诉讼之累；而公诉人则认为，像这样控辩双方意见存在严重分歧、其他犯罪嫌疑人尚未到案的案件，往往会出现缠讼、被害人得不到赔偿的结果。因此，在此案中适用诉辩交易是可行并且也是节约成本快速结案的一个比较好的方式。

《法制日报》接着报道：此案适用诉辩交易之后，各方当事人都比较满意。被告人对诉辩交易使案件早日完结感到满意。被害人认为案件“从起诉到结案不到 4 个月，开庭就用了 25 分钟。打我的人被判刑了，还赔偿了我所有的损失。我觉着公平，我们全家都满意”。

公诉人认为本案的审理是依照法律的真实，结果是现实的公正。牡丹江铁路运输法院院长周宝成则指出，我国刑法中的自首和关于坦白从宽的规定，已经包含了某些诉辩交易的因素。“我们是依照我国刑法‘惩罚犯罪，保护人民’的精神，在法律允许的范围内处理的。”①

“诉辩交易第一案”的审结以及报道，可以说是一石激起千层浪，在法学界引起了巨大的反响。

批评者认为，诉辩交易这一舶来品，违反我国现行法律，不符合刑事诉讼目的；在当前中国司法公正尚受到怀疑的现实条件下，实行诉辩交易极可能引发更为严重的“暗箱操作”、“权钱交易”，进而助长司法腐败；诉辩交易的关键是违反了罪刑法定的刑法原则和背离了罪刑相适应的刑法原则。

赞同者认为，诉辩交易有利于实现刑事诉讼打击犯罪、保护被害人合法权益的目的，符合公正审判、提高效率的时代精神，同时也是我国加入 WTO 后社会

---

① “‘我们对审理结果十分满意’——‘诉辩交易第一案’当事各方谈”，载《法制日报》2002 年 4 月 27 日。

发展的需要;我国目前面临着犯罪率高、破案情况不佳、司法资源不足、人民不满意等危机,诉辩交易作为提高诉讼效率的方式之一,有其现实的需要;随着我国现行刑事诉讼法确立的当事人主义的进一步实施,司法改革的深入发展,公正、民主、人道、经济、效率等司法理念的逐步深入人心,诉辩交易制度的实施是历史的必然。

折中者(持"慎行"之观点)则认为,诉辩交易在我国现行法上尚无规定,因此其实施要慎重,应当限制其适用的范围,应当营造其能够在中国生存的土壤与环境,诉辩交易是否适合中国国情还要用时间来检验。①

应当说,与移植无罪推定、律师提前介入等相比,移植诉辩交易这一制度需要有更大的勇气,因为这一诞生于美国的制度即使在国外的评价也都是褒贬不一。该制度萌芽于20世纪二三十年代。第二次世界大战之后,美国犯罪率居高不下,为了以有限的司法资源解决日趋增多的案件,一些地区的检察官开始用协议和交易的方式,换取被告人的"认罪答辩"。由于这种结案方式节省资源且快速、灵活,故在联邦和各州得到广泛的采用。1970年,美国联邦最高法院正式承认了诉辩交易的合法性。1974年美国修订施行的《联邦刑事诉讼规则》明确将诉辩交易作为一项制度确立下来。目前,在美国司法实践中,90%以上的刑事案件是以诉辩交易的方式结案的。② 有些著名的案件如2000年9月13日美籍华裔科学家李文和"间谍案"、2001年11月司法部诉微软公司案等,也都是以"诉辩交易"宣布结案的。③

虽然,诉辩交易在美国很流行,但却被许多西方国家的法学家视为法律制度的"漏洞",而屡屡呼吁予以废除。④ 因为该制度还存在许多法律和传统上的问题。

笔者对移植诉辩交易持肯定态度,但认为在目前应当解决如下四个方面的问题。第一,该制度的推行要有比较强大的当事人主义传统和正当程序理念的支撑,而这一点在我国还需要培养;第二,要有享有独立的几乎不受限制的自由裁量权力的检察官,这一点我们也还有所距离;第三,社会上已经普遍形成一种能够接纳这种带有交易色彩的、有可能掩盖事实真相、轻纵犯罪或冤枉无辜、定

---

① 周芬棉、殷蕾:"诉辩交易引出的话题意义深远",载《法制日报》2002年5月15日。

② 杨悦新:"理性看待辩诉交易——访中国政法大学博士生导师宋英辉教授",载《法制日报》2002年4月28日。

③ 张景义、李文广、赵炳松:"聚焦国内'辩诉交易'第一案",载《人民法院报》2002年8月8日。

④ 吴春玉:"制度移植应有法度",载《法制日报》2002年4月25日。

罪量刑不平等乃至损害被害人的情况的氛围。第四,社会上出现高居不下的犯罪率以及司法资源紧缺的危机状态,从而出现了加快结案、节省司法资源的比较强烈的社会呼声。笔者认为,上述四个方面实际上是着眼于在创造使诉辩交易能够"本土化"、生存下来的环境上下工夫。因为与无罪推定原则和律师提前介入制度不同,这些法治原则和制度都已经为世界上广大国家所普遍接受,是人类文明的精华,具有一种普适的价值。而诉辩交易则是美国一国的经验,而产生这一制度、运用这一制度,又有诸多特定的条件。[①] 笔者是法律移植的积极倡导者,但法律移植本身并不是目的,使移植进来的法律制度本土化、为中国的法制建设作出贡献才是我们关注的重点。对诉辩交易这种只在美国一国流行且要求国民有非常高的素养的制度,我们更应持如此态度。

二

在现代法治国家,司法制度除了涉及民、刑事诉讼程序、法院和检察组织、律师制度等之外,还包括了法律职业阶层的培养模式和途径。[②] 在这方面,20世纪70年代以后,中国也从国外移植了不少先进的经验,其中最为典型的是法律专业硕士学位教育和国家统一司法考试的实施。

(一)法律专业硕士学位教育

1994年4月12日,国务院学位办提出了《关于在我国设置和试办法律专业硕士学位(Juris Doctor)的几点原则意见(草稿)》。1995年8月1~2日,国务院学位办与司法部法学教育司在北京共同组织召开了法律专业硕士学位试点工作会议。这次会议专门就国务院学位委员会第13次会议通过的《关于设置法律专业硕士学位的报告》以及有关试点实施方面的具体问题进行了讨论。9月8日,国务院学位办转发了这次会议的纪要,确定由国务院学位办和司法部教育司主持和领导,由专家指导小组负责进行教学指导和协调工作,通知各试点院校开始

① 当然,目前有少数国家如英国、加拿大、德国、意大利、西班牙以及我国台湾地区也在进行"诉辩交易"的实践,但都已对其作了不同程度的改造。参见张景义等:"聚焦国内'辩诉交易'第一案",载《人民法院报》2002年8月8日。

② 现代法治国家的诉讼制度,除了民、刑事诉讼之外,还有行政诉讼。但由于该诉讼在传统中国没有一点存在的理由,我们迟至20世纪80年代初才进行这方面的尝试,出现了所谓"民告官"的诉讼活动,至1991年才实施第一部《行政诉讼法》。因此,当代中国行政诉讼法的各项制度和原则,几乎都是在移植外国模式的基础上形成的,当然也结合了中国的国情。由于行政诉讼程序这种对外国经验移植的全面性,在本论文中显然是无法展开论述的,故这里只能从略,待有机会时作专题研究。

具体实施。[1] 第一批试点院校共有8所,即中国人民大学、北京大学、中国政法大学、对外经济贸易大学、吉林大学、武汉大学、西南政法大学、华东政法学院,1996年9月,第一届法律专业硕士研究生入学。

法律专业硕士学位的设置,无论从教育理念和指导思想,还是从制度设计、培养目标,都是移植美国法学院JD培养模式的结果。[2] 一方面,法律硕士教育确立了以培养高级法律实务人员为指向的职业化教育思想,这一点可以从其职业目标、课程设置、教学方法、上课方式、论文指导以及名称(不称"法学硕士",而是说"法律硕士")上看得比较清楚。这一教育理念和指导思想和美国是一样的。另一方面,法律硕士教育将法律职业者的培养水平从整体上提升至研究生教育之层次,其最低入学条件为大学本科以上学历,2000年以后,又排除了法学专业的本科生,只招非法律专业的本科生,从而与美国的JD教育模式更为接近了一步。法律硕士教育统一培养宽口径、通用型法律实务或与法律业务相关方面的人才,不依据法律职业分支(如法官、律师、检察官等)或其他标准分设专业(如民商法、刑法等),采取某种一致的课程设置和教学方式,这也是参考了美国JD模式的结果。[3] 法律专业硕士学位教育自实施以来,至今已经招收了6届学生,毕业了3届。其间,2000年,报考法律硕士研究生的资格被限制在非法律专业毕业的本科生。同年,法律专业硕士研究生招生实行全国联考,统一命题和判卷。至2002年全国已有31所高校联合招收法律专业硕士研究生,总招生人数近2000人。[4] 假如说该制度是法律教育移植的成果,那么,其在本土化方面是否已经获得了成功呢?对此,学术界有不同的看法。

应当说,无论是司法实践部门还是法学理论界,对移植美国JD模式、设置法律硕士专业学位基本上是持肯定态度的,认为它对改革中国传统的法律教育模式、加快培养高层次的法律人才发挥了积极的作用。但也有部分同志提出了一些异议。如有的同志认为,法律硕士专业学位的设置,使现行的法学教育学制(如法学本科、法学第二学位、法学硕士等)的纵横关系变得更为复杂。有的同志认为,法律硕士专业学位的课程设置没有特色,是法学本科课程和法学硕士课程的简单拼凑,尤其是无法和法学第二学位课程分开。也有的同志认为,法律硕

---

① 王健:"中国的JD?——评'法律专业硕士学位教育'",载《比较法研究》1996年第2期。

② 即使在名称上,虽然我们现在称法律硕士为JM(Juris Master),但是在国务院学位办最早的文件中,是模仿美国使用了JD(Juris Doctor)一词。

③ 王健:"中国的JD?——评'法律专业硕士学位教育'",载《比较法研究》1996年第2期。

④ 牟宪魁:"法律硕士教育的再生——以司法改革和法律教育现代化为目标",下载自北大法律信息网。

士专业学位的设置,为党政机关尤其是司法部门的干部"混文凭"、为社会上某些人士"花钱买文凭",提供了条件,助长了教育腐败的倾向。①

笔者自1995年起分管华东政法学院的研究生教育工作,自始便参与了法律硕士专业学位的运作实践,对该学位研究生的教育还是有一些看法。笔者认为,法律硕士专业学位的设置,是20世纪末中国法律教育移植外国模式并予以本土化取得成功的一个事例。第一,设立法律硕士专业学位,并没有使现行法律教育体系变得复杂。一方面,它与法学本科的区别甚为清楚,即它的课程设置,具有更多的实务色彩,并带有更多的专题性质,而且需完成硕士论文(后者则不需要)。另一方面,它与法学第二本科的区别也是很明显的,后者开设的主要是法学本科的课程,缺少专题性课程,而且也不需要撰写硕士论文。至于和法学硕士的区别,则更加清楚。后者一是全日制;二是分专业方向(如法理学、法史学、宪法学、民商法学等);三是研究型的;四是其本科出身既可以是法律专业,也可以是非法律专业。

第二,法律硕士专业学位的课程体系,经过6年时间的摸索,已经显示出自己的特色。比如,它也有了一些专以法律硕士为对象的教材——全国法律硕上教育指导委员会秘书处已经牵头主持编写专门适用于法律硕士的统编教材,有了若干板块学位课程——而这些课程是区别于法学本科和法学硕士的,有了比较明确的专业方向——面向实务部门的课程占有一定地位,也有了一些特定的教师——如华东政法学院给法律硕士上课的教师中,有相当部分是法院、检察院、律师等专业人员。

第三,法律硕士专业学位的设置,与干部"混文凭"、社会人员"买文凭"并无必然的联系。在法律硕士学位设置以前,"混文凭"和"买文凭"的现象就已经产生。社会上只要存在偏重学位、讲究学历,那么,"混文凭"和"买文凭"的现象就不会绝迹。实际上,不仅是法律硕士,即使在法学本科、法学硕士乃至法学博士的教育中,"混文凭"和"买文凭"的现象也是严重存在的。

第四,从高层次法律人才的培养来看,法律硕士不失为一种比较高效、快速而又实际的途径。高层次法律人才,需要复合性知识,需要法律实务知识,需要比较高的教育起点,而法律硕士都能符合——它要求必须是非法律专业的毕业生才能报考,要求增加法律实务的课程,要求有本科以上的学历资格。这样,凡是法律硕士毕业生,至少已经有了7年大学以上的学习经历,有了两个以上的专

① 这些异议,既散见于一些报刊,也是笔者在参加各类法律教育研讨会时所闻。有些观点较为极端的同志,甚至认为法律硕士专业学位的设置是完全失败的,应当予以取消。

业经历,这比一个才学了4年,并且只有一个专业(法学专业)的毕业生,当然更能适合社会尤其是公、检、法、司机关工作的需要。

JD是美国法律教育近二百年经验的结晶,是一种比较成熟的复合型高层次法律人才的培养模式,它符合法律教育发展的客观规律。我们将它移植入国内,不仅在思路上是对的,而且在实践上也已经获得了成功。① 今后的任务,只是不断加以完善而已。②

(二)国家统一司法考试

如果说JM是移植美国JD模式获得成功的事例,那么,2002年3月30~31日国家决定实施的国家统一司法考试,则是直接移植外国司法制度的一个更加大胆的尝试。③

虽然,通过考试选拔国家官吏包括司法官吏是中国传统社会的产物——中国自隋唐开始的科举制度就是这一做法的典型表现,但是作为与法官法、检察官法和律师辩护制度相配套的考试制度,则完全是西方社会的做法。因此,从这一角度来看,从1988年开始的由司法部组织的正规的全国性律师资格考试,和从1995年开始的全国法院系统、检察院系统举行的内部任职资格考试,已经包含了移植西方法律职业阶层培养模式的若干做法,而这次实施的国家统一司法考试,则是一次全面移植西方国家司法考试制度的举措。

从国外情况来看,在英美法系国家,凡是法律职业工作者,其人口都是统一的,如在美国,你要当法官和检察官,你就首先必须当律师,而你要当律师,就必须通过全国性的统一的司法考试。④ 在大陆法系国家,进入法律职业,也要求经过国家的司法考试,如在德国,当法官、检察官或律师,除了要求必须是大学法律

---

① 不仅中国移植了美国的JD制度,日本也在模仿它。将于2004年4月开学的日本重点大学之法科大学院计划,其设计目标就是在原有的法学部之外设立新的法科大学院,将已经接受了素质教育的本科学生招进大学院,再继续进行3年法律专业学习。这一计划可以说与中国的JM极为接近。

② 与笔者一样对法律专业硕士学位持乐观态度的还有贺卫方先生等。贺先生在《法律教育向JM教育的转向》(《人民法院报》2002年5月10日)中说,JM教育至少可以帮助我们解决目前以法学本科教育为主的传统模式的两个重要问题:一是它是一种本科后教育,可以提升法律人才的层次,提高毕业生的年龄和阅历。二是它意味着多背景的本科生进入法学院,有利于培养复合型的人才。

③ 国家统一司法考试的法律依据发轫于2001年6月第九后全国人大常委会通过的对《法官法》的修改决定,其修改后的《法官法》第51条规定:"国家对初任法官、检察官和取得律师资格实行统一的司法考试制度。"

④ 关于美国法律职业的培养,详细可参见何勤华主编:《美国法律发达史》,上海人民出版社1998年版,第17页以下。

系毕业生之外,还必须通过两次国家司法考试,取得法律职业工作者的资格。①在法国,虽然尚未设置统一的国家司法考试,但已经有了成熟的法律职业的选拔考试制度。比如,在法国,要成为一名法官和检察官,必须经过法律院校 4 年以上的学习、获得 Maitrise(硕士)学位,然后考入国家法官学院作为"法官生"接受 2~3 年的职业训练之后才有可能。而要成为一名律师,则必须先在法律院校取得法学方面的学位,然后经过国家统一司法考试,合格者成为见习律师,在律师事务所工作 3~5 年,并获得律师协会的授予。② 在日本,要进入法律职业当法官、检察官和律师(所谓"法曹三界"),必须通过统一的国家司法考试,这种考试非常严格,每年合格率为 2%~3%。③

从中国这次实施的国家司法考试的内容和形式来看,其精神是美国的(即将法律职业的人口统一起来,改变以前法官、检察官和律师的选拔分别考试、各自为政,标准不一的局面,而是归并为统一的考试),而其形式则是日本的,即希望当法官、检察官和律师的人都参加统一的考试,而且不仅法律院系的毕业生,非法律专业的毕业生也都可以参考,以及合格线控制得很严④——而这两点恰恰是和美国相区别而与日本相一致的地方,因为在美国要参加律师考试,必须是法学院的毕业生,而在日本没有这一要求;美国律师考试的合格率比较高,一般好的法学院是 80% 以上,最差的法学院也有 20% 以上,而在日本,如上所述,合格率只有 2%~3%。⑤

那么,中国移植西方的国家司法考试模式,其意义在什么地方呢?有的学者认为有三个方面的意义:

第一,它使我们选拔法律职业由秘密性转向公开性。"刑不可测,威不可知"本是中国传统社会的特征,20 世纪 70 年代末,中国全面恢复司法制度时,仍将司法制度作为秘密的专政工具,表现在当时法律专业招生时作为绝密专业,考生必须接受严格的政治审查,学校以半军事化方式管理,法官的产生也是"暗箱

---

① 何勤华等撰稿:《德国法律发达史》,法律出版社 2000 年版,第 72 页。

② 何勤华主编:《法国法律发达史》,法律出版社 2001 年版,第 66~71 页。

③ 由于国家司法考试制度的合格率过低,对加快培养司法人才不利,日本近年正着手对其进行改革,其中一项重要举措就是在若干国家重点大学的法学部之外设立法科大学院(研究生院)制度,通过培养合格的院生(研究生)来加快充实法律职业阶层。参见"日本法律专业人才的培养"(《人民法院报》2002 年 6 月 24 日),早稻田大学教学部长小口彦太的发言。

④ 中国这次国家司法考试的合格率为 7%。

⑤ 但是有的同志提出的将国家司法考试分成两次的建议,又直接来自德国的经验。参见《建构中国统一司法考试制度——"司法官考试?司法官遴选?司法官培训研讨会"述要》(一)(《人民法院报》2002 年 1 月 28 日),邵世星、于萍和贺卫方的发言。

操作"。经过这20多年的演变,原来的专政工具,成为现在培训公开、内容公开、考试公开、选拔公开的司法职业,这是中国走向开放社会的重要一步。

第二,它使法律职业的培养从政治性转向知识性。司法人员的产生,在中国原来纯粹是一个政治过程,由法院党组,会通省委、市委或其他级别党委组织部,逐个考察,逐一分析各候选人的年龄档次和专业知识,再进行合理搭配。实际上在这一过程中,充满反智的传统,注重的是所谓政治立场坚定,表现出来的就是大量复转军人进法院。司法考试说明,法律已经成为一门专门化的知识,司法人员首先应该具备的是专业知识,这就承认了司法人员的精英特性。有望在将来,司法成为受人极其尊重的职业,司法界成为知识密集型行业,这将大大促进中国法治和中国社会的现代化进程。

第三,它使法律职业工作者从依附被动到独立主动。原来成为司法人员,是各级政府和组织部门的命令和安排,是上级部门给予的荣誉,很少是个人对司法职业的追求,个人始终处于依附和被动的地位。统一司法考试意味着,进入司法界是个人职业的追求,是个人独立意志和主动选择的结果。所有的司法人员,将在共同知识的背景下,形成法律职业共同体,并努力维护自身的权利和地位。正像大革命前的法国,因购买职位而产生的各级法官,能够自觉维护法官的职权,并形成相对于国王的独立地位。相信中国因个人能力通过考试,不是由命令或恩赐而成为法官的个人,也会比以往更注重自己的地位,更能保持相对于行政机构的独立。①

笔者认为,除了上述三个方面之外,移植国外长期实施的国家统一司法考试,其意义还有四个方面:首先,它统一了法律职业的入口。而入口一旦统一,就比较容易形成一个法律共同体。②

其次,它使法律职业更加专业化,使法律人才更加职业化。复员军人也好,党政干部也好,中小学教师也好,你要想成为一名法律职业工作者,你就必须学习法律,并通过严格的统一的国家司法考试。

再次,它带动了学习法律、普及法律的热潮。如果儿女参加国家司法考试,父母就会倍加关心;如果参加统一司法考试者已经成家立业,那么一人参加考试,一家数口上上下下都会为之激动,像中国今年有30多万人参加司法考试,牵动的至少有120多万人的神经。这个数字与全中国13亿人相比虽然算不了什

---

① 参见华东政法学院(现华东政法大学)法律史专业博士研究生刘守刚2002年7月3日在华东政法学院第五次博士论坛上的发言。

② 我们理解的法律共同体,是指具有相同的语言、相同的知识背景、相同的专业层次、相同的经济基础(共同利益)的职业共同体。

么,但由于考试者大多集中在各大城市,故在法律日受人们青睐的中国,其对人们法律意识普及的意义不可低估。

最后,它引起了整个社会对法的重视。从国家统一司法考试之前,到进入考试期间,至考试之后,它都受到了社会的大量关注,各类媒体纷纷进行报道宣传,理论界和实务部门群起发表言论,从而使它成为社会关注的一个焦点。而这种氛围对提升法律在社会生活中的地位,以及建设法治国家,都是一种良性的因素。①

当然,国家统一司法考试中仍然存在若干缺陷,如考试的内容是否符合中国的国情、特点,是否符合司法实际的要求,是否有利于人才的培养;考试过后在合格者使用上如何与现在的三种法律职业挂钩,等等,那是下一步国家司法统一考试如何更好地本土化的问题了。

三

从以上所述内容,我们可以大体把握20世纪70年代末以来中国移植西方发达国家司法制度的若干基本方面。

一方面,与20世纪五六十年代中国移植外国司法制度的状况相比,新时期主要是以移植西方发达国家的司法制度为主。众所周知,在20世纪五六十年代,我们移植的主要是苏联的司法制度(这一点笔者在《关于新中国移植苏联司法制度的反思》②一文中已有详细论述,此处不再展开),但在改革开放之后,我们主要移植了美国、法国、德国、日本等西方发达国家的司法制度(也包括新加坡、韩国以及我国台湾和香港地区的经验)。发生这种转变的原因主要是经济上的,因为以苏联为模式的计划经济已经不适应中国的发展,在建立与市场经济相适应的司法制度时,将西方发达国家的经验移植进来,无疑是一个最明智、最节约的选择。

同时,与以移植西方经验为主相联系,该时期的移植活动,比20世纪五六十年代少了许多阶级斗争的色彩,更注重司法对公民基本人权的保护,对政府行政

① 此外,司法部法规教育司官员霍宪丹在《建构和完善法律人才培养体制的关键环节——论司法考试制度在法律人才培养中的地位与作用》(《法学评论》2002年第4期)一文中,阐述了司法考试的四个意义:它将对法律学科教育充分发挥桥梁和纽带作用;推动法律部门采用大陆法系国家普遍实行之同考同训的法律职业培训制度;构建统一协调的法律职业培训体制、基地和网络;为建立新时期法学教育的宏观管理体制奠定了坚实的基础。

② 此文发表于《中外法学》2002年第3期。

权力的约束;更强调司法机关活动的公开性、公正性、合法性以及对效率的追求;更加重视发挥司法机关在国家经济建设、保障公民生活的各项秩序以及建设社会精神文明等方面的作用。

另一方面,与同时期其他部门法领域相比,司法制度方面的移植活动具有如下四个特点:

第一,移植外国司法制度的范围比其他部门法要大。在宪法和刑法等领域,由于20世纪五六十年代的积累,至70年代末改革后,具有中国特色的制度和原则已初具规模,移植西方的法律制度的空间已不大。但是在司法制度领域,从法院和检察院体制、法官和检察官队伍,到民刑事诉讼程序、证据制度、律师辩护等,都还在大规模地移植外国的制度和原则。尤其是在行政诉讼方面,现行的制度和原则乃至观念,几乎都是在70年代末改革开放以后,在移植外国的经验的基础上建立起来的。

第二,移植外国司法制度的程度比其他部门法要深。由于中国在历史传统上,一直是重道德轻法律,在法律领域,又是重实体法轻程序法。因此,中国在法制建设方面积累比较少、理论和实务都比较弱的就是程序法。由于这个原因,20世纪70年代末以后,在司法制度方面,移植外国法的程度也要比其他部门法更加深刻。从司法独立、"民告官"、保护当事人的基本人权的理念,到无罪推定、律师提前介入诉讼等项原则,到行政诉讼领域的各项具体制度,乃至法官穿法袍、审判用法槌等,外国法的冲击几乎是全方位的。即使在法律职业的养成方面,如上所述,移植外国的经验也是比较彻底的。

第三,由于上两个特点,就形成了第三个特点即在移植过程中经历的争论和挫折也比其他部门法要多。要否保留陪审制是一个议论的热点,审判方式和证据制度的改革是一个热点,JM要否继续实行是一个热点,中国有无实施无罪推定原则是一个热点,律师提前介入诉讼过程也是一个热点,辩诉交易在中国是否可行也是一个热点,国家司法考试又是最近的一个执点。由于争论比较激烈,故在移植某些外国的制度和原则时,遇到的挫折也比较多,这方面比较典型的事例就是当事人的"沉默权"问题。学术界倡导了这么多年,至今未能在法典上规定下来。

第四,由于司法制度涉及的都是操作层面上的问题,尤其是诉讼程序,它是保证各个实体法律得以贯彻落实的具体措施,因此,从外国移植过来的司法经验,在予以本土化时遇到的困难更多。中国幅员广大,人口众多,各地区经济政治文化发展的不平衡,各种软硬件设施不健全,人们的受教育水平比较低,其综合素质差参不齐,我们的社会生活又处在从计划经济向市场经济之转轨的变革与动荡时期,等等,都使司法领域的移植变得更加困难。

因此,在司法制度领域,许多问题已经超出了单纯法律移植的范围,而深入到社会生活的更深层次。同样一项制度,在西方发达国家可以实行,在中国就会遇到许多现实的问题。我们关于无罪推定的争论,关于律师提前介入诉讼过程的争论,关于当事人的"沉默权"的争论,关于"辩诉交易"的争论,关于在边远地区能否实行"对抗制"的争论,[①]等等,都是属于不是要不要而是在客观上行不行这一方面的问题。[②]

由此可见,法律移植自始至终,就不是一个单纯的法律体制内的问题,而是一个关涉整个社会的变革与进步的综合性问题。要使我国的司法制度更加完善,充分发挥其保障当事人的基本人权,推动社会进步的功能,就必须在移植发达国家先进的司法制度的同时,必须致力于社会经济政治文化的全面进步。

(2002 年第 9 期)

① 肖建华:"对抗制的本土化问题",载《法制日报》2002 年 3 月 31 日。

② 贺卫方教授对此有比较系统的论述,参见贺卫方:"法律职业化的方法基础",载《人民法院报》2002 年 4 月 1 日。

2003 年

中国近代法律教育与中国近代法学

何勤华*

1840年以后的两次鸦片战争,尤其是1894年的中日甲午战争在给中国人民带来深重灾难和屈辱、迫使中国人民奋起反抗的同时,也使统治阶级认识到了空前的民族危机和统治危机。于是,开始了修律变法的进程。在此进程中,作为培养国家急需的法律人才的高等法律教育也日益受到重视。本文试图对这一过程以及其得失进行分析、阐述,并探讨其与中国近代法学诞生与成长的内在联系。①

一

在清末修律、建立新式法科大学之前,中国已经开始了近代内容的法律教育。1867年,美国传教士丁韪良(W. Matin,1827~1916)出任于1862年设立的京师同文馆的国际法教师,讲授美国学者惠顿(Wheaton,1785~1848)的《万国公法》(Elements of International Law)。据文献记载,该课程为同文馆学生第7年学习的必修课。

从当时保留下来的光绪四年(1878年)的公法学试题来看,其水平也是相当高的:

> 遣使之权自主之国皆有之,何以辨之?
>
> 此国遣使彼国,有拒而不接者,其故何也?
>
> 使臣有四等,试言其序。
>
> 遇更易国主,驻京使臣位次何以定之,其定法不一,而各有成案,试言之。
>
> 头等公使得邀破格优待之礼,试言其概。
>
> 公使权利之尤要者,试言之。
>
> 公使职守,其尤重者在何事?

---

* 作者单位:华东政法学院(现华东政法大学)。

① 本文是上海市重点学科项目之研究报告的浓缩,报告原文有3万余字。与国内其他研究中国近代法律教育的成果相比,本文着力于法律教育对中国近代法学之诞生与成长的研究。

各国议立条约,所论何事居多?

公使偶不安分,有遣之出疆者,系因何事?并引以成案。

公使停职其故有七,试述之。①

根据记录,当时同文馆学生参加公法学大考者,1879 年 9 名,1888 年 8 名,1893 年 12 名。② 可以说,同文馆的法律教育,拉开了中国近代法律教育的序幕。

1895 年之后,受甲午战争失败的强烈刺激,中国先进的知识分子首先起来呼吁开展法律教育,培养急需人才。康有为(1858 ~ 1927)在《上清帝第二书》(1895 年 5 月 2 日)、《上清帝第六书》(1898 年 1 月 29 日)等中明确提出,应当"废八股,兴学校",远法德国,近采日本,建立新式大学,开展包括法律在内的各门科学的教育。③

与舆论上的呼吁相配合,统治阶级中的一部分开明人士也开始在行动上作出努力。1895 年,天津海关道台盛宣怀(1844 ~ 1916)奏请朝廷批准设立了中国第一所近代意义上的大学——天津中西学堂(1903 年改名为北洋大学堂),聘请美国传教士丁家立(C. Daniel Tenney,1857 ~ 1930)出任总教习(校长),以美国哈佛大学和耶鲁大学为模式,设置了新的学制和一整套课程体系。其中,头等学堂分法律、采矿冶金、土木工程、机械四科,专门学分为律例学、机器学、矿务学、电学和工程学五门,从而正式开始了中国近代西方式的法律教育。

继天津中西学堂之后,1896 年建立的上海南洋公学、1898 年建立的京师大学堂也开设了法律教育的课程。

1903 年,清政府颁布了《奏定学堂章程》。规定了高等教育的学制与科目,大学堂中设法政科大学,开设有政治、法律、交涉、理财、掌故等课程。1906 年中国历史上第一所具有近代意义的法律专门学校——京师法律学堂在北京创立,以后又相继开办了直隶法政学堂、京师法政学堂等法政学堂。这些学堂都订有完备的法律课程计划。法政教育开始勃兴,法政学堂数大量增加,学生人数也不断上升。据统计,至 1909 年,全国共有高等教育层次的学堂 127 所,学生 23,735 人。其中,法政学堂 47 所,学生 13,282 人,分别占学堂总数的 37% 和学生总数

① 《同文馆题名录》,引自朱有瓛主编:《中国近代学制史料》(第 1 辑上册),华东师范大学出版社 1983 年版,第 90 页。

② 同上,第 62 页。

③ 汤志钧编:《康有为政论集》(上册),中华书局 1981 年版,第 131 页、215 页。

的55%。①

此时期,不仅国立、公立法政大学数量不断增多,而且私立的法政大学(包括法政学校以及大学中的法律院系)也开始出现,如东吴大学(1901年)、震旦大学(1903年)、沪江大学(1908年)、金陵大学(1910年)、北京法政大学(1912年)、民国大学(1912年)、武昌中华大学(1913年)、复旦大学(1917年)、燕京大学(1919年)等综合大学中的法学院以及浙江私立法政专门学校等40余所专科法政大学。

之后,在1913年、1922年,北洋政府教育部对清末的高等教育体制进行了改革,大学被分成文、理、法、商、医、农、工7科,这也促使了部分法学院校的独立。如1915年东吴大学法学院在上海成立,1924年上海法政大学在上海创建,1926年上海法学院从上海法政大学分立出来,等等。法科大学设法律学、政治学和经济学三门,学习年限4~6年。

1927年南京国民政府成立之后,经历了缓慢起步(1927~1932)、压缩控制(1932~1936)、战时发展(1937~1945)、短暂复兴(1946~1949)四个阶段的发展演变,中国近代的法律教育日趋成熟,并基本定型。根据1945年民国教育部长在法律教育委员会第一次会议上所作的报告表明,清末学校法律科的毕业生约有4000人;1911年至1927年,国内法政专门及大学毕业的法律学生,每年约有1000人,合计16,000人左右;1928年至1943年,合计约有12,000余人。在海外留学的学生中学法律的,除速成科毕业者之外,先后合计有1700余人。国内、国外法律科毕业生,总计约近30,000人。②

此时,全国涌现了一批有质量和有声望的设置有法学院的大学,如清华大学、中央大学、政治大学、北京大学、武汉大学、中山大学、西北大学、东北大学、四川大学、复旦大学、同济大学、暨南大学、云南大学、湖南大学、广西大学、燕京大学、安徽大学、吉林大学、重庆大学、河南大学、山西大学、兰州大学、厦门大学、广州大学、贵州大学、大夏大学、震旦大学、台湾大学、长春大学等,以及独立的法政大学如朝阳学院、上海法学院、上海法政学院,等等,虽然总量不大,但也初步构造起了一个高等法律教育的网络体系。

① 王申:“中国近代法律教育探微”,载《政法高教研究》1997年第3期。

② 同上。

二

经过上述80多年的艰难历程建立起来的中国近代法律教育体系，初步形成了自己的培养目标、学制、课程设置、教师聘任以及学校管理等一整套制度。

第一，在培养目标方面，因不同时期和学校的不同类型而有所区别。如清末创办法政学堂要培养的是通晓法政的应用人才："养成专门法政学识，足以应用。"而在教会创办的私立的法政大学中，是要培养新式的知识分子，灌输西方的法学观念，以控制中国的法制发展事业。

进入北洋政府时期，政府强调法科大学应当是"教授高深学术，养成硕学闳才，应国家需要为宗旨"，①而法政专门学校则以"教授高深学术"，"养成法政专门人才"为主。②

南京国民政府建立之后，1928年召开的第一次全国教育会议，讨论了三民主义的教育宗旨。1929年，强调教育要以三民主义为指导，发展国家，充实人民生活，延续民族生命。并且要求政法教育也同样必须遵照"中华民国教育宗旨及其实施方针，以研究高深学术、培养专门政法人才为目标"。尤其突出强调政法教育要"灌输政治知识，养成运用四权能力，阐明自由界限，养成服从法律之习惯，宣扬平等精神，增进服务社会之道德"，以履行民权主义。③

在国民党政府教育部高等教育司于1941年编写的《升学指导》中，对法律教育的目标作了进一步的阐述：法学院培养的人，"不是对于一技一能有所成就，而是从事应付人事方面处理一般的社会事业"。"他是'治人'的，而不是'治于人'的"，"他是国家社会事业的发动机，而不是机械的一部分。"④

总括从清末至国民党政府的法律教育的目标，虽然在说法上不同，但基本上是一以贯之的，即主要培养精通法律知识、懂得西方法学理念、服从法律规范、能够处理社会问题的高层次法律人才。这一目标，从清末至1949年这40多年法律教育以及立法和司法实践来看，基本上实现了。

第二，在法律教育的学制与分科方面，1903年颁行的《奏定学堂章程》，规定

① 舒新城主编：《中国近代教育史资料》（中册），人民教育出版社1961年版，第97页。

② 朱有瓛主编：《中国近代学制史料》（第3辑上册），华东师范大学出版社1990年版，第611页、615页。

③ 张耕主编：《中国政法教育的历史发展》，吉林人民出版社1995年版，第98页。

④ 杨端兴："法学院"，载《全国高等学校最近实况》，转引自张耕主编：《中国政法教育的历史发展》，吉林人民出版社1995年版，第100页。

了癸卯学制，其中对政法教育的学制要求为，高等政法学堂（预科）学习3年，合格后进入法科大学学习4年，合格后进入通儒院（相当于研究生院）学习5年。这一学制几经变化之后，在北洋政府期间基本上被维持了下来。

南京国民政府建立之后，通过颁布一系列关于学校管理体制方面的法律和法规，进一步完善了高等法律教育的学制，即法律专科学校的学制为2~3年，综合性大学中的法律系和独立的政法学院的学制为4年，研究院（招收大学本科毕业生和同等学力者）为2~3年。1948年国民党政府颁布的《大学法》和《专科学校法》没有改变法律本科以上层次的学制，只是将法律专科学校的学制明确为2年。

与学制相联系，在法律教育的分科方面，各个时期也是不一样的。在1895年创办的天津中西学堂中有了律例的课程，学堂里设置初级政治学与高等政治学，法律属于高等政治学的内容。自1898年京师大学堂建立，开始了大学教育的分科，政法科与经事科等一起，是大学堂的八大学科之一，开设了政治、法律、交涉、理财、掌故等课程。1903年《奏定学堂章程》颁布以后，政治学与法学开始分离，成为法科中的一个专业，法政教育获得了比较快的发展。1912年中华民国建立以后，法律教育的分科有了进一步的发展。各个大学，一般都分为文、理、商、法、医、农、工7科，法政大学成为其中的一个分科大学。在法政大学中，一般设置三个主要专业，即法律学、政治学和经济学。这一体制，以后一直被延续了下来，至1949年也没有什么大的变化。

第三，在课程设置方面。高等法律教育的核心，是课程设置问题。它是随着中国近代法律教育的日益进步而逐步完善的。

在1862年建立的京师同文馆的教育中，法律课程极少，只是到了第7学年才开设一门万国公法。到1895年建立天津中西学堂时，法律课程开始增多，当时的校长丁家立依照美国哈佛大学和耶鲁大学的模式，突出了法科的地位。1903年《奏定学堂章程》颁布之后，法律课程在各法政学堂教育中的比例进一步上升。以京师法律学堂为例，第1学年开设有大清律例、唐律、宪法、法学通论、经济通论、国法学、刑法、民法、刑事诉讼法、外国文、体操；第2学年有宪法、刑法、民法、商法、民事诉讼法、刑事诉讼法、裁判所编制法、国际公法、行政法、监狱学、诉讼实习、外国文、体操；第3学年有民法、商法、大清公司律、民事诉讼法、大清破产律。其他各地的法政学堂，也都以此为标准开设课程。[1]

进入中华民国之后，法科大学和各专门法政学校的课程设置与清末法政学

① 张耕主编：《中国政法教育的历史发展》，吉林人民出版社1995年版，第52页。

堂并无太大的区别，但是明显加强了法学基础理论、法律史和法律实践的课程，除各种公共课之外，法科的专业课有罗马法、刑法、民法、商法、破产法、刑事诉讼法、民事诉讼法、国际公法、国际私法等；选修课有时事政策、法制史、比较法制史、财政学、法理学等。而法学实践课则作为制度被固定了下来。①

1939年8月，国民党政府公布施行了法学院分系专业必修及选修科目，对法律系、政治学系、经济学系和社会学系的课程作了统一规定。其中，法律系的必修课与选修课为：

必修课：

法学绪论、宪法、民法总则、民法续编、民法物权、民法亲属继承、商事法概论、公司法、票据法、保全法、海商法、刑法总则、刑法分则、中国司法组织、民事诉讼法、刑事诉讼法、行政法、国际公法、国际私法、法理学、中国法制史、毕业论文。

选修课：

外国文、第二外国文、世界通史、刑事特别法、中国旧律研究、比较法学绪论、比较刑法、中国司法问题、比较司法制度、罗马法、英美法、近代欧洲大陆法、立法学、破产法、土地法、劳工法、法学专题研究、证据法学、强制执行法、犯罪学、监狱学、刑事政策、中国法律思想史、中国政治制度、中国经济史、诉讼债务。

抗日战争结束后，国民党政府曾对高等法律教育的课程体系作了一些调整，如将“户政”等有关课程纳入法律系的选修课目之中，进一步注重法律知识的普及等。但在基本框架方面没有更大的变化。

第四，在中国近代法律教育的师资队伍方面，有一个发展进步的过程。最早，从事法律教育的主要是西方传教士以及其亲属。这些来自西方的传教士多属新教教徒，他们一开始就把精力主要用在学习中国的语言文字上，并利用掌握中国语言的便利，通过创办上海广学会等文化出版机构和报刊事业等途径，编印西方译著等书刊，介绍西方法律思想家的著作，宣传卢梭、孟德斯鸠等人的人权观念、平等观念和法制观念；他们最早向中国传入了关于西方政制法律等方面的大量信息。如在19世纪中期的美国传教士伯驾，就协助林则徐翻译了瑞士学者瓦特尔的《国际公法》中的部分内容，定名为《各国律例》；以后清政府为了与西方国家交涉的需要聘用了丁韪良、李提摩太（Timothy Richard，1945～1919）、林乐知（Young J. Allen，1936～1907）、傅兰雅（John. Fryer，1839～1928）等参加包

① 关于民国时期各高校法律教育课程设置的具体事例，本文受篇幅所限不再列举，可参见汤能松等主编：《探索的轨迹——中国法学教育发展史略》，法律出版社1995年版；孙晓楼著：《法律教育》，中国政法大学出版社1997年版；王健著：《中国近代的法律教育》，中国政法大学出版社2001年版；张耕主编：《中国政法教育的历史发展》，吉林人民出版社1995年版。

括法学在内的"西学"书籍的翻译。而其中尤以丁韪良、傅兰雅两人对后人的影响最为突出。至清末修律时,中国政府又大量聘请外国法律专家来华任教,如据1909年11月在天津北洋师范学堂讲习的日本教师中岛半次郎所著《日清间之教育关系》一书记载,当时聘请日本教师的法政学堂有京师法政学堂、京师法律学堂、直隶法政学堂、山西法政学堂等22所,聘请日本教师311人(其中还有女教师23人)。① 比较著名者为冈田朝太郎、志田钾太郎、松冈义正、小河滋次郎等。

20世纪30年代之后,随着在中国接受法律教育的人才的增加、海外法学留学生的陆续回国,在各政法院校中执教的中国教师日益增多,并开始占据主导地位。从东吴大学法学院30年代初聘请的各法律主干课的教师的情况来看,教授法理学的吴经熊,教授宪法学的乔万选、吴芷芳,教授罗马法的应时、丘汉平,公司法的潘序伦,德国民、刑法的刘世芳,法制史的董康,刑法与刑事诉讼法的赵琛、俞承修、郁华,劳动法的孙晓楼,国际公法的梁鋆立、姚启胤、夏晋麟、路义斯(Robert. E. Lewis),民法及民诉的钟洪声、张正学、瞿曾泽、过守一、曹杰、李辛阳,英美法的张志让、萨赉德(George Sellett)、黄应荣、卢峻,土地法及商事法规的吴尚鹰、王效文,审判实务的沈锡庆,海商法的查良鉴,国际私法的徐砥平等,除路义斯和萨赉德之外,其他教师都是中国人。② 尤其是在教师中唱主角的、在社会上有声望的,并对中国法律教育对影响较大的人物,都是中国人,如王宠惠、吴经熊、程树德、钱端升、周鲠生、陈顾远、王铁崖等。

第五,在学校管理方面,在中国近代也有一个发展的过程。如在清末所大量兴办的法政学堂的负责人,有称总监督的,有称监督堂长的,也有称总教习的。③至民国时期法科大学创办后,一般称校长。各专业学科的负责人称学长。在各综合性大学的法律系、法学院中,称系主任,或法学院院长。

在教师方面,清末大学堂的教师系列称监督堂长、正教员、副教员。1912年北京政府时期的《大学令》,在将监督堂长改称校长的同时,将正教员、副教员改称教授、助教授。各科设学长,为学术行政主管。1917年修正《大学令》,将大学教员分为正教授、教授、助教授三级,必要时得延聘讲师。

1917年由教育部颁布的《国立大学职员任用及薪俸规程》进一步规定:国立

① 张耕主编:《中国政法教育的历史发展》,吉林人民出版社1995年版,第73页。

② 盛振为:"十九年来之东吴法律教育",载《法学杂志》1934年第7卷第2期。

③ 京师大学堂更为特殊一点,第一任负责人当时称"管理大学堂事务大臣",简称"管学大臣"。参见萧超然等著:《北京大学校史1898~1949》(增订本),北京大学出版社1988年版,第484页。

大学职员包括校长、学长、正教授、本科教授、预科教授、助教、讲师、外国教员、图书馆主任、庶务主任、校医、事务月。这些职员的任命程序为:校长由大总统任命,学长由校长呈请教育总长任用,教师等职员由校长聘用并呈报教育总长。

南京国民政府建立之后,高等法律教育的管理体制又有一些变化。据1934年4月28日修正公布的《大学组织法》规定:大学设校长1人,除担任本校教课外,不得兼任他职;独立学院设院长1人,不得兼职;学院下的各科设主任1人;各系设主任1人。大学可设各种会议,为管理大学行政、教学、科研、人事、财务等各种事务的机关。1948年1月公布的《大学法》关于大学及独立学院的行政组织大体与以往相同,只是在个别方面有所变动,如关于校长的任命中增加了对私立大学校长的任命:"由董事会聘任,呈报教育部备案","私立大学得置副校长一人,辅助校长处理院务"。①

三

中国近代法律教育的起步与发展,对中国近代法学的诞生与成长产生了直接的影响。

第一,一批新式法科大学的建立,为中国近代法学的诞生与成长提供了人才养成基地。从北洋大学堂,到京师大学堂,到京师法律学堂,到东吴大学法律学院,到燕京大学法学院,到朝阳大学,及至国民党政府建立之后一批国立大学、私立大学中的法学院和如上海法学院等一批专门法律院校,新式法律院系成为中国近代法学各个学科带头人诞生与成长的摇篮。

尤其是20世纪30年代之后在各个法学学科活跃的法学家,基本上都是上述法学院的毕业生。仅就东吴大学法学院而言,据盛振为(1927~1940年任东吴大学法律学院教务长)的统计,当时中国比较著名的各学科法学家如吴经熊、王士洲、陈霆锐、陆鼎揆、何世桢、金兰荪、梁鋆立、丘汉平、孙晓楼、杨兆龙、倪征 ... 、查良鉴、卢峻、郑保华、谢德风、盛振为等50多人,就都是该法律学院的毕业生。②

---

① 汤能松等主编:《探索的轨迹——中国法学教育发展史略》,法律出版社1995年版,第229页、254页、295页。

② 这50多人之中,除上述教授之外,还有笪耀先、何世枚、狄侃、张无枚、石颖、江一平、李中道、高君湘、谢颂三、富刚侯、胡汉瑞、端木恺、赵任、田鹤鸣、马君硕、陶天南、陈文藻、黄应荣、傅文楷、姚启胤、章寿昌、何炳梁、何襄明、袁仰安、张庆桢、费青、邹玉、谢景山、屠广钧、郑兢毅、李宗培、陈贻祥、俞恩良、刘莹等。参见盛振为:"十九年来之东吴法律教育",载《法学杂志》1934年第7卷第2期。

第二,法律教育的开展,需要有师资队伍。而在中国近代,在自身尚无法律教育之师资的情况下,中国政府不得不大量聘请外国法律专家来华任教。如中国近代第一位法律教师是美国传教士丁韪良,他在中国开创了国际法的教学和研究。随后,在中国近代第一批法政学堂中执教的也是日本法学教授冈田朝太郎、志田钾太郎等人,他们成为中国近代法律教育的第一批教师,并培养出了许多法律人才。

随着中国近代法律教育的发展,法律院系中执教的中国籍的教员开始增多,并最终成为中国法律教育的主体。这批法学师资,不仅承担了繁重的教学任务,也积极从事法学研究,著书立说,从而推动了中国近代法学的诞生及成长。从各个法学学科的情况来看,如法理学方面的王宠惠、赵韵逸、朱章宝、吴经熊、孙晓楼、倪征𣈶、朱采真、欧阳谿;法史学方面的程树德、杨鸿烈、谢景山、陈顾远、丁元普、瞿同祖、费青、丘汉平、徐朝阳;宪法学方面的王世杰、钱端升、乔万选、陆鼎揆、傅文楷、储玉坤、白鹏飞、马君硕、钟赓言;民商法学方面的熊元楷、朱方、胡长清、史尚宽、屠景山、王士洲、郑保华、刘莹、高君湘、郑兢毅、王效文、梅仲协、王孝通、黄右昌、戴修瓒;刑法方面的赵琛、杨兆龙、何世枚、张季忻、张无枚、陈文彬、蔡枢衡;诉讼法方面的熊元襄、夏勤、陈谨昆、狄侃、何世桢、康焕栋、邵勋、郭卫、施霖;国际法学方面的周鲠生、王铁崖、徐砥平、徐传保、梁鋆立、崔书琴、姚启胤等,都是各个法律院系的教员。可以说,没有近代法律教育,就没有这些学科带头人的成长和活动的舞台,也就没有中国近代各个法学学科的诞生与成长。

第三,由于法律教育的展开,需要各种各样的法学教科书,这为翻译、编写法学教材提供了契机,而各个学科法律书籍的翻译、编写,则为中国近代各个法学学科的诞生与成长奠定了基础。

早在清末同文馆时期,为了当时的法律教育顺利进行,丁韪良、毕利干(A. A. Billequin,1826~1894)、汪凤藻等人就开始将西方的法学作品译成中文。据《同文馆题名录》光绪二十四年(1898 年)刊的翻译书籍卷记录,当时共译出西方著作 27 种,法律类的有 7 种,即《万国公法》(丁韪良译)、《法国律例》(毕利干译)、《星轺指掌》(副教习联芳、庆常译,总教习丁韪良鉴定)、《公法便览》(副教习汪凤藻、凤仪等译,总教习丁韪良鉴定)、《公法会通》(总教习丁韪良译,副教习联芳、庆常等助译)、《新加坡律例》(副教习汪凤藻译,待刊,总教习丁韪良鉴定)、《中国古世公法论略》(总教习丁韪良著,副教习汪凤藻译)。[1]

① 朱有瓛主编:《中国近代学制史料》(第 1 辑上册),华东师范大学出版社 1983 年版,第 153~154 页。

进入法政学堂、法科大学教育时期，这种外国法律教科书和著作的翻译进一步活跃。如法理学领域的冈田朝太郎、织田万等人的《法学通论》，以及穗积重远的《法理学大纲》、高柳贤三的《法理学纲要》等；宪法、行政法领域的雷殷的《国法学》、卜布尔的《美国宪法释义》、温泽尔的《美英法德四国宪法比较》、戴雪的《英宪精义》、美浓部达吉的《宪法学原理》和《行政法摄要》、狄骥的《宪法学》、清水澄的《行政法泛论》、织田万的《行政法讲义》和《清国行政法》、怀特的《行政法概论》、戴维斯的《美国行政法》、副岛义一的《行政法总论》和《行政法各论》、葛德罗的《美法英德比较行政法》等。

这些外国法律和法学著作、教材的翻译，为中国近代法理学、宪法学和行政法学的诞生奠定了基础。其他各个学科的情况也大体相同。

在这方面，尤其值得一提的是由熊元楷、熊元翰和熊元襄等安徽宿松熊氏三杰编辑出版的京师法律学堂的讲课笔记（1911 年前后由北京安徽法学社出版）。这些讲课由日本法律专家冈田朝太郎、松冈义正、志田钾太郎、岩井尊闻、小河滋次郎等人担纲，主要者有：第 1 册《法学通论》（冈田朝太郎，以下简称冈田）、第 2 册《法学通论·宪法》（冈田）、第 3 册《国法学上》、第 4 册《国法学下》（均为岩井尊闻）、第 5 册《刑法总则》、第 6 册《刑法分则》（均为冈田）、第 7 册《民法总则上》、第 8 册《民法总则下》、第 9 册《民法物权》、第 10 册《民法债权总论各论》（均为松冈义正）、第 11 册《商法第一编总则》、第 12 册《商法·会社、商行为》、第 13 册《商法第四编·有价证券、船舶》（均为志田钾太郎）、第 14 册《法院编制法》、第 15 册《刑事诉讼法》（均为冈田）、第 16 册《民事诉讼法》、第 17 册《破产法》（均为松冈义正）、第 18 册《监狱学·附监狱律》（小河滋次郎）、第 19 册《国际私法》（志田钾太郎）、第 20 册《国际法》（岩井尊闻）、第 21 册《经济学》、第 22 册《财政学》（此两册未署原著者名）。由于该套讲义涉及法学之各个学科，故对中国近代法学的诞生与成长起了巨大的作用。

第四，随着翻译法律著作的出版，也带动了中国学者自己编写法学教材和专著的热情。

如在法理学领域，有孟森编《新编法学通论》（上海商务印书馆 1911 年）、施宪民编《法律哲学》（上海世界书局 1929 年）、朱采真编《法学通论》（上海世界书局 1929 年）、赵琛编《法理学讲义》（上海法政学院 1931 年）、欧阳谿著《法学通论》（上、下册，上海法学编译社 1933 年）、黄俊著《法理学》（北京朝阳学院 1934 年）、沈祥龙著《法理学讲义》（中山大学出版社 1936 年）等。

在民法学领域，出版了黄右昌著《民法要义：总则编》、陈瑾昆著《民法通义总则》、周新民著《民法总论》、胡长清著《中国民法总论》、吴学义著《中国民法总论》、吴振源著《中国民法债编总论》和《中国民法债编各论》、张企泰著《中华民法物权论》、王去非著《民法物权论》、郑国楠著《中国民法继承论》、刘海川著《中华民法继承编要论》、李宜琛著《现行继承法论》、钟洪声编著《中国亲属法论》、朱采真编著《民法亲属集解》、赵凤喈编著《民法亲属编》、阮毅成著《民法亲属编概论》等。

在其他各个法学学科，其情况也基本上相同。而这些教材与专著的出版，进一步促进了中国近代法学体系的形成。

第五，随着近代中国法律教育活动的展开，出于教学科研的需要，一批法学刊物如雨后春笋般地出现，如 1912 年北平朝阳大学同学会创办了《法律评论》，它每周出一期，后来成为民国时期著名的法学刊物。又如 1915 年由基督教会设立的东吴大学法律学院，为了弘扬学术、提升教学和科研的水平，也创办了《法学季刊》（同时，出版英文版在国外发行。1931 年第五卷之后，改名《法学杂志》），当时国内知名学者如吴经熊、丘汉平、孙祖基、王凤瀛、董康、傅文楷、陆鼎揆、费青、徐砥平、华懋生、应时、郑保华、章渊若、徐传保、孙晓楼、凌其翰、盛振为等，都在上面发表了论文。

再如，1928 年 12 月，上海法科大学创办了《上海法科大学月刊》（创刊号名。第 1 期之后改名《法科月刊》），除介绍上海法科大学的教学与科研活动信息等之外，还发表了孙晓楼的《社会进化与法律》、廖爱群的《法律之变迁及其趋势》、李剑华的《达尔文与马克斯》、陈昌寿的《人治与法治》等著名论文。1929 年由北平中国大学创办的《法律月刊》杂志，虽然存续时间不长，但也结合教学实际，刊登了如姜宝俭的《法律进化论》、庞毓芹的《治外法权与领事裁判权》、高麟阁的《废除死刑论》、白澍田和唐小圃合译的《苏俄婚姻亲属及监护法》等一批重要论文。

此外，国立北平大学法学院于 1934 年创办了《法学专刊》，上海大厦大学法律学会于 1935 年创办了《法学论丛》，上海持志学院丙子法学社于 1935 年创办了《法学杂志》等。至于武汉大学所创办的《社会科学季刊》等，虽然不以法学杂志命名，但作为大学文科学报，也大量刊登了法学方面的论文，最为突出的是民国时期著名法学家周鲠生、燕树棠和李浩培等人的论文，都发表在该杂志上。法学刊物，既是法学工作者发表学术成果的阵地，也是中国近代法学诞生与成长的温床。

四

中国近代法律教育,是中国近代法学萌芽和诞生的基础之一。由于中国特定的国情,使中国近代法律教育具有许多与其他国家不同的特点,这些特点也影响了中国近代法学的成长以及其风格。

第一,中国近代法律教育是派生的,不是原产的。世界上第一所法学院于11世纪中叶诞生于意大利中部的波伦那(Bologna)。在波伦那大学的影响之下,意大利以及西欧其他各国也都纷纷建立起了设置有法学院的近代型大学,如意大利的那不勒斯(Napoli)大学(1224年)、罗马大学(1303年),法国的蒙特利埃大学(12世纪末)、奥尔良大学(1231年),西班牙的帕伦西亚(Palencia)大学(1212年),葡萄牙的里斯本大学(1290年),英国的牛津大学(12世纪末)和剑桥大学(1209年),以及德国的维也纳大学(1365年)和海德堡大学(1385年)等。至19世纪末,大学法学院的建设在西方已经具有800余年历史,已经非常成熟了。

而在中国,自公元2世纪东汉末出现律学教育,至7~12世纪唐宋两朝有过一个比较繁荣阶段之后,到元代官方的法律教育被正式取消,一直到清末,法律教育被排除在国家正规的教育科目之外。而且即使中国中世纪的法律教育,也是以刑律为主要内容、以科举考试策问为主要形式、既不能称为学校(School)又不是大学(University)类型的、以从属于经学为主要特征的法律教育。因此,中国近代以后的法律教育都是从西方传入的。

由于中国近代法律教育源自西方,带有强烈的模仿色彩,因此它具有一系列的派生法律教育所具有的特点,如比较功利,发展时期短,政治色彩浓厚(政府为了维持自己的政治统治才不得不开展法律教育,而不是由于中国历史上法律教育发展的自然结果),[①]学术积累不够(没有学术传统,教学与科研的底气不足),教师以留学生为主体,[②]由于开展时间短因而各地发展不平衡,时断时续,历经艰难,等等。而这些特点,也影响了中国近代法学的诞生与成长,使其具有

① 此点,周少元在"清末法学教育的特点"(载张生主编:《中国法律近代化论集》,中国政法大学出版社2002年版)一文中已作了比较详细的分析,本文不再展开。

② 中国近代著名法律教育家孙晓楼先生在20世纪30年代初叶曾说过:"国内现有的公私立大学法律科的教师或教授,以前大部分是留学日本的学生,现在大都是欧美留学回来的学生。"参见孙晓楼著:《法律教育》,中国政法大学出版社1997年版,第69页。

了幼稚、底气不足、模仿外国、没有自己的传统和特色、政治干预比较强等特征。①

第二，由于中国近代法律教育是一种派生的、由外至内输入式的法律教育，因此，法科留学活动在中国近代的法律教育的起步时期占据着一个非常重要的地位。早在1895年北洋大学建立之前20余年的1874年，中国近代第一位大律师伍廷芳(1842～1922)就远涉重洋赴英国学习法律，开始了接受西方新式法律教育的活动。1886年秋，中国向英国和法国派出了9名青年学习法律。1896年，中国向日本派出了唐宝锷(1877～?)等13名第一批留日学生，其中有3名是法科留学生。随后，中国赴日留学法科的学生日益增多，至1905年前后，这种活动达到了高潮。据记载，1905年和1906年，赴日留学生均达到了8000余人的规模，其中学习法科者占有相当比例。

仅在1904年5月7日设立的日本法政大学法政速成科，于1908年毕业的学生就有1070人。② 1911年辛亥革命之后至1949年中华人民共和国成立，中国向外派遣法科留学生的活动一直没有停止，并始终保持在一定的规模。③

法科留学生尽管是在国外接受的法律教育，但由于其学成后都回国工作，故也可以看做中国近代法律教育的有机组成部分。尤其是对中国近代法学的诞生与成长而言，留学生的意义更为重大，因为他们在中国各法律院校任教，传播法律知识，翻译法学著作、教材、论文，创办法学刊物等方面均发挥着主力军的作用。据统计，1941年2月至1944年2月经教育部审查合格的全国大学中的教授与副教授共有2448人，其中法科教授、副教授有339人，里面留学海外的有300人，占88.5%。这一比例，仅次于农科，高于文、理、商、教、工、医和艺术各科。④

法科留学活动构成近代法律教育的有机组成部分，当然不只是中国特有的现象，它是法律教育派生之东方国家如明治维新时期日本等所共同存在的历史现象。但是，留学人数规模这么巨大，延续时间如此之长，则是中国特有的。

第三，与上述两点相连，中国近代的法律教育的总量较小(这一点与教育在国家生活中的总量太小密切相关)，名人不多，对社会贡献度不大。以20世纪

① 何勤华："中国古代法学的死亡与再生"，载《法学研究》1998年第2期。

② [日]实藤惠秀著：《中国人留学日本史》，谭汝谦、林启彦译，三联书店1983年版，第39页、50页。

③ 王奇生著：《中国留学生的历史轨迹》，湖北教育出版社1992年版；郝铁川："中国近代法学留学生与法制近代化"、"中国近代法学留学生与新中国初期的法治建设"，载《法学研究》1997年第6期、2000年第2期；王健著：《中国近代的法律教育》(第二章)，中国政法大学出版社2001年版。

④ 王奇生著：《中国留学生的历史轨迹》，湖北教育出版社1992年版，第271页。

30年代为例,当时中国有4.5亿人口,但法律院校非常少,全国加在一起总共才32所(而同时期美国人口才1.5亿,法律院校则有171所)。[①] 到了40年代末,这一状况也没有实质性的改变。1949年,中国法律院校仍只有53所。[②]

由于中国近代的法律教育是派生的,法律教育方面有创意的名人也不多,在西方出现的类似于在波伦那大学率先讲授法律的伊纳留斯(Irnefius,约1055~1130),在英国牛津大学第一次用英语讲授英国法律的布莱克斯通(Sir W. Blackstone,1723~1780),在美国哈佛大学开创判例教学法、创办系统之法学院学制与图书馆的兰德尔(C. C. Langdell,1826~1906)这样的有开创性贡献的法律教育大师,在近代中国一个也没有。因为在近代中国讲授法律的第一批人并不是中国人,而是如丁韪良、冈田朝太郎、志田钾太郎等的外国人。

同时,法律教育独立的传统(大学独立,法律教育独立)不立,[③]影响也不强,对社会的贡献度不高。比如,由中国社会科学院近代史研究所主持编写的中华民国史资料丛稿《民国人物传》到2000年6月已出至10卷,共收录民国时期著名人物674名,而其中法律人物很少,只有王宠惠、董康、江庸、伍廷芳、伍朝枢、沈钧儒、张知本、周鲠生等10余名,而王宠惠等人被收入,并不是他们的法律业绩,而是其革命生涯和政治家的身份,真正从事法律教育与法学研究的只有周鲠生1人。许多在法律教育与法学研究方面卓有成就者如吴经熊、胡长清、史尚宽、阮毅成、丘汉平、杨鸿烈、程树德、陈谨昆、白鹏飞、黄右昌等,都没有能够入选。与此形成鲜明对比的是,有相当多的政治家、实业家、历史学家、哲学家、文学家、艺术家、政府官员,以及华侨、军人、军阀,乃至流氓、汉奸等,都被收录了进去。仅从这一事例就可以看出,在法律虚无主义横行的中国,法律教育与法学研究乃至整个法律职业对社会的贡献并没有得到人们的认可。

第四,政治多变,战乱频繁,没有好的学术环境,社会上最优秀的青年不在学法律,而是或走实业救国之路,或走上以革命解放中国之路。

在中国近代,其社会始终处在一个激烈动荡变化之中。先是有英国发动的1840年和1858年两次鸦片战争,随后有俄国的入侵以及对中国北部、东北部大片领土的割让,接着是日本侵略中国的1894年甲午战争以及中国对日本的巨额

---

① 汤能松等主编:《探索的轨迹——中国法学教育发展史略》,法律出版社1995年版,第314页。

② 孙晓楼著:《法律教育》,中国政法大学出版社1997年版,第10页。

③ 在美国,1819年"达特茅斯学院校董事会诉伍德沃德"(Trustees of Dartmouth College v. Woodward)一案,在确立契约神圣原则的同时,也确立了大学自主办学、大学独立的传统。而在中国,类似这样的观念和传统一直没有真正确立。

赔偿,1900年又爆发了英国、美国、法国、德国等八国联军入侵中国的“庚子事变”,1931年出现了日本吞并中国东北三省的“九·一八”事变,1937年日本发动了全面侵略中国的8年战争,抗日战争结束不久,1947年又爆发了3年解放战争。

在如此动荡变乱的社会条件之下,中国近代的法律教育也是命运多变,经历坎坷。一方面,许多法律教育机构不断搬迁,如抗日战争时期,东北大学、金陵大学、朝阳学院、复旦大学等都迁至成都,浙江大学等迁至贵州,北京大学和清华大学、南开大学等南下昆明组成西南联大,而一批著名法学教授如瞿同祖、王铁崖、蔡枢衡等也在颠簸之中从事着法制史、国际法与刑法学等的教育事业。苏州东吴大学和上海沪江大学在抗日战争期间在重庆组成了法商学院,坚持着规模缩小了的法律教育。留在上海以租界为托靠的东吴大学法律学院的教育活动,也是苟延残喘,无法得到正常的发展。①

动荡变乱的社会对法律教育的影响是多方面的,除了上述无法提供安全、稳定的教学与研究环境之外,更重要的是影响了法律在社会上的至尊地位,严重损伤了法律在人们心目中的权威。大家认为法律不能解决中国的危机,只有走武装反抗的道路才能解放中国,只有发展实业才能拯救积贫积弱的中国。这样,社会上许多优秀的青年就不再将报考法学院学习法律作为实现人生之价值目标的道路,而是或弃笔从戎、从政,如孙中山(1866~1925年)、黄兴(1874~1916年)、蔡锷(1882~1916年)、李达(1890~1966年)、孙科(1891~1973年)、毛泽东(1893~1976年)、周恩来(1898~1976年)等;或创办实业,如张謇(1853~1926年)、②詹天佑(1861~1919年)、③穆藕初(1876~1943年)、④聂云台(1880~1953年)、⑤吴蕴初(1891~1953年)⑥等。

即使是一些原本学习法律出身者,也没有从事于法律教育和法学研究,而是从事了革命的活动。在国民党中,如汪精卫(1883~1944年),曾是日本法政大学的高才生,其学习法律专业的成绩曾获得日本近代著名民法学家梅谦次郎(1860~1910年)的好评,⑦但后来迫于中国的现实,学成回国后一直从事政治活

① 陈新宇:“一生求索惟公正,人格文品入清流——记比较法学家潘汉典先生”,载《法制日报》2003年4月3日。

② 中国近代纺织行业巨头。

③ 中国近代著名建筑师。

④ 中国近代纺织行业巨头。

⑤ 中国近代著名纱业资本家。

⑥ 中国近代著名化学行业实业家。

⑦ 何勤华著:《法律文化史论》,法律出版社1998年版,第418页。

动，及至最后充当了日本帝国主义在中国的傀儡。又如宋教仁（1882～1913年），1904年和1907年两次赴日本，在法政大学、早稻田大学学习研究法律，回国后也曾出任过南京临时政府的法制局局长，但后来也走上了职业革命家的道路，最后被袁世凯枪杀于上海。再如，朱执信（1885～1920年），1904年赴日本留学，攻读法政科，回国后也曾在广东政法学堂等任教同时也撰写了不少涉及法律内容的论著，但为了中国人民的解放事业，也紧随孙中山、黄兴等从事武装革命推翻清政府和军阀统治的活动，最后被桂系军阀杀害。

在中国共产党方面，创始人之一的李大钊（1889～1927年）是法律科班出身，在天津法律高等学堂接受过比较系统的法律教育，翻译出版日本国际法学家今井嘉幸的《中国国际法论》（健行社1915年）一书，以后也曾在北京大学法学院教授过法律等课程，但后来也走上职业政治家的道路，最后被奉系军阀张作霖杀害于北京。董必武（1886～1975年），也是在日本法政大学学的法律，具有很高的法律素养，虽然董必武在抗日战争和解放战争时期，以及在新中国成立后的相当长时间内担任过许多法律职务，但从其一生的主要活动来看，作为中国共产党的创始人之一，他走的是革命道路，而不是法学家的道路。

这样一种法律教育的状况，也影响决定了中国近代法学诞生与成长的特点，中国近代没有出现世界级的法律教育家和法学家，没有出现原创性的经典法律教科书和法学著作，从事法学研究的人才不多，能够坚持下来作为终身之事业的更少，这都与中国近代社会动荡、法律教育与研究的环境多变有关。而这一点，也恰恰是我们今天对中国近代法律教育进行反思，以更加理性和自觉的态度来发展中国现代法律教育和中国现代法学的出发点。

（2003年第12期）

2004 年

孙中山、华盛顿宪政实践过程和结果之比较

袁曙宏[*] 董文媛[**]

华盛顿、孙中山二人均是在两国由君主政体转变为共和政体的历史转折点上,被推上了历史舞台。然而,华盛顿创建的资产阶级民主共和体制取得了成功,美国不仅很快发展成为一个与西方发达资本主义国家并驾齐驱的国家,而且后来居上,该国的宪政体系因此为许多资本主义国家所仿效;相反,孙中山创建的资产阶级民主共和体制却如昙花一现,很快夭折,成果被袁世凯所窃夺,随之而来的并非太平盛世、国富民强,而是“僭窃继起,叛变屡作”。我们不禁要追问:为什么皆致力于实现民主共和、谋求国家统一,华盛顿二任隐退,孙中山却三月任终?同途何以异归?为什么同属时代重大变革、国家面临抉择的背景下有意识的创造,民主共和在美国就得以确立,在中国就出现反复?本文拟从华盛顿、孙中山的政治活动入手,对他们所处社会的政治、经济、法律和文化背景进行考察、分析,探讨宪政在不同国家得以产生、形成、发展的过程,以期给今天中国法治发展中的宪政进程以启迪和借鉴。

一、民主共和之路的选择比较

在创建共和国的历程中,尽管两国所处环境、时局各有不同,但为倾覆旧有政体、改造固有制度,华盛顿、孙中山均采取了武装革命的手段作为解决所有问题的根本出路和最终选择。然经细致分析两国的武装革命,不难发现,促使两国革命的动机却是截然不同的。

英国与其北美殖民地之间冲突的加剧,归根结底是因为经济问题。1763年,英、法两国7年战争结束,①双方签订《巴黎条约》。根据条约的规定,法国放弃其在北美的一切军事和政治权利。作为战胜国,英国赢得了广袤的美洲大陆,

---

* 作者单位:国家行政学院。
** 作者单位:北京大学。

① 从17世纪起,英国开始同法国争夺在北美、印度和西印度群岛地区的殖民地。此外,英、法两国在猎捕、贩卖黑奴和掠夺西非黄金贩卖中也有矛盾。最终,两国在1756~1763年进行了战争,其结果是英国获胜。

但同时也负载了累累的债务。为将因战争而产生的大笔军费开支转嫁到殖民地人民头上,英国政府先于1764年公布了《糖税法》,又于1765年通过了《印花税法》,毫不掩饰地掠夺殖民地人民的财产。尽管北美人民的反抗迫使英国政府于次年取消了《印花税法》,但为了增加赋税,英国政府又于1767年年初颁布了《汤森法》案,该法案同时还蛮横地宣布解散纽约议会。1773年,英国政府为克服东印度公司财政上的困难,向国会建议通过给予该公司在美洲茶叶贸易独占权的法案。这再次激起了殖民地人民的强烈反抗,并爆发了“波士顿茶叶事件”。殖民地的抵抗导致了英国高压政策的实施,而高压政策又无可挽回地恶化了殖民地与英国之间的关系,并最终导致了北美独立战争的爆发。1775年5月,第二届大陆会议发表了拿起武器反抗英国的宣言。同年6月,华盛顿临危受命,任大陆军总司令。1776年7月4日,大陆会议发表了《独立宣言》,表达了殖民地人民争取民主、自由、平等和谋求民族独立的政治主张。

北美殖民地为争取独立而进行的革命,虽然起因于经济因素,然而,在1763年至1776年7月4日期间,萦绕于华盛顿及北美殖民地人民心中的,以及他们所为之不懈努力争取的,却不是“独立”,而是“自由”。在《印花税法》公布不久,北美殖民地就召开了第一次由美利坚人倡议召开的反《印花税法》会议,并发表宣言:“非经他们(殖民地人民)自己亲口答应,或者由他们的代表表示同意,是不能向他们课税的,这是与人民的自由以及英国人毫无疑问的权利分不开的和至关重要的”。[①] 对于《印花税法》,时任弗吉尼亚议员的华盛顿在给弗朗西斯·丹德里奇的信中,也表述了同样的观点:这一税法违宪,且是对他们的自由的可怕的进攻。[②]《汤森法案》的颁布同《印花税法》一样,侵犯了人民的自由,但更为严重的是,它解散了纽约议会。如果英国国会可以合法地剥夺纽约议会的权力,它也就可以剥夺殖民地其他州的权力,从而任意侵犯其他州乃至整个殖民地的自由。这大大激怒了殖民地人民,无疑也激怒了华盛顿,他认为这“同每一条自然正义原则都背道而驰……这种做法不仅违背了自然权利,而且破坏了在建立过程中献出了王国中好些最宝贵的鲜血的不列颠自己的法律和宪法”。[③] 为维护殖民地的自由权利,他义正词严地指出,殖民地人民应下定决心为保卫自己的权利而斗争,“当不可一世的大不列颠老爷们必欲将我们的自由剥夺净尽

---

① [美]纳尔逊·曼弗雷德·布莱克著:《美国社会生活与思想史》(上册),许季鸿等译,商务印书馆1994年版,第189页。

② 余志森著:《华盛顿评传》,中国社会科学出版社1990年版,第65页。

③ [美]弗莱克斯纳著:《乔治·华盛顿》(第1卷),波士顿小布朗公司1965年版,第313~314页。转引自余志森著:《华盛顿评传》,中国社会科学出版社1990年版,第68页。

而后快的时候……保卫我们得自祖先的自由似属势在必行……为了保卫我们生命的一切息息相关的无限宝贵的天赋自由，我们每一个人都应义无反顾地拿起武器”。①

“自由”的概念，如此根深蒂固地存在于北美殖民地人民的头脑中，一方面源于他们已经离开的那个社会。北美大陆虽然是殖民地，但其大部分人民却并非土著居民，而是来自英国和欧洲大陆的移民。在英国，自由的传统可以追溯到1215年的《大宪章》。《大宪章》是“真正关系到自由的奠基石”，它规定，国王征税必须征得“全国人民普遍同意”等。当然，《大宪章》在初期并没有约束得了我行我素的英王约翰，但是，经由人民持之以恒的奋斗，终于使《大宪章》从“纸面上的法律”变成了“实践中的法律”。在随后曲折、反复地与国王专制进行的斗争中，法律始终是最后的赢家，而自由则一直是英国人民为之斗争的全部权利。另一方面这也与殖民地人民的切身经历不无关联。“近200年来，欧洲人一直在驶往新大陆，寻找自由——特别是宗教自由——以及土地和工作。‘五月花’号还未靠岸，船上的清教徒就制订了公约来保护宗教自由和使‘公正与平等的法律’成为可能。”②于是，在由于宗主国的经济压迫和政治奴役而爆发革命的这一时期，“自由”再度构成北美大陆上共通的词语。

在最初反抗英国的斗争中，北美殖民地要求的是应享有与英国本土臣民一样多的权利和自由，但这却遭到了宗主国无情的拒绝。既然源于宪章所享有的权利和自由得不到认可，甚至被无端取消，那么作为人所固有的、不可分离的自然权利将不可剥夺。《独立宣言》即是这一政治思想的集中体现。“我们认为以下真理是不言而喻的：人人生而平等，造物主赋予他们某些不可转让的权利，其中包括生命权、自由权以及追求幸福的权利。为了保障这些权利，人类才在他们之间建立政府……任何形式的政府，一旦破坏这些目标，人民便有权利去改变它或废除它，以建立一个新的政府；新政府所根据的原则，及其组织权力的方式，务必使人民认为唯有这样才最有可能保障他们的安全与幸福。”《独立宣言》中所体现的思想和观念都是自然法学家所熟悉的。而《独立宣言》本身，从形式上看，与洛克的《政府论》极为相似；从文句上看，用短短的几百字已将《政府论》的主要论据包揽无遗。所以，这一时期，革命的政治思想显然不是独创的，《独立宣言》也没有任何思想上的独创性，但“美国政治思想的新颖之处在于它成为立

① 余志森著：《华盛顿评传》，中国社会科学出版社1990年版，第68页。

② [美]詹姆斯·M. 伯恩斯等著：《民治政府》，陆震纶等译，中国社会科学出版社1996年版，第8页。

即见之政治行动的根据。独立宣言把人们所熟悉的抽象概念与具有独一无二重要性的实际结论联系了起来”,[①]从而使其成为指引独立战争走向胜利的明灯。

1783年,英美签署《巴黎和约》,历时8年的独立战争以美国胜利而告终。独立战争的胜利,不仅使北美殖民地脱离了英国的统治,建构了一个独立的国家,而且使自由民主的思想成为当时美国政治生活发展的不可抗拒的潮流。与此同时,独立战争的胜利也成就了华盛顿,使他成为当时最受敬重的人物。美国人民之所以崇拜他,不仅因为他在多次事件中的卓越表现,更因为他代表了当时人民所喜爱的一切,代表了那个时代的精神。因此,在美利坚合众国开国初期,他是美国人民心中唯一的民族象征。

如果说为美国独立“而进行的斗争是一种法律斗争;或者说,它至少是以解决法律问题的名义发动起来的”,[②]那么在中国,却远非如此。鸦片战争前夕,清王朝已进入“日之将夕,悲风骤至”的末世。及至鸦片战争爆发,西方列强的炮舰轰开了中国的国门,中华帝国遂处于风雨飘摇之中。这种来自内部以及外部的危机,使中国再也无法按照自己因袭已久的方式生活了。于是,对国家与民族生死存亡的焦虑,使振兴中华、抵御外侮成为时代的要求和思想行动的方向。从此,中国开始把探究的目光投向西方,向西方寻求真理。

首先是“洋务运动”。这是因为西方列强的入侵,让中国人感触最深的就是西方军事装备的分量,但似乎更为重要的是“道为本,器为末,器可变,道不可变”的箴言。然而,中日甲午战争的失败,破灭了洋务派“中学为体,西学为用”的“富国强兵”梦,也震惊了觉醒中的中国人:胜负的关键似乎不在于物质技术,而在于一个新兴帝国体制与一个腐朽君主专制这两种政体之间的较量。

以康有为为代表的维新派效法日本,求的主要是君主立宪。近代的日本曾面临着与中国类似的严峻事实,但由于日本确立了君主立宪制度,从而在短短的十几年时间内,一跃而成为东亚强国。日本的变革和发展使中国先进的知识分子深受启迪,且由于中国与日本在发展的背景和空间上有更多的相似点,因而维新派提出了效仿日本、维新变法的主张。这是政治制度的根本变革,但维新派却将全部的希望寄托在毫无实权的光绪皇帝身上,因而后果只能是以失败告终。

孙中山的救国之路与康有为根本不同。他所求的是西方最进步的思想:民主共和。面对清末亡国灭种的危亡形势,孙中山尖锐地指出:清朝统治“上则因

---

① [美]纳尔逊·曼弗雷德·布莱克著:《美国社会生活与思想史》,许季鸿等译,商务印书馆1994年版,第201页。

② [美]伯纳德·施瓦茨著:《美国法律史》,王军等译,中国政法大学出版社1989年版,第2页。

循苟且,粉饰虚张;下则蒙昧无知,鲜能远虑”,致使“堂堂华夏不齿于邻邦;文物冠裳被轻于异族”。① 基于此,中国不能沿着治乱相循的老路走下去了,必须寻求新的道路,“除非在行政的体系中造成一个根本的改变,局部的和逐步的改革都是无望的”。② 他决心通过流血革命,用先进的民主共和制度取代落后的封建专制制度。为此,孙中山领导的革命党人,既深刻揭露和批判了当时洋务派以洋奴买办化道路变革近代中国的卑劣企图,又适时地与立宪派就清政府玩弄“新政”的把戏展开了广泛的论战。毫无疑问,孙中山及其领导的革命党人与立宪派之间的论战,不仅有助于双方认真思考中国的一些现实问题,而且有助于双方仔细论证一些适合于中国的思想理论和制度设计。然而,他们之间论战的内容,却不可理解地背离了当时的社会生活,不仅与占中国人口绝大多数的农民毫无关系,而且与当时流行于城市的改革计划也相去甚远。在此种情势下,革命党人的活动不仅不会得到广大民众的普遍理解,而且也难以得到广大民众的广泛支持。与此同时,孙中山领导的革命党人发动了一次又一次的武装起义。然而,这些起义相较于清朝末年太平天国等规模宏大的农民革命而言,对满清政府的影响微乎其微,都被轻而易举地镇压了下去。

显而易见,从维新派、洋务派,直至孙中山领导的革命派,他们所代表的中国近代几次大的政治变革运动,无一不与东西列强的压迫有密切的关系。他们对近代中国种种现实困境的探索与分析,更多地体现了传统中国知识分子的一种心境和理想:“士当先天下之忧而忧,后天下之乐而乐”。而当压倒一切的关心之事是在猖狂的帝国主义时代如何才能实现国家富强时,③这种心境和理想则显得尤其突出。因此,他们忽视了几千年传承的政治结构对于器物更新、制度创新的有力桎梏,忽视了历经几百次王朝更替迁沿至今的“大一统”思想对于民众心理的顽强束缚。就当时中国的社会现状来看,直到清王朝被推翻、中华民国建立,中国的政治制度一直就是秦汉以降确立下来的专制独裁制度。而这种“帝国的国家制度建立得非常牢固,它的权威建立在根深蒂固的观念基础上,有长期积累的历史传统可循,一直保持着能接受任何管理体制挑战的不败记录”。④

---

① “檀香山兴中会章程”,载孙中山著,孟庆鹏编:《孙中山文集》,团结出版社 1997 年版,第 926 页。

② “中国之现状与未来”,载孙中山著,孟庆鹏编:《孙中山文集》,团结出版社 1997 年版,第 432 页。

③ 张灏:“思想的变化和维新运动,1890 ~ 1898”,载费正清编:《剑桥中国晚清史:1800 - 1891》(下卷),中国社会科学出版社 1983 年版,第 320 页。

④ [美]吉尔伯特·罗兹曼著:《中国的现代化》,陶骅等译,上海人民出版社 1989 年版,第 270 页。

1911年10月10日,辛亥革命取得了胜利。然而,这场革命的胜利,对于革命党人来说,与其说是多年来迂回、曲折的革命发展进程中的一个理所当然的归宿,不如说是一个意想不到的结果。这场革命虽然颠覆了几千年的封建帝制,但从中央到地方的整个政治结构和社会结构却依然掌控在封建势力手中,“三个月无君,则惶惶如也”的思想依然如旧,“天无二日,地无二主”的观念依然支配着政治思想和政治野心。或许,在中国,帝制的崩溃远非是一场革命,更算不上是革命的结束,确切而适当地说,它只是革命的开始。

二、民主共和创建的探索比较

毫无疑问,革命结束之后是一个旧体制解体和新体制重建的时期,社会每历经一次重大的变革均须有这样一个过程。独立战争胜利后,建立什么样的美国凸显在人们面前,亟须做出抉择:是继续英国式的君主立宪,还是确立邦联共和,保持各州的主权,还是实行联邦共和,建立统一的民主共和国?同样,辛亥革命后的中国也面临着一个明确政权组织形式的问题。但不同的是,美国民主共和的创建,有其不可分离的历史传统和现实因素。与之相反,民主共和对于辛亥革命后的中国而言,则是一个“从头到脚”都新鲜的事物。

独立前的美国,是英国统治下的殖民地,实行的也是君主制。因此,即使独立战争的胜利切断了他们与宗主国之间的附属关系,使他们从臣民变成了公民,却也无法完全消除他们对于君主制权威、秩序的内心向往。1782年5月,以大陆军上校尼古拉为首的一批军官秘密集合,拟拥戴华盛顿为国王。但是,这遭到了华盛顿的严词拒绝:“如果我还有一点自知之明的话,可以说你不可能找到一位比我更讨厌你的计划的人了……因此,我恳求你,从你头脑里清除这些思想,并且绝不要让你自己或者任何别的人传播类似性质的思想,如果你重视你的国家,关心你自己或子孙后代,或者尊重我的话。”①

对于邦联,华盛顿也是持极力反对态度的,这主要根源于他领导的独立战争。独立战争开始以后,原先的13个英属殖民地并没有组成很完善的政府。他们共同召开的大陆会议,没有中央权威。财权、征兵权、物资供应权等都由各州政府控制。“这是个处于半饥饿状态的政府,如跛脚者撑着拐杖,举步维艰。”②

---

① [美]华盛顿·欧文著:《华盛顿》,张今等译,国际文化出版公司2000年版,第475页。

② [美]斯蒂芬·K.贝利著:《美国政治与政府》,江炳伦译,今日世界出版社1978年版,第4页。

这种情况严重影响到大陆军兵源、供应等一系列问题，战争因此进行得特别艰苦。独立战争中的亲身经历，使华盛顿深刻地认识到邦联的危害。所以，他坚决主张独立后的美国必须建立一个强有力的政府。

华盛顿对君主立宪、邦联共和的立场固然同他个人的信念、经历有关，但仔细分析起来，共和制度之所以能够在美国建立，是有深刻的历史原因和现实因素的。

首先，北美殖民地是一个不存在等级差别的社会。在那里，没有国王，没有贵族，也没有等级制度，有的只是身份上的平等，而独立战争又使得人们在财产方面也趋于平等。与此同时，当时的北美大陆，没有西方封建传统的羁绊，也没有东方专制传统的桎梏。这就使共和制度在北美的建立，如麦迪逊所写的："世界上再没有比在美国建立自由政府的那种方式更引起人民羡慕的了；因为这是自从创造世界以来未曾有过的先例。"①

其次，北美殖民地在英国政治传统的基础上，依据自身的条件，探索出符合本地发展的政权体制。他们先是实行了欧洲大陆尚无的乡镇自治，在新英格兰，乡镇政府在1650年就已完全和最终建成。在乡镇内部，人们享受着真正的、完全民主和共和的政治生活。② 随后，各殖民地在乡镇共和政体的基础上确立了县的共和政体，其后在此基础上形成了州的共和政体。到联邦宪法通过之时，北美13个殖民地经过百余年的发展，均拥有了不同程度的基于人民主权之上的共和政体。这种政治制度方面的一致性，无疑为联邦共和制度的确立奠定了扎实的基础。除此之外，"各州不仅有大致相同的利益、相同的起源和语言，而且处于相同的文明水平。这便使得它们的联合几乎永远成为容易的事情"。③

最后，邦联在独立战争后的困境使得联邦共和成为一个显而易见的选择。当时的美国，刚刚摆脱了殖民统治，其国力不强，对内需要安定、秩序，对外需要对付强敌在政治上、经济上的威胁，以求得生存和发展。但由于邦联政府的软弱，中央无权征税、无权管理州际和对外商业，中央权力不能直接作用于人民等，使国内外的局势严重恶化，并使得邦联随时可能分崩离析。

殖民时期沿袭已久的传统和邦联时代令人堪忧的局面，使殖民地人民向往一个统一的、集中的中央政府。英国是最具共和精神的政体，"可以被称为披着

---

① 李昌道编著：《美国宪法史稿》，法律出版社1986年版，第32页。

② [法]托克维尔著：《论美国的民主》，董果良译，商务印书馆2002年版，第45页。

③ 同上，第189页。

君主制外衣的共和国"。[①] 但因为美国有不同于英国的平等社会、广阔空间以及特殊地理环境,所以,制宪者没有完全截取英国的政体制度,也没有全盘照搬资产阶级启蒙思想家的三权分立思想,而是设计了独具一格的联邦制度。这样,既建立了一个强有力的中央政府,也防止了专制集权;既保持了中央的权威,也使地方具有更大的自治性。"联邦这个观念本身就是他们能够创新的明证,因为政治史上在那个时候还找不到类似的政治制度。"[②]事实的确如此,分权与制衡原则最早萌芽于古希腊、古罗马时代。到了近代,为反对封建专制制度,资产阶级启蒙思想家才把分权理论发展成为一种比较完整的学说。然而,在洛克的分权制度里没有司法权的位置,孟德斯鸠则主张横向分权,而美国分权制不仅是横向的,还包括纵向的分权。按美国第二任总统亚当斯的说法,就是保持州政府与联邦政府的权力均衡,众议院与参议院的权力均衡,行政部门与立法部门的权力均衡,司法部门与行政部门的权力均衡,参议院与总统的权力均衡,人民的权力与政府的权力均衡。[③] 与此同时,制宪者们又创造了"总统"这个职位,因为"如果他们不准备要一个英国式或法国式的国王,那么他们还有什么呢"?[④] 然而,殖民地时代的专制太过深刻,那时,总督们兼有行政、立法和司法大权,俨然就是殖民地的君主。为此,制宪者们采用了休谟的观点,即假定每个人都是恶人。在这一观念的基础上,他们竭尽心智地采用了种种预防的措施,为总统权力的行使设置了障碍。

制宪者们清楚地知道,无论他们的设计工作是多么的明智,他们也仅仅是勾画出了未来美国的一纸蓝图。"可以期待各种复杂、微妙问题以其特殊形式不断涌现。唯有经过一定时间始能使如此复杂的制度逐步成熟、完善,使各部分的不同意向消除,彼此适应于一个融合、一致的整体之内。"[⑤]而华盛顿以其自身的行动,成功地塑造了总统这一职位,为美好蓝图的实践,开创了良好的开端。依据美国宪法,华盛顿于 1789 年当选为美国总统。对于这个职位,华盛顿"认为自

---

① [美]戈登·伍德著:《美国革命的激进主义》,傅国英译,北京大学出版社 1997 年版,第 96 页。

② [美]斯蒂芬·K. 贝利著:《美国政治与政府》,江炳伦译,今日世界出版社 1978 年版,第 8 页。

③ 同上,第 10 页。

④ [美]诺曼·格雷伯纳:"缔造者的思想与外交政策",载肯尼恩·W. 汤普森编:《宪法的政治理论》,张志铭译,三联书店 1997 年版,第 194 页。

⑤ 汉密尔顿等著:《联邦党人文集》,商务印书馆 1980 年版,程逢如等译,第 412 页。

已在进入一从未开辟过的领域，充满着荆棘”。[1] 因此，在任职期间，他严格执行新宪法，慎重处理总统与国会、最高法院以及州政府之间的微妙关系，并首创了总统二任期满的宪法惯例。[2] 在华盛顿看来，总统如果一直等到停止呼吸才由副总统继任，这无疑将蜕变为君主政体，共和政府也将不再具有共和性质。

托克维尔在考察完美国的民主制度之后指出，美国宪法所确立的联邦制度，“好像能工巧匠创造的一件只能使发明人成名发财，而落到他人之手就变成一无用处的美丽艺术品”。随后，他谈道：“墨西哥的现况，就是说明这个问题的例证。墨西哥人希望实行联邦制，于是把他们的邻居英裔美国人的联邦宪法作为蓝本，并几乎全部照抄过来”。但是，他们只抄来了宪法中有关联邦制度的条文，而无法同时把联邦制度所赖以生存的精神移植过来。因此，“直到今天，墨西哥还陷于从无政府状态到军人专制，再从军人专制回到无政府状态的循环之中”。[3] 近代中国试图效仿美国的联邦制度，结果却与主张者的预期大不相同，不啻是在另外一个国度给了托克维尔又一个鲜活的实例。

1911 年 10 月 11 日，也就是武昌起义爆发之后的第二天，湖北军政府成立。湖北军政府的成立，推动了全国革命形势的发展，各省亦先后宣布独立。为适应革命形势的发展，各省遂有组织中央政府的意图。但在采取何种政体上，却出现了两种不同的主张：是采法国的责任内阁制，还是采美国的联邦共和制？最后，《临时政府组织大纲》选择了美国式的政治体制来组建国民政府。

在近代中国实行联邦共和制，与孙中山对革命后国家结构的主张息息相关。早在投身革命之初，孙中山就未雨绸缪，对革命后的中国应采用何种制度进行了深入的探索。1894 年创建兴中会时，孙中山将该会的誓词定为“驱逐鞑虏，恢复中华，创立合众政府”。[4] “合众政府”，据戴季陶在《中华民国与联邦组织》中的解释，即为“明乎合众之组织，而联邦之观念明矣”，从而宣告了要以美国式的共和制度作为组织的奋斗目标。1903 年，孙中山在对檀香山华侨的讲话中明确指出：在中国“革命成功之日，效法美国选举总统，废除专制，实行共和”。[5] 在孙中

① ［美］马库斯 · 堪利夫著：《美国政治与政府》，饶余庆译，今日世界出版社 1976 年版，第 106 页。

② 该惯例于 1951 年为美国宪法第 22 条修正案所确认。该修正案规定，总统最多只能担任两届。

③ ［法］托克维尔著：《论美国的民主》，董果良译，商务印书馆 2002 年版，第 186 页。

④ “檀香山兴中会盟书”，载孙中山著，孟庆鹏编：《孙中山文集》，团结出版社 1997 年版，第 927 页。

⑤ “在檀香山正埠荷梯厘街戏院的演说”，载孙中山著，孟庆鹏编：《孙中山文集》，团结出版社 1997 年版，第 462 页。

山的积极倡导下,联邦制理论得到了大多数革命党人的认同,并开始在革命党人主办的出版物中广泛宣传。辛亥革命后不久,孙中山应邀回国,组织临时政府。在途经巴黎与记者谈话时,他再次明确表示:"中国革命之目的,系欲建立共和政府,效法美国,除此之外,无论何项政体皆不宜于中国。"①

孙中山对联邦制的偏好,其一在于其坚持"取法乎上"的取向。孙中山在海外度过了一生中2/3的时光。先进与落后的反差,文明与愚陋的对照,使孙中山深切地感悟到:变革中国政治,必须"取法乎上"。"我们为志士的,总要择地球上最文明的政治法律来救我们中国。"②其二在于其对中国几千年集权专制的反思。"观支那古来之历史,凡国经一次之扰乱,地方豪杰互争雄长,亘数十年不能统一,无辜之民为之受祸者不知几许",究其原因,"皆由于举事者无共和之思想"。③ 他认为,唯有突破现有的国家结构形式,方能从根本上改变中国积贫积弱的现状。其三在于其对武昌起义后中国政治现状的认识。武昌起义后,革命迅速形成燎原之势。从各省的起义来看,大多是采取"独立"的方式,并公开要求建立联邦制国家。因此,对"独立"的各省来说,具有地方分权特点的联邦制政府当是最佳的选择。

不难看出,孙中山是将民主共和视为世上最美好的国家制度来构建的,而且,从策略上讲,联邦共和也回应了革命时期维系大局的各当权派的需要。但问题在于,为什么这个各方一致同意建立的共和政体,却不能像美国那样长久地存在下去。

首先,传统中国社会不具自由的性质,普通民众不具自治的能力。自秦汉之后的二千多年,中国社会始终是"天下定于一","君为臣纲,则民于君为附属品,而无独立自主之人格矣;夫为妻纲,则妻于夫为附属品,而无独立自主之人格矣;率天下之男女,为臣,为子,为妻,而不见有一独立自主之人者,三纲说为之也"。④ 这种政治结构、伦理思想与美国政治制度得以建构的民主自由、天赋人权等针锋相对,从而使民主共和在中国的实践产生了内在的阻力,并在现实层面上形成了巨大的断裂。

---

① "与宫崎寅藏平山周的谈话",载孙中山著,孟庆鹏编:《孙中山文集》,团结出版社1997年版,第347页。

② "在东京中国留学生欢迎大会的演说",载孙中山著,孟庆鹏编:《孙中山文集》,团结出版社1997年版,第605页。

③ "与宫崎寅藏平山周的谈话",载孙中山著,孟庆鹏编:《孙中山文集》,团结出版社1997年版,第348页。

④ 陈独秀著,三联书店编:《陈独秀文章选编》(上),三联书店1984年版,第153页。

其次，西方各国资产阶级革命，大都经过了长期的思想准备和理论准备。相比之下，中国直到戊戌变法前后才萌发反封建的民主思想，而革命党人在革命过程中，不论在城市还是在农村，均没有进行过深入人心的宣传、发动和组织。因此，正如杨昌济所言，"吾国近来变革虽甚为急激，而为国民之根本思想者，其实尚未有何等之变化，正如海面波涛汹涌，而海中之水依然平静"。① 也正如陈独秀所言，"我们中国多数国民口里虽然是不反对共和，脑子里实在装满了帝制时代的旧思想，欧美社会国家的文明制度，连影儿也没有。所以口一张，手一伸，不知不觉都带出君主专制臭味"。② 在这种情况下，期冀通过一夜之间的革命来彻底改变中国的社会，是不现实的。

再次，革命党人对共和制度缺乏深入、全面的探究。在辛亥革命前，革命党人忙于为革命起义而四处奔波，较少对企图要效法的这个特定的资产阶级国家制度模式进行认真研究，更殊少考虑该国家模式与其他资产阶级国家模式之间的异同、该国家模式能否满足中国现实生活的需要，以及在中国是否有足够的现实力量使之得到实现等问题。因此，革命党人对资产阶级民主制度的了解还是很模糊、很肤浅的。另外，革命党人政治经验短缺，以为有了共和国的形式，就可以确保资产阶级共和国制度的存在。所以，革命党人在南北议和时，提出的条件之一就是只要袁世凯承认民国的政体，他们就可以交出政权，却没有料到当革命党人向袁世凯交出政权之日，就已经宣告了资产阶级共和国制度的破产。

最后，在近代中国创建民主共和，军阀是一个不容忽视的力量。军阀在近代中国的产生，可以追溯到清末时期。出于镇压太平天国的需要，曾国藩、左宗棠及李鸿章分别奉命建立湘军、鄂军和淮军。这些军队虽在镇压太平天国后不久即大部分被遣散，但这些军队的兴起却迅速地改变了国家内部军事权力的分配，并在政治上带来了深远的影响。③ 至辛亥革命前夕，在中央，袁世凯作为北洋军阀的头领，已然成为一个权倾朝野的显贵；在地方，有的省份也为一些势力较强的军阀所把持，形成了诸如滇系、桂系和晋系等地方军阀。军队无疑是等级社会的再现——军人尊奉的是身份地位，遵从的是尊卑次序，而军阀则无异于封建社会的帝王。军阀们之所以在建国时期支持共和，究其根本，无非是为各自的精明打算考虑。迨他们已经完全控制了局势，他们对于联邦制度的热情开始削减，直

① 杨昌济著，王兴国编：《杨昌济文集》，湖南教育出版社 1983 年版，第 200 页。

② "旧思想与国体文明"，载《新青年》3 卷 3 号。

③ [美]F. 迈克尔(Franz Michael)："太平天国造反时期的中国军事组织和权力结构"，载《太平洋历史评论》(第 18 卷)，1940 年，第 478 ~ 483 页。转引自[美]齐锡生著：《中国的军阀政治：1916 年 ~ 1928 年》，杨云若、萧延中译，中国人民大学出版社 1991 年版，第 12 页。

至用自身强大的势力将其全面否弃。

基于以上因素,“孙中山虽然在名义上是革命的领导者,可是他对于革命背后力量的控制力量却是比较薄弱的”。[①] 在南京临时政府成立后,不仅中央政府政令难出京门,独立各省各行其是,而且更为重要的是,他们不但不能掌握和控制军队,反而时时受到军队的影响和拘束。因此,“革命派的显赫是短命的——只是从 1911 年 10~11 月各省独立运动至 1912 年 3 月袁世凯为首的新政府成立之间的这段短暂时期”。[②] 也正是由于以上因素,尽管在 19 世纪末 20 世纪初,中国经历了几千年来从未有过的剧变时期,但这“并没有彻底改变这样一个为人们所广为接受的观念,即中国的统治权力必须是集中的”。[③]

1912 年 3 月 10 日,袁世凯在北京就任中华民国临时大总统。按照《临时约法》的规定,在这个职位上,袁世凯应与新国会以及一个须对国会负责的内阁共同施政。但由于袁世凯所固有的军阀特性,他深知“一个角色的权力及其合法性的唯一基础,是他所掌握的军事力量。如果这个力量被摧毁,在他影响下的土地立即出现权力真空”。[④] 因此,尽管袁世凯上台后信誓旦旦地表示“深愿竭其能力,发扬共和之精神,涤荡专制之瑕秽”,[⑤]但其骨子里实在是没有一点点民主的细胞,并最终在宪法的掩饰下将专制独裁一步步推向极端,恢复了帝制。

三、宪政实践结果的考察比较

1787 年 5 月,费城制宪会议召开。这次会议的具体任务是制定一部取代 1781 年《邦联条例》的宪法。在制宪会议上,北方各州代表与南方各州代表、小州与大州代表、奴隶主与非奴隶主代表之间,就总统的产生以及奴隶制度等问题产生了严重的分歧。尽管如此,经过几个月的艰苦努力,宪法草案终经表决通过,各州代表在文本上签了名。对此,华盛顿回忆说:“代表们来自许多州,各有各的习惯、情况和偏见,可是,他们却团结起来,制订出一个没有多少人能提出有

---

① [美]费正清著:《美国与中国》,孙瑞芹、陈泽宪译,商务印书馆 1971 年版,第 156 页。

② [美]迈克尔·加斯特:“共和革命运动”,载费正清等著:《剑桥中国晚清史》,中国社会科学院等译,中国社会科学出版社 1993 年版,第 609 页。

③ [美]吉尔伯特·罗兹曼著:《中国的现代化》,陶骅等译,上海人民出版社 1989 年版,第 332 页。

④ [美]齐锡生著:《中国的军阀政治:1916 年~1928 年》,杨云若、萧延中译,中国人民大学出版社 1991 年版,第 222 页。

⑤ “宣布袁世凯宣誓就临时大总统职通电”,载孙中山著,广东省社会科学院历史研究室等编:《孙中山全集》(第 2 卷),中华书局 1981 年版,第 200 页。

充分根据的异议的全国性政府体制。在我看来,这简直是一个奇迹。"①

就美国宪法所创造的联邦制度以及总统制而言,这的确可称是一个"奇迹"。但纵观美国制宪的过程,我们或许可以得出这样一个结论:《联邦宪法》的成功制定并非是一个"奇迹",而是美国宪政历程发展的必然结果。首先,美国各州在独立战争期间,先后依据《独立宣言》制定了州宪法。例如,1776 年的《弗吉尼亚州宪法》、《新泽西州宪法》,1777 年的《佐治亚州宪法》、《纽约州宪法》和 1780 年的《马萨诸塞州宪法》等。这些州宪为美国宪法的制定积累了丰富的经验和教训。"在美国的历史上,虽然只有过一次联邦制宪会议,但从这个国家成立以来,共召开过 200 多次州的制宪会议,通过或修改它们的宪法。"②其次,1781 年生效的《邦联条例》,则从相反的方面强调了美国人民制定联邦宪法、创建强有力政府的必要性和紧迫性。由州宪到邦联条例,直至最后创制联邦宪法,这一历程昭示我们的是:美国宪法并不是凭空产生的,也不是某些个人的创造物。制宪代表之所以能够在很短的时间内化解彼此之间的重大分歧达成共识,是因为在当时的美国现实生活中,存在一种普遍一致的价值观念。

当然,还需要提及的是费城那些伟大的制宪代表。在独立大厅的 55 位制宪代表,他们有能力、有声望。作为理论家,他们大多数人博览政治理论经典著作,不仅熟悉洛克、孟德斯鸠的思想,而且对很多其他人的思想——密尔顿、哈林顿和布莱克斯通以及卢梭等的思想也是耳熟能详;作为实践家,他们大多数人在致力于创建全国政府的实际工作中受到各种政治方面的训练。

"他们在法律方面的经验和受过的训练使他们能够起草一部这样的文件:它不只是学术观点的产物,而是一部指导政府实践的宪章。"③

另外,尽管美国宪法在制定过程中对有关重大问题存在不同意见,尽管美国宪法在批准过程中几经坎坷——在有的州以微弱多数通过,在有的州遭遇了激烈的斗争,并且在制定 1 年多之后方才生效,但是,它一旦生效之后,基于数世纪以来对法律至上的颠扑不破的虔敬和尊崇,所有对其条款的敌意、批评不仅不见了,而且还代之以"一种对其原则不加分辨的、近乎盲目的崇拜"——这种崇拜直到现今还基本上从来没有受到挑战。尽管其他的一些信条皆有兴衰更迭,但

① [美]华盛顿·欧文著:《华盛顿》,张今等译,国际文化出版公司 2000 年版,第 518 ~519 页。

② [美]伯纳德·施瓦茨著:《美国法律史》,王军等译,中国政法大学出版社 1989 年版,第 25 页。

③ 同上,第 26 页。

是“对宪法的崇拜”却毫无异议地持续下来。①

美国《联邦宪法》自 1787 年制定以来，至今已经历了 2 个多世纪的风风雨雨。由于其根系于若干世纪的英国经验和 1 个多世纪的殖民经验，表达了人们长期以来确立的各种习惯、信念和利益，同时又成功地反映了政治精英们业已承认，至少是默认的一种政治秩序，因而才导致了美国宪法不只是写在羊皮书上的条条，而是成了一部持久存在的真正的宪法。② 体察美国宪政的成功经验，使我们愈益清楚地认识到了中华民国时期宪法在现实生活中被无形架空、流于形式的症结所在。

首先，经济基础。在近代中国，自给自足的自然经济在社会经济结构中占据着主导地位。尽管在鸦片战争以后，伴随外国资本主义经济势力的侵入，自给自足的自然经济渐次解体，中国民族资本主义开始发展，但直至辛亥革命发生时，中国民族产业资本只有 1.5498 亿元，在中国全部产业资本中仅占 10%。③ 由此可见，当时中国的资本主义经济相当孱弱。在这种经济基础之上，构建资产阶级政治制度，就如同建立一个“美丽的空中楼阁”一样殊无可能。

其次，资产阶级。中国的资产阶级大多是由官僚、买办和商人转化而成。这些人在脱胎为资产阶级后，根本无法把自己的利益同封建经济分开，因而决定了他们不可避免地要继续依附于原先归属的那个阶级。资产阶级所具有的脆弱性和两面性，使其不可能也没有能力保住政权，成为统治阶级，同时也使其在临时政府内外交困的情势下，迅速摆脱了革命党，欣然接受了袁世凯。资产阶级的代言人——革命党人，其主要成分还是一些在国外接受过资产阶级教育的知识分子。他们致力于中国的变革，也搅起了小小的旋涡，但由于不属于中国传统的官绅阶层，始终游离于统治阶级的边缘之外，因而也就不可能凭借自己的实力形成一股激流，冲击并影响当时的政治社会。试想，革命党人连政权都保不住，又怎能保住那一纸“宪法”？

再次，因人立法。为防范野心勃勃的袁世凯专权，孙中山决定采法国式的责任内阁制来制定《中华民国临时约法》，试图把不驯服的政治权力纳入人为的宪法安排之中。然而，不容忽视的一个事实是：尽管孙中山一再强调“总统不过国

---

① ［美］爱德华·S. 考文著：《美国宪法的“高级法”背景》，强世功译，三联书店 1996 年版，前言第 2 页。

② ［美］拉塞尔·阿莫斯·柯克著：“保守主义传统”，载［美］肯尼斯·W. 汤普森著：《宪法的政治理论》，张志铭译，三联书店 1997 年版，第 41 ~ 42 页。

③ 据《近代中国资产阶级研究》第 139 页统计表计算所得，转引自徐矛著：《中华民国政治制度史》，上海人民出版社 1992 年版，第 39 页。

民公仆，当守宪法，从舆论”，[1]但“因人立法”的事实不正恰恰表明其心目中的宪法也仅仅是一个工具吗？而对于袁世凯来说，宪法岂不更是一个工具？他就任正式大总统，是国会议员“依法”选出的；他面南称孤道寡，也是经过“国体投票”决定的。因此，希冀以一纸“约法”来约束袁世凯，无异于与虎谋皮。

最后，宪政文化。文化，用梁漱溟先生的话说，就是“生活的样法”。美国的宪政文化，是伴随历史的发展而长期衍生的一种复杂的文化形态。而中国的传统文化，从根本上说是一种伦理文化，“礼”是天地人间的权威，家庭是传统中国的最小单位。由于这个缘故，礼就不可能注重个人，“因为所谓个人，首先是指那些有真正属于自己的东西，能够真正按照自己的意愿行事的人，这种个人，在广大的社会中，虽然只占有很小的一个位置，但却是构成社会的基本单位，是这个社会或民族的哲学能够立足于其上的真实的‘点’”。[2] 在这种环境之下，一般只强调个人对统治者的责任和义务，而鲜有提及自由和权利。这也就是为什么“黑格尔说对中国不可谈宪法，不是针对这个国家没有一部成文宪法的现象，而直指它的精神发育与政治——社会结构的本质”。[3]

四、结　　语

马克思曾经指出：“人们自己创造自己的历史，但是他们并不是随心所欲地创造，并不是在他们自己选定的条件下创造，而是在直接碰到的、既定的、从过去承继下来的条件下创造。”[4]因此，挑战传统，并继而对传统进行变革与创新，不可能不受到各种既存条件的制约。伟大的革命者，他们的言论与行动，他们的追求与理想，终不能脱离他们身处的环境。他们真正的力量与源泉，就在于能集合民众的支持，并让民众追随他们所指出的前进方向。孙中山，为使独立、民主、富强的理想变成中国社会的现实，在领导革命、建设国家的过程中，进行了艰苦的理论创新和制度创新，以迥异于其先辈的思想与活动，推进着中国社会的发展。但长期延续的封建政治制度和儒家正统思想作为一种民族心理顽固地积淀在人们的头脑之中，这是他无力改变的传统，尽管他与之进行了不屈不挠的斗争；同

---

① “复谭人凤及民立报馆电”，载孙中山著，广东省社会科学院历史研究室等编：《孙中山全集》（第2卷），中华书局1981年版，第110页。

② 梁治平著：《法辨——中国法的过去、现在与未来》，贵州人民出版社1992年版，第130页。

③ 陈端洪：“对峙——从行政诉讼看中国的宪政出路”，载罗豪才主编：《现代行政法的平衡理论》，北京大学出版社1997年版，第248页。

④ 《马克思恩格斯选集》（第1卷），人民出版社1972年版，第3页。

时，这种传统的积习也对他本人产生了难以抗拒和潜移默化的影响，尽管他已经经受了西方近代文化观念的洗礼。

辛亥革命距今已近百年。回顾这段历史，可以发现，在历史的进程当中，若仅以今天的认识去苛求前人，或仅以"成败"论"是非"，对一个法律研究者而言，则似有过于简单之嫌。事实上，并不是每个国家在建立现代民主共和制度的进程中，均能像美国一样，"具有在一块新画布上作画的有利条件"，但这并不妨碍别国在千差万别的老画布上描绘出各具特色的法治图画，就如笔者曾经不揣陋见提出的那样：每个国家在遵循共性的法治规律的基础上，均走着与其具体国情相适应的不同的法治道路。① 在中国百年宪政的历史进程中，虽然孙中山的宪政探索和实践没有达到其理想目的，但从袁世凯、张勋之流复辟梦的破灭，到中华人民共和国的建立和人民民主宪政的发展，中国的民主、共和、宪政在历经坎坷之后，终于真正迎来了社会主义民主和法治的春天。

（2004年第9期）

① "法治：中国21世纪的政治宣言"、"法治规律与法治道路断想"，载袁曙宏著：《社会变革中的行政法制》，法律出版社2001年版，第1～13页。

西方法学观在近代中国的传播

何勤华*

一

法学观,也可以理解为法的世界观,即人们对法这一社会现象的基本看法。其内涵就是:什么是法?它是如何产生的?它有些什么功能和作用?它与其他社会现象具有何种关系?以它为治理国家的最高准则是否就是一种最好的统治模式?其产生机构(立法)、执行机构(行政与司法)如何组合才是最佳的?等等。

由于近代西方法学观的内涵最早是由格劳秀斯(H. Grotius,1583~1645)、洛克(J. Locke,1632~1704)、孟德斯鸠(C. L. Montesquieu,1689~1755)、卢梭(J. J. Rousseau,1712~1778)、贝卡利亚(B. Beccaria,1738~1794)等资产阶级启蒙思想家在其作品中提出并加以阐明的。因此,在抽象、概括和总结近代西方法学观的内涵时,首先必须从这些思想家的原始话语入手。

格劳秀斯在《战争与和平法》(1625年)一书中指出:“人类社会中的每一个成员都持有一种共同的看法,即每个个体的保全都有助于促成整个社会的福利。”“社会的目的就是形成共同的力量与统一的支持来保护每个人的生命与财物。”“国家是一群自由的人为享受权利和谋求他们共同的利益而结合起来的一个完美的联合体。”“一般意义上的国家,乃代表民众之人的集合。”①

“任何人在不通过寻求法律救济的情况下获得他认为是应当得到的东西的行为,均被法律称之为暴力。”“哪里没有法律的权威,哪里就会发生战争。”“法律的力量与效力来自于人类普遍的认同。”“自然正义不允许我们通过掠夺他人而增加我们自己的资源、财富和力量。”“权力不仅仅来源于国内法,而且也来源于自然法。”“每个人都有保有他自己的权利的天性。”“只要一个人不对其他人造成伤害,那么法律就没有理由阻止他按照自己的想法来生活。”②

---

* 作者单位:华东政法学院(现华东政法大学)。

① A. C. Campbell, (Grotius's) *The Rights of War and Peace*, M. Walter Dunne Publisher, 1901, pp. 19, 33, 25, 70.

② Ibid., pp. 56, 75, 136, 125, 111, 114, 229.

"使任何犯下罪过的人承受同等程度的痛苦是正当的。""正义的首要原则之一无疑应是在惩罚与罪行之间建立一种等量关系。""仅仅只是心里的想法或者犯罪意图,即使由于其后的忏悔或者其他意外情况,这些想法或意图被别人知道了,也不能由人类的法律来对其进行惩罚。"①

洛克在《政府论》(1690年)一书中,对自然法、法治、三权分立、自由、私有财产神圣不可侵犯等观念做了详细阐述。他指出:

"人民除了只受他们所选出的并授以权力来为他们制定法律的人们所制定的法律的约束外,不受任何其他法律的约束。""立法权既然只是为了某种目的而行使的一种受委托的权力,当人民发现立法行为与他们的委托相抵触时,人民仍然享有最高的权力来罢免或更换立法机关。""如果掌权的人由于滥用职权而丧失权力,那么在丧失权力或规定的期限业已届满的时候,这种权力就重归于社会,人民就有权行使最高权力,并由他们自己继续行使立法权,或建立一个新的政府形式,或在旧的政府形式下把立法权交给他们认为适当的新人。"②

孟德斯鸠在《论法的精神》(1748年)一书中也指出:"平等是共和政体的灵魂。""法律应该是对一切人而制定的。""法律自己就应该是护民官。""一切人生来就是平等的。""法是由事物的性质产生出来的必然关系。""法律,在它支配着地球上所有人民的场合,就是人类的理性。"③

"每个公民都应当有权做一切不违背法律的事情,除了其行为本身可能造成的后果外,不用担心会遇到其他麻烦。这是一条政治信条,它本应得到人民的信任,本应得到廉正地守护法律的、高尚的司法官员们的宣扬;这是一项神圣的信条,舍此就不会有一个合理的社会。""为了不使刑罚成为某人或某些人对其他公民施加的暴行,从本质上来说,刑罚应该是公开的、及时的、必需的,在既定条件下尽量轻微的、同犯罪相对称的并由法律规定的。"④

在法国资产阶级大革命前夕,卢梭创作了《社会契约论》(1762年)一书,对上述资产阶级的法学观也做了比较详尽的阐述。他指出:

"法律只不过是我们意志的记录"。这种意志必须是全体公民的意志,即公

---

① A. C. Campbell, (Grotius's) *The Rights of War and Peace*, M. Walter Dunne Publisher, pp. 221, 222, 235.

② [英]洛克著:《政府论》(下篇),叶启芳、瞿菊农译,商务印书馆1996年版,第88页、91页、151页。

③ [法]孟德斯鸠著:《论法的精神》,(上册),张雁深译,商务印书馆1982年版,第65页、204页、53页、247页、1页、6页。

④ [意]贝卡里亚著:《论犯罪与刑罚》,黄风译,中国大百科全书出版社1993年版,第69页、109页。

意:“法律乃是公意的行为。”“人们所规定的事情就是公共的,正如作出规定的意志是公意一样。正是这种行为,我就称之为法律。”①“没有法律,已经形成的国家就只不过是一个没有灵魂的躯壳,它虽然存在但不能行动。”“行政权的受任者绝不是人民的主人,而只是人民的官吏;只要人民愿意就可以委任他们,也可以撤换他们。”“由社会公约而得出的第一条法律,也是唯一真正根本的法律,就是每个人在一切事物上都应该以全体的最大幸福为依归。”②

“每个人都生而自由、平等。”“唯有服从人们自己为自己所规定的法律,才是自由。”“根本就不存在没有法律的自由,也不存在任何人是高于法律之上的。一个自由的人民,服从但不受奴役;有首领但没有主人;服从法律但仅仅是服从法律。”“首先的而且最大的公共利益,永远是正义。大家都要求条件应该人人平等,而正义也就不外是这种平等。”如果没有这种平等,“自由便不能存在。”“事物的经常倾向就是要破坏平等,而法律的经常倾向就应该是维护平等。”③

根据上述启蒙思想家的原始话语,我们大体可以归纳出几点关于近代西方法学观的核心要素:法律是公意(资产阶级意志)的体现;法律的目的是为人民(当然,这里的“人民”指的是有产阶级)谋幸福;法律至尊至上(法治);国家是社会契约的产物,是人民的创造物;人民是政府的主人(主权在民);所有人生而平等自由,并享有不可剥夺的天赋权利;法律面前人人平等;自由就是做法律所允许的事情;权力必须分立,互相制约;罪刑法定;罪刑相适应;刑罚必须人道;司法独立;无罪推定。

以上法学观,经过1776年美国《独立宣言》、1787年《美国宪法》、1789年法国《人权宣言》、1804年《法国民法典》、1810年《法国刑法典》等经典法律文献的规定和确认,开始扎根于欧美各国,进而在世界其他国家和地区得到传播。而中国,也从19世纪40年代起开始受到其影响。

二

在中国近代,比较早将西方的法学观传进来的是以林则徐为代表的一批先进的知识分子。1839年,林则徐(1785~1850)赴广东查禁鸦片,为了知己知彼,就曾组织人员将瑞士著名国际法学家瓦特尔(E. De. Vmml,1714~1767)的《国

① [法]卢梭著:《社会契约论》,何兆武译,商务印书馆1982年第2版,第51页、50页。
② 同上,第48页、132页、43页。
③ 同上,第9页、30页、51页、69页、70页。

际法》一书中的部分章节译成中文，其中，就涉及了西方的主权观念和法治观念。

林则徐的好友、中国近代启蒙思想家魏源（1794～1857）在1842年完成的《海国图志》一书，积极地宣传了西方的民主与法治的观念。梁廷枏（1796～1861）于1844年定稿的《合省国说》一书，也花了大量的篇幅介绍美国的共和政体、选举制度、宪政理念和三权分立观念。而徐继畬（1795～1873）的《瀛寰志略》（1848年），对中国近代知识分子包括法学界也有启蒙意义。在该书中，作者除了介绍世界各国地理版图等之外，对美国的民主共和思想、法治理念、选举制度等也做了热情宣传。

从19世纪60年代起，中国社会进入了一个称为“洋务运动”时期。在该时期，一批启蒙思想家也在林则徐、魏源等人活动的基础上，掀起了新一轮的传播西方法学观的浪潮。

1861年，冯桂芬（1809～1874）发表了《校庐邠抗议》一书，在魏源提出之“师夷长技以制夷”的口号的基础上，进一步领悟到“世变代嬗，质趋文，拙趋巧，具势然也”的社会发展规律，更加自觉地将西方的先进制度包括法学观引入中国，其启蒙思想的影响力一直及于19世纪末。1889年，翁同龢把本书推荐给了光绪皇帝，从而对光绪的法律改革的思路的确立起了很大的作用。

从1862年起，中国近代著名启蒙思想家王韬（1828～1897）流亡香港。从该年起至1884年，王韬旅居香港23年，撰写了大量的传播西方政治与法律思想包括西方法学观的时论，这些作品与内地的洋务运动遥相呼应，对启迪中国人的法律意识起了重要的作用。这些时论经王韬整理，于1883年首次出版，取名《园文录外编》，在中国得以广泛传播。

1877年11月，中国近代启蒙思想家黄遵宪（1848～1905），跟随翰林院侍讲、中国首任驻日本大使何如璋出使日本，担任使馆参赞。他在其所撰写的《日本国志》这本著作中，在介绍日本的刑法和治罪法（刑事诉讼法）时，也热情地传播了西方的法学观。

与王韬、黄遵宪等人的活动大体同时，深受西方思想影响的维新变法人士郑观应（1842～1921）也撰写了一系列介绍西方先进的政治法律制度和思想的作品：1873年出版了《救时揭要》；1880年出版《易言》；在此基础上，1894年进一步出版了著名的启蒙著作《盛世危言》。在郑观应的这些作品中，也包含了许多政治法律思想以及西方法学观的内容。

在戊戌变法前后，康有为、梁启超和严复也大力传播西方的法学观和法学思想。如康有为在《上清帝第二书》（1895年）和《上清帝第六书》（1898年）、《请定立宪开国会折》(同前)等奏书、文章中,梁启超在1899年的《各国宪法异同论》、1902年发表的《论立法权》、《法理学大家孟德斯鸠之学说》等论文中,严复在译著《天演论》(1896年)、《原富》(1898年)、《群己权界论》(1903年)、《社会通诠》(1904年)等作品,尤其是在1904~1909年完成面世的《孟德斯鸠法意》一书中,对西方的宪政制度、权力分立、法治和法律面前人人平等等原则和观念,都做了宣传和阐述。①

1901年,清政府迫于国内外形势,不得不宣布实行修律变法。以法律修订馆大臣沈家本(1840~1913年)和伍廷芳(1842~1922年)以及成员董康(1867~1947年)等为首的改革派,大刀阔斧,翻译了众多的西方法典和法学著作,全方位地引进西方的法学观念、法学知识和法律制度。同时,一批由清政府聘请的日本法律专家,如冈田朝太郎(1868~1936年)、小河滋次郎(1861~1925年)、志田钾太郎(1868~1951年)、松冈义正(1870~1939年)等也加入了传播西方法学观的行列。

"五四"运动前后,一批更为先进的中国知识分子也积极投身于上述活动。1915年9月15日,陈独秀创办了《青年杂志》(第2卷起改名《新青年》)。在该杂志上,陈独秀发表了一系列影响重大的文章,如《法兰西人与近代文明》、《东西民族根本思想之差异》、《吾人最后之觉悟》、《人生真义》、《再质问〈东方杂志〉记者》等。在这些文章中,陈独秀传播了许多西方的法律制度和法学观念。

与陈独秀一起,中国共产党的另一位创始人李大钊,也通过《一院制与二院制》(1913年)、《论宪法公布权当属宪法会议》(1913年)、《欧洲各国选举制度考》(1913年)、《制定宪法之注意》(1916年)、《省制与宪法》(1916年)、《宪法与思想自由》(1916年)、《东西文明根本之异点》(1918年)、《法俄革命之比较观》(1918年)、《庶民的胜利》(1918年)、《我的马克思主义观》(1919年)等论文,开始了在中国宣传西方法学观包括马克思主义法学观的活动。②

---

① 康有为、梁启超和严复,属于资产阶级的改良派的行列。与此同时,中国近代资产阶级革命派的代表人物,如孙中山,陈天华、邹容等,也四处奔走,多方呼吁,并著书立说,宣传西方的法学观。

② 与此同时,另外一批新文化运动的健将,如胡适、高一涵等,也加入了上述活动。如胡适在其《联省自治与军阀割据》(1922年)、《人权与约法》(1929年)、《我们什么时候才有宪法》(同前)、《制宪不如守法》(1933年)、《论宪法初稿》(1934年)等文章中,高一涵在《共和国家与青年之自觉》(1915年)、《学理上两院制与一院制之比较》(1916年)、《选举权理论上的根据》(1919年)、《省宪法中的民权问题》(1919年)、《中国内阁制度的沿革》(1925年)等文章中,也对西方的法学观做了宣传与阐述。

三

近代西方法学观传入中国,主要借助了西学东渐的时代浪潮,而具体的物质载体,则是各类政法刊物、法学著作和教材,以及高等法律教育,聘请外国法律专家、派留学生出国学习法律等。

(一)政法刊物

在近代传播西方法学观的刊物方面,首先必须提及的就是由中国留学生自己所创办的政法刊物《译书汇编》。该刊于1900年由留日学生戢翼(元丞,1878～1907年)、[①]杨廷栋(翼之)、杨荫杭(补孙,1878～1945年)、[②]雷奋(继兴)等编辑。[③] 在12月6日出版的第1期上,就开始连载德国著名学者伯伦知理的《国法泛论》、海留司烈的《社会行政法论》,法国思想家孟德斯鸠的《万法精理》、卢梭的《民约论》,德国法学大师伊耶陵(现译为耶林)的《权利竞争论》(现译为《为权利而斗争》)等作品。在《译书汇编》以后的各期上,又继续刊登了一系列有影响的西方和日本的法学名著。1903年(癸卯年)4月,《译书汇编》改名《政法学报》(The Tsen Fah Shui Pao),继续刊登西方法学作品。

1907年1月,留日学生又创办了《法政交通社杂志》,该刊总部设在东京,在中国的上海、南京、汉口、天津等27个口岸设有派售处。在该刊所发的《最新各国政体考》(第1号)、《法律学小史》(第2号)、《比较国会论》(第2号)、《英国庶民院典例》(第2号)、《国民权利思想之幼稚为立法之大患》(第3号)、《论公法之本质》(第3号)、《论专制国君主与立宪君主权力何如》(第6号)等论文中,也比较多地宣传了法治、宪政等观念。

1911年8月,由法政杂志社编辑、商务印书馆发行的《法政杂志》,在其所刊《共和国政体最良之宪法草案》(第2卷第7号)、《政党之观念》(第2卷第7号)、《北京律师公会暂行会则》(第2卷第7号)、《比较共和国宪法论》(第8号)、《论美洲合众国三权分立之真相》(第10号)、《司他摩拉氏之法理学说梗概》(第10号)、《责任内阁论》(第4号)、《代议制衰秃论》(第4号)等,对共和、

---

① 戢翼除了创办《译书汇编》之外,在学术上也有贡献。光绪二十八年(1902年),他将日本学者辰巳小二郎的《万国宪法比较》一书译成中文,由商务印书馆分开出版(该书现藏上海图书馆,书号63161)。

② 北洋大学法科毕业生。

③ 《译书汇编》虽由戢翼等人创办,但最初的编辑兼发行者署的是"坂崎斌",第2年起改署"胡英敏"。

民主、法治、三权分立、律师辩护、罪刑法定等观念做了宣传。

从清末民初所保存下来的期刊资料来看，涉及法学刊物的还不少，除上述创办较早的《译书汇编》等之外，主要的还有《法科月刊》（上海法科大学创办，1928年）、《法政学报》（法政学报社创办，1913年）、《法政介闻》（欧美同学会创办，1908年）、《法学会杂志》（法学会编辑部，1911年）等。① 这些刊物中，在传播近代西方法学观方面贡献最巨者，是《法律评论》和《法学季刊》。

《法律评论》于1923年7月1日由朝阳大学所创办。实际创始人是参与创立朝阳大学的著名法学家江庸。该刊自发刊起，就成为北方宣传西方法律知识和法学观的主要阵地。利用这个阵地，法国法律专家爱斯嘉拉、日本法律专家今井嘉幸、三宅正太郎、柏田忠一，和中国一批著名法学家如江庸、罗鼎、吴昆吾、谢光第、王凤瀛、胡长清、陈俊三、王去非、杨鹏、徐恭典等，都纷纷撰写文章，阐述西方法律知识，传播西方法学观念。

《法学季刊》由东吴大学法律学院于1922年创办。著名法学家丘汉平（1904～1990）曾长期担任该杂志的主编。从该刊发表的众多有质量的论文中，比较系统全面传播西方法学观的也占有相当之比例。如吴经熊的《斯丹木拉之法律哲学及其批评者》（同上）、丘汉平的《现代法律哲学之三大派别》（同上）、郑保华的《法律之社会化》（1930年）、田浩征的《法律目的论》（1931年）、庞德的《英美普通法之精神》（盛森璇译，1932年）、凌其翰编译《狄骥的著作及其学说》（1932年）、刘季涵等编译《奥斯丁法律与主权学说》（1933年）、彭学海的《法律演进之唯物史观》（1933年）等。②

（二）法学著作和教材

在法学著作和教材方面，贡献甚多者首先是译著，甚至可以说，一直到20世纪20年代之前，主要是译著。其代表性的作品主要有：《法学通论》（矶谷幸次郎著，王国维译，上海商务印书馆1902年版）；《法学通论》（织田万著，刘崇佑

① 此外，如下一些政法类刊物在传播西方法学观方面也做出了贡献：《法律周报》（浙江法律周报社，1914年）、《法律月刊》（北平中国大学政治部，1929年）、《中华法学杂志》（谢冠生主编，1930年）、《法学丛刊》（中华民国律师协会，1930年）、《法政季刊》（法政季刊社创办，1933年）、《法治周报》（法治周报社，1933年）、《法轨》（法轨杂志社，1933年）、《法学专刊》（国立北平大学，法学院，1934年）、《法学论丛》（上海大厦大学法律学会，1935年）、《法学杂志》（持志学院丙子法学社，1935年）等。

② 除法学类刊物之外，还有一些综合类的社会科学、时事政治的报纸杂志，也为传播西方法学观做出了不小的贡献。其中，最应称道的有《时务报》（1896年8月9日创刊）、《国闻报》（1897年10月26日创刊）、《湘报》（1898年3月7日）、《中国日报》（1900年1月5日）、《大公报》（1902年6月17日）等。

译，上海商务印书馆1907年版）；《社会法理学论略》（滂恩德著，陆鼎揆译，上海商务印书馆1920年版）；《法理学大纲》（穗积重远著，李鹤鸣译，上海商务印书馆1928年版）；《法律哲学要论》（高柳贤三著，张舆公译，上海会文堂新记书局1931年版）；《法律哲学概论》（拿特布尔格斯它著，徐苏中译，上海会文堂新记书局1931年版）；《英宪精义》（戴雪著，雷宾南译，上海商务印馆1935年版）等。

从20世纪30年代起，国人自行编著和撰写的传播西方法学观的作品日益增多。其中比较重要的有：白鹏飞著《宪法与宪政》（上海华通书局1930年版），吴经熊著《法律哲学研究》（上海法学编译社1933年版），欧阳谿著《法学通论》（上、下，上海法学编译社1933年版），丘汉平著《法学通论》（上海商务印书馆1933年版），张知本著《宪法论》（上海法学编译社1933年版），张映南著《法学通论》（上海大东书局1933年版），章渊若著《现代宪政论》（上海中华书局1934年版），王世杰、钱端升著《比较宪法》（上海商务印书馆1936年版）等。

（三）大学法律教育

中国自从仿照西方兴办新式高等法学教育之后，大学法律教育也成为西方法学观在中国传播的一个重要载体。1862年开始的北京同文馆的万国公法教育，使近代西方的权利观念、主权观念、权力分立与制衡的观念等传入了中国。接下来的天津中西学堂（1895年）、京师大学堂（1898年）、京师法律学堂（1906年）以及各地蜂拥而起的法政学堂（1909年前后）的法律教育，以及各国立和私立（包括教会所办）综合性大学中的法律教育，通过各种法律课程的设置，法律专业教师的讲授，西方法学教材与参考读物的印刷发行，都为近代西方法学观在中国的传播提供了坚实的阵地和良好的条件。①

（四）外国法律专家的聘请与中国法科留学生的派出

在西学东渐的外力冲击下，在改革派变法图强的内力呼应下，许多外国人或接受中国政府聘请，或因其他动机和原因，开始陆续进入中国。他们或者帮助中国政府立法，或者在中国从事法律教育，或者在中国著书立说。而这些活动都不可避免地大量带入了西方的法律知识和法学观，为西方法学观在中国的传播做出了努力。②

与此同时，从1876年中国向美国派出第一批留学生起，至20世纪40年代中国共向英、美、法、德、日等西方先进国家派出了约四千五百名法科留学生。这

① 何勤华："中国近代法律教育与中国近代法学"，载《法学》2003年第12期。

② 关于此点，因笔者有专论涉及，故这里不予展开。参见何勤华："外国人与中国近代法学"，载《中外法学》2004年第4期。

些法科留学生绝大多数后来都回到了中国,或从事政府工作,或担任立法和司法官员,或任教于各个大学。他们也成为近代西方法学观在中国传播的重要载体。①

四

从中国近代保留下来的大量的历史文献中,我们可以详细地了解到,前述(第一部分)近代西方资产阶级法学观的主要内容,在近代中国基本上都得到了广泛的传播。

1. 法律是公意的体现

魏源在《海国图志》中指出:在英国,"国中有大事,王及官、民俱至巴厘满衙门,公议乃行"。"凡新改条例,新设职官,增减税饷,及行相币皆王颁巴厘满,转行甘文好司,而分布之。"②在英国,"设有大事会议,各抒己见……如有按时变通之事,则庶民择其要者,敬禀五爵乡绅之会。大众可则可之,大众否则否之"。③在法国,"国有大政,如刑赏征伐之类,则令公所筹议"。④

王韬在《园文录外编·达民情》中描述了西方法律是公意之体现的现实:"试观泰西各国,凡其驳驳日盛,财用充足,兵力雄强者,类皆君民一心。无论政治大小,悉经议院妥酌,然后举行。"⑤"国家有大事则集议于上下议院,必众论佥同,然后举行"。⑥

郑观应在《盛世危言·议院上》中也说:在泰西各国,议会成为集中公意的机关,"议员之论刊布无隐,朝议一事,夕登日报,俾众咸知,论是则交誉之,论非则群毁之。"⑦

2. 法律至尊至上(法治)

对于法律的尊重,几乎是中国近代进步思想家的共识。比如,魏源指出:在

① 郝铁川:"中国近代法学留学生与法制近代化",载《法学研究》1997年第6期。

② "英吉利国总记",载魏源著:《海国图志》,李巨澜评注,中州古籍出版社1999年版,第320页。

③ "英吉利国广述上",载魏源著:《海国图志》,李巨澜评注,中州古籍出版社1999年版,第327页。

④ "佛兰西国总记下",载魏源著:《海国图志》,李巨澜评注,中州古籍出版社1999年版,第304页。

⑤ 王韬著:《园文录外编·达民情》,陈恒、方银儿评注,中州古籍出版社1998年版,第125页。

⑥ 王韬著:《园文录外编·纪英国政治》,陈恒、方银儿评注,中州古籍出版社1998年版,第178页。

⑦ 郑观应著:《盛世危言·议院上》,王贻梁评注,中州古籍出版社1998年版,第389页。

美国,实行的是法治的原则。“国人以律例为重,不徒以统领为重。此外则由各文武自立例款,以约束其民,但不得以部例犯国例。其各府文武各自立例以治,因地制宜,惟亦不能以府例犯部例,下至县司亦如之。”①

郑观应强调:在泰西各国,均设议院,以为表达众意的机关,实行法律的治理。“故自有议院,而昏暴之君无所施其虐,跋扈之臣无所擅其权,大小官司无所卸其责,草野小民无所积其怨,故断不至数代而亡,一朝而灭也。”②

黄遵宪在考察日本政制之后指出:“余闻泰西人好论权限二字。今读西人法律诸书,见其反复推阐,亦不外所谓权限者,人无论尊卑,事无论大小,悉予之权以使之无抑,复立之限以使之无纵。胥全国上下同受治于法律之中,举所谓正名定分,息争弭患,一以法行之。余观欧美大小诸国,无论君主君民共主,一言以蔽之曰:以法治国而已矣。”③

梁启超在《论立法权》一文中也指出:“荀卿有治人无治法一言,误尽天下,遂使吾中华数千年,国为无法之国,民为无法之民。”在《中国法理学发达史论》中进一步强调:“法治主义,为今日救时唯一之主义。”④

陈独秀在《东西民族根本思想之差异》一文中,也明确指出:在西方,是以“法治为本位”,人们对法治的重视,“不独国政为然,社会、家庭无不如是。商业往还,对法信用者多,对人信用者寡。些微授受,恒依法立据……盖其国为法治国,其家庭亦不得不为法治家庭。既为法治家庭,则亲子、昆季、夫妇,同为受治于法之一人”。这是社会文明的表现。而在中国,固有的封建宗法制度给社会带来了四大恶果:损坏个人独立自尊的人格,窒碍个人意志之自由,剥夺个人法律上平等之权利,养成依赖性。⑤

3. 人民是政府的主人(主权在民)

对此,郑观应指出:“各国之权利,无论为君主,为民主,为君民共主,皆其所自有,他人不得侵夺。良以性法(自然法)中决无可以夺人与甘为人夺之理,故有均势之法,有互相保护之法。国无大小非法不立。”⑥在《原君》一文中,他进一步指出:“民爱生于天,天赋之以能力,使之博硕丰大,以遂厥生,于是有民权焉。

---

① “弥利坚即关里哥国总记”,载魏源著:《海国图志》,李巨澜评注,中州古籍出版社 1999 年版,第 389 页。

② 郑观应著:《盛世危言·议院上》,王贻梁评注,中州古籍出版社 1998 年版,第 96 页。

③ 黄遵宪著:《日本国志》,上海古籍出版社 2001 年影印版,第 279 页。

④ 梁启超著,范忠信编:《梁启超法学文集》,中国政法大学出版社 2000 年版,第 11 页、71 页。

⑤ 陈独秀:“东西民族根本思想之差异”,载《新青年》第 1 卷第 4 号,1915 年 12 月。

⑥ 郑观应著:《盛世危言·公法》,王贻梁评注,中州古籍出版社 1998 年版,第 146 页。

民权者，君不能夺之臣，父不能夺之子，兄不能夺之弟，夫不能夺之妇，是犹水之于鱼，养气之于鸟兽，土壤之于草木。故其在一人，保斯权而不失，是为全天。其在国家，重斯权而不侵，是为顺天。勿能保于天则为弃，疾视而侵之于天则为背，全顺者受其福，而背弃者集其殃。"①

严复也说："夫自由一言，真中国历古圣贤之所深畏，而从未尝立以为教者也。彼西人之言曰：惟天生民，各具赋畀，得自由者，乃为全受，故人人各得自由，国国各得自由，第务令毋相侵损而已。侵入自由者，斯为逆天理，贼人道。其杀人伤人及盗蚀人财物，皆侵入自由之极致也。故侵人自由，虽国君不能，而其刑禁章条，要皆为此设耳。"②"盖立宪之国，虽有朝进夕退之官吏，而亦有国存与存之主人。主人非他，民权是己。民权非他，即以为此全局之画，长久之计者耳。"③

孙中山在《五权宪法》等作品中，在解释"民权"一词时，也依据了西方的法学观：何谓民权？即近来瑞士国所行之制：民有选举官吏之权，民有罢免官吏之权，民有创制法案之权，民有复决法案之权。此之谓四大民权也。必具此四大民权，方得谓纯粹之民国也。他认为，管理众人的事便是政治；管理众人之事的力量，便是政权。今以人民管理政事，便叫做民权。至于我们民国的约法，没有规定具体的民权。在南京订的民国约法里头，只有"中华民国主权属于国民全体"的那一条，是兄弟所主张的。在《论宪法上之君主神圣不可侵犯之谬说》一文中，他进一步强调："夫宪法者，一国之根本法，又人民权利之保障也。"④

高一涵在《共和国家与青年之自觉》中也指出："人民造国家，国家创造政府。政府者，立于国家之下，同与全体人民受制于国家宪法规条者也。执行国家意思，为政府之责；而发表国家意思，则为人民之任。"⑤在《民约与邦本》一文中，高一涵进一步指出："近世（西方）政治思想，以国家为人民而设。……政府之设，在国家宪法之下；国家之起，见于人民总意之中。政府施设，认为违反国家意思时，得由人民总意改毁之。……是之谓人民主权（popular sovereignty）。……故真正主权之人，惟属于人民全体。主权既在人民，断无自挟主权以迫胁人民自身之事。于是，凡为政府，即为奉行人民总意之仆。"⑥

---

① 郑观应著，夏东元编：《郑观应集》（上册），上海人民出版社1982～1988年版，第334页。
② "论世变之亟"，载中国史学会主编《戊戌变法》（三），上海人民出版社1953年版，第73页。
③ 孟德斯鸠著：《孟德斯鸠法意》（下册），严复译，商务印书馆1981年版，第534页。
④ 张枬、王忍之编：《辛亥革命前十年间时论选集》（第3卷），三联书店1977年版，第831页。
⑤ 《青年杂志》第1卷第1号，1915年9月。
⑥ 《青年杂志》第1卷第3号，1915年11月。

4. 法律面前人人平等

魏源在《海国图志》中引述了美国《独立宣言》的天赋人权思想："上帝生民，万族同体，各畀性命，使安其分。"①强调在美国，实行的是法律面前人人平等的原则："所有条例，统领必先自遵行，如例所禁，统领亦断不敢犯之。无异于庶民，而后能为庶民所服。"②

陈独秀在《法兰西人与近世文明》③一文中，引用薛纽伯的话说："古之法律，贵族的法律也。区别人类以不平等之阶级，使各人固守其分位。然近时之社会，民主的社会也。人人于法律之前，一切平等，不平等者虽非全然消灭，所存者关于财产之私不平等而已，公平等固已成立矣。"在《东西民族根本思想之差异》④一文中，他又指出，西洋民族以个人为本位，法律之目的，在强调个人权利自由的同时，就是追求"法律之前，个人平等也"。

高一涵在《共和国家与青年之自觉》中也大声疾呼："就法律言，则共和国家，毕竟平等，一切自由，无上下、贵贱之分，无束缚、驰骤之力。"⑤

而在孙中山等资产阶级革命派制定的《中华民国临时约法》中则明确规定："中华民国人民一律平等。"1912 年 3 月 17 日的南京临时政府令进一步指出："天赋人权，胥属平等……为此特申令示：(1)凡以上所述各种人民，对于国家社会之一切权利，公权如选举、参政权，私权如居住、言论、出版、集会、信教之自由等，均许一体享有，毋稍歧异，以重人权，而彰公理。(2)内务部接到此令后，即行通饬所属一体遵照。"

5. 自由就是做法律所允许的事情

在传播西方法学观的过程中，自由与法律的关系也是一个热点问题。对此，高一涵通过介绍西方学者的观点，阐述了自己的见解。在《共和国家与青年之自觉》中，他引用美国学者柏哲士(Burgess)的观点指出："自由泉源，出于国家。如国家不赐以自由权，则小己即无自由之道。定自由之范围，建自由之境界，而又为之保护其享受自由之乐，皆国家之责。"由于高一涵在此文的另处专门讲了国家是人民所创造的，人民是最终的主人，故这里的国家所定自由，实际上也就是法律规定的自由。

---

① "弥利坚即关里哥国总记"，载魏源著：《海国图志》，李巨澜评注，中州古籍出版社 1999 年版，第 381 页。

② 同上，第 389 页。

③ 《青年杂志》第 1 卷第 1 号，1915 年 9 月。

④ 《青年杂志》第 1 卷第 4 号，1915 年 12 月。

⑤ 《青年杂志》第 1 卷第 1 号，1915 年 9 月。

高一涵继续阐述说："曩读黎高克（Leacock）政治学，见其分自由之类，曰天然自由，曰法定自由。（上面）柏哲士所论，即属后者。前者为卢梭氏之所主张，谓'人生而自由者也，及相约而为国，则牺牲其自由之一部。'是谓自由之性，出于天生，非国家所能赐。即精神上之自由，而不为法律所拘束者。夫共和国家，其第一要义，即在致人民之心思、才力，各得其所。所谓各得其所者，即人人各适已事，而不碍他人之各适已事也。"高一涵认为："欲尊重一己之自由，亦必尊重他人之自由。""不尊重他人之言论自由权，则一己之言论自由权已失其根据。"①

6. 权力必须分立，互相制约

中国近代外交家马建忠（1845～1900）在《适可斋记言记行》中说："各国吏治异同，或为君主，或为民主，或为君民共主之国，其定法、执法、审议之权分而任之，不责于一身，权不相侵。故其政事纲举目张，粲然可观。"②

在《上清帝第六书》中，康有为指出："近泰西政论，皆言三权：有议政之官，有行政之官，有司法之官。三权立，然后政体备乙。"③在《请定立宪开国会折》中，康有为阐述道："盖自三权鼎立之说出，以国会立法，以法官司法，以政府行政，而人主总之，立定宪法，同受治焉。"④在《请讲明国是正定方针析》中，康有为进一步指出："夫国之政体，犹人之身体也。议政者譬若心思，行政者譬如手足，司法譬如耳目，各守其官，而后体立事成。"⑤然而在中国目前的专制政体之下，议政、行政和司法三者没有办法协调，因此，只有"行三权鼎立之制，则中国之治强，可计日待也"。⑥

梁启超在《各国宪法异同论》一文中，对三权分立的理念做了说明："行政、立法、司法三权鼎立，不相侵轶，以防政府之专恣，以保人民之自由。此说也，自法国硕学孟德斯鸠始介之。孟氏外察英国政治之情形，内参以学治之公理，故其说遂为后人所莫易。今日凡立宪之国，必分立三大权。"梁氏并且指出了三权分立的实质在于确保人民的自由："又孟德斯鸠以为三大权必须分立，不相统摄。然后可保人民之自由。"⑦

在宣传三权分立观念方面，章太炎也非常积极，他指出："西方之言治者，三

① 《青年杂志》第1卷第1号，1915年9月。

② 转引自张晋藩著：《中国法律的传统与近代转型》，法律出版社1997年版，第400页。

③ 康有为著，汤志钧编：《康有为政论集》（上册），中华书局1981年版，第214页。

④ 同上，第338页。

⑤ 同上，第262页。

⑥ 同上，第339页。

⑦ 梁启超著，范忠信编：《梁启超法学文集》，中国政法大学出版社2000年版，第2页。

分其立法、行政、司法，而各守以有司，惟刑官独与政府抗衡，苟傅于辟，虽人主得行其罚。”①要治理好国家，“当专以法律为治，而分行政司法为两途……夫长吏不奸裁判之权，则无由肆其毒”。“总统惟主行政国防，于外交则为代表，他无得与，所以明分局也。司法不为元首陪属，其长官与总统敌体，官府之处分，吏民之狱讼，皆主之，虽总统有罪，得逮治罢黜。”②

沈家本根据孟德斯鸠三权分立的学说也特别强调“政”、“刑”分离，反对“以行政而兼司法”。为此，沈家本在起草新刑律时，借批判封建司法中的“比附援引”，表达了司法不得侵犯立法之权。他说：“立宪之国，立法、司法、行政之权鼎峙，若许司法者以类似之文致人于罚，是司法而兼立法矣。”③

孙中山在权力的分立与制衡方面，不仅有主张，而且有实践。如他经常强调：“司法为独立机关。”并在《中华民国临时约法》中明确规定：“法官独立审判，不受上级官厅之干涉”，“法官在任中不得减俸或转职，非依法律受刑罚宣告，或应免职之惩戒处分，不得解职”。

五

与其他东方国家相比，西方法学观在近代中国的传播，具有一些鲜明的特点。分析这些特点，不仅有助于我们进一步认清中国近代法学之诞生与成长的历史进程，也能够使我们加深理解中国近代法学发展的内在规律以及其对中国现代法学的影响。

第一，西方法学观在近代中国的传播，经历的争论、阻力和挫折特别多。比如，在日本，在引进西方的法学观和法律制度的过程中，也曾有过应否让由法国专家保阿索那特(G. E. Boissonade de Fontarabie，1825～1910年)起草的旧民法生效的争论，其结果是该民法中的家族法中的不符合日本传统的部分观念和规定被否定的事例。但总而言之，西方法学观传入日本的过程是比较顺利的，不仅争论少，仅限于民法家族法领域，而且西方法学观还比较迅速地在立法、司法和法律教育等领域扎下了根，甚至在短短的10年间(1889～1899年)就确立起了一个比较完善的资产阶级的法律体系。

---

① 章炳麟著：《章太炎全集》(三)，上海人民出版社1984年版，第83页。

② “代议然否论”，载张树、王忍之编：《辛亥革命前十年间时论选集》(第3卷)，三联书店1977年版，第89页、94页。

③ 沈家本撰：《历代刑法考·明律目笺一》，邓经元、骈宇骞点校，中华书局1985年版，第1820页。

反观中国的情况——不仅争论多,阻力大,而且挫折严重。先是在1901年之后出现了在变法修律过程中爆发的以沈家本、伍廷芳等为首的法治派,与以张之洞、劳乃宣等为首的礼教派之间的围绕要否保留传统的"干名犯义"、"故杀子孙"、"子孙违反教令"等罪名的争论。以后又有在中国要否实施联邦制、如何看待湖南、浙江、江苏等地制定的"省宪"的争论,在中国到底是实行责任内阁制还是总统制的争论,检察制度存废的争论,三权分立与五权体制的争论,司法制度改良的争论,等等。这些争论,表面上看涉及的都是一些具体的制度、罪名等问题,但其核心就是要否接受西方传入的近代法学观,是以西方法学观为近代中国立法的指导思想,还是以中国传统的封建礼教为指导思想。

第二,在将西方法学观传入中国的知识分子队伍里面,西方传教士的数量比较多。这是中国区别于其他东方国家包括日本的又一个重要特点。在日本,尽管也很早就受到了基督教的影响——1549年,葡萄牙人首次将基督教传入日本,并在西部沿海拥有了众多的信徒——但在随后到来的德川幕府的禁教高压政策下,基督教受到了残酷的镇压。仅1614~1635年间,因拒绝放弃信仰而被杀害的日本基督教徒就有28万之众。① 至1641年,幕府终于完成了"锁国"体制,此后,不仅基督教无法进入日本,就是其他外国人也一概不能进入日本。② 1852年日本被美国的军舰打开国门之后,虽然基督教会势力也开始再次进入日本。但由于明治维新的成功,日本的掌权者与士大夫阶层(当然也包括了一些外国人,但都是法律专家,如保阿索那特等)直接承担起了传播和移植西方法学观的重任,所以,传教士没有能够发挥太大的作用。

反观中国的情况,由于政府自身进行的改革并未获得成功,主张改革的官员与士大夫没有掌握实际的权力,故从19世纪初至1901年修律,前后八十多年引入西方法学观的工作就由传教士承担了下来。③ 因此,在中国近代,传教士人数比较多,活动时间又比较长。

从19世纪初叶的英国传教士马礼逊(Robert Morrison,1782~1834),到30年代的郭守腊和美国传教士裨治文(Elijah Coleman Bridginan,1801~1861),到40年代的英国传教士麦都思(W. H. Medhurst,1796~1857),到60年代、70年代

---

① 万峰著:《日本近代史》,中国社会科学出版社1978年版,第4页。

② 幕府1635年法令:凡乘船出海者均处以死刑;旅居海外的日本人一时迫不得已无法回国者,限5年内回国,否则也处以死刑。参见万峰著:《日本近代史》,中国社会科学出版社1978年版,第5页。

③ 何勤华:"传教士与中国近代法学",载《法制与社会发展》2004年第5期。这一点也使传教士的影响要超越其他的外国法律专家。

的丁韪良、傅兰雅，到80年代的德国传教士花之安（Ernst Faber，1839～1899），到90年代的英国传教士李提摩太（R. Timothy，1845～1919），美国传教士林乐知，可以说，在中国近代早期，传播西方法学观的主要就是这一批西方传教士。

同时，传教士在中国生活的时间也特别长，不像其他外国人。如丁韪良在中国度过六十余年，林乐知生活47年，李提摩太生活45年，傅兰雅生活35年。而清末民初中国政府正式聘请的外国法律专家，一般也就工作生活3～5年，最长的冈田朝太郎也只有10年（1906～1915年）。

传教士数量多的特点，对中国近代法学的成长产生了很大的影响。比如，在中国近代各个法学学科中，国际法学形成时间早、发展得比较快，就与传教士的活动有关。①

第三，在传播西方法学观方面，留学生发挥了主力军的作用。尤其是进入民国时期以后，传播西方法学观的主体或者说大师级的人物，几乎都是法科留学生。如江庸、王宠惠、罗文干、严鹤龄、丁惟汾、张知本、章士钊、沈钧儒、程树德、白鹏飞、张君劢、张耀曾、戴修瓒、陈瑾昆、李大钊、萨猛武、郑毓秀、潘大道、史尚宽、张志让、周鲠生、范扬、王世杰、钱端升、蔡枢衡、陈霆锐、吴经熊、谢冠生、梅汝、胡长清、周坍、张汇文、卢峻、崔书琴、陈文彬、杨兆龙、戴炎辉、孙晓楼、杨鸿烈、丘汉平、龚祥瑞、王铁崖、李浩培、唐表明、赵理海、陈体强、韩德培、芮沐等。

留学生发挥重要作用，有诸多的必然性。一方面，留学生去外国学习法和法学，对西方法学观比较熟悉，与未出过国门的法律人才相比，在传播方面具有更多的优势；另一方面，西方法学观包含在西方法学经典作品之中，接触和理解这些作品，也需要有比较好的外语基础，而留学生则大多具有这个基础；此外，近代中国传播西方法学观的物质载体，主要是报纸杂志和法律教育的讲坛，而留学生基本上都是这些载体的主体。

留学生在传播西方法学观方面发挥主力军作用这一特点的形成，对中国近代法学的影响是深远的。一方面，由于当时法科留学生因留学国家不同而分成不同的派系，从而使中国近代法学也形成了不同的系统，而其中留学日本的法科学生最多，故在中国近代法学发展中，日本的烙印也最深；另一方面，留学生作为当时先进的知识分子群体，在充满了政治激情和学术热诚的同时，比国家最高统治阶层具有更多的理想主义色彩。而这一点，却使中国近代在传播西方法学观进程中的本土化事业更加艰难。

---

① 何勤华："传教士与中国近代法学"，载《法制与社会发展》2004年第5期。

第四,理论与实践的脱节。在近代中国传播西方法学观时,以改革派和留学生为主体的传播者,都具有一种良好的愿望。他们对这些法学观非常地信奉,将其视为治国的良药;希望通过这些法学观在中国的传播、普及,提高政府和民众的法律意识,建设一个平等、民主的法治国家。这在清末以及民国时期所出版的大量的教科书、专著,以及众多的法学论文中可以非常清楚地看到。

但是,囿于中国传统社会经济上的闭锁,政治上的封建、专制和集权,以及文化上的纲常礼教的严重束缚,上述西方的法学观念在实践中的实行程度,则并不令人满意,即中国在西方法学观的指导下的中国近代法学的诞生和成长过程,带有深刻的理论与实践相脱节的矛盾。这种矛盾,表现在中国近代法和法学的方方面面。限于篇幅,这里我们仅以司法独立这一观念做些分析。

司法独立,是西方法学观的核心内容之一,也是近代最早传入中国的法学观念之一。不仅有19世纪下半叶启蒙思想家王韬、郑观应、黄遵宪、康有为、梁启超、严复等人的大力鼓吹,也有以沈家本、伍廷芳等为代表的法治改革派的竭诚倡导,并被规定在光绪三十二年(1906年)清政府颁布的《裁定奕匡等核拟中央各衙门官制谕》和由大理院呈奏的《审判权限厘定办法折》、《大理院审判编制法》以及1910年颁行全国的《法院编制法》之中。在当时学术界出版的法学著作和教材中,也有非常详尽的阐述。① 但是,司法独立在中国近代实际生活中的运行,却是步履维艰,困难重重。不仅有军阀政客的横加干涉,而且有国民党党部大员的背后控制,甚至有军统、中统特务机构的捣乱破坏。② 虽然,在中国近代法学界,也有一些秉公执法、勇于维护司法独立的正直的法官,但他们的结局往往十分悲惨。1925年发生的震惊中外的山东高等审判厅厅长张志被残杀案,可以说是这方面的一个突出例证。③ 纵观整个中国近代史,可以这么说,司法独立虽然在学说理论和制度层面上已经获得确认,但是在法律运作实践中,从来就没有得到真正的确立。

---

① 何勤华、李秀清著:《外国法与中国法——20世纪中国移植外国法反思》,中国政法大学出版社2003年版,第478页。

② 1945年在重庆发生的轰动全国的"高秉坊贪污冤案",就是由陈果夫领导的CC系特务干预司法权所造成的。参见《文史精华》编辑部编:《近代中国大案纪实》(上册),河北人民出版社1997年版,第88~98页。

③ 张志,1880年生于四川,日本明治大学法律系毕业。1910年回国后,初任山东法政专门学校讲师,后任山东高等检察厅厅长。1921年,出任山东省高等审判厅厅长。张志作为接受近代西方法学观熏陶的法科留学生,以及握有对百姓生杀予夺大权的司法官,始终坚持以自己的独立人格和正直品行来实践司法独立的观念。但正是这么一种品行,不为当时的山东省都督张宗昌所容,最后于1925年12月被其手下人残杀。关于此案的详细内容,参见《文史精华》编辑部编:《近代中国大案纪实》(上册),第122~128页。

近代传入的西方法学观中的其他内容,如法律的目的是为人民谋幸福;法律至尊至上(法治);国家是社会契约的产物,是人民的创造物;人民是政府的主人(主权在民);所有人生而平等自由,并享有不可剥夺的天赋权利;法律面前人人平等;权力必须分立,互相制约;罪刑法定;罪刑相适应;刑罚必须人道;无罪推定等,在实际生活中的命运也大体如此。在西方法学观传播于中国过程中,出现理论与实践相脱节的特点,并不是法学界本身的原因,而是当时中国半封建、半殖民地社会的性质,以及中国专制政治制度的现实使然。

尽管如此,西方法学观在近代中国的传播,对中国近代法和法学的成长,仍然具有重要的启蒙意义。

首先,西方法学观在近代中国的传播,对近代乃至现代中国的立法事业具有很重要的意义。一方面,无论是清末修律过程中出台的一批法律和法律草案,如《钦定大清商律》(1903 年)、《破产律》(1906 年)、《大清刑事民事诉讼法草案》(1906 年)、《大清商律草案》(1908 年)、《著作权律》(1910 年)、《十九信条》(1911 年)、《大清民律草案》(1911 年)、《大清新刑律》(1911 年)、《法院编制法》(1911 年)、《大清刑事诉讼律草案》(1911 年)、《大清民事诉讼律草案》(1911 年)等,还是在 20 世纪 30 年代前后推出的中华民国六部大法,基本上都是在前述西方法学观的指导下,结合中国的具体国情而完成的。这些立法,不仅在中国近代发挥着作用,而且至目前,其主要制度和原则在我国台湾地区还一直在适用。

其次,西方法学观在近代中国的传播,对近代中国法学学科的诞生与成长也起着重要的作用。法理学学科已如前述,就是各个部门法学科,其理论核心,也是西方的法学观。如奠定中国近代刑法学科的熊元翰的《刑法总则》和《刑法分则》(北京安徽法学社 1912 年版)、王觐的《中华刑法论》(上、中、下三卷,北京朝阳学院 1925 年版)、赵琛的《新刑法原理》(上海中华书局 1930 年版)、郭卫的《刑事政策学》(上海法学编译社 1933 年版)、陈文彬的《中国新刑法总论》(上海商务印书馆 1936 年版)、许鹏飞的《比较刑法纲要》(上海商务印书馆 1936 年版)、李剑华的《犯罪学》(上海法学编译社 1937 年版)等,基本上都是以人权保障、罪刑法定、罪刑相适应、刑罚的人道主义等为基本理念的。

在中国近代民商法学诞生与成长过程中起奠基作用的一批作品,如熊元楷的《民法总则》(北京安徽法学社 1914 年版)、王宠惠的《比较民法概要》(南京司法行政部 1916 年版)、黄右昌的《民法要义》(北京大学出版部 1927 年版)、赵修鼎的《契约法论》(上海商务印书馆 1927 年版)、陈瑾昆的《民法通义总则》(北平朝阳大学出版部 1930 年版),以及胡长清、戴修瓒、李祖荫、李宜琛、罗鼎、曹杰等人的民商法著作中,贯彻的也是私人权利人人平等、私有财产所有权神圣不可侵犯、契约自由、过失责任、等价交换、诚信等基本精神和观念。

中国近代宪法学、诉讼法学、国际法学等学科,情况也大体相同。国民主权、三权分立、公民权利保障、民主共和、法律面前人人平等、无罪推定、司法独立、律师辩护、公开审判、国家主权等西方的法学观,是构成这些学科的精神支柱。

1949年中华人民共和国的成立,暂时中断了西方法学观在中国传播的进程。但是,经过20世纪50年代苏联法学观的传播,以及60年代"文化大革命"的动乱之后,从20世纪70年代末起,传播西方法学观的活动在中国再度勃兴。这次传播活动,不仅比上一个历史时期来得更加全面和彻底——凡是西方法学观中的精华成分,几乎没有遗漏地都在中国获得了传播,而且成效也更为显著——我们已经逐步克服了中国近代存在的过于理想主义、理论与实践相脱节,以及过多的争论、阻力和挫折,从而使西方法学观在中国逐步得以本土化:法律是公意的体现、法律的目的是为人民谋幸福、法律至尊至上(法治)、国家是人民的创造物、人民是政府的主人(主权在民)、法律面前人人平等、自由就是做法律所允许的事情、权力必须分立并互相监督和制约、罪刑法定、罪刑相适应、刑罚必须人道、审判机关独立行使审判权等——不仅是我国新时期立法和司法活动的基本指导思想,而且也成为全体民众的共识。对中国法文化的历史而言,这应当是一个非常了不起的成就。

尤其是新时期中国传播、吸纳西方法学观的活动,还带有创新的成分。即许多西方的法学观,原来的内涵比较狭隘,基础也不扎实,但我们在其本土化过程中,使其内容得到了充实,使其精神获得了升华。比如,我们真正做到了"法律是公意的体现",我们的法律的唯一目的就是为人民谋幸福,我们在事实上做到了在法律面前的人人平等,我们也真正实现了罪刑法定、罪刑相适应、刑罚必须人道等法的基本原则,等等。尤其是我们在实际生活中发展了公民人权观的内涵,为世界的人权保障事业做出了应有的贡献。

由于西方法学观在近代中国传播的任务没有在近代完成,一直延续到了现代。因此,在整个20世纪中,中国一直处在移植、吸收、消化西方法学观的过程之中。这一现象,既是中国近代法和法学发展的重要特征之一,同时也是法学这一社会现象发展之内在规律的反映。纵观世界各国法学史,可以发现一个普遍的现象就是:原本比较落后的国家,都是通过从西方法治传统原生地国家如法、德、英、美等国移植、吸纳先进的法和法学,来创造自己的近现代法律文化——日本是这样,中国是这样,印度、越南、菲律宾、泰国以及拉丁美洲、非洲等国家和地区均是如此。①

上述规律提示我们:某一国所创造的法律文化包括法学观是全人类的共同财富,其中的精华部分对各国的法制建设都具有指导意义。以前,由于中国社会积贫积弱,中国法学家对世界法和法学的发展贡献不多;现在,当中国已经强大起来、中国的发展在世界上愈来愈引起他国重视之时,中国的法学家应当有一种使命感和历史责任感,用我们的双手,来创建最先进的法律文化包括法学观,以影响其他国家,从而为人类的法制文明做出我们应有的贡献。

(2004年第12期)

① 何勤华:“法的移植与法的本土化”,载《中国法学》2002年第3期。

2005 年

家礼与国法的关系、原理、意义

张中秋*

一、家礼与国法的关系

在讨论传统中国家礼与国法的关系前,最好先对它们的构成有所说明。家礼与国法的构成可从纵横两个方面观察。纵向看,家礼源于《周礼》,经《孔子家语》和《颜氏家训》的发展,定型于司马光的《书仪》、《家范》和朱熹的《朱子家礼》。特别是《朱子家礼》成了我国宋元明清及民国时期传统家礼的范本,①近代以前的朝鲜、日本诸家礼尤其丧礼的内容也大都仿此。② 对家礼的横向构成,我们主要透过家礼的文本结构来了解。以《朱子家礼》③为对象,可以发现,家礼文本在形式上由序、通礼、冠礼、婚礼、丧礼、祭礼几部分组成,实际上冠、婚、丧、祭四礼是主体。所以,家礼又谓之"四礼"者。依《朱子家礼·序》:"凡礼有本、有文。自其施于家者言之,则名分之守、爱敬之实,其本也。冠、婚、丧、祭,仪章度数者,其文也。"本是实质,文是仪式,应该说这是家礼的实体结构。家礼的精神所系不外"礼教"二字。④ 谨此,我们对家礼的构成已略有所知。国法的构成不同于家礼,其系统正规明确。自国法的主体而言,从传说中的禹刑、汤刑、吕刑,到战国的《法经》及秦汉魏晋隋唐宋元明清诸律一以贯之,真可谓一脉相承、沿

* 作者单位:中国政法大学法律史学研究中心。

① 《朱子家礼》传世的版本较多,影响较大的有《四库全书》本、清嘉庆十年麟经阁刻本、光绪十七年刻本等。《朱子家礼》出现后成了人们制定家礼的范本,并被改编成多种形式,如节要、仪节、会成、集注、笺补、简编、图解等,在民间广泛流传,影响及于民国。参见杨志刚:"朱子家礼:民间通用礼",载《传统文化与现代化》1994年第4期。

② 参见彭林:"金沙溪《丧礼备要》与《朱子家礼》的朝鲜化",载《中国文化研究》1998年第2期;王维先等:"朱子《家礼》对日本近世丧葬礼俗的影响",载《浙江大学学报》(人文社会科学版)2003年第6期。

③ 《朱子家礼》是否为朱熹所作存有争议,清代以前的学人和现在最新的研究成果都是肯定的。参见束景南:《朱熹〈家礼〉真伪考辨》、《朱熹佚文辑考》,江苏古籍出版社1991年版;陈来:"朱子《家礼》真伪考议",载《北京大学学报》(人文社会科学版)1989年第3期。笔者认为,《朱子家礼》被普遍接受,事实上也一直是被视为朱子所作而在发挥作用。因此,争议除了与版本和考据及对朱熹本人的研究有关,并不影响它作为家礼范本所拥有的地位,也不影响我们对它所做的分析。

④ 这是贯穿家礼的红线,像血脉一样渗透在家礼的各项制度和规范中,其中"祠堂"制度是核心。详见后面的相关讨论。

革清晰，其中唐律可为代表。这是传统中国法的纵向构成。传统中国法的横向构成形式上代有不同，汉代有律、令、科、比，唐代是律、令、格、式，明清律、例并举。不过，有一点可以确定："律"作为传统中国法的主干，《唐律疏议》的文本结构可以视为传统中国法内在构成的典范。①《唐律疏议》的文本结构形式上可以概括为12篇30卷502条；实体上首篇《名例》类于现今刑法之总则，其余11篇则近于分则。其精神所系"一准乎礼"。② 当然，此"礼"非"家礼"，但与家礼又有密切的关系。家礼与国法到底是一种什么样的关系呢？这正是我们下面要讨论的内容。

（一）家礼与国法的时间关系

探讨家礼与国法的关系，首先碰到的是时空问题。时间与空间是我们认识事物最基本的范畴，无论在物理世界还是人类社会，都是需要加以考量的要素，可以说这是人类的一项基本的认知方法。③ 从时间人手，我们发现家礼与国法具有共源、并行的关系或者说特点。所谓共源是指家礼与国法都是由中国初民社会的原始习俗嬗变而来的，共同孕育于我们祖先的生活母体。其中礼更多地与先民的宗教生活相关，所谓"祀"；法则与征战和内部控制有更多联系，所谓"戎"。④ 其实，两者常常是难以分辨的，原始即混沌，不能用分工度发达的现代眼光来遥看远古的历史景象。家礼与国法的同源性还可以移指后续社会的当下实践，即家礼与国法都从人们当下的社会生活实践中汲取资源。这可以从宋明时期家礼的形成及其与国法的互动予以印证。⑤

在家礼与国法的时间关系中，我们会很自然地注意到一个显而易见的现象，即两者在历史长河中的并行变迁。与政治化的国礼不同，家礼虽然在历史学和社会学意义上与国法共源，但它不是国家政治制度的一部分。所以，家礼与国法虽有密切联系且客观上互相支撑，但在实际的历史进程中，两者既未曾排斥又未曾合二为一，无论是在文本形式还是社会实践上，它们是经历变迁而并行不移。具体说，宋代以前，家礼既不成熟更未普及，法与礼的关系主要是国法与具有政

---

① 笔者对此曾有过探讨。请参见拙著：《中西法律文化比较研究》，南京大学出版社2001年版，第191～204页。

② 《四库全书总目·唐律疏议提要》。

③ 爱因斯坦相对论对牛顿经典力学缺陷的克服，使人类充分认识到了时间和空间的重要意义。参见［英］W. C. 丹皮尔著：《科学史》，李珩译，商务印书馆1987年版，第522～535页；又见［美］爱因斯坦著，许良英、刘明编：《爱因斯坦文录》，浙江文艺出版社2004年版，第167页。

④ 《左传·成公十三年》所记的"国之大事，在祀与戎"就是这个意思。

⑤ 王立军："宋代的民间家礼建设"，载《河南社会科学》2002年第2期；常建华："明代宗族祠庙祭祖礼制及其演变"，载《南开学报》2001年第3期。

治和意识形态色彩的儒家伦理及国礼的关系,家礼还未形成与国法对应的体系。宋代以后,家礼走向成熟并趋于社会化。从法社会学的角度看,法与礼的关系既包括了它在宋以前的那种关系,也应包括国法与家礼,甚至家法与家礼、乡约与乡礼、社约与社礼的内容。① 不过,作为体系化的家礼与国法仍属不同的系统,在两个虽有联系但又各自独立的空间中运作。由此,它们形成一种特殊的空间结构关系。

(二)家礼与国法的空间关系

如果我们把社会视为一个系统,那么,毫无疑问,家礼与国法是共属于这个系统的。脱离了社会这个大系统,家礼与国法在空间上的结构关系,以及因这种结构关系而对社会系统所产生的功能就难以得到立体地把握。这是我们分析它们结构关系的前提。对于它们的结构关系,可以简单地概括为异体、同构、通质。异体,比较容易理解。譬如,在社会结构方面,家礼属于家,国法属于国;在秩序构成方面,家礼属民间法系统,为非正式制度,国法属国家法系统,为正式制度;在文本形式上,如前所述,各自独立。正是由于异体的原因,家礼与国法在由时间和空间交织构成的宋代以还传统中国的社会系统中,才有并行的可能和确定的事实。

关于家礼与国法的同构,一般都是从传统中国社会家国一体的意义上来理解的,这自有道理。但应该说这还是一种外围的理解,因为它是通过家与国的中介来认识家礼与国法主体的。我们不妨把家礼与国法直接进行比较,即可发现它们的同构性。首先,家礼与国法都是一种秩序构成,只是分别对应于家与国,但这并不影响它们在结构秩序上的一致性。不唯如此,家礼与国法的秩序同是网状的等级结构——沿着家礼与国法的等级结构上下左右地移动,人的身份及其权利义务都会随之增减,最底层者为奴仆,最顶端者为家长或国君。② 这是家礼与国法同构中最突出的一面;另一面实际也包含其中,即整个结构表现出强烈的宗法和专制色彩。这一点下文还有说明。

同构是不是意味着同质呢?起初我未多加思考就接受了习惯认识,以为事情就是这样。后细加分辨,发现其中同又不同。所谓同者,家礼与国法实质都是礼教的产物,正如我们在家礼与国法的构成中所指出的那样,其精神所系在于

---

① 笔者曾对乡约做过研究,愈发相信,家法族规、乡规民约应属法社会学范畴。参见拙文:“乡约的诸属性及其文化原理认识”,载《南京大学学报》(哲学人文社会科学版)2004年第5期。同样,传统中国的礼也应包括家礼、乡礼、社礼等。

② 这是对照阅读的《朱子家礼》与《唐律疏议》给我最深的印象之一,可以说是两者的基本结构,具体内容俯拾皆是,兹不赘述。

礼。但礼与礼又有区别,家礼之礼重孝道,国法之礼重忠道。虽然忠孝连称,甚至有时可以不分,但毕竟各有侧重。依现代术语,前者遵循的是宗法血缘伦理,后者遵循的是由前者转化来的宗法政治伦理。① 因此,在家礼与国法的性质上,我试将"同质"改为"通质",以显示它们的同又不同,不知是否合适?若是,我们可以说,异体、同构、通质是家礼与国法在空间上的结构关系。

(三)家礼与国法的功能关系

在探讨了家礼与国法的时空关系后,我们自然要问,它们的功能关系又怎样呢?按社会学理论,时空关系尤其是空间结构关系必与功能相连带。② 依笔者之见,家礼与国法的功能关系颇为复杂,为方便计,可简约从它们的各自功能、相互功能和共生功能三个层次概观。家礼的自我功能有多种,所谓"名分之守、爱敬之实,婚冠丧祭、仪章数度者"皆是,但修身、齐家实为传统中国人所寄予它的理想功能和目标。③ 国法的自我功能照样可以列出很多,规范、禁止、惩罚等不一而足,但毫无疑问,治国、定天下才是它最大的功能和目标——这已是不争的事实。

在家与国的范围内,家礼与国法各自发挥着自己的功能。但同时由于家、国共处社会大系统,且有家礼与国法异体、同构、通质的结构关系,双方在功能上必然发生相互的作用。由家礼对国法的功能言,家礼灌输、培育和养成家人合乎"孝"的礼教观,特别是家礼建构在天然血缘之上的等级、专制习性,为了贯彻"忠"的国法的推行奠定了基础。从作用于人的行为来说,家礼不只教于国法之前,也远胜于国法之细,适补国法之不足。同时,家礼为国法之"刑"也提供了某种理据,即不守家礼而触犯国法者,国法刑之是为正当。这在家礼走向社会化和被官方某种程度认可的情况下绩效尤著。换一个角度,由国法对家礼的功能看,首先家礼存在的合法性最终是由国法事实上的认可而获得的。我们在唐宋明清历朝《户婚律》中可以看到与家礼"婚"、"丧"篇中诸多相类似甚至相同的规定,④这表明国法是认可家礼的。家礼因得到国法事实上的支持,才成就它一定

---

① 笔者在本文第二部分阐述"伦理—政治原理"中说明了这一点。

② [日]富永健一著:《社会学原理》,严立贤等译,社会科学文献出版社 1992 年版,第 155 ~ 174 页。

③ 《朱子家礼》在"通礼序"中表达作者的心愿说:"诚愿得与同志之士熟讲而勉行之。庶几古人所以修身齐家之道,谨终追远之心,犹可以复见,而于国家所以崇化导民之意,亦或有小补云。"

④ 笔者对照《唐律疏议》与《朱子家礼》,检得相同相近内容的有 15 条左右,以唐律条目为准,具体有子孙别籍异财、居父母丧生子、立嫡违法、同居卑幼辄私用财、许嫁女辄悔、以妻为妾、居父母丧嫁娶、居父母囚禁嫁娶、居父母丧主婚、夫丧守志、卑幼自嫁娶、出妻、子孙教令、子孙供养父母、凡奸。《宋刑统》虽为宋代法典,情形同《唐律疏议》,《大明律》、《大清律例》亦然。

的权威和刚性。设想一下,如果国法持相反的态度,那么,家礼的存在本身就是一个问题。由此可见,家礼与国法是处在不同位阶上的两种规范体系,国法优于家礼。国法对家礼的功能不止于对其存在的认可,由认可延伸出来的其他功能。如违反家礼者虽有家法族规及乡规民约制止,但严重者只得由国法处理。这是家礼教不行,家法禁不止,国法惩于已然的优势,也是国法对家礼家法直接有效的支持功能。国法对家礼支持的功能还有更直接的一面,即家礼的某种国家化。如前所述,从唐律开始,历朝《户婚律》都部分吸收家礼的内容。此外,明王朝还屡次颁发诏令推行家礼,这使家礼直接成为国家正式制度的一部分。①

对于家礼与国法的相互功能有一点需要说明——其实两者是不对等的。一般来说,家礼对国法是一种服从性的无条件支持,国法对家礼是有选择的支持。这部分是因为在社会秩序体系中,国法是家礼的上位规范,家礼不能与国法抵触;部分还由于家礼着眼于家内关系——有关日常起居、洒扫应对之类的家礼——国法并无明确态度,只能说是事实上的默认而已,只有那些超越家内关系涉及社会秩序和纲常伦理的家礼——如婚、丧之礼中的若干内容——国法才有明确的态度。家礼与国法相互功能上的这种关系,并不影响它们的共生功能,相反有利于它们功能的合成。形象一点说,家礼从下位开始向上,为国法之铺垫,补国法之不及;国法由上位向下,为家礼之支持,助家礼之效力。可以推想,在特定时空的同一社会系统中,家礼发挥着修身、齐家的功能,国法发挥着治国、定天下的功能,两相合成,共生出修身—齐家—治国—定天下的功能。这虽是很理想的设计,实际允有差异,但家礼与国法的运作逻辑必是如此。事实上,它已成为宋代以来中国传统社会治乱盛衰的重要机制,是我们今天应予重视的历史经验和课题。

二、家礼与国法的原理

(一)自然—秩序原理

仔细观察家礼与国法,一个显著的共同特征是它们的有序性。本文在前面已有叙述,家礼与国法的构成本身即是有序的体系,像《朱子家礼》与《唐律疏

① 朱元璋赐名的明初礼书《大明集礼》卷六《吉礼六·宗庙》仿自《朱子家礼》“通礼·祠堂之制”,所以,明人管志道在《从先维俗议》卷三《订四大礼议》中说:“国初未定,《大明集礼》原以朱子《家礼》为主。”明人汪循在《仁峰文集》卷一五中也说:“我圣明治教休美,其颁制示则,每以《家礼》为准,宜乎声教,溢于四海,而家置一庙矣。”前揭“明代宗族祠庙祭祖礼制及其演变”一文对此有很好的考论。

议》这样的经典文本已是非常有序的结构。不唯如此,家礼与国法的关系及其功能都在体现和追求着一种和谐有序。有序性是所有规范的内在要求和基本特征,这在传统社会尤其突出。① 但比较一下不同的文明系统,即可发现它们的依据别有不同:西方的有序性植根于自然法和上帝,伊斯兰世界来自通过《古兰经》启示的真主,传统中国根源于自然。从自然中发现秩序,效法自然建构秩序,这是传统中国"制礼作法"的理据所在。② 在此,我把这理据称为自然—秩序原理。

自然—秩序原理是传统中国家礼与国法赖以建构的基本原理之一。要理解这一点,需从传统中国特有的自然—社会秩序观开始。中国文化的基本理念是,"人法地,地法天,天法道,道法自然"。③ 这表明在我们的先贤看来,"自然"是人类的原初范本,人类的行为要有道,就要效法天地自然。"自然"是什么? 看来这是问题的关键,但古代社会不可能有现代意义上的所谓科学认知,人们往往是从自然现象和个体经验出发发表自己的看法,所以人类有不同的自然观。④ 古代中国人普遍把"自然"视为有序、和谐的存在,有序、和谐成为中国人特有的"自然观"。⑤

依中国文化理念,有序、和谐的自然观演进为社会秩序观,这是一件很自然的事。当然,彼此间的过渡也是有关节的,打通关节的是人与自然关系中的"天人合一",即人道与天道的合一。⑥ 天道即天理,实即国人的自然观,人道乃人世之道。"天人合一"要求人世社会的安排依照天道,也即依照国人的自然观进行。其根据和推理即《易传》所说的,"有天地然后有万物,有万物然后有男女,有男女然后有夫妇,有夫妇然后有父子,有父子然后有君臣,有君臣然后有上下,有上下然后礼义有错(措)"。这段文字描述了一幅从天地自然到人类社会的路

---

① [美]E. 博登海默著:《法理学——法哲学及其方法》,邓正来等译,华夏出版社 1987 年版,第 206 ~236 页。

② 中国文化之源《易》曰:"法象莫大乎天地。""天垂象……圣人则之。"《汉书·刑法志》进一步阐述道:"圣人……制礼作教,立法设刑,动缘民情,而则天象也……故圣人因天秩而制五礼,因天讨而作五刑。"

③ 《老子·二十五章》。

④ 以西方自然观的变迁即可说明这一点。参见[英]罗宾·柯林武德著:《自然的观念》,吴国盛、柯映红译,华夏出版社 1999 年第 2 版,第 1 ~30 页。

⑤ 有关这一方面的文献极多,如《易经》、《尚书》、《老子》、《论语》、《墨子》、《荀子》,甚至《韩非子》等都有记述,可以说诸子百家在这方面是殊途同归。在我们的文学艺术中也渗透了这样的观念,如中国山水画和古典建筑所表达的意境。

⑥ 大儒董仲舒的《春秋繁露》从第四十一"为人者天"到第五十六"人副天数"都是这方面的经典论述,"天人感应"是其基本观点。另参见《史记·儒林列传·董仲舒》、《汉书·董仲舒传》。

线图，表明人类源出自然并与自然相通。因此，有序、和谐的自然模式或者说天道很自然地成为国人特有的社会秩序观。①

传统中国的社会秩序观是一种社会哲学，但它是从有序、和谐的自然观发展来的，所以说它是自然—秩序原理。作为构建社会秩序的主体，家礼与国法不仅源于而且遵循这一原理。正如《易传》所描述的那样，自然—人类—家庭—社会—国家是依次演进的过程：由于自然是有序、和谐的，所以人类、家庭、社会、国家也要有序、和谐；人类要做到有序、和谐，就要效法自然；自然因其法则而有序、和谐，因此，人类也要有法则，社会才能有序、和谐；家礼与国法正是营造社会有序、和谐的法则。形式上它们是人所制定的，实际是自然—秩序原理通过作用于人的产物。对照家礼与国法，这是不移的事实。如朱熹门人黄干在《朱子家礼》问世后撰《书家礼后》一文，其中写道："（家礼所作），无非天理之自然，人事之当然，而一日不可缺也。"②古代法典开篇常有阐述这一原理的文字，如《唐律疏议》"序"云："《易》曰：'天垂象，圣人则之。'观雷电而制威刑，睹秋霜而有肃杀。"所谓"天垂象，圣人则之"，说的就是人类对自然—秩序原理的模仿和遵循。家礼与国法是如何遵循这一原理的呢？我们将在下面讨论。

（二）伦理—政治原理

放宽我们的视野，一个惊讶的发现是，自然—秩序原理在古代世界原是具有普遍性的，即使在高度发达的现代社会，也是人类行为中必须予以考虑的。③ 这样就出现一个新的问题：为何这项原理能够在中国导致如此家礼与国法的形成？继续思考下去，笔者发现伦理—政治，准确说是宗法性的伦理—政治，在自然—秩序原理的基础上发挥了这一作用。如果说自然—秩序作为第一原理构造了传统中国家礼与国法的骨架，那么，宗法性的伦理—政治作为第二原理则塑造了家礼与国法的内容特色。

伦理即合理的人际关系脉络，是人之为人的纲，人类行为的元原则，当然是政治的原理。其实，这也是世界性的，传统中国所不同的是它的宗法性，表现为礼教。近世以前的西方、印度和伊斯兰都表现为宗教，近世西方才加入资本主义

---

① 笔者对此也曾有过思考。参见前揭拙著：《中西法律文化比较研究》，南京大学出版社 2001 年版，第 322 ~ 330 页。

② "书家礼后"收在黄干《勉斋集》，文渊阁四库全书本；又见诸北京图书馆善本部的宋版《家礼》。

③ ［美］E. 博登海默著：《法理学——法哲学及其方法》，邓正来译，华夏出版社 1987 年版，第 206 ~ 236 页。

世俗社会的市民伦理。① 中国的宗法关键在父系血缘,即以父系为轴心以己为原点上下左右形成尊卑有序的人际关系脉络。父系男性血统即"宗"的延续在这脉络中处支配地位,所谓"不孝有三,无后为大",意在指此。这种宗法血缘性是在人生过程中自然形成的,类似于自然界的自然法则,是传统中国社会的"自然法",所以,谓之宗法伦理。它首先安排和统治家内关系,然后以家为原点,相应调整后扩散移用于家族、乡里、社会和国家,成为构造和调整传统中国的家、族、乡、社会和国家各种关系与秩序的基本原理。家礼与国法自然也不例外。

宗法伦理在家礼与国法中有广泛而深刻的表现。以《朱子家礼》为典范,家礼内容有一核心,即对宗法的重视和维持,祠堂制度集中体现了这一点。《朱子家礼》卷一《通礼・祠堂》开宗明义曰:"此章本合在祭礼篇,今以报本反始之心,尊祖敬宗之意,实有家名分之首,所以开业传世之本也。故特著此,冠于篇端,使览者知所以先立乎其大者,而凡后篇所以周旋升降出入向背之曲折,亦有所据以考焉。"无须多加解释,仔细品味此段文字,宗法伦理在家礼中的位置已一目了然——冠、婚、丧、祭四礼的具体内容,无非是围绕它"周旋升降出入向背之曲折"而已。② 国法也有相似的情况,皇室的宗庙陵寝制度与家礼中的祠堂制度相类,历来是国家政法制度中的重要部分,分布于多种国家法律形式中。以唐代为例,律、令、诏、典、礼等都有规定,其中国法的主干《唐律疏议》在"禁卫"、"职制"、"贼盗"诸篇中,对侵犯宗庙陵寝制度者均处以严刑。③《唐律疏议》"户婚"篇中的很多内容直接是与家礼相通的宗法伦理体现,从家长的权力、家户的管理,到婚姻的成立、财产的分割等,无一不渗透着宗法伦理的精神。④

家礼与国法共通宗法伦理,这是事实。但细加辨别,仍有差异。这一点笔者在前面家礼与国法的构成与功能中已经提及,即家礼与国法都是礼的产物,但家

---

① [德]马克斯・韦伯著:《经济与社会》(上卷),林远荣译,商务印书馆 1997 年版,第 453 ~ 705 页。

② 《朱子家礼》的文本是这样规定的,朱熹本人也是这样践行的。参见粟品孝:"文本与行为:朱熹《家礼》与其家礼活动",载《安徽师范大学学报》(人文社会科学版)2004 年第 1 期。

③ 如《唐律疏议・卫禁》:"诸阑入太庙门及山陵兆域门者,徒三年……"又"职制":"诸大祀不预申期及不颁所司者,杖六十;以故废事者,徒二年……"又"贼盗":"诸盗大祀神御之物者,流二千五百里……"

④ 以家长权力为例。《朱子家礼・通礼》云:"凡诸卑幼,事无大小,毋得专行,必咨禀于家长。凡为子为妇者,毋得蓄私财,俸禄及田宅所入尽归之于父母舅姑,当用则请而用之,不敢私假,不敢私与……凡子事父母,乐其心志不违其志,乐其耳目,安其寝处,以其饮食忠养之……子甚宜其妻,父母不悦,出。子不宜其妻,父母曰是,善事我子,行夫妇之礼者,没身不衰。"《唐律疏议・斗讼》规定:"诸子孙违犯教令及供养有缺者,徒二年。"《户婚》规定:"诸祖父母、父母在,而子孙别籍异财者,徒三年。"又"诸同居卑幼,私辄用财者,十四笞十,十四加一等,罪止杖一百。"两相对照,极其明了。

礼之礼与国法之礼有所不同。家礼从个人出发,以家为范围,重在孝,表现出浓烈的亲情民事色彩,可谓宗法血缘伦理。如家礼之"四礼"即以男性的生命历程与其宗族的延续为经线依次展开,正如清代张伯行在其《小学集解》中所说,"冠以责成人,婚以承祭祀,丧以慎终,祭以追远"。沿此经线,人生在家内诸重要阶段的各项行为——小到日常起居,大到婚丧嫁娶——都由礼来训导和规范,形成祖孙之礼、父子之礼、兄弟之礼、夫妇之礼、婆媳之礼、闺媛之礼、主仆之礼、内外之礼等,诸礼皆以修身、齐家为要,孝敬为本。① 贯彻在国法中的礼主要从社会出发,以国为范围,在强调孝的同时重在忠,其规范表现出强烈的国家政治色彩。它所遵循的宗法伦理不是家礼中宗法血缘伦理的简单复制,而是一种拟制,可谓之宗法政治伦理。这在历代法典中都有突出的表现:唐宋明清诸律有关"十恶"罪中的谋反、谋叛、谋大逆及大不敬集中表达一个"忠"字,即君为臣纲;其余"六恶"体现了三纲五常中的父为子纲、夫为妻纲和仁、义、礼、智、信"五常"关系的伦理要求,这与家礼相近,重在"孝"行。②

在宗法伦理上,家礼与国法尽管有此不同,但都是从宗法出发的,且宗法也是一种伦理。因此,沿着伦理—政治的路线即可沟通两端,由孝而忠、忠孝两全,移孝于忠、忠孝一体,这是贯通家礼与国法内容的血脉。因此,笔者把伦理与政治联结起来,视为家礼与国法的共通原理。

(三)人的文化原理

在自然—秩序原理的作用下,家礼与国法有了骨架;伦理—政治原理又赋予两者以特色内容。这些都显现了家礼与国法存在的客观性。但好比一个人,活着不仅仅是为了活着,还要有意义。那么,家礼与国法的存在或者说人们赋予它们存在的意义又是什么呢?笔者常常向自己提出这样的问题,但不论是在生活还是工作中,笔者总是发现,在人的世界中,人始终是原点,意义是最后的归宿,一切文化不外是意义的外化。照此说来,家礼与国法既有形式和内容,还有更为重要的意义存在。根据笔者对相关材料的理解,家礼与国法既有各自存在的直接意义,如修身、齐家与治国、定天下,同时,它们在终极意义上又有同一性,即某种"人之为人"的意义设定。这是一种人的文化观,笔者把它称为人的文化

① 概见《颜氏家训》和《温公家范》卷目。

② 笔者对此做过专门探讨。参见前揭拙著:《中西法律文化比较研究》,南京大学出版社2001年版,第46~51页。

原理。①

人的文化原理是指人类社会遵循"心主身从"的规律发展。"心主身从"的含义是心灵支配身体。为什么这样说？因为人是理性的动物，追求有意义的生活，文化是人类意义的表达，所以，一切文化具有人类性。人与文化的关系一本万殊，无论多么复杂的文化现象都是从人这个原点发散出去的，因此，文化原理可以还原为人的原理来认识。人的原理是什么？见解不一，我以为从人生论哲学出发，无论是作为个体的人还是群体的人类，本质上人的身体与心灵的关系，简称身心关系，是人的原理关系。这意味着人与自然、社会以及人与人之间的关系可以追溯到人的身心关系，也就是说，身心关系是以人为主体的各种关系的原型。

人的身心是一种什么关系，没有定论。经验和直觉告诉我们，梁漱溟先生所说的"心主身从"应是文明时代人的原理关系。② 它是人类进入了文明时代的标志，迄今仍然是人类文明的原动力，人类创造的一切文化背后都有这一原理支配的影子。因此，我将它称为人的文化原理。依据这一原理，可归入心的范畴的神或人、灵魂、意志、精神、文明等与理性相关的概念，与可归入身的范畴的人或动物、躯体、本能、物质、野蛮等与非理性相关的概念就有了对应关系。"心主身从"要求后者服从前者，准确地说是理性控制非理性，精神支配物质，神灵指导人类。人类文明共同遵循着这一人的文化原理，法律文化亦不例外。

人的文化原理在中国文化中的对应体现是"阳主阴从"。这一观念的核心是：世界本质上是道，道由阴阳构成，阴与阳的关系是阴阳结合阳主阴从。这就是道。用现代话说，即是事物构成的原理。③ 它是传统社会的中国人对宇宙、自然、社会、国家、家庭和人生一以贯之的基本认识。家礼与国法完全贯彻了这一原理，有近乎完美的体现。家礼中关于大宗与小宗、男与女、尊与卑、嫡与庶、祖与孙、父与子、兄与弟、夫与妻、妻与妾、长与幼、主与仆、内与外等，无不是阴阳结合阳主阴从的对应和体现。④ 阳主阴从在国法中的对应体现是德主刑辅。德代

① 笔者对人的文化原理有较系统说明，此处略加移用。参见拙文："人与文化和法——从人的文化原理看中西法律文化交流的可行与难题及其克服"，载《美中法律评论》(中文版)2004年12月总第1卷第1期；又见英文版 Human Being & Culture and Law, *US－China Law Review*, Feb, 2005。

② 梁漱溟著：《人心与人生》，学林出版社1984年版，第105～139页。

③ 冯友兰著：《中国哲学简史》，涂又光译，北京大学出版社1996年第二版，第142～153页。

④ 且以人伦之始的夫妇之道为例。《温公家范》卷八"妻上"曰："夫妇之际，人道之大伦也。礼之用，唯婚姻为兢兢。夫乐调而四时和，阴阳之变，万物之统也……夫天也，妻地也。夫日也，妻月也。夫阳也，妻阴也。天尊而处上，地卑而处下。日无盈亏，月有圆缺。阳唱而生物，阴和而成物。故妇人专以柔顺为德，不以强辩为美也。"

表阳性，刑代表阴性，德主刑辅隐喻阴阳结合阳主阴从。《唐律疏议》“序”所说的，“德礼为政教之本，刑罚为政教之用，两者犹昏晓阳秋相须而成者也”，言简意赅地揭示了德主刑辅与阳主阴从的关系。这是心主身从的人的文化原理在传统中国法中的经典表述。它支配着从家礼到国法的各种规范体系，形成一种权利义务不对等的主从式结构。如上述所列家礼中的诸对应关系和国法中的君臣、官民、良贱、师徒、父子、夫妻关系等，都是前后对应、互为一体，同时后者为前者所支配。

如果仅仅着眼于阳主阴从与德主刑辅在家礼与国法中的规范表现，我们可能一时难以察觉它们所隐含的人的文化原理的意义，相反，我们得到的是一种在今天看来殊不合理的等级压迫和专制统治。的确，这也是客观存在。但如果我们能够设身处地地去思考，把问题还原，即可发现家礼与国法的如是安排，恰是为了实现中国文化关于“人之为人”的精心设计，有它自己的道理，且不乏理想性。这样说，是因为中国文化认为，人的本质属性是德，礼是德的体现，孝是大礼，忠是大孝；人—德—礼—孝—忠—人形成人之为人的品行链；顺着这链条实践，合格者为“成人”，出色者为“贤人”，最优者为“圣人”。反之，不忠不孝、无礼缺德，则无异于禽兽。家礼正是为从正面训导一个人沿着品行链实践而设计的，国法则是从规范和矫正的一面设计的，两者相反相成，目标是使人成为有德有礼忠孝两全的人。在传统中国，这是文明人的标准，是心主身从的体现，是与阳主阴从的天地自然合德的表现，“天人合一”为此最高境界。①

毋庸讳言，这一人的文化原理已随其社会而瓦解，但对它曾经有过的历史功绩和心主身从的普遍意义，我们不能否认。家礼与国法正是因为这一原理的作用，对传统中国社会和生活于其中的中国人，才有了存在的意义。这一原理与自然—秩序原理和伦理—政治原理在血脉上是相通的，一以贯之者乃中国文化“和谐”之道，即“致中和，天地位矣，万物育矣。”②其内在理路为自然—秩序—伦理—政治—和谐。家礼与国法即本其道理而生，因其道理而存，并其道理而有意义。

三、家礼与国法的意义

传统中国社会在晚清发生了剧变——国法在“变法修律”中归于瓦解，家礼

① 董仲舒有很好的论述。参见前揭董仲舒《春秋繁露》注中的相关篇目。

② 语见《中庸》。

则一直处于消解中。作为完整的制度两者已不复存在,残留在民间的习惯和意识多是破碎或隐蔽的形式,生活中人们感觉甚微。所以,谈论它们的意义主要不是从现实和制度出发,而是从思想出发的。

在本文的准备过程中,笔者获有一很深的印象:家礼与国法不止自身是和谐的体系,也是社会秩序和谐的组成部分;如果将它们置于自然—社会—文化的大系统中,情形也是如此。依现代立法技术,家礼与国法的文本结构形式上也许未臻完善,但在中古时代,按中国文化理路,说它们是和谐的体系并不算过分。本文前面已有论述,阅者若能贯通理解《朱子家礼》和《唐律疏议》篇、卷、条内容结构的安排,当与笔者有同感。这是我们的传统,横向比较一下中世纪欧洲诸蛮族法典和地方习惯法,难道您不认为这要更先进一些吗?① 对于长期以来在法制建设方面抱有自卑心理的国人,难道这还不值得我们反省和重视吗?

关于家礼与国法,要想更好地理解它们的意义,就应把它们置于社会和更大的系统中来认识。传统中国社会的秩序构成是一个和谐的系统,家礼与国法是它的组成部分。传统中国的秩序构成与社会结构一致。传统中国是乡土社会,基本结构是家庭、家族、村落、社会、国家,家礼家法对应于家庭家族,乡礼乡约对应于乡里村落,帮规行规对应于社会上各行各业,国礼国法对应于国家社会。从家礼家法到国礼国法形成一条秩序链,家礼家法是这条秩序链中最底层的血缘秩序规范,国礼国法是这条秩序链中最上层的地缘秩序规范,乡礼乡约和帮规行规居于秩序链中血缘与地缘的结合部,一贯是官方与民间沟通、互动的地方。② 可见,传统中国社会的秩序构成是一和谐的系统,国法与家礼在这系统中真可谓顶天立地,是整个系统和谐的重要组成部分。也许正是因为这一点,它们对社会才能发挥出系统、和谐的功能,才有启发我们理解社会秩序构成与社会和谐的关联意义。

不限于社会系统,在由自然—社会—文化,也即天、地、人构成的大系统中,家礼与国法也是和谐的一部分,这是中国文化的一大特点。它认为天、地、人相通,万物各有其位;万物只有在其位,天地宇宙人类社会才是和谐的;自然秩序与

① 日本中国法律史大家仁井田陞转引中田博士的话说:"像唐律那样的刑法发达程度,可以说在当时世界上无有望其项背者,也就是说,连欧洲划时代的加洛林法典,不但在时间上比唐律晚了九百多年,其发达程度也不及唐律。甚至和欧洲19世纪的刑法典相比,唐律也毫不逊色。"参见[日]仁井田陞:"唐律的通则性规定及其来源",载刘俊生主编:《日本学者研究中国史论著选译》(第8卷),杜石然等译,中华书局1992年版,第102页。

② 前揭拙文:"乡约的诸属性及其文化原理认识",载《南京大学学报》(哲学人文社会科学版)2004年第5期。

人类秩序相联系,人类的失序会通过自然征兆表现出来给予警告,提醒人们纠正以重建被破坏的和谐系统。[①] 这是至今还缺乏科学根据的理论,但在古代世界,特别是在中国社会,却是发挥实际作用的哲学观念。这观念是中华文化之道,是传统中国构建和谐社会秩序的理念。[②] 家礼与国法的深处蕴涵着这一理念,我们在前面已有说明,家礼与国法内贯着自然—秩序原理、伦理—政治原理和人的文化原理,其实这三项原理恰是这一理念在自然、社会和文化上的表现。也许家礼与国法的文本与制度价值不再重要,但它们作为构建社会秩序的组成部分,努力与自然、社会和文化保持和谐这样的创制理念,确乎具有超时空的价值,在人类自身和与自然关系紧张的今天尤有意义。

(2005 年第 5 期)

① [美]成中英著,李志林编:《论中西哲学精神》,上海东方出版中心 1996 年版,第 173 页前后。

② 冯友兰著:《中国哲学简史》,涂又光译,北京大学出版社 1996 年版,第 15 ~ 18 章、25 章。

2006 年

民国时期法学的"全球意义"

——以三种法理知识生产为中心

刘　星*

针对民国法学的变迁,学界一直存在一个重要表达:迅速变革时期中的民国法学在面对外国法学时基本呈现了"移植接受"、"对抗拒斥"和"妥协折中"的三种状态。①

在我看来,这种"表达"的确反映了某些方面的实际情况,而且是某些主要方面的实际情况,但是,其也存在两个重要问题:第一,这种"表达"没有将其时的中国法学与外国法学的关系更为精细地加以考察,在三种状态中无形地建立了较为整体绝对的"中外法学彼此分立",遮蔽了另一层面的也许是颇有价值的民国法学"独立生产能力",以及由此而来的"世界法学性质的对话形态"。第二,与第一个重要问题相关,这种"表达"建立了一个"外国法律文化在遭遇中国法律文化之际是如何进入和如何受阻"的历史理解框架。这种框架,一方面强化了外国法律知识与中国法律知识在"政治"上的关联意义,亦即外国法律知识如何可以作为政治工具进而"富国强兵",或者,中国法律知识如何可以作为政治工具进而"抵御外夷"。另一方面这种框架淡化了外国法律知识与中国法律知识在法律层面上尤其是法学层面上的关联意义,亦即这种"表达"易使人们遗忘这一时期这两种法律知识与中国多元微观法律法学活动因素的复杂关系,从而使人们不能发现其时法学知识是如何与这种复杂的活动因素发生互动关联的。这种复杂的活动因素,不仅包括微观狭义的法律操作——如立法司法活动、对具体现实的"法律关注"等,而且包括法学运作的学术建制——如教学、研究、编辑、出版等。而就法学知识的本身特性来说,从这种互动关联的角度去理解民国法学变迁是更有意义的。

---

* 作者单位:中山大学法学理论与法律实践研究中心。

① 蔡枢衡:"中国法学及中国教育",载《中国法理自觉的发展》第四章,河北第一监狱1947年印刷;李贵连:"二十世纪初期的中国法学(续)",载《中外法学》1997年第5期;何勤华:"中国古代法学的死亡与再生——关于中国法学近代化的一点思考",载《法学研究》1998年第2期;许章润:"以法律为业——关于近代中国语境下的法律公民与法律理性的思考",载《金陵法律评论》2003年第1期。

上述两个重要不足，与忽视这一时期法学的“全球意义”有密切联系。

在本文中，我将围绕民国法律学者的一些法学文本以及其他历史资料，从细节上考察民国时期某些值得关注的“法理知识生产”。并以此作为进入路径，逐步揭示并且解释这一特定时期法学的某种全球意义，逐步揭示并且解释这些法理知识生产“如何可以成为世界法学生产的一个组成部分”（而非“中外法学对立”的一方），以及这些生产与其时中国多元微观法律法学活动因素的复杂关联。最后，我将表明，这些揭示和解释的深层意义是什么。

一

民国时期法理知识生产的表现形式是多种多样的。对于本文试图揭示并且解释的某种“全球意义”来说，首先特别值得注意的是“从微观法律经验入手，逐渐推理论证自己的法理观点”这一表现形式。

1934年，张志让发表《借英国法中许多希奇有趣之点来阐明法律的性质》一文。张志让在此文中的分析论证便属于这种表现形式。首先，从细节上，他着重分析了英国十七八世纪若干民事侵权案例中的法院判例以及其时普通法中的刑法，指出英国十七八世纪法律因为封建土地所有方式从而尤为保护不动产，而对动产和人的保护十分有限。随后，张志让转入考察英国十七八世纪以前的一些法律状况——如英国1436年的谷物出口法律和1463年的谷物进口法律，以及十七八世纪以后的一些法律状况——如1812年的惩治破坏机械行为法律。当然，张志让还细致分析了1890年斯坦利诉鲍威尔（Stanley v. Powell）民事侵权案的法院判决，指出其明显表现了并不关心对人的保护。他认为，英国十七八世纪以前的一些法律因为当时的经济需要，对谷物一类的动产保护特别明显，对不动产是不重视的，而这一时期之后，进入工业化的19世纪，法律对动产的保护非常类似十七八世纪以前。不过，不论何时，一个共同点是英国法律对物的保护超过了对人的保护。此外，张志让运用民国时期《惩治盗匪暂行条例》和其他民国时期刑法加以辅证，说明因财产恐吓和绑架会被处以死刑，而因侵犯妇女权益（如买卖、奸淫妇女）而出现恐吓和绑架仅处徒刑——这显然是着重保护金融资本产权，而对人身较为轻视。张志让进而指出，“富有财产的人……的身体是被他的财产所围绕起来了”，“法律向来是在这种人的手里产生的，所以它所注重的在财产，而不在身体”。因此，在张志让看来，法律的性质在于保护“握有生产机关的人的利益”。①

张志让的论证,不能认为是非常严密的。在材料使用上,其文本本身就提到了十七八世纪英国有关羊毛出口的刑罚规定,这种规定十分严厉,对运输羊毛者不仅钉悬示众,而且二次运输时处以死刑。在这里,人们似乎不能认为十七八世纪对动产的保护不能和不动产相提并论。此外,其文本主要是不完全归纳式的,极易遭遇相反的例证,从而使自身观点难以成立。但是,这些不是问题的重要之处。问题的重要之处在于作者运用细节化的经验推论,而且提出了自己理解的法理知识。作者首先提出问题。比如,开篇提出“人比财产为重,这是一句大家承认的话;然而在法律上却是不然……这何以见得呢”?(张文原话)然后运用上面提到的“法律经验”加以研讨,在此基础上推进深层次的问题和论证,继续运用“法律经验”,反复演绎辩驳,最后提出自己的法理理论。不难发现,这是法理知识的一种实质性的生产方式。另外,张志让借助法律经验论证法理知识,不是“通俗论说”的一种表述方式。法律是务实的,是解决社会实际问题的,因而是十分复杂的。因此,从复杂的法律经验中挖掘、推演法理知识,特别是一般性的法理知识,我们也就可以将其理解为无须凭借他者的扶助和支持即可展开而且深入,将其理解为法理知识的一种“具有独立能力”的生产过程。

张志让的学术运作方式在民国时期的其他一些学者的法学操作中也是可以见到的。例如,1933 年,在《法律与正义》一文中,江镇三通过西方国家以及日本及民国的丰富立法实践逐步分析论证了法律与正义的关系,认为与法律相关的现代正义的核心意义在于“中庸持平”。② 首先提出问题,然后在“法律经验”中推论,再设问再推论……使江镇三的法理生产方式类似张志让的方式。

有些民国法学学者则直接提出了这种法理知识生产的意义。在《法理学与近代法律变迁之趋向》一文中,维华指出:“吾人探讨法理学之先,必知法理学者既非‘术’之一种,更非哲学;乃研究法理之科学也……盖凡一种有系统之科学,必有具体之材料供其研究始可,如文法学必有方言为其资料;法学亦然。”③而在较早时期,陈启修和孙渠也有类似的言说。④

---

① 张志让:“借英国法中许多希奇有趣之点来阐明法律的性质”,载《法轨》(第 1 卷)1934 年第 2 期。

② 江镇三:“法律与正义”,载《法轨》1933 年创刊号。

③ 维华:“法理学与近代法律变迁之趋向”,载《南开大学周刊》1931 年第 100 期。

④ 陈启修:“护法及弄法之法理学的意义”,载《北京大学月刊》(第 1 卷)1919 年第 2 号;孙渠:“续中国新分析派法学简述”,载《法学季刊》(第 4 卷)1930 年第 6 期。

在众多民国法理知识生产的形式中，与前述张志让等人的学术运作相互区别的第二个值得注意的是"运用各种常识理论资源，逐步论证自己的法理观点"的形式。

1922年，吴经熊发表《法律的基本概念》一文。吴经熊在这篇文章中的分析论证即属于这种形式。在文章中，吴经熊提出了一个观点：法律的根基在于"理"，而"理"既是绝对的又是相对的。首先，为了论证法律的"理"既是绝对的又是相对的，吴经熊运用了"对'公平'的理解时常因时代不同而不同"的常识理论资源。他指出，"法律应该公平"这一陈述是普遍的，在任何时候都是不能舍弃的，否则也就违背了"法律的命意"。但是，公平内容则是变化的。中国古时视出妻为极为公平的事情，现代则不同，"因为我们的脑筋中只有离婚的事，没有出妻的事"。所以，从"公平理解"的相对性出发就可理解法律的理的相对一面。其次，吴经熊提出了"幸福理解总会因人而异"的常识见解，以此进一步论证"法律的理"的绝对与相对。他说，人人对幸福所提出的定义总是不同的，幸福定义随着我们观念的变化而变化。所以，"伊壁鸠鲁以身心逸乐为幸福，庄子以逍遥世外为幸福，老子以无为为幸福，孔子以大同为幸福，杨朱以一毛不拔为幸福"。当然，幸福是人人都要提到的。因此，涉及幸福问题的法律，其理既是绝对的又是相对的。最后，吴经熊运用了"权利自由总是有限"的常识理论来佐证自己的基本观点。他提出，尽管在某些时代一般人的权利自由的范围比较广泛，在某些时代是相反的，然而，"无论什么权利——即使我们现在所梦想不到的权利——也不可越出'不损害别人的权利'的限制"。"权利的名目不变，而权利的内容却是无定。"在这个意义上，涉及权利自由的法律是在绝对和相对的关系中确立发展的。①

法律原理在一定意义上的确和常识观念有密切联系，是以常识道理作为根由的。另外，运用常识理论资源论证法理观点，就像其他学术论证一样，其基础在于人们对常识理论的自然认同。常识理论如同日常经验一样，是人们难以否定的，于是也就可以用做推理论证的重要手段。虽然人们可以针对吴经熊的"法律的理既是绝对又是相对"的观点提出不同的看法，指出吴经熊的观点不过是"名实"问题的法学延续，②但是，我们依然可以认为，其不断搜寻常识理论，在复杂生动的常识理论和法理知识之间建立不断更新的学术思路，是法理知识的

---

① 吴经熊："法律的基本概念"，载《改造》（第4卷）1922年第6期。

② 吴经熊自己也提到"名实"问题。参见吴经熊："法律的基本概念"，载《改造》（第4卷）1922年第6期。

另外一种“具有独立能力”的生产方式。因为，这种生产方式依然无须凭借他者的扶助和支持就能在推论上展开和深入。

在民国时期的法理知识生产中，我们可以发现与吴经熊的《法律的基本概念》类似的学术运作。1923年，张君劢发表《政法上的唯心主义》一文。在这篇文章中张君劢论证了立法问题应由“衣食住行超脱者”，而不应由“衣食住行打算者”来解决的观点。张君劢的论证依据了两个常识理论：其一，“衣食住行打算者”总是难以思考真正的精神问题。其二，凡游戏展开之前总要先定游戏规则。对于张的论证来说，两个常识理论是相互关联的：“先定游戏规则”首先意味着“衣食住行无忧”。于是，只有“衣食住行超脱者”才能首先解决立法这种精神问题。[①] 张君劢的论证进路和吴经熊是类似的。另一明显的例子便是朱显祯1930年发表的《法律解释论》一文。[②]

作为一种“观点表现”的法理知识，在古今中外的法学学术中时常是“似曾相识”的。这意味着，针对法律法学问题而提出的“观点”，除了个性化的表达方式之外，大体上时常会出现“基本意思重复”的现象。但是，在对不同“观点”进行考察的基础上推进法学学理的增长，依然是可行的。在这个意义上关注民国时期“结合古今中外已成学说论证自己的法理观点”这一生产方式是必要的。其实，这种方式在众多民国法理生产方式中是值得注意的第三种方式。

1913年，李晋发表《法律与道德》一文。在文章中李晋主要论证了法律道德之间的复杂关系。他提出了几个观点：第一，古时法律与道德时常是不分彼此的，“法律之起源，亦即道德之起源”；第二，“法律所以治人，道德所以治己”；第三，“法律所以范围正当之行为，道德所以养成善良之风习”。李晋的核心思想在于“夫世界维持人类之大经有二，一曰道德，一曰法律，二者相需而不离……苟缺其一焉，则其国浸衰浸弱，驯至于亡”。在论证过程中，李晋考察了各种学说观点，如我们今天所称的古典自然法学理论、历史法学理论、社会法学理论、实用主义法学理论、中国古代法家学说，以及中国古代儒家学说。他提到了格劳秀斯、霍布斯等，还提到了孟子和古代罗马法学。李晋对于各种学说，逐一分析，指出其意义及不足。在他看来，大部分学说都忽略了法律与道德的紧密联系，即使个别学说重视了两者关系，但是这些个别学说依然没有在特定的“动荡社会”条件下揭示两者的独特关联。在社会激烈动荡时期，两者的相互依赖关系显得尤为重要：在两者之间不能认为其一是重要的而其一是次要的，它们只是互为内

① 张君劢：“政法上的唯心主义”，载《法学季刊》（第1卷）1923年第5期。

② 朱显祯：“法律解释论”，载《社会科学论丛》（第2卷）1930年第8、9期合刊。

外、相辅相成。①

从今日学术的论证层次和学理分析意识来说，正如我在前文提到的两种生产方式一样，李晋的学术操作是较为粗略素朴的。但是，李晋结合各种前人学说，逐一分析得失，推演自己论据，这样一种学术运作在当时民国初期具体知识环境下是极为需要提到的。这样一种运作，是以另外一种方式搭建"拥有独立能力"的法理探讨平台，其机制自然孕育着法理知识生产的所需条件，其学术旨趣显然在于推进普遍意义的学理增长。因为，其依然是依据各种理论资源逐步推演法理知识。

在当时丘汉平发表的《法律之语源》、黄右昌发表的《现代法律的分类之我见》、燕树棠发表的《自由与法律》的文本中，我们也能发现"结合古今中外已成学说论证自己的法理观点"的典型表达。②

当然，有一点是需要指出的：前面分析提到的三种民国法理知识生产方式并不是截然分开的，在一个或多个法学文本中，这三种方式有时是被民国法律学者交叉互用的。

二

我在前面着重概括了三种民国法理知识的生产方式。这三种方式在今天看来并不是新颖的，或者恰恰是人们所熟知的甚至所熟练运用的。但是，对于本文着重试图阐述的"民国时期法学的全球意义"，这三种方式是至关重要的。

第一，这三种生产方式基本消解了"中外二元对立"的预设前提。

就张志让等"深入考察微观法律经验与法理知识的逻辑关联"的学术策略而言，这些学者，实际上是在切断"中外二元对立"与"日常法律问题"这两者的某些纽带。这里的意思并非是说，其时并不存在"中国"（更为准确地来说是"传统中的中国"）问题以及外国问题。这里的意思是说，这些学者可能意识到在一定意义上中外二元对立与日常法律实践有时是不同领域的问题。作为"登记"、"订约"、"收养"、"惩罚"、"管制"甚至"诉讼"等日常法律实践，不仅可以是中国的，而且可以是西方的，甚至可以是其他世界地域的。同时，这种日常法律实践

① 李晋："法律与道德"，载《言治》1913年第1期。

② 丘汉平："法律之语源"，载《法学杂志》（第5卷）1931年第2期；黄右昌："现代法律的分类之我见"，载《中华法学杂志》（第2卷）1931年第8期；燕树棠："自由与法律"，载《清华学报》（第9卷）1934年第1期。

又是可以包含一定“普适”内容的,又是可以表明其中并不必然要么一定属于“外国的经验”,要么一定属于“中国的经验”,要么只能在中外二元对立关系或者亲和关系中加以理解。当在其中提炼法律原理的时候,提炼本身也就意味着即使是在外国法律实践经验中依然可以总结适用于中国法律实践经验的法理知识;反之,在中国法律实践经验中也是如此。某些法理知识,尤其是作为一般的基本法律原理的法律性质的知识,可以而且应当说明更多的世界地域的法律实践经验。诸如张志让的“法律性质在于保护有产阶级的利益”的观点、江镇三的“法律正义之间的‘中庸持平’”的观点,作为一类法理知识,就是不仅可以说明西方的法律制度实践,而且可以说明中国的法律制度实践,当然包括世界其他地域的法律制度实践。它们是非常重要的法律一般原理(尽管我们可以对其加以争论)。但是,其中完全可以并不包含“中外二元对立”的预设内容。

就吴经熊等运用“常识理论推演法理知识”的学术策略而言,民国这些学者同样是在自己的学术运作中淡化“中外二元对立”与“日常法律实践”的某些关联,尽管这种淡化就实际情况而言也许是不自觉的。常识理论时常是被人们所一般接受的道理论说,从学术经验上讲也是不易反对的,而且,总是在许多时代、许多地方被人们反复运用的。于是,这种理论也就具有了普适指涉的意义。就吴经熊所提到的“幸福总是因人而异”、“权利自由总是有限的”,张君劢所提到的“衣食住行打算者总是难以思考真正的精神问题”、“凡游戏展开之前总要先定游戏规则”这类常识理论而言,我们很难认为它们要么是中国的要么是西方的,或者是某个时代的世界其他地域的。在各种语言、国家、文化、民族中的思想文本中,我们其实不难看到它们的相似甚至相同的一般意思表述。毕竟,在某些情况下,各种文明总会遇到相似的生活经验因而从不同角度出发得出相似甚至相同的常识感受,进而概括同样的常识理论。就此来说,通过这样的常识理论发展出来的法理知识,也就不大可能成为仅仅带有“中国文化”标志或者仅仅带有“外国文化”标志的一些知识。这些法理知识,也就可以映射各种文明之下的相当一些法律实践(尽管不是所有的法律实践)。在这个意义上,“中外二元对立”的观念意识,在吴经熊等所展开的常识理论操作下的法理知识生产中,也就失去了可辨识、可把握直至可论说的踪迹。于是,对吴经熊等所从事的学术工作,人们需要努力发掘的不是“中外二元对立”背景下的法理知识的生产模式,而是“日常法律实践”具体语境中的法理知识的生产模式。

就李晋等“结合古今中外已成学说论证自己的法理观点”这一学术策略来说,民国一些学者是在更为明显地淡化“中外二元对立”和“一般法律问题”的相互勾连。考察古今中外已有成说,进而从中展开法理推论,实际上暗含着略去

"古代"、"今天"、"中国"、"外国"的法学最终权威的身份印记，略去"外国强者"、"中国强者"、"古代优秀传统"、"现代先进文明"的固定标志。显然，这里所说的身份印记和固定标志，在近现代极为容易成为"中外二元对立"的侧面表达和指示，甚至有时正是直接的表达和指示。比如，"古代"一词也许已经强调了"从古而来的中外不同"；"今天"一词可能已经暗示了"当下的中外对峙"；"优秀传统"一词也许已经直接呼吁了"中国应当对抗外国"；"先进文明"一词也许已经直接主张了"中国只能顺应外国"。当弱化这种印记和标志的时候，学术生产者也就等于是在避开"中外二元对立"的背景观念的控制，等于是在将"一般法律问题"视为相对独立的社会部分日常现象。同时，在这样的学术运作中，各种学说成为平等的参与理论交往的话语成员，其理论成立的合法依据在于学说本身针对一般法律问题而来的解释能力和论辩能力。这样，某些法理知识的思考，就不应该在从古到今的"外国权威"、"中国权威"的预设前提上加以展开。以往所有的已成学说，尽管可能的确是展现了针对某些一般法律问题而言的深刻理解，但是，随着时间推移和学者思想认识的推进，它们又必须重新接受审视和质疑。审视质疑的目的又在于再次深入体验"法律实践的日常场景"，从中搜寻挖掘法律本身也许具有的而以往学说并未揭示的机制结构。李晋的"法制与道德二者相需"的观点，以及丘汉平、黄右昌、燕树棠的法理观点，是在推开"中外权威"、"中外强弱"、"传统先进"等二元意义之关键词的基础上加以展开的。它们是在更为直接地切入"一般法律问题"。

近代以来，不论在政治文化领域里还是在其他社会文化领域里，"中外二元对立"一直都是一个前置性的基本知识范式。自从西方强势化的物质文明闯入中国之后，作为中国思想主体的中国知识分子时常容易首先站在"接受外国文明"(如"全盘西化")、"反抗外国文明"(如"祖宗之法")、"利用外国文明"(如"师夷制夷"、"中体西用")等观念角度去考察中国问题。这里所提到的中国知识分子当然包括中国的法律思想者。于是，诸如外国法律制度和外国法律思想等"外国法律文化"时常被当做"中国法律文化"的对立参照而被树为想象中的"他者"。这一"他者"要么成了可以被仿效的"先进范例"，要么成了可以被拒绝的"奇技淫巧"。这种"中外对立"的预设前提在一定意义上固然是可以理解的，而且也是需要理解的，毕竟当时的中国总是身处政治经济还有文化上(有时文化上的更加重要)的"殖民主义和民族主义"的争斗之中。但是，在这种"中外二元对立"中，具有一定普适通约的法律制度的具体原理问题研究终究被忽略了，人们更多地是从"宏观政治化的法律工具"——而非"微观法律化的法律内容"角度——去追究法律自身的机制。

与此不同,上面提到的从事三种法理知识生产的民国法律学者,总是自觉或者不自觉地在法理知识研究中设定了“法律原本问题”的学术预期,疏离了“中外二元对立”的预设前提,在这种学术预期和预设前提之间开辟了一段必要的而又带有学科边界意义的知识距离。同时,在他们所凭借的这种学术策略中,外国法律文化包括中国传统法律文化的话语霸权被悄悄地放逐了。因为在此,这些民国学者注意的不是外国或者中国传统的法学法律说过什么,而是实际的法学法律问题是什么,并且在细密辩驳的基础上展开法理推论。于是,在这些“预期”、“疏离”、“放逐”、“注意”中,我们也就可以发觉一种“全球意义”。

第二,这三种生产方式都未居守“地方性文化”的观念。

就张志让等人的法理知识生产方式而言,我们可以明显地发现,“普遍法理知识是如何可以从特定地域法律运作中挖掘提升的”。张志让等人的认知平台,其中既有具体微观的外国法律制度——如英国的侵权法、出口管制法,也有具体微观的中国法律制度——如民国时期的盗匪惩治法。然而这些具体法律制度仅仅表现了“具体例子”的指示意义。更为需要指出的是,这些具体法律制度作为“具体例子”也是可以相互替代的。换言之,将这些“具体例子”原有的地域国家标记加以更换,如在“中国……法”和“英国、德国、法国等……法”中置换“中国”与“英国、德国、法国等”的前缀标记,并不影响原有具体例子的解释功能。毕竟,张志让等人所运用的具体法律制度例子其所指示的内容时常总是在各个地域国家可以发现的。比如,不论在哪个地域国家,处理侵权、出口管制、盗匪惩治作为法律内容都是可以被发现的。这也就意味着这些具体法律制度在这种认知平台上并不带有文化意义的地方性标记。这也就意味着,经由这些具体法律制度而发掘提升的法理知识也是没有这种标记的。在这个意义上,我们也就可以深入理解,作为法理知识探讨,为什么其时李晋也在指出:“英人某曰:读法律万卷,不能见一爱字,盖言法律之酷薄寡恩。与《汉书·艺文志》叙法家者流,谓其去仁爱,任刑法,残害至亲,伤恩薄厚之言,东西若出一辙。”①

就吴经熊等运用“常识理论推演法理知识”的学术生产方式而言,我们同样可以明显地发现,“普遍法理知识是如何可以从特定常识理论中加以推论的”。我们当然很难认为所有常识理论都是没有地方性文化印记的。但是,我们的确可以认为,诸如吴经熊提出的“对‘公平’的理解时常因时代不同而不同”、“幸福理解总会因人而异”、“权利自由总是有限”,张君劢提出的“‘衣食住行打算者’总是难以思考真正的精神问题”、“凡游戏展开之前总要先定游戏规则”等常识

① 李晋:“法律与道德”,载《言治》1913年第1期。

理论,是没有地方性文化印记的。不论在中国还是在外国,我们自然可以发现这些常识观念是普遍的。因为,不论何种地域国家的社会生活,总会出现相互重叠的方面和内容。其实,一般而言,用来论证普遍法理的常识理论总是“普遍通约”的,毕竟作为论证对象的法理知识是希望说明所有法律现象的。这也是有些外国的法理知识在中国是可以运用的,相反,有些中国法理知识同样可以在外国加以运用的缘由所在。在这个意义上,地方性法律的观念注定会被吴经熊等人的“常识理论”的意识所疏远,从而在他们的法理知识生产方式中是难以留下痕迹的。

就李晋等结合古今中外各种学说论证法理知识的学术生产方式而言,我们依然可以明显地发现,“普遍法理知识是如何可以从各种地域里的成说中辩论产出的”。在李晋等人的学术操作中,“各种成说”作为例子是没有地域代码的。“各种成说”,仅仅是作为“例证”化的学术言说而被树为对话目标的。这些成说,即使略去民族、国别的身份标志,依然可以作为论辩对象加以审视。就李晋等人提到的格劳秀斯、霍布斯、孔子、孟子的理论,以及自然法观念、社会法观念、实证法观念的理论来说,我们很难认为只有这些个人或者这些派别才提出了被赋予“他(它)们地域”之名的特定观念,我们很难认为这些个人或者这些派别的理论要么是这个地方的思想观念,要么是另个地方的思想观念。实际上,除了语言表达以及阐述方式的修辞区别之外,其他地域的个人或者群体依然可能提出过了类似的理论意思。不论理论意思是谁提出的,在李晋等人的学术操作中,它们都需要作为没有独特地域代码的学术陈述被讨论,而这种讨论的目的则在于深入推进法理知识的理解思路。因此,地方性的观念,同样失去了其所依附的寄生场所。

应当指出,针对近现代以来的中国法学理论知识的生产而言,“地方性文化”的观念时常和“中外二元对立”的观念有着若即若离的合谋关系。在某种意义上,前者时常又是后者的延续,或者延伸,甚至成为后者的内在基石之一。不论坚守“地方性文化”互斥性的观点,还是主张“地方性文化”兼容性的观点,时常都是首先预设了“中国”的地方存在和“外国”的地方存在的二者区别。① 当然,这种区别不是地理意义上的,或者不仅仅是地理意义上的,这种区别基本上首先是“民族国家”意义上的。此外,从更为重要的方面来看,“地方性文化”的观念有时包含了“从中国看外国然后又从外国看中国”的考察立场,包含了欲从

① 尽管中国之中存在多种“地方”,外国之中也存在多种“地方”,但是,中国和各个外国之间首先就可以构成一个“多个地方”的关系。

这种考察立场出发去思索如何在两者中实现“改变中国”、“保留中国”、“接纳外国”、“反抗外国”的政治设想。没有人会否认,民族国家的“某些部分”具有自己的地方性,但是,伴随民族国家的各种交往包括政治对话(或者殖民或者抵抗)、经济交易、文化传输的展开,各个民族国家总会在某些方面或者某些问题上遇到相似甚至相同的法律焦点,从而形成在地方性上交叉互补意义上的共同法律对象,进而淡化法律地方性的“自我”和边界。另外,伴随民族国家各种交往的展开,过去处于“封闭”状态的地方法律文化总会因为“他者”法律文化因素的进入浸淫,从而逐渐开始从“自我是一个独立的存在”向“自己是世界的一个组成部分”加以转变。① 同时,即使各个民族国家之间没有各种交往,正如前文所提到的,各个民族国家依然可能遇到类似的诸如“登记”、“订约”、“收养”、“惩罚”、“管制”甚至“诉讼”等具体法律问题和法律实践。避开“地方性文化”的观念,并不意味着否定特定法律所具有的“地方性生成”的环境条件以及这种条件和法律的紧密制约关系,而是意味着使人注意到其他方面的法律知识原理所具有的广泛共享性和交互性。同时,这种避开也潜在地意味着(当然并不必然意味着)某个地方性法律并不具有所谓天然的先进性、“领导性”,以及一个地方性法律尤其是西方法律并不具有所谓的引导世界法律发展的现代性,而且也潜在地意味着应当淡化一种地方性法律的“优秀经验”以及另种地方性法律的“落后教训”的定式思考。于是,问题的重要之处,依然在于法律知识原理的本身构成,在于在一个地域的法律中是否依然可以发掘“普适通约”的法律理解。问题的重要之处,并不在于两种或者多种地方性文化之间的二元对立或者多元对立。

概言之,消解“中外二元对立”的预设前提,避开“地方性文化”观念的约束控制,并且在细节上演绎推论、反复辩驳,不论是否为自觉的,都标志着三种民国法理知识生产以及由此而来的法学具有“全球意义”,标志着它们可以成为“世界法学生产的一个组成部分”。而且,这种“全球意义”和“可以成为”,是直指法律原理知识本身的内在机制的。

三

那么,为什么我们可以看到具有“全球意义”的而且“可以成为世界法学生

① 在这个意义上,针对近现代以来的中国法律文化而言,很难使用“这纯粹是中国的”、“这纯粹是外国的”之类的表述。近现代以来的中国地域里的法律文化,实际上是一个不断自我生产的“既中国又外国”的复杂变动体。

产的一个组成部分”的民国法理知识生产的三种方式?

在我看来,我们首先应该注意这样一个现象:民国法律学者有时是以“世界学术成员”的姿态进行学术操作的,尽管这未必是有意而为的。当时,一些民国法律学者的确有如我们今天看到的那样言必称外国如何、国学如何,言必称诸如西塞罗、洛克、萨维尼、孔子、韩非子等“大师”,仿佛在其中才能吸取法律的基本原理。然而,有些民国法律学者则是试图讨论“法理的精微处所”,①其理念是“世界各国法律思想之趋势,与时俱进……”②其追求是“一切学术之性质,与时俱进……”③一些民国法律学者似乎试图以不经意的方式去淡化“或外国或中国的强势法学”和“或外国或中国的弱势法学”的对比关系,去淡化“经典法学”与“边缘法学”的位置理解,从而直接进入法律原理的自身结构。

在前面提到张志让的《借英国法中许多希奇有趣之点来阐明法律的性质》一文中,我们可以发现作者提到了当时著名的美国法律学者霍姆斯和英国法律学者塞尔芒德(John Salmond),并且对其提出批评。张志让指出,对于民事侵权行为的某些问题,这两位学者包括其他西方学者并没有很好地做出解释。显然,张志让具有在微观层面上展开世界学术对话的潜在动力,并不试图简单地在中外二元对立中对抗或者接纳外国法学和中国传统法学。揭示法律原理的自身含义,在张志让看来,是至关重要的。吴经熊在《法律的基本概念》一文中,为了展开自己的“法律的理”这一观点的论证,阐述了中国宋明时期儒家的相关概念以及欧美18世纪法学家的自然理性的概念,并且指出它们的“流弊”。在吴经熊看来,其实,后人应该意识到“理是个实事求是的理—固非玄想中之理,又非书本中之理,却是社会日常行事中之理……情即是理,理即是情,情和理固属一而二二而一的,万万不可分离而讲”。于是,我们也就看到了其时张君劢的这种评价:“盖吴君越脱成文法派之束缚,而为法界开一新生面之旨趣亦在是矣。”④前面一节提到的李晋的《法律与道德》一文,则是属于直接进入世界学术话语并且展开学术对话的文本,更为明显地表现了作者世界学术成员的姿态。此外,我们可以注意诸如费青、阮毅成、朱怡庵、萧邦承等人的文本,⑤在这些文本中,我们

① 吴经熊、华懋生:“法学文选序”,载吴经熊、华懋生编《法学文选》,上海会文堂书局1937年版。

② 丁元普:“法学思潮之展望”,载《法轨》(第1卷)1934年第2期。

③ 陈启修:“护法及弄法之法理学的意义”,载《北京大学月刊》(第1卷)1919年第2号。

④ 张君劢:“《法律的基本概念》之序言”,载《改造》(第4卷)1922年第6期。

⑤ 费青:“法律不容不知之原则”,载《法学季刊》(第4卷)1929年第2期;阮毅成:“从‘法’说到‘宪法’”,载《时代公论》1933年第87、89号;朱怡庵:“法的本质”,载《新兴文化》1929年创刊号;萧邦承:“社会法律学派之形成及其发展”,载《法轨》(第2卷)1934年第1期。

同样可以发现作者宽阔的世界学术视野和世界学术成员角色的担当。

为了理解前面一节概括的三种法理知识生产方式,我们其次应该注意另外一个现象:民国法律学者时常不仅注意到当时人们通常认为的“最为重要”的人物和文本,而且注意到人们通常认为的“较为次要”(甚至不重要)的人物和文本。

以燕树棠为例。在《自由与法律》一文中,他不仅考察了关于这一问题的各种外国学说,而且在参考文献中开列了相当一些并不十分显赫的法律学者著述,标注页码。正文中某些外国学说内容的阐述以及若干参考文献的标注,表明了作者对“较为次要”的法学著述的关注。就前面一点来说,在燕树棠的文本中,人们可以看到一些其时最为重要法学的人物思想和较为次要法学的人物思想所呈现的对立冲突的学术景观。比如,在介绍分析了人们熟知的英国法律史学者梅因的“从身份到契约”的这一著名现代性法学观念之后,燕树棠指出,英国的几位法律学者如波洛克、戴雪(Albert Dicey)、梅特兰(Frederic Maitland)等对“他的主张都有些批评”。[①] 从当代眼光来看,波洛克、戴雪和梅特兰等人也许已经是较为重要的法学人物。但是,在20世纪30年代以前的世界法学中,尤其是相对梅因这位当时已是历史法学的最为重要代表人物之一而言,他们的学术声音,则可以视为较为边缘的一种法学表达。就后面一点来说,也即参考并不著名的学者著述文献这一点,燕树棠在文章最后开列了包括诸如美国学者布朗(William Brown)的《现代立法主要原则》(Underlying Principles of Modern Legislation)、[②]德国学者盖瑞斯(Karl Gareis)的《法律科学导论》(In – troduction to Science of Law)等并非十分知名的法学文献。[③] 再如,黄右昌在《现代法律的分类之我见》一文参考了德国学者凯斯克尔(Walter Kaskel)的《法与经济》(Recht und wirtschaft)。[④] 朱显祯在《德国历史法学派之学说及其批评》一文中参考了德国学者施瓦奈特(Hermann Schwanert)的《法律与习惯》(Gesetz und Gewonheit)。[⑤] 吴经熊在《关于现今法学的几个观察》一文中,同样提到了诸如美国学者凯尔尼斯(Huntington Cairnes)的《法律和人类学》(Law and Anthropology)、法国学者包内凯斯(Julien Bonnecase)的《法律科学和浪漫主义》(Science du droit et romantiseme)、德国学者鲍兹(Alfred Bozi)的《法学的世界

① 燕树棠:“自由与法律”,载《清华学报》(第9卷)1934年第1期。

② 下文括号内法学著述斜体外文为“著作”,正体外文为“论文”。

③ 燕树棠:“自由与法律”,载《中华法学杂志》(第2卷)1931年第8期。

④ 黄右昌:“现代法律的分类之我见”,载《清华学报》(第9卷)1934年第1期。

⑤ 朱显祯:“德国历史法学派之学说及其批评”,载《社会科学论丛》(第1卷)1929年第10期。

观》(Die weltanschauung der jurisprudenz)等并不十分知名的法学文献。①

上面举出的民国学者提到的"较为次要"法学文献,并非是没有意义的,但是相对诸如霍姆斯、庞德、狄骥、萨维尼、奥斯丁等人"最为重要"的法学文献而言,在当时历史时期中的确是带有边缘色彩的。实际上,对最为重要的法学文献和较为次要的法学文献的全景式的关注,是在侧面表现了民国法律学者的世界学术成员的主体姿态。正是在这个意义上,我们也就可以理解诸如梅汝璈、吴经熊这样的民国法律学者为什么可以像美国法律学者庞德那样强调,其时不仅中国法学是缺乏中心的,而且世界法学也是缺乏中心的。② "一切正在酝酿震荡扰攘——这便是现在法学的状态。"③

此外,可以这样来说,将"最为重要"的人物文本和"较为次要"的人物文本加以融合,意味着将中心法学理论和边缘法学理论(相对而言)的界限逐渐消解,意味着贴近法学理论与法律实践的紧密连接。如果认为法学理论和法律实践有密切关系,法律实践是复杂的,体现着利益纷争和立场对峙,那么,"不仅关注最为重要的法学而且关注较为次要的法学",等于是在展现方位逐步扩展、视角逐步放大的对法律实践之多元结构和复杂变迁的关注,同时等于是在展现从微观上进入法律实践活动的一种学术尝试。毕竟,无论"最为重要的法学",还是"较为次要的法学",都是体现法律实践中的一些法律观念的学术表达。另外,将"较为次要的法学"的人物文本揭示出来,等于是为法理知识生产的学术运作准备了更为丰富的背景资源。一时"最为重要的法学"和一时"较为次要的法学"的主次关系时常是可以互换的。这意味着,某一时期被认为是较为边缘的法学人物文本在另一时期可以被认为是中心法学的人物文本,反之亦然。于是,通过全景式地将较为次要的法学和最为重要的法学纳入学术视野,人们也就不会遗忘总有可能成为最为重要的法学思想的所谓"较为次要"的法学。同时,人们还能洞悉较为次要的法学和最为重要的法学的内在深刻的学术权力关系,也即为什么特定时期的一种法学可以获得相对的学术领导权的地位。进而,人们可以在更深层次上拓展法学理论的思考资源并且进入真正广泛的法学全球视阈。

为了理解前面一节概括的三种法理知识生产方式,我们再次应该注意第三个现象:民国时期从事法理知识生产的一些学者时常如同外国某些著名法学学

① 吴经熊:"关于现今法学的几个观察",载《东方杂志》(第31卷)1934年第1号。

② 梅汝璈的提法,参见《时事月报》1933年8月专文栏。吴经熊的提法,参见吴经熊:《关于现今法学的几个观察》。庞德的提法,参见 Roscoe Pound, *The Rejection of Liberalism*, n. p. 1929, pp. 229-247。

③ 吴经熊:"关于现今法学的几个观察",载《东方杂志》(第31卷)1934年第1号。

者(如萨维尼、霍姆斯)一样,既精通法理学的一般理论,又深谙部门法的具体知识。换言之,这些民国学者的法学运作是全方位的,时常往返于法律的一般理论和法律的具体理解之间(包括法律教育)。

我们依然可以注意前面提到过的一些民国法律学者的法学学术运作谱系。以张志让为例,其不仅另外发表了一般法律理论论文,而且发表了《关于私文书盖章问题之举证责任》①等具体部门法问题讨论的文章。20 世纪 20 年代,张志让在大学中教授外国各种具体法律制度。② 江镇三除了撰写一般法律理论著述之外,另外出版了《新民事诉讼法要义》。③ 黄右昌另外发表了《县市自治法比较的观察与警察之关系》④等有关具体部门法的文章,另著有《刑事政策学》⑤等著作。1919 年,黄右昌还在大学教授继承法,并且亲拟内容层次分明、论辩细致的民事诉讼实习案件题目。⑥ 与张志让和黄右昌类似,燕树棠另就具体法律制度问题发表《过错主义可否为侵权责任之惟一根本原则》等文,⑦并且教授民法概论,指导过研究生张挹材的论文《司法调查》、崔道录的论文《隋唐法律思想与法律制度》。⑧ 丘汉平则撰写了《违警罚法》一书⑨和《票据法总则释义》一文。⑩ 诸如费青、阮毅成、朱显祯、李晋等,特别是吴经熊,我们在他们的著述中既能发现为数不少的法律一般理论的著述,也能发现数量可观的有关具体法律制度的著述。⑪ 此外,我们还能看到他们在法律教育中如何在从事着一般法律理论的

---

① 《法轨》(第 2 卷)1935 年第 1 期。

② 李贵连等编:《百年法学——北京大学法学院院史(1904 ~ 2004)》,北京大学出版社 2004 年版,第 84 ~ 85 页。

③ 上海华通书局 1932 年版。

④ 《中华法学杂志》(新 1 卷)1936 年第 4 期。

⑤ 北京大学出版社 1920 年版。

⑥ 李贵连等编:《百年法学——北京大学法学院院史(1904 ~ 2004)》,北京大学出版社 2004 年版,第 85 页。

⑦ 第 1 篇著述见《独立评论》1933 年第 60 期。其他著述刊见《北大社会科学季刊》,刊载情况参见李贵连等编:《百年法学——北京大学法学院院史(1904 ~ 2004)》,北京大学出版社 2004 年版,第 134 页。

⑧ 李贵连等编:《百年法学——北京大学法学院院史(1904 ~ 2004)》,北京大学出版社 2004 年版,第 170 页、172 页、175 页。

⑨ 上海商务印书馆 1937 年版。

⑩ 《法学季刊》(第 4 卷)1931 年第 7、8 期。

⑪ 比如,费青:"国际私法上反致原则之肯定论",载《国立北京大学五十周年纪念论文集》;李贵连等编:《百年法学——北京大学法学院院史(1904 ~ 2004)》,北京大学出版社 2004 年版,第 202 页;吴经熊编:《中华民国六法理由判解汇编·民法》,郭卫增订,上海会文堂新记书局 1947 年版。关于这些学者数量可观的其他具体法律制度著述,另可参见北京图书馆编:《民国时期总书目·法律》,书目文献出版社 1990 年版。

讲授之时展开具体法律制度的分析。

其实,正是这样一种运作方式和策略在一定意义上为其法理知识生产的较为细致的学理机制和论辩层次提供了丰富的知识资源背景,从而使其法理知识生产更趋"全球化",或说"世界化"。

在学术运作中将法律的一般理论和法律的具体理解加以结合(包括法律教育),可以使学者在带有实践性质、微观细致的法律思考中洞察法理的知识谱系。正如前面所提到的,具体法律理解中的问题时常是普遍的,是可以跨越地域边界的,是绝大多数民族国家总会面对的。因此,从中所发掘的法理知识也就可以具有全球化或说世界化的印记。民国学者的这种学术运作,尽管可能是不自觉的,尽管可能是当时某些条件的限定结果(如从事法学教育的人员较少因而一人身兼数种法律学科教育),但是,其毕竟在客观上瞄向了法理生产的世界目标。换言之,一定程度的法学学术生产社会分工的界限模糊,也许恰恰可使法理生产以及由此而来的法学呈现"全球意义"。

四

世界学术成员的姿态,对学术对象文本全景式的关注,以及将法律的一般理解和具体理解融合起来,是使民国某些法理知识生产及其法学呈现全球意义的"主观"的微观法学活动因素。现在,我们需要考察相关的"客观"的微观法律法学活动因素,以及这种"客观"因素和"主观"因素的关联意义。

首先,从事本文提到的三种法理知识生产的民国学者,其中相当一些在社会角色上不仅是法律学问研究者,而且是法律实践参与者。以黄右昌为例,1930年,其出任南京立法院委员[①]并任大法官等职。[②] 今天人们熟知的吴经熊,1927年任上海特区法院法官,1928年春成为南京政府立法院立法委员,[③]1930年开始从事律师职业,[④]1946年为中国宪法的起草人之一。[⑤] 1927年,南京国民政府

---

① 李贵连等编:《百年法学——北京大学法学院院史(1904~2004)》,北京大学出版社2004年版,第146页。

② 载 http://www. linli. cn/llxx/news/view. asp? NewsID =5&classID =5。

③ 王健:"超越东西方:法学家吴经熊",载《比较法研究》1998年第2期。

④ [奥]田默迪著:《东西方之间的法律哲学——吴经熊早期法律哲学思想之比较研究》,中国政法大学出版社2004年版,第79页。

⑤ [美]康雅信:"培养中国的近代法律家:东吴大学法学院",王健译,贺卫方校,载贺卫方编:《中国法律教育之路》,中国政法大学出版社1997年版,第272页。

设立法制局，着手起草各重要法典。时任法制局秘书的燕树棠于1928年负责民法亲属编中通则、婚姻、夫妻关系、父母与子女之关系、抚养、监护人、亲属会议7章，共82条等的立法起草。① 丘汉平则不断从事律师业务。② 在提到其时重要的东吴大学法学院的时候，有的学者指出，这所吴经熊曾任院长的法学院中的许多老师都参加过立法活动。③ 其实，当时的民国法律学者兼任法律实践者的社会角色有如今天法律学者一样是非常普遍的。

当然，兼任法律实践者的社会角色并不意味着可以生产“全球意义”的法理知识。然而，这种兼任的确是生产“全球意义”法理知识的一个必要前提，同时，对于某些前述学者来说又是一个充分前提。另外，一般而言，具体部门法的法律学问和通常法律实践始终有着些许不同的操作谱系和运作目标，于是，即使在与具体部门法相关的具体法律知识之中可以摸近“全球化”的法律问题，这依然不能替代现实中的法律实践者社会角色的独特价值。作为法律实践者，在法律实践中，必然需要具体化地解决具体现实问题。这些现实问题当然会与更为宏观的民族国家的“大”问题相互关联，但是，它们显然更会与更为广泛的日常生活“小”问题相互关联。为了解决日常生活“小”问题，法律实践者一方面要通过立法展开仔细应对，另一方面要通过司法以及其他法律运作展开深入活动。这样一些仔细应对和深入活动，自然会使法律实践者在更为广泛的日常生活“小”问题中感悟思考具体的法律问题。正如具体法律知识时常是普遍的、跨越地域边界的，法律实践者感悟思考的具体法律生活内容和对象，也是世界其他地域法律实践者时常所具体面对的。于是，在“微观”的法律实践中触摸具有普遍意义的世界各个地域总要面对的法律机制，也就具有了更为具体实在的基础和机会。我们完全可以想见，通过法律实践者这种身份角色的要求和体验，某些民国法理知识生产者自然而然将会在法理思考过程中置入具体日常法律问题的经验语境，在具体日常法律问题的思考中推入法理知识的理论跃动。

其次，民国学者当然包括上面提到过的一些学者，时常对现实中“公共化”的具体法律问题表达自己的具体“法律见解”。例如，1926年春夏期间，北京出现悬挂外国国旗事件，燕树棠以“召”为署名发表《北京城内的外国旗》一文，其中分析了“条约法律”的相关问题，提出了自己的政治立场，同时文中也指出了法律问题和政治问题的相互区别。④ 一个更为值得注意的例子则是，在颇具象

① 谢振民著：《中华民国立法史》，张知本校订，中国政法大学出版社2000年版，第906～907页。
② 丘汉平：“《历代刑法志》自序”，载丘汉平著：《历代刑法志》，上海商务印书馆1938年版。
③ 贺卫方编：《中国法律教育之路》，中国政法大学出版社1997年版，第292页。
④ 《现代评论》（第3卷）1926年第74期。

征意义的沈崇事件发生之后，费青发表了《皮尔逊强奸案翻案事答问》一文。费青提到，“这个复核结果当然是不当，从而违反了公道，但是狭义地或严格地讲，不能说它是违法。我并非在替美国辩护，更不是在反讥美国以违法为合法”。出于法学家的职业思考立场，费青从法理上深入分析了这一强奸案件的法律问题，而不是简单地进行“政治意义上的抗议”。① 我们可以认为，一般来说，在当时的宏观历史条件下，沈崇事件是极为敏感而且影响广泛的政治事件，这一事件刺激了其时中国民众多数对国外骄横势力的强烈不满和抵制情绪。在这种条件下，将其中的法律问题视为政治问题，是再容易不过的一件事情。然而，对待这样一个事件，“政治道理”和“法律道理”是可以从不同角度加以阐述的，而且也是可以通过协调从而相互支持的。深入来说，“法律道理”的阐述，即使在“政治道理”看来是不可接受的，其依然可以提醒人们注意为什么“法律道理”可以和“政治道理”失去彼此合作，从而提醒人们注意“法律道理”再次建构的独特意义，去分析法律道理的自身内容。在此，“法律道理”当然是有立场的，是支持一方同时不利他方的，但是，它应当具有自己的特定论证机制，并且重新构筑后可以以自己的知识力量去支持“政治道理”。事实上，费青后来正是在这个意义上撰写了《我们为什么要反对特别刑事法庭》一文，从中进一步分析了这一事件中的法律“道理”，进而从法律角度去支持国民的政治期望。②

对现实中“公共化”的具体法律问题提出法律自身的具体思考，尤其是在政治语境中剥离其中完全可能自我存在的法律问题，是法律学问研究者充实并且加强法律实践参与者这一社会角色的一种重要方式。“公共化”的具体法律问题，以及其中所包含的法律争议，可以强烈刺激法律学问者深入研讨“公共化”、“普遍化”的法律理解，从而去推进自己法律理论的“公共”理解和“公共”接受。同时，随着社会交往形式的普遍展开，特别是不同民族国家之间交往的展开，法律学问者自然也是期待自己的法律理论可以进入世界的语境，得到“世界化”的认同和接受（即使在极度政治化的语境中，人们依然会期待自己的法律理论具有政治意义上的“胜利”效果）。因此，在“公共化”的具体法律问题讨论中，法律学问者得以凭借更为强式的“法律实践者”的角色意义去加强法律理论和具体法律问题的关系，得以更为直接地面对普遍意义的世界各个地域总要面对的法律机制，从而，使自己的法理知识生产在更为积极主动的层面上走向“全球意

① 费青：“皮尔逊强奸案翻案事答问”，载《观察周刊》（第3卷）1947年第3期。

② 《北京大学半月刊》1948年6月。参见李贵连等编：《百年法学——北京大学法学院院史（1904～2004）》，北京大学出版社2004年版，第200页。

义”。当然,正如兼任法律实践者的社会角色并不意味着可以生产“全球意义”的法理知识一样,参与“公共化”的具体法律讨论也不意味着必定可以生产这种意义的法理知识。但是,在“兼任法律实践的社会角色”这一因素,以及后面将要提到的若干其他因素之间构成的相互关系中,这种参与则是具有重要意义的。

概括来说,法律学问研究者和法律实践参与者的社会双重角色担当,以及在社会中参与“公共化”具体法律问题的实践活动,是构筑“全球意义”的法理知识生产方式及其法学和具体法律语境相互勾连的“物质”条件之一。更为重要的是,这种角色担当以及实践活动,实际上是反向理解本文第三部分讨论的“世界学术成员姿态”、“将最为重要的文本和较为次要的文本加以结合”,以及“一般法律理论和具体法律知识相互融贯”这三个内容的一个关键路径。不断面对具体的法律实践问题,尤其面对并且积极参与“公共化”的法律实践问题的讨论,要求那些本身就具有“学问者”身份的实践参与者,主动去关注、理解世界各种表达方式所呈现的法律理论,主动去注意边缘化的法学文本,主动去熟悉并且运用具体部门法的知识,以拓展自己的法理思考的思想资源和论辩能力。特别是在重要的民族国家对抗中,这些主动关注就具有了品质独特的意义。在此(当然仅仅是在这里),可能与“人们的通常理解”恰恰相反,具体法律问题不会因为民族国家的对峙冲突从而“溶解”和消逝,具体法律问题反倒十分可能因为这种对峙冲突变得更为真实、更为迫切。自从近代外国列强开始“进入”中国以来,法律问题上的较量,从来都是政治斗争的一个不可或缺的手段武器。这恐怕也是林则徐在中国近代初期使用军事策略抵御“外夷”的同时又十分重视国际法律问题的翻译与研究的缘由所在,[①]也是当时东吴大学法学院运用外语研习法律,以期解决公共租界里的部分涉外法律问题的缘由所在。[②] 换言之,运用“法律道理”进行政治斗争,有时具有不可替代的关键意义。

最后,也就是第三个方面,从学术生产的微观制约角度来看,民国法律学者的学术出版、语言运用、相互传播,也是促使“全球意义”的法理知识生产及其法学得以实现的重要因素。就学术出版而言,民国时期已经出现了大量的法学专业刊物,如今天人们熟知的《法政学报》、《法律周报》、《法学杂志》、《法律周刊》、《法律评论》等,以及上文注释中提到的《法轨》等。这些刊物不断刊登专业论文,同时,这些刊物因为多具民间性质而且并无明显的“级别”之分,所以,所刊论文十分“百花齐放”,其中不乏各种“主义派别”,如张志让、朱怡庵、萧邦承

---

① 林庆元著:《林则徐评传》,南京大学出版社2000年版,第246~249页。

② 贺卫方编:《中国法律教育之路》,中国政法大学出版社1997年版,第261页。

等人的"阶级观点"、吴经熊等人的"新分析观点"、胡汉民等人的"三民主义观点"。此外,当时的法学著作出版也是蔚为可观。① 就语言运用而言,因为民国法律学者相当一些是有留学背景的,②对外语的掌握驾轻就熟,这使其可以没有任何障碍地直接掌握甚至直接运用外语进行学术运作。例如,在前述等民国法律学者的著述中,我们可以发现大量的外文文献的直接使用。就相互传播而言,民国法律学者不仅通过翻译评介方式大量地介绍了世界法学,而且通过相互评论进行国内法学交流,更有甚者通过外语写作直接与外国学者进行学术切磋。比如,吴经熊就是一个十分典型的例子,③其他一些在其时东吴大学法学院开办的英文杂志《中华法学杂志》(The China Law Review)上发表论文的民国学者也是如此。

学术出版的自由建制、语言运用的轻松自如和学术观点的交互作用,是全球意义的民国法理知识生产及其法学的文化介质。在这里,重要的是,这种柔性的文化介质和上面所述的微观法律实践以及"公共化"的具体法律问题讨论有值得注意的相互关联。自由的学术出版,可使学术作者以及学术读者从"多种主义"的文本中直接或者间接阅读微观法律实践的复杂思想立场,特别是其中所体现的"多重向度"的法理理解,从而靠近"全球意义"的复杂法学语境。语言运用的轻松自如,可使这些作者当然包括读者直接地把握"全球意义"的复杂法学内容,从而洞悉这种复杂法学内容和"全球意义"的复杂微观法律实践的隐蔽关系。学术观点的交互作用,也能促使这些作者以及读者从具体学理层面上深入思考法理知识的逻辑支点,深入思考法理知识的复杂生产,从而刺激"追寻'全球意义'法理资源"的学术动机。

另外,这种柔性的文化介质也和上面所述"世界学术成员姿态"、"将最为重要的文本和较为次要的文本加以结合",以及"一般法律理论和具体法律知识相互融贯"有不可分割的关联。在其时的自由出版机制中,一个期待,也即为了充分表达自己的学术理念从而不断通过对话、质询、论辩的方式去显现"与外国权威平等"的身份姿态这样一个期待,具有了现实的可能性。毕竟,在民间性质而且并无明显"级别"的自由出版机制中,时常隐含着"消解权威"的主体意愿。人们在这种自由出版机制中更为容易认为"对话应当是完全平等的"。从语言的交流顺畅来看,这种顺畅则使学者在具有世界学术成员姿态之际更为容易可以

---

① 北京图书馆编:《民国时期总书目·法律》。

② 郝铁川:"中国近代法学留学生与法制近代化",载《法学研究》1997年第6期。

③ [奥]田默迪著:《东西方之间的法律哲学——吴经熊早期法律哲学思想之比较研究》,中国政法大学出版社2004年版,第208页。

像运用母语一样搜寻进而关注"次要学术文本",同时深入理解其他民族语言表述的异国微观法律运作,从而展开世界化的学术对话。学术观点的交互作用,也是激励的直接要素,可以促使学者积极认识国内法学学术与国外法学学术的全方位的复杂内在关系,把握其中的路向和问题所在,从而推进全球意义的法学学术思索。

当然,在此也正如前面针对"法律实践者的社会角色兼任"这一问题所分析的,柔性的文化介质,并不注定导致上面所提到的"全球意义"的法理知识生产及其法学,导致"世界学术成员姿态"、"关注次要学术文本"和"将具体法律制度知识融入一般法律理论"这些值得关注的具体情形。毕竟,有的民国法律学者在这些条件中没有展开"全球意义"的法理知识生产进而推出"全球意义"的法学。但是,看到它们之间相互纠缠的必要联系,则是有意义的。因为,它们之间存在明确可见的制约联系。

五

现在,我们应该推进一个思考:对前面提到的具有"全球意义"的三种民国法理知识生产方式加以梳理,对前面提到的这些生产方式得以出现的"主观"以及"客观"活动因素加以分析,还有对这些因素相互之间以及其与这些生产方式之间的制约联系加以揭示,其深层意义是什么?

第一,从中我们可以得出这样一个结论:应当淡化对中国还有世界其他民族国家近现代相当一部分法学的"整体宏观的本民族国家和外民族国家二元对立"的预设理解。这里的关键理由,正如前面对民国时期法理知识生产这一个案所分析的,在于近现代以来,世界相当一部分民族国家的法学当然包括法理知识的生产总会和本文分析的类似的立法司法活动、对具体现实的"法律关注"、法律教学研究编辑出版等微观法律法学活动环境因素有着相互依托、相互影响、相互推动的内在勾连。

近现代以来,无论在外国还是在中国,随着民族国家进一步的发展,随着民族国家所面对的危机不断出现,随着民族国家之间交互往来的政治对垒、经济斗争,当然还有广义的文化冲突,人们十分容易从"本国与外国"的二元视角去理解法学以及法理知识生产的存在、机制和变迁,在这始终二元对照之中去理解微观内容的法学以及法理知识生产,并且在其中置入"民族国家"的宏大意识形态。从西方近代以来的诸如霍布斯、洛克、孟德斯鸠、卢梭、边沁、奥斯丁、胡果、萨维尼,当然包括现代以来的霍姆斯、柯勒、狄骥、惹尼甚至庞德,还有中国近现代以来的沈家本、伍廷芳、梁启超、董康以及本文提到或者没有提到的诸多民国法律学者，在人们对他们法学以及法理知识的多种理解特别是学术理解中，我们都能发现“二元对立”和“民族国家的宏大意识形态”是如何被纳入他们的法学以及法理知识生产机制的。这样一种纳入，基本上将法学以及法理知识生产化解为了“要么本国的要么外国的”，或者溶解为了民族国家政治意识生产的一个组成部分。

在此，没有人会否认法学以及法理知识的生产有时的确具有民族国家的原有法律文化或者外国法律文化的明显标志。法律生产的某一部分，以及由此而来的法学和法理知识生产的某一部分，当然有时直接或者间接体现为了“原有本国的”或者“域外他国的”表征。但是，需要注意的是，正如前文针对民国法理知识生产所不断分析提示的，其一，法律生产的更多部分是日常社会生活化的，法学和法理知识的生产更多时候是对应日常社会生活而自发动员的；其二，虽然一般日常社会生活也是权力斗争的，然而其始终和“‘一国’与‘他国’政治经济文化二元对立”意义上的民族国家之间的宏观权力斗争是有区别的；其三，世界各个民族地域的日常社会法律生活场景有着重复性和类似性；其四，近现代以来，随着民族国家的交往，一个民族国家的法律内容以及与此相伴的一个民族国家的法学和法理知识生产，总是“掺杂域内域外因素”的，从而很难认为“仅仅是该民族国家的”，倒是可以认为“是世界的一部分”，这是特别重要的；其五，随着“近代”步入“现代”，法律职业阶层是在不断凸显的；其六，法学和法理知识的生产，随着“近代”步入“现代”，总要甚至更加在某些方面和本文前面所讨论的诸如“法律实践者的社会角色担当”、“‘公共化’的具体法律问题探讨”、“学术出版的建制”、“语言种类的分享”、“学术观点的交流”，当然首先是“具体化的日常社会法律生活”的现实，相互裹挟。在这个意义上，针对近现代以来的法学运作，以“本国与外国”二元对立作为历史理解标志的“大历史观”，是不能而且也不应当笼罩甚至支配关于法学以及法理知识生产的“小历史观”。法学以及法理知识的生产，在一般情况下，特别是近现代以来，是应当在一般日常的法律环境中加以理解从而加以梳理的。法学以及法理知识的一般生产演化，未必体现了“本国的或者外国的”，未必体现了民族国家意识形态的“宏大”要求。

正是在这个意义上，我们也就可以重新理解，为什么作为显著例子的德国近代法学，特别是以萨维尼为代表的德国近代历史法学，一方面，不断要回应本国的具体法律实践——作为萨维尼这样的重要法学家不断要参与德国的微观法律实践；[①]另一方面，萨维尼本人还有其他当时德国重要法学学者，总会参考其他民族国家的法学研究，对其他民族国家法学的作品仔细分析并且做出评论。[②] 更为重要的是，我们也就可以重新理解，为什么德国近代历史法学可以在众所周知的德国民法典的制定过程中发挥了至今人们都颇为感兴趣的或阻碍或推动的作用。还有，我们也就可以重新理解，为什么正如坎特罗维茨所说的，恰恰是萨维尼这样的德国历史法学旗帜性的学者，提升了德国近代法学研究和德国法学学者在社会分工意义上的显赫地位。[③] 最后，我们也就可以重新理解，为什么德国近代历史法学可以在吸收其他民族国家法学知识的同时，逐步推动"世界法学"，并使自己成为"世界法学流通"的一部分。

正是在这个意义上，我们也就可以重新理解，为什么作为另外一个显著例子的英国近代法律实证主义，特别是以边沁和奥斯丁为代表的实证法学，一方面，不断要批评本国的法律传统，竭力倡导英国的法律改革；另一方面，奥斯丁这样的学者当然还有其他学者，特别关注其他民族国家的法学发展，奥斯丁不仅来到了德国，研究德国当时的各种学说，而且在赞扬德国一些法学的同时，对德国历史法学不屑一顾，甚至明确指出萨维尼的著名"小册子"（即《我们时代的立法及法学的使命》）不过是"外表华丽而内容空洞"的次等作品，与其1803年撰写的"法学极品"《论占有权》完全不可同日而语。[④] 我们也就可以深入理解，为什么奥斯丁本人从未放弃自己的法律实践，不仅早期从事律师职业，而且后来还参加

---

① 萨维尼在19世纪也担任过普鲁士立法大臣，而且根据某些学者的考察，萨维尼及其重要的法学教授朋友，不仅希望法律科学推动当时德国的法律实践，而且曾经多次亲自参与当时德国法院法令的起草工作。参见 John Dawson, *The Oracles of the Law*, Ann Arbor: The University of Michigan Law School, 1968, p. 456。

② 1841年，法国学者 Johann J. C. Foelix 来到德国学习，1843年出版了自己的法文法学著述并时而评论甚至批评萨维尼的理论。当时已经成为重要法学权威的萨维尼阅读了这部著述的第二版内容并有回应。1841年，美国学者 Josef Story 出版了自己英文法学著述的第二版。萨维尼阅读了这版英文原著并且给予了分析讨论。萨维尼在撰写《当代罗马法体系》的时候另外参考了当时意大利学者 Niccola Rocco 和英国学者 William Burge 的学术著述。参见 Gerhard Kegel, Story and Savigny, *American Journal of Comparative Law*, 37, 1989, pp. 40－43。

③ Hermann Kantorowicz, Savigny and the Historical School of Law, *The Law Quarterly Review*, 53, 1937, pp. 326－343.

④ 奥斯丁曾对德国抽象化的思考不以为然，他说，"我极为看中德国学者的著作，至为尊重德国学术界。但是，我不能欣赏，而只能原谅德国哲学的嗜好，这一嗜好就是晦涩、神秘和抽象"。参见 John Austin, *Lectures on Jurisprudence* (*edited and revised by Robert Campbell*), 5th ed.. London: J. Murray, 1885, Vol. Ⅰ, p. 325。对萨维尼的《小册子》和论文《论占有权》的评论，参见 John Austin, *Lectures on Jurisprudence*, Vol. 2, pp. 666－667; Vol. Ⅰ, p. 53。

了英国的刑事法律委员会，参加了英属马尔他的法律实务调查报告的撰写。①也是到最后，我们也就可以重新理解，为什么人们可以普遍认为，从世界法学的角度来说，恰恰是奥斯丁的法律实证主义使法学本身从近代的多学科融合之中独立出来，使法学从此可以具有自己独立的演化道路，而且使法学本身更为具有了世界流通的意义。

于是，法学历史研究即使是在最为凸显的民族国家对立的历史背景中，依然需要在相当一些方面去摆脱"本民族国家和外民族国家"二元对立观念的控制。

进而言之，为了理解近现代时期的民族国家的法理知识生产当然包括由此而来的法学，我们应该适当拉开"本国和外国、本民族和他民族的对立"问题和"一般法律活动"问题的彼此距离，甚至在必要之时切断它们之间的某些联系。而且，这样一种思考结果对于中国还有相当一部分世界其他民族国家近现代以来的其他法学内容，同样是适用的。

第二，对民国时期法理知识生产及其法学的全球意义予以考察，并且将其与当时的"中外二元对立"适当地予以隔离，有着另外层面的重要"法律理解"意义。这里的意思是说，在此我们需要一个"法律行动者"的视角。因为，从具体法律行动者的角度来看，当然主要是从参与具体法律实践的一般民众以及一般法律职业者的角度加以观察，只要社会资源是稀缺的，只要纠纷总是存在的。那么，上面讨论的一般日常化的法律问题和法理生产机制始终具有不可替代的社会存在位置，它们相对重大政治经济文化环境而言从来都不是可有可无的，而是具体常在的生活实际和行动实际。具体来说，不论时代的重大政治经济文化影响是如何展现的，或者存在或者缺席，一般日常化的法律问题始终是法律行动者的实践生活的一个组成部分。这意味着，具体法律行动者的视角，或者说是参与这种实践的一般民众和一般法律职业者的视角，决定了人们很难要从宏观的政治经济文化影响角度去考察一般日常化的法律问题。于是，针对以政治经济文化剧烈变动作为背景的民国法理知识生产以及法学，还有相当一些其他民族国家的法理知识生产以及法学，在其中探讨"全球意义"。而且，适当地将这种生产以及法学和"本民族国家和他民族国家二元对立"予以隔离，这些会使我们清晰感受"法律行动者视角在中国近现代法学以及世界近现代法学考察上"的重要价值。

其实，近现代以来，对中国包括世界其他民族国家的法学生产的考察总是忽略了"法律行动者"的视角，总是假定了"其他社会行动角色"的另类视角的独有

① Sarah Austin, Preface, in John Austin, Lectures on Jurisprudence, p. 4.

合法性，特别是当宏观的政治、经济、文化变迁看似十分惊心动魄的时候。① 本文不断提到的宏观"本民族国家和外民族国家二元对立"的思考框架，其基础正是"看似十分惊心动魄"背景中的某种社会政治行动者、经济行动者、文化行动者的视角感受。依赖这些视角感受，以及在宏观"本民族国家和外民族国家二元对立"里去考察法学生产，在某种程度上，等于是武断地运用了这些行动者的视角来压抑"法律行动者"的视角。这些前者视角感受，当然不是错误的，但是，这些视角和"法律行动者"的视角终究是存在差异的，是存在意向背离的。前面行动者的视角，不能替代后者视角的作用。因此，适度抛离"本民族国家和外民族国家二元对立"的理解框架，是在适当地恢复可能已被放逐的"法律行动者"视角的合法性，是将研究对象从其他视角束缚中解放出来的一种矫正操作。在这个意义上，"法律行动者"的视角，是零距离地深刻理解法律自身机制的必要视角。这种视角，可以让人们更为深入地反向理解为什么近现代的中国还有其他民族国家某些法理知识生产及其法学可以是全球意义的，可以成为"世界法学生产的一个组成部分"。还有，为什么法理知识生产及其法学和各种微观法律法学活动因素有着无法隔断的相互制约，以及为什么我们可以宣称：在近现代时期，中国还有世界其他民族国家才真正出现了现代意义的法律法学职业阶层。

概括来说，作为结论，认识民国法理知识生产及其法学的"全球意义"，梳理这种生产和其时的微观法律法学活动的各种因素的相互关联，其深层意义恰恰在于揭示以"近现代"作为历史标志的激烈动荡社会背景中的日常社会法律生活的"相对独立性质"，以及与这种性质具有紧密联系的"法律行动者视角"的认知功能。尤需强调的是，这种视角的认知功能，在民族国家迅速交互融合、激烈对立冲突的近现代历史阶段，对于民国法律以及法学生产来说，对于世界其他民族国家法律以及法学生产来说，相对前面提到的"本民族国家和外民族国家二元对立"观念，也许是更为重要的。

（2006年第1期）

---

① 这在近现代中国十分明显，如我们首先容易想到张之洞、康有为甚至孙中山等。

上海租界与上海法制现代化

王立民*

上海是鸦片战争以后出现的五个通商口岸之一。上海的法制现代化从租界开始。本文就上海租界与上海法制现代化问题做些探索。

一

上海法制现代化的进程始于租界。租界当局通过大量移植现代法制,使上海租界的法制率先实现了现代化。租界的存在与上海法制现代化紧密联系在一起了。确立租界存在的是1845年签订的《上海租地章程》(以下简称1845年的土地章程)。它又被称为“土地章程”、“地皮章程”、“地产章程”等。它是上海租界存在、发展的主要法律依据,故也有人称其为租界的“根本法”、“大宪章”等。[①] 以后,以它为依据又制定了其他一些有关上海租界土地方面的协议。它们在实现上海法制现代化中起了重要作用,主要表现在以下一些方面。

1. 为移植现代法制创造了某些地域条件

法制的属地性很强,任何法制都是一定地域条件下的法制。上海租界当局通过签订1845年的土地章程等一系列与租界土地相关的协议,取得了在上海的落脚之地,为移植现代法制创造了地域条件。

作为《南京条约》及其附件《五口通商附粘善后条款》的直接后果,1845年11月上海道台宫慕久公布了与英国驻上海第一任领事巴福亚签署的1845年的土地章程。[②] 这个章程规定的一个重要内容是承认英租界的地域。它东靠黄浦江,北至李家场(又称李家庄,今北京东路),南至洋泾浜(今延安东路)。第二年,即1846年9月又划定西至界路(今河南中路)。此时面积为832亩。[③] 从此,现代法制开始在上海登陆。

以后,上海租界不断扩大。这种扩大包含着两个方面:一方面是取得上海租

---

* 作者单位:华东政法学院(现华东政法大学)。

① 谯枢铭等著:《上海史研究》,学林出版社1984年版,第100页。

② 蒯世勋等编著:《上海公共租界史稿》,上海人民出版社1980年版,第44~50页。

③ 邹依仁著:《旧上海人口变迁的研究》,上海人民出版社1980年版,第92页。

界地域的国家扩大；另一方面是这些国家在上海租界的地域也扩大。随着上海租界地域的扩大，上海现代法制移植的范围也扩大了。

在英国取得上海租界以后，美国和法国也先后在上海取得了租界。美国根据《望厦条约》在上海取得租界。1848年美国圣公会主教文惠廉到上海，先在苏州河北岸地价低廉的虹口一带广置地皮，设立教堂，然后向上海道台吴健彰提出把虹口一带作为美租界的要求。当时，吴健彰只做了口头承诺。1863年英美两租界合并时，美国领事熙华德与上海道台黄芳商定了美租界范围，美租界正式确定了。法国根据《黄埔条约》于1849年4月由法国领事敏体尼与麟桂签署了租地协议。不久，法租界登场了。它南至城河（今人民路），北至洋泾浜，西至关帝庙诸家桥（今西藏南路附近），东至广东潮州会馆沿河至洋泾浜东角（今龙潭路），总面积为986亩。至此，英、美、法三个租界把上海交通最便利、地理位置最重要的外滩和苏州河口一带地段全都分割完毕。英、美租界夹持着苏州河口，英法租界占据着外滩。这给租界的社会发展和法制移植都造就了一个十分有利的地域条件。

上海租界出现以后，不久即得到了扩张。在这之中，英租界先迈出第一步。1848年英国领事阿利国利用"青浦教案"，向新任上海道台麟桂提出了扩充租界的要求。麟桂屈服于阿利国的压力，与其签订了扩大英租界的协议。这协议使英租界西面从界路延伸到泥城浜（今西藏路），北面从李家庄推进到吴淞江（今苏州河），净增土地面积2000亩。1854年7月英、美、法三国领事以上海小刀会起义后需要自我保护为借口，自行决定改订原有的土地章程，由租地人大会通过了《上海英法美租界租地章程》（以下简称1854年的土地章程）。① 这个章程使法租界有了较大的延伸，以致南至城河，面积扩大到了3800亩，是原来的3倍以上。1861年法租界先后在上海县城小东门外三次租地，使法租界在靠近黄浦江的边界扩展了650米，扩充面积达198亩。1863年9月英、美两租界合并，总面积达10,676亩。甲午战争以后，列强们掀起了瓜分中国的狂潮，上海租界再次扩张。1899年5月英美租界的地域扩张为：东至杨树浦桥起，至周家嘴角止；西自泥城桥起，至静安寺镇止，又由静安寺划一直线，至新闸苏州河南岸止；南自法租界八仙桥起，至静安寺镇止；北自虹口租界第5界石起，至上海县北边界限为止，再从此划一直线至周家嘴角。此次扩张后，英美租界更名"上海公共租界"。同年12月公共租界又一次扩张，使其总面积达32,110亩，比过去增加了2倍有

① 蒯世勋等编著：《上海公共租界史稿》，上海人民出版社1980年版，第53～55页。

余。[①] 公共租界得手后,法租界也紧跟其后,1900 年和 1914 年两次扩大租界面积,使其总面积达 15,150 亩,是 1849 年初定面积的 15 倍。[②]

另外,上海租界当局还通过越界筑路,变相扩大租界面积,而且扩张面积的前奏往往与越界筑路有关。1860 年租界当局以帮助清政府镇压太平天国为名,开始在租界以外地区筑路。以后便一发不可收拾。到了 1925 年,仅公共租界的越界筑路就有 41 条之多,面积 5 万亩。他们在越界筑路地区兴办公用事业,征收捐税等,如同租界。

此时上海市区绝大部分地区也是最为繁华和最具影响力的地区都在租界范围。这为上海移植现代法制奠定了地理环境基础,也为发展这一法制和扩大这一法制的影响创造了极为有利的条件。

2. 为建立租界的自治机构和制度提供了法律依据

上海租界发展的历史已经证明,它建立了一套自己的自治机构和制度,实际上是上海的"国中之国"。这一地位确立的法律基础是相关的土地章程和协议。确立了租界的自治机构和制度,就意味着上海租界有了自己的立法主体和立法权,可以合法地在上海租界建立自己的法制,具有了移植现代法制的权力基础。

1845 年的土地章程已经确立了英租界的自治机构和制度的雏形。它确定英国领事是英租界的自治者。此章程规定:英国以外国家的商人要在租界内建房、租房、屯物的都"须先禀明英国领事得其许可";租地人如果"欲设船夫及苦力头目"的,也"须陈报领事"。这个土地章程还附予英国领事以司法权,其自治制度可谓名副其实。它规定,违反土地章程的,由英国领事惩处。"嗣后英国领事,倘发现有违犯本章程之规定者,或由他们禀告,或经地方官通知,该领事均应即审查犯规之处,决定应否处罚。"以后,美、法两国的租界也在上海取得了相似的权利。

1854 年的土地章程更能体现自治的精神,也扩大了这种自治机构和制度。它把英国领事的自治权延伸到卖酒与开设酒馆等方面,规定界内无论中外之人,未经领事官给牌,不准卖酒,并开公店。根据这一土地章程的自治精神,公共租界始在租界设立了工部局。它是英租界和以后的公共租界的行政管理组织。它采用董事会制度。1865 年时规定,凡所缴纳的房、地各捐须在 500 两以上(各执照费不在内),或租赁房屋,年付租金 1200 两以上并缴纳捐税者,才有资格作为工部局董事会董事候选人。此董事会每年差额选举一次,但在历届董事会中,英

---

① 王立民著:《上海法制史》,上海人民出版社 1998 年版,第 182 页。

② 同上,第 183 ~ 184 页。

国侨民一直占有绝对优势，而华人董事到1928年以后才出现。[①] 工部局要处理界内的日常管理事务，包括：各种市政工程的建造、维修；制定相关的规章；负责警务及社会治安；经费安排，等等。为了有效管理界内事务，它还下设工务、警备、财政、防卫、电气、卫生、运输等20余个常设委员会和捕房特别调查、普通教育、特别电气、宣传等10余个特别委员会等机构，进行日常管理。可见，这是一个机构设置俱全的租界内自治管理机构，如同一个自治政府。

1869年的土地章程在自治方面走得更远，竟然规定在租界内建立纳税外人会及其制度。[②] 此会又称“外人纳税会”、“纳税西人会”等，全为外人组成，是公共租界的主要议决机构，起了“市议会”的作用，其地位在工部局之上。根据此土地章程的规定，置有价值至少500两地产，每年缴纳房地捐10两或10两以上者，或者其租赁的房屋，每年缴纳由工部局估定的租价满500两或500两以上者，有资格成为纳税外人会成员。据20世纪30年代初的统计，其中的成员在2000至3000人之间。但是任何华人都不可参加此会，被排斥在外，尽管他们所缴的捐税大大超过外人。我国学者王世杰曾在《上海公共租界收回问题》一书中说：“上海公共租界内的华人，虽然没有参预市政之权，他们对租界行政费用的负担，并不因是而减轻，实际上他们所纳的税捐大大的超过外侨所纳的税捐。”[③]事实也是如此。上海公共租界的主要税入，第一为房税，第二为土地税。据1925年的统计，华人的纳税房屋达65,471栋，外人只有4627栋；华人所缴房税总计达2,021,702两，外人只有1,763,385两。另外，地税中的60%～70%亦来自华人。[④]

纳税外人会通过会议制度来行使它的权力。会议分为年会和特别会两种。年会是每年举行一次，时间定在4月初，议决预决算、捐税、选举地产委员会等一些租界内的重大事项。议决问题通过投票方式确定，本人不能出席的，还可以委托其他代表代为投票。特别会议讨论的事项主要是两项，即审批工部局所制订的法规附则和议决界内的其他重大紧急事项。它的召开时间无定期，出席人数也只要达到1/3就可以了。可见，纳税外人会是上海公共租界内由外人控制的

① 史梅定主编：《上海租界志》，上海社会科学院出版社2001年版，第183～184页。

② 纳税外人会的前身是租地人会议，由其来议决租界的重要事项。1846年租地人召开第一次会议，商讨这一会议的职责等事宜。1854年英国、美国、法国三租界正式确定租地人制度。纳税外人会的自治作用大于租地人会议。

③ 王世杰著：《上海公共租界收回问题》，太平洋书店1927年版，第9页。

④ 史梅定主编：《上海租界志》，上海社会科学院出版社2001年版，第173～174页、202～205页。

议决机构,实际上也是权力机构。

在上海公共租界里,有了自己的自治机构,其中包括议决、权力机构纳税外人会和行政管理机构工部局等,还有与之相适应的制度,其自治就变成了顺理成章之事。上海法租界也有一套相似的自治机构和制度,只不过名称有点差异,其议决机关称为选举人大会,行政管理机构称为公董局。另外,这两个租界还建立有警政机关、监狱等其他一些组织和设施,一起为自治服务。在上海租界的自治条件下,上海租界当局就可自行决定引进现代法制,不会有权力上的障碍,这种移植也就能从可能变成现实了。

3. 为直接移植现代法制做了明文规定

在上海租界的土地章程中,还直接规定了一些移植过来并建立的现代法制,归纳起来主要是以下这些方面。

(1)建立巡捕及其制度。1854 年的土地章程提到了建立巡捕的问题,规定:“设立更夫或巡捕。”这意味着可以在上海公共租界内建立现代的警政制度,设立现代的警政机构和人员。在以前,上海公共租界只设更夫,不设巡捕。他们之间有明显的差别:更夫只在夜间报更鸣警而已,巡捕则是现代的武装警政人员,性质完全不同。从那以后,巡捕及其制度作为一种现代警政人员和制度便在上海出现了。1854 年就在工部局下设警务处,正式设置巡捕。不久还函聘了在香港巡捕房任职的克列夫登到上海公共租界任总巡。1855 年 4 月阿利国和工部局正式签字,把巡捕房作为一种常设机关。1884 年工部局还颁行了《公共租界工部局巡捕房章程》。① 此章程共有 30 项,内容涉及巡捕、巡长、译员的职责,巡捕服务条件,巡捕的住宿、膳食、请假等一系列现代警政制度的内容。随着世界警政制度的发展,20 世纪 20 年代,工部局当局又修改了这一章程,使其跟上这一制度的发展。修改的内容包括使用警械的条件、拘捕疑犯、破门入室、着装等许多方面。公共租界的巡捕机构称为巡捕房。到 1935 年时,其机构已很庞大,以致不得不分为中央巡捕房和分巡捕房。中央巡捕为 1 个,下属有管理处、缉捕股及特务股、武装后备队、车务办事处等近 10 个机构。分巡捕房有 13 个,分设在虹口、老闸、新闸、杨树浦、嘉兴路、普陀路等地区。随着机构的庞大,巡捕人数也不断增加。1883 年共有巡捕 200 人,1930 年已达 4879 人,1935 年多至 6000 人左右。法租界也建立了相似的巡捕及其制度。② 上海租界的巡捕及其制度从一个侧面反映,上海租界的警政制度已基本实现了现代化。

---

① 史梅定主编:《上海租界志》,上海社会科学院出版社 2001 年版,第 700 ~ 704 页。

② 王立民著:《上海法制史》,上海人民出版社 1998 年版,第 248 ~ 254 页。

(2)建立领事公堂及其制度。1869年的土地章程规定在公共租界内设立领事公堂,由其来受理控告工部局及其经理人的案件,它实际上是一个类似于行政庭的司法机构。其具体内容为:凡控告工部局及其经理人等者,即在西国领事公堂投呈控告,系于西历每年年首,有约各国领事会同会议,推出几位,名曰领事公堂,以便专审此等控案。1882年7月《上海领事公堂诉讼条例》①被批准实施,领事公堂制度正式运行。此条例共有9条,内容涉及公堂的人员设置、公文来往、聘用代理人或律师、答辩书、诉讼费、保证金等一些方面。领事公堂的法官全由外人组成。他们根据土地章程及相关规定进行审判。因为,他们既不能适用中国法律,可其他国家的法律又存在不一致的地方,也无法以那个国家的法律为依据。它的诉讼程序是现代的诉讼程序。一般先由原告或其代理人向领事公堂提交起诉状。诉状中写明原、被告人的概况、诉讼请求和所依据的事实和理由、证据及其来源等。经公堂对所有起诉条件和受案范围进行审查合格后,便立案开始受理此案。接着,公堂会通知被告人应诉并送达起诉状的副本。被告人应在规定的14天内递向公堂递呈答辩状。庭审时,原、被告人要宣读起诉状、答辩状,提出证据,进行辩论,最后法官进行判决。这些都按现代的诉讼程序进行设计和操作,是一种现代化的诉讼制度,与中国传统的"厌讼"为导向的诉讼制度明显有别。

(3)建立了其他制度。在土地章程中还规定了其他一些类似于现代制度的内容,这里以罚款为例。在土地章程中,多次提到罚款的规定,其用词为"罚银"。在1854年土地章程中,因禁止华人用易燃物质造房等问题,在同一条款中就4次使用了罚银的办法。其中涉及罚银方式包括:按月罚银、按次罚银和初次、再次罚银等。它规定,禁止华人用蓬、竹、木等易燃物品造房,并禁止储存硝磺、火药等,违者初次罚银25元;如不再改,每月加罚25元。又规定,华人造房屋的木架和木砖等建筑材料,都不得阻碍道路,如有违反,每月罚银5元;如果有往来遛马、肆意喧嚷、滋闹等事的,每次罚银10元。从这些规定可见,租界当局已建立了罚款制度,能很熟练地使用罚款方法。在中国传统的法制中,刑法是主要部门法,泛刑主义泛滥,大量类似于现代的行政和民事违法行为都要被处以刑罚,很少使用罚款这样的行政制裁手段。1854年土地章程中移植了现代的罚款制度,使其在租界的法制中得到运用,为上海法制现代化增添了一个方面的内容。

---

① 蒯世勋等编著:《上海公共租界史稿》,上海人民出版社1980年版,第248~249页。

二

综观上海租界移植的现代法制和法制现代化的进程，其在以下这些方面率先于上海华界而实现了法制现代化。上海华界的法制现代化启动于20世纪初的法制改革，上海租界的法制现代化领先于华界一步。它的以下这些方面均在20世纪初或在此前就通过移植的方式而实现了法制现代化。

（一）现代的法规体系

上海租界以现代立法理念为指导，在租界建立了自己的现代法规体系。除了土地章程以外，这一体系中包括有组织、治安、邮政、路政、建筑等方面的内容构成。每个方面都有代表性法规成为主干，下面列表显示。

涉及内容	代表性法规名称	时间	资料来源
组织方面	《公董局组织章程》	1866年	1866年7月14日《字林西报》首次公布。
治安方面	《公共租界工部局治安章程》	1903年	史梅定主编：《上海租界法》，上海社会科学院出版社2001年版，第690～699页。
邮政方面	《工部书信馆章程》	1893年	史梅定主编：《上海租界法》，上海社会科学院出版社2001年版，第687～690页。
路政方面	《法租界公董警务路政章程》	1869年	史梅定主编：《上海租界法》，上海社会科学院出版社2001年版，第712～714页。
建筑方面	《公共租界工部局中式新房建造章程》	1901年	史梅定主编：《上海租界法》，上海社会科学院出版社2001年版，第708～712页。

这些法规都有一个具体的调整对象，其中的内容都围绕其而展开。每个法规都相对独立，不是诸法合体性质。比如，《工部书信馆章程》涉及的内容包括：邮资、邮票、存款账户、邮件尺寸、包裹、书信馆的责任、姓名地址的书写、投递时间、客户意见、挂号邮件、个别的业务合同、变更地址、私人住宅和使馆等处应设置信箱等方面。根据需要法律调整的对象，上海租界当局就逐渐制定一些相关法规，使其形成一个体系。直至整个体系中的法规综合起来，基本可以满足社会发展的需要为止。以上的这个体系只是初步的，还要与时俱进。上海租界法规

体系的完善是在20世纪二三十年代的时候了。

上海租界当局建立的是现代法规体系,从西方国家引进,与中国传统的法律体系不同。在中国传统法律体系中,尽管有部门法的内容,但除个别部门法有法典外(如唐律是一部刑法典),其他部门法都无专门的独立的法典。其内容要么散见于法典之外的规范性文件中,要么集中在综合性法典里,形成诸法合体的法典。这是一种不发达的法律体系,与上海租界的法规体系明显有差异。这种差异是一种现代法规体系与传统法律体系的差异。上海租界在这一方面先行了一步。

(二)现代的法规结构

上海租界当局制定的法规都具有现代的法规结构。首先,采用"章程"的称谓。以上所列五个方面的法规都称以"章程"。这种称谓在中国传统法律、法规称"律"、"刑统"、"令"、"敕"、"制"等,都与"章程"不同。其次,采用款、条的排列方式。在那时内容稍多一些的法规中,都采用款、条排列方式。《公共租界工部局治安章程》就采用了这种排列方式。它共有25款,每款之下又设有不同数量的条。第1款为"西客栈及大餐馆",下设11目,内容涉及不可顶替他人执照、查验酒的人员和方法、开闭馆的时间、转租、不准留宿的情况、不准滋事赌博等一些方面。第4款为"渡船",下设6目,内容包括了不可顶替用执照、听从巡捕的命令行船、有遗物交巡捕房、损害赔偿等一些方面。在中国传统的法典、法规中没有这种明示的款、条排列方式,就是在中国法典楷模的唐律中,也只有条,无明指款等排列方式。最后,采用款标的做法。凡设有款的章程中,都设有款标,一款一标。它明示其中的内容,使阅读人一目了然。以上的"西客栈及大餐馆"、"渡船"就是款标。《公共租界部局治安章程》的每一款都有款标。比如,第2款为"大小弹子房",第3款为"驳船",等等。中国传统的法典中不在正文中设款标。《唐律疏议》中有律名、条标,但条标只设在目录中,正文中无条标。《宋刑统》中有律名和门标、条标,但突出的是门标,正文中条标又与法条分离。上海租界法规的结构是现代法规的结构,使用了现代的立法技术,明显优于中国传统法典的结构。

(三)现代的法制语言

在上海租界颁行的法规中,不仅都使用白话文,古汉语不见了踪影,而且,还大量使用现代法制语言。当然,这些语言是从英、美租界或公共租界中使用的英语和法租界里使用的法文翻译而来。正因为如此,这些法制语言都是现代法制语言,不再是中国传统的法制语言。它们从一个侧面说明上海租界的法制已开始现代化了。这些法规中的用词、句子都能体现现代法制的语言,有的至今还在使用。因为这类语言太多,只能举例证之。《公共租界工部局巡捕房章程》中有“原告”、“被告”、“审问”、“拘送惩罚”、“一经查出照例惩罚”、“禁止虐待牲畜”、“不准燃放爆竹”、“不准将垃圾倾倒路上”等。与这一语言相关的时间、重量、长度和价格等用语,也都现代化了,是一种现代的表述方式。时间的表达用公历纪年,用年、月、小时、星期等;重量用盎司、磅、吨等;长度用英寸、英尺等;价格则用元、角、分等。《工部书信馆章程》多次使用了这样的单位名称:“上午”、“下午”、“8时”、“6时”、“二小时”、“17点钟”、“星期一”、“星期六”、“1盎司”、“1磅”、“1分”、“25分”等。《公共租界工部局中式新房建造章程》大量使用“4英寸”、“2英尺”等。《公共租界工部局治安章程》则常用“三元”、“三元五角”、“二十吨”等。在中国传统的法律里则大量使用传统的法律语言。《唐律疏议》中使用了“十恶”、“八议”、“杖”、“笞”、“皆勿论”、“上请听裁”、“奏听敕裁”、“匹”、“尺”、“八刻”、“二更二点”等一些传统的语言。它们与上海租界法规中的法制语言大相径庭,而这种不相同正好反映了它们法制的不同,上海租界法制已属于现代化法制了。

(四)现代的审判制度

上海开埠以后,上海租界实施了领事裁判权,率先于上海华界而推行现代审判制度。这一制度体现了公开、公平、公正等现代的审判理念,移植了现代审判制度。除了上述领事公堂已运用的现代审判制度以外,当时上海租界的其他审判相关也同样使用了这一制度。其内容涉及法官和陪审员、原告人与被告人、公诉人、代理人与辩护人、翻译人员、庭审程序等。在会审公廨中,这一制度已基本成熟。上海公共租界会审公廨根据1869年的《洋泾浜设官会审章程》的规定和精神,受理的案件是那些发生在公共租界内的民事钱债交易和刑事窃盗斗殴等的案件;法官由上海道台派出的人员与领事官组成;公诉人由巡捕房派员担任;律师出庭担任代理人或辩护人;华洋诉讼案件,领事官可派员作为陪审员参加庭审;庭审时如有洋人作为诉讼参与人的,不定期要派翻译人员出席;庭审程序包括宣读诉状和答辩状、双方责证、辩论、判决等。① 上海法租界的会审公廨也贯彻了《上海洋泾浜设官会审章程》的规定和精神,但与公共租界会审公廨的规定稍有不同。比如,纯属华人相讼的案件也有领事参与审判等。以上的这些现代的审判制度得到了实施,现存上海档案馆的一个关于上海公共租界会审公廨审判的一个关于窃电案的记录,可以基本反映这一审判制度。② 上海租界的现代

① 杨湘钧著:《帝国之鞭与寡头之链》,北京大学出版社2006年版,第二节。

② 上海市档案馆,卷字号:U1-2-704。

审判制度与中国传统的审判制度迥异。相比之下,中国传统审判的弊端显而易见,如同前人所言,"中国地方官吏,无论钱债细故,人命重案,一经公庭对簿,先须下跪,形格势禁,多有不能曲达之情。况又不延人证,则曲直不易明。"①上海租界使用现代审判制度代表了中国审判制度发展的方向。

(五)现代的律师制度

在上海租界移植了现代的审判制度同时,也引进了西方律师制度。英国领事法庭最早在审判中使用律师,以后其他的各国领事法庭也纷纷引用本国的律师制度,允许律师出庭。正如学者陈同所言,"各国领事馆纷纷设立了领事法庭,按照他们自己的法律制度来处理法律事务,而其中也包括了律师制度"。②以后,《上海领事公堂诉讼条例》专门提及了律师问题。它规定,诉讼事宜,须亲自或请代理人办理;原告延用律师出庭与否,听其自便。由于此时还没有中国律师和律师制度,因此那时律师都是外国律师。律师制度也来自西方。这一制度的内容包括:律师出庭的条件、律师的权利与义务、律师的收费,等等。比如,律师要在会审公廨出庭的,须在会审公廨注册;外籍律师要得到本国领事的许可证明;等等。③ 上海租界的审判机构在20世纪初前已广泛在庭审中使用律师。有人曾对1901年前领事公堂审案中广泛聘用律师做过这样的描述:"华洋互审以来,尤多交涉事件。余观英、法二公堂中西互控之案,层见迭出。无论西人控华人,须请泰西律师以为质证,即华人控西人,亦必请泰西律师。"④这些外国律师在庭审中也确能发挥作用,起到了辩护或代理的作用。"案无大小,胥由人证明其曲直,律师辩其是非,审官研鞫而公断之,故无黑白混淆之弊。"⑤以后,这一制度继续被沿用,在一些具体的案例中,也可以看到律师确实发挥了自己的作用。1902年"《苏报》案"的原、被告都聘请了律师,法庭上双方律师唇枪舌剑,最后的判决结果没有完全实现清政府的意愿。⑥ 中国传统上没有律师,只有讼师。他们以帮助诉讼当事人拟定诉状、介绍诉讼程序和注意事项等为业,与上海租界的律师有本质的区别。上海租界的律师及其制度的出现是一种历史的进步。

(六)现代的监狱制度

上海出现租界以后,英国、美国、法国三国先后建立了附设于领事法庭的监

① 《皇朝经世文新编续集·法律》。
② 陈同:"略论上海外籍律师的法律活动及影响",载《史林》2005年第3期。
③ 王申著:《中国近代律师制度与律师》,上海社会科学院出版社1994年版,第127页。
④ 《皇朝经世文新编续集·法律》。
⑤ 同上。
⑥ 徐家力著:《中华民国律师制度史》,中国政法大学出版社1998年版,第15~16页。

狱。其中，英租界于1865年设置小型监狱一所；美租界于1907年曾先把罪犯寄押于英租界的监狱，而后又在自己领馆的二楼辟建了自己的监狱；法租界则在1849年取得租界后，在领馆内设立了监狱。[①] 1903年有"远东第一监狱"之称的上海提篮桥监狱开始启用。[②] 与此同时，现代监狱制度也开始插脚上海租界。这一制度的内容包括监管人员的设定和职责、监所的分类、囚犯的待遇和劳动、苦役犯人的惩处规则等。上海租界当局也先后颁行了一些监狱方面的法规，如《苦役犯人惩处规则》(1866年)、《上海英国监狱章程》(1906年)、《上海工部局监狱人员规则》(1906年)、《上海公共租界公审会廨新设男女押所管理规则》(1909年)等。这些规定贯彻了现代的监管理念，也能在很大程度上体现了现代文明。《苦役犯人惩处规则》[③]规定，只有犯有抢劫、偷盗、窝赃、勒索等罪行的犯人才可处以苦役；凡18岁以下、45岁以上的男犯以及女犯不得处以苦役；工部局卫生部门每天对苦役犯人进行检查，未经许可不得判处苦役；天气极端恶劣时，不得服苦役；巡士不得殴打虐待犯人，等等。《上海英国监狱章程》[④]则规定，所有各种犯人之各等食物分量表，给以足够有益食物；凡犯合当使人身洁净整齐；一切洗衣洗浴，及卫生清洁，而按时排定之剪发；教士与正狱吏，当为开释之犯竭力寻觅行业；凡犯人于收禁一月后，除素有之训导世事书及教务书之外，可许得阅藏书室书；凡犯人与友人探望通信，与书扎通信，可照以下之规则许之；正狱吏，当振作一切犯人有用之业，凡习练工艺，等等。这些规定都体现了维护人权的精神。中国传统的监狱制度则偏重惩罚，忽视人权，以致监狱的情况很黑暗。在宋朝，那时的监狱被称为是"人间生地狱"，百姓把它比作食人"豺狼"。在监狱里，用刑、杀囚、淹囚等情况屡见不鲜。[⑤] 其他朝代也不同程度地存在类似情况。这与上海租界监狱制度的文明程度距离甚远。

三

在上海租界与上海法制现代化的问题中，还有一些值得关注的方面。

---

① 麦林华主编：《上海监狱志》，上海社会科学院出版社2003年版，第97页、103页。

② 上海市提篮桥监狱志编纂委员会编：《上海市提篮桥监狱志》，2001年版(内部)，第29~30页。

③ 史梅定主编：《上海租界志》，上海社会科学院出版社2001年版，第302~303页。

④ 麦林华主编：《上海监狱志》，上海社会科学院出版社2003年版，第780~806页。

⑤ 薛梅卿主编：《中国监狱史》，群众出版社1986年版，第108~111页。

(一)上海法制现代化的发展很不平衡

上海租界的法制现代化通过移植西方现代的法制而实现。由于受案件当事人和地域的限制,在上海租界和华界都有发展不平衡的情况存在。这些情况的存在就反映出整个上海法制现代化的进程不一,有差异。

从受案当事人的角度来看,上海租界在领事裁判权实施后,实行的是被告主义原则。这样,有约国人适用自己国家的法制,即现代法制;华人和无约国人仍然适用中国当时的法制,即还是传统法制。可见,尽管同在上海租界,就因案件的当事人不同,适用的法制不同,其法制的时代性质也不同。上海租界法制现代化首先在以有约国人为被告人的案件中开始,然后再逐渐扩展。

《五口通商附粘善后条款》确立了领事裁判权,上海便被适用这一规定。这一规定的关键内容之一是:"英人如何科罪,由英国议定章程、法律,发给管事官照办。华民如何科罪,应治以中国之法。"①根据这一规定,英租界的华人仍需适用中国传统法制,现代法制的道路还未向华人敞开。《上海洋泾浜设官会审章程》的规定开始对部分华人松动。它规定,外人所雇用或延请的华人为被告的案件,由领事或派员听讼。但总地来说,领事裁判权主要是适用于有约国人。这从案件当事人的角度来说明,同在租界,但当事人不同,适用的法制也不同,以致法律现代化的进程也不一致。

从上海的地域来看,上海华界法制现代化的进程要比租界晚五十余年,从20世纪初清政府推行的法制改革才开始。这是全国性的法制改革,上海华界作为中国的一部分,也被纳入这一改革的范围。于是上海的法制开始摆脱传统的桎梏,逐渐转向现代化。比如,1904年清政府在中央建立了巡警部和相应的现代警政制度,上海于1905年将巡防保甲局改为"警察总巡局"。② 从此,上海华界也有了现代的警政队伍和制度。这也是上海法制开始现代化的一个重要信号。

上海华界的法制现代华在20世纪30年代初基本实现。那时,中国的"六法"体系基本建成,移植西方现代法制已见成效,西方现代法制的本土化也已基本实现。在这一大背景下,上海的地方法规也形成了现代的体系,其内容也基本达到现代水平。同时,上海租界也开始设立纯属中国的审判机构,取消会审公廨等审判机构。1930年在公共租界设置了上海第一特区法院和它的上诉法院江苏高等法院第二分院;1931年法租界建立了上海第二特区法院和它的上诉法院

① 王铁崖编:《中外旧约章汇编》(第1册),三联书店1959年版,第42页。

② 易庆瑶主编:《上海公安志》,上海社会科学院出版社1997年版,第59页。

江苏高等法院第三分院。[①] 这是上海华界法制现代化基本实现的重要标志。它告诉人们,中国的审判机构和人员已能运用现代法制手段在租界内运作,适应上海租界社会发展的需求。至此,上海法制现代化进程中出现的明显不平衡得到显著改善,不平衡趋势被平衡走向所替代。至此,上海整体法制现代化的面貌才渐渐展现在人们面前。

(二)上海租界的法制中有歧视华人因素

在鸦片战争以后的一系列中外战争中,基本上中国都是以战败而告终,中国与外国签订的也是不平等条约,上海租界的出现正是这种不平等条约的产物。这使上海租界当局和有约国人存有优越感,殖民者的心理挥之不去,歧视华人难以避免。于是,上海租界的华人便成了弱者,也是被歧视对象。这种歧视在法制中也有表现,突出体现在立法与执法两个方面。

在上海租界的立法中,有些法规所规定的内容明显具有歧视华人的因素,以致华、洋人的权利就有差异。比如,在上海法租界的监狱里,洋人、华人囚犯的饮食和监房都有明显的区别——洋人囚犯的优,华人囚犯的劣。关于饮食:洋人囚犯每天的饮食费是6角,吃的是面包,午餐是一菜、一肉和一汤,晚餐是一汤;华人囚犯每天饮食费只有1角4分,早餐是米加小麦、赤豆合煮的粥,午、晚餐是米饭,每周给鲜肉5次,咸鱼2次,其他的都是蔬菜。关于监房:洋人囚犯的监房里都有衣柜、床和抽水桶等设施;华人囚犯的监房则是席地而睡,连床都没有。[②] 这种差别一目了然。还有,令人更为气愤的是在上海公共租界里的外滩公园竟然规定:“华人与狗不得入内”,[③]公然侮辱华人。后来在广大民众的反对下,才于1928年7月1日起向华人开放外滩公园等一些公园。

在上海租界的执法中,也有歧视华人的情况出现,甚至无视华人的人权,以致造成他们的死伤。上海租界的巡捕打死打伤华人的事件屡见不鲜,法租界在1942年就发生过多次。[④] 这里以1943年的张金海事件为例。张金海是张元吉的独子,“新供职于本埠菜市路(今顺昌路)诚记衫袜厂,平日安分守己,从无不端行为”。可1943年4月29日下午6时,“竟被顾客李姓女及艺华干洗店主郭士元等诬告侵吞遗失之洗衣凭单,被拘入法巡捕房,由西探米来等威逼招供惨施酷刑,因此身亡。”以后,法医的报告说他是“系胸肋部受外来之钝器打击至脾脏

---

① 滕一龙主编:《上海审判志》,上海社会科学院出版社2003年版,第65页。

② 王立民著:《上海法制史》,上海人民出版社1998年版,第297页。

③ 蒯世勋等编著:《上海公共租界史稿》,上海人民出版社1980年版,第43页。

④ 王立民著:《上海租界法制史话》,上海教育出版社2001年版,第67~69页。

破裂与脾脏出血身死。"[①]可见,张金海是死于惨无人道的酷刑之下。但是,上海租界却不见有巡捕打死打伤洋人的事件。歧视华人的情况从中可见一斑。

(三)上海租界的有些规定没有得到切实的施行

上海租界虽有现代的法制,但其中的有些规定并没有得到切实的施行,这在局部或总体上都会对这一法制的实际效果产生不利影响。究其原因各不相同。

有些规定得不到切实的施行是因为受上海租界当局强权政治的影响。上海租界当局以殖民主义者自居,出于自身利益的考虑,常常无视有关规定,一意孤行。《洋泾浜设官会审章程》已经对会审公廨的管辖权和陪审员的审案权都有明文规定,可是外国领事往往不顾这些明文规定,我行我素,明显违反规定,以致这一章程得不到切实的施行。比如,他们擅自扩大会审公廨的权力,包括判处徒、流以上的案件、传提界外被告人、对重大案件进行预审等;他们还擅自扩大陪审员的权力,陪审巡捕房解讯的所有人员,逐渐操纵了会审公廨的权力;他们对于那些纯属华人的案件,不仅强行陪审,还时常擅自讯断,以致引起与中国法官的矛盾的冲突;他们还干涉中国法官的任命以及罪犯的传提和判决执,等等。[②]他们在租界的强权政治影响之下,无视上海租界中会审公廨的性质,把它看成完全是自己的审判机构——正如他们所说的,"由外国人控制下的会审公廨"——[③]因此也就为所欲为,破坏了《洋泾浜设官会审章程》里的规定和审判秩序。

有的规定得不到切实的施行是因为受上海租界情况变化的影响。上海租界有过一段发展较快的时期,有些规定跟不上这一发展,因此这些规定也就得不到切实的落实。上海租界虽有现代的监管制度,但当囚犯大量增长和监狱爆满时,其中的有些规定便得不到施行了。那时,伙食都不能按规定供应,医疗条件也得不到保障。狱方以囚犯的劳动量少而减少供餐的次数,导致他们因此而吃不饱饿肚子。囚犯多了,病囚也随之增加,狱医开的药方也就既简单又少,一个星期常常只有1至2片药,以致他们得不到应有的治疗,狱中的肺病、脚气病等疾病因此而流行。[④]

有的规定得不到切实的施行是因为上海租界的有些执法者素质太差。上海租界执法者的素质参差不齐,其素质差的本身就是违法犯罪者。这样的执法者

---

① 上海市档案馆存档案,案卷号:R18~427。

② 史梅定主编:《上海租界志》,上海社会科学院出版社2001年版,第281页。

③ W. C. Johnstone, *The Shanghai Problem*, Stanford University Press, U. S. .

④ 史梅定主编:《上海租界志》,上海社会科学院出版社2001年版,第305页。

不仅成事不足,还败事有余。这里以巡捕为例。在公共租界,有些巡捕与黑社会勾结,沆瀣一气,共同违法乱纪,坑害百姓。1934年春,在公共租界发现了一个扒窃组织,其成员在车站、戏院、大百货公司、珠玉店等地方频频作案,但长期没有破案,其中的一个主要原因是他们买通了租界里的不少巡捕"与扒窃者有牵连而每日接受津贴的捕房刑事科人员,公共租界有65人"。[①] 被收买的人员中还有长官。从1939年起,常玉清的黄道会势力逐渐深入公共租界,"被常(玉清)收买的有公共租界捕房政治部对外联络高级警官、圣约翰大学毕业的督察长谭绍良,公共租界捕房刑事科督察长陆连奎"[②]等人。上海法租界里也有这种素质很差的巡捕。1863年被法国外交部推荐的"第一流的总巡"加洛尼·迪斯特里阿一上任就"滥用职权,非法拘捕,敲诈勒索,不合理的罚款,对人施加暴行,无恶不作,以致四面八方都提出控告和愤怒的抗议"。最后,连一个法国人也承认:"外交部是找到了一个宝贝!"[③]还有,一次法租界派6名"最优秀"的西捕去办案,其中4名来自法国,2名分别西班牙和希腊。可是,案件还未处理完毕,其中2人就先期盗窃了财物,"逃到宁波去做海盗了"。这一时期从西方招聘来的巡捕被公认为"缺乏纪律,精神委靡",还"对中国纳税人进行敲诈勒索"。[④] 这样的执法者实际是上海租界现代法制的破坏者。

(四)上海租界法制有明显的两重性

上海租界先于华界从西方移植现代法制,并开始本土化,建立起自己的现代法制,以使上海开始走上法制现代化的道路。这一法制在租界植根以后,便向其周围的华界扩展其影响,形成一种由孤岛向周边地区延伸的模式,即以点到面的模式。上海租界的法制是现代法制中国化的一个缩影,代表了中国法制发展方向,是一种历史的演进,顺应了历史的潮流,具有其进步的一面。

它的这种进步性影响到中国的政府官员和民众,使他们也体验到现代法制的优越性,并逐渐接受甚至参与到这一法制中去。较为突出的是他们在20世纪前就开始接受上海租界的律师制度。在有些华洋互控的案件中,作为华方的当事人,他们也聘用洋人律师代理自己的案件。早在1866年10月的洋泾浜北首理事衙门时期,一件华洋互控经济案的华方当事人就聘用了英国律师连厘为其代理人,出庭进行辩护。[⑤] 以后,华人当事人聘用外国律师为自己代理人的情况

---

① 上海市政协文史资料委员会编:《旧上海的帮会》,上海人民出版社1986年版,第97页。

② 同上,第107页。

③ 费成康著:《上海租界史》,上海社会科学院出版社1991年版,第357~358页。

④ [法]梅朋、傅立德著:《上海法租界史》,倪静兰译,上海译文出版社1983年版,第330页。

⑤ 陈同:"略论近代上海外籍律师的法律活动及影响",载《史林》2005年第3期。

逐渐增多。在上述的"《苏报》案"中,清政府也聘用了律师,他们是英国达鲁芒德和库柏。1875年在英商旗昌洋行控告其买办刘树滋一案中,华人当事人刘树滋案也聘用了律师,等等。[①] 辛亥革命以后,在双方当事人均为华人的案件中,也允许他们可聘用律师。在华人聘用的外国律师中,也不乏有些人能恪守律师操守,尽力为华人辩护,维护他们的合法权益。英国律师担文是其中之一。在他来华20年之际,有人曾评论他说:担文律师在华年久,熟习情形,华人出资延其办案,有时尚知顾全大局,据理力争,讼案往往赖以得伸。事实也是如此。在中国近代史上第一次重大海难事件中,担文代理上海轮船招商局所属的"福星"轮方,为死亡的63个华人和价值20万两银子的货物损失赢得了权利,迫使肇事英籍"澳顺"轮方做出了赔偿。[②] 这在当时成为佳话。

上海租界法制还有落后的一面。这一面也十分明显,而且与现代法制格格不入,极不对称。现代法制的公正是基本特征之一,可有时在上海租界的现代法制中却缺失这一点。一些玩法的外国律师常常故弄玄虚,强词夺理,操纵法官,左右裁判,以致法官做出极不公正的判定。1896年清政府的张之洞以原告地位起诉英国易斯·司培泽尔公司,案由是因为此公司出售给中国政府的武器是一些不值钱的劣质品。可是,在此案的审理过程中,被告律师却回避武器质量的诉求,纠缠管辖等一些无关紧要问题。最后,法官将其搁置起来,做出了不公正的判定,使原告的合法权益得不到维护。这只是上海租界法官做出不公正判决的一个典型,还有其他一些案件也有类似情况。

上海租界的巡捕房还长期与上海的大流氓搅和在一起——象征正义的执法机关竟和代表黑恶势力的流氓混为一体,作恶多端,这不能不认为也是一种落后的表现。在上海法租界,青帮头目黄金荣和杜月笙都曾有过与巡捕房长期"合作"的经历。黄金荣在那里担任巡捕房的控长、督察长,先后供职长达34年之久。解放后,他在《黄金荣自白书》中也承认:"做包打听(巡捕),成为我罪恶生活的开始";"我被派到大自鸣钟巡捕房做事,那年我26岁,后升探长,到50岁时升督察长,60岁退休,这长长的34年,我一直在执行法帝国主义的命令,成为帝国主义的工具,来统治压迫人民。譬如说私卖烟土(毒品),开设赌场,危害了多少人民,而不去设法阻止,反而从中取得,实在不应该。"[③]杜月笙也长期与巡捕房的高级长官为一丘之貉,每月给他们2%的贩毒利润,约为15万元。在公共

① 徐家力著:《中华民国律师制度史》,中国政法大学出版社1998年版,第15~16页。
② 陈同:"略论近代上海外籍律师的法律活动及影响",载《史林》2005年第3期。
③ 载《文汇报》1951年5月20日。

租界，以黄金荣为师的“江北大亨”顾竹轩也买通租界内的便衣探员，无法无天，草菅人命。“他曾在上海搞过多起谋杀凶案，据其亲信徒弟王兴高说，顾至少谋杀过7位有名望的人物，其中有两个是律师。”①他们的罪恶可以说是罄竹难书，其结果是法制受到破坏，人民长期遭殃。

（2006年第4期）

① 上海市政协文史资料委员会编：《旧上海的帮会》，上海人民出版社1986年版，第95页。

唐、清两代关于异族通婚的法律比较

金　眉*

唐朝与清朝，分别处于传统中国社会的鼎盛和最后时期。在对待异族通婚的问题上，两个王朝的立法态度迥异：唐代法律不禁异族通婚，只是从国家安全的角度考虑，对所有的华夷通婚做区域性的限定，结果是唐代华族与外族通婚盛况空前。清代则不同，民族间的通婚常常为法律所禁止，法律除禁止满汉通婚外，还禁止民苗、民番和蒙汉通婚，以及福建、台湾地方的民人与台湾土著民的通婚。为何会有这样的差异？为揭示其差异形成的原因，本文集中对此进行考察。

一

唐律关于华族与异族通婚的规定，不在户婚篇而在卫禁篇中。从唐律12篇的体例看，卫禁篇是集中规定宫殿、庙、苑的警卫和州镇城戍、关津要塞和边防保卫的法律制度。将有关华夷通婚的规定置于其中，不言而喻，是将异族通婚排除在普通婚姻之外，将其视为有可能影响国家边防的要事，重在对国家安全的考虑。对此，与其说法律关注华夷通婚，不如说关注通婚的后果更为恰当。为了全面、准确地理解律文，现将这该条的律疏移录于下：

（疏）议曰：越度缘边关塞，将禁兵器私与化外人者，绞。共为婚姻者，流二千里。其化外人越度入境，与化内交易，得罪并与化内人越度、交易同，仍奏听敕。出入国境，非公使者不合，故但云“越度”，不言“私度”。若私度交易，得罪皆同。未入者，谓禁兵器未入，减死三等，得徒二年半。未成者，谓婚姻未成，减流三等，得徒二年。因使者，谓因公使入蕃，蕃人因使入国。私有交易者，谓市买博易，各计赃，准盗论，罪止流三千里。若私与禁兵器及为婚姻，律无别文，得罪并同“越度”、“私与禁兵器”、“共为婚姻”之罪。又，准别格：“诸蕃人所娶得汉妇女为妻妾，并不得将还蕃内。”又准主客式：“蕃客入朝，于在路不得与客交杂，亦不得令客与人言语。州、县官人若无事，亦不得与客相见。”即是国内官人、百姓，不得与客交关。私作婚姻，同上法。如是蕃人入朝听住之者，得娶妻妾，若将

* 作者单位：中国政法大学民商经济法学院。

还蕃内,以违敕科之。①

从律疏看,唐律对华夷通婚的规定包括:(1)中国人不得越边塞与异族人通婚。违者,流二千里;婚姻未成,则减三等处罚。(2)因公出使番国期间,不得私自与番人通婚;同理,番人出使来华,国内官员、百姓不得私与入朝蕃客为婚。(3)蕃人经允许居住中国内,可以娶汉女为妻妾,但不得将其带回蕃内。对法律的这些限制,我们可以用地域原则和许可原则来概括。前者适用于普通人,指所有的华夷通婚都应在唐国境内进行,并且作为妻妾的汉人不能出居蕃地;后者是对华夷双方的使者出使期间的一种约束,指唐人出使番国与番国使者来华期间,不得私自通婚。

据史书记载,唐时对违禁处罚甚严,往往坐及父母。玄宗时守国公李令问就因子与回纥通婚而贬官。② 不过由于法律允许在唐国境内华夷通婚,唐代在承继魏晋南北朝以来民族大融合潮流的同时,各民族杂居、通婚现象甚为普遍,几乎看不到官方的干预。对这种现象,史书多有记载。贞观初,平突厥后,降人入居长安者近万家。③ 杂居的久盛,通婚也就日盛,所以史书称:“蕃僚与华人杂居,相婚嫁。”④

代宗时,“先是回纥留京师者常千人,商胡伪服而杂居者又倍之……或衣华服,诱娶妻妾。”⑤

“今(指元明中叶)北胡与京师杂处,娶妻生子;长安中少年有胡心矣。”⑥

“初,河陇既没于吐蕃,自天宝以来,安西、北庭奏事及西域使人在长安者归路既绝,人马皆仰给于鸿胪礼宾,委府县供之,于度支受直。度支不时付值,长安市肆不胜其弊。李泌知胡客留长安人久或四十余年,皆有妻子,买田宅,举质取利,安居不欲归。命检括胡客有田宅者停其给,凡得四千人。将停其给,胡客皆诣政府讼之。泌曰:‘此皆从来宰相之过,岂有外国朝贡使者留京师数十年,不听归乎?今当假道于回纥,或自海道,各遣归国。有不愿归者,当于鸿胪自陈,授以职位,给奉禄为唐臣。人生当乘时展用,岂可终身客死耶?’于是胡客无一人愿归者。泌皆分隶神策两军,王子使者为散兵马使或押车,余皆为卒;禁旅益壮。

---

① 《唐律疏议·卫禁》“越度缘边关塞”条。

② 《新唐书·李靖传附孙令问传》:“李靖孙令间,坐其子与回纥部酋承宗连婚,贬抚州别驾。”

③ 《唐会要》(卷七三)。

④ 《新唐书·卢钧传》。

⑤ 《通鉴》唐纪四十一大历十四年。

⑥ (唐)陈鸿祖著:《东城老父传》。转引自向达著:《唐代长安与西域文明》,三联书店1979年版,第28页。

鸿胪所给胡客十余人，几省度支钱五十万缗，市人皆喜。”①

我们单举唐王室三世娶自汉化的胡人，就可以说明其婚姻观念不存在民族界限的障碍。同样的事例，也见于朝臣。高宗时，礼部尚书许敬宗嫁女于岭南少数民族首领冯盎之子也是一例。至于公主，与在朝供职的少数民族通婚更是寻常，现据《新唐书·诸帝公主》所载列表如下：

公主	驸马姓名	民族
高密公主	长孙孝政	鲜卑
房陵公主	贺兰僧伽	
九江公主	执失思力	突厥
衡阳公主	阿史那社尔	突厥
长乐公主	长孙冲	鲜卑
安康公主	独孤谌	鲜卑
新兴公主	孙孙曦	鲜卑
新城公中	长孙诠	鲜卑

注：表中空白处指史书无记载。

与此同时，随着唐对周边国家和地区影响的加强，一些使者、商人寓居唐，其间也不乏通婚者，日本遣渤海使高内弓在唐娶妻生子即为一例。② 需要特别一提的是唐时盛行的和亲。从源头上讲，它恐怕还是受西周结异姓的婚姻政策的启发，正如王国维先生所言，“且异姓之国，非宗法之所能统者，以婚媾甥舅之宜通之，于是天下之国，大都五之兄弟甥舅；而诸国之间，亦皆有兄弟甥舅之亲，周人一统之策，实存于是”。③

和亲的做法至魏晋南北朝时仍为王朝和民族政权采用，只是常带有结交军事同盟的性质。唐时和亲与前朝有些不同。处于封建鼎盛时期的唐，是东亚社会的中心，国力声威及于海内外。唐皇帝被少数民族首领尊为天可汗，自愿接受唐的统治。④ 这时的唐王室在对外交往中较前朝显得游刃有余，常常成为少数民族政权首领攀附的政治靠山，争相与唐结亲。而唐王室出于安定边疆的目的，

① 《资治通鉴》德宗纪贞元三年条。

② 转引自武安隆编著：《遣唐使》，黑龙江人民出版社 1985 年版，第 94 页。

③ 《观堂集林》。

④ 《唐会要》（卷一〇〇）：贞观四年（630 年）四月，“诸蕃酋长诣阙，请太宗为天可汗”。《新唐书》（卷二二一）《西域传》：天宝六载（747 年），玄宗令安西都护高仙其讨伐臣附于吐蕃的小勃律国，大胜，“于是拂林（即东罗马）大食（即阿拉伯）诸胡七十二国皆震恐，咸归附”。

也多次采行和亲。唐朝700年间,分别与突厥(7次)、铁勒(1次)、吐蕃(2次)、吐谷浑(3次)、契丹(4次)、奚(3次)、宁远(1次)、于阗(1次)、回纥(7次)、南诏(1次)和亲,无论是地域还是民族,都远远超过前朝。

观上述华族与外族通婚的盛况,既有皇帝、公主、朝臣,也有使臣、外商,通婚的对象多达十余个民族,遍及东北(契丹、奚人)、西北(突厥、回纥)、西部(于阗、宁远)、西南(吐蕃、南诏),既有外嫁,又有外族内居而娶,可谓盛况空前。这样的状况自然与法律不禁与异族通婚相连。如果我们的考察不限于制度的话,我们会发现法律其实是社会气象的一种制度表达,在这里就是唐代夷夏观念的淡薄。唐王室这种华夷一家的思想,既有其王室自身胡化血统和经历的背景,也有异族和异族文化对唐代社会的贡献作后盾。对于唐中叶以前异族在政治舞台的崭露头角,傅乐成先生曾有精要的阐述:

"高宗武后之世,异族将才之盛,不减贞观,如黑齿常之、李多祚、泉献诚、论弓仁等,皆其杰也。此种现象,愈演愈烈,至玄宗天宝,遂委异族以方面之任,沿边十节度,率为胡人矣。"①

玄宗之时,"对异族,固仍保持初唐以来之传统观念。而异族文化之输入中国,反于此时至于极盛。盖自太宗贞观四年(630年)至玄宗天宝四载(745年)之115年间,外族为唐所俘或降附唐室因而入居中国者,达170万人以上,包括突厥、铁勒、高丽、吐蕃、党项、吐谷浑以及西域诸国之人。此外来华经商传教者,亦极众多。波斯、大食以及西域贾胡等,遍及广州、洪州、扬州诸地。而新罗及仑昆等种人,多为国人用为奴隶。由于异族之大量来华,异族文化亦随之输入,在中国境内自由发展。举凡音乐、歌舞、技巧、衣食,皆为唐人所普遍爱好。自开元末直至天宝末,凡靡尤甚,贵族士女,莫不以胡化是尚"。②

这样的状况在中唐以后有所改变。安史之乱后,唐国境内人口锐减,土地荒芜,经济萧条。北方黄河流域沦为藩镇割据,唐中央所能控制的区域只有东南八道。西北强邻吐蕃乘机入侵,数年间侵陷河西、陇右数十州。回纥虽助唐有功,但每战必索报酬,攻克城池又大肆抢掠。由外族引发的8年动乱和外族不息的侵扰,留给国人的是盛世不再的感伤和对外族的厌恨。民族思想逐渐在唐人中滋长,这可以从安史之乱后胡俗影响的退却得以引证。处于内困外患之中的唐王室,其夷夏观念转而趋严,对异族将领猜忌、排斥,夷夏之辨日趋明显。这种观念经后世的发展,逐渐衍生出中国文化本位观。所以至宋时就有禁汉民与戎人

① 傅乐成著:《汉唐史论集》,台北联经出版公司1977年版,第210页。

② 同上,第213页。

婚娶的诏令,而汉族与夷狄通婚被理学家视为自取羞辱。① 但在唐朝,这样的转变是一个渐进的过程。我们没有实例来举证这种观念对婚姻风尚的影响,但相信宋代观念的形成不是一蹴而就,唐的时尚也不是一成不变。前文所述外族于长安娶妻生子的事例,皆是唐初以来经年积累之故。

于此,笔者还要指出的是,古代世界关于异族通婚的限制容易带有狭隘的民族色彩。唐律虽不禁异族通婚,但将异邦人、异族人称为"化外人"的用语,明显带有中国文化中心的特征,它以华族发展阶段的先进性为基础。唐时国家和社会已处于农业社会高度发展的阶段,为当时世界的文化中心之一,而异族还处于游牧阶段。这样的差异,借用前辈学者傅乐成在分析夏商周文明时所言来描述:

"由于生活方式的不同,双方的礼俗、言语、饮食、服饰、战术等方面也连带发生显著的差异。因此诸夏与戎狄之别,主要是一个文化的分野,种族的不同尚在其次。"②

这种处于不同社会发展阶段的文化融合,决定了处于先进阶段的文明具有开放性的特点,最终要融化相对落后的文明,当然,这并不排斥文明间的相互影响。但是,总的趋势应是先进文化要取代落后文化。从唐时异族通婚的情形看,基本上是异族的异质因素要融合于华族的大文化中。即便是出嫁外族的和亲公主,也是华族文化对外传播和外族仰慕华族文化的一种表现。

二

与唐代明显不同,除去满蒙联姻作为清政府巩固统治的国策而受到法律的保护外,清代法律对特定民族之间的通婚予以禁止。在众多的通婚禁令中,由于满族是以少数民族统领中华,因此满族与人口众多的汉族之间的通婚与禁婚更显突出,相关的法令也时有存废。早期满族的历史,并不排斥与异族的通婚。③ 在关外的努尔哈赤、皇太极时期,满族(女真)上层常常把与异族的联姻作为政治上笼络的一种手段。他们不仅与蒙古上层联姻,也与汉人结亲。④ 入关之初,

---

① 朱熹:《楚辞后语·乌孙公主歌》。

② 傅乐成著:《汉唐史论集》,台北联经出版公司1977年版,第384页。

③ 早在皇太极统一女真各部时,满族就以明代建州、海西诸部女真人为主体,同时吸收了蒙古、汉、朝鲜等民族共同组成了一个新的族群。

④ 有名的事例如努尔哈赤将贝勒阿巴泰之女嫁与明降将李永芳为妻,称李为"额驸"。辽东大家佟姓佟养性、刘家刘兴祚(刘爱塔)等,都被赐配满族女子。皇太极时的宠臣范文程,就曾娶穆奇爵乐氏。

鉴于汉人的反抗，为了缓和民族矛盾，世祖于顺治五年（1648 年）八月发布谕旨，[1]鼓励满汉官民联姻通婚。同年对户部的一则谕令又在程序上增加了满汉通婚的呈报制度：今后凡满洲官员之女欲与汉人为婚的，必须先呈明户部，查核应具奏的即应具奏，应自理的即行自理。无职人等之女部册有登记的，令各牛录章京报部方嫁。无名者听各牛录章京自行遣嫁。至于汉官之女欲与满人为婚的，也要报部，无职者听其自便，不必报部。满洲官民娶汉人之女为妻的，方准其娶。[2] 此后，皇帝本人娶了学士石申之女为贵人，后又晋封为恪妃。皇帝还尝选汉官女备六宫。[3] 并对吴、尚、耿三个藩王的子孙赐婚联姻。[4] 但这一诏谕的实际效果并不理想。原因一是满汉在经济、文化特别是在思想观念和生活习俗上存在不小的差距，二是清统治者对满民族在汉式文化环境中的生存担忧，担心在相互的联姻中作为统治者的满族的特性被侵蚀和消融；加之已联姻的满汉上层出现叛乱，最终导致了对满汉通婚的禁止。这一禁令的颁发时间并不清楚，但最晚不应迟于康熙四年（1665 年），因为同年八月，刑部曾议复宁古塔将军巴海的一份咨请，是涉及该地区流徙的民人内，有嫁女旗下的，应听从其便的请求。假设此前朝廷无旗民通婚的禁令，巴海就用不着咨请于上了。[5] 除去对一般满汉官民禁止通婚的规定，嘉庆十八年（1813 年），皇帝针对移居盛京的宗室、觉罗的婚姻，下谕宗室觉罗与汉人已联姻的，不离异，但各给予应得的处罚，并重申严禁宗室觉罗与汉人联姻的定例。[6] 但是清代社会满汉违例嫁娶层出不穷。雍正帝针对驻防旗人与汉人结亲的问题，采取了对既成事实一律免予追究的办法。同治四年（1865 年）以后，有关满汉通婚的禁令有所松动，法律允许告假外出、已在地方落业并编入该省旗籍的旗人，可以与该地方民人互相嫁娶，也允许民人之女嫁与旗人为妻，不过仍禁止在京旗人将女儿嫁与民人为妻；若聘娶已成，婚姻有效，但应将该女开除户册。[7] 道光十六年（1836 年），地方上发生的一桩旗人陈

---

① “方今天下一家，满汉官民皆朕赤子，欲其各相亲睦，莫若使之缔结婚姻。自后满汉官民欲联姻好者，听之。”参见《清世祖实录》（卷四〇），中华书局 1986 年影印本。

② 同《清世祖实录》（卷四〇），顺治五年“庚申，谕户部，朕欲满汉官民共相辑睦，令其互结婚姻。前已有旨，嗣后凡满洲官员之女欲与汉人为婚者，先须呈明尔部查其应具奏者即与具奏，应自理者即行自理。其无职人等之女部册有名者，令各牛录章京报部方嫁。无名者，听各牛录章京自行遣嫁。至汉官之女，欲与满洲为婚者亦行报部，无职者听其自便，不必报部。其满洲官民，娶汉人之女，实系为妻者，方准其嫁”。

③ 赵尔巽撰：《清史稿 · 淑惠妃传》，中华书局 1977 年版。

④ 郭松义著：《伦理与生活——清代的婚姻生活》，商务印书馆 2000 年版，第 37 页。

⑤ 同上，第 41 页。

⑥ 《清仁宗实录》（卷二七〇），中华书局 1986 年影印本。

⑦ 《户部则例》（同治十三年校刊）（卷一），“户口”。

陈氏将女儿许配民人高纬保为妻的案件，一直呈送至朝廷。因双方业经聘定，皇帝准其完婚，但同时告谕户部等衙门明定条例，制止此类现象蔓延。新例规定，嗣后八旗、内务府三旗旗人之内，如将未经挑选之女许配民人的，主婚人照违制律治罪。若将已挑选及例不入选之女许配民人的，主婚人照违令例治罪；民人聘娶旗人之女的，亦一例科断。至于已嫁和已受聘的女子，遵此次恩旨，准其婚配，但仍将旗女开除户册，以示区别。[①] 但是满汉通婚的禁令并不能适应国家在政治上统一后民族融合的趋势，随着清代社会的发展，禁令与社会生活的冲突越来越明显，最后不得不于光绪二十七年（1901 年）正式宣布开禁。总地来说，从清朝有关满汉通婚禁令的实行看，官府对上层的控制严于下层，对宗室、觉罗的控制严于一般正身旗人；在时间上，则是前期严厉，后逐渐松动，至清末完全废止。

除去满汉之间的通婚禁令，清代法律还禁止民苗、民番和蒙汉结亲。雍正至乾隆初，一些民族地区实行“改土归流”后，为防止汉人与苗民等少数民族交结和因习俗不同而引发纠纷，一些地方官在民族地区实行民苗禁婚。由于相应的措施难以落实，各任官员的认识也不统一，造成松严禁弛反复。雍正五年闰三月，兵部议决湖广总督福敏条奏防范苗疆事宜五款，经雍正帝批准，明令禁止苗民与内地民人通婚。[②] 乾隆二十五年（1760 年），朝廷曾一概禁止苗、民结亲。乾隆二十九年（1764 年），根据原湖南巡抚陈宏谋的奏请，朝廷废止禁民苗结亲的规定。乾隆三十二年（1767 年），刑部修改律例，增加规定湖南省所属没有发的苗人与民人结亲，都照民俗以礼婚配，但对未经入籍，在苗区来去不定的商贾客民，仍不许与苗民结亲。[③]

相似的通婚禁令还见于不许福建、台湾地方的民人与台湾土著民结亲。清代法律原无不许番民结亲的禁令，乾隆二年（1737 年）由巡台御史白起图奏准定例，乾隆五年馆修入律，规定违者民人照违制律杖一百，土官、译员减一等，各杖九十。该地方官若知情故纵，交部议处。[④]

禁止蒙汉通婚是清代法律的又一特有制度。这一禁令始定于康熙二十二年（1683 年），规定内地民人于蒙古地方贸易、耕种，不得娶蒙古妇女为妻。若私自嫁娶，经查出，妇人离异，给还其母家。私娶的民人照地方例治罪，知情的主婚人

---

① 《清宣宗实录》（卷二八〇），中华书局 1986 年影印本。

② 《清世宗实录》（卷五五），雍正五年闰三月，中华书局 1986 年影印本。

③ 马建石、杨育棠主编，吕立人等编撰：《大清律例通考校注》，中国政法大学出版社 1992 年版，第 454 页。

④ 《清世宗实录》（卷五五），雍正五年闰三月，中华书局 1986 年影印本。

及说合的蒙古人等，各罚牲畜一九。[1] 雍正十一年（1733 年），针对汉民娶蒙古女子的现象，朝廷又重申旧例，严禁蒙古妇女与汉民为婚，但对既有的蒙汉结亲，未做处罚，而是规定，民人在各扎萨克地方贸易、种地，娶蒙古妇人生有子女的，交归化城都统、同知等，细查其原籍、姓名、数目，造册具报。内有愿归原籍的，由该同知给予印结，准其带领妻子入口。[2] 乾隆五十二年（1787 年），面对蒙汉交往的普遍，皇帝不得不发布上谕，取消蒙汉结亲禁令。[3] 但嘉庆六年（1801 年），针对灾民拥至蒙古的情形，清政府又重申满汉禁婚令并较旧例加重了处罚：在此之后，若有再犯，一经告发，责令离异，蒙古女子交还其母家，其余参与人员一并处罚；主聘和违例的民人，各枷号三月，满日鞭一百，非本籍的解回原籍；失于纠察的当地台吉罚三九牲畜，旗的长官札萨克罚俸六月。[4] 不过鉴于曾经开禁的历史，法律对已经结亲、双方也情愿继续生活的，允许陆续带回原籍。[5] 在上述律令之外，法律对蒙古人逃入内地的，也禁娶内地人为妻，违者，将所娶之妻断归母家。[6]

三

唐代与清代，分别处于中国封建社会的中期和后期，其法律关于异族通婚的规定体现了处于上升与衰落时期的封建王朝法律的精神状态——前者表现为一定的开放性，后者则表现为严重的封闭性。对于国境之内的华夷通婚，唐代法律并不禁止，法律关注的只是通婚的疆域和负有国家使命的使臣身份的限制。法律不禁与外族通婚带来了唐代异族通婚盛况空前：既有皇帝、公主、朝臣，也有使臣、外商；通婚的对象多达十余个民族，遍及东北（契丹、奚人）、西北（突厥、回纥）、西部（于阗、宁远）、西南（吐蕃、南诏）；既有外嫁，又有外族内居而娶。其间体现的是处于兴盛时期的封建王朝的自信和华夷观念的淡漠。

与处于盛世的唐朝不同，作为多民族融合的统一帝国，清王朝采取限制通婚的做法，不仅禁满汉通婚，而且禁民苗、民番和蒙汉结亲，不许福建、台湾地方的民人与台湾土著民结亲。在这些禁令中，既有普遍推行于全国区域的禁满汉通

---

① 乾隆朝《理藩院则例·录勋清吏司·婚姻》。

② 《清世宗实录》（卷一二九）。

③ 《清高宗实录》（卷一二八二），中华书局 1986 年影印本。

④ 白钢主编：《中国政治制度通史·清代卷》，人民出版社 1996 年版，第 299～301 页。

⑤ 郭松义著：《伦理与生活——清代的婚姻生活》，商务印书馆 2000 年版，第 56 页。

⑥ 沈家本：《寄簃文存》卷 5 引《督捕则例》。参见《沈氏遗书甲编》，中国书店本。

婚令,又有针对特定地区的特定民族而禁的通婚令,如蒙汉禁婚、民苗禁婚和禁台湾地区的民人与土著民结婚。就其禁婚的法律体系看,是以特定民族为基本单位构建了婚姻的民族隔离体系。它说明了清代由迁徙和一统江山所带来的族群融合,并没有促进法律的统一,相反,族群的融合始终为清王朝警惕和防范。其中一个深沉的担忧是作为统治民族的满族担心为汉族所同化而失去对本民族族性的认同以及民族的聚积力。这种追求民族纯粹的思想与儒家追求统一的普济观念构成冲突,导致在婚姻缔结中满族统治者单方对汉族的排斥和汉族对异族婚姻的包容。清代统治者面临的最大尴尬和无奈是:作为少数民族的满族因掌握政权而凌驾于其他民族之上,成为主导民族,但它不得不面对人口众多的汉族及其先进的文化。就其政权存在的合法性而言,不仅有赖于政治和军事力量,而且还有赖于民众的认可。对统治合法性的关注推动着满族统治者的汉化。事实上,入关以后,满族政权加快了对汉式统治和文化的吸收——思想上接受儒家思想为统治思想,法律主要沿用明律,但是对汉族的防备和对本民族族性的坚持导致了清统治者对满汉通婚的排斥。

与此相关联的是,族群和血统在清王朝的政治、军事、法律和等级关系中居于极为重要的地位,这又导致了清统治者不仅力图以法律的多元主义维系王朝的统一与完整,同时也以这种多元性确保满人的文化认同。① 而禁止族际通婚的后果,实际上是将禁婚的法律主体双方置于优与劣的不平等地位,由婚姻禁令而在民族与民族之间划分出不同的等级。但是这又与王朝的统一性形成冲突。正如有学者所指出的,“从某种意义上说,清王朝的统治越是稳定,社会制度和法律的同质化程度也就越高,而制度和法律的同质化程度越高,制度和法律中的那些多样性(包括特权、特殊保护等)就越显现出一种内在的不协调矛盾”。② 对异族婚姻实行隔离的法律与清王朝统一的帝国体制形成了内在的冲突,构成对国家统一化趋势的反逆。在民间,由于禁止民族通婚违背民族融合的历史规律,因而屡遭破坏,先由司法领域后至制度本身逐渐松弛,直至清末修律废止。

(2006年第7期)

① 汪晖著:《现代中国思想的兴起》(上卷),三联书店2004年版,第544页。

② 同上,第545页。

中国近现代史上的法官职业

侯欣一*

一、困惑产生的原因

在中国近现代历史上，一个原本应该受人爱戴的法官职业之所以会出现从业者欲罢不能、未入门者纷纷逃避的奇异现象，其原因在笔者看来大致有以下几点：

（一）来自权力者的不信任

纵观近现代中国的历史，我们不难发现执政者们对待法律，更不要说是司法制度大都留意不多，基本是将其作为一种维护或夺取政权的工具，偶尔想起司法从业者时投去的更是一种怀疑的目光，抱有一种深深的不信任。对此陕甘宁边区关中分庭的同志在司法工作总结中公开抱怨说："领导对司法工作的认识不够，甚至于看不起司法工作。"[①]

导致不信任的原因有：一是出于夺取政权或维护政权的需要。近现代中国，司法制度建设始终未能成为一项独立的任务。相反，围绕权力的斗争才是唯一的主线。这种时代的特征与背景自然要求各行各业的一切工作必须与执政者的中心工作和任务保持高度一致，必须时刻维护权力者的权威，也就是说，司法工作者一定要讲"政治"。在各种职业中法官是一种比较保守和古板的职业，他（她）们通过事先设定的程序，借助自己的专业知识和技能严格服从、执行法律，保护当事人的合法权益，维护现存的社会秩序。这种"只顾拉车，不看道路"的做法，有时会使权力者极为尴尬，甚至恼火。于是，在近现代中国我们便不断看到和听到执政部门对法官的劝告或训斥。如陕甘宁边区政府的领导人林伯渠、习仲勋等就曾在各种场合公开指出，司法人员一定要懂得：司法"它是整个人民政权中的一个组成部分，因之它的任务也就是保卫中国、保卫人民、保卫政权"。[②] 司法工作者，一定要懂得自己不仅是一个法律家，更是一个政治家，要懂

---

* 作者单位：南开大学法学院。

① 《陕甘宁边区关中分庭工作总结》(1944年)，陕西省档案馆馆藏，全宗号一五。

② 林伯渠："关于改善司法工作"，载《陕甘宁边区政府文件选编》(第8辑)，档案出版社1988年版。

得边区的司法不仅是一种解决纠纷的工具和手段，还是一种组织社会、改造社会的工具。“只会‘断官司’‘写判决书’的话，即使官司断的清楚，判决书写的漂亮，则这个‘断官司’‘判决书’的本身，仍将是失败的，因为他和多数人民的要求相差很远。”①南京国民政府的领导人蒋介石则批评司法界“往往死扣法律条文，司法审判程序迂缓繁复”，即主张司法工作者审理案件不能“一味以条文为依据”。②

二是由法官的职责所决定的。法官的职责事关他人的生命和财产，在一个社会转型尚未完成——旧的道德已经瓦解、新的伦理道德还未确立的时期，如不对他们加以防范而任由其“肆意妄为”，则极有可能导致腐败的发生，势必会引起民众的不满，从而影响执政者的千秋大业。民初大总统袁世凯就持此种观点，他说：今京外法官，其富有学养、忠勤举职者，固不乏人。而昏庸尸位，操守难信者，亦所在多有，往往显拂舆情，玩视民瘼，然犹滥享保障之权，俨以神圣自命，遂使保民之机关，翻作残民之凭借。岂国家厉行司法独立之本意哉？③

三是出于对知识分子和法律的不信任。这一点在根据地反映得较为明显。早期中国共产党在人员构成上是以农民为主，辅之于少数的工人和知识分子。那些生活在社会下层的工人和农民，特别是生活随意散漫的农民缺乏起码的法律知识和程序意识。近现代中国社会文化教育较为落后，只有家庭富有的人才可能接受系统的法学教育，因而，出于阶级的本能广大下层民众对于富有者手里所掌握的专业知识也极为厌恶。事实上，在许多时候，这些所谓的专业知识和技能也确实成了富有者们对付下层民众的一种工具。在中共早期党员中许多人就有深受国民党法律欺凌的亲身经历，他们自然充满了对旧法律（甚至对一切法律）的本能的抵触与仇恨：“现在有些做司法工作的人，自己也是这样：仇视过去执法的人。”④

陕甘宁边区司法工作的领导人谢觉哉还从更深的层面分析过陕甘宁边区轻视法制的原因，他说：“革命，是推翻反革命的法的（维持反革命秩序的），所以革命者不爱谈法，革命的法要在革命建设稍有成绩之后才有，所以又不遑谈法。”⑤

---

① 习仲勋：“贯彻司法工作的方向”，载《解放日报》1944年11月5日。

② 裘孟涵：“CC渗透的国民党司法界”，载《文史资料选辑》（第78辑），文史资料出版社1982年版。

③ 许国英著：《民国十周年纪事本末》，第22~23页。转引自李启成：“民初覆判问题考察”，载《清华法学》（第5辑），第189页。

④ 习仲勋：“在陕甘宁边区第二届司法会议上的讲话”，1945年12月30日，陕西省档案馆档案，全宗号一五。

⑤ 《谢觉哉日记》（下），1945年1月22日，人民出版社1984年版。

上述的种种理由几乎使中国近现代史上所有的执政者得出了一个共同的结论：必须对司法从业人员加以必要的控制。于是，在近现代中国司法独立就自然成了一种禁忌。

（二）来自军人的干涉

近现代中国内忧外患、战争频繁。战争使军人在国家的政治生活和社会生活中逐渐形成一个地位显赫的特权阶层。对于那些执掌军权的高级将领们，我们无须多说，即使是一些普通军人的做法也足以让司法人员寒心。他们中的一些人以民族英雄自居，在各种场合横行霸道，不断地与普通民众发生冲突，军人与民众之间的纠纷和诉讼由此多发。但那些涉讼的军人们根本不把法律放在眼里，有时为了一己私利甚至公开践踏法律。仅在西安地区就发生过多起军人冲击法院扰乱办案秩序的事件。1947年2月25日，西安地方法院为了维护正常的办案秩序不得已致电第一战区司令长官："查本月25日下午四时许，本院刑庭推事郑文焕正在审理案件，适有一自称西安城防副司令官王友仁者，当庭对推事大肆咆哮，扰乱秩序，蔑视法律尊严，莫此为甚，为维护本院威信，电请查实。"①该抗议如泥牛入海，未能引起军方的任何回应。军方的这种做法无疑是一种信号——纵容那些军人们进一步肆意妄为。

1947年5月12日上午，西安地方法院院长崔炎煜上班途中竟然被涉讼军人贾树荣暴力挟持至省参议会进行污辱。这种在和平年代公然在光天化日之下挟持地方法院院长，妨碍人身自由，侮辱国家司法机关的做法极为恶劣。崔炎煌及地方法院的全体同仁对此事反映极为强烈，他们通过各种渠道向上级机关、军方反映问题，要求依法严厉处罚当事人，并保证不再发生此类事件，同时呼吁社会各界予以支持。然而此事也是不了了之。这次事件对西安地区司法从业人员精神及情感上的伤害极为严重。②

其实，类似的事件在陕甘宁边区也时有发生。如志丹县司法人员在边区政府举办的司法工作会议上反映说："有一次志丹县司法处刘安科长在警三旅的住地教二旅例行检查时发现警三旅有私藏违禁物品的问题，正予查封，这时警三旅的一名军人走过来对刘安科长说：'我们的指导员叫你哩！'我们的刘科长很老实，他说：'你们有什么事到这来谈一下。'这个就骂他'你还摆老资格！'（刘安）科长就跟上他去了，到了教二旅的店里"，双方言语发生争执，"教导员拿出已准备好的棒子就打，结果来了几个把科长打了一顿，（刘科长）回来哭了一顿，

① 西安市档案馆档案，全宗号九十。

② 同上。

我说:‘这不行,要向警三旅干涉!’结果人家早走了,那一天下来刘科长说他不干了,哪一天人家还能把我打死了。我说:‘回去我们适当地解决这个问题’,但这也解决不了”。该司法人员最后希望“军人这个问题,上级应把这个问题处理一下”。①

(三)来自民众的批评

在中国近现代历史上,法院和法官是民众们发泄不满的主要对象之一。“腐败”、“滥用职权”、“司法不公”、“效率低下”等各种批评与指责充斥各种媒体。笔者在翻阅民国时期西安地方法院档案时也发现,几乎所有的地方法院的法官都曾被民众所举报。然而,只要我们认真地阅读这些举报材料又不难发现,其实民众对法院及法官的不满与指责绝大多数源于对程序问题的不理解。

现代司法制度是建立在严密的程序基础之上的,离开了程序,现代司法制度将无从谈起。然而,这些程序与制度对于一向注重实体公正、个案公正的中国普通民众来说,其意义和价值则是极难理解的。当许多认为自己明明有理(事实上也确实有理)并对审判结果信心百倍,但对现代法律制度,特别是司法程序一窍不通,又因为贫穷而雇不起律师的普通民众,跑到司法机关告状,却因审级、管辖不合、时效问题等原因而被法官裁定驳回时,往往被弄得懵头转向,莫名其妙,自然会怒气冲冲。正如一位学者所描述的那样,“诉讼过程中,程式上的形式主义的泛滥,常常令当事人对案情的进展不明就里,难以琢磨法官的意图。各级法院对于每一讼案,必先审查其形式方面有无缺陷,而后才进行实质上的审判。而当时普通民众,识字者为数甚少,法律规定的诉讼手续多从外国学来,种种名词、术语及形式,只具备普通常识,尚且不能理解,更莫说普通常识都不具备的广大民众”,结果往往给民众留下了“在中国诉讼,无理者固败诉,有理者亦往往败诉”②的印象。同时,对程序与形式正义的过分关注,也易导致一些司法人员逐渐与民众产生隔阂,忽视了对实体正义的追求。

总之,在近现代中国,相当一部分普通民众对新型司法制度以及法官们不满,其主要的原因是来自程序的问题。“现在中国各级法院,拖延讼累,已成普遍现象。大凡案件不入法院则已,一入法院,便不知要拖延多少时候,才能结案,往往案甚轻微,但因须种种程序,以致犯数月之罪,羁押经年;处十元之罚,开庭10次。”③

---

① “在陕甘宁边区司法工作会议上的发言”(1945年),陕西省档案馆档案,全宗号一五。

② 张仁善著:《司法腐败与社会失控(1928～1949)》,社会科学文献出版社2005年版,第148页。

③ 阮毅成:“所期望全国司法会议者”,载《东方杂志》(第32卷)1935年第10号。

国统区的民众如是说。其实,陕甘宁边区的民众也是这样批评其所面对的司法制度的:“司法工作没有迅速解决人民的问题……处理案件不迅速,既耽误生产,费用又多,有的民事案件只需政府一句话,有3、5天就能判决,但延迟到10天半月才能决案。冬春天还不要紧,夏秋天就太妨碍生产。”①有关普通民众对司法工作的不满情绪,在政府的文件中反映得也极为清楚。如1942年6月25日,陕甘宁边区政府发布的《案件调查务须确实迅速》的命令就公开指出:“今年以来,人民来本府告状的特别多,大多数是边区干部办事不公……还有一部分是为了婚姻、土地等案不服高等法院的判决,特到政府提起上诉的。”为此,命令规定,今后政府工作人员办案必须调查研究,否则“将来一经本府查出,只有依照公务人员惩罚办法给予一定的处分”。②

当然,笔者这么说,并非是在为司法制度中存在的某些弊端进行辩护。翻检民国时期的诉讼法典和司法档案,我们必须承认:从某种意义上讲,其中确实存在程序过于烦琐的弊端,特别是针对某些轻微案件。

(四)来自同行内部的指责

近现代中国,由于司法制度尚处于创建之中,加之其他一些复杂的原因,司法从业人员在专业素养方面存在较大的差异,职业共同体尚未形成,这一点无论是在北京政府、南京国民政府,还是革命根据地均是如此。陕甘宁边区司法人员选任标准初定于1937年11月4日,其标准为:(1)共产党员;(2)政治上坚定;(3)能看文件和报告;(4)过去做过保卫局或裁判部工作的更好。1941年5月10日,边区高等法院在此基础上,对各县司法工作干部标准又做了一些修正:要能够忠实于革命事业;要能够奉公守法;要能够分析问题,判断是非;要能够刻苦耐劳,积极负责;要能够看得懂条文及工作报告。③ 显然,按照该标准调选的司法从业人员在专业素养方面差距不会太小。

南京国民政府时期,尽管在法律上对司法人员准入标准有严格规定,但由于种种原因,仍有相当一些并不符合条件者厕身于司法队伍之中。结果导致从业者在思维方式、教育背景和知识水准,以及感情和生活方式等几乎一切方面都存在许多的差异——不但使同行间在专业领域很难对话,在一些事关行业发展的重大问题上无法达成共识,形不成合力;如面对着陕甘宁边区政府所大肆推行的

---

① 《陕甘宁边区高等法院两年半来的工作报告》,1944年9月30日,陕西省档案馆档案,全宗号一五。

② 陕西省档案馆、陕西省社会科学院编:《陕甘宁边区政府文件选编》(第6辑),档案出版社1988年版。

③ 《新中华》1937年11月4日。

简化诉讼审判程序的做法,在接受过正规法律教育的李木庵等人看来是“游击作风”、是“无法无天”,而在对现代法学一知半解的工农干部们看来则是司法为民。这种事实上的差异又极易在彼此之间引发矛盾,特别是在一些利益的诱惑下。近现代中国,阶级、阶层、派系乃至行业内部人与人之间的对立与情感上的隔阂极深。因而,一旦执政者的态度明朗之后,无须动员,司法系统内的争斗就会自动展开,并被推向极致。同行内的相互指责与拆台,甚至某些时候的明争暗斗,迫使从业者们更加谨小慎微,因为稍不注意,就可能授人与柄,并使你腹背受敌。如果是在国家政治运行不正常的时期,其危险则就更大。

(五)工作调动频繁

由于各级政府对司法工作不重视,因而为了其他工作的需要随意借调司法人员的现象在近现代中国“几成普遍现象”,不仅给司法审判工作造成了较大冲击,同时也使法官缺乏稳定的工作环境和长远想法,这亦成了许多司法从业人员的一块心病。陕甘宁边区合永县裁判员赵生英曾专门向边区高等法院反映此问题:本县裁判处只有二人,司法书记员唐廷壁同志已于7月间参加选举工作,暂由监所抽调犯人,由职监督,帮助书写事宜。现在征粮工作开始,经县委扩大会议决议,裁判员亦参加征粮,赴乡帮助工作。裁判员职务,着暂由保安科长李正廷兼代办理。唯查去年征粮,史裁判员四月余未能视事,致案件积压,群众诸多不满。本年案件繁多,在此时期中,一切司法事宜,故由兼代人员负其全责,犹巩(恐)发生案件积压等问题,职当不负责,理和呈明,仰祈鉴核。①

而该县前任裁判员史文秀则反映说:在这两年中间,有一半以上时间,常在乡村做行政动员工作。为了保持司法人员的稳定性,边区高等法院代院长李木庵特向边区政府建言不得随意借调审判人员。

而在1935年1月30日,南京国民政府司法行政部也曾发布“训字第417号”训令说:查司法职司平亭,必须环境安定,乃能尽心职务。若更调频繁,位置屡易,不惟办事精神,滴滋纷扰,地方情形,难免生疏,且如未结案件,骤易生手,程序即需更新,进行因之濡滞。至于程期之枉费时间,旅费之多受损失,其影响于个人者亦非浅少。②

种种迹象表明,无论是南京国民政府司法行政部的训令,还是陕甘宁边区政府的命令均未能解决这一问题。

---

① 陕西省档案馆、陕西省社会科学院编:《陕甘宁边区政府文件选编》(第6辑),档案出版社1988年版。

② 转引自张仁善著:《司法腐败与社会失控(1928~1949)》,社会科学文献出版社2005年版,第245页。

（六）任务繁重、收入微薄

近现代中国由于社会的转型，利益冲突不断，加之新的利益协调机制尚未形成，于是整个社会进入一种结构性的矛盾多发时期；但另一方面由于财政的紧张和压力，司法人员不足又成了一种普遍现象，结果导致各级法院法官的工作强度极大。民国时期著名的大法官倪征燠说：凡具有责任心之推事，出庭听讼时，神经极度紧张，退庭后终日伏案，笔不停挥，每多案牍劳形，夜以继日，历久身心交困，精疲力竭，既乏适当休养，遑论业余进修，循至病魔踪至，未老先衰，良可哀也！目前改业他去之法官，其因生活艰难或升不易者，固属有之，而以工作繁剧，体力不胜者，亦数见不鲜。[①] 案件审理为什么会草率？重要原因之一就是案子多、推事少，有的下级法院推事每天要办6~7件乃至10多件案子。一人精力有限，再精明强干的推事，要求他们办事认真，杜绝草率，近乎苛刻。一审法院如此，负责三审的最高法院也不例外。

据统计，南京国民政府最高法院自1933年以来，设有刑事7庭，1936年2月间，因收案过多，开始增加4庭，每庭庭长1人，推事4人，除庭长总管全庭事务；照例不分派案卷，其他推事，每星期举行2次评议；扣除评议时间，每个推事每周办案的天数不过4天。以每天办结1个案子计算，每星期只能办4个案子，每个月只能办十六七个案子。为了赶时间，推事加班加点，至多可以办18~25个案子。且第三审案件大多案卷浩繁，内容复杂，案情较为重大，推事办案已到了极限。

陕甘宁边区人口最多时达到200万，但其高等法院在1941年精兵简政之后，全院人员仅为86人，其中真正从事司法审判工作的又不足10人。

由于案件多而人少，司法人员压力倍增。这种压力带来了工作量的加大和身体上的劳累；另外审判符合政府所定的政治标准的要求，无疑又为法官的工作增加了新的难度。这样的境况，不但加重了法官的工作量，在某种程度上还是对法官们赖以立身的职业信仰和伦理的一种挑战，结果在一定程度上造成了民众对审判结果的不满。

任务重、压力大，收入却微薄。如果仅从法律文本来看，南京国民政府对司法人员实行的无疑是高薪政策。然而现实中由于国家对司法经费不能足额发放和随意拖欠，以及其他一些原因，这些法规和政策却并未得到真正的执行，法律上的规定根本无法兑现，导致司法人员的实际收入一直较低——不仅比之行政人员、律师、教师的实际收入要低得多，甚至在有些时候生计都成了困难。民国

① 倪征燠："司法问题研究"，载《中华法学杂志》（第5卷）第8期。

时期有关司法人员生活贫困潦倒，乃至发生自杀惨剧的报道并不少见。[1] 增加司法人员的收入一时成了民国时期很多人的呼声。

低收入使司法人员极难稳定，1946年一位在武汉任职的法官在给时任陕西高等法院首席检查官朱观的一封私人信件中称自己经济上早已入不敷出："长此以往，实无法支持，除改业律师外，别无他途。明年法界再无生机，则只能改业律师矣。"[2]此信虽然说的是武汉的情况，但较有代表性。一个拥有如此多的问题的职业，自然无法受人待见。

二、李木庵、居正的职业人生

为了进一步揭示主题，我们不妨以李木庵、居正的职业人生加以说明。李木庵（1884～1959年），湖南桂阳人，字典武（午），清朝秀才。1905年毕业于京师法政专门学堂，系中国较早接受过正规现代法学教育的人士之一，毕业后留校任讲习。民国初年任广州地方检察厅检察长。民国4年离职，在京津一带任律师，筹建两地律师公会。不久到福建任闽侯地方检察厅检察长。1925年加入中国共产党。第一次国内革命战争时期，任国民革命军第十七军政治部主任。大革命失败后，转入地下革命工作。1932年后，到南京任律师。1935年，到西安参与创设西北各界救国联合会，开展抗日民族统一战线的活动，参与推动张学良、杨虎城发动西安事变。1940年11月到延安，任边区政府法制委员，陕甘宁边区高等法院检察长。

尽管李木庵在中共党内年龄较大，入党时间较早，革命经历坎坷，但在党内却从未担任过任何实际职务。与此同时，一批与李木庵有大致相似教育背景和爱好的法律工作者也从全国各地来到延安，如张曙时、鲁拂民等。[3] 李、张等人

---

① 如《大公报》，1948年11月15日等。

② 西安市档案馆档案，全宗号八十九。

③ 张曙时（1884～1971年），江苏推宁人。早年求学于两江法政学堂，攻读法律。1909年加入同盟会。1912年任南京临时政府司法筹建处秘书，改任江苏邳县推事。1921年任南京建业大学校长。1927年任国民党中央政治委员会上海分会委员，江苏省政务委员会委员。1932年加入中国共产党。1935年赴四川，从事中共地下组织工作。1940年6月到延安。任陕甘宁边区政府法制室主任。鲁拂民（1881～1944年），山东济南人。出身贫寒，早年靠自学成才，21岁起以当塾师为生。辛亥革命后，考取山东省法政专门学校，开始接受系统的法学教育。毕业后，长期从事律师及报业工作，并积极参与了各种社会进步活动。1926年加入中国共产党后，长期从事地下工作。"七七事变"后到延安。1938年调陕甘宁边区政府秘书处任秘书，分管对外文件和法院工作。1943年出任边区政府法制委员会委员兼边区银行法律顾问。

一到延安,便迅速形成了一个相对稳定的人际交往团体,并同当时中共党内负责边区司法工作的谢觉哉建立了良好的私交关系,过从甚密。

在李木庵等人到来之前,即 1940 年前后的陕甘宁边区其司法制度的特点大致可以归纳为:

第一,实行行政领导司法的体制。根据陕甘宁边区的法律规定,司法机关和司法人员必须无条件地服从行政部门的领导。谢觉哉将其称为"司法半独立",即在边区政府的领导下独立审判。处于战争环境下的陕甘宁边区实行这种体制无疑具有一定的合理性。但不可否认,由于司法与行政工作性质上的差异,加之彼此间权限划分上的不明确,这一体种也极易在两者之间引发摩擦。曾任陕甘宁边区绥德县推事的刘汉鼎说,在政府的政务会议上,他就为一个案件同县长发生争执,并被领导训斥为闹独立性。

第二,司法制度和诉讼审判极为简单。"一切为着人民着想,真正为群众解决问题,故诉讼手续非常简单,着重于区乡政府的调节和仲裁,没有什么审级、时效、管辖的限制。"①

第三,司法从业人员以土生土长的工农干部为主。这些工农干部文化素质普遍较低,法律专业知识和技能不足,现代法律意识更是无从谈起,甚至于有些人连判决书都不会写,"请示的案情写不清楚。有些县呈报案件将案情写不明白,以致了解不到全案的情形。有些报告的用语使人看不懂,如固临的报告中常用'蛮婆'等,不加注解使人不知是说什么东西,还有些县份报告案子常常用的名字前后不一使人莫名其妙的。还有些县统计不正确,甚至排列颠倒的,如庆阳、志丹等县都是的。"②"但他们的政治立场坚定,与群众发生密切的联系,能够负责地为群众解决问题。"③

导致这一状况产生的原因,除特定的战时和乡村环境之外,还与时任边区司法工作的领导人的主观想法有关,即要使边区的司法制度与一切剥削阶级的司法制度相区别。陕甘宁边区高等法院院长雷经天公开指出:"我对边区司法工作的观点:边区司法工作是整个政权工作的一部分,应该由政权机关统一领导……认为边区司法工作的主要任务是巩固边区抗日民主政权,保护边区人民大众的利益,因此边区的司法工作必须服从边区政府的政策,遵守边区政府的法令。"④

---

① 雷经天:《关于改造边区司法工作的意见》(1943 年),陕西省档案馆档案,全宗号一五。

② 《陕甘宁边区高等法院命令》(1942 年第 53 号),陕西省档案馆档案,全宗号一五。

③ 雷经天:《关于改造边区司法工作的意见》(1943 年),陕西省档案馆档案,全宗号一五。

④ 同上。

而这一切对于系统接受过现代法学教育的李木庵等人来说显然难以接受。于是,在取得谢觉哉的支持后,特别是当李木庵被任命为陕甘宁边区高等法院代院长之后,他便开始着手对陕甘宁边区的司法制度进行改革。李木庵的改革内容极为宽泛,涉及司法独立、司法人员专业化、诉讼审判规范化等,几乎是在重塑边区的司法制度。仅此一点便可想象其所面临的阻力该有多大。初到延安的李木庵等人却信心十足,抱定了必胜的信念。

但改革首先遇到了原有司法人员的强烈反对。李木庵等人推行的改革同原有司法人员的司法理念存在较大的差别。如李木庵强调诉讼审判必须规范,判决须有判决书,但在原有司法人员看来判决书无疑就是司法八股文,搞形式主义,不合群众需要。"沿袭旧的观念,只知做形式上的判决,不注意实际的效果,认为案件既经判决,即为完事,至于当事人双方实际争执问题,是否得到合理解决,则不计及,遭有不服,介绍上述,做出一纸判决书,算为责任已尽,其实纠纷问题仍然存在,诉讼案件未能减少。办案机关与诉讼人民均无利益。"①

同时,改革也伤害了原法院系统内一部分从业人员的情感和自尊心。如李木庵的改革中规定审判必须制定规范的判决书,并对写作不规范者进行批评和"斥责",其结果使相当一部分人无法工作。"延安地方法院院长周玉洁因为不会翻法律条文,审判案件,只得请学过法律的推事帮助写判决书。"②换言之,实行规范化以后,许多人根本都无法适应。

于是,原有司法人员们便自动地抱成一团,他们利用游说领导人和延安整风审干的一切时机,将李木庵等人的改革认定为是一场政治斗争,而非技术问题,并着手从组织上进行清算:"以上的事实可以说明李木庵在边区高等法院的工作是执行新法学会的计划的,将边区的司法工作完全变为国民党的一套,司法工作因此无论在干部、法律、政策、审判方面,只是为着地主资产阶级,而不是为着工农群众,这完全是违反了党的路线。"③

此外,1943年3月发生的一起案件则使李木庵的处境更加被动。1943年3月的一天,自李木庵上台后一直受到排挤的高等法院的李育英到李木庵家中谈工作时,光天化日下被李木庵在延安科学院工作的侄孙,因病正在李木庵家中休养的黎丹用菜刀砍伤。黎丹被抓获,但李木庵则坚持认为黎丹为精神病。

黎丹是受人指使而蓄谋杀人,还是一次偶然巧合?关于这一案件的真实情

① 雷经天:《关于改造边区司法工作的意见》(1943年),陕西省档案馆档案,全宗号一五。
② 同上。
③ 同上。

况，限于原始材料的缺乏，已无法得知。但有一点可以肯定的是，这一事件给反对者们又一次提供了千载难逢的利用机会。

原有司法人员紧紧抓住这件具体事件不放，并上纲上线认为该案有很多可疑之处："这一黎丹杀人的事件，内幕是很复杂的，前一天朱婴来看李木庵，晚饭后黎丹送朱婴回去，转来到山下，看见井边有人，他即逃到井里去，经人救出，水仅淹到半身。第二天即行凶杀人，这样的行为是有预谋的。在要将黎丹送走时，郭钢钟（李木庵起用的新人之一，引者注）急忙的对黎丹说：'你认识我吗？你知道砍了李育英吗？这是你一个人做的。'明白的告诉黎丹到保安处去不要供出同谋的人。在后朱婴一再来同李木庵谈这件事，蛛丝马迹实在可疑。"①

随着改革的深入，谢觉哉等党内领导也逐渐改变了原有的支持态度。在改革开始阶段，边区政府对待改革的支持态度极为鲜明，但一旦改革出现了试图脱离政治，脱离民意支配，而朝着形成具有自己独立知识系统和价值取向方向发展的趋势，边区政府便感到了问题的严重。尽管谢觉哉清楚地知道李木庵等人的做法并无政治目的，只是想完善司法制度，谢觉哉也仍然一刻都不能容忍。

关于司法与执政党和政府的关系，作为边区政府的主要领导谢觉哉始终态度如一，"司法独立在旧社会有好处，在新社会政权下独立的好处已渐失去而成了害。现在闹独立表现在：(1)和行政不协调；(2)和人民脱节；(3)执行政策不够。不够尊重区乡政府及其他党政负责人的意见"。在谢觉哉看来："司法工作的内容，是为人民大众——工农兵服务呢？还是和人民大众有多少隔离甚至对立？即是说和群众结合或者否？因而表现在形式上，是共产党型的？新民主主义的？非新民主主义的？必把这根本思想弄清，才可言司法建设，才可解决其他问题。"②"我们的法律是服从于政治的，没有离开政治而独立的法律。政治需要什么，法律就规定什么"，因而司法人员一定要"从政治上来司法"。③

事到如此，空有满腔理想、一身法律知识与学问的李木庵再也没有回天之力了，下台就成了一件不可避免的事情。1943 年年底，李木庵以身体有病为由，辞去边区高等法院代理院长的职务，改革以失败而告终。1944 年 1 月，陕甘宁边区政府委员会第四次会议上，以政府工作总结的方式正式对这次改革从政治上做了定性：这次司法改革是一些旧的法律工作者，"脱离边区实际和边区人民的需要"，"照搬旧型司法制度和旧型法律"的结果，核心是要"司法独立"。改革导

---

① 雷经天：《关于改造边区司法工作的意见》(1943 年)，陕西省档案馆档案，全宗号一五。

② 谢觉哉著：《谢觉哉日记》(上)，1943 年 12 月 4 日，人民出版社 1984 年版，第 557 页。

③ 谢觉哉："在司法训练班的讲话"(1949 年 1 月)，载《谢觉哉论民主与法制》，法律出版社 1996 年版，第 156～159 页。

致“人民的正当权益或有遭到损害，而破坏分子的不法行为或且反获宽容”，并给边区司法工作带来了“坏作风”。①

但事情并没有到此为止。时隔不久边区政府公布了审查结果：“李木庵重用及提拔的干部大多数是有政治嫌疑的，经过这些干部的审查，全院36个干部中（管理员在内）即有17个人自己承认有问题，说出了组织和做过破坏工作的特务分子最少有9人，这是值得研究的。”在特务中，李木庵所重用的郭钢钟、陈质文等均在列。而其他地方法院中，李木庵所重用的新人，如绥德地方法院的孙敬毅等，也均被定为特务。②

鉴于此，1944年2月边区政府再次发布指示，对李木庵主政期间司法系统所审理的案件重新进行审理：“清理案件：甲、重新审查特务分子经手的案件：（一）先审查刑事案件，后审查民事案件。（二）如发现有重大错误的，即另行改判，给以平反。（三）搜集特务分子在司法工作中进行破坏的材料。乙、结束积案：（一）在清理案件期中，将过去积压的民刑案件，审理清楚，完全结束。（二）如有特殊原因未能如期结案的，应呈报备查。本项工作统限于5月底完成。清查案件的材料，随时报告高等法院。”③

这次改革的影响被彻底消除。对于这件事的处理结果，几年之后谢觉哉本人也曾做过反思：高干会后说司法不要独立，领导错一。把反特务和司法纠缠一起，领导错二。不批判的反对旧法律，领导错三。重复人的错误，近乎报复，领导错四。不懂领导意义，又把司法案揽到政府来，领导错五。④

无独有偶。在近现代中国的司法制度史上还有一位人物的命运与李木庵相比，亦大体相似，他就是居正。

居正（1876～1951年），字觉生，湖北广济人。他早期留学日本攻读法律，并参加同盟会，投身革命，深得孙中山赏识。辛亥革命时曾参与制定都督府暂行组织条例。南京临时政府成立，任内务次长，代理部长。南京政府成立后，历任国民党中央执行委员。1932年，居正接替伍朝枢出任司法院院长，同时兼任最高法院院长、司法行政部部长，权倾朝野，显赫一时。居正不仅是国民党的元老，在党内有较高的声誉和影响力，同时又是国民党法律界最重要的代表人物。居正

① 陕西省档案馆、陕西省社会科学院编：《陕甘宁边区政府文件选编》（第8辑），档案出版社1988年版。

② 雷经天：《关于改造边区司法工作的意见》（1943年），陕西省档案馆档案，全宗号一五。

③ 陕西省档案馆、陕西省社会科学院编：《陕甘宁边区政府文件选编》（第8辑），档案出版社1988年版。

④ 谢觉哉著：《谢觉哉日记》（下），1945年7月28日，人民出版社1984年版。

强调依法治国。认为“现代政治与现代国家,莫不以法治为本”,[①]而“所谓法治,即系以法律统治全国。一切公私问题,唯依法律以解决,亦即是以法律主治之意”。[②]

拥有如此理念的居正,上台后即着手推行起自己的主张。居正就任南京国民政府最高法院院长时,南京国民政府在司法制度方面的建设已经取得了一些显著的成效,司法专门化的基本框架已经搭就,遗留的突出问题是新型的司法制度覆盖面还太小,全国的绝大多数地区仍然实行的是司法隶属于行政的变通体制——县长兼理司法,据统计,到1926年“县长兼理司法者约占全国92%,而新式法院不过略资点缀而已”。[③] 在此制度下“审判与检察混合,行政与司法不分,承审员判决案件须由县长署名”,[④]由此产生了种种弊端。比如:其一,“以一县之大,由一二承审员包办民刑诉讼、复勘、验尸、执行、判决、职重事繁,难期‘妥、速’”。其二,“依现仍适用之县知事兼程诉讼暂行章程,民刑案件,系属地方管辖者,由县长与承审员共同负责;系属初级管辖,由承审员单独负责。而任县长者,每为表示威信,于初级案件亦横加干预”。其三,县长作为一县最高行政长官“有时为达到行政上目的起见,非联络地方士绅不可,而地方士绅‘或为自己利益,或受亲朋请托,势必说项’,县长势必受到影响。承审员‘既受县长之监督,而其事权又每为所掣肘’,又在县府办公,无论如何正直,均须受影响”。[⑤]

因而,明眼人都懂得“县长兼理司法是我国司法制度上最不健全的地方,也是一般人民不能受到法律保障之大原因。法治不能健全起来与这个制度的存在关系最大。要谋司法制度的健全,就不能容许兼理制的存在。”[⑥]于是,建立新型法院就成了居正执政中的首要任务。

从表面上看居正所面临的问题要比李木庵容易得多,但其实不然——新型法院的建立涉及的根本问题仍然是司法独立,而司法独立其阻力则不言自明。其实,有关废除县长兼理司法制度的阻力明眼人都看得极为清楚。如1932年5月27日《时代公论》上的一篇社评就明确指出:“现在有权审判的机关太多了。

---

① 居正:“朝阳学院32年周年纪念特刊发刊词”。转引自李光灿、张国华主编:《中国法律思想通史》(四),山西人民出版社1996年版,第553页。

② 居正:“法治前途之展望”。转引自李光灿、张国华主编:《中国法律思想通史》(四),山西人民出版社1996年版,第553页。

③ 居正:“十年来之司法建设”,载南京《中央日报》1937年4月18日。

④ “改良司法”,载《大公报》1935年1月6日。

⑤ 阮毅成:“所企望于全国司法会议者”(1935年5月)。转引自张皓著:《派系斗争与国民党政府运转关系研究》,商务印书馆2006年版,第207页。

⑥ “司法制度之改革”,载《中央日报》1932年6月20日社评。

就拿死刑来说,1年之中未经法院而被判处死刑者不知有多少。而且行政机关干预司法早已普遍的很,省主席可以在大堂传问普通杀人嫌疑犯(山东),又可以随便将已经判决的犯人用一纸公文要去直接枪毙(浙江),又可以随便将孕妇在未产生前连胎儿执行死刑。”显然,行政长官兼理司法的制度为最高当权者及各级行政长官、军阀们随意处罚自己的政敌、肆意践踏法律提供了合法的渠道,因而他们无论如何是不会自动放权的。但居正对此不知是过于自负,还是思想准备不足。

居正创建新型法院的想法和主张一经出台,就立即遭到了许多人的反对。有些人甚至开始撰文称赞起县长兼理司法的优点,认为“县府兼理司法在行政上自有许多便利”,是“情理并重”,“也给人民许多便利和好感”,不像法院之“一味以条文为依据”;同时又表示居正的主张固然不错,但却过于理想,不切实际,声称县长兼理司法“此制虽然破坏了司法独立,但是由于财政拮据,事实上又不可能废除”。①

居正在为人上极为固执,其自我评价说:“某也,既不会做官,又不会用人,而且怕见客,因此得罪朋友得罪同志甚多甚多!”②属于那种认死理的人,加之其在国民党中的地位,并未把这种反对之声放在眼里,仍然我行我素。固执的居正开始为自己的行为付出代价了。

从权力归属上讲,地方法院的设置必须由法部来负责。居正本想利用兼任部长的机会把法院建立起来,但1934年12月,在蒋介石的提议下,与居正政见不和的王用宾接替居正出任司法行政部部长一职,居正的权限被缩减。从权力运行的角度讲,这种做法无疑是在向居正打招呼。上台不到1年的居正就不得不将部长一职让给了王用宾。然而当权者没有想到的是,尽管居正、王用宾政见不同,但在建立新式法院上想法、主张并无不同。于是,居、王达成协议,先在那些未能建立起新型法院的县市中设置县司法处作为过渡;司法处不是新型法院,仍然隶属行政长官领导,但其从业人员与法官的任职要求基本一致。1935年的《县司法处组织条例》就是在这种背景下出台了。

司法处的主张同样引起当权者的不满。蒋介石的秘书杨永泰就公开撰文批评居正,说:法官“并不受县府监督,官虽小俸虽薄,而职权和责任却很大,它和人民的关系却很密切。省各县又相隔颇远,光靠一个高高在上的高等法院来监督它,非常困难”。“我们要不自欺,要不贪图,这种似是而非的司法独立的虚

① 乐永庆:“河北省行政上几个问题”,载《大公报》1934年10月25日。
② “居正启事”,载《中央日报》1932年1月16日。

名，像这种不完不备、流弊百出的司法公署，不但不能振司法的权威，起人民的信仰，而且要为收回领事裁判权的障碍。”[①]话说得如此冠冕堂皇，而且还抬出了收回领事裁判权的理由。但居正依然不为所动。

看来固执的居正还要为自己的主张付出进一步的代价。正是在这种背景下，1935年居正又丢掉最高法院院长一职。关于此次事件的前因后果居正有过清晰地记述：“先是最高法院有一上诉案，系争女子继承权。上海叶承明告余，此案薛家系富商，被告华立侯较穷。薛有女嫁于华家，生二子而卒。薛家老丈死，其女之于外甥，欲分继薛家财产。薛家兄弟不许，因此涉讼。二审薛家败诉，上诉三审，请余注意。余辞以不能干涉审判。未几庭上判决，薛家胜诉。余以庭上办案大草率，搁置不发。嗣经统一解释会议，变更判例，而此案遂发回更审。薛家不服，控诸监察院、南昌行营司令部，总部令司法行政部查复，同时监察院亦派委员吴翰涛、田炯锦等至最高法院调卷彻查，情势似极严重。余以坦白应之。去后经部呈复，监察院亦无下文。余引责辞兼最高法院院长，以焦易堂继之。”[②]

这原本是一件普通的财产继承权案件，居正显然站在华立侯一边，认为外甥有财产继承权，因而以“不能干涉审判”为由拒绝薛家兄弟的要求。但是华家在三审败诉后，居正却介入。其实，即便是介入了，对于居正这样级别的官员来说也并非什么大事，但问题是事件本身却给那些整掉居正的人提供了一个好的由头。薛家兄弟背后显然有人指使，因而能够控诉到监察院乃至南昌行营，导致居正丢掉兼职，而且是不体面地去职。更为可怕的是反对者们还没完没了。据居正讲，“迟至三十一年（即1942年）冬，犹有匿名接贴，向中央、国府、军事委员会控为罪状之一者”。[③] 看来反对者是要致居正于死地而后快。

这件所谓的“突发事件”不仅使居正的权力进一步被限制，更使居正的自尊心及形象受到了极大的伤害。“事后追思，总属一生污点，虽经洗刷，依然黑白不分。”[④]被他人抓住了把柄的居正此后做事便缺了底气。当然受到最大伤害的则是居正所要从事的事业。到1937年，居正失望地说：“全国1700余县，而已设地方法院者仅300余县，其8/10以上仍用县长兼理司法制。各县间设司法公署

① 杨永泰：“改革三省政治”，载《中央日报》1932年11月4日、5日。

② 居正：“梅川谱揭”，载《居正文集》（下），罗福惠、萧怡编，华中师范大学出版社1989年版，第548页。

③ 同上。

④ 同上。

或县法院等机关者,名称既不统一,且旋设旋废。”[①]这点成绩同上台时居正的雄心相比显然微不足道。事到如此,原本要大干一场的居正也只能仰天长叹:“普设法院,使全国县司法处完全脱离行政而独立”,“属司法中最艰巨之工作”![②]

1948年6月蒋介石提名王宠惠为司法院院长,无力回天也无事可做的居正只得正式向蒋介石提出辞去司法院院长之职。

三、后果

司法从业人员所面临的生存环境使绝大多数司法人员陷入了一种无边的迷茫与困惑之中,没有人能够说得清楚到底该怎么办,人们对司法工作的兴趣已日益淡漠。1945年在陕甘宁边区第二次司法工作座谈会上,一位基层的司法人员公开表达自己的观点:“谢老那天说司法工作有兴趣,据我的意见不一定正确。有些人认为做司法工作没有前途(我自己不是这样),我觉得还不是现在提拔的慢,而主要的有几个原因:(1)在待遇上不好;(2)组织不明确,有些同志对司法处的认识也是模糊的,究竟这是县政府的一部门呢?还是附属的?生活待遇上和其他科不同,下边有些人认为做司法工作的是些科员。虽然这是些小的问题,但使得在工作上不大方便。另外一个问题:昨天贺晓成同志提到,做司法工作的同志是‘出力不讨好’,党政、上边、领导上在政策技术方面讨论研究很少,只是有些案件处理错了,就来批评(当然这是应当的)特别是某些案件联系到党政上,那就问题多了”。[③] 不仅是一般的司法人员,即便是李木庵、居正这样的中共和国民党内的高级领导,从此也对司法工作心灰意冷。李木庵就曾给谢觉哉写信,以身体衰弱为由,想辞去一切与法律有关的工作。

不知是否巧合,居正也在1948年5月13日向蒋介石提出辞去司法院院长之职。

其实,困惑的不仅是失败者,那些暂时的胜利者亦是如此:“经天同志来谈:法院缺干部,缺经费,对怎样改进司法,尚少见解。”[④]谢觉哉日记中的这段记载,真实地记录了特定时期陕甘宁边区司法系统内部胜利者的真实心态。

---

① 居正:“十年来的中国司法界”。转引自张皓著:《派系斗争与国民党政府运转关系研究》,商务印书馆2006年版,第211~212页。

② 居正:“抗战四年来之司法”,载居正著:《居正文集》(下),罗福惠、萧怡编,华中师范大学出版社1989年版,第176页。

③ “在陕甘宁边区第二次司法工作会议上的发言”(1945年)陕西省档案馆档案,全宗号一五。

④ 谢觉哉著:《谢觉哉日记》(上),人民出版社1984年版,1944年5月8日。

当一个行业无法使其从业者感受到职业的荣誉与尊严，无法实现自己的人生理想时，它就不仅无法吸引优秀的年轻人源源不断地充实到这一行业中来，即便是行业中原有的优秀人才也会流失。而与此伴随的则是该行业在社会中的整体地位进一步下降，并由此步入一种恶性循环。在近现代中国，特别是到民国晚期，我们便不幸地看到了这一过程开始真实地上演。

那些看不到希望的从业者们开始想尽一切办法调离法院，另谋它就。据统计仅20世纪40年代西安地区注册登记的72位律师中，曾任各级法院、军事法院法官者就有23人之多，这其中还不包括某些履历不全的人，转行另谋它就的人数之多由此可见。甚至有些人宁可用贬低自己的方式来换取调换工作的可能。如陕甘宁边区一位司法人员就向上级打报告公开承认自己业务能力较差请求调换工作："再，我的能力很差，所以我情愿在关中无论哪个县上工作。（请）调一强干部担负专署复杂案件（各县未判决及已判决不服案件）是否可以，祈指示为盼。"①调不走的就干脆离职另谋出路。于是，在档案中我们便不断地看到一些如下的记载："无故缺职，书记官何昌质以接家电有要事返鄂不归"。"职缺，书记官焦书业离职不归"②等。

剩下的人则有相当一部分人失去了原有的理想，整个司法系统内部弥漫着一股令人窒息的沉闷气氛。20世纪40年代陕西省富平县一位新进人行的法官（姓名不详）写信给陕西省高院院长都朝贵的私人信笺里明确地表达了自己的苦恼和担忧："来富任事已十月，乃以未合主者之意，横被口语，深感此间事不可为"，并向上级建议"遵守假期以重职责；应保持审判独立；应整饬传唤效力；对同仁应开诚相见；应禁止强和以重法益之救济；应遵守时效；应守法；法官应先持重己身人格"。③

西安地方法律院长也不得不承认："本院同仁精神涣散，真令人不堪设想，我们不要说别的，只今天出席开会的人数仅到二分之一。""迟到早退，对其职责漫不经心者，仍然不少，自即日起务宜涤除积习，自重自爱，以勤以敏，慎勿故罹落伍，以取戾咎。"④

更为可怕的是有些司法人员开始逐渐沉沦，于是滥用职权、腐败等丑恶行为日渐增多。从整体上考察民国时期司法从业人员品性的变化，我们可以发现一条明显的规律，即这种变化与从业人员职业尊严、地位和荣誉感的弱化是大体同

---

① 洲鸣："洲鸣给高等法院的函"（1942年3月12日），陕西省档案馆档案，全宗号一五。

② 西安市档案馆档案，全宗号九十。

③ 西安市档案馆档案，全宗号八十九。

④ 西安市档案馆档案，全宗号九十。

步的。[1] 下面我们仅从民国晚期西安律师公会和理监事会议的记录中随便摘出几件加以说明:"高院民庭而不履行宣判程序,揭示主文亦时有时无,于法似有未合,可否呈请高院嗣后依法定期宣判或切实按日揭示主文,以符法定而免流弊";"司法行政部一再申令不准滥施羁押,而事实上仍所难免,可否建议司法当局予从严禁";"高地两院间有推事审理案件,任意拍桌子乱骂,且有陪席推事不陈明审判长,擅自发言,致使法庭秩序失却严肃,观瞻亦觉不雅,应如何纠正?""关于民事执行费交纳数额,现在长安地院于声请执行时,重新估定标的价额,往往与起诉时标的价额相差过巨,不惟当事人感觉困难,且于法令似有未合,应如何纠正?"[2]等。

对于司法系统的这种现状,各级各届政府也心知肚明,他们可做的似乎也只有两点:一是适当地进行鼓劲。如1945年,陕甘宁边区政府领导人习仲勋在司法工作会议上公开讲:有些司法干部反映,大家感到司法工作进步很慢,政治上落后,以前从我们手里提拔起来的干部有的已当县长的、县委书记的,我自己还是一个"烂法官"。这一点我们以前没有照顾到,今后应该很好的照顾到。现在所有的党的机关都要注意到司法工作……政权就要靠司法来保护。所以过去做党的工作不注意司法工作,那是很幼稚的,不知道自己做什么。

同时,他还表示:现在工作的同志怎么办呢?按他的工作能力,适当地提拔,有些可以做分庭的庭长,有些可以参加县委的工作。以后特别在政治上多照顾;听报告看文件都和其他负责干部一样。过去照顾不周已成事实,即是我们的缺点,同志们感到有些委屈,不好受,党也不光荣,你们的工作做得更好,党才是光荣的。[3]

---

① 民国初年是中国近现代史上司法制度较为廉洁的时期。据民国初年曾执业律师的曹汝霖在其晚年所写的回忆录中指出:"当时(大理院)的法官、真是清廉自好,时于讼案,慎重处理;数值后犹携案回家工作;可当得清、慎、勤三字,各省法官亦蔚为风气,绝不闻有受贿情事。此种风格,维持到北方政府终结为止。"参见曹汝霖著:《曹汝霖一生之回忆》,台湾传记文学社1980年版,第77页。而导致廉洁产生的原因,江庸则从另一角度进行过解释,他说:"吾人对于司法,固亦不能满意,然较之他项事业,平心论之,犹以为此善于彼也。何以言之?民国司法,有优点二:吾人不能不表而出之。一是人才整齐,胜于其他机关也。自民国元年改组法院,用人即有一定标准,习非法律毕业者,不畀以法官资格,在项城时代,屡受排击,几于破坏,卒赖司法当局苦心调护,而幸获保全,迄今仍无变易。虑其资格过宽,又限之以考试,忧其经验太少,又励之以讲习。夫学非所用,则人才可惜,用非所学,则事业必偾,以专门之人才,治所习之事业,苟优其待遇,严其考察,又假之以岁月,事未有不举者也。"参见江庸:"法律评论发刊词",载《法律评论》1923年创刊号。

② 西安档案馆档案,全宗号零一。

③ 习仲勋:"在陕甘宁边区第二届司法会议上的讲话",1945年12月30日,陕西省档案馆档案,全宗号一五。

西安地方法院的崔院长在全院大会上说:"关于司法工作,我愿意和大家说一说,就是个人不要妄自菲薄。我们不能因为他们守法精神不够,我们就棘心,我们要振作起来,健全本身,努力工作,社会对我们有批评,只要我们问心无愧,他们只有说一说,对我们并没有什么影响,我们的工作是要根据法令实行。"1946 年 4 月 15 日说:"本人很爱好,不愿听到外人说我们不好,说道我们团体里面的任何一人,比说我自己还要厉害、希望大家注意。"①

二是进一步加以控制。优秀人才的大量流失不可避免地使司法系统人员的整体素质与行政、党务、军队之间的差距进一步加大,这一点在陕甘宁边区反映得更为明显和直接。于是乎,兼管就成了必然。你不行,所以我得管着你。正如时下一位学者所言,边区"司法队伍的文化、业务素质也普遍较低,绝大多数没有从事过司法工作。因此,边区司法机构仅仅靠自身是很难施行司法职责的。而与之相比,边区政府则组织健全,干部队伍中许多是久经考验的经验丰富的职业革命家,素质要高得多。暂时将司法机构纳入政府,由政府领导司法工作,显然有利于借助政府的力量弥补司法工作在组织、人员素质、适用法律等方面的不足,保证司法工作的更好开展"。② 在这里,现象和逻辑下因与果之间的关系已经无法分清。

但有一点是肯定的:不论因果如何,其结果则都是法院的权威被极大地削弱,而法院权威的削弱则不可避免地进一步加剧了法院在近现代中国权力格局中的边缘化。

(2006 年第 10 期)

① 西安市档案馆档案,全宗号九十。

② 李智勇著:《陕甘宁边区政权形态与社会发展》,中国社会科学出版社 2001 年版,第 39 页。

中国经济法律传统及其与社会盛衰之关联

张中秋*

一、本文解题

在讨论主题前,有必要就本文涉及的几个关键词予以说明。首先要说明的是"中国经济法律传统"。虽然从文字和逻辑上可以说,"中国"一词涵盖了传统和近代以来的中国,但众所周知,由于中国社会在近代发生转折,开始了由传统向现代的转变,传统社会中的各项传统,包括经济法律传统,随之都发生了变化,甚至断裂。因此,我们今天谈论中国传统,往往是指传统中国的传统,而对近代以来形成的传统则称为新传统,以示区别。同样道理,本文中的"中国经济法律传统",实际是指传统中国的经济法律传统,亦即中国社会固有的经济法律传统。之所以在"中国"前省略了"传统"二字,为的是按习惯从简而已。那么,"传统中国"的界限又如何划分呢?对此有不同的认识,但在笔者看来,如果从法制角度出发,一般是以清末"新政",亦即实际从1905年开始的"变法修律"划界为宜。清末"新政"是中国现代型改制的开始,"变法修律"使中华法系最后解体,现代型法制开始确立。因此,本文中的"传统中国",具体是指清末"变法修律"以前的中国社会。

一般认为,现代经济法在西方也是20世纪30年代的产物。那么,清末"变法修律"以前的中国有"经济法律传统"吗?从现代经济法是资本主义自由市场经济发展到垄断,由此危害竞争而需要国家干预以保护竞争的视角说,传统中国没有这种严格或者说现代意义上的"经济法",当然也就没有这样的法律传统。然而,如果从经济法是国家对社会经济的调控和计划来说,传统中国非但有这方面内容丰富的经济法律,而且历史悠久形成传统。只是为了避免与现代经济法概念相混淆,笔者把传统中国有关这方面的法律不直接以"经济法"相称,而是统称为"经济法律"或"经济法制"。传统中国的经济法律涉及土地、赋税、工商、专卖、货币和对外贸易等,相对来说,土地、赋税和工商(含专卖)法制是传统中

* 作者单位:中国政法大学。

国经济法律的主体。[1] 值得一提的是,笔者之所以称"中国经济法律传统",不是说某项具体的经济法规,而是指在历史社会生活中能够传承下来具有支配性的那些经济法律思想、制度和习惯。它们具有历史性和共通性,有传统中国经济法律中最基本最持久的特征和倾向,亦即"传而统之"的意思。

在本文中,与"中国经济法律传统"相对应的主题词是"社会盛衰"。毫无疑问,这里的社会盛衰是指传统中国的盛与衰。一般认为,传统中国在18世纪以前都不落后于西方,总体上还有所超出。[2] 这是把中国和西方作为两个系统来比较的认识。如果从中国这个系统内部来观察,可以发现传统社会本身是有盛有衰的。在传统中国范围内,谈论盛衰总有一些标志,虽不精确,但人所共识。[3] 因此,尽管中国正史上记载的盛世和民间的传说并不完全一致,但无论是正史记载还是民间传说,西周、汉、唐及明清中前期,都是中国历史上值得称道的盛世。同时,所有的盛世就像行人登山一样,到达顶点后就是下坡路,衰乱之世往往随之而至。本文的任务一方面是概括中国经济法律的传统,另一方面正是探讨它们与社会盛衰的关系。

二、对中国经济法律传统的概括

中国经济法律有哪些传统?这是本文首先要解决的问题。要对中国经济法律传统进行概括,这本身是一件近乎不可能的事。研究不够深入且不必说,见仁见智也是个大问题。但要分析,必须概括,否则只有放弃。因此,这里笔者依据自己的理解,试着对中国经济法律传统做一些概括。

笔者把中国经济法律传统概括为九个,这样的概括是否恰当,还有待检验。首先,同时也是中国经济法律的第一大传统,即"重农抑商"。"重农抑商"不是简单的经济法律思想,而是贯彻在传统中国经济法律的政策和制度中的基本国策,各项经济法律制度和传统都是在它的指导下形成的,实际上它是维系传统中

① 张中秋著:《法律与经济——传统中国经济的法律分析》(第1卷),南京大学出版社1995年版。

② 陈振汉著:《步展集》,北京大学出版社2005年版,第333~338页。

③ 盛世的标志,往往是天下(中国)一统、疆域辽阔,经济繁荣、人丁兴旺,社会和谐、秩序安定,政治清明、世风淳朴,国力强大、万国(外邦)来朝等等。相反,衰乱之世,必是天下(中国)分裂、疆土狭小,经济凋敝、人口凋零,社会混乱、生灵涂炭,官场黑暗、道德沦丧,国力孱弱、屈顺外敌等等。用这些条件来衡量,西周的成康时期、西汉的文景武帝时期、唐朝前期、明永乐年间、清康雍乾时代,都可谓是典型的盛世;而王朝的末期一般都是衰世,其他则为平常之世。

国经济法律的纲。有关这一传统，笔者在后面还要做详细分析，暂不深究，容后再论。

中国经济法律的第二个传统——以调整土地关系为基础。众所周知，传统中国是农耕社会，土地是农业的命根子，传统社会的盛衰在很大程度上决定于此，所谓“民以食为天，国以农为本，本固则邦强”。因此，以农立国成为传统中国最大的国策，有关调整土地关系的法律，自然也就成了传统中国其他经济法律的基础。如西周的经济法制就直接建立在“井田制”之上；春秋战国时期的经济法制变动，无不与“井田制”的瓦解和土地私有化潮流有关；受土地私有化和兼并的影响，汉代经济法制尤其是专卖制度成为突出的方面；唐代前期的经济法制基本上是在“均田制”基础上展开的；中唐以后一直到宋元明清，历朝经济法制总是直接、间接以“租佃制”土地法制为基础。总之，传统中国的各项经济法律制度都与调整土地关系的法律内存这样那样的关系，这似乎也是我们从根本上理解传统中国社会的盛衰与王朝更迭的关键所在。这一点，我们在下面第三部分的分析中可以获得足够的认识。

中国经济法律的第三个传统——以确保国家财政收入的赋役为中心。财政是传统中国的国家机器——包括皇室、行政（官僚机构）和军队等——这些机构及其人员存在和运作的物质保障。赋役法制就是保证赋役实施的法律制度，同时又是传统中国官方调整各种社会关系的有力杠杆。赋役法制定得是否合理，实施中能否得以贯彻，关系到一个社会的盛衰，甚至影响一个王朝的兴亡。这个带有规律性的现象和经验，我们在中国王朝的兴亡史上可以看得很清楚。因此，历代王朝都把有关财政的赋役立法作为经济法律的中心任务来对待。从西周开始，赋和役，也就是各种租税和力役，包括劳务地租、实物地租、货币地租和兵役、徭役、杂役等，一直是中央政府和地方官府给予特别关注的经济法律问题。理论上，“轻徭薄赋”是传统中国赋役法追求的目标。这不仅因为它是民众的期待，也是王道政治理念的体现。但实际上，除了极少数时期有所表现外，如汉代的“什一税”制，唐代的“租庸调”法，明、清的“一条鞭法”和“摊丁入亩”，其他时期都存在不同程度的“重赋繁徭”和“苛捐杂税”，所谓“苛政猛于虎”是也，而这一点正关系着社会的盛衰。

以国家控制和干预为特色，是中国经济法律的第四个传统。这一传统在中国经济法律中颇具特色，突出表现在官方运用法律手段对工、商进行管制，对市场进行干预，必要时直接进行控制。例如，西周是统制经济，国家通过礼法直接控制经济；春秋战国时期，国家干预经济的新形式，即专卖法和平准法在齐国出现；汉唐时期的均输、平准、五绮六莞、榷酒、社仓、义仓、常平仓，特别是对盐、铁、茶的禁榷,即专卖,成了国家利用法律控制和干预经济的有力制度。其中,对盐、铁、茶的禁榷,成为宋元明清专卖法制的原型。国家控制和干预是一个影响至今的传统,从国计民生讲有其合理性,从社会稳定讲有其积极性,尤其是对中国这样一个经济发展不平衡的大国来说,意义是显而易见的。但它是一个双面刃,用之恰当有益,反之有害。例如,传统中国为此付出的代价是,私营经济的不发达和专制政治的长期存在。这足以引起人们警惕。

与国家控制和干预有直接关系的是,经济法律以刑罚为主要手段,这是中国经济法律的第五个传统。依现代经济法,调整经济关系的手段主要是经济和行政性的,只有当经济违法达到犯罪时才给予刑事制裁。传统中国的法律体系具有刑事性,一切不法行为,包括不符合国家法律的经济行为,都被视为犯罪,所以经济法律以刑罚为主要手段。譬如,唐代的均田制主要是由唐令规定的,但违犯唐令则由唐律来处理。唐律是刑法典,依唐律处理即是依笞、杖、徒、流、死五刑处罚。如《唐律疏议·户婚》"里正授田课农桑违法"条规定:"诸里正,依令:'授人田,课农桑。'若应受而不授,应还而不收,应课而不课,如此事类违法者,失一事笞四十;(一事,谓失一事于一人。若于一人失数事及一事失之于数人,皆累为坐)三事,加一等。县失十事,笞三十;二十事,加一等。州随所管县多少,通计为罪。(州、县各以长官为首,佐职为从)各罪止徒一年,故者各加二等。"出现这种情况,形成这样的传统,根源上乃是家国同构社会中所谓国家利益对私人利益的包容和消解,实际上是以王朝为中心的政治国家观念与权力发达在法律上的体现。①

中国经济法律的第六个传统,即对经济犯罪制裁的严厉化。这一传统与前一个传统相关,如上所说,由于经济违法被视为犯罪,因此刑事制裁本身即是严厉化的体现,但作为传统它还不止于此。根据笔者所接触到的材料,传统中国对经济犯罪制裁的严厉化,一是重罚,二是连带。所谓重罚就是对不守国家经济法律规定者,一般要施加经济、行政和刑事三项处罚;经济重者可以抄家,行政重者可以没官,刑事重者可以杀头。此外,还有连带。所谓连带,就是对经济犯罪的制裁不是一人犯事一人当,而是往往牵连到与当事人有关系的其他人,如家人、亲戚、长官、同仁、师生,甚至同乡、同学等。历史上的多次法令和大案都反映这点,如汉武帝的"告缗令",唐代王涯的"榷茶",朱元璋时期的"钱粮"案等。

笔者要提出的第七个传统,是经济法律规定中的责任制和数量式精确化。这一点让人颇感意外。一般而言,传统中国文化在整体上具有综合、直观、模糊

① 张中秋著:《中西法律文化比较研究》,南京大学出版社1999年版,第98~101页。

的特征,缺乏西方科学中的分析和精确,但这只能做哲学上的理解。传统的中国经济法律规定了严格的责任制,而且独具数量式精确化。在责任制方面,最著名的是"物勒工名"制度,即凡为官方制作者,包括工匠、主管和长官等相关人员,都要在完成的物件上刻上姓名、身份等,表现对此负责,一有质量问题可依此追查。这项制度自西周以来就成为传统,一直为历代经济法律所继承。① 在数量式精确化方面,突出的是传统中国的经济法律——在有关度、量、衡、时间、空间和人工工作量,以及对"赃罪"的价值额的计算上,都运用数字并且精确到了古代社会数量计算的最小单位。如秦律对量制计算到"升",误差1/20升要处"赀一盾"的处罚;对衡制计算到"铢",若黄金误差累计1/2铢,即旧制1/48两,今制1/30两,同样要处"赀一盾"的处罚。② 又如,唐律对时间计算到"刻",对空间计算到"步",对"赃罪"的价值量计算到布匹的"尺"。③ 责任制和数量式精确化是中国经济法律的一个优良传统,值得我们今天借鉴继承。

国家利益中心主义是中国经济法律的第八个传统。可以说国家利益是贯通传统中国经济法律的一根主线,虽然在各领域中的轻重分布有所不同,但各项经济法律制度无不体现出国家强有力的干预,其中专卖、货币、对外贸易可为典型。我们可以对外贸易为例。传统中国的对外贸易有两种:一是与周边少数民族的贸易,谓之"互市";二是海外贸易,谓之"市舶"。对这两种贸易,传统中国自秦汉以来一直比较重视,因此都给予了相应的法律调整,意图通过法律满足国家的各种需要。从有关这方面的法律分析来看,传统中国的对外贸易本质上不是一种单纯追求经济利益的活动。如禁止兵器和钱币流入周边少数民族,而用生活用品尽量换取对方的马匹等,说明"互市"是以国防安全为中心的。然而,对海外贸易则相对放松,原因是隔海对国家安全不构成直接的威胁,所以"市舶"较"互市"更具经济色彩,但国家安全至上的利益仍是它考量的中心。④ 国家利益

① 如《礼记·月令》曰:"……物勒工名,以考其成。功有不当,必行其罪,以穷其情。"秦汉继承这一制度,凡百工劳作都必须严格遵守统一的质量规格和数量要求。《汉书·任敖传》注曰:"百工为器物,皆有尺寸斤两斛轻重之宜,使得其法。"凡依范式制成的产品必须"物勒工名"。近年来出土的东汉"乐浪王盱墓"中的一个漆杯上的铭文证实了这个制度在汉代是被严格执行的。其杯铭文曰:"蜀郡西王造,素工回,髹工鱼,泊工文,氾工廷,造工忠,护工卒旱,长氾、承庚,椽翁,令史茂主。"转引自张研等著:《中国经济法制史》,中国审计出版社1992年版,第69页。由此铭文可见,一个漆杯不仅刻上了各道工序经手工匠的名,也勒有相关官吏的名。此后,从唐宋的《擅兴律》到明清的《工律》,都有关于这一制度的规定。

② 张中秋著:《法律与经济——传统中国经济的法律分析》(第1卷),南京大学出版社1999年版,第130~132页。

③ 同上,第321~335页。

④ 张中秋著:《唐代经济民事法律述论》,法律出版社2002年版,第93~102页。

中心主义的经济立法最初形成于战国,到汉唐时发展成为全面的制度,宋元明清在实质上都加以继承,及至今日仍是我们经济立法的基石。可见,这一传统是颇符国情、极具生命力的。

中国经济法律的第九个,亦即笔者所说的最后一个传统,是内含政治文化理想和道德关怀。正如笔者在以前的书中所指出的那样,唐代经济法制是以支持政治统治和正统道德为目的的。因此,它们在精神上成了政治和道德的工具。①其实,这不仅限于唐,对整个传统中国的经济法律都可以作如是观。而且这种政治和道德在传统社会后期的滞后性,导致了包括经济法律在内的中国传统法律整体的落伍和瓦解。但我们还应该看到,传统中国的经济法律仍是一种具有政治文化理想和道德关怀的法律。这一传统表现在经济法律上,有土地法制中不同形式的均田制和对土地兼并的抑制,赋役法制中从以"人丁为本"到以"资产为本"的转移,工商法制中对因商业过分发展而可能瓦解农业和农民的限制等,都体现了那个时代特有的,或者说传统中国所固有的政治文化理想和道德关怀,即对差序合理的理想社会,亦即对王道政治的最高境界"大同世界"的追求。这种追求的性质和局限另当别论,但经济法律要体现时代的政治文化理想和普遍的道德关怀,这应该是没有异议的。

三、对中国经济法律传统及其与社会盛衰之关联的分析

笔者在上一部分中提到,"重农抑商"是中国经济法律的第一大传统,因为其他各项经济法律制度和传统都是在它的支配下形成的。可以说,"重农抑商"是贯通和支撑传统中国经济法律的精神支柱,也是我们把握和分析中国经济法律传统与社会盛衰之关联的"纲"。要理解这一点,首先对"重农抑商"的含义要有所了解。从字面上说,"重农抑商"就是重视农业、抑制商业。这种理解大体不错,但过于简单。从传统中国的实际情况看,农不仅仅指农业,还包括农民、农村、农事、田地、赋税、徭役等一切与农有关的事务,其中土地最为关键。同样,商不仅指商业,还包括商人、商税、商业管理,以及各种私营性质的手工业和内外贸易等。由此可见,农、商基本上代表了传统中国最大的两类职业人群和几乎全部的经济,"重农抑商"应该从这个意义上来理解。此外,由于传统中国认为,对正常的经济民生来说,农、商虽然都不可少,但两者并不同等重要,就像事物有本有

① 张中秋著:《唐代经济民事法律述论》,法律出版社2002年版,第9~10页。

末一样,农是本商是末,所以,“重农抑商”又谓之“重本抑末”。①

“重农”必然重视土地,因为土地是“农本”的基础。所以,重农在法律上的表现和结果,自然就是以调整土地关系为基础的法律制度和传统的形成。② 法律对土地关系的合理化调整,内含很多的目的,但主要是国计民生。所谓“国计”就是确保国家财政收入,“民生”就是百姓的生活。由于国家财政取之于民,因此,连接国家财政和百姓生活的赋役就成为经济法律的中心。在传统中国,土地关系和建立在土地之上的小农经济相当脆弱,容易受到各种因素的破坏,其中最大的威胁来自于商人和商业。如果对此不加以抑制,“商末”必然冲击甚至瓦解“农本”,结果会造成严重的经济社会问题,殃及国计民生。历史反复证明,事实正是这样。因此,为了防止这种情况出现,或者出现这种情况后予以调整,国家统制和干预就变得必不可少,有关这方面的内容遂成为中国经济法律传统中的特色部分。同样,为了使统制和干预有效,具有威慑作用的刑罚成为惩罚的主要手段;而且为了做到准确有力,一方面要求经济法律规定责任制和数量式精确化,另一方面对经济犯罪的制裁也趋于严厉化。所有这样做的目的,首先是要维护以王朝为代表的国家利益,包括贸易中的国家安全利益和经济利益,然后是民众最基本的合理要求。所以,表达正统王朝对王道理念追求的政治文化理想和道德关怀,不仅体现在这些法律制度和传统中,而且它本身也成为传统的一部分。由此,我们可以看到,上述各项经济法律制度和传统都是在“重农”之下,从农本和土地发展而来的。因此,我们可以把分析中国经济法律传统与社会盛衰之关联的“纲”,集中到“重农抑商”上来。

以上分析与中国经济法律传统的历史实践相吻合。在传统中国,重农突出表现在对农业,特别是对土地关系的法律调整上。法律确认和保护什么样的土地所有制,在根子上与传统中国社会的盛衰相关联。中国从原始性的经济嬗变到西周的国家统制经济和计口授田的井田制,是一个历史性的进步,西周的兴盛

---

① 王大庆著:《本与末——古代中国与古代希腊经济思想比较研究》,商务印书馆2006年版,第3~11页、283~299页。

② 因为在传统中国,农业是其他经济(如工商、贸易、货币、消费等)存在和繁荣的前提。农业经济的核心条件是劳动力、土地以及劳动力与土地的合理结合。这三项核心条件的具备及其合理结合的实现,实质上都有赖于土地关系的法律调整,亦即法律确认和保护什么样的土地所有制,这是在根本上决定传统中国社会的经济基础。例如,唐帝国在其前期比较成功地运用了律令这一有效的经济法律武器,保护和扩大了劳动力,调整和重新分配了土地(以丁男为均田的基本单位),使劳动力与土地的结合比较合理,而且在律令的保障下,又使这种结合得以一定程度的实现,结果出现了社会经济由萧条到繁荣的发展。参见张中秋著:《唐代经济民事法律述论》,法律出版社2002年版,第3~31页。

因此形成。但随着不合人性又桎梏生产力发展的国家统制经济的危机和井田制的瓦解,土地私有制和私营经济在春秋战国时期逐渐壮大起来。土地私有制的确立和私营经济的壮大,一方面激活了秦汉经济社会的发展,为秦皇汉武时代的到来奠定了物质基础;另一方面又造成了农商对立和贫富两极分化,最终导致了社会的动荡与冲突。经过秦汉时代的数次社会冲突和政权更迭,新形势下的国家统制经济和计口授田的均田制在北朝,尤其是唐前期得到了恢复与重建,大唐盛世即以此为基。从中唐开始,土地兼并导致均田制瓦解,农商对立和两极分化再度出现,"安史之乱"点燃了燎原之火,大唐王朝由盛转衰。中唐以后,国家放弃了统制经济与计口授田,私有的租佃制普遍代替了均田制,此后历代王朝一方面因租佃制发展而盛,同时也因由此而带来的农商对立和两极分化而衰。这在事实上已成了传统中国社会发展中的一个怪圈,直至近代也没能成功地摆脱这一困境。

纵观中国历史,传统中国发展中的怪圈,表现为社会盛衰的循环,社会盛衰的循环又与土地所有制相关。具体说,在中国史上,作为基本的法定制度,土地所有制无非是国有与私有两大类,如国有性质的井田制和均田制,私有性质的自耕农经济与租佃制。但无论是国有还是私有,事实上既带来了中国社会的盛,也引起了社会的衰。这其中的机制,或者说土地所有制与社会盛衰的具体关联又是什么呢?事实表明,传统中国的"盛"是建基在"农本"之上,以"治"即社会稳定为前提的。满足了这两个条件,社会就盛,反之则衰。井田制和均田制在它们实施良好的时期,国民经济以农为本,社会秩序稳定,所以国力强盛。但国有性质的井田制和均田制有它自身不可克服的局限。首先是缺乏激励机制,导致没有竞争而效益走低,这与人们发展经济的愿望不符;其次是时间一长,弊端丛生,无法阻挡私有经济的侵犯,其中来自"商末"的冲击最大;最后是土地国有制在私人侵占和兼并下名存实亡,井田制和均田制的后期都是如此。

土地侵占和兼并亦即土地私有化,必然会产生两个直接的后果:一是大量的土地掌握在极少数地主、官僚、豪强和商人手中;二是大量的农民失去土地,不得不背井离乡,成为流民、客户。这样,少数不事农耕者拥有大量地产,而大量劳动者却无地可耕,其结果是人不能尽其力,地不能尽其利。人力和地利得不到正常的结合和发挥,农业经济就失去了发展的可能,经济社会关系因之陷入不合理的状态,严重的会出现农商对立和两极分化。[①] 这时社会开始动荡,治世开始向乱世转变,世道一乱则盛世必衰。面对这样的形势,统治者总是会动用各种手段来进行调控,其中最常见也是最有效的手段,就是借助专卖法对商人和商业加以抑制——包括政治上对商人歧视,经济上对商人压榨,法律上对商业加以控制。如果调控成功,社会就会化险为夷;不成功,历史就会在混乱中完成改朝换代。

乱后新生的王朝吸取教训,重新开始"重农抑商",同时顺应潮流,承认土地私有化,允许土地买卖。这样一来,激励机制被引入,人们的生产积极性也被调动起来,"农本"经济焕发出新的活力。加上中央政府控制有力,社会稳定,假以时日,盛世又可能出现。但时间一长,这种经济又要出现新的问题,主要是因为土地可以自由买卖,所以兼并比以往普遍,结果是"能者辐凑,不肖者瓦解","富者田连阡陌,贫者无立锥之地"。[②] 这时社会又重新出现农商对立和贫富分化,此后的情形大体又是国有制后期历史的重演。鉴于历史的教训,乱中取胜的新王朝又回到国有制的老路上。这样,从土地国有制到私有制(如西周井田制的瓦解与秦汉土地私有化),又从私有制到国有制(如秦汉私有制崩溃与隋唐均田制的确立),历史完成了一个轮回。

国有的均田制在唐中期被废止后,私有的租佃制大行其道。以后的王朝和皇帝,甚至农民起义建立的地方政权,鉴于私有制的弊端,亦曾想恢复土地国有制,如太平天国的"天朝田亩制度",但时移势易,直到中华人民共和国土地改革之前,占统治地位的土地国有制退出了历史舞台。原因何在?根子在经济规律,亦即私有制的力量。在传统中国,土地国有代表的主要是以皇帝为中心的国家利益,它在很大程度上和个人利益是对立的,国家利益要求控制并禁止土地买卖,以确保最高统治集团的富有、社会的安定和王朝的延续;个人利益则希望土地买卖兼并不受任何限制,以满足个人对财富的追求。有时,为了调和这种矛

---

① 农商对立和贫富两极分化往往紧张到了于国家稳定和社会道德都难以容忍的程度,这从晁错给皇帝的上书中可以看出。他说:"今农夫五口之家,其服役者不下二人,其能耕者不过百亩,百亩之收不过百石。春耕夏耘,秋获冬藏,伐薪樵,治官府,给徭役;春不得避风尘,夏不得避暑热,秋不得避阴雨,冬不得避寒冻,四时之间亡日休息;又私自送往迎来,吊死问疾,养孤长幼在其中。勤苦如此,尚复被水旱之灾,急政暴虐,赋敛不时,朝令而暮当具。有者半贾而卖,亡者取倍称之息,于是有卖田宅、鬻子孙以偿责者矣。而商贾大者积贮倍息,小者坐列贩卖,操其奇赢,日游都市,乘上之急,所卖必倍。故其男不耕耘,女不蚕织,衣必文采,食必粱肉。无农夫之苦,有仟佰之得。因其富厚,交通王侯,为过吏势,以利相倾;千里游遨,冠盖相望,乘坚策肥,履丝曳缟,此商人所以兼并农人,农人所以流亡者也。"(《汉书·食货志》)面对这样危险的经济社会形势,汉朝诸帝尤其是从武帝开始,彻底放弃以往的放任政策,转而采用严厉的抑商措施,并借助法律予以严格执行,以期重整经济社会关系,使之相对合理化。

② 《汉书·食货志》。

盾，统治者在制定他们的土地法时，一方面限制土地买卖，另一方面又不予彻底的限制，形成某种“漏洞”现象。如唐代推行均田制时期，法律禁止土地买卖，违者治罪，但有一个但书：“即应合卖者，不用此律。”①这好像在禁止土地买卖的大坝中留了个“漏洞”。

但事物的发展有它自己的规律，私有制作为一种重大的所有制形态和其他事物一样，一旦产生，就沿着自己固有的规律发展下去。私有制发展的规律是不断深化、不断纯粹化，最后达到否定自己。我国土地私有制的发展规律也是如此。春秋以前，我国实行的是“田里不鬻”②的“井田”制度，所谓“普天之下，莫非王土”。③ 这实际上还是一种部落形式的公有制，即使有少量的私有土地存在，也不足以改变整个土地制度的性质。我国真正合法的土地私有制是从商鞅“废井田，开阡陌”开始的。马端临评论说：“盖自秦开阡陌之后，田即为庶人所擅，然也惟富者贵者可得之。”④由此，土地买卖逐渐盛行起来。土地买卖自然引起土地兼并。土地的买卖和兼并是土地私有制不断深化的必然途径，但买卖和兼并又往往引起经济社会矛盾的激化，造成社会的紧张和动荡。动荡后建立的新王朝鉴于教训，必然动用国家的强制手段来进行新的土地分配，调整土地和经济社会关系，限制土地的自由买卖和兼并，以免重蹈覆辙。这样一来，法律成了国家政治权力干预经济、限制土地私有制不断深化的主要工具。但是，私有制的发展是难以阻挡的，它在和法律的较量中，是最终胜利者。这就是经济的力量、规律的力量，这就是西周井田制、王莽王田制、西晋占田制、隋唐均田制等，各种不同形式的土地国有制，一个个先后失败的根源所在。

如果要问私有制何以有这种力量，归结到一点，就是它的竞争—效益机制符合人心对财富的追求。所以，私有制适合经济增长和个人利益扩展，但它固有的缺陷，即一个“私”字，如果不加以限制，任其无限膨胀，一旦超出合理范畴，必将置群体社会于解体而后已。因此，私有的租佃制取得统治地位后，如同国有的均田制一样，仍然导致了传统中国社会盛衰治乱的循环。这种国有与私有所引起

---

① 按唐令规定，每丁男受田一顷（唐制百亩），其中二十亩为永业，八十亩为口分。永业田可以传承，口分田在田主死后必须交还政府。因此，均田制下口分田一般不准买卖。《唐律疏议·户婚》“卖口分田”条律云：诸卖口分田者，一亩笞十，二十亩加一等，罪止杖一百；地还本主，财没不追，即应合卖者，不用此律。《唐律疏议》解释说：“即应合卖者，谓永业田家贫卖供葬，及口分田卖充宅及碾硙、邸店之类，狭乡乐迁就宽者，准令并许卖之。其赐田欲卖者，也不在禁限。其五品以上若勋官，永业田也并听卖，故云‘不用此律’。”

② 《礼记·王制》。

③ 《诗经·小雅·北山》。

④ 《文献通考·田赋考》。

的周期性的经济与社会的盛衰循环，根源于经济社会结构的单一（小农经济与农民占绝对优势）和封闭（小农经济的天然属性）。专制政治对小农经济和农民的依赖和支持，使得政治、经济和法律结为一体，从而加固了经济社会结构单一与封闭的强度；“重农抑商”的文化则使之更具韧性。所以，在社会大系统内，盛衰循环成为怪圈，牢不可破，原因就是经济社会结构没有变化。如果技术有突破，工业和商业有突出的发展，即可吸纳因土地私有化而带来的大量剩余劳力与资金，并使之转化为资本，进而促进私有经济的深化。长此以往，经济和社会结构就会发生变化，小农经济即使不退居其次，也无法绝对支配社会的进程。那么，中国的历史或许会是另一种情形。讨论到此，不免让人联想到，中华人民共和国土地国有制的确立，好像又是对中唐以来土地私有制的否定，这是否会形成一个新的更大的轮回呢？笔者以为，这只是表面上的相似。从理论上说，这次与以往不同，现代科技和工商经济的突破性发展，已经使中国的经济和社会结构发生了根本变化，那种基于经济结构单一和封闭的国有—私有、盛衰—治乱的循环怪圈应不易再现。

四、对中国经济法律传统与社会盛衰之关联的文化解读

本文的主题分析已经结束，如果要做进一步的解读的话，会发现“重农抑商”这一统领中国经济法律传统的“纲”，蕴涵着丰富的经济社会和政治文化意义。这可以帮助我们理解为什么“重农抑商”在传统中国受到如此高度的重视。

让我们从社会构成开始。传统中国名义上由“士、农、工、商”四民，亦即从事四种职业的人组成，实际上可归纳为农、商两类来认识。在传统中国，士一般都来自于农——虽然士的地位要高于农，但农是士的起点和根基所在，而且农民不仅占社会人口的绝大多数，也是国家赋役的来源。因此，法律把士、农归为一类，称为良民。工、商因性质相同，从来都是一家，所以法律把他们视为一类，谓之贱民。这种分类至少从唐宋开始，沿袭至清末。[①] 传统中国的这种社会构成，其实与经济结构是一致的。如前所说，传统中国以农立国，各项经济都建立在农业之上，工商作为国计民生的必要部分，自然不可或缺，但它与农相比，一是它本身要依赖农业；二是它也只是国计民生的补充部分。因此，在传统中国，社会构成与经济结构相吻合，“农本商末”成为铁一般的事实。面对这样的事实，立法

① 参见《唐律疏议》、《宋刑统》、《大明律》和《大清律例》中“名例”、“户婚”与“杂律”篇中的相关规定；尤其是在刑事方面，“良贱相殴”与“良贱相奸”的规定区分明显。

者除了“重农抑商”，难道还能有其他的办法？

事实上，经济、社会和文化是相通的。因此，我们对“重农抑商”还可以做文化上的解读。传统中国的文化，不论它的表现形式多么千姿百态，理念上是一元论的。“道”是中国文化的本原，所谓“道生一，一生二，二生三，三生万物”①是也。道的基本结构是阴与阳，两者的关系是对应中有包容，包容中有统摄，阳在其中起主导和支配作用。建立在观察和体验之上的这种原初自然哲学被推及社会政治法律领域，汉代大儒董仲舒在《春秋繁露·基义》中说的一段话可为经典。他说：“凡物必有合。……阴者阳之合，妻者夫之合，子者父之合，臣者君之合。物莫无合，而合各有阴阳。阳兼于阴，阴兼于阳。夫兼于妻，妻兼于夫。父兼于子，子兼于父。君兼于臣，臣兼于君。君臣父子夫妇之义，皆取诸阴阳之道。君为阳，臣为阴。父为阳，子为阴。夫为阳，妻为阴。……阳之出也，常县于前而任事；阴之出也，常县于后而守空也。此见天之亲阳而疏阴，任德而不任刑也。是故……德礼之于刑罚，犹此也。故圣人多其爱而少其严，厚其德而简其刑，此为配天。”

董仲舒所说的“合”是指合成，“兼”是兼有，“县”是悬的意思。通过这段引文我们可以看到，在董仲舒眼里，万物的合成不出阴、阳两种要素，从自然万物到家庭社会再到国家法律，莫不如此。阴、阳虽相互兼有，但阳是处于前的积极要素，是本是主是进，因此对阴有统摄和支配作用；阴是悬于后的消极要素，是末是从是守，是故对阳有依附性。阴阳可以转换，但阳对阴的统摄和支配是绝对的；阳之所以可以统摄和支配阴，是因为阳有德性，或者说阳的德性大于阴。阴阳结合阳主阴从谓之道，道就是自然，就是和谐。所以，对于道，顺之者昌，逆之者亡。可以说，这是传统中国2000年来的国家哲学和民间信仰，亦即人们所谓的天理。至此，我们终于可以明白，在传统中国文化中，世界万物都可以对应于阴阳而归于道，中国经济法律传统当然亦不例外。如农与商、土地国有与私有、农赋与商税、官工与私匠、官商与私商、专卖与自由贸易等，就像天与地、春与秋、人与物、官与民、义与利、公与私、善与恶一样，都是阳与阴的对应与体现。因此，从“农本商末”到“重农抑商”，完全是合符阴阳之道的中国文化理念的体现。而且唯有这样，盛世才有望实现，因为有道则盛，无道则亡。这里所说的“道”贯通自然和人世，为数千年来传统中国人最基本的世界观。因此，在哲学上它可以称为天

---

① 《老子·四十二章》。道生万物，万物又回归于道。这种有机、整体、连续、自动的宇宙生成论，成中英和杜维明先生有较清晰的阐释。参见［美］成中英著：《论中西哲学精神》，李志林编，东方出版中心1991年版，第216页及前后；W. M. Tu, *The Continuity of Bing*: *Chinese Versions of Nature*, *Confucian Thought*, State University of New York Press, 1985, p. 38。

理，政治上可称为王道，法律上可称为法理。其实，名异实同，一以贯之者天道也。按现代人的理解，天道的核心是自然而然的和谐。

如此看来，"重农抑商"成为统领中国经济法律传统的"纲"，完全是因为它上合天理（道）下符国情（经济社会事实），可谓是有道的法律传统，所以受到如此高度的重视也在情理之中。如何评价它，可以仁智各见。但我们从中起码可以获得这样一个认识，即对中国这样一个大国来说，经济法律（传统）与社会盛衰的关联最后在于道；道可以不同，但不可以无道。

（2006年第10期）

现代法学诠释中的"中华法系"
——以产权与合约为中心

苏基朗[*]

本文反思一个通用百年以上的现代法学概念——"中华法系"的目的,是探寻它对今天中国法制史的研究以及法制建设可以带来什么启示。"中华法系"是现代法学诠释的产物,虽然它的内容不能不建基于有真凭实据的历史现象,但作为对历史现象的诠释,我们仍难脱离当前的学术背景与学术视野而进行完全客观超然的学理思辨。所以,在探讨"中华法系"的各种进路之中,也可以尝试从影响我们思考的这一个法学名词的一些外缘因素入手,检视一下它的传统内涵有什么理论上的困境,再考量一下这些问题和今天的法制建设有什么关联。由于"中华法系"涉及的问题太广泛,所以本文将会集中讨论民法的产权和合约概念。以下先简单点出"中华法系"的生成和基本定义,再举例说明在民法,尤其和商法有关的产权与合约领域的一些新看法。最后就"中华法系"议题的深层语境结构略加解读,冀收抛砖引玉之效。

一、中华法系的定义

"中华法系"一词在中国学术界的登场,可以追溯到20世纪二三十年代。它源自西方孟德斯鸠以来的比较法学及比较文化学,对以中国为中心的东亚传统法律文化所发展出来的一种欧洲中心诠释。晚清、民国的中国知识界和在中国慢慢萌芽的现代或西式法学界与法律专业界,在向西方取经学法的过程中,也同时承接了这种以西方为中心的法系概念和其具体的中国应用——"中华法系"。[①] 从这一个源头来看,中国人对"中华法系"的理解,接近"五四"的反传统精神,基本上是西方的、批判的,甚至是轻视和唾弃的;但由于中国人同时也承接自西方的民族主义,在中国影响力日益茁壮,配以传统以来的华夏文化优越意识,"中华法系"在当时以至后来的中国法学界及司法界,仍具有相当浓厚的自

---

* 作者单位:香港中文大学历史系。

① 梁治平著:《法辨》,贵州人民出版社1992年版,第1~19页。

我肯定色彩,[①]并认为在道德伦理方面,中国传统法律文化不独自成一格,而且深具值得骄人之处。[②] 可见"中华法系"这一概念在早期引进中国学界时,即具备自我否定和自我肯定的双重对立性格。

有关"中华法系"的讨论,在20世纪80年代中国改革开放,致力开发社会主义市场经济而展开的新一轮法制建设之际,重新进入中国法制史学界的议题表。有关的论辩,可参考曾宪义、郑定的扼要综述。[③] 这里仅引述1984年《中国大百科全书——法学》对"中华法系"所下的定义:"中国的封建法由战国至清经过二千多年发展,形成了沿革清晰、特点鲜明的法律体系,被世界推崇为五大法系之一——'中华法系'。它具备以下基本特点:(1)以儒家思想为理论基础,摆脱了宗教神学的束缚……(2)维护封建伦理,确认家族法规……(3)皇帝始终是立法与司法的枢纽……(4)官僚贵族享有法定特权,良贱同罪异罚……(5)诸法合体'以刑法为主,兼有民事、行政和诉讼等',行政机关兼理司法……"[④]

在这新一轮的讨论中,"中华法系"诠释上的定位,同样面对两种矛盾的取向。一方面是一套当代中国法学理念结构,它糅合以西方法学为主的市场经济自由主义法理模式与新中国成立以来从苏联引进的社会主义法制观念和制度,两者皆对中国法律传统持负面批判的理论取向;但另一方面,在全球化及市场化冲击之下,中国法律文化本土性与身份的危机意识,也随着中国的兴起和反全球一体化本土主义的传播,对探索"中华法系"的学术议题产生一定的影响。故此"中华法系"的讨论,并不单是一个历史诠释的问题,它也可以引申到中国法律传统文化的现代意义问题。本文无意概括地论述百年来的中国法制史学及有关的工作,因为梁治平已经提供了最精辟的综论。[⑤] 本文只从"中华法系"在中国近代时期及现代中国改革开放前期的生成背景所蕴涵的思维层着眼,点出"中华法系"定义背后的正反张力。这种张力,在涉及商业、市场等民事法方面尤为尖锐。若"中华法系"的定义本身就包含了只重刑法而轻视民事和抹杀商事法的精神,则中国法律传统在21世纪以来的当代中国社会,

---

① 如杨鸿烈强调"中国法系"对东亚诸国传统法律的主导性影响。参见杨鸿烈著:《中国法律在东亚诸国之影响》,中国政法大学出版社1999年版。

② 李钟声著:《中华法系》,天津教育出版社1989年版。居正:"为什么要重建中国法系?",载居正著:《居正文集》(第2卷),罗福惠、萧怡编,华中师范大学出版社1989年版。

③ 曾宪义、郑定著:《中国法律制度史研究通鉴》,天津教育出版社1989年版,第76~84页。

④ 中国大百科全书《法学》编辑委员会编:《中国大百科全书——法学》,中国大百科全书出版社1984年版,第764~765页。

⑤ 梁治平:"法律史的视界:方法、旨趣与范式",载梁治平著:《在边缘处思考》,法律出版社2003年版。

可能只有古玩式的观赏价值而已。但这种论述本身,也可能摆脱不了当代各种思维岩层的局囿而不能代表万古长青的真知灼见。

二、从民法看“中华法系”的再定义

20世纪90年代以来,对“中华法系”的讨论无疑越益精密和严谨。这里仅举三个例子说明“中华法系”的定义已开始转变,对其民事法的性质更出现了新的看法及视角。首先,张晋藩先生1997年在他比较具有总结性的专著《中国法律的传统与近代转型》里,综论了中国传统法律的多项特征,其中一项为“诸法并存,民刑有分”。① 他一方面论述了中国历史上长期以来在法典体例传统上的民刑不分现象,另一方面他也指出了中国的民法传统源远流长,宋至清则更相对地发展完备。他所论述的要点包括日益增多的民事法律规范、产权的确认、典权的保护、债务契约法的发展、清代满汉产权交易的规限以及兼祧继承的盛行。所以,虽然法典上民刑不分,但就法律体系而言,则民刑卓然有别。用他的表述就是“诸法并存、民刑有分”。

精心梳理“中华法系”民法特征问题的还有杨一凡先生。他同意传统法典的内容确以刑法为主体,民法不受重视;但他指出法典所载的法律内容只属生效的传统法律的一部分,其他还有大量的立法或法律形式,如宋的编敕、断例、指挥,元的条格、断例,明清的编例、谕旨、诰、榜文、地方法规、乡规民约等,均属于具有法律效力的历史法律文献。若将这些历史现象也纳入“中华法系”的讨论,则民刑两法,既从未合体,也自古分流。②

另一个认真探讨“中华法系”的例子是徐忠明先生。他剖析了百年以来对法系研究与划分的标准,指出了各家说法在比较和处理不同法系之间的区分时,实际上并没有统一的标准可言。他认为表述“中华法系”不应偏重官方典籍与精英阶层的法律现象,因为民间社会中的法律文化,也当是法律体系中的重要构成部分。他跟着详细论证“中华法系”的根本特征,应该是“礼法文化”及“天人合一”。③ 虽然徐先生没有直接论辩民刑不分的议题,在他这个“中华法系”两点框架之下,所谓民法的范畴,与规范民事关系的礼法、道德伦理以及体现其他传

---

① 张晋藩著:《中国法律的传统与近代转型》,法律出版社1997年版,第303~335页。

② 杨一凡:“中华法系研究中的一个重大误区——‘诸法合体、民刑不分’说质疑”,载《中国社会科学》2002年第6期。

③ 徐忠明:“中华法系研究的再思”,载中国民商法律网。

统价值观的制度，理论上已经融合无碍，所以民法自然不会成为“中华法系”的异质成分。

三、中国民法史的产权与合约

近十多年的中国民法史研究，已经累积了大量的研究成果，例如张晋藩先生的《清代民法综论》(1998)，就是其中的典范，①不必赘述。以下仅略举三个近期西方与港台研究中国法制史的例子，说明关于中国的民法史研究可以对“中华法系”的反思带来什么启示。

(一)中国法制史研究的民法概念

首先，我要论及的是宋格文先生(Scogin)的一篇文章。他对当前一些学者在引用西方法律理论来诠释中国法制史时可能出现的概念误区，提出了一些很有启发性的看法。② 他认为，西方的法律理论都有一定的历史脉络及规范性议程(normative agenda)，我们在套用相关的术语，如民法、产权和合约等概念时，如果抽离了这些语境因素，则可能产生很大的误解。19 世纪以来西方学界对中国法律传统的论述，其中一个主流意见是认为中国法系以礼为主，不重视民商法，非刑事的纠纷由习俗或宗族行会等民间组织处理。这些看法一方面建基于当时法史学界由古典实证主义法学(Austinian legal positivism)、自然法理论或民族法意精神等形式主义抽象方法出发，希望展示某些法律原则的普世性或民族国家法律原则的文化根源性，均强调长期、静态及抽象的基本法律价值观(如西方的司法独立传统等)，因而不免偏重历代法典的钻研，以及误以为中国传统法律完全受制于恣意的皇权。

其次，对中国法律传统的论述，也沿着西方汉学界以中国为他者的比较法史学视角，偏重代表精英阶层心态的儒家理论表述。这种化约式的“中华法系”论述，可以彰显西方司法独立的独特传统，并借此标准而说明其进步与优越。

宋格文指出这些传统的看法近年已受到挑战，原因不一：或因中外的商业往来日盛，西方法律界对中国社会的本土商业行为了解增加；或因学界能接触到的县级司法档案渐多，对中国传统法律的前线实践，实证知识大为增进；或因日新月异的考古发现，使人对古代中国法律的认知耳目一新。但在理论层面，法史学

---

① 张晋著藩：《清代民法综论》，中国政法大学出版社 1998 年版。

② Hugh T. Scogin, Civil "Law" in Traditional China: History and Theory, Bernhardt and Huang eds., *Civil Law in Qing and Re-publican China*, Stanford University Press, 1994, pp. 13-41.

界亦开始日渐关注法律的实践以及法律与其他人文现象，如社会、政治、经济等的互动。学界对法律一词的理解，因而变得日趋复杂与纷繁。这些新的挑战，无疑已经动摇了学术界对“中华法系”的传统论述而要求发展新的视野。

作为进一步的说明，宋格文论举了习惯、合约、具法效的形式（formalism and formality）。就“合约”一节他指出：就过去的论述看中国传统合约时，其出发点建基于19世纪流行的西方合约法理论；所谓合约要件，除要求交易双方同意并附有法律效力之外，也须包括其他一系列要件，如独立的法律原则、合约义务的可执行性、参与者对交易内容的认知自主性等。这些部分的存在，才显示西方合约法的先进性质。而这些特殊概念内涵，同时规范性地指向一系列西方法律的基本价值导向，例如司法独立、个人自主性以及作为现代经济的有效运作。所以一个社会的合约法律，足以反映其进步的程度。从这个视角出发，“中华法系”是不可能有合约法的。

针对这种古典合约意愿论，西方20世纪亦出现不少批判性的对立理论，重新肯定若干被认为落伍的因素也应纳入合约法之内，这包括参与人的地位、官方确认的合约要素、以可靠性作为可执行性的基准、缔约过程、参与人的彼此关系、商业习惯等，均可构成合约的要素之一。根据我们今天对历史的认知，在中国传统商业关系上，这些要素无疑都是存在的。故此，中国法律传统是否有合约法的定义问题，在西方法学领域已经不必争议。我们一旦承认了中国的传统合约行为也是一种合约法，则实证的历史研究可以不断展现出它的多元面貌和丰富内涵。他文章提供的中国合约法历史概述，特别举示商品经济蓬勃的宋代的合约法。承继着魏晋隋唐以来日渐有效的官印红契，宋朝政府建立了各样牙人制度以促进民间交易，制定了审理合约纠纷的法规，印行了空行官式合约以便民间缔约者填写和遵循，同时借以规范合约行为。换句话说，宋格文论述了宋室是通过具体合约形式的实务和执行来阐明国家合约法的，而非诉诸立法与公告的抽象理论。

（二）中国法制史研究的产权与合约概念

曾小萍女士（Zelin）及欧中坦先生（Ocko）近年在研究四川地方档案的基础上，对产权与合约的一些看法。曾小萍批判传统论述对中国民法史的看法，认为有几个论点——例如没有产权、民法或商法等——都值得商榷。她从分析传统法典入手，发现国家在立法上，已经从市易行为、公平价格、垄断、债务、利息等条文方面规范民间产权。民间的私人债务、合约纠纷、土地纷争，则多由县级官员审理。她亦注意到合约实践中，书面立约行为相当普遍。合约无疑成为确立产权的主要工具。国家在执行合约上，一般亦扮演着主要角色。当然，在动乱不安的时代，非官方的合约约束，可能变得更重要。根据她的档案资料所见，传统看法认为百姓怕见官而转靠宗族行会等民间组织来调停或调处私人纠纷，也不尽符事实，她发现虽然土地纠纷多先由民间调停，涉及商务的纷争，却往往直接告官求理。一方面民间相当好讼，另一方面官府审裁一般也不致不顾法律而只按道德人情胡乱判案。①

欧中坦先生则对近年来部分学者在研究中国法律史时，可能滥用了西方的法律术语如交易成本、产权及合约等问题表示了其强烈的关注。他提醒我们，这些概念在美国法学界，有时会含有倡议“小政府、少干预的自由市场政策”或“大政府、多干预的规范市场政策”的潜台词的，即由“经济发展必须降低交易成本，而产权明晰则会导致交易成本下降”的基本信念，可以推论到国家的产权政策应该走哪一条道路的问题。他的看法是在中国法制史研究领域内，我们应该留意这些潜台词，并避免受到影响。例如，西方产权概念也有两派意见：一派认为产权的重点在绝对占有及支配权（exclusive dominion）；另一派才是现在最流行的权利束观点（a bundle of rights）。虽然他同意权利束概念对阐明中国传统的产权现象如“一田两主”等甚有帮助，但我们仍可注意传统社会对物权的全面支配意识。而使用权利束定义时，也不能不留意背后的“大政府”议题。他指出产权行为除了法律外，也受到其他法律以外的因素制约，这些因素的交易成本也可能不低。所以，涉及交易成本或经济发展的产权问题，并非全然是一个法律议题。他列举了一些相关研究来加以说明：促进历史上经济增长的产权变迁，有时与现代式的主权国家毫无关系；私有产权有时完全是一种非法律的社会合作关系；某些行业内生成的规范，生效以后始融入国家法律体系之内；在现代社会里，大部分的产权属于经济领域的经济产权，没有进入法律层面，而在法律领域内处理的法律产权，仅属少数而已；产权在私法领域内主要体现于对占有物的期望，这些私法上的期望有时并不要求更清晰的产权关系，反而希望维持约定的模糊性。例子是合约上的白契——它长期运作，广为应用，但并不属于法定的范畴，也不受法律的保护。关于合约关系，欧中坦也指出各种复杂的立约用意，可以是缔造关系、维系关系或结束关系，因此也可以有各种不同的立约途径、选择取向以及合理期望。②

虽然，欧先生指出了运用西方法律概念研究中国传统社会的产权和及合约

---

① Madeleine Zelin, A Critique of Rights of Property in Prewar China, Zelin, Ocko and Cardella eds., *Contract and Property in Early Modern China*, Stanford University Press, 2004, pp. 17 – 36.

② Jonathan Ocko, The Missing Metaphor: Applying Western Legal Scholarship to the Study of Contract and Property in Early Modern China, Zelin, Ocko and Cardella eds., *Contract and Property in Early Modern China*, Stanford University Press, 2004, pp. 178 – 205.

现象,应当避免落入西方法学界的政策议题陷阱而不自知,同时亦不能把这些现象光看成法律领域的东西,但他也承认尽管绝大多数的产权和合约行为规范,无须通过法律领域来实践,由国家各种立法及司法实践所产生的法律效果,依然对各种非法律的产权与合约行为具有举足轻重的左右力量。

(三)明清模式的中国传统商法

最后是邱澎生先生和笔者对明清江南商业法律的观察。邱澎生研究 17 世纪商品经济相当发达的江南地区的中国法律推理,深入探讨了地方官员在有关合约、商标、债务等案件所做的审判、裁决、法规公告等文书,以及当时讼师秘本的范本修辞。他的结论大意如下:17 世纪的中国知识分子并非不重视法律知识,当时已有“法乃天下之公,法天之学”及“即天子亦不容私所亲”的论调。不过他们法律研究的主要范式,是“仁慈”与“公平”孰先孰后的议题,而不是如西方 18 世纪以来的法律界般,以为商业法律建立“清晰明确的通则”为鹄的,所以没有产生系统的商法。但若从产权及债权等方面的司法实践观察,则可以看到明清商品经济与法律发展的互动互利,不能说中国的法律系统停滞不前,也很难确认中国官方轻视商业的诉讼。他引述文本所见以“天道之所不容”的修辞来表述当时商人财货不容侵犯的流行意识尤见一斑。①

笔者近年从事传统区域市场经济的研究,从宋元的闽南及晚明的松江府两个案例,也带出了一些关于前近代中国商品市场法律机制的看法。笔者在探讨市场与法律关系时,特别关注发达市场经济的法律条件。这种历史研究的关注,受益于以 1993 年诺贝尔经济学奖得主诺斯(Douglass C. North)为主的新制度经济学或历史制度经济学的视野。② 从有关理论的思路出发,制度即游戏的规则。所谓制度,包括正规法律以至非正规的伦理规范。所有经济行为,都不能离开其特定的制度结构而运作。而制度与经济表现的关联,则在由制度整体(institutional matrix)所产生的交易成本(transaction cost)。前述欧中坦的文章也批评了新制度经济学派,认为此派太讲究法律而忽略了习惯等法律以外的社会文化制约力。但他忽略了新制度经济学派内也有不同的出发点,其中特别强调

---

① 邱彭生:“也是‘商法’问题:试论十七世纪中国的法律批判与法律推理”,载《法制史研究》2005 年第 8 期。

② Douglas C. North: *Institutions, Institutional Change, and Economic Performance*, Cambridge University Press, 1991; Economic Performance Through Time, *American Economic Review*, 1994, Vol. 84, No. 3, pp. 359 – 368; *Understanding the Process of Economic Change*, Princeton University Press, 2005. 有关诺斯理论的历史性,参考 Ron Harris, The Encounters of Economic History and Legal History, *Law and History Review*, 2003, Vol. 21, No. 2, pp. 297 – 345. 21。

历史与文化因素的诺斯型制度论即主张除了正规制度的法律以外，也必须同样重视社群习惯、集体规范、道德价值等非正规制度。两种制度对交易成本，都有相当大的规范性。所以，诺斯的范式正面解决了欧中坦所批判的产权理论误区。笔者认为，中国传统法律文化对建设现代中国法治理想可以有什么意义，这个问题很难三言两语说得清楚。但以往一些长期占主导地位的有关中国传统文化的主流论述认为，中国文化的基调基本上是反商业理性的，或反法律理性的。但笔者在对中国前近代闽南和松江的经济史与法律史的考察中发现，在它们市场运作功成的背后，无疑可以察觉到一股强烈的，接近极大化式的牟利动力。在市场创造繁荣的过程中，闽南商人跟松江或上海商人的行为，亦表现得相当理性。这种理性适用于观察他们的商业行为，也可以说明他们的商业法律行为……市场的发展和持续增长，固然需要牟利动机的推动，但缺乏了法律和伦理规范的制度制约配合，纯以贪念推动的好境，还是难以持久利众的。用中国的古代智慧来说，就是回到《论语》"里仁篇"所记的"富与贵是人之所欲也。不以其道得之，不处也"。当然这句话的"道"，也得靠我们赋予现代的制度意义。这里谈的法律传统与法治问题，恐也适用于"中华法系"的讨论。

四、"中华法系"的当代语境岩层考古学

以上的三个例子可以说明新的实证历史知识和理论批判，可以不断拓宽"中华法系"在民法方面的丰富内涵。同时，也反映出今天讨论中国法制史，学术语境确实发生了相当大的变迁。对于今天讨论"中华法系"时比较特殊的深层语境结构，也不妨挪借后现代术语的"考古学"做若干粗浅的非后现代思维岩层发掘。总结以上三个例子的启示：今天讨论"中华法系"，似乎至少受到以下几种当代的思潮或意识所左右。由于每一项都复杂得可以独立成文或成书，现在碍于空间所限，每项仅以提问的方式来引发讨论。

1. 系统类型观（或文化系统观）。由 19 世纪以来的比较文化学（含马克思等）、比较法学（含梅因等）、比较社会学（含韦伯等）以至战后长期在西方学术界占主导地位的宏观社会科学理论（含伯森斯、埃森斯坦等），都多少预设了文化（或文明）的系统性质。[1] 这意味着不断的辨别分析，努力找出"中华法系"之所以与它不同之处及其内在系统结构及统一性。对新世纪的我们来说，这样做当然不

① 近年对韦伯做出最透彻的剖析及有力批判的，参见林瑞著：《韦伯论中国传统法律：韦伯比较社会学的批判》，台湾三民书局有限公司 2003 年版。

可能是为了说明西方法系的优越与先进。那么到底这种判别行为的目的是什么？希望说明一种和今天毫无关系的历史现象，以示中国历史上四大发明以外的另一历史贡献，还是希望发掘某些今天政策的历史根源？另一方面，在认识论上，这种以辨别为主的系统观方法论，也受到混沌理论等挑战而不能垄断学术上的真知灼见。我们要了解作为一个系统的"中华法系"，也不免要开始反思我们所谓系统是什么意思。

2. 文化差异观（或多元文化观）。西方学术界经过数十年来各种后现代理论的冲击洗礼，对文化已有很复杂的看法以及纷纭的范式。文化的差异和高下评价，越来越难在理论上建立确定的关系。这点在法律上没有分别。现实上法文化的差异或多元文化的价值取向，与普世性法律原则的理念，彼此如何平衡？多元文化观与文化相对主义的内在联系，在法律层面将会出现更严重的挑战。在探讨"中华法系"时，在普世性法文化观与多元法文化观的张力之间，可以作出什么调整？提供什么启示？

3. 规范法学观（进步法史观）。西方法学概念已经融入今天中文的法律话语而不可能释出，我们亦无法完全避免使用今天的法律概念来理解古代的法律理念及实践——即使有人办得到，那种古话语建构的知识，也很难让今天的中国人明白，更不用说希望这种有关"中华法系"的知识，可以广为世人所认识及欣赏。但当我们运用这些西方概念的时候，的确是处处陷阱，很容易便跟着人家的政策议题上路而不自觉。更困难的是：如何建构合情、合理、合法的法律规范来重新审视"中华法系"的历史意义？而这些情、理、法又都必须既符合今天的国情和世界之情，同时不能歪曲了历史的真相。

4. 市场法学观（市场法史观）。在全球经济一体化以及中国开放政策与建设社会主义市场经济的大前提之下，"中华法系"的论述忽然面对全新的语境挑战。有关作为现代化市场经济必需的市场和商业法律体制基础，到底是否需要从西方完全移植到中国社会？它和中国法律传统有什么无可避免的冲突？是否有兼容之处？是否有互相增益的余地？西方的市场及商业法律体系目前面对什么困难？"中华法系"对解决这些困难可以有什么启示？"中华法系"和当代中国以苏联法系及大陆法系为基石的法律系统，有什么关系？抑或早已在21世纪初寿终正寝，只余放在博物馆供游人叹为观止的价值？

5. 民族世界观（全球与本土观）。最后是民族主义与全球化的互动与张力。民族主义在全球化已经相当根深蒂固的今天，仍然是一股相当强大的意识力量。今日的全球化不同往昔之处，是它使相异文化的交往从以往少数人的专业、专利与兴趣圈子脱茧而出，变成社会上大多数人生活的一部分。以西方或美国文化以及市场化为基调的全球化本身隐含着一体化、普遍化的动能，对各地本土文化必然产生很大的冲击。这些问题近年在学术界争论非常激烈，各地本土文化对此亦有各色各样的回应。民族主义在这个语境内，自然亦有新的动力。一方面是在世界事务上日益重要的一个国家的民族主义取向问题，一方面是全球市场经济发展下的民族主义取向问题，两者都带来新的挑战、机遇和张力。今天讨论“中华法系”，也可能难以避免涉及民族主义与全球化的各种张力。在“中华法系”议题内，民法、商法、产权、合约等因素，正与全球化、市场化、本土化等问题息息相关，不管讨论结果如何，都会对这些现实课题带来重要的思考资源。

（2006年第12期）

2007 年

明清日常生活中的讼学传播
——以讼师秘本与日用类书为中心的考察

尤陈俊*

至少从宋代开始,"兴讼"、"嚣讼"和"健讼"等词语就开始大量充斥于当时的各类文献之中,其所反映的,正是当时民间诉讼日益频繁的历史图像。延至明清时期,这种所谓的民间健讼风气更是司空见惯。① 在一份享誉学界的研究文献中,日本学者夫马进曾经估算道,清代湖南省的宁远、湘乡两县在嘉庆二十一年中所收的词状总数,前者约为9600份,后者更是多达14,400~19,200份,而这两个县当时户数分别为23,366户与77,750户的区域,在清代却绝对无法称得上是大县。②

如此多的词状涌至官府,势必给官府带来极大的压力。麦考利(Melissa A. Macauley)的研究表明,有清一代,省、县级官员都要面对解决数以千计的积案的沉重压力,乾隆与嘉庆两朝时更是如此。③ 面对此种"好讼"风习,明清时期的官员常常是头痛不已,往往以"刁讼"、"健讼"等语斥之,痛恨之情溢于言表。④ 在他们看来,导致词状涌现、讼案增多的原因,除了某些官员的懈怠外,更主要的在于讼师(讼棍)从中教唆。清朝雍正年间广东的地方官员蓝鼎元曾抱怨说,所收词讼中十有八九系讼师在背后教唆;而早在16世纪晚期,海瑞就曾遣

---

* 作者单位:北京大学法学院。

① 最近的一份通过统计地方志中的相关记载探讨清代江南健讼风气的研究,直观地展示了这一点。参见侯欣一:"清代江南地区民间的健讼问题——以地方志为中心的考察",载《法学研究》2006年第4期。

② [日]夫马进:"明清时期的讼师与诉讼制度",载滋贺秀三等著:《明清时期的民事审判与民间契约》,王亚新等编译,法律出版社1998年版,第392~394页。

③ Melissa A. Macauley, *Civil and Uncivil Disputes in Southeast Coastal China*, 1723 – 1820, Kathryn Bernhardt and Philip C. C. Huang eds., *Civil Law in Qing and Republican China*, Stanford University Press, 1994, pp. 86 – 89. Melissa A. Macauley, *Social Power and Legal Culture: Litigation Masters in Late Imperial China*, Stanford University Press, 1998, pp. 61 – 65. 关于明清时期的讼师给国家司法体制形成了重大压力的论述,亦可参看邱澎生:"以法为名:讼师与幕友对明清法律秩序的攻击",载《新史学》第15卷第4期。

④ 曾有学者就此指出:"'健讼'是明清方志和官书吏训中常常用来形容地方恶俗的惯用语",参见龚汝富:"中国古代健讼之风与息讼机制评析",载《光明日报》2002年7月23日。

责道：十成讼案中有七到八成是由于讼师在背后虚构其词与兴风作浪。[1] 笔者所感兴趣的是，那些被递交到官府并令其疲于应付的大量词状，如果真如明清时期的许多官员所说的那样，多是出自讼师之手，那么后者又是从何处习得那些撰写词状所需的特殊知识？还有，这是不是就意味着除了"讼师"这样的少数专业人士之外，明清时期的其他普通百姓通常是无从获得那些有关词状撰写技巧的相关知识？历史事实是否真的如此？

一

夫马进的研究揭示：讼师的业务主要为代作呈词和代理与胥吏、差役的交涉，而其中代作呈词则是他们最重要且最具特征的事务。明清时期的讼师，亦因此往往被官府视为隐藏于状纸背后的真正作者。[2] 而讼师究竟是从何处获得那些颇为专业的讼学知识而最终能够娴熟讼事？学界的一般看法是认为当时流传的讼师秘本起到了一定作用，但遗憾的是，于此往往语焉不详。最近的一份研究指出，诉状范本早在南宋末年就已存在，以教唆词状为"健讼家传之学"与"积习相传之业"的珥笔健讼者，据说都有此类的家传秘本，以至于官府有时可以分辨出所收投状中有"雷同古本"者在。[3] 但讼学知识借由书籍更为广泛地传播开来，则要到讼师秘本从明代开始流行之后。依据夫马进的研究，对后世讼师秘本有重要影响的——甚至被作为明末清初讼师秘本之通称的——《萧曹遗笔》，大约在明代嘉靖年间至万历初年就已开始流传。[4] 的确，在明清时期，民间流传着诸多所谓的讼师秘本，即便在清乾隆年间官方严令禁止之后，仍在被秘密刊刻与流传。明清时期的讼师秘本大多印刷粗劣，其中误刻、漏刻之处多有，但却包含着诸多实用的讼学知识。讼师秘本之具体内容因种类不同而有所差异，但都记载着讲述如何撰写词状的文字，并通常附有详细的词状范本以备套用。"十段

---

① Melissa A. Macauley, *Civil and Uncivil Disputes in Southeast Coastal China*, 1723 - 1820, Kathryn Bernhardt and Philip C. C. Huang eds., *Civil Law in Qing and Republican China*, Stanford University Press, 1994, pp. 89 - 90.

② ［日］夫马进："明清时期的讼师与诉讼制度"，载滋贺秀三等著：《明清时期的民事审判与民间契约》，王亚新等译，法律出版社1998年版，第404页。

③ 刘馨珺著：《明镜高悬：南宋县衙的狱讼》，台湾五南图书出版股份有限公司2005年版，第302~303页。

④ ［日］夫马进："讼师秘本《萧曹遗笔》的出现"，载杨一凡总主编、［日］寺田浩明主编：《中国法制史考证》丙编第4卷《日本学者考证中国法制史重要成果选译·明清卷》，郑民钦译，中国社会科学出版社2003年版，第485页。

锦”(或称“做状十段锦”)即属于其中指导如何撰写词状的实用知识,明清时期的讼师秘本一般在开篇之处既予收录。明刊本《新锲订补释注霹雳手笔》在起首处的“霹雳手笔与讼要诀序”中就载有“法门箴规十段锦”,其中写到:“一不可混沌不洁;二不可繁枝乱叶;三不可妄空招回;四不可中间断节;五不可错用字眼;六不可收后无结;七不可先律主意;八不可言无紧切;九不可收罗杂砌;十不可妄空扯拽。”[①]此则“十段锦”虽然言语简短,但已经概括出撰写词状所必须注意的要点,而更为详尽的指导性文字则出现在其他讼师秘本之中。

明末翠云轩刊本《鼎锲金陵原板按律便民折狱奇编》卷一载“做状十段锦”,依次以“书、缘由、期由、计由、成败、得失、证由、截语、结尾、事释”的顺序细分为十段内容,洋洋九百余言,其论甚详。[②] 而这些内容也同样出现在明万历三十年序抄本《新刻摘选增补注释法家要览折狱明珠》与清刻本《新刻法家萧曹两造雪案鸣冤录》之中,只有个别字句有些许差异而已。[③] 清人诸馥葆所著的讼师秘本《解铃人语》中所载之“状词十段要诀”,亦与此大同小异。[④] 此种叙述,分明是将做状与撰写时文等同,两者皆须遵守一定格式。在这一点上,明崇祯癸酉年序刊本《新刻法家须知》讲得非常清楚:“状有十段锦,犹时文有破题破承、起挑泛股、正讲后股、缴结大结也,先后期顺序,脉络贵相联。”[⑤]

---

① 不题撰人:《新锲订补释注霹雳手笔》(明刊本),美国国会图书馆藏本,台湾“中央研究院”历史语言研究所傅斯年图书馆缩微胶卷。这段文字也一字不差地出现在明崇祯癸酉年序刊本《新刻法家须知》卷一和清刻本《新刻法家萧曹两造雪案鸣冤录》卷一之中,只不过被分别改以“古忌箴规”与“法门箴规”为名而已。参见《新刻法家须知》(卷一),明崇祯癸酉年(1633年)序刊本,台湾“中央研究院”历史语言研究所傅斯年图书馆藏微卷,据日本内阁文库藏本摄制;管见子注释:《新刻法家萧曹两造雪案鸣冤录》(清刻本),台湾“中央研究院”历史语言研究所傅斯年图书馆藏本。

② (明)乐天子编次:《鼎锲金陵原板按律便民折狱奇编》(卷1),明末翠云轩刊本,美国国立图书馆藏本,台湾“中央研究院”历史语言研究所傅斯年图书馆缩微胶卷。

③ (明)清波逸叟编:《新刻摘选增补注释法家要览折狱明珠》(卷1),下层,明万历三十年(1602)序抄本,康熙六十年(1721年)重刊本,台湾“中央研究院”历史语言研究所傅斯年图书馆微卷,据日本内阁文库藏本摄影;管见子注释:《新刻法家萧曹两造雪案鸣冤录》(卷1)上层,清刻本。

④ 诸馥葆:“解铃人语”,载虞山襟霞阁主编,衡阳秋痕楼主评,王有林、史鸿雯校注:《刀笔菁华》,中华工商联合出版社2001年版。

⑤ 《新刻法家须知》(卷1),“十段锦”,崇祯癸酉年(1633年)序刊本。

明清时期的状纸一般都以所谓“状式条例”限定字数，[①]以防词语枝蔓，是以做状之人在撰写词状时都必须字斟句酌，尤其是在状纸开篇之时，更是力求扼要醒目。为了满足此种需要，讼师秘本一般均载有所谓“语”，这通常是词状标题的惯用语以及对对方的蔑称，还有文书结尾时的套话，多系四字，间见两字，偶有六字，分门别类，举列甚详。例如，《鼎锲金陵原板按律便民折狱奇编》卷一上层载“各色语”，下分“吏条语”、“户条语”、“诉条语”等17类二百余条。“语”系词状中点睛之笔，如“诉条语”中的“唆陷”、“拨冤”、“飞冤黑陷”、“仇唆诬陷”、“叩天甦民”等既属其类。另有所载之“续句便要”与“分条珥语”，亦属做状之常用套语(其中“分条珥语”连载于卷一、卷二上层)，皆系有效攻击对方的语言：前者下分“官员类”、“吏书类”、“皂快类”等16类九十余条，后者包含“惩污类”、“孤幼类”、“产业类”等共30类。[②] 明刊本《新刻摘选增补注释法家要览折狱明珠》卷二上层所载之“六条语”、“续句便要”与“分条珥语”，与此同出一辙。《新锲订补释注霹雳手笔》卷一、卷二、卷四的上层所载之“六科语”、“诉条”与“状语摘要”，亦属此类。清代的讼师秘本对此亦有所载，如清刻本《新刻法家萧曹两造雪案鸣冤录》卷二上层即全系此类。值得注意的是，另一清代讼师秘本《校正惊天雷》，除以“联语”或“珥语”为名外，还另于“新增碎玉”总名之下，包罗上述部分内容，其体例稍有不同。[③]

明清讼师秘本对词状撰写的影响，最直接有力的莫过于其中罗列了门类众多的词状范本以备套用。明刊本《新刻摘选增补注释法家要览折狱明珠》从卷二开始直至卷四终结，在下层中罗列了诸多种类的词状范本，其门类名目详分“争占类”、“盗贼类”、“人命类”、“户役类”、“补遗人命类”、“继立类”、“婚嫁

① 据清人黄六鸿在《福惠全书》中所言，“或代书不限定字格，枝词蔓语，反滋缠绕，故状刊格眼三行，以一百四十四字为率”。参见(清)黄六鸿：“刑名部·立状式”，载《福惠全书》卷11，乾隆三十八年金陵濂溪书屋刊本，收入《官箴书集成》(第3册)，黄山书社1997年版，第327页。我在台湾访学期间，曾于台湾“中央研究院”近代史研究所郭廷以图书馆阅读过清代“巴县档案”(缩微胶卷)中的部分状纸，发现每一状纸实际上均以格子限定了字数，“黄岩诉讼档案”所收“状式格式”中亦明确写明“呈词过三百字者，不准”的字样，而查其状纸实本，可以计算出每份实际上共留有315个格子(纵21、横15)供填写内容之用。参见田涛、许传玺、王宏治主编：《黄岩诉讼档案及调查报告》(上册)，法律出版社2004年版，第74～75页。结合《明隆庆六年休宁县诉状》所附的“状式条例”中明确地写到的“一格写二字者，不准”字样，我们就更容易理解明清时期官方对状纸的书写字数实际上设有诸多限制。

② (明)乐天子编次：《鼎锲金陵原板按律便民折狱奇编》(卷一、卷二)，上层，明末翠云轩刊本。

③ 《校正惊天雷》(卷二、卷三)，上层，清代上海锦章图书局石印本，哈佛大学燕京图书馆藏本。

类”、“奸情类”、“负债类”、“商贾类”和“衙门类”，所涉内容之广，几乎遍及日常生活中所有可能发生纠纷的方方面面。并且凡一“告”（呈词）必附一“诉”（诉词），一攻一防，往往一事可成截然不同的两种说辞，讼师撰写状纸的圆滑手段亦由此可知。兹举一例以明之：

［告打死父命］ 活打父命事。人命关天，冤当击奏。父田数亩，坐叩豪鳄垓心，节次贪谋，懦父守执不允。厶日蜜哄至家，逼写契券，父据理论，不听，活活打死。哭思夺业伤人，王法大变，骸骨暴露，情惨昏天，誓不戴天，哀哀上告。（击奏，谓当击鼓奏闻，为父伸冤也。鳄，鱼名，众大，能射人影致死，故今比恶人曰鳄。垓心，谓在彼田界内之中央也。）

［诉］ 电劈黑冤事。枭父原将田契典银若干，期满无还，是行理取，不料极恶意白骗，反将病父打死图赖，架词耸告，冤枉弥天，乞台朗烛，反坐难逃，劈冤上诉。（枭，恶声之鸟。言弥，满也。）①

《鼎锲金陵原板按律便民折狱奇编》卷三、卷四下层，《新锲订补释注霹雳手笔》卷二、卷三、卷四下层，《新刻法家须知》卷二、卷三、卷四，所载亦皆属此类词状范本。明刊本《法林照天烛》与清刻本的《新刻法家萧曹两造雪案鸣冤录》、《新锲法家透胆寒》，甚至几乎全书均是由此类状词构成。其中《法林照天烛》共收词状112纸，各案皆系先“告”后“诉”，再附以“县主批云”等语（按照“告—诉—审”的先后顺序），而《新锲法家透胆寒》全书除作者自序外，其余部分皆为状词，共收180纸。②

二

史料的记载显示，在明清时期，不仅生员代写词状的例子屡见不鲜，甚至还出现“流棍卜算者”亦能代写状纸的情形。明人余自强曾写到：“……吴楚江浙，

① （明）清波逸叟编：《新刻摘选增补注释法家要览折狱明珠》（卷二），“人命类”，明万历三十年（1602）序抄本，康熙六十年（1721年）重刊本。

② （明）江湖醉中浪叟辑：《法林照天烛》（五卷），明刊本，日本前田育德会尊经阁文库藏本，台湾“中央研究院”历史语言研究所傅斯年图书馆缩微胶卷；（清）补湘子著：《新锲法家透胆寒》（十六卷），大观堂刊行，日本东京大学东洋文化研究所藏本。

写状多出于流棍卜算者之手。各有门类底本,在境外无名之人,以此得钱为生。”①夫马进认为,那些“流棍卜算者”所用的“门类底本”,就是《萧曹遗笔》那样的讼师秘本,并进一步指出,“这些讼师秘本经过改写,使用起来非常方便,多少会读写一点文章的人都可以使用。生员业余代写文书,当然也可以使用此类书籍”。② 讼师秘本的流传对讼学的民间传播之影响由此可见一斑;而另一方面,我们是否可以据此认为,明清时期的“讼师秘本是当时人们撰写诉状最直接、最重要的‘教材’”?③ 这个论断能否成立和下面几个问题紧密相关,那就是,在明清时期,除讼师秘本之外,当时民间是否还流传有其他同样载有讼学知识的书籍?如果确实存在,那么和讼师秘本相比,它们的内容和流传范围又是如何?

夫马进曾经点明,讼师秘本中包括语、珥语与文例在内的语言与技术,曾扩大到当时的日用类书之中。例如,崇祯十四年(1641 年)序刊本的《新刻人瑞堂订补全书备考》卷十八“状式门”上栏刊载的“词状语”与各种《萧曹遗笔》的“语”大同小异;此外,上海图书馆本《萧曹遗笔》中的文例在《三台明律招判正宗》里面几乎全部收入,十段锦用法也几乎就是做状十段锦玄意的翻版。④ 然而可惜的是,他对此仅是略书几笔而已。而夫马进提及的“日用类书”,究竟是怎样的一类书籍?其中所载的内容又在何种程度上受到讼师秘本的影响?遗憾的是,就中国大陆的法律史研究而言,这些似乎迄今都还是相当陌生的论题。⑤

明清时期流传的日用类书,乃是一类将各种与日常生活相关的通俗知识分类编纂而成的世俗读物。由于它们与普通百姓的日常生活关系非常紧密,故而

---

① (明)余自强:“告状投到状之殊”,载(明)余自强著:《治谱》(卷四),收入《官箴书集成》(第2册),黄山书社 1997 年版,第 109 页。

② [日]夫马进:“讼师秘本《萧曹遗笔》的出现”,载杨一凡总主编、[日]寺田浩明主编:《中国法制史考证》丙编第4卷《日本学者考证中国法制史重要成果选译·明清卷》,郑民钦译,中国社会科学出版社 2003 年版,第 487 页。

③ 邓建鹏在对黄岩诉状进行分析后认为,“讼师秘本是当时人们撰写诉状最直接、最重要的‘教材’”。参见邓建鹏:“讼师秘本与清代诉状的风格——以‘黄岩诉讼档案’为考察中心”,载《浙江社会科学》2005 年第 4 期。

④ [日]夫马进:“讼师秘本《萧曹遗笔》的出现”,载杨一凡总主编、[日]寺田浩明主编:《中国法制史考证》丙编第4卷《日本学者考证中国法制史重要成果选译·明清卷》,郑民钦译,中国社会科学出版社 2003 年版,第 489 页。

⑤ 迄今为止,中国大陆法律史学界关于明清日用类书的专门研究,只有尤陈俊:“明清法律知识的另类空间:透过日用类书的展示”,载中国法律史学会编:《法史学刊》(第 1 卷),社会科学文献出版社 2007 年版;尤陈俊:“明清日用类书中的法律知识变迁”,载苏力主编:《法律和社会科学》(第 2 卷),法律出版社 2007 年版。

被日本学者仁井田陞称为“日用百科全书”，而后为酒井忠夫改以“日用类书”之名，[①]并为学界沿用至今。日用类书所收的内容均系摘抄汇编而成，却几乎无所不包——天文地理，琴棋书画，婚丧礼仪……甚至连青楼风月亦有专文——堪称是当时百姓的生活指南。其中也收录有大量脱胎于讼师秘本的内容，个别的甚至还在所收门类的目录中直接写上“萧曹遗笔”的字眼，例如，明万历四十二年(1614)梓行的《新刻搜罗五车合并万宝全书》即是如此。[②]

表1　明代六种日用类书收录有词状撰写相关内容的门类目录

书名	刊本	相关门类详目	
《新锲全补天下四民利用便观五车拔锦》	明万历二十五年(1597年)刊本	卷二十四体式门	上层：诸般体式(内状词、禁约、分关、文契俱全)；下层：珥笔文峰(内作状规格、贯串活法俱全)。
《新刻天下四民便览三台万用正宗》	明万历二十七年(1599年)刊本	卷八律法门(正文中写做律例门)	忌箴歌；词讼体段法套；附结段尾附遗。
《新刻全补士民备览便用文林汇锦万书渊海》	明万历三十八年(1610年)刊本	卷十七状式门(上下层)	分条硃语；硃语呈状；珥笔文峰；体式活套；前段后段；缴段截段。
《新刻搜罗五车合并万宝全书》	明万历四十二年(1614年)刊本	卷十六词状门(上下层)	萧曹遗笔；十段锦说；贯串活套；分类珥语；告诉真稿。
《鼎锲崇文阁汇纂士民万用正宗不求人全编》	明万历三十七年(1609年)刊本	卷五体式门	下层：作状规格详备。
《新析全补天下便用文本妙锦万宝全书》	明万历四十年(1612年)刊本	卷十七体式门(上下层)	玉石经分；硃语呈状；珥笔文峰；体式活套；前段后段；缴段截段。

① 参见[日]仁井田升：“元明时代の村规约と小作证书など——日用百科全书の类二十种の中から—”，载氏著：《中国法制史研究奴隶农奴法．家族村落法》，东京大学出版会1962年版，第741~789页；[日]仁井田升：“元明时代の村规约と小作证书など(二)——新たに调查した日用百科全书の类二十余种によって—”，载氏著上书，第790~829页；[日]酒井忠夫：“元明时代の日用类书とその教育史的意义”，载《日本の教育史学》(第1号)，1958年，第67~94页；[日]酒井忠夫：“明代の日用类书と庶民教育”，载林友春编：《近世中国教育史研究》，东京都国土社1958年版，第62~74页。

② 《新刻搜罗五车合并万宝全书》卷16“词状门”目录，明万历四十二年(1614)予章羊城徐企龙编辑、古闽书林树德堂梓行，日本宫内厅书陵部藏本，收入酒井忠夫监修、坂出祥伸、小川阳一编：《中国日用类书集成》(第8卷)，东京都汲古书院2001年版，第11页。

夫马进曾经概括了讼师秘本的三大要素,即(1)承揽诉讼或书写诉讼文书的注意事项;(2)诉讼文书等民间人向官府提出文书的文例集;(3)诉讼文书的用语集,并指出几乎所有的讼师秘本都包含以上三部分内容,至少也包括了其中的两个部分。① 而事实上,这些内容几乎都可以在日用类书中找到影子,语、珥语作为"诉讼文书的用语集"自不必说,忌箴歌、十段锦说等即为"承揽诉讼或书写诉讼文书的注意事项",词讼体段法套、体式活套之类亦可归为"诉讼文书等民间人向官府提出文书的文例集"。明清时期讼师秘本的主要内容,亦因此得以重现于日用类书之相关门类之中。

先说语(珥语)。《新刻全补士民备览便用文林汇锦万书渊海》卷十七"状式门"上层开篇既载"分条语"(以吏、户、礼、兵、刑、工6部之名分列),次列"诉条语",其后分载"官员类"、"吏书类"等13类,再列"续句摘要"(下分"职官"、"吏书"等8类),总计540条。② 若将其中所载之"诉条语"与前引《鼎锲金陵原板按律便民折狱奇编》卷一上层所载之"诉条语"比较,可以发现《新刻全补士民备览便用文林汇锦万书渊海》不仅几乎将前者全部包含在内,而且更为丰富,增加了将近一半的条数。其余诸种语在此书中的情况亦是如此。类似的情形也反映在《新刻搜罗五车合并万宝全书》卷十六"词状门"上层"珥笔语"、《新板全补天下便用文林妙锦万宝全书》卷十七"体式门"上层"语体式"、《新锲全补天下四民利用便观五车拔锦》卷廿四"体式门"上层"语体式",以及《新刻天下四民便览三台万用正宗》卷八"律例门"下层"语"之中。次说"承揽诉讼或书写诉讼文书的注意事项"。明清时期的日用类书,大多载有"珥笔文峰"一类。查其内容,不外乎有关做状的基本知识,甚至有直接以"做状规范"名之者(如明万历四十年梓行的《新板全补天下便用文林妙锦万宝全书》),往往是在先叙做状须知的重要规范后,再列各类体段活套。例如,《新刻全补士民备览便用文林汇锦万书渊海》与《新刻搜罗五车合并万宝全书》所收之"珥笔文峰",涉及"承揽诉讼或书写诉讼文书的注意事项"的,按顺序先后分别为"新附做词十段锦玄意"、"古忌箴规"与"体段贯串活套"。颇有意思的是,若将其中所录的"新附做词十段锦玄意"及"古忌箴规",与前引明末翠云轩刊本《鼎锲金陵原板按律便民折狱奇编》

---

① [日]夫马进:"讼师秘本《萧曹遗笔》的出现",载杨一凡总主编、[日]寺田浩明主编:《中国法制史考证》丙编第4卷《日本学者考证中国法制史重要成果选译·明清卷》,郑民钦译,中国社会科学出版社2003年版,第471页。

② 《新刻全补士民备览便用文林汇锦万书渊海》(卷十七),"状式门",明万历三十八年(1610)徐企龙编辑、积善堂杨钦斋梓行,现藏日本前田育德会尊经阁文库,收入酒井忠夫监修、坂出祥伸、小川阳一编:《中国日用类书集成》(第7卷),东京都汲古书院2001年版。

所载之“做状十段锦”、明刊本《新锲订补释注霹雳手笔》所载之“法门箴规十段锦”仔细比对,可以发现两者文字一模一样。唯一与上述讼师秘本不同者,仅在于《新刻全补士民备览便用文林汇锦万书渊海》与《新刻搜罗五车合并万宝全书》又新添“体段贯串活套”一段文字。①《新锲全补天下四民利用便观五车拔锦》、《新刻天下四民便览三台万用正宗》以及《新板全补天下便用文林妙锦万宝全书》所收相关内容则稍有不同,依次为“写作规格”、“体段格式”、“忌箴歌”与“体段贯串活套”。“忌箴歌”与“体段贯串活套”之内容与前述相同,而“作状规格(范)”、“体段格式”则为其他日用类书所未载。《新板全补天下便用文林妙锦万宝全书》卷十七“体式门”下层载“做状格式”,为论述做状之诀窍:

凡做状如做文法,一般分为三段。语即破题,祸因以下即同讲说,切思以下如同缴结,中间转换,在乎心巧。前段推写事由、情由,来历分明,又要简切,中间或殴打,或相言辩,或因强占,或相骗财某事等紧要见证、赃仗分明。后段切要取理辨别事情,言语严切,显出本理,以关前项,不可宽疏,中间若有不接之处,当虚饰掩过无妨。②

此种将做状与做文法相提并论的看法,与前引明崇祯年间的讼师秘本《新刻法家须知》所载同出一辙。《新板全补天下便用文林妙锦万宝全书》中的此段文字,虽未像前述《新刻全补士民备览便用文林汇锦万书渊海》、《新刻搜罗五车合并万宝全书》那样,以“十段锦”的格式详述做状步骤,但也点出做状须分“语”、“前段”与“后段”三大部分,而这正是日用类书中通常传授的词状范本之基本框架。

再说“诉讼文书等民间人向官府提出文书的文例集”。明清日用类书所收的词状范本各分门类,且在各类之下又分词状不同部分提供词语活套。以《新

① 《新刻全补士民备览便用文林汇锦万书渊海》卷17“状式门”下层,明万历三十八年(1610年)徐企龙编辑、积善堂杨钦斋梓行,现藏日本前田育德会尊经阁文库,收入酒井忠夫监修、坂出祥伸、小川阳一编:《中国日用类书集成》(第7卷),东京都汲古书院2001年版,第40~42页;《新刻搜罗五车合并万宝全书》卷十六“词状门”下层,明万历四十二年(1614)予章羊城徐企龙编辑、古闽书林树德堂梓行,日本宫内厅书陵部藏本,收入酒井忠夫监修、坂出祥伸、小川阳一编:《中国日用类书集成》(第8卷),东京都汲古书院2001年版,第425~426页。

② 《新板全补天下便用文林妙锦万宝全书》(卷十七)“体式门”,下层,明万历四十年(1612年)建邑双松刘子明编辑、书林刘氏安正堂绣梓,日本建仁寺两足院藏本,收入酒井忠夫监修、坂出祥伸、小川阳一编:《中国日用类书集成》(第13卷),东京都汲古书院2003年版,第120~121页;《新刻天下四民便览三台万用正宗》卷八“律例门”下层“体段格式”,参见酒井忠夫监修、坂出祥伸、小川阳一编:《中国日用类书集成》(第3卷),东京都汲古书院2000年版,第313~314页;《新锲全补天下四民利用便观五车拔锦》卷24“体式门”下层“体段格式”,参见酒井忠夫监修、坂出祥伸、小川阳一编:《中国日用类书集成》(第2卷),东京都汲古书院1999年版,第384页。

刻全补士民备览便用文林汇锦万书渊海》为例，其下分“土豪类”、“斗殴类”等7类，并在各类词状范本中又分“前段”、“后段”、“缴段”、“截段”4部分，各部分均备有详尽的词语活套以供写状参考之用。这些文字简练而不失泼辣，且极易套用，若做相关门类词状，只需稍做修饰既可成文。与讼师秘本通常按照“告—诉—审”的先后顺序安排词状范本的方式不同，日用类书中的词状活套范本多系按“前段—后段—缴段—结段”的顺序分列，两者稍有不同，但也只需将后者各段内容择要组合，再附以语，即可草成一纸完整词状。

有意思的是，讼师秘本中的部分内容（尤其是词状范本），并不仅仅只是被移换到日用类书之中而已，甚至还成为当时民间广泛流传的公案小说的内容来源之一。这三类读物的内容之间有着颇为微妙的互动关系。小阳川一的研究曾经发现，明万历二十八年（1600）刊本的日用类书《文林聚宝》卷三十二“公案要诀”所录的二十五则“珥笔文”，均系直接抄自明代公案小说《廉明公案》（这部小说的编撰者余象斗也是著名的日用类书刊行者），而《廉明公案》抄自讼师秘本《萧曹遗笔》的据统计达61则之多，并且这61则案件均只录有原告的告词、被告的诉词与官府的判词。[①] 这一公案小说在此部分的内容安排，其实与讼师秘本并无二致，另外一部从《廉明公案》、《祥刑公案》挑选抄录而来的公案小说《合刻名公案断法林灼见》，甚至还由于此一特点而被夫马进直接归入讼师秘本之列。[②]

正是透过这些方式，“讼师之类所谓的‘隐秘’世界的语言及其技术也掺入到日用百科全书……所谓‘公开’的世界里”，[③]并借助日用类书、公案小说等读物的大量刊行而为更多民人所知（并非为少数所谓的“讼师”所垄断），从而大大方便了村镇塾师、童生或生员、通文字的村庄头面人物、乡保乃至四处巡游的算

① ［日］小阳川一著：《日用类书によゐ明清小说の研究》，东京都研文社1995年版，第57～58页。

② 《合刻名公案断法林灼见》的作者为湖海山人清虚子，共4卷40则，其中从《廉明公案》和《祥刑公案》各抄录20则。参见陈大康著：《明代小说史》，上海文艺出版社2000年版，第402页；［日］夫马进：“讼师秘本《萧曹遗笔》的出现”，载杨一凡总主编、［日］寺田浩明主编：《中国法制史考证》丙编第4卷《日本学者考证中国法制史重要成果选译·明清卷》，郑民钦译，中国社会科学出版社2003年版，第464页。

③ ［日］夫马进：“讼师秘本《萧曹遗笔》的出现”，载杨一凡总主编、［日］寺田浩明主编：《中国法制史考证》丙编第4卷《日本学者考证中国法制史重要成果选译·明清卷》，郑民钦译，中国社会科学出版社2003年版，第489页。

命先生或风水先生等民间通文墨者在拟写词状之时依样画葫芦。[1]

三

与屡遭官府查禁的讼师秘本相比，明清时期的日用类书并不为官方所禁，相反，它甚至还侧身于当时商业性书坊的主要出版品之列（其中尤以福建建阳版最为著名）。[2] 即便是明清社会中的下层百姓，虽大多并不识字，但购买一部内容包罗万象的日用类书以备日常参考之需，亦非罕见之事，通文墨的士人自不待言。[3] 在明清时期，获得一册讼师秘本也许并非易事，但要购买到一册刊载有此种讼学知识的日用类书则显然颇为方便。讼学知识亦因此曾经获得过另一条更为宽广的传播途径。

但另一方面，这条传播途径也并非始终是宽广无垠，到了清代后期，它甚至几近闭塞不通的境地。台湾历史学者吴蕙芳的研究表明，明代的日用类书中，在讲述如何撰写词状的部分均有清楚详细的解说与模式刊载，可谓包罗万象，应有尽有，几乎所有可能发展的情况均考虑殆尽。而发展至清代前期的32卷版本时，相关内容已遭大幅缩减，仅有土豪、人命、奸情、贼情4种活套范例，及若干对象称呼及情境陈述的用语活套而已。再到清代前期的30卷版本及清代后期的20卷版本时，“矜式门”、“体式门”、“状式门”、“词状门”、“律例门”、“律法门”等载有讼学知识的门类甚至彻底消逝。[4]

究竟是什么原因导致讼学内容在日用类书中渐遭删减乃至彻底淡出？吴蕙

---

① 葛兆光在研究思想史时曾经提醒道：“我们应当注意到在人们生活的实际的世界中，还有一种近乎平均值的知识、思想与信仰，作为底色或基石而存在，这种一般的知识、思想与信仰真正地在人们判断、解释、处理面前世界中起着作用。”参见葛兆光著：《七世纪前中国的知识、思想与信仰世界》，复旦大学出版社1998年版，第13页。这番精彩论述对于我们的启发在于，通过讼师秘本、日用类书和公案小说等诸多载体在民间广泛流传的讼学知识，是不是也正在某种程度上逐渐成为明清时期人们日常生活中近乎“平均值”的知识内容之一？从这个角度切入，或许能够帮助我们就明清社会的“健讼”问题获得一些新的理解与诠释。

② 郭姿吟：“明代书籍出版研究”，台湾成功大学历史研究所2002年硕士论文，第79页。

③ 人类学家James Hayes的研究显示，在20世纪五六十年代的香港新界地区，日用类书是家有余赀的下层民众优先考虑购买的书籍，这亦是当地普通家庭最容易接触到的文字资料之一。参见James Hayes, Specialist and Written Materials in the Village World, in David Johnson, Andrew J. Nathan and Evelyn S. Rawski eds., *Popular Culture in Late Imperial China*, University of California Press, 1985, pp. 78, 87 – 88。这个例子对我们有参考意义。

④ 吴蕙芳著：《万宝全书：明清时期的民间生活实录》，台湾政治大学历史学系2001年版，第483～484页。

芳认为这是由于诉讼之事日趋专业、复杂所致。① 但问题是,这一极其宽泛的回答,也许在初步给予解释的同时还遮蔽另一些值得深究的问题。我们究竟应该从哪里切入解释这一现象?

在明代曾经出现这么一种看法,那就是"流传法律之书,多遭阴谴"。袁黄这个有关"阴谴"与法律书籍之间关系的言论,据说在功过格盛行的明代影响甚广,以至于明人王肯堂出于这种顾虑而将其父王樵所作的《读律私笺》重新刊印的时间差不多延误了20年。② 会不会是这种独特的价值观后来在清代产生了影响,进而使得讼学内容逐渐淡出日用类书的收录范围?事实好像并非如此。既然这种将"阴谴"与刊印法律书籍联系起来的看法,对晚明时期那些编辑日用类书出版的下层知识分子并无明显的影响(他们仍然毫不避讳地将讼学知识收纳于日用类书之中刊行于世),③那么我们凭什么就相信清代的日用类书刊行者反而会受到这种价值观的制约?看来我们还得另辟蹊径。

笔者以为,导致这种现象的关键性因素出现在乾隆七年(1742)。宋明各朝虽然都曾对民间讼学的传播予以查禁,但"乾隆七年之前,所有关于教讼读本的禁令,都算不上严格意义上的法律",④其查禁实效也自然并不理想,尤其是晚明时期,政府对此其实已经全然失控。清代的统治者出于警惕,于乾隆七年(1742)定例:"坊肆所刊讼师秘本,如《惊天雷》、《相角》、《法家新书》《刑台秦镜》等所有构讼之书,尽行查禁销毁,不许售卖。有仍行撰造刻印者,照淫词小说例,杖一百,流三千里,将旧书复行印刻及贩卖者,杖一百,徒三年。买者,杖一百。藏匿旧板不行销毁,减印刻一等治罪。藏匿其书,照违制律治罪。其该管失察各官,分别准数交部议处。"⑤如同龚汝富所指出的,"这条规定对我国古代讼师秘本和讼学可谓致命的打击"。⑥ 尽管清代禁毁讼师秘本的运动是否真正落到实处同样值得怀疑,但这条前所未有的禁令,却的确使得讼师秘本在清代存在

---

① 吴蕙芳著:《万宝全书:明清时期的民间生活实录》,台湾政治大学历史学系2001年版,第174页、484页。

② 邱澎生:"有资用世或福祚子孙:晚明有关法律知识的两种价值观",载《清华学报》(台湾)第33卷第1期;杨雪峰著:《明代的审判制度》,台湾黎明文化事业公司1981年版,第30~31页。

③ 作为时代背景的是,晚明时期,社会风气发生了极大的改变,唯利是图之风大为流行,商业市场上手段百出以求射利之辈比比皆是。参见王崇峻著:《维风导俗:明代中晚期的社会变迁与乡约制度》,台湾文史哲出版社2002年版,第59~63页。在这样一个社会背景下,日用类书刊行者并没有受到那种将"阴谴"与刊印法律书籍联系起来的看法之明显影响,也并不是什么奇怪的事情。

④ 龚汝富:"明清讼学研究",华东政法学院2005年博士学位论文。

⑤ (清)薛允升:《读例存疑》(重刊本第4册),黄静嘉编校,台湾成文出版社1970年版,第1021页。

⑥ 龚汝富:"明清讼学研究",华东政法学院2005年博士学位论文。

的危险性越发增大。讼师秘本负载的讼学知识在官方眼中的异端性,较之前代得到更为有力的强调,日益成为一种极其危险的内容;本来就不具有正当性的民间讼学,也因此愈发潜入地下的"隐秘"世界。晚明以降那种讼学知识广泛散布的局面,就这样由于此时清朝政府的高压政策而发生实质性的改变。讼学内容从清代日用类书中逐渐淡出,最后不复再现。

既然讼学知识成为官方明令强调阻禁,且积极着手查禁的内容,那么清代日用类书的编纂刊印者也就没有必要冒这个风险来传播这些官府眼中的危险内容。对于清代日用类书的编纂刊印者来说,他们所追求的乃是商业上的利益,而在日用类书中收录讼学内容的危险之举显然不符合其经济目的。正因为如此,在清代的日用类书中,讼学的内容逐渐遭到剔除。夫马进在其研究中曾简要地点及明代日用类书对讼学知识民间传播的作用,但这个论断却并不完全适合于描述清代的情形。[①] 事实是,明代经由日用类书传播的讼学知识,在经历从讼师秘本的"隐秘"世界转换到日用类书的"公开"世界的短暂时光后,在清代后期再次回归到讼师秘本的"隐秘"世界之中,并且与前代相比,潜藏得越发隐秘。

四

以传授词状撰写之道为主要内容的讼学知识,借助讼师秘本与日用类书、公案小说的流传,曾经对明清时期(尤其是晚明)的日常社会生活产生过极其微妙的影响,只不过后来由于清代官府的强力查禁,才使得其传播途径日益萎缩。这是不是就意味着那种讼学知识广泛散布的局面从此终结?问题远非如此简单。事实上,清代官方的努力,其实并不能完全禁绝讼师秘本的暗自刊行与流传,以至于薛允升在光绪年间还感叹道:"刻本可禁,而抄本不可禁,且私行传习,仍复不少,犹淫词小说之终不能禁绝也。"[②]而讼学内容从日用类书中的淡出,也许仅

① [日]夫马进:"讼师秘本《萧曹遗笔》的出现",载杨一凡总主编、[日]寺田浩明主编:《中国法制史考证》丙编第4卷《日本学者考证中国法制史重要成果选译·明清卷》,郑民钦译,中国社会科学出版社2003年版,第489页。

② (清)薛允升:《读例存疑》(重刊本第4册),黄静嘉编校,台湾成文出版社1970年版,第1021页。

仅只是针对万宝全书系列的刊本日用类书而言。① 王振忠的研究发现，徽州村落日用类书中反映社会生活的呈结诉讼类的内容，与关禁契约的内容一起，构成其中为数最多的部分，而且此种情况一直延续到清代中后期乃至民国时期。②从明至清，民间讼学知识的传播途径尽管日趋缩小，但却始终未被彻底堵塞，当时的历史事实正是如此。

（2007年第3期）

① 复旦大学王振忠将明清以来的民间日用类书分为三大类，其中包括：(1)综合性日用类书（如《万宝全书》系列，主要是刊本）；(2)商业性日用类书（如各种路程和反映商业规范、商业道德及从商经验的专科性类书，其中既有刊本，又有抄本）；(3)村落日用类书（以具体的村落为中心编纂或抄录的日用类书，这些都是遗存民间的稿本或抄本），参见王振忠："清代前期徽州民间的日常生活——以婺源民间日用类书《目录十六条》为例"，载陈锋主编：《明清以来长江流域社会发展史论》，武汉大学出版社2006年版，第676页。

② 王振忠："清代前期徽州民间的日常生活——以婺源民间日用类书《目录十六条》为例"，载陈锋主编：《明清以来长江流域社会发展史论》，武汉大学出版社2006年版，第726页。

论清代婚姻家庭法律的特质

金 眉*

中国封建法律制度历经近两千年的发展,辗转相承,至清代已高度发达和完备。表现在婚姻家庭法律领域:一方面,汉唐以来确立的血缘伦理精神和制度为清代法律所继承;另一方面,为应对清代疆域辽阔、人口迁徙、族际交流融合和宗族血缘伦理高度发达的特点,清代法律又对前朝法律制度有所发展,表现为法律体系更加丰富、婚姻家庭制度进一步伦理化发展、婚姻契约文书受到立法和司法的高度重视、对边疆地区既注意推广王朝统一的法律精神同时又顾及民族风俗历史传统、法律通常限制族际通婚等。这一切都呈现出清代婚姻家庭法律不同于前朝的特点,对此本文将集中探讨。

一、对汉式婚姻家庭制度的继承与发展

清代的婚姻家庭法律制度在入关前以女真习惯法为主,但在许多方面与汉式婚姻家庭制度存在诸多的契合,即实行一夫多妻和父家长制。存在婚姻契约的观念,违约另许受到谴责。① 婚姻的缔结由具有婚姻决定权的双方进行商议,达成合意后,要依照一定的程式聘娶。婚姻采嫁娶婚形式,男方娶入,女子嫁出,以夫家为居所。婚姻成立后产生一定的法律效力,夫妻关系具有合法的稳定性,在前婚未解除时,后婚无效。② 这些女真习惯法中内含的父权与夫权观念与汉式婚姻家庭制度并不构成根本的冲突,相反还成为清统治者能够接受汉式婚姻家庭制度的基础。但是,处于习惯法阶段的满族制度与成熟的汉式婚姻家庭制

---

* 作者单位:中国政法大学民商经济法学院。本文系2006年教育部人文社会科学一般项目《中国亲属法的近现代转型——从〈大清民律草案亲属编〉到〈中华人民共和国婚姻法〉》(项目编号:06JA820042)的阶段性科研成果。

① 万历年间,叶赫国欲将努尔哈赤所聘贝勒布扬古之妹改适蒙古喀尔喀部类,受到群臣谴责,只因努尔哈赤的反对而未引发征伐。此后,越境助叶赫俾太祖已聘之女改适蒙古成为太祖征讨明朝的理由之一。参见《清太宗实录》(卷三),中华书局1986年影印本。

② 皇太极时,针对代善欲娶苏泰的要求,皇太极明确指出已许济尔哈朗娶苏泰为妻在先,不能更改。参见《清太宗实录》(卷二五)。婚姻可以对抗第三人的效力为时人所肯定。清太宗时,善都在后金国,但阿济格欲娶善都妻,奏闻于上,太宗明确表示再勿复言,其事遂寝。参见《清太宗实录》(卷八),第112页。

度也有明显的冲突,集中表现在有关嫁娶对象的亲属范围限制上。这种冲突在清代是通过对满族婚姻旧俗的放弃而解决的。在努尔哈赤时期,满族社会还保留着同族相嫁娶不分辈分的婚姻习俗,[①]这在儒家礼法看来无疑于禽兽同。皇太极时期是满族政权迅速汉化的时期。受儒家伦理和汉式统治模式的影响,满族政权加快了汉化的进程,颁发了一系列的禁令用于革除满族婚姻旧习,其中最有名的是皇太极于天聪五年(1631 年)颁发的禁令:"自今以后,凡人不许娶庶母及族中伯母、婶母、嫂子、媳妇。""凡女子若丧夫……若欲改嫁者,本家无人看管,任族中兄弟聘与异姓之人,若不遵法,族中相娶者,与奸淫之事一例问罪。"[②]对此禁令,皇太极曾有特别说明:"汉人、高丽因晓道理,不娶族中妇女为妻。凡人既生为人,若娶族中妇女,与禽兽何异?我想及此,方立此法……禁革不许乱娶。"[③]天聪六年(1632 年),皇太极重申前禁不许乱伦婚娶。[④] 天聪九年,皇太极再次禁娶诸父、昆弟妻。[⑤] 崇德年间制定的会典正式将这一禁令以国家大法的形式确认下来,规定自今以后,凡人不许娶庶母及族中伯母、婶母、嫂子、媳妇;女子改嫁须聘与异姓;族中嫁娶与奸淫同罪。[⑥] 随后编修的律例,直接沿用了《明律》禁止娶亲属妻妾的条文。[⑦] 对满族婚姻习俗的改造表明清朝统治者已经努力向儒家血缘伦理靠拢,试图减少与汉式文化的冲突,将满族纳入中国文化的范畴,从而也为清王朝接受汉式婚姻家庭制度奠定了基础。

对汉式婚姻家庭思想和制度的全面接受集中表现为《大清律》的制定。作为清朝统治的根本大法,《大清律》在体例上直接沿袭《明律》,婚姻独立成篇,仅删去"蒙古色目人婚姻"一条。在内容上则继承了自唐明律以来中国婚姻家庭法律的血缘伦理精神和基本制度,律条未有大改变,只是刑罚的轻重略有改变而已,这意味着清统治者对满洲法律传统的放弃和对中国法律传统的继承,从而也就清除了与儒家伦理存在的冲突因素,由此构建了大一统王朝合法性的法律基础。

不过从清朝婚姻家庭制度的发展历史看,它在继承传统中国血缘伦理的特性上似乎较前朝走得更远。我们可以从法律有关婚配对象的限制、贞节旌表、立

---

① 1619 年,在萨尔浒战役后,被执拘于赫图阿拉的朝鲜人曾这样记述满族婚俗:"嫁娶则不择族类,父死而子妻母。"参见《建州闻见录》,清初史料丛刊本,辽宁大学历史系 1979 年编印。

② 《清太宗实录稿本》(卷一四),清初史料丛刊本,辽宁大学历史系 1978 年编印,第 6 页。

③ 同上。

④ 《清太宗实录》(卷十一),中华书局 1986 年影印本。

⑤ 《清三朝实录采要》(卷五),日本伍石轩刻本,第 15 ~ 16 页。

⑥ 《清太宗实录稿本》(卷十四),第 6 ~ 7 页。

⑦ 《大清律例》(卷十)《户律·婚姻》"同姓为婚"条,法律出版社 1999 年版。

继等制度考察。以婚配对象论，古代中国法律对婚姻主体身份的限制无非两类：一类是属于一定范围内的血亲和姻亲不得互为婚姻；另一类是具有特定社会身份的人群如良人与贱民、官与民以及僧道等不得结婚。前者属于基于血缘身份的限制，后者则属于基于社会身份的限制。这两类限制在清朝并没有减弱，我们可以看到，清代法律在继承唐明律关于婚姻身份限制的同时，对有关亲属身份的限制更加严密。以禁娶亲属妻妾为例，清律与唐律相比，不仅扩大了禁止的范围，增加将被出和已改嫁的亲属的妻子娶为妻妾的禁令，而且对收娶父、祖妾及伯叔母的处罚重于唐律。[①] 而作为国家法的重要补充的宗族法，在国家成法不变的同时，增强了对宗族内部个人的控制，更强调血缘伦常的严格，甚至在国家法之外又增加了新的限制。如将《大清律例》禁止亲属为婚的范围扩大至同宗无服的亲属和无服亲的妻妾，[②]规定不得娶已经多次改嫁的族妇和不得娶同宗不族为婚；不得娶丐户之女，也不得嫁丐户。[③] 有的宗族法还明确禁娶娼妓为妻，[④]并强调门当户对。[⑤]

至于贞节的历史，大致说来，唐代以前，人们的贞节观淡化，法律也不禁夫丧服满后再嫁，人们不因改嫁和娶再婚妇而有人格和财产上的损失。但事实上，在中唐以后，统治者上层改嫁从严，到宋时理学更将改嫁上升到失节的高度，置“天理”与“人欲”于对立的状态，在观念形态上将历史上的贞节观推至无以复加的地步。制定于北宋年间的国家大法《宋刑统》，对于妇女再嫁的态度与唐律并无二致，但依南宋时的判例，妇女就嫁妆拥有的法律地位已大不如唐——判例认嫁妆为夫家财产，夫死改嫁，不得带往他族。[⑥] 所以改嫁在南宋意味着法律上孀妇嫁妆所有权的丧失。因改嫁而剥夺妇女对嫁妆所有权的做法在元代被制定为法律，[⑦]不仅如此，元时法律还规定失节女子不封赠、命妇夫死不得改嫁、出征军妻不得改嫁。[⑧] 清代是贞节礼教的大实践时期，旌表守节和提供经济资助在清

① 《大清律例》(卷十)《户律·婚姻》“娶亲属妻妾”条，法律出版社1999年版。

② 湖北麻城《鲍氏户规》。转引自朱勇著：《清代宗族法研究》，湖南教育出版社1987年版，第221页。

③ 《东阳上璜王氏宗谱》：“娶同宗不族为婚者，宗谱销除。”“女适丐户，及娶丐户女为婚者，销除。”转引自费成康主编：《中国的家法族规》，上海社会科学院出版社1998年版，第307页。

④ 《新河周氏宗谱》：“有娶娼妓为妻者，男女均不立主。”转引自费成康主编：《中国的家法族规》，上海社会科学院出版社1998年版，第346页。

⑤ 《长沟朱氏宗谱》：“男女婚配，须门楣相当，伦序不紊。不许贪得财礼，滥配匪类。”转引自费成康主编：《中国的家法族规》，上海社会科学院出版社1998年版，第283页。

⑥ 《名公书判清明集·户婚》。

⑦ 陈鹏著：《中国婚姻史稿》，中华书局1990年版，第584页。

⑧ 《元典章》(卷一八)《户部四·婚姻》。

代逐渐形成制度。与旌表节妇制度相对应的是再嫁妇女在名誉和财产上的减损。按照清律的规定,“再嫁之妇不得受封,所以重名器也。命妇受封,义当守志,不容再嫁以辱名器”。[①] 据此规定,儿子做官,推恩封曾父母,不得及再醮之母。同时,法律还规定:“妇人夫亡无子守志者,合承夫份,须凭族长择昭穆相当之人继嗣。其改嫁者,夫家财产及原有妆奁,并听前夫之家为主。”[②]此外,为了保护妇人守志的自主权,《大清律例》改变了唐律关于祖父母、父母对寡妇改嫁拥有决定权和主婚权的规定,否定尊长对守节妇女的婚姻决定权,其明确规定:“夫丧服满,(妻)果愿守志,而女之祖父母、父母及夫家之祖父母强嫁之者,杖八十;期亲加一等,大功以下又加一等。”[③]由于法律成功地构建了旌表与贬损这一正反结合的制度体系,加之地方官吏的督行和文人学士的鼓噪,清代社会贞节之风愈演愈烈,盛于历朝历代。

无后在古代中国既是一个宗教和社会的问题,也是道德伦理问题。为了弥补继承人的缺失,人们采用拟制的办法来解决无后的问题。观唐宋法律,有关立嗣的法规比较原则,律令只是将立嗣的范围限定在同宗的晚辈男系亲属中,但没有进一步明确先后顺序,而是任由个人自由选择。明清时期法律开始限制个人的自由选择,在同宗的晚辈男系宗属中又细分出产嗣先后顺序:“无子者,许令同宗昭穆相当之侄承继,先尽同父周亲,次及大功小功缌麻,如俱无,方许择立远房及同姓为嗣。若立嗣之后却生子,其家产与原立子均分。”[④]

较之唐宋时代的法律,明清律已将立嗣的范围由同宗扩大至同姓。这一时期开始出现一子兼祧。观中国历史,直至宋代,一子不得同时成为两房之后仍是不容置疑的传统礼法。[⑤] 出继之人,在以后出现本家无子时,必须回归本家,继承本家香火。明时世宗皇帝由藩王入继皇位,不愿按照传统礼法将与生父的亲子关系改变为叔侄关系,而是称其已去世的生父兴献王为“皇考”,不必为其另行立后;同时又确认与父辈老皇帝孝宗之间的承继关系,称孝宗为“皇伯考”,开创以一人而为两家之后的先例。[⑥] 不过兼祧成俗并为法律所确认的是在清代。清初并不允许一般的兼祧。至乾隆前期仍有“独子不准出继”的“独子之例”。[⑦]

---

① 《大清律例刑案汇纂集成》卷四《户律·婚姻》。

② 《大清律例》(卷八)《户律·户役》“立嫡子违法”条。

③ 《大清律例》(卷十)《户律·婚姻》“居丧嫁娶”条。

④ [日]滋贺秀三著:《中国家族法原理》,张建国、李力译,法律出版社2003年版,第256页。

⑤ 《名公书判清明集》(卷七)《立继》“父子俱亡立孙为后”条。

⑥ 叶孝信主编:《中国民法史》,上海人民出版社1993年版,第574页。

⑦ 同上。

但是独子兼祧的做法先适用于阵亡将士，后发展为普遍适用的法规。① 乾隆四十年（1775 年）为制定《独子承祧例》而颁布的上谕对此有详细的说明："立继一事，专为承祧、奉养，固当按昭穆之序，亦宜顺孀妇之心，所以例载：嗣子不得于所后之亲，准其另立。实准乎情理之宜也。至独子虽宗支所系，但或其人已死，而其兄弟各有一子，岂忍视其无后？且存者尚可生育，而死者应与续延，即或兄弟俱已无存，而以一人承两房宗祀，亦未始非从权以合经。又或死者有应袭之职，不幸无嗣，与其拘泥'独子之例'求诸远族，何如先尽亲兄弟之子，不问是否独子，令其继袭之为愈乎？嗣后遇有寡妇应行立继之事，除照例按依昭穆伦次相当外，应听孀妇择其属意之人，并问之本房是否愿继，取有阖族甘结，即独子亦准出继，庶穷嫠得以母子相安，而立嗣亦不致以成例阻格。该部即照此办理。著为令。"②

自乾隆以后，上自帝王下至庶民，兼祧被普遍采用。③ 作为一项特殊的立嗣制度，兼祧只存在于一房无子、一房独子、两房为同父兄弟、双方同意的情形下。兼祧子担负着为两房延续香火的责任，同时继承生父与兼祧父两房的财产。为了让两房能够有后，兼祧往往都存在娶两房妻的情况，在形式上构成两个完整的家庭。两房所生后代，各自继承各房的宗祧和财产。二媳各随其翁姑生活，夫则轮流到二处居宿。这种婚姻习惯在清代农村十分流行。④

与独子兼祧相连的是为两房父母及亲属的服制问题。道光九年议准的兼祧服制主要规定：在通常情况下，兼祧两房的独子为亲生父母服斩衰 3 年，为兼祧父母服齐衰不杖期；但若大宗子兼祧小宗或小宗子兼祧大宗时，不论亲生还是兼祧，一律为大宗父母服斩衰 3 年，为小宗父母服齐衰不杖期。同时，凡兼祧者，不论为本生父母服斩衰或不杖期，为其余本生亲属皆从正服降一等。至于兼祧所生子孙，只论宗支服制。⑤

---

① 俞越著：《俞楼杂纂》（卷十一）《丧服私论·论独子兼祧之服》。

② 叶孝信主编：《中国民法史》，上海人民出版社 1993 年版，第 575 页。

③ 同上，第 576 页。

④ [日]滋贺秀三著：《中国家族法原理》，张建国、李力译，法律出版社 2003 年版，第 262 页。

⑤ 道光九年议准："独子之子分祧两房各为其父母，嫡孙承重者各为其祖父母，大宗子兼祧小宗、小宗子兼祧小宗各为所生父母，小宗子兼祧大宗为兼祧父母，小宗子出继小宗尚未为所后父母持服丁忧，而所生父母无嗣仍以一人兼祧者为所生父母，均服斩衰三年。""独子之子分祧两房各为其父母，小宗子兼祧大宗为所生父母，大宗子兼祧小宗、小宗子兼祧小宗各为兼祧父母，均服齐衰不杖期，并令辍学、解任。其余本生亲属俱从正服降一等，其子孙则只论宗支服制。"参见吴荣光著：《吾学录》（卷一五）。转引自丁凌华著：《中国丧服制度史》，上海人民出版社 2000 年版，第 191 页。

二、清代法律体系的发展

在清代,法律体系与前朝明显不同:一是例的大量增加填补了成法不变难以应对现实的问《大清律》自乾隆五年定本以后,至清王朝解体,不再有增损。而适应社会发展,不断做出调整并有发展有变化的是例,它不断得到增补,至同治年间已增加到1892条。

从国家法的意义讲,《大清律例》、《大清会典》、《户部则例》、《钦定礼部则例》和《钦定大清通礼》都是构成调整婚姻家庭关系的重要法典;除此之外,朝廷针对不同的群体、民族和地区,还有单行特别法,如适用于王公贵族的《钦定宗人府则例》,适用于八旗、绿营的《钦定八旗则例》,适用于民族地区的《钦定理藩院则例》、《钦定蒙古则例》、《钦定回疆则例》、《西宁青海番夷成例》等。上述法律,既有通行于全国的法律,又有通行于某一地区或民族的地区特别法和民族特别法。在朝廷法律之外,各省、道、府、州、县衙门还制定和颁布了针对本辖区的法令,包括《省例》(省级地方性法规)、《告示》(各级地方官在辖区内发布的书面命令)和《章程》(州县官府就某种专门问题因时制宜而制定的若干规则)等。

在国家法之外,地方习惯、乡规民约、礼俗、宗族法构成了与国家法并行的民间法律系统,其中又以宗族法为清代婚姻家庭法律的特点。事实上,大量的婚姻家庭关系在诉至官府前都是由地方习惯、乡规民约、礼俗、宗族法调整,官府并不主动干预。

古代中国法律体系的演变,唐宋以后结构上的一大变化是宗族法的迅猛发展。虽然在国家正式的法律体系中并无宗族法的一席之地,但是由于宗族法律在精神上与国家法并不相悖,在内容上更是强化了尊卑血缘伦理的禁条,弥补了国家控制乡村基层力量的不足和国家法发展僵化所带来的不足,因而大都得到封建王朝的认可。中国古代的法律自唐律定型、成熟后,其篇章体例乃至精神都为后世法律所沿袭,并无实质性的改变。但是唐宋以后社会发展的特点是私有制度的发展和宗族的平民化、普及化。宋以后,宗族发展至庶族地主及平民百姓阶层,不仅数量上极为普遍,而且动辄七世、八世以至十余世同居。[①] 除去累世同居共财的形态,更多的宗族是由个体小家庭组成,祠堂、族谱和族田将这些已经分裂成个体小家庭的同一祖先的子孙联结起来,聚族而居。[②] 事实上,宋以后

---

① 徐扬杰著:《宋明家族制度史论》,中华书局1995年版,第34~35页。

② 同上,第14页。

的宗族法较之国家法更加强调宗族内部财产所有权的恒定和血缘伦常的严格，这是业已僵化、凝固的国家法所不及的。

不过宗族法在填补国家法户婚、田土、钱债制度粗疏的同时，还强化了血缘伦理规范和宗族对个人的控制。尤其是在婚姻家庭继承领域，宗族法表现出强烈的保守趋向。在对社会生活作出细化规范的同时，宗族法还表现出对国家法做出扩大适用的趋向。以不孝罪为例，构成不孝罪的行为在国家法中被界定为直接侵害尊卑关系的行为，但在宗族法中往往都被扩大理解，子孙博弈、酗酒、游惰、私爱妻子货财、好勇斗狠纵欲等都被视为不孝行为。不仅如此，依照国家法，不孝罪的适用范围只及直系五代之内的亲属。但根据宗族法，它可以适用于宗族内的所有成员，并不受国家法的局限。① 相对于唐宋时期的法律，清律有关家庭内部伦理的处罚已相对减轻，但与国家法相比，宗族法对个人的控制加强了。

国家法与宗族法相比，前者重在对社会秩序做出规定，后者重在规定宗族内部秩序。由于关注的重点不同，国家法实际上给社会生活的细节留下了巨大的空间。对于国家法不屑一顾的社会生活，宗族法往往有细微的规定。例如为避免分家存在的问题，合肥邢氏宗族《家规》就规定："妻妾有定分，如宠庶妾而凌正妻、纵后妻而凌前子者，其中祸患不可胜言，户宗、族众拨其家产，令正妻、前子异居以避之。"②对于嫁入本宗的女子，宗族法在身份上又细分为配氏、继室、侧室："本谱中各公妻室：凡明婚正娶者书'配'，继室为'继配'，妾为'侧室'，其余来历未明及不以礼聘者，均削去配氏、继室、侧室字样，仅书'某氏'二字而已。"③

例的增加和宗法族规的发达使得清代有关婚姻家庭关系的法规日趋细密、保守和程式化，表现为调整婚姻家庭关系的法规和习惯法高度伦理化，尊长与卑幼、男性与女性的区别趋向绝对化；主婚权的强化和贞节成为风尚，个人缔结和解除婚姻的道路从总体上讲阻塞不畅。

三、强调婚姻契约文书

在古代中国，婚姻关系是由两个家庭（家族）相互约定而成。虽说民间约定的形式包括口头形式和书面形式，但在口头约定的情形下如果发生争执，双方往

① 朱勇著：《清代宗族法研究》，湖南教育出版社1987年版，第86页。

② 安徽合肥《邢氏宗谱》（卷一）《家规》。参见朱勇著：《清代宗族法研究》，湖南教育出版社1987年版，第32页。

③ 同上，第17页。

往各执一词，难辨就里。所以早在唐代，法律就规定以女方已报婚书或收受聘财为法律上婚姻关系成立的标志。①

清代法律沿袭了唐宋以来法律的规定，在无婚书的情况下，女家收受聘财的行为与写立婚书具有同等的法律意义。但与前朝相比，清代法律更强调婚姻契约文书的订立。作为清代基本法典的《大清律例》，除了直接沿用唐明律关于婚书的规定外，还以例的形式特别针对入赘婚和民苗结亲要求订立婚书：

"招婿须凭媒妁明立婚书，开写养老或出舍年限。"②

"湖南省所属未发之苗人与民人结亲，俱照民俗以礼婚配：须凭媒妁写立婚书，仍报明地方官立案稽查。"③

在民间，针对各地的痼习，官府也一再昭告订立婚书，一体遵行。康熙二十五年（1686年），河南上蔡县府鉴于民间婚姻只在酒肆换钟为定，事后易悔约的现状，刊示婚书格示："嗣后凡婚配之家，各宜慎之于始，务要明白通知，凭媒聘定，各将籍贯、三代姓名、各男女行次、年庚照式填注婚书，称力行礼，交质为凭。"④

雍正时河南巡抚田文镜痛感豫省男女婚姻止凭换钟，无媒聘婚帖，以致男家弃婚不娶，女家赖婚另配，讦讼不休的弊端，昭告全省："婚嫁大事，自应明媒正娶，写立婚书、礼帖，即小户穷民亦不得草率从事。"⑤

在清代，另一值得关注的问题是移民地区存在的婚姻纠纷。以清代四川为例，由于移民大多自两湖、闽广和陕西迁徙而来，两姓结亲往往不讲婚书、名帖，以致纷争讼起，官府却因凭证不足难以定断。为此，省宪于乾隆八年（1743年）出示，凡所属乡民，在问名纳彩时，必具婚书，必通名帖，务使婚嫁有文字凭信。⑥

民间婚姻纠纷诉至官府，许多官衙规定了是否受理的条规，须出具婚书方准受理。⑦ 河南省规定："照得户婚、田土、钱债等事，俱要原媒、原中为证，婚书、契卷为凭，方许告争。"⑧

---

① "诸许嫁女，已报婚书及有私约而辄悔者，杖六十。"参见长孙无忌等撰：《唐律疏议·户婚》，"许嫁女辄悔"条，刘俊文点校，中华书局1983年版。

② 马建石、杨育裳主编：《大清律例通考校注》，中国政法大学出版社1992年版，第443页。

③ 同上，第454页。

④ 转引自郭松义、定宜庄著：《清代民间婚书研究》，人民出版社2005年版，第89页。

⑤ 田文镜撰，张民服点校：《抚豫宣化录》，中州古籍出版社1995年版，第256页。

⑥ 同治《郫县志》（卷十八）。转引自郭松义、定宜庄著：《清代民间婚书研究》，人民出版社2005年版，第90页。

⑦ 郭松义、定宜庄著：《清代民间婚书研究》，人民出版社2005年版，第91页。

⑧ 田文镜撰，张民服点校：《抚豫宣化录》，中州古籍出版社1995年版，第255页。

四川巴县规定:“凡状告户婚、田土无契约、婚书者不准”,告“户婚、田土、钱债无契约、庚书者不准”,“告婚姻无庚书及媒妁聘礼年月者不准。”①

顺天府所属宝坻县:“告婚姻无媒妁、婚书者不准。”②

清代各地的婚俗不一,婚约的表现形式繁复多样,有口头约定、以庚帖代婚书等多种情形。与唐宋时期婚书不同,清代婚书的形式趋向简化并形成较固定的模式。就清代司法看,男女双方交换的定帖才被视为法律规定的婚书。③ 按照官方颁行的婚书格式包括:籍贯,父祖三代姓名,男女行次、年庚,以及主婚人、冰媒见证人亲押。④ 民间通常初婚婚书必由家长开具,婚书内列男女生辰八字、三代姓氏、籍贯和媒证;至于男女再婚、入赘婚、童养婚等婚姻的婚书则由出嫁的一方开具,内具婚嫁缘由、聘金数额及其他业经商妥的事项,同时必须有开列婚契的一方与媒证共同的签字画押,交付对方作为凭证。⑤ 依照《大清律例》,法律只以婚书或者聘财作为婚姻成立的法定要件和标志,强调男女定婚,双方必须将各自有关残疾、老幼、庶出、过房、乞养等实情相告,各从所愿,写立婚书,依礼聘嫁。婚书一旦订立或女家收受聘财,双方就必须履行,不得翻悔。女家悔约,主婚人笞五十,婚姻有效,女归本夫。若女家另许他人但未成婚,对女家主婚人杖七十;另许已成婚,则杖八十。后定娶的男家若知情,其主婚人与女家主婚人同罪,财礼收归官府;不知则不处罚,但追还财礼给后定娶者,前婚有效,女归前夫。若前夫不愿娶,则加倍追还财礼,后婚有效,女从后夫。至于男家悔约另聘,罪同于前,前婚有效,仍令娶前女,后聘之人听其别嫁,不追财礼。⑥

婚约的履行有时间上的限制,一般都应按婚书所定的聘娶日期完婚。期约未至男家强娶或期约已至,女家故意拖延违期的,主婚人笞五十。⑦ 对男家而言,期约已过5年无故不娶及夫逃亡3年不还,经告官并由官府出具证明,允许女子另行改嫁,并不追还财礼。⑧ 对于男女已定婚但未及成亲,一方亡故的情形,法律规定不追还财礼。⑨ 如果卑幼在外任官或做买卖,自己定婚与尊长为其定婚形成冲突的情形,法律规定解决的原则为:祖父母、父母及伯叔父母、姑兄姊

---

① 四川省档案馆藏《巴县档案》6.1.1617号、6.1.1619号、6.1.18059号。

② 中国第一历史档案馆藏《顺天府档案》,卷号35。

③ 郭松义、定宜庄著:《清代民间婚书研究》,人民出版社2005年版,第101页。

④ 郭松义著:《伦理与生活——清代的婚姻生活》,商务印书馆2000年版,第3页。

⑤ 郭松义、定宜庄著:《清代民间婚书研究》,人民出版社2005年版,第7页。

⑥ 《大清律例》(卷十)《户律·婚姻》“男女婚姻”条。

⑦ 同上。

⑧ 《大清律例》(卷十)《户律·婚姻》“出妻”条。

⑨ 《大清律例》(卷十)《户律·婚姻》“男女婚姻”条,例文。

在卑幼外出后为其定婚，而卑幼不知，自己娶妻已成婚的，婚姻有效，尊长所定之女，任其别嫁；卑幼虽定婚但未成婚的，以尊长所定婚姻为有效，卑幼自定之女，任其改嫁。违反规定的，杖八十，仍须改正。

清代婚姻的离异须有正式的程序。一般而言，属于违律为婚由官判离者，多由各级衙门审结时核定，将原订婚书上缴涂毁，聘礼发还或入官，女子归宗或由官媒进行嫁卖。至于权在夫家的离异，也须由夫家出具休书作为婚姻解除的凭据。①

四、关于少数民族婚姻的特别法律

清王朝的建立，意味着多民族国家的重建。在边疆少数民族地区，针对婚俗不同于内地的特点，清代法律既强调王朝婚姻法律精神的普适性，同时又注意照顾边疆少数民族婚姻的历史和特点，采取有别于内地婚姻制度的做法。

针对蒙古人之间的婚姻，嘉庆二十二年（1817 年）刊刻颁行的《理藩院则例》规定了聘礼的数额：蒙古两姓结亲，若都系平民聘礼，聘礼应用马两匹、牛两只、羊二十只，不得多给，违者将多给的牲畜罚取官府，少给则不禁。②

嘉庆二十年（1815 年）编纂完成、二十二年（1817 年）刊刻颁行的《理藩院则例》规定：在蒙古地区，如已行聘定婚，女家悔约另嫁的，罚以牲畜或其他财物。如娶他人已聘定的妇女，娶者系王、贝勒、贝子、公罚十户；台吉、塔布囊罚五户；属下官员罚五九牲畜，平人罚三九牲畜，均给原聘定人，私娶的妇人离异，给与原夫，听其去留。③ 至于蒙古人之间在聘定之后出现一方亡故的情况，《理藩院则例》规定：若聘定之后其婿病故，将所给牲畜退还男家；至于其女病故，退还一半，若女家欲将聘礼退还男家不愿收回的，允许。④

在西宁、青海地区，雍正十一年（1733 年）编纂的《西宁青海番夷成例》（又称《番例条款》、《番例》）规定：平人谋取平人已聘定的妇人，主婚者和媒娶的人，若是头目等，各罚三九；若是平人，各罚一九，妇人离异，仍归前夫。⑤

在一些少数民族内部，清朝法律还对各部落间的通婚予以限制。康熙十八年（1679 年）题准蒙古各部台吉擅与喀尔喀、厄鲁忒人婚姻来往者，革去爵级，不

① 郭松义、定宜庄著：《清代民间婚书研究》，人民出版社 2005 年版，第 290 页。

② 《钦定理藩院则例》（卷二五）《婚礼》，道光二十三刻本。

③ 同上。

④ 同上。

⑤ 《藩例》第 10 条，大河日报社 1913 年铅印本。

准承袭,所属人全给其近族兄弟,除妻子外,家产牲畜俱入官,所属人随往者各鞭一百,罚牲畜三九,将所属人女遣令随嫁;女父不向札萨克王、贝勒呈明的,鞭一百,所遣送嫁属人不自说明的也鞭一百;失于觉察斥堠的官员革职,籍其家,兵丁鞭一百,罚牲畜三九。若将所遣送嫁人,误以为逃入解院的,札萨克王等罚牲畜五九。①

有关禁止娶亲属妻妾的禁令也推行至青海地区。雍正二年,年庚尧奏请禁约青海十二事,自此在青海地区禁止父没娶继母及强娶兄弟之妇。②

不过,变通的做法也是常见的。乾隆四十八年的一则奏折表明,对回族并不适用《大清律例》有关同姓为婚、断令离异归宗的规定。③ 康熙十三年正月,对于口外蒙古逃人在外娶妻的情形,谕令没有采旧例离异的做法,而是规定嗣后应免其离异、仍令给与为妻。④

鉴于边疆少数民族地区风俗习惯不同于内地的特点,清政府还制定了相应的律例、则例、章程等,实行富有地方民族特点的离婚制度。在蒙古地区,夫妻都可以提出离婚,但须通知双方亲属。夫若休妻,其夫妻关系和睦时用完的物品,不许陪还,同时将妇人带来的现存物品全部给还妇人。⑤ 若女方提出离婚,则要退回一部分男方所赠物品。在西藏地区,夫妻反目,先经亲友调解,调解无效,可向部落头人提出离婚。若男方提出离婚,则分一半财产给女方;若女方提出离婚,则不给任何财产;若男女双方都提出离婚,头人或各罚马一匹,或罚钱。离婚后,女孩归女方,男孩归男方。若只有一子,则令其入寺院当喇嘛。此外,《西宁青海番夷成例》还规定了适用于青海少数民族地区的出妻条款:凡出妻,其妻陪嫁物件全部给还。除夫妻和睦时所花费的物件不偿还外,现在所有物件全部给还。

此外,清代调整夫妻关系的法律还注意吸收不同民族的习俗,表现出不同的民族特色。在蒙古地区,基本实行一夫一妻制。但蒙古贵族、领主和富裕的平民除娶正妻外,可以纳妾。由于男子长期在外游牧狩猎,正妻在家主管家务,因而正妻具有一定的经济地位。蒙古人对女子的贞操极为重视,清时法律吸收了蒙古习惯,规定妻与平人通奸,奸夫罚五九牲畜,奸妇交本夫杀死。福晋若与平人

---

① 康熙《大清会典》(卷一四五)。

② 《清世宗实录》(卷二十),雍正二年五月,中华书局 1986 年影印本。

③ 《清高宗实录》(卷一一九三),乾隆四十八年十一月,中华书局 1986 年影印本。

④ 《清圣祖实录》(卷四五),康熙十三年正月,中华书局 1986 年影印本。

⑤ 《钦定理藩院则例》(卷二五)《婚礼》,道光二十三年刻本。

通奸处斩刑。[①] 在藏族地区，虽然主要实行一夫一妻制，但也保留了一夫多妻和一妻多夫制的遗迹。蒙藏地区的家庭也实行父权和夫权统治，与内地家庭只有程度差异，并无本质区别。

五、对族际通婚的限制

古代中国，中唐以前社会较为开放，礼教的束缚有限，对族际通婚，法律并无歧视性规定。唐律的做法是将异族通婚排除在普通婚姻之外，将其视为有可能影响国家边防的要事，因而规定所有的华夷通婚都应在唐国境内进行，并且作为妻妾的汉人不能出居番地。同时，唐人出使番国以及番国使者来华期间，不得私自通婚。因此，对于国境之内的华夷通婚，唐代法律并不禁止，法律关注的只是通婚所在地的疆域限制和负有国家使命的使臣身份的限制。事实上，法律不禁与外族通婚带来了唐代异族通婚盛况空前：其间婚姻的主体既有皇帝、公主、朝臣，也有使臣、外商；通婚的对象多达十余个民族，遍及东北（契丹、奚人）、西北（突厥、回纥）、西部（于阗、宁远）、西南（吐蕃、南诏）；既有外嫁，又有外族内居而娶。

清代的情形与唐大不相同，作为一个多民族融合的大国，除去满蒙联姻作为清政府的国策受到法律保护外，清代法律对特定民族之间的通婚通常予以禁止——不仅禁满汉通婚，禁民苗、民番和蒙汉结婚，还禁止福建、台湾地方的民人与台湾土著民结婚。在众多的通婚禁令中，由于满族是以少数民族统领中华，因此满族与人口众多的汉族之间的通婚与禁婚更显突出，相关的法令也时有存废。早期满族的历史，并不排斥与异族的通婚，[②]满族（女真）上层常常把与异族的联姻作为政治上笼络的一种手段。他们不仅与蒙古上层联姻，也与汉人结亲。[③]入关之初，鉴于汉人的反抗，为了缓和民族矛盾，清世祖于顺治五年（1648 年）八月发布谕旨，[④]鼓励满汉官民联姻通婚。同年对户部的一则谕令又在程序上增

---

① 《蒙古律例》（卷十）《杂犯》。

② 早在皇太极统一女真各部时，满族就以明代建州、海西诸部女真人为主体，同时吸收了蒙古、汉、朝鲜等民族共同组成了一个新的族群。

③ 有名的事例如努尔哈赤将贝勒阿巴泰之女嫁与明降将李永芳为妻，称李为“额驸”。辽东大家佟姓佟养性、刘家刘兴祚（刘爱塔）等，都被赐配满族女子。皇太极时的宠臣范文程，就曾娶穆奇爵乐氏。

④ “方今天下一家，满汉官民皆朕赤子，欲其各相亲睦，莫若使之缔结婚姻。自后满汉官民欲联姻好者，听之。”参见《清世祖实录》（卷四十）。

加了满汉通婚的呈报制度:今后凡满洲官员之女欲与汉人为婚的,必须先呈明户部,查核应具奏的即应具奏,应自理的即行自理。无职人等之女部册有登记的,令各牛录章京报部方嫁。无名者听各牛录章京自行遣嫁。至于汉官之女欲与满人为婚的,也要报部,无职者听其自便,不必报部。满洲官民娶汉人之女为妻的,方准其娶。① 此后,皇帝本人娶了学士石申之女为贵人,后又晋封为恪妃。皇帝还尝选汉官女备六宫。② 并对吴、尚、耿三个藩王的子孙赐婚联姻。③ 但这一诏谕的实际效果并不理想。究其原因,一是满汉在经济、文化特别是在思想观念和生活习俗上存在不小的差距;二是清统治者对满民族在汉式文化环境中的生存担忧,担心在相互的联姻中作为统治者的满民族的特性被侵蚀和消融,加之已联姻的满汉上层出现叛乱,最终导致了对满汉通婚的禁止。这一禁令的颁发时间并不清楚,但最晚不应迟于康熙四年(1665年),因为同年八月,刑部曾议复宁古塔将军巴海的一份咨请,内容涉及该地区流徙民人内,有嫁女旗下的,应听从其便的请求。假设此前朝廷无旗民通婚的禁令,巴海就用不着咨请于上了。④ 除去对一般满汉官民禁止通婚的规定,嘉庆十八年(1813年),皇帝针对移居盛京的宗室、觉罗的婚姻,下谕宗室、觉罗与汉人已联姻的,不离异,但各给予应得的处罚,并重申严禁宗室、觉罗与汉人联姻的定例。⑤ 但是清代社会满汉违例嫁娶层出不穷。雍正帝针对驻防旗人与汉人结亲的问题,采取了对既成事实一律免予追究的办法。同治四年(1865年)以后,有关满汉通婚的禁令有所松动,法律允许告假外出、已在地方落业并编入该省旗籍的旗人,可以与该地方民人互相嫁娶,也允许民人之女嫁与旗人为妻,不过仍禁止在京旗人将女儿嫁与民人为妻,若聘娶已成,婚姻有效,但应将该女开除户册。⑥ 道光十六年(1836年),地方上发生的一桩旗人陈陈氏将女儿许配民人高纬保为妻的案件,一直呈送至朝廷,因双方业经聘定,皇帝准其完婚,但同时告谕户部等衙门明定条例,制止此类现象蔓延。新例规定:嗣后八旗、内务府三旗旗人之内,如将未经挑选之女许配民人

---

① 顺治五年"庚申,谕户部,朕欲满汉官民共相辑睦,令其互结婚姻。前已有旨,嗣后凡满洲官员之女欲与汉人为婚者,先须呈明尔部查其应具奏者即与具奏,应自理者即行自理。其无职人等之女部册有名者,令各牛录章京报部方嫁。无名者,听各牛录章京自行遣嫁。至汉官之女,欲与满洲为婚者亦行报部,无职者听其自便,不必报部。其满洲官民,娶汉人之女,实系为妻者,方准其嫁。"参见《清世宗实录》(卷四十)。

② 赵尔巽撰:《清史稿·淑惠妃传》,中华书局1977年版。

③ 郭松义著:《伦理与生活——清代的婚姻生活》,商务印书馆2000年版,第37页。

④ 《清圣祖实录》(卷十六),康熙四年,中华书局1986年影印本。

⑤ 《清仁宗实录》(卷二七〇),嘉庆十八年,中华书局1986年影印本。

⑥ 《户部则例》(卷一)《户口》,同治十三年校刊。

的，主婚人照违制律治罪。若将已挑选及例不入选之女许配民人的，主婚人照违令例治罪；民人聘娶旗人之女的，亦一例科断。至于已嫁和已受聘的女子，遵此次恩旨，准其婚配，但仍将旗女开除户册，以示区别。① 但是满汉通婚的禁令并不能适应国家在政治上统一后民族融合的趋势，随着清代社会的发展，禁令与社会生活的冲突越来越明显，最后不得不于光绪二十七年（1901 年）正式宣布开禁。总的来说，从清朝有关满汉通婚禁令的实行看，官府对上层的控制严于下层，对宗室、觉罗的控制严于一般正身旗人；在时间上，则是前期严厉，后逐渐松动，至清末完全废止。

除去满汉之间的通婚禁令，清代法律还禁止民苗、民番和蒙汉结亲。雍正至乾隆初年，一些民族地区实行"改土归流"后，为防止汉人与苗民等少数民族交结和因习俗不同而引发纠纷，一些地方官在民族地区实行民苗禁婚。由于相应的措施难以落实，各任官员的认识也不统一，造成松严禁弛反复。雍正五年闰三月，兵部议决湖广总督福敏条奏防范苗疆事宜五款，经雍正帝批准，明令禁止苗民与内地民人通婚。② 乾隆二十五年（1760 年），朝廷曾一概禁止苗民结亲。乾隆二十九年（1764 年），根据原湖南巡抚陈宏谋的奏请，朝廷废止禁民苗结亲的规定。乾隆三十二年（1767 年），刑部修改律例，增加规定湖南省所属没有发的苗人与民人结亲，都照民俗以礼婚配，但对未经入籍，在苗区来去不定的商贾客民，仍不许与苗民结亲。③

相似的通婚禁令还见于不许福建、台湾地方的民人与台湾土著民结亲，即不许民番通婚。清代法律原无禁番民结亲的规定，乾隆二年（1737 年）由巡台御史白起图奏准定例，乾隆五年馆修入律，规定违者民人照违制律杖一百，土官、译员减一等，各杖九十。该地方官若知情故纵，交部议处。④

禁止蒙汉通婚是清代法律的又一特有制度。这一禁令始定于康熙二十二年（1683 年），规定内地民人于蒙古地方贸易、耕种，不得娶蒙古妇女为妻。若私自嫁娶，经查出，妇人离异，给还其母家。私娶的民人照地方例治罪，知情的主婚人及说合的蒙古人等，各罚牲畜一九。⑤ 雍正十一年（1733 年），针对汉民娶蒙古女子的现象，朝廷又重申旧例，严禁蒙古妇女与汉民为婚。但对既有的蒙汉结亲，未作处罚，而是规定：民人在各扎萨克地方贸易、种地，娶蒙古妇人生有子女

① 《清宣宗实录》（卷二八〇），中华书局 1986 年影印本。

② 《清世宗实录》（卷五五），雍正五年闰三月。

③ 马建石、杨育裳主编：《大清律例通考校注》，中国政法大学出版社 1992 年版，第 454 页。

④ 《清宣宗实录》（卷二八〇），中华书局 1986 年影印本。

⑤ 乾隆朝《理藩院则例·录勋清吏司·婚姻》。

的，交归化城都统、同知等，细查其原籍、姓名、数目，造册具报。内有愿归原籍的，由该同知给与印结，准其带领妻子入口。[①] 雍正十三年，朝廷规定蒙古地区雍正十一年以前，边民娶买乞养人口，有情愿领回的，赏给原价赎回。其中若有历年既久，居处相安，不愿领回的，听其存留，免其查究。但同时规定，嗣后该地方官务须严禁边民娶买乞养蒙古人口。若有故违定例，私自典买的，从重治罪，并对该地方官一并严加议处。[②] 乾隆十五年，针对地方官关于回民客商若携带妇女，牵引多人，将来又有安土重迁之患的奏折，朝廷重申禁蒙古与民人为婚令，凡民人出口在蒙古地方贸易、种地，如私行嫁娶，将所娶妇人离异，民人照内地例治罪，蒙古人罚一九牲畜，并令地方官严禁。若事再犯，对该管官吏予以处罚。[③] 乾隆五十二年（1787年），面对蒙汉交往的普遍，皇帝不得不发布上谕，取消蒙汉结亲禁令。[④] 但嘉庆六年（1801年），针对灾民拥至蒙古的情形，清政府又重申满汉禁婚令，并较旧例加重了处罚：在此之后，若有再犯，一经告发，责令离异，蒙古女子交还其母家，其余参与人员一并处罚——主聘和违例的民人，各枷号三月，满日鞭一百，非本籍的解回原籍；失于纠察的当地台吉罚三九牲畜，旗的长官札萨克罚俸六月。[⑤] 不过鉴于曾经开禁的历史，法律对已经结亲、双方也情愿继续生活的，允许陆续带回原籍。[⑥] 在上述律令之外，法律对蒙古人逃入内地的，也禁娶内地人为妻，违者，将所娶之妻断归母家。[⑦]

清朝将西部诸民族主要是信奉伊斯兰教的各族人称为外番色目人。清初的法律允许汉人与外番色目人通婚，《大清律例》援用明律，规定凡外番色目人（回回种类），听与中国人结婚（务要两厢情愿），不许两项色目人通婚，违者杖八十。若中国人不愿与之为婚，则允许本类色目人自相嫁娶。雍正三年（1725年），律例馆以律文前后矛盾为由奏准删除。[⑧] 但是汉回结亲在道光年间明确被视为犯罪行为而受到处罚。道光八年，罪犯马得隆、马建林兼有娶回妇的情节。鉴于例无明文，刑部分别定罪：甘心发从夷助逆又擅娶回妇的，到配加枷号一年；并未发从逆，只擅娶回妇的拟流刑。[⑨] 道光九年四月，那彦成上奏回疆兵民商回有干例

---

① 《清世宗实录》（卷一二九），雍正十一年三月。
② 《清世宗实录》（卷一五八），雍正十三年七月。
③ 《清高宗实录》（卷三六六），乾隆十五年六月。
④ 《清高宗实录》（卷一二八二）。
⑤ 郭松义著：《伦理与生活——清代的婚姻生活》，商务印书馆2000年版，第299～301页。
⑥ 同上，第56页。
⑦ 沈家本：《寄簃文存》（卷五）引《督捕则例》，收入《沈氏遗书甲编》，中国书店本。
⑧ 马建石、杨育裳主编：《大清律例通考校注》，中国政法大学出版社1992年版，第455页。
⑨ 《清宣宗实录》（卷一四九），道光八年十二月下。

禁,谕令不许与回子联,严禁招引回妇私入满城。[①]

针对汉旗营勇驻防边疆地区与少数民族妇女缔结婚姻的现状,清政府于宣统元年(1909年)发布《汉蛮联姻通饬》,规定凡弁勇聘娶蛮女为妻,必须觅妥保人证书,营官担保该弁勇无妻室,出具切结,方准结婚。将来无论在关外居住,或进关回籍,皆不得轻于抛弃。保人切结,呈由该营官及地方官存案,若日后查有欺伪,将该保人一并治罪。[②]

六、简短的结论

综上所述,清代婚姻家庭法律不仅在法律渊源、体系以及婚姻契约的文书程式等方面较前朝丰富和完善,而且在有关婚配对象的限制、贞节旌表与贬损制度的构建、立继兼祧制度的普及以及民族婚姻特别法和族际通婚的限制等诸多方面较前朝多有发展和建树。依笔者之见,贯穿于其间的一条主线是婚姻家庭法律的血缘伦理性和封闭性的空前发展,但同时也预示着制度变革的曙光。事实上,对异族婚姻实行隔离的法律与清王朝统一的帝国体制形成了内在的冲突,构成对国家统一化趋势的反逆;与此同时,在民间,由于禁止民族通婚违背民族融合的历史规律,因而屡遭破坏,即便在帝国时期,族际婚姻禁令也是先由司法领域后至制度本身逐渐松弛,直至清末修律废止。同理,伴随着中国社会在近代的转型,代表着宗法血缘伦理的清代婚姻家庭法律也遭遇了解体,进而为近现代婚姻家庭制度所取代。

(2007年第10期)

① 《清宣宗实录》(卷一四九),道光九年四月。

② 张晋藩著:《清代民法综论》,中国政法大学出版社1998年版,第191页。

2008 年

清代京控中当事人的诉讼策略和官方的结案技术

——以光绪朝为例的一个分析

胡　震*

在清代,社会控制和国家法的最高价值是秩序,司法只是实现此目的的手段之一。在具体案件中,参与各方具有不同的心态和行为:当事人关心的是如何"伸冤";大多数官员考虑的是如何把案件控制在自己可以掌握的范围内,以免此类事情影响自己的仕途;皇帝真正关心的是社会整体秩序的稳定。于此,诉讼当事人在可能的情况下会采用各种策略以推进诉讼朝有利于自己的方向发展,而由官员和皇帝组成的官方则会在秩序优先的价值观下,利用各种结案技术和当事人之间进行着一场不平等的博弈。本文着重考察当事人的诉讼策略主要有哪些;清代司法人员对待诉讼策略的态度是怎样的;这种态度又是通过何种方式反映在官方制作的结案报告("判决书")中的;该种结案技术反映的清代司法模式如何;对当代有何影响。

一、当事人的诉讼策略

策略,即计策和谋略,是指行为者为了达到自己的目的而采取的行动方针和斗争方式,是一种主客观条件结合的产物。清代京控中的诉讼策略是指作为原告或者被告的当事人为赢得诉讼而在既有政法体制下采取的各种行为方式。概括起来,诉讼策略大致有以下五种:冤的形象塑造、越诉、诬告、缠讼和过激行为。

(一)冤的形象塑造

清代当事人在提起诉讼时并不是依据法律的规定请求对自己的权利进行保护,而是"往往在'叙述对方如何无理、自己如何不当地被欺辱的冤抑之情……上花费大部分篇幅',最后请求官府立刻采取'着即究问'等'程序上的措施'",以抑制对方的欺压,保护自己免遭进一步的伤害。总之,不论基于何种主张,告

* 作者单位:中国政法大学法学院。

状者总是把自己打扮成楚楚可怜的弱者，被告则是横行霸道的恶徒。① “冤抑”是日本学者寺田浩明经由对中国传统诉讼的研究而抽象出来的一个概念。考察京控相关材料，我们也会发现“冤的形象塑造”往往是诉讼者的第一步。

通常情况下，清代诉讼要求告状者通过书面形式提起。对于那些州县自理词讼，为了获得官府的准理，诉状的书写极为重要，不仅要按照规定的格式要求，而且在书写过程中要尽量做到叙述清楚、逻辑充分、说服力较强，同时又要避免有耸人听闻、故意夸大之嫌，否则便可能不被受理。② 如果能在诉状中把自己装扮成一个冤情重大的被欺压者从而博得官员的同情，告状已取得了成功的第一步。清律规定：“军民人等遇有冤抑之事，应先赴州县衙门具控。如审断不公，再赴该管上司呈明。若再有屈抑，方准来京呈诉。”③在官方的话语中，合法的上控和京控本身就预示着“冤抑”。特别是对于甘冒经济、精神和身体上的巨大风险而进京陈诉的京控者，“京控”就已经预先给控告者贴上了“冤”的标签。④ 为了伸冤，诉讼者通过语言技巧和手段强化自己冤的形象便也成为情理之中的事情了。

在著名的“杨乃武、小白菜案”中，乃武之妻杨詹氏二次京控的具呈状为：“具呈杨詹氏……为无辜惨罹死罪，覆审仍存锻炼，沥诉沉冤，叩求奏请提交刑部彻底根究事。……伏思此案再由本省问官审讯，势必回护前非，仍照原审议结，不过氏与氏夫又享受一番刑楚，而沉冤终无由昭雪。氏与叶杨氏并氏之两个孩子，均经禁押公所，呼吁无从，不得不历诉冤情，再抄呈本县通详原文，遣抱恳请宪天大人恩准，具奏请旨，提出交刑部详加审讯，究出正凶以成信谳而雪冤诬，感戴生成，永无既极，不胜急迫待命之至，上呈。”⑤

在短短数百来字中，“沉冤”、“冤情”、“冤诬”等多次出现，不仅无辜者惨罹死罪，而且叶杨氏（杨乃武之姐）、杨詹氏及两个孩子也遭受不公，一家人“呼吁无从”，冤情之深跃然纸上。从该状看，第一，虽然杨乃武尚未处死，但监押在狱且定为死罪，杨詹氏及其孩子不是孤儿寡母，胜似孤儿寡母。第二，京控本身蕴涵“冤”，没有深仇大恨，无人会历尽艰辛承受种种折磨京控，特别是对于很少在

---

① ［日］寺田浩明：“权利与冤抑——清代听讼和民众的民事法秩序”，载［日］滋贺秀三等著：《明清时期的民间审判与民间契约》，王亚新等译，法律出版社 1998 年版，第 216 页。

② ［日］夫马进：“明清时代的讼师与诉讼制度”，载［日］滋贺秀三等著：《明清时期的民间审判与民间契约》，王亚新等译，法律出版社 1998 年版，第 407 页。

③ 薛允升著：《读例存疑》，中国人民公安大学出版社 1994 年版，第 679 页。

④ “山东司同治九年御使余培轩奏上控之案核其情节轻重分别亲提发审”。参见《（增修）刑部奏定新章》，光绪二十二年，北京琉璃厂荣录堂续刻本。

⑤ “浙江姚杨詹氏二次叩阍原呈底稿”，载朱寿朋著：《杨乃武冤狱》，岳麓书社 1986 年版。

官府抛头露面的女性,出头上告已预先给人一种必有"沉冤难伸",万般无奈控告的联想。第三,不同于控告状,上控状内不仅会罗列对方如何恃强凌弱、一再欺辱,自己如何再三退让而仍不得安宁,而且还会加上地方官如何处断不公、冤枉无辜,书役受贿纵凶、勒结埋冤等情节。上述"锻炼"、"势必回护前非"、"刑楚"、"冤诬"等字眼,进一步加强了自己冤的形象。通过上呈的词状描述以及上控、京控本身所蕴涵纠正错判、沉冤昭雪的制度内涵,女性原告通常会把自己装扮成一个"冤抑者"出现在官方大堂上。当然这种情形不仅限于女性,实际上清代司法中大多数诉讼人和诉状都会经过这种塑造和修饰,而女性只不过是由于社会加于其上的弱者形象进一步强化了这种印象。①

冤的形象塑造既是清代司法奉行的书面审理主义的结果,也是一个伦理社会道德过度扩张的产物。通过这种方式能够引起司法官员的重视,获得其同情,并最终达到自己的诉讼目的。在一个道德化较深的社会里,诉讼者把法律问题转化成一个道德问题,给自己行为披上正当的道德外衣,有利于当事人在诉讼过程中获得更多的合法性和合理性资源。

(二)越诉

为维护全国司法的统一性和正确性,保持各级裁判的稳定性和权威性,现代国家均建构了一整套审级制度。清代行政司法合一的体制使得司法的审级制度和行政关系中的等级制度基本合二为一。从州县官至省级的督抚,他们既是各级最高行政首长,同时也是最高的司法裁判者。清代法律禁止越诉:"凡军民词讼皆须自下而上陈告。若越本管官司,辄赴上司称诉者,(即实,亦)笞五十。(须本管官司不受理,或受理而亏枉者,方赴上司陈告。)"②

仅就越诉而言,这一行为对国家司法秩序的影响并不十分严重,但是在传统司法行政合一的体制下,越诉还掩藏着国家独特的治理方针和策略。清代律学家沈之奇曾经颇为精当地点出了其立法理由,他说:"听断词讼,下官之职也。词讼必自下官,军民之分也。下官未经受词,乌知其听断必亏枉,而辄赴上司称诉,蔑视本管之官,挟借上司之势,越分妄逞,即非良善。律贵诛心,此越诉之所以有罪也。"③此段话可以分为三层来理解:第一,越诉破坏了国家统治秩序。国

① 麦柯丽说:"和讼师联手的寡妇们恰恰也是利用了本来强调她们在意识形态秩序上处于依附地位的法定权威,她们借助这种权威来增强自己的地位,以对抗其在其他情形下享有更多司法特权的对手们。"参见"挑战权威——清代法上的寡妇和讼师",载[美]高道蕴等编:《美国学者论中国法律传统》,清华大学出版社2004年版,第555页。

② 薛允升著:《读例存疑》,中国人民公安大学出版社1994年版,第675页。

③ 沈之奇撰:《大清律辑注》,怀效锋、李俊点校,法律出版社2000年版,第798页。

家治理的目标是一个各安其分、各守其位的社会,它要求人们的生活方式和行为符合其社会、政治和法律地位。逐级而讼既是地方官的职责,更是小民必须遵守的分内之事,"越分"即是对国家秩序的扰乱。第二,越诉是上控人对国家权威的蔑视和不信任,破坏了上下一致的和谐关系。上控越诉,或者直接到京城呈诉,是对地方官员的不信任,是给没有合理处理案件的地方官僚施加压力。对于父母官来说,这些上控者已不再是寻求自己保护的柔顺"子民",而是敢于挑战自己权威和能力的"刁民"。第三,越诉惩罚的不仅是行为本身,更是行为背后敢于犯上作乱的主观心理。"律贵诛心"点出了这一本质要点。

京控不仅是国家通过对案件的审理来实现司法公正的重要工具,更承担着皇帝对官员的监督职能。一方面,京控被视为下情上达的重要渠道,通过这条渠道,皇帝可以直接从地方上获得各种信息,监视官员的种种不法行为,而不受地方官僚的蒙蔽。[①] 但过多的越诉京控会使得上级司法部门负担沉重,同时京控"控无不准,准无不办"的特点又极易为诬告者所利用,成为他们泄忿逞凶、拖累无辜的工具。[②] 越诉虽然会给地方官僚施加压力,但同时这种压力在某种程度上也有利于督促他们勤于职守。正是在这种模糊性态度的支持下,国家并不完全禁止越诉的存在,清代的立法和司法实践中的有些规定和做法甚至在起着鼓励越诉京控的作用。

(三)诬告

在诉讼的角斗场上,当事人双方总是处于相互对立和博弈之中。在清代诉讼中,告状者会对自己所受冤屈做一深度描述,也会对对方的恶迹浓浓渲染。有时候,为了增强和佐证自己描述的可信性,夸大事实,架词设讼便也常见多有。案情的大小往往和地方官的重视程度密切相关,对于一些经年不结的案件,在上控中,添加情节进行诬告可以引起上级官府的重视从而增加解决问题的可能性。

在清代官方的法律意识中,上控或京控常被采取二分法:虚或实。虚则为小民出于己心的诬告,所告属实则因为地方官员渎职枉法。诬告者严惩,而对于冤案则予以平反,并追究相关官员错审的责任。[③] 地方吏治的好坏是历代统治者

① 《大清会典事例》(卷一〇〇二),都察院·宪纲·嘉庆四年。

② 这种矛盾的心态在现代上访这种新中国发明的诉苦技术中得以复制,有的学者称其为"越级上访(尤其是进京上访)模糊的合理性"。一方面,国家把越级上访视为人民民主的一种实现形式,是与人民群众直接沟通的重要渠道,借此可有效地迈过"官僚主义"这个障碍物,接受群众的信任;另一方面,过多的越级上访不仅令高层不堪重负,而且首都和重要城市的治安秩序也会受到威胁,因此又会对越级上访加以控制。参见应星著:《大河移民上访的故事》,生活·读书·新知三联书店2001年版,第316页。

③ 《钦定大清会典事例》(卷一〇〇三),嘉庆八年谕旨。

所关注的重点，官吏枉法不仅是对案件当事人的侵害，更是对国法和皇权的威胁。所以对于牵涉官吏枉法的案件，统治者均相当重视，此类案件更易引起上级的注意。对于认为自己遭受不公正待遇的小民百姓来说，在中国这样一个熟人社会中，“打官司是打关系”的合理想象，使得他们相信也更愿意把自己败诉的原因归结为对方的关系硬、行贿和官吏的受贿枉法。①

上控者当然不会承认自己是诬告，那么他们就会把冤案生成的责任推到地方官员身上。控告者可以指责官吏的受贿枉法，但是一般不能超过必要的限度。小事闹大，超过必要的限度，就会遭受惩处。这个限度就是“官”和“吏”的区别，官和吏既密切相连，又各自有不同的利益和行为方式。② 在笔者对地方官吏控告的59件京控案件的统计中，控告吏役者56件，对知县等承审官员的控告则只有6件，其中3件，对官和吏联合提出了控告。在官方的意识形态中，正是州县衙门中的各种辅助性人员，如书吏、差役、仵作、长随和幕友才是造成地方审断不公的主要原因。京控案件大多涉及人命，控告者常常会对仵作的检验提出质疑，因为检验的结果在很大程度上决定了案件的性质，而这正是控告者关注的重点。③

虽然国家确立了上述虚实二分法，但是在实际司法实践中，大多数案件的处理结果并不是那么泾渭分明。一方面从案件情形看，诬告者居多，但承审官则会通过各种法律技术手段对这些诬告者并不以诬告罪处理，其中最为经常援用的法律条文是被称为“概括性禁律”的“不应为”条；从处罚结果来看，绝大多数刑罚均为徒刑以下，而大清律例中对京控诬告者的处罚则相当重。也就是说，从控告者的诬告行为到其被以诬告罪处罚，中间尚有相当一段距离。特别是对于吏役的诬告，在笔者考察的案件中，无有一例对诬告者处罚。官方的报告中一方面否认对吏役的指控，同时又对控告者因为该指控按律应受的处罚，或避而不谈或顾左右而言他。其中缘由，大概在于地方官也知道诬告仅仅是一种诉讼策略而已。对此，时人曾有如下解释：“夫词以达情，小民有冤抑不申者，借词以达之，

---

① 赵旭东著：《权力与公正：乡土社会的纠纷解决与权威多元》，天津古籍出版社2003年版，第135～141页。

② 瞿同祖著：《清代地方政府》，法律出版社2003年版，第三章、四章。

③ 同治十一年的王景殿案件，数年未结，当事人3次京控，历经4次检验，争论的焦点即在检验的合法性和有效性，因为检验决定死者是自杀还是他杀。参见第一历史档案馆编：《光绪朝朱批奏折》，中华书局1994年版，第一五辑，折944和第一六辑，折001、007、008、010。研究者曾对现代社会命案上访的原因做过一定的数据分析，发现案件相关人（特别是受害人家属）对法医检验结果的认同及认同程度对其行为影响极大。参见兰樟彩：“41例命案上访及原因分析”，载《刑事技术》2000年第3期。

原无取浮言巧语。故官府每下令禁止无情之词,选代书人为之陈其情。然词质而不文,不能耸观,多置勿理。民乃不得不谋之讼师,田土而诬人命,斗殴而诬盗劫。对簿之日,官府即审,其情惘然,未必按以反坐之律。"①

诬告泛滥也是清代司法制度结构性缺陷的必然产物。同治四年,刑部的一份奏稿说:"外省审办京控奏咨各案,全行审实及审虚将原告照诬告办理者,十不得一,大半皆系调停了事。一案之中,重款则大率消弥,轻款则略与更张。既不审实,又不办诬,或以为控出有因,或以为怀疑所致,至无可解说,则又以到案即行供明为词曲为原减。皆因问官将实作虚,无以服原告之心,而杜其口,惧其复控,故不肯援诬告加等治罪。"②审实则要被追究错案办理者的责任,审虚惩处诬告者则又担心其缠诉不休,从而有可能带来更大的麻烦。处此境地,调停也许是最好的处理办法,不然也最好采取各打五十大板的做法,在诉讼博弈的过程中,给诉讼双方都找到一个恰当的利益和心理平衡点,只有对那些行为过分者,方以诬告罪严惩以戒之。官员所处的两难境地决定了对诬告的模糊处理,而官员的这种矛盾心理和行为模式恰恰被诬告者所利用。这可以解释为诬告何以成为清代当事人主要诉讼策略之一的重要原因。

(四)缠讼

越诉和诬告均为国家法律所不准,违反者应受处罚。国家法律对于缠讼并没有明确的规定,但是在司法实践中,缠讼却成为各级衙门不得不面对的一个难题。"缠"字体现了这种行为的特点:纠缠不休。缠讼和冤的形象塑造一样,都是弱者的生存技术和策略。与上述"冤的形象塑造"和"诬告"不同,"缠讼"是上控发展到一定阶段而采取的博弈策略。如果说上控者采取各种手段把自己冤的形象不断加以深化的行为是一种希望引起官员注意和同情并使问题得以解决的温和策略,那么,通过诬告将小事闹大,逼迫官员面对和解决这些问题则是一种较为强硬的策略。缠讼则可以被视为介于二者之间的一种既相对温和又"死搅蛮缠"的博弈技术。这种技术既可以避免诬告所可能带来的较大的刑罚风险,又可以通过不间断地施加压力而促使官员感觉到不能不去解决问题。

缠讼这种策略与其说是百姓创造的一种诉讼技术,不如说它是君主官僚制的产物。在中国传统科层制的司法中,案件的拖延不结已经成为一种制度化发

---

① 《崇祯外冈志》(《上海史料丛编》所收,1961 年),第 17 页,"讼师"。转引自[日]夫马进:"明清时代的讼师与诉讼制度",载[日]滋贺秀三等著:《明清时期的民事审判与民间契约》,王亚新等译,法律出版社 1998 年版。

② 沈家本编:《〈刑案汇览〉三编》(卷三九),"京控案件不得节删车驾及击登闻鼓字样摘引申诉不实律迁结完结,同治四年张俊熙京控稿尾"。

展的后果。清代中后期随着各种社会矛盾的不断激化，积案问题逐渐成为长期严重影响清代诉讼制度和社会生活发展的一大问题。① 积案也造成了一个过滤案件的意外后果。只有那些案情重大或者当事人认为诉讼对于自己的生活影响极大者，方才不惜身家性命，不断缠讼。同时，过滤也使得高层官员更愿意相信，没有深仇大冤，人们不会屡讼不休，乃至京控。正是利用国家高层的这种心态，缠讼才有可能得到当局的重视，并最终使问题得以解决。但同时，当缠讼超出一定的限度，使得国家难以承受时，缠讼也可能面临着国家刑罚的危险。

缠讼同时和传统司法体制的结构性特点有关。滋贺秀三在比较中西诉讼结构的特点时特别指出清代司法中听讼的性质不像审判而更像调解，案件的实际终结或纠纷的最终平息终究取决于当事者事实上的"同意"（即不再采取争议行动这一事实本身）。由于没有制度化的审级，除非皇帝的干预，当事人可以通过"翻异"和不断上控对案件的处理持续表示异议。审理案件的过程实际上也是当事人和官员在一进一退的交涉谈判中使案件解决方案不断得以调整的过程。② 换句话说，清代不存在围绕着法的解释的上诉，也无终审的法院和现在的时效规定，因而上控可以无限制地进行下去，只要皇帝不出面禁止。简言之，清代司法中没有现代意义上的"司法确定性"。当事人在付出代价的同时，可以争取对自己最为有利的结果。可以说，清代司法的这种结构性特点是吸引缠讼者的最有魅力之处。缠讼能使问题引起官员的重视，并在审理中通过不断对官府施加压力而获取解决。

（五）过激行为

在清代，小民百姓诉讼策略的核心就是把事情闹大，引起官府注意并最终获得问题的解决。诉冤、越诉、诬告和缠讼都是其表现形式，但是在上述策略均无效时，含冤莫伸者往往会采取过激行为，放手一搏。过激行为已经超出国家法律所允许的底线，行为者往往要冒着被刑罚严惩的风险。但是对于一个泛道德化的社会，过激行为往往又能引起一种"被逼无奈"的联想，从而引起官府乃至皇帝的重视。因此，在某种程度上，过激行为又是弱者诉讼的最后手段。

从清律来看，过激行为主要有下列几种形式：自杀自残、冲突仪仗、纠众控告以及在重要场所鸣冤。过激行为的表现形式较为极端，一般认为其严重影响了统治秩序，干扰了国家机关的正常活动，是个人向国家统治尊严的挑战和对皇权

① 关于积案的论述可参见赵晓华著：《晚清讼狱制度的社会考察》，中国人民大学出版社 2001 年版，第 81～115 页。

② 王亚新："关于滋贺秀三教授论文的解说"，载［日］滋贺秀三等著：《明清时期的民事审判与民间契约》，王亚新等译，法律出版社 1998 年版，第 102～103 页。

的一种蔑视，因而予以严厉禁止。① 虽然国法严厉禁止自杀自残耸动官府诉讼，但是在实际生活中，这种极端的形式往往能够惊动当权者。传统观念认为，身体发肤受之父母，不到万不得已，没有人愿意通过自杀自残的方式寻求司法的正义。同治年间，四川人刘沛壬因知县娄诗澄向其票借银两不遂，被娄诬禀阻挠筹集军粮，由四川总督批饬就地正法。刘沛壬之子刘裕骢京控日久不能平反，冤莫能伸，最后投井身死。对于一个普遍信仰“人命关天”的社会来说，刘裕骢的死宣示了自己的冤屈和官员的贪虐，也暗示了自己京控的正当性和合理性。恰如刑部所言，“是该革生刘沛壬死于军法，咎有应得，其子刘裕骢何至以该县贪捏诬杀等词，屡次呈控不休？其中显有不实不尽”。② 可以说，没有刘裕骢的自杀，就不会引起刑部和皇帝的重视，刘沛壬之冤也就无从平反。当然，即使案件得以平反，这个代价也太大了。

另一种过激行为是聚众控告。聚众控告往往能够立刻引起地方和中央政府的高度重视，因为它常常危及社会秩序的安定，又极易导致政府的恐慌和对该类行为的严惩。所以如何在控告中既对官府施加压力以谋求问题的解决，又合理保护自己免遭官府的报复就成为控告者，特别是其中的精英分子不得不考虑的问题。③ 光绪十九年（1893 年），直隶文安、大城两县因上游私掘大堤受灾，灾民两千多人集体京控。朝廷一面要求严拿掘堤之人，妥筹办法安抚民众，同时严令“至灾民恃众构讼，尚查有逼勒同行等事，即将为首之人严拿惩办，以儆刁风”。④ 清代京控中的过激行为并不多见，但是作为民众不得已而为之的一种极端诉讼策略，应该引起研究者的重视。

京控当事人借助越诉、冤的形象塑造、诬告、缠讼以及过激行为等诉讼策略，在进入司法场域之后，积极努力寻找、选择和借助各种策略，以推动司法活动朝向有利自己利益最大化的方向前进。这种策略既是当事人主观行为的表现，也是清朝司法结构性缺陷的产物。

① 薛允升著：《读例存疑》，中国人民公安大学出版社 1994 年版，第 679 页。

② 沈家本编：《〈刑案汇览〉三编》（卷三九下），“知县诬禀廪生阻挠军米批饬正法尸子亦自尽，同治十一年”。

③ 关于现代社会群体上访中上访者各种策略的运用以及上访精英如何保护自己而使用之技术的精彩分析，参见应星著：《大河移民上访的故事》，三联书店 2001 年版，第 317 ~ 327 页。

④ 第一历史档案馆编：《光绪朝朱批奏折》（第 16 辑），中华书局 1994 年版，123 折。

二、官方的结案技术

“无讼”作为清代官方司法的支配性理念,通过统治者各种途径的宣扬渗入到社会生活的各个层面,并成为各级地方官员司法实践中的追求目标。“无讼”之于具体司法活动,则为“息讼”。换句话说,官员理讼的目的是减少纷争、维持社会稳定,司法仅仅是“作为民之父母(社会秩序和福利的总守护人)的皇帝通过官僚机构而实施的一种社会管理功能”。① 身处官僚体制中的地方官身受各种官场规则的规制,他们既不能不责人之争而坦然受之,也不能单纯地区别是非,给以定论。面对错综复杂的案情、策略层出的诉讼当事人,基于政治理性的考虑,他们只能也只会选择能给自己带来最少麻烦的处理方法。

对中国传统文化特质的说法虽然各异,但“和谐”的价值取向却为大多数学者所认可。追求一个人与人、人与自然和谐相处的社会,这种价值观念一经形成,便对中国社会文化和民族心理结构产生了深远的影响。在司法上,和谐观念具体表现为“无讼”。经过国家意识形态的长期宣扬、塑造以及在具体司法实践中各种为实现此一目的而实施行为的促动,“无讼”理想化为国家治理理念和治理规则,影响并塑造着中国传统的诉讼样式。

如果说“无讼”是中国古代统治者治理国家的理念和追求,“息讼”则是无讼理念在实际司法实践中的表现,是官方实现无讼目标的手段和方法。它是治理者主观追求的结果,同时也是传统社会君主官僚制的必然产物。对于官僚制下的各级官吏来说,息讼不仅是饱受儒家文化熏染的能动所为,更是客观机制下的被迫反应。当面对明清时期地方上诉讼纷扰的局面时,无论地方官对诉讼有何道德上的偏见,对如何合理处理纠纷,解决争执,避免事态的扩大化,并最终把事件控制在自己的管理范围内,以免影响自己的仕途,当是大多数官僚的关注所在。

有学者把中国古代司法官常用息讼之术归纳为四种:“拖延”术、“拒绝”术、“感化”术和严惩“教唆词讼”者。② 对于京控案件审理者来说,如何息讼平争而不是如现代司法判决那样明确权利和义务仍然是贯穿其活动的一条重要原则。由于该问题很是复杂,限于篇幅,无法展开,余文仅以京控案件中官方的结案技

---

① [日]滋贺秀三:“清代诉讼制度之民事法源的考察”,载[日]滋贺秀三等著:《明清时期的民事审判与民间契约》,王亚新等译,法律出版社1998年版,第85页。

② 马作武:“古代息讼之术探讨”,载《武汉大学学报》(哲社版)1998年第2期。

术为例予以讨论。

大多数的京控案件并不是由中央审理,而是发回各省由督抚负责审理,这种案件的处理方式在某种程度上决定了案件的审理结果,即绝大多数的案件并不会按照对控告虚或实二分法的理解,有一个非此即彼的结果。审理发回各省京控案件的官员和京控之前处理案件的官员属于同一个利益集团,清代京控中越过省级督抚臬司者也有,但更多者都是经各省官员定案者,在此情况下如何既能平息控争,又不致对官员造成损害,是案件审理者重点思考的所在。大致来说,京控案件的结案术主要有以下三种。

1. 调和结案。经过调和,双方自愿息讼是案件审理的最理想境界,即使对于一些案情重大者,对于习惯于以虚或实和诬告或冤狱二分法来区别案件的清代官员来说,在清代法律允许的范围内,能以息讼的方式结案也是皆大欢喜的事情。光绪二十九年,湖南孀妇陈王氏京控胞侄陈为福“被亲灭伦,图继酿讼”,4年后又以“承审冤司,蔑玩重案”再次京控。该案实质上是因继嗣争产而起,焦点则是陈为福是否曾经殴打婶母陈王氏,此点关系逆伦与否。因为该案为家族内纠纷,且涉案双方均为朝廷命官,再加上情节复杂,双方互不相让,因此案拖8年无从解决。经过朝廷谕旨严加催促,最终采取调和的方式处理了该案:一方面改变原判由陈为福继嗣的决定,而改由陈王氏之子继嗣;另一方面对陈为福殴伤婶母陈王氏的行为则以证据不足不予处罚。奏折中反复强调在承审官员的一再“详加开导”下,当事人“感激涕零”,悔悟而感泣。通过这种利益的平衡和调和,双方均表示满意而结案。同时承审官员还不忘对当事者教化一番:“查郴州陈氏乃多年仕宦之家,宜如何孝友睦姻,矜式闾里。乃以争继之故,彼此寻仇,蔓讼几及十年。亲亲等于秦越,本应分别惩处,用挽浇风。第案关骨肉,与寻常词讼有别。”同时为了取得皇帝对这种并非完全按律处理方式的认可,必须加以说明:“奴才以为衅起家庭,苟可消释争端,援法准情,两宜通变。获咎虽由自取,究伤门内之乖违。防患尤在将来,当体朝廷之宽大。所幸两造一经反复开导,始而悔悟,继而感泣,各思弃除嫌怨,重敦同气之亲,似既往可以不追,而保全亦觉甚大。”[①]对此结果,光绪皇帝也很是满意,并批准了这种援情准理的处理方法。当然,国家并不是无限制地容许各种调和结案,清代严厉禁止私和命案,一旦发现予以严惩。同时中央对于地方上通过调停了结重案的处理也极为不满,但由于中央官员对下级报告的审查只能采取书面形式,并不直接接触案件,其结果便也更多表现为一遍遍的重复禁令而已。

---

① 第一历史档案馆编:《光绪朝朱批奏折》(第16辑),中华书局1994年版,169折。

2. 移情就案。京控每每事涉大案重情，但审理的结果却不尽其然。同治四年，刑部的一份奏稿中说："无如近年以来，外省审办京控奏咨各案，全行审实及审虚将原告照诬告办理者，十不得一，大半皆系调停了事。一案之中，重款则大率消弥，轻款则略与更张。既不审实，又不办诬，或以为控出有因，或以为怀疑所致，至无可解说，则又以到案即行供明为词曲为原减。"①笔者前面已经以诬告为例分析了导致官员审案移情就案的部分原因。无论移情就案抑或移情就例，在某种程度上都是地方上为了大事化小而采取的案件处理技术和法律规避手段，其中隐藏着当事人之间、当事人和审案官员以及其他各种人员之间的利益交换。对这种法律规避以及利益交换，刑部恐怕也心知肚明，对无视法律规定"和稀泥"调停的行为，它认为："皆因问官将实作虚，无以服原告之心，而杜其口，惧其复控，故不肯援诬告加等治罪。每遇审虚之案，类皆牵引'申诉不实律'坐原告以满杖罪名，而又删去'迎车驾及击登闻鼓'字样，藉以完案。"②移情就案不仅是对京控如此，在地方上报刑部的各类刑案中亦普遍存在。③ 光绪年间，刑部指出各省在审理案件中均存在移情就案之事："臣部核覆各省案件，每年不下数千起，而情节相似者，比比皆是。不特参观一省之案，前与后如出一辙，即合校各省之案，彼与此也多雷同。其所叙供内，只聊聊数语，驳之无隙，实皆移情就案，悉属故套。" ④

3. 拖延不结。对于那些倔强的京控者，调解及"和稀泥"的处理方式并不能令他们满意，这些性情坚定者，不达目的誓不罢休。可是平反已结的京控案件往往又为审案官员所不愿或者能力所不及，因为深知官场规则者明白一件重案的平反可能就是众多官员的受惩。案件拖延不结则能避免上述结果的出现：第一，拖延可以使案件双方的当事人一方身死从而有利于案件的结案。重大案件常经年不决，而诉讼一方因病死亡则常常使案件自然终结。第二，拖延可以把审案的责任自动延交给下任官员。清代官员的任期很短，而一件京控的平均审期 则需

---

① 沈家本编：《〈刑案汇览〉三编》。

② 同上。

③ 王志强认为，移情就案的目的是使"'案情'与律例之间的吻合性紧密而牢固，使法律推理呈现出在形式逻辑上圆满的状态"，以减少刑部对案件的驳审；王瑞峰则认为，移情就案是地方上为了掩盖案情而采取的一种法律规避行为。笔者以为实际上二者并不十分矛盾，恰恰只有把其联合起来方能揭示移情就案的真实面目。移情就案是法律规避的一种行为，而对于只进行书面审理的刑部来说，这种行为的成功与否则取决于书面报告中事实逻辑和法律推理逻辑上的统一协调与否。参见王志强著：《多元视角下的清代国家法》，北京大学出版社 2003 年版，第 76 页；王瑞峰："罪名·引断·情理——《刑案汇览三编》研究"，北京大学 2005 年博士学位论文，第 74 页。

④ 盛康：《皇朝经世文编续编》，台湾文海出版社 1980 年影印版，第 4690 ~ 4692 页。

要1.5~2.5年,如果再碰上案犯无着、案情复杂的,审期相应会延长,官员卸任时京控案件自动移交给后任而不必接受处分。清代虽然规定了各级官员司法上的审理期限,但是在各省上报京控案件审理的奏折中,几乎千篇一律地把案件未结的原因归结为道路遥远、人卷传提未到或两造坚执狡供,把责任推脱为客观因素,则易逃避处分。第三,拖延导致颇受讼累的当事人自愿放弃而撤销诉讼或提出和解结案。下述案件虽然较为特殊,但是却不乏启发意义:光绪九年广东顺德县李、何二姓因土地纠纷引起宗族间械斗,双方死亡数十人。十二年李姓以"族匪纠众杀毙32命,主使者仅被详革并不押令交凶,获解之犯并不按办"京控都察院,由于双方均有人员伤亡,且凶手逃匿无获,案历数载未结。该案8人在监押毙,数十人被迫逃匿外洋。该案于光绪十九年结案,最终不是通过官府拿获凶犯判决结束,而是在原告死亡后,涉讼双方考虑到巨大的讼累代价,自愿息讼具结,同时希望官府对于在押者赶快依法惩处。其中的含义不言而明:案件拖延只会带来更多人的在监死亡和更多的精神和经济损失,综合考虑,自动息讼方为上策。[①] 某种程度上,我们不能不说官方的拖延政策获得了实效。

上述三种解决京控案件的方式均可以使案件得以结案,因为在清代司法者看来,案件的真正了结在于当事人对判决结果的接受,而不是对诉讼的强行禁止。清代司法不会拒绝一个案结数年后重新提起诉讼的真正冤抑者,恰如皇帝在对京控案件的批示中反复强调,"所控本应立案不行……若不严行究办,不足以折服其(京控者)心"。[②] 只有控告者基于各种因素的综合考虑甘愿不再上控,案件方能最终结束。当然,是心甘情愿还是被逼无奈,那是另外一个问题了!

三、结　语

揭示中国古代上诉案件中的诉讼策略及官方的结案技术,并不仅是学术意义上的探讨,更是希望对当前中国面临的司法和社会问题能提出些许思考的方向。

首先,如何认识当代司法中日益增多的各种诉讼策略话语及其对审判的影响?策略并非仅仅存在于古代中国,在现代诉讼中,当事人为了胜诉,也通过直接或间接的方式影响司法。特别是随着社会生活大众化和传媒的日益扩张,涉及各方利益并对今后社会有影响的公共性案件更易引起关注,当事人也会在有

① 第一历史档案馆编:《光绪朝朱批奏折》(第16辑),中华书局1994年版,089折。

② 同上,047折。

意无意间复制利用各种于己有利的诉讼策略。近年来影响较大的典型案件,如王天成诉周叶中涉嫌剽窃案、黄永彬财产遗赠情人案,特别是刚刚发生的"许霆ATM机取款案"中,均出现相关现象。① 随着网络、纸质媒体的进一步发达,策略的效果会愈加得到放大,形成强大舆论力量,并影响法官的裁决。随着中国社会多元化的发展,在涉及不同阶层、集团、组织和个人的案件中,代表不同声音的各种力量必然会交锋碰撞,策略运用便也成为情理之中的事情。笔者并不主张回归清代京控案件的结案技术,只是希望法律人对诉讼策略给予必要的研究和关注,因为这将影响到中国理性化司法的建立。

其次,司法中的法律与道德关系。传统中国道德化程度很深,法律和道德密切粘连,但在复仇、容隐等具体问题上,二者之间仍然不时呈现出紧张的关系。司法中,案件的判决不仅要考虑案情、国法,更要顾及判决的社会影响、道德舆论评价、普通大众的可接受度。而诉讼策略的一个重要特点恰恰是通过道德渲染影响法官对案情的"重构"和案件的判决。在上述"许霆ATM机取款案"中,许父认为自己的儿子是"好孩子"、"厚道人",包括其反复强调的一审判决"不公正"、"冤枉",均是日常生活中的道德语言,而非法律评价。法律不能脱离道德,但道德评价也不能过分影响乃至代替法律评价。对于一个正在建构中的司法制度而言,如何保持法律和道德评价的适当分离和平衡仍将是一个必须研究的问题。

再次,司法的确定性与判决的可接受度。清代京控中的诉讼策略背后反映的是判决的确定性及当事人对其的认可程度。判决确定性与社会及当事人对其的接受密切相关,一个对判决有疑问的当事人会采取各种方式不断寻求官方的"解释",法官做出一个判决之前会综合考量案件的各种因素,力争解决纠纷,而不会仅顾及规则之治。② 学者研究发现,当代中国基层司法中实用主义的思维模式仍然有一定影响。③ 纠纷的解决意味着判决的确定及其被接受,而依法判决所确立的规则治理强调的是司法确定性,很少顾及当事人的接受程度。这在

---

① 在最近发生的"许霆ATM机取款案"中,一审判决后,许霆之父在接受媒体采访时,强调了以下几点:(1)许霆是个"好孩子"、"厚道人"。(2)被判刑"实在冤枉"。(3)如果二审仍然重判,许父将会采用类似方式引诱别人犯罪。(4)对法院的"不公正"判决,许父将会"判10年,告10年,判15年,告15年"。(5)许霆的行为不是犯罪,而仅仅是"拿钱还钱"。笔者此处不想对该案多加评判,仅以上述五点证明道德性话语支配下的诉讼策略仍然存在于现实生活之中。参见"ATM恶意取钱被判无期,被告家人要将官司打到底",载《新快报》2007年12月23日。

② 王志强:"清代刑部的法律推理",载《中国社会科学》2003年第6期。

③ 参见苏力著:《送法下乡——中国基层司法制度研究》,中国政法大学出版社2000年版,第176~263页。

某种程度上可以解释20世纪90年代以来涉诉上访的大规模增加，特别是对那些于当前法律隔膜较深的“秋菊”们、“许父”们，当法制结果和自己的预期大相径庭时，他（她）们会困惑，不安，乃至上访去“要个说法”。

最后，如何消解和调和“本土”语言和“外来”法之间的冲突？二者的紧张反映了传统法律意识与现行法制的不和谐，现代化者主张通过法律移植、普法以改变法律意识，本土论者强调立足国情，重新理解、诠释和利用“汉家故物”。笔者以为两者的主张并非不可调和，通过法律移植、普法等建立和完善现代法制、提高民众法律素质是现代社会发展的必然要求。同时，还必须解决两个更高层次的问题：使移植来的法律制度和法律思想成功实现中国化，使其真正在中国法律实践中发挥作用，成为中国人生活和观念的一部分；在系统研究和总结中国传统法律思想的基础上，对其进行创造性的转化，使其成为当代法律思想和诉讼活动的一种重要资源。

（2008年第1期）

春秋铸刑书刑鼎究竟昭示了什么巨变

黄东海* 范忠信**

春秋时期郑国铸刑书和晋国铸刑鼎的事件,是中国法制史上的一大公案。学者们对此事件意义的探讨,从杨鸿烈、胡适、陈顾远等开始,80年来绵延不断、十分热烈。有些人认为,这是中国出现得最早的公布成文法事件,其意义在于打破贵族司法专横擅断。笔者认为,铸刑书刑鼎事件涉及古代政治、法律制度方面的问题颇多,疑点不少,至今仍亟待解决。问题的关键是:铸刑书刑鼎到底触动了什么利益或秩序,到底引起了什么剧烈或巨大的变化,以致引得当时以叔向、孔子为代表的著名政治思想家如此恐慌并愤怒谴责?这一事件到底有何种非常意义,引得从古到今饱学之士如此聚讼纷纭?

应该说,法律的公布并不自春秋始。为了使刑罚起到恐吓与震慑作用,定期公布刑书在西周时似乎已成定制。《周礼·秋官·大司寇》记载:"正月之吉,始和布刑于邦国都鄙。乃县(悬)刑象之法于象魏,使万民观刑象,挟日而敛之。"周时还设"布宪"官员,"执旌节以宣布于四方。"①如果《周礼》确能反映周代的部分制度的话,那么可以说法律的公布当时并不稀见。仅仅以"公布成文法"来理解郑国晋国铸刑书事件,是不能真正解读其事件的真实性质和历史意义的。俞荣根先生也推测:孔子反对铸刑鼎,不见得是反对法和法的公布。② 那么,春秋的铸刑书刑鼎事件究竟昭示了什么时代巨变,在政治思想界引起轩然大波,让叔向、孔子这样的伟大人物大光其火呢?

一、礼治秩序的瓦解与铸刑书的社会背景

"我国自三代以来,纯以礼治为尚。"③三代以来的社会,一般认为可以称为

---

* 作者单位:中南财经政法大学法学院。

** 作者单位:中南财经政法大学法学院。

① 郑秦先生分析认为"悬法象魏"不能当做西周的制度,而是春秋时代开始的公布成文法的理想模式。参见郑秦著:《中国法制史纲要》,法律出版社2001年版,第35页。

② 俞荣根:"孔子讥刑鼎辨析",载俞荣根著:《道统与法统》,法律出版社1999年版,第95页。

③ 范忠信选编:《梁启超法学文集》,中国政法大学出版社2004年版,第70页。

"礼乐社会"或称"礼治社会"。"礼治"的社会治理思想认为:基于社会中每个人的才能情性,人天然就有一种贵贱上下的分野,应该根据不同的人群分别适用不同的社会规范——"礼","礼"就是维持和保障这种差序格局的工具。礼的内容千差万别,"名位不同,礼亦异数",但礼本身并不是目的而是维持秩序和达到目的的手段,"礼者,所以定亲疏,决嫌疑,别同异,明是非也",①"故先王案为之制礼义以分之,使有贵贱之等、长幼之差、知贤愚能不能之分,皆使人载其事而各得其宜"。② 在这种情况下,上自君臣父子兄弟夫妇朋友,下逮冠昏丧祭宫室衣服饮食器具言语容貌进退,凡一切人事,无大无小,而悉纳入于礼之范围。日人穗积陈重在谈及早期社会"礼治"发达的缘由时说:"当社会发展之初期,民智蒙昧,不能依于抽象之原则以规制其行为。故取日用行习之最适应于共同生活者,为设具体的仪容,使遵据之。则其于保社会之安宁,助秩序的发达,最有力焉。"③

但周自东迁而后,政治失纲,社会失序,以宗法血缘关系为基础的社会政治体系逐步瓦解,礼治秩序趋于崩溃。政治外交上,礼乐征伐不是出自周天子,而是出自诸侯的盟(霸)主。诸侯国之间的兼并十分酷烈,有人根据《春秋》经传所记统计,春秋初期诸侯列国共209国,迄获麟(鲁哀公十四年,公元前481年)时,只存数十国。在这个时期,兼并和反兼并的战争空前频繁。列国为适应对外战争和稳定国内局势的需要,都需要对本国现行的政治社会体制进行调整和变革。

是时,各诸侯国内部强族骄横,卿大夫专权跋扈。"世衰道微,邪说暴行有作,臣弑其君者有之,子弑其父者有之",④出现了"社稷无常奉,君臣无常位"的局面。仅以《春秋》所载臣弑君的情况就有:隐公四年"卫州吁弑其君完",桓公二年"宋督弑其君与夷及大父孔父",庄公八年"齐无知弑其君诸儿",庄公十二年"宋万弑其君捷及大夫仇牧",宣公二年"晋赵盾弑其君夷皋",襄公二十五年"齐崔杼弑其君光",哀公十四年"齐陈恒弑其君壬于舒州"等;其他如晋文公违反礼制"请隧"、季氏"八佾舞于庭"等违反政治、伦理、等级秩序之处不胜枚举。

正当此"王纲解纽"、"礼崩乐坏"的时期,社会控制的复杂程度也与日俱增。此时,社会的流动性开始较以往明显加大,过去被国家垄断的思想学术也开始走向民间,三代以来的以血缘宗法为基础的、非常固定的社会关系安排——"礼治",无论是从实际操作层面还是思想基础方面都受到激烈的挑战。时代呼唤

① 《礼记·曲礼》。

② 《荀子·荣辱篇》。

③ 范忠信选编:《梁启超法学文集》,中国政法大学出版社2004年版,第104~105页。

④ 《孟子·滕文公》(下)。

一种全新的社会组织和社会控制模式，郑人晋人所铸刑书刑鼎横空出世。

二、铸刑书的争论与传统势力的恐慌

（一）郑国铸刑书及其争论

郑国是西周后期兴起的一个国家，位于晋、楚两大国之间，到了春秋中晚期，“国境之上，无岁不是晋楚两家问罪之师”。又因与邻国宋国的宿怨，郑国的外交处境十分艰难，经济（朝贡）和军事（连年用兵）负担很重。另外，郑国自昭公而后，国君相继被弑，内乱不息；郑国内部，公族势力盘根错节，他们政治经济利益或文化权力的冲突，往往导致国家的内乱。

子产是春秋时代郑国的著名政治家，当国以后，锐意改革以救衰乱，取得了令人瞩目的成就。子产在执政伊始，就继续坚定推行“作封洫”的改革措施，挖掘沟渠，整编田亩，承认土地私有，按田亩征收税赋，取消井田制。他对外抗衡晋、楚，折冲樽俎于大国之间；对内针对“族大宠多”的政治局势，则采取分而制之的政策，安抚公族，打击豪强。但子产执政多年，反响最大的改革措施反而是“铸刑书”这件事。

公元前536年（昭公六年），子产在“作封洫”、“作丘赋”等经济政治制度改革的基础上，公布了新制定的刑书，史称“郑人铸刑书”。子产把刑书公布出来使人人皆知、人人遵行，这在法制史上是一个石破天惊的大事。学者认为这是最早的成文法的颁布，“法典的编制、公布在当时还是仅有的骇人听闻的创举，引起当时士大夫舆论的激烈的反对和慨叹”。①

子产铸刑书后，被孔子誉为“古之遗直”的晋大夫叔向（名“羊舌肸”）当即写了一封信给子产，表示极度失望。信中说：“昔先王议事以制，不为刑辟，惧民之有争心也。犹不可禁御，是故闲之以义，纠之以政，行之以礼，守之以信，奉之以仁；制为禄位，以劝其从；严断刑罚，以威其淫。”国家治理，从根本上是一个综合复杂的整体工程，绝不能偏于依靠刑罚。他认为，必须重视礼乐和教化，国家就不会乱。反之，铸刑书将国家成文法公布于铜鼎，则后患无穷。因为老百姓会抛弃礼义，不听教化，凭借法条与官府斤斤计较，争权夺利，最终可能会导致“乱狱滋丰，贿赂并行”。如此一来，“终子之世，郑其败乎”？他断言铸刑书将导致人民争权夺利心大起，郑国将会灭亡。叔向告诫子产：“国将亡，必多制。”②

---

① 瞿同祖著：《中国法律与中国社会》，中华书局2003年第2版，第330页。

② 《左传·昭公六年》。

子产复信表示感谢叔向的好意，但却坚持自己依法治国的立场。面对日益纷繁杂乱的社会现实，他决定采取面对现实、以整齐划一简便易行的法律来整饬秩序。

（二）晋国铸刑鼎及其争论

实际上，就在子产铸刑书二十余年之后，叔向的祖国晋国亦"铸刑鼎"，公布了成文法。

春秋中期的晋国，正处于礼法秩序全面崩解的季世。曲沃代翼后，晋献公为了巩固君位，尽杀"桓庄之族"、"诅无畜群公子"，严重削弱了公族宗法势力。此后，历代晋君都严格排斥公族子弟于国家政权之外。诸公子除了嗣子留待继承君位以外，其余都须出居外国。史籍中不再有晋公子被分封以官爵和采邑的任何记载。晋国的血缘宗法制度体系因此瓦解得比其他任何诸侯国都更早、更全面和更彻底。公元前539年，叔向在与来访晋国的另一个著名政治家晏子会谈时，就哀叹晋国已经进入"季世"，两个人不约而同地得出一个共同结论，即公室衰微，私家兴起，前途堪虑。① 传统的宗法礼治秩序瓦解，迫切需要新的治理模式。

在这样的背景下，昭公二十九年（公元前513年）冬，晋国执政赵鞅、荀寅在率军驻扎汝滨时，"遂赋晋国一鼓铁，以铸刑鼎，著范宣子所为刑书焉"。

晋国"铸刑鼎"受到了当时著名的思想家和学者孔子的严厉批评。孔子说："晋其亡乎？失其度矣！"他认为，把范宣子所著的刑书公布于鼎，会导致晋国秩序的混乱。他认为，晋国只要谨守祖宗成法，就足以治国安邦，足以保持礼乐政治秩序。现在晋国铸刑鼎，他认为是一个危险之举，是亡国之端："今弃是度也，而为刑鼎。民在鼎矣，何以尊贵？贵何业之守？贵贱无序何以为国？"

孔子不仅批评晋国铸刑鼎的行为，还严厉批评其刑书的内容。他认为，刑鼎所布刑书内容是范宣子乱政的结果，是"乱制"，"且夫宣子之刑，夷之蒐也，晋国之乱制也！若之何以为法"？② 大概是因为那次夷蒐（阅兵）时制度混乱、引发叛乱的缘故，晋国铸刑鼎也受到了史官的抨击。蔡国史官（名墨）指责"中行寅（荀寅）为下卿，而干上令，擅作刑器，以为国法，是法奸也"，③指出了其立法主体不适格的问题。史官的理由是，范宣子、荀寅（中行寅）是下卿，无权代国君立法，其立法行为是对国家法定权力的僭越。

① 《左传·昭公三年》。

② 《左传·昭公二十九年》。

③ 同上。

(三)更早的宋国"庀刑器"事件

郑国子产铸刑书,晋国的士文伯就将其称为"铸刑器";晋国赵鞅铸刑鼎,蔡史墨说是"擅作刑器"。可见,当时的人们习惯于把国家刑书的载体称为"刑器",而非谓"刑人之器"。因此,《左传》所记鲁襄公九年(公元前564年)宋国执政乐喜命司寇乐遄"庀刑器",晋人杜预注曰:"庀,具也。刑器,刑书。"唐人孔颖达疏云:此人掌具刑器,知其为司寇也。恐其为火所焚,当是国之所重,必非刑人之器,故以为刑书也。哀三年,鲁人救火,云"出礼书、御书"。书不名器,此言刑器,必载于器物。郑铸《刑书》而叔向责之,晋铸刑鼎而仲尼讥之。彼铸之于鼎,以示下民,故讥其使民知之。此言刑器,必不在鼎,当书于器物,官府自掌之,不知其在何器也。或书之于版,号此版为刑器耳。①

这里记载的是宋国发生火灾后,执政乐喜为预防新的火灾而采取的一系列消防救灾部署。在这一系列部署中,特别提到了命司寇乐遄负责刑器之事,可见其重要性。这次提到的"刑器"比子产铸刑书早28年,其作为较早被历史记载的"刑书"是无可怀疑的,可惜这次事件很少被法律史学者注意到。我们将这件事寻找出来,也许有助于我们理解铸刑书的真正意义。

我们可以发现,春秋时期成文的刑器、刑书已经司空见惯,它们到底是否"成文"法,是否"公布"了,似乎并不是事件的焦点和要害。

三、刑书(鼎)内容和性质辨析

(一)关于刑书刑鼎的内容问题

刑书刑鼎的内容是什么,去古已远,史不足征。其内容显然已经不可稽考。后世学者大都依据《左传》和各种注疏文字对他们进行猜测,但有一点基本可以肯定:由于刑书的载体是鼎,其记载文字有限,不可能公布刑事法典的全部文字规定,其内容也不可能很完善而涵盖社会生活的每一个方面。

一般认为,郑国晋国刑书刑鼎的内容为当时政治社会改革的主要政策。这主要是依据《左传》记载及其注释所做出的猜测。如叔向在给子产的信中写道:"今吾子相郑国,作封洫,立谤政,制参辟,铸刑书",唐人孔颖达注曰:"制参辟、

① 《春秋左传注疏》,"襄公九年",孔颖达疏。

铸刑书,是一事也,为其文,是制参辟;勒於鼎,是铸刑书也。"①

由此,我们基本可以肯定,刑书刑鼎内容当是对一些紧迫社会问题的刑事规范,确为"救世"或恢复最基本秩序所需要。而且由于历史的局限性,其内在的逻辑性和立法的技术性应当仍然十分粗疏。但这不要紧,重要的是它削减了贵族司法特权,公开了百姓行为的最低许可限度,统一了刑罚标准,让人们对过去无所不在的礼制不再敬畏。这才是叔向和孔子之所以痛心疾首的原因。

(二)关于刑鼎作为公布法律载体的特别意涵

郑晋两国用神圣铜鼎来铸刻国家刑书,其意义当然不同寻常。墨子所言"又恐后世子孙不能知也,故书之竹帛,传遗后世子孙;或恐其腐蠹绝灭,后世子孙不得而记,故琢之盘盂、镂之金石以重之。"②这或许能反映其主事者的用意。但是,借助铜鼎布法,更重要意涵当不仅仅在其不易腐烂、不易改作的特点上。

以鼎为代表的青铜礼器实际上就是当时礼乐制度的物化形态。在宋国、郑国和晋国铸刑书刑鼎之前,似乎还没有把刑法铸在铜鼎上的先例。将刑法铸刻于国鼎,此鼎称为"刑器",应该有一种特别的考虑。可惜,国鼎作为载体的意义,似乎并没有引起古今学者的特别注意。

鼎作为礼器,用于象征国家权力,用于祖先和神灵祭祀,用于标示贵族等级,是神器。现在把等而下之的刑法铸刻在鼎上,使神圣的国鼎变成了区区"刑器"。这既是对礼乐秩序的贬低,也是对刑法地位的提升。从叔向和孔子的批评我们可以看出,他们最担心的就是对礼制和礼教秩序的贬低,担心提升了刑法的地位会误导国人"弃礼而征于书"。

宋、郑、晋三国铸刑书于鼎恰恰昭示了与礼治秩序彻底决裂的决心和勇气,也体现了改革者希望通过镂之金石不易变更的铸鼎使"法治"这一新的社会控制模式能作为国家根本政治模式长期固定下来。

(三)关于刑书刑鼎的成文法性质

在铸刑书之前,早有刑书问世,但未见争论记载。郑晋两国以国鼎公布的刑书,既然引起如此争论,显然与从前刑书有所不同。究竟有什么不同呢?因为资

---

① 《春秋左传注疏》,"昭公六年",孔颖达疏。故此,有人更进一步推论子产刑书为"三篇之刑书",是改革成果的记录,或系财产、职官、司法3篇,或系民事法律、刑事法律和司法程序3篇;而晋国赵鞅的刑鼎为"四篇之刑鼎",分为刑事诉讼法、动产诉讼、不动产诉讼和官吏任免4篇,其内容就是《左传·文公六年》所记韩宣子为政后实施的"制事典,正法罪,辟狱刑,董逋逃,由质要,治旧污,本秩礼,续常职,出滞淹"等九事。参见武树臣等著:《中国传统法律文化》,北京大学出版社1994年版,第295~297页。

② 《墨子·明鬼》(下)。

料欠缺，无法考证清楚。

让法典公布于众，让百姓明晓禁令，这是法制的本意所求。在春秋之前，法条公布的事实是存在的。但那时的法典，大约只是规定并公布何为犯罪，应该受制裁，但具体到每种犯罪应该受何种制裁，则取决于司法官“临时处置”、“因时制宜”，事先不让百姓知道。这次铸法典条文于铜鼎为何会引起旧派贵族势力的极大反感呢？可见这次公布的所谓成文法，不仅仅是有文字的刑法而已，而应该是一种前所未有的法律形式与内容的统一体。这种新的统一体，就是罪刑对应的、以罪统刑的刑法典，是“以罪统刑”的“罪名之制”，这与《九刑》和《吕刑》等“以刑统罪”的“刑名之制”显然是大不一样的。这是一种几乎对族内族外之人平等适用的刑法典，是一种事先把何为犯罪及应处何种刑罚规定得很清楚的法典，是一种让司法者不易上下其手的法律规范体系。这样的法典，有些让统治者“束手束脚”，因为这会使他们在灵活机动地打击“犯罪”问题上不能像过去一样得心应手，所以被旧派贵族势力强烈反对。

四、铸刑书于鼎所昭示的历史剧变

春秋铸刑书刑鼎事件的意义，仅仅从“公布成文法”的层面来考察显然是不够的，我们必须从这一判断之外去省察。事实上，引发人们几千年来不绝的好奇心，不是公布了成文法，而是这两件事所受到的猛烈批评。

叔向、孔子两人的批评，从思想到行文，有很大的相似之处。叔向说“民知有辟则不忌于上”，孔子说“民在鼎矣，何以尊贵”。二人都担心：铸刑书于鼎、让人民知道了成文法，会导致人民不尊敬长上，会导致“贵贱无序”。叔向说“民知争端矣，将弃礼而征于书”，孔子说“今弃是度也而为刑鼎”。二人都担心百姓会抛弃礼义，仅仅依据刑书，斤斤计较个人利益，向官长抗争。叔向把公布刑书说成“乱政”，认为乱政必然导致“乱狱”；孔子说晋国的刑书是“乱制”。二人都极度否定以鼎布法的做法，认为它“乱”了原来的“制”或“政”。叔向据此说郑国“国将亡”，孔子据此说“晋其亡乎”。二人都认为公布成文法会导致亡国。[①]

成文法的公布引起如此严厉的批评，正说明了这一事件对传统的秩序构成了极大的破坏，说明其在中国法制史上有着划时代的意义。我们有必要重新反思这些事件。

---

① 孔庆明：“‘铸刑鼎’辩正”，载杨一凡总主编：《中国法制史考证》（甲编第1卷），中国社会科学出版社2003年版，第345页。

西周以来,国家一直维系着血缘宗法政治秩序,一直以礼乐和教化治国,并没有礼与法律的区分,没有独立的法存在。各种法律制度和原则其实都藏于礼之中,或者说礼义、礼法、礼仪就构成了国家全部制度。如果一定要找到法的话,那么可以说法在礼中,法是礼治的附属物,刑罚不过是实施礼治的方法和手段。①

到了春秋时期,周王室权威崩颓,礼乐政治秩序迅速瓦解。各诸侯国纷纷变乱旧章,订立刑制,于是刑书刑鼎纷然并起。刑书和刑鼎的出现,一方面固然是"救世"的需要,但也体现了对先王礼治秩序的否定。各国不再以先王的"礼治"之道为尚,公然"法其下者",仅仅以社会强力控制为目标,以圣人所不齿的刑罚为控制方式!这种在当时士大夫看来是"堕落"的选择,其实体现了一种更加务实、更加合于时宜的政治追求。

(一)铸刑书刑鼎是对过去宗法礼治秩序的否定

传统的政治秩序,就是叔向所言"闲之以义,纠之以政,行之以礼,守之以信,奉之以仁","诲之以忠,耸之以行,教之以务,使之以和,临之以敬"的秩序。就是孔子所言"民是以能尊其贵,贵是以能守其业。贵贱不愆,所谓度也"的秩序。为了保障这种秩序,国家也有强制,此即叔向所言"严断刑罚,以威其淫","莅之以强,断之以刚"。这种秩序。实际上就是"礼之所去,刑之所取"的血缘宗法礼治秩序。

在春秋时期,随着各国之间的征战兼并,随着宗法分封之血缘关系纽带的渐弛渐松,随着生产力的提高和经济关系的变化,这种礼乐秩序逐渐衰落瓦解;礼乐教化已经不足以维系秩序,对于业已出现的祸乱也无能为力。国家迫切需要一种新的控制方式,需要建立一种新的秩序,以期与宗法血缘体制瓦解后的社会需要相适应。这就使凭借"刑书"治国的"法治"模式应运而生,铸刑书于鼎就是这一模式开始公然向旧体制"叫板"的代表。

血缘宗法礼治的社会控制模式和秩序虽然已经山穷水尽,亟待以新的社会控制模式和秩序取而代之。但当时社会上仍然存在强烈的维护旧体制的思潮,存在一种维护旧秩序的体制惯性,叔向、孔子就是其代表。以郑国执政子产、晋国执政赵鞅和荀寅为代表的政治势力,是新控制模式和新秩序的倡导者或代表。这种以"救世"需要为借口,以"卑之无甚高论"的面貌呈现的"新政",正满足了社会蜕变或时代变化的需要,满足了当时生产力和生产关系变化的需求,对于治理一个血缘宗法纽带松弛的社会而言,对于建立一个新的"礼法并用"或"礼治"

① 马小红著:《礼与法:法的历史连接》,北京大学出版社2004年版,第113~114页。

与“法治”并行(法家甚至主张“独任法治”,但除秦以外并未真正成为现实)的秩序而言,是有重大历史意义的。铸刑书于鼎表明其对这种秩序模式的国家选择。

(二)铸刑书刑鼎否定了“议事以制,不为刑辟”的贵族专擅司法体制

“议事以制,不为刑辟”①是当时公认的先王之制,就是不预先公布非常明确的罪与刑相对应的刑事法条,而是靠比较原则性的礼法或者先王“遗训”来约束人民,因时制宜地用各种刑罚来灵活机动地制裁犯法者。这就是晋人杜预注解《左传》本句所谓“临事制刑,不预设法”,其目的正如唐人孔颖达注解所谓“圣王虽制刑法,举其大纲”,“刑不可知,则威不可测”,“令不测其浅深,常畏威而惧罪也”。② 这一传统体制,实质上是贵族专擅司法体制。一般说来,礼法制度、刑罚的种类和执行方对臣民的要求或规范,事先虽然也是公之于众的。但是,对于违反了特定礼法应该受到什么样的特定制裁,却并无具体一一对应的规定。在贵族独掌司法权的情形下,案件发生后,因为没有明确的法律规定,所以案件的处理全凭以国君为首的贵族“随事轻重取法”、“临时观衅”,③“临其时事,议其重轻”,④由贵族根据特定时间地点和形势的需要做出最后判决,这就是“议事以制,不为刑辟”。这样一种灵活机动、随时上下其手的司法模式,极其有利于保护宗法贵族统治秩序,保护贵族集团的利益。因为罪和刑之间没有法定的对应关系,因为任何罪行最后受到的具体刑罚事先并不确定,所以贵族有几乎没有法定限制的司法权力,百姓没有办法跟贵族计较自己所受刑罚是否恰当。这就是孔子所说的“卿大夫以序守之(晋国之旧法度),民是以能尊其贵,贵是以能守其业。贵贱不愆,所谓度也”。反过来,如果公布一种将刑罚与特定犯罪一一对应的刑法,那么贵族专擅司法的权力就大大受限制。此即叔向所谓“民知有辟,则不忌于上,并有争心;以征于书,而徼幸以成之”,“民知争端矣,将弃礼而征于书,锥刀之末,将尽争之”;亦即孔子所谓“今弃是度也而为刑鼎,民在鼎矣,何以尊贵?贵何业之守?贵贱无序何以为国”。叔向和孔子都认为,老百姓会以这种新的刑书为凭借或武器对抗贵族的权威,会只以刑书作为自己的行为规范而不再在乎礼法的要求,这就会导致贵贱有别、尊卑有等的血缘宗法礼治等级秩序瓦解。

铸刑书刑鼎即公布成文法,正式开始打破这一传统秩序。公布了这种罪刑

① 《左传·昭公六年》。

② 《春秋左传注疏》,“昭公六年”,孔颖达疏。

③ 《晋书·刑法志》。

④ 《春秋左传注疏》,“昭公六年”,孔颖达疏。

相对应的新形式的"刑书",百姓都知悉这样的刑书,贵族就再也不能像过去一样专横擅断,"刑不可知"、"威不可测"的贵族司法权受到了一定的限制。在这种有利于保护自己权益的刑法的引导下,百姓的人格意识和权利意识逐渐觉醒,就会为自己是否受到预先确定的刑罚的正当处罚而抗争,百姓与贵族之间的法律适用平等也大大前进了一步,法律公正性、公开性、稳定性等也大大前进了一步。①

(三)铸刑书刑鼎是对"以礼法之网罗一切"的秩序理念的否定

宗法礼治或礼法之治的社会控制理念,旨在网罗一切罪行、制止一切罪恶,使任何罪恶都在礼法之网的约束和制裁之下。礼的规范,广泛涵盖了社会生活的每一个方面,涵盖了每一种行为;"礼"的作用在于把犯罪消灭于"未萌"状态。但事实上,人类社会生活中的恶行,绝对无法穷举。任何周密全面的法律都不可能把人们可能做的一切大大小小的恶行都列举完毕。所以,那种既具备原则性、纲领性,又可以任凭人们因时制宜地引申出具体行为规范和判决依据来的"礼义"、"礼法",就成了统治者实现这一社会控制理念的好工具。他们知道,任何企图穷举犯罪的刑法,最后都只能列举一部分罪行,势必把很多罪行遗漏在法条之外;再完善的刑法规范也势必跟不上犯罪情势日新月异的变化。这样的法条适用起来,最后结果常常是,不但不能"无一漏网"地制裁犯罪,反过来还会束缚司法者的手脚,让很多罪行逍遥法外。这种对成文法或制定法的深深不信任,以及对可以包罗万象且灵活机动的礼法(习惯法)的传统信赖,是当时社会的主流思潮。为了防止有恶行逍遥法外,为了防止法律捆住司法者的手脚,自夏商西周至春秋中期的统治者们均不愿意制定和公布罪刑相对应的刑法。

宋国、郑国、晋国制定和公布成文法而铸刑书刑鼎,标志着宗法礼治"网罗一切犯罪"的社会控制理念开始在部分诸侯国里被统治者正式放弃。在"礼崩乐坏"的社会剧变之下,若用传统的"礼法"标准衡量人们的行为,甚至无人不犯罪、无人不可诛。在这样的背景下再企图株守传统礼法控制模式以恢复秩序,就迂腐可笑了。当此之时,为了"救世",为了"禁暴止乱",统治者只能"抓大放

① 关于铸刑书刑鼎引起的争议,我们只需与1979年我们国家制定颁布两法时的争议作个简单对比,就更好理解。1979年"两法"《刑法》、《刑诉诉讼法》的颁布,正如春秋时郑国晋国铸刑书于国鼎一样,是有特别的意义的,它标志着"政策治国"、"文件治国"、"长官治国"到"以公开而稳定的法律治国"的变化。据说,颁布"两法"时,好些干部,特别是政法干部很不以为然。他们说:从前没有"两法",靠党和国家的文件或政策,打击犯罪分子得心应手、灵活机动,充分体现了专政的威力;现在有了"两法",对于"两法"没有规定的很多行为我们就不好打击了,我们办案子就得讲程序合法了,于是有时鞭长莫及,有时束手束脚。

小”,先制定罪刑相对应的刑法去重点制止少数特别危害秩序的恶行。用特定的法条去打击部分特定的恶行,就标志着对其他许多违反传统礼法的恶行要放弃“出礼入刑”的对待了,就意味着某些违礼行为合法化了,也意味着礼法秩序的瓦解正当化了。这在叔向、孔子等传统崇礼派士大夫看来是非常可怕的事情,这就是他们如此愤怒地声讨郑晋两国铸刑书刑鼎的缘故了。

(四)铸刑书刑鼎实现了社会控制模式的转型

铸刑书刑鼎的出现表明,国家开始使用“齐一”的刑来代替“别异”的礼,“开始试行新的统治方法”。[①] 侯外庐先生对此精辟地指出:“因为‘礼’是讲上下尊贱之别的,是不能在所谓一个标准之下来‘齐’的。然而‘法’却不然。‘法’是要讲一个标准的。所谓‘范天下之不一而归于一’(《说文》)。所以礼在于‘别’,而法在于‘齐’。中国古代社会的刑是与礼对立的;而古代末期的法,与其说是对于贵族‘刻薄少恩’,毋宁说把贵族的‘别’、‘分’降低了。因为‘礼,国之干也……礼不行,则上下昏,何以长世?’(《左传》,僖公十一年)以法代礼,岂不是把氏族贵族,置于与国民同等地位了么?”[②]叔向和孔子反对这种整齐划一、不分贵贱高下的社会控制模式,这就是要害所在。但在春秋的社会政治现实中,“礼治”已经注定是一个不可复归的梦想了。

刑书刑鼎的出现割裂了理想和现实,它们偏离过去礼治所追求的先王之道,公然“法其下者”,把对恢复对社会的基本控制作为了自己的目标,而据以实现这种社会控制的方式,竟然是野蛮血腥的刑罚!从目标和手段的正当性来说,都为主张礼乐教化的叔向和孔子所不取。他们认为,礼治的运作因时、因地、因人而制宜,能够“与时俱进”,能够包罗万象,而法的治理方式却是事先加以规定的,始终有一种“刻舟求剑”式的危险存在。但是,乱世之中,人心沦丧,除了法制,还有什么更好的社会控制模式与方法呢?

总的来看,由于社会经济政治的巨大变迁,在春秋时期的一些明智的政治家不得不鼓起勇气,抛弃以“人人皆可以为尧舜”为人性预设的“先王之道”,而以“人人实际上皆可能为小人”为秩序考虑的基本底线,探索整理出一套具体可执行的小人之法。这虽然不是最优选择但却实在是一种从实际出发因而也是伟大的时代抉择。赵晓耕教授称春秋时期为“缘法而治时代的开始”,[③]这是非常恰当和确切的。

---

① 叶孝信主编:《中国法制史》,复旦大学出版社2002年版,第53页。
② 侯外庐等著:《中国思想通史》(第1卷),人民出版社1957年版,第589页。
③ 赵晓耕编著:《中国法制史》,中国人民大学出版社2004年版,第51页以下。

因此,春秋时期郑晋两国铸刑书刑鼎,与其说是一次各国竞起、纷纷制定公布成文法典的潮流,毋宁说其本质在于率先明确采取了新的社会控制模式。这种"缘法而治"的社会控制模式迥异于既往几千年来的"礼乐之治"。"礼"表现为基于血缘宗法关系而构成的"差序格局",它对社会关系进行相对固定化的调整;而法具有确定性和不随人的身份社会关系而改变的普遍性。法首先以一种标准化的、形式主义的(而不是实质主义的)强制性社会规范来防卫社会的主流价值;其次,它在一定范围内又是具有平等性的。由此观之,两者判然两分。所以,虽然刑书和刑鼎的具体内容已不可考,但从各家的议论记载中,仍可以看出这些法规是体现着以后法家所主张的"君臣上下贵贱皆从法"的思想理念。

(2008 年第 2 期)

日本输入唐代法律文化的效果与影响

张中秋*

如果仔细观察日本的文明史,就会发现一个引人注目的特点,即它总是不失时机地通过输入大陆文明来实现自己文明的跃进。在这方面,法文化史是它的成功史。就近代和现代而言,日本通过明治维新和第二次世界大战以后的改革,先后输入了欧洲大陆和北美大陆的法律文化,实现了法制的近代化和现代化。① 在古代,它依靠输入东亚大陆唐代中国的法律文化,实现了从原始性的习惯法到古典人文的法律化的提升,开创出著名的"律令时代"。② 本文旨在对日本输入唐代中国法律文化的效果与影响进行评估,借此对古代中日法律文化的交流及对中华法的理解进行探讨。

一、唐代法律文化输入与天皇帝制的确立

公元645年大化改新后,日本以唐为范本,逐渐引进并制定了律、令、格、式成文法,构成了先进的国家制度,即日本学者所称的律令制。在律令制推行较好的奈良、平安时代,日本最引人注目的特点就是唐风盛行,当时无论是儒教、佛教、律令政治,还是学问、艺术各方面,都是照搬和模仿唐朝的样式,或稍加修改、增删。总之,无不与唐有关。③ 在全面吸收的唐文化中,法律文化具有核心意义,因为它关乎国家体制和民众行为的规范问题。事实上,对唐代法律文化的引进,的确是重塑日本社会政治形象,从而深刻影响日本历史走向的重大事件。这也是日本学者将

---

* 作者单位:中国政法大学法律史学研究院。

本文受中华人民共和国教育部新世纪优秀人才基金资助。

① 林榕年主编:《外国法制史新编》,群众出版社1994年版,第413~433页;华夏、赵立新、[日]真田芳宪著:《日本的法律继受与法律文化变迁》,中国政法大学出版社2005年版,第20~36页。

② 日本的多数历史学家,通常把从唐代引进的以律令法为轴心所形成的国家统治体制,称为"律令制"。在公元12世纪幕府政治以前,特别是大化改新后的头二三个世纪,即律令制推行较好的时期,谓之"律令时代"。

③ [日]坂本太郎著:《日本史概说》,汪向荣等译,商务印书馆1992年版,第82~129页;贺昌群:"唐代文化之东渐与日本文明之开发",载胡晓明等主编:《释中国》(第1卷),上海文艺出版社1998年版,第490~526页。

奈良、平安(公元710~1192年)时代,称为律令时代的由来。在这个长达四百余年的时代,日本从唐代引进的以律令为核心的法律文化,为大化改新的国策制度化提供了有力的保障。

大化改新的国策是日本大化二年(公元646年)正月朔日贺正典礼结束时公布的四条政纲。第1条是废除贵族所拥有的一切土地和人民,归属于国家,实行公地公民制;第2条是整修京师,确定畿内制度,并设置国司、郡司、关塞、介候、防人、驿马、传马等地方制度,建立一套地方行政和国防、交通制度;第3条是制定户籍、计账和班田收授法;第4条是改革税制,规定田调、户调以及纳贡等。4条政纲的宗旨是模仿唐朝建立制度,使日本成为类似于唐朝那样文明强盛的国家,从而确立以天皇为核心的官僚帝国体制、经济社会发展、文化立国和法制社会的实现等。而其最终的目的是赢得日本在东亚国际社会中的自尊。那么,围绕这些目标,日本输入唐代法律文化实际起到了哪些效果和影响呢?就新政的首要目标而言,我们基本可以断定,日本采纳了唐朝的帝国政制。从日本对唐代法律文化的继受中可以看到:一方面它以律令的形式确立了天皇的独尊;另一方面建立起了全面维护和支持天皇独尊的官僚体制,包括中央和地方及其他各项制度。正像新政诏书第1条、2条所提出的那样,在律令的推行下,天皇巩固和强化了大化改新中对以苏我氏为代表的与皇室相抗衡的权贵势力的政治上的胜利,从法律上消除了对帝制的威胁。这一成果维持到形势变化后的平安时代中期(公元930~1068年)藤原氏因外戚身份而擅政时,革新已过去四百余年,《大宝律令》(其后的《养老律令》以《大宝律令》为蓝本)也已推行了三个半世纪。如果单从政治形式和法律条文上考虑,那么律令制下的帝制要到武家把持的幕府政治正式形成后才可以说名存实亡,但这已是平安时代的晚期(公元1068~1192年),亦即日本中世的开始。由此可以推出,来源于唐代法律文化的律令政治,在近五百年的时期内,成了日本政治的现实。

律令政治兴盛时期,天皇的权威和政府的权力能够渗透到地方和其他方面。模仿中国史传统和体裁编纂的《日本书纪》、《古事记》和《风土记》等,可以说是大化改新后律令政治的产物。《日本书纪》和《古事记》多有传说附会甚至伪造之处,[①]但在当时却起到了及时为天皇和新颁的律令政治提供正当性依据的作用。这种源于中国的东亚共同的儒家政治文化特质,具有近乎奇异的社会向心力。《风土记》记载的内容,有日本各地方出产的矿物、植物、动物的种类,土地的肥瘠,地名的由来,古老的传闻、逸事等,这表明政府的权力确已伸展到地方,它象征着不但现实国情,就连过去的历史奥秘也要全部掌握在政府手中。这是以天皇和中央为中心的律令政治渗透到地方的一个实例,这在此前的日本历史上是没有的。[②] 还有,移植于唐代中国体现君主专制权威的年号制,在日本一直延续至今,而中国则在辛亥革命后已经废除。池田温先生认为,这是个颇具代表性的例子,它把约一千三百年前从唐朝学来的纪年方式和律令制结合在一起沿用不辍,一方面是和日本文化传统紧密相连,另一方面又与融入了稳健和类群意识的民族性相协调,所以维持了它的生命。由此,我们至今还能体会到律令政治的传统及其力量。[③]

二、唐代法律文化输入与日本经济社会的发展

新政诏书中的第二个目标,可以概括为经济社会的发展。依据史实,律令制的推行,也使这一目标有了相当的实现。大化改新前,日本还处于相对落后的由贵族控制的部民社会,私地私民大量存在,国家因此不只丧失了赋税,社会生产力也受到抑制。律令制使私地私民变成了公地公民,大量奴隶因此成为国家的编户齐民。他们不仅在人身自由上获得了法律保障,班田制更使他们成为自耕农。这样一来,他们的劳动直接关系到自身利益,于是劳动积极性和生产力随之大为提高,农业生产也因此获得了制度性的保障。随着生产的发展,表现为经济领域的流通有了显著的变化:在京城左右的两侧都设有类似于唐都长安的东、西两市;在京城与地方之间开辟了交通干线,道路根据交通量的大小分为大、中、小三等。在这些路线上来来往往的是策马飞驰的官府信使,乘坐传马去地方的政

① 法律家出身的日本史学者山中顺雅先生对此有专门研究。他认为《日本书纪》和《古事记》的主要内容和目的是鼓吹天皇统治日本列岛和日本人民的合法性、永久性,以及天皇氏族从神代传承的万世一系血统的高贵性,因此,出于这个需要伪造了许多事实,从而掩盖了真实面目。不过,笔者认为,《日本书纪》和《古事记》能够在当时编纂出来这一事实本身,的确从一个侧面说明了律令制下天皇所代表的中央集权的强大。参见[日]山中顺雅著:《法律家眼中的日本古代一千五百年史》,曹章祺译,中国社会科学出版社1994年版。

② [日]坂本太郎著:《日本史概说》,汪向荣等译,商务印书馆1992年版,第95页。

③ 刘俊文、[日]池田温主编:《中日文化交流史大系·法制卷》,浙江人民出版社1996年版,第283页。

府官员，驮在马上或由人运送去京城进献贡品的人员等。此外，也会看到从京城运送商品到地方、从地方运送商品到京城的商旅。这样一幅交通、驿传、商贸的景象，正是实施新政诏书第1条、2条、3条的结果。除了国际性色彩的欠缺，这似乎是以长安为中心的唐朝情景的缩小版。而且随着中央集权机构和交通路线的完善，物流加速，尤其不能忽视的是，作为促进交换和流通的媒介，货币经济有了发展。就地区论，最多的是京城，远的也有常陆、伊予、因幡、长门、周防等边地，都有钱币流通，这既表明经济社会的发展，也透露出律令政治在经济生活方面也能到达这些边远的地区。①

律令制下经济社会的另一个重要变化，是平民地位和生活水平的提高。律令制对新政诏书中第3条、4条的贯彻，意味着平民通过登记入册，成了对国家承担义务并享受权利的主体，没有正当理由和法定手续，其身份不得被更改。这样做的法律意义是，他们的身份被纳入国家法律范畴，司法受到国家意志和公共伦理的制约。这在一切方面都比以往贵族私有民的无秩序、无纪律的生活有了极大的进步。口分田、园地、宅地这些基本生产资料的配供和税制的改革：一是使平民生活有了保障；二是使各地轻、重不一的赋税划归为一，实际减轻了平民的负担，并使他们的生活有所改善。这从奈良、平安时代普遍的经济繁荣和文化、艺术、佛教、建筑的发达中依稀可见。根据上面所提到的繁忙的交通商贸景象和民生的普遍提高，有日本学者把这一时代比喻为中国的尧舜和汉唐圣治盛世的时代。如明治年间的法史学者小林摄影说："律令者，天下之政要也。从天智天皇草创而历代厘正，或沿或革，至元正天皇更定律令，各为十卷。尔来国家遵守为百世之法，所以治隆于刘治，而文媲于李唐也……"②

三、唐代法律文化输入与日本法制社会的形成

文化立国、法制社会是当时日本先进人士所看到的唐朝伟大的力量所在，也是他们痛感自己不足的方面，即文化和制度的缺失。所以，大化改新和随后对唐代法律文化的引进都包含了这一战略目标，新政诏书中各条所提出的制度化，即是实现这一目标要求的体现。从圣德太子开始，围绕这一目标进行了改革，其后弘扬佛法、制定冠位、颁布宪法、对隋交通、编修国史，这五件大事无一不是着眼

---

① ［日］坂本太郎著：《日本史概说》，汪向荣等译，商务印书馆1992年版，第86页以下。

② ［日］小林摄影："皇元风雅"，载何勤华等编：《董康法学文集》，中国政法大学出版社2005年版，第941页注释2。

于文化和法制建设的，其中后四件事体现了儒家王制政治和伦理教化的理想。正如坂本太郎所说，“这是清算过去那种毫无自觉的国家观念，而追求远大的国家理念，在政治上、文化上的一个伟大的进步。它不仅是医治当时的社会混乱和政治贫困的对症良药，同时也等于宣布了国家要永远有章可循和促进文化发展的基本原因”。[①]

律令制把上述理想和纲领具体制度化了，《大宝律令》就是把大化改新所确立的国策，以及其后实施五十多年的经验和中国法律编纂的技术结合在一起，经过仔细推敲而成的一部完整的国家基本法典。圣德太子的文化国家理念和大化改新的法制国家观念都被凝聚在其中，这在当时的法律解释中显而易见。《弘仁格式》“序”曰：“律以惩肃为宗，令以劝诫为本。”[②]《养老律》的注解书《令义解》“官位令”在开卷也引用中国晋律的编纂者杜预的话说：“凡令以教喻为宗，律以惩正为本。此二法虽前后异时，并以仁为旨也。”以仁为旨、以令为劝、以律为惩，这正是儒家式的文化与法制的结合。如前所述，这一套律令制度规定了日本持续近五百年的社会本质。直到平安时代后期，作为公法，[③]它们仍然是日本唯一通行于全国的权威性规范，其效力形式上一直延及明治维新的初期。[④] 而且凭借法的强制性，这一套文化和法制的观念逐渐为日本人所接受，并融入进他们自己的文化之中。[⑤] 奈良、平安时代儒家文化相当部分通过制度化的律令进入了日本人的生活，同时律令本身又从制度上改造和提升了日本的法律文化，使之呈现出日本历史上从未有过的法制社会形态。日本的中国法大家仁井田升教授在对比研究日本与唐代律令时说了如下一段话：“耶林说过：‘罗马曾经三次征服世界，第一次是用武力，第二次是用宗教，第三次是用法律。’然而，大体上可以说，中国也是一以武力，二以儒教，三以法律支配东部亚细亚的（不过，其武力支配未达到日本）。蒙受中国法律影响较多的民族和地区，东至日本和朝鲜，南达越南，西及所谓西域，北到契丹和蒙古。”[⑥]这是一段符合史实的评论，以此为基础形成的中华法系是人类历史上最著名的五大法系之一。中国东邻的日本和朝鲜受其影响最为深远。日本在大化改新和输入唐代法律文化前，其社会尚处于原始性的宗教、习俗和法律混合不清的状态，所谓法律本质上还是原始宗教

① ［日］坂本太郎著：《日本史概说》，汪向荣等译，商务印书馆1992年版，第59页。
② 王家骅著：《儒家思想与日本文化》，浙江人民出版社1990年版，第248页注释1。
③ 此处“公法”的含义是公家法的意思，也就是以律令为中心的国家法律，代表天皇的权威。
④ ［日］坂本太郎著：《日本史概说》，汪向荣等译，商务印书馆1992年版，第73页。
⑤ 王家骅著：《儒家思想与日本文化》，浙江人民出版社1990年版，第252页。
⑥ ［日］仁井田升著：《唐令拾遗》，栗劲等编译，长春出版社1989年版，第801页。

性的，与高度发达的唐代人文法律体系有着遥远的距离。对于这一点，我们可以通过“罪与罚”来认识。

据王家骅先生考证，日本《延喜式》之“大祓祠”有记载，当时将“罪”分为“天罪”和“国罪”两类。属于“天罪”的有“畔放”（毁坏田埂）、“沟埋”（填埋水沟）、“频莳”（重复播种）、“生剥”（生剥动物外皮）、“倒剥”（倒剥动物外皮）、“屎户”（净地拉屎）等8种；属于“国罪”的有“白人”（患白癜风病）、“胡久美”（身上长肉瘤），以及近亲相奸、兽奸、被昆虫咬伤、遭雷击等14种。① 依据现代观念，上述许多行为，除近亲相奸、兽奸外，都不应列入犯罪。但如果把这些行为理解为对神的触犯，情况则自然不同。例如，“生剥”、“倒剥”和“屎户”，在当时都是被视为使神厌恶的行为，因为它们会影响神的咒力，所以是犯“天罪”。再有，“畔放”、“沟埋”和“频莳”之所以被视为犯罪，是因为当时人们认为土地所有权是受神保护的，妨碍农业与破坏土地所有权都有蔑视神的保护性权威的意味。同样，属于“国罪”的“白人”、“胡久美”以及被昆虫咬伤和遭雷击，都是不可抗力的自然症状与结果，与本人意志无关，但当时的人认为这些情形会引起神的忌讳，因而也是犯罪。既然为神所忌讳和不悦就是犯罪，那么重要的就不只是对冒犯者的处罚，而是设法安抚由于这些冒犯所引起的神怒。安抚的方法即是咒术性的祓禊，最常见的祓禊是以水洗身的“洁斋”。时人认为，以水洗去犯罪者由“罪”所带来的身体污秽，便会抚息神怒，消除罪恶。判断罪与非罪，也须神出场。在釜中放入水和石子，将水煮沸，然后令有犯罪嫌疑者用手到水中取石，最后以手是否烫伤来表明神意，借以判断是否有罪，实际这即是人类神权法史上的“盟神探汤”。可见，无论是“天罪”、“国罪”，还是相应的判断与处置，都表现出强烈的原始宗教神权法色彩。唐律令的引进改变了这种色彩，规定凡罪以人伦道德伦为理据，凡罚以笞、杖、徒、流、死五刑处之，从而将古代日本的罪与罚纳入并提升到人文和成文的法定范畴。②

原始习惯在古代日本的婚姻家庭方面也有突出的表现。当时习惯法支配了这一领域，日本社会普遍实行一夫多妻、血亲婚姻、一子继承等。③

引进唐律后改依唐制，禁止血亲婚姻，推行诸子继承，同时对与国情不适的部分做变通处理。例如，唐律实行一夫一妻制，娶妻之后又娶妻即为重婚罪，但

① 王家骅著：《儒家思想与日本文化》，浙江人民出版社1990年版，第242～243页。

② 这种法律文化一般将犯罪视为对国家、社会和人伦的侵犯，处罚也是由代表国家权威的世俗官吏，如行政或专职司法的人员行使，与宗教人士的神判无关。它意味着原始宗教性的习惯法向人文法律体系的升华。

③ 由嵘主编：《外国法制史》，北京大学出版社2003年版，第172页、173页。

可以纳妾。妾不属于正式配偶，身份卑贱，因此不能继承男主人的财产。然而，日本当时通行一夫多妻的习俗，有前妻、后妻之称，其地位平等，均可继承夫之遗产。大化改新后，负责引进唐律并制定日本律令者，对此折中取舍，采取前妻称妻，后妻称妾，但妾与妻地位平等，同样继承夫的遗产这样的方法予以解决。①这种解决方法虽并不完全符合唐律的精神，但仍然有助于高度人文化的唐代法律文化对相对落后的日本习惯法的改造和提升。

作为社会日常生活的一部分，蕴涵儒家伦理或者说体现中国道德理性的律令，对日本人的思想意识有没有影响呢？笔者虽无法做出全面的判断，但有根据地揭示某些方面还是可以的，这里不妨对儒家伦理的核心"孝"做一番考察。据研究，日本提倡"孝道"主要是进入奈良时代以后的事。②《大宝律令》和《养老律令》都有许多条目用以劝奖"孝道"和惩戒"不孝"的。令的规定在积极方面。如《学令》第55条规定，在国家最高学府"大学寮"中，《孝经》是必读书；《选举令》规定官吏侍奉有病的双亲可请假；《假宁令》规定居京的文武官员，若父母住于外乡，第3年可给假一次回乡省亲，有职之官遭父母之丧应解官；《赋役令》规定"孝子"、"顺孙"及其同户籍者都受奖励免除课役。与令有所不同，律偏于对"不孝"的惩戒。如《名例律》卷首不得赦免的"八虐"条目中即有"不孝"罪的内容。属于"不孝"的罪行是：告发或诅咒祖父母、父母；于祖父母、父母生时别籍异财；于父母之丧期嫁娶、行乐、脱丧服换常装；闻祖父母、父母之丧，匿不举哀；诈称祖父母、父母死；奸父祖妾等。《斗讼律》中还规定："凡子孙违犯教令及供养有阙徒2年。"这些规定与唐律令大同小异，着实贯彻了儒家的孝道。但作为制度，关键还是在实施。据日本史料记载，和铜二年（公元714年）11月，日本元明天皇表彰大倭忌寸果安、奈良许知麻吕、四比信纱三位平民，并免其课役。其理由是"果安孝养父母，友于兄弟，若有人病饥，自赍私粮，巡加看养"。"麻吕立性孝顺，与人无怨。尝被后母谗，不得入父家，绝无怨色，孝养弥笃。""信纱……事舅姑以孝闻，夫亡之后，积年守志，自提孩稚并妾子总八人，抚养无别，事舅姑自竭妇礼。"③类似的记载在《续日本纪》（公元797年成书）、《续日本后纪》（公元869年成书）、《文德天皇实录》（公元879年成书）和《三代实录》（公元901年成书）等史籍中历有不绝。孝谦天皇在位期间（公元749～758年），对孝道的提倡似乎达到了高潮，公元757年天皇下诏："宣令天下家藏《孝经》一本，精勤诵

① 王家骅著：《儒家思想与日本文化》，浙江人民出版社1990年版，第252页。

② 严绍璗、[日]源了圆主编：《中日文化交流史大系·思想卷》，浙江人民出版社1999年版，第41页及以下。

③ 同上，第42页注释1。

习,倍加教授。”[①]由于律令制的推行和官方的倡导,日本在进入奈良时代后,“孝”逐渐为广大的人民所接受,成为公认的道德准则,在官民两端都有深厚的基础和广泛的影响。例如,即便在与律令相异的幕府武家法《御成败式目》中,基于孝道的亲权依然是得到了加强,而不是削弱。[②] 由此可见,律令化的儒家伦理或者说中国的道德理性,对日本社会的影响是切实而深远的。

四、唐代法律文化输入中的形式主义失误和本土化趋势

总体来看,日本对唐代法律文化的输入全面贯彻了大化改新所确定的国策,基本上同时又是有力地实现了诸项目标。到公元八九世纪,日本开疆拓土、经济繁荣、文化昌盛,步入东亚强国的行列,接近实现其自尊的战略目标,因此可以说它对唐代中国的学习是成功的。[③] 如果还需要举例说明,最明显的例子是日本宇多天皇是宽平六年(公元 894 年),也即中国唐朝末期的唐昭宗乾宁元年,日本停派遣唐使,中止了长达二百多年向唐代中国不断学习的历史。如同日本开始派遣唐使一样,这是一个重大的历史事件。直接的原因是唐朝声威的衰落和海道的难行,这在《菅原文草》所载的遣唐使菅原道真的奏章《请令诸公卿议定遣唐使进止状》[④]中有真实记录。

但正如笔者的研究所获,日本的发展和唐朝的衰落,这一起一落才是日本停派遣唐使的根本原因。因此,到日、宋关系时代,漫长的中日交流史上出现了罕见的逆转现象,日本在向中国学习的同时,也开始向中国输出某些技术品和文化。[⑤] 这说明律令制下的日本已基本实现其战略目标。虽然后来律令制在日本幕府时代有形同虚设的现象,但在输入其千年之后,却又重新发挥了巨大的作用。以天皇为核心的中央集权官僚制国家,这一源于唐代中国的律令制精髓,成

---

① 严绍璗、[日]源了圆主编:《中日文化交流史大系·思想卷》,浙江人民出版社 1999 年版,第 42 页注释 2。

② [日]坂本太郎著:《日本史概说》,汪向荣等译,商务印书馆 1992 年版,第 78 页。

③ 写出《菊与刀》这样的名著的作者也有这样的认识:“在 7 到 8 世纪时,日本的天皇及其宫廷已经着手进行要用中国那种使日本使节赞叹不已的高度文明习俗来充实日本的事业……天皇采用了使节们从中国学来的官品位和律令。在世界历史上,很难在什么地方找到另一个自主的民族如此成功地有计划地汲取外国文明。”[美]鲁思·本尼迪克特著:《菊与刀》,吕万和等译,商务印书馆 1990 年版,第 41 页。

④ 贺昌群:“唐代文化之东渐与日本文明之开发”,载胡晓明等主编:《释中国》(第 1 卷),上海文艺出版社 1998 年版,第 515 页。

⑤ [日]坂本太郎著:《日本史概说》,汪向荣等译,商务印书馆 1992 年版,第 141 页。

了"倒幕"和"明治维新"的历史依据和政治革新的动力。① 当然,这一切并不完全是输入律令的结果,因为律令在日本曾受到形式化、地方化和时段性的限制与改造,实质上其体制是渐趋崩溃的,下面我们就讨论这个问题。

日本在输入唐代法律文化时为唐代法制的完备所吸引,惊羡之下也犯了形式主义的错误。例如,等级复杂的贱民制度是其中的一例。唐律中的贱民制度在种类和等级构成上都很繁复,但这是与中国社会的庞大、历史的悠久、结构的复杂,特别是和中国法律的发展相一致的。日本在这些方面都远不及中国,社会还处于简单甚至原始的状态,根本没有复杂的贱民存在。但日本为了完整引进唐律,仿效唐朝的贱民制度,硬是将贱民分为陵户、官户、家人、公奴婢、奴婢五个等级,为此做出一些复杂的规定。一直到延喜年间(公元901~923年),这种追求形式完备的制度,由于不能与日本社会契合,终被废除。

日本桓武天皇是复兴律令政治的有为之君,他的基本政治方针为他以后的历代天皇,特别是醍醐天皇为止的十代君皇所继承。但律令的形式化只能使所取得的成就达到某种程度——"这里所说的'某种程度'是有所指的,具体说来,是指形式上虽然取得了成效,但实质上却几乎没有收到效果。形式与实质、政治的表面现象与社会的实际状态彼此脱节,表面上虽遵守了律令政治,但实际上却出现了社会方面脱离律令政治而自行其道的令人不可想象的奇怪现象。当然,统治者们也并未对此袖手旁观,他们曾努力设法修改法令,以使其能在社会上加以实施。其结果就是频繁发布了修改律令的'格'或'式'。'格'是修改律令的诏敕官符的总称;'式'则指施行律令的细则。格、式虽然一开始就附带律令而存在,但在这一时代却格外频繁地颁发,因此三浦周行博士在划分日本法制史时期的时候,甚至曾将其列为仅次于律令时代的'格式'时代。不过,就是最容易实施的'格式'实际上也和律令一样,未能逃脱化为一纸空文的命运。统治者们虽也意识到它不过是一纸空文,却反而认为这对完善法制有意义,从而对颁发格式自我陶醉起来。因此,律令政治虽在形式上取得了显著发展,实际上却几乎没有收效,这种情况愈演愈烈。"②笔者对坂本太郎的评论无法再做评论,但律令政治随时间推移而渐趋形式化确是事实。譬如,律令政治以天皇亲政为原则,不承认年幼的天皇。文武天皇(公元697~706年)和圣武天皇(公元724~749年)在年幼时都是由母后代行政务,长大以后才亲政的。可是到了清和天皇(公元858~876年)和阳成天皇(公元877~883年)时,这一制度遭到破坏,两位天皇

① [日]坂本太郎著:《日本史概说》,汪向荣等译,商务印书馆1992年版,第378页及其后。
② 同上,第110~111页。

都是9岁即位的,9岁的孩子是不可能按律令要求的那样亲理政务的,于是就出现了天皇地位只是单纯的形式,而不过问实际的现象。如此,律令政治实际上也只能是形式上的。律令政治一方面有形式化的问题,另一方面律令输入时最初所作的变通逐渐有向本土化的方向变化的趋势。变通是依据唐律的精神,参照日本国情和地方情况,就某些制度和规定做适宜的调整或补充,主旨还是"唐化"。本土化部分包含着这样的变通,但其发展却是逐渐淡化、远离唐律的精神,甚至与之相对,结果是地道的"日本化"而不是"唐化"。我们可以从下述的若干事例中看到这样的变化:在《大宝律令》颁布不久的养老七年(公元723年),有名的"三世一身法"规定,凡新挖沟池进行开垦者,准其三世(子、孙、曾孙)拥有所垦地;依靠旧沟池进行开垦者,则准其终身拥有所垦地。到天平十五年(公元743年),进一步将"三世一身法"扩大为允许垦地永世私有。[①] 很明显,这是对均田律令中土地公有主义精神的一项根本性修改。其原因是耕地不足,政府迫切希望大量开垦荒地。同样,按原来的律令,班田每隔6年进行一次,但由于实行起来相当困难,不得不将时间延长一倍,改为每隔12年班授一次。这大概也是法律移植后实施中的便利原则,或者说现实主义对域外法律文化的一种很自然的改造。

除了应对现实的困境外,本土化还呈现出另一种情形。在日本引进高度发达的唐代法律文化时,地方的传统和经验一开始受到压制和否弃,但慢慢地情况又发生了变化,唐律与地方旧有的惯例于对立中开始融合,甚至发展到地方惯例有架空、替换唐律令的可能。如律令中的大学、国学制度,8世纪后期日本虽仍然执行,但高级贵族们却不肯学习大学的正规化课程,因此出现了学习这些课程的都是下级贵族和书香门第出身者的现象。在国学方面,国博士水平大为降低,似乎从未收到过预期的效果。然而,这一时代出现的特别现象则是氏族设立私学、私院,这些机构起到了为本族子弟提供学习、宿舍的作用,这可以说是源于中国的律令统一学制和日本社会固有惯例的结合。与此相似或更为本土化的情形,在所有权、婚姻、财产继承等方面,都呈现出日本古俗对律令制度顽强的融化,到幕府统治时期,这已极为明显。[②] 事实上,即使在律令推行最好的平安时代,本土化已是日本文化成长中的一般倾向。[③]

基于对"唐化"的理想追求,形式化必然成为日本输入唐律令过程中难以避

① [日]坂本太郎著:《日本史概说》,汪向荣等译,商务印书馆1992年版,第86页。

② 由嵘主编:《外国法制史》,北京大学出版社2003年版,第175~177页。

③ [日]坂本太郎著:《日本史概说》,汪向荣等译,商务印书馆1992年版,第121~122页。

免的现象,对此弊端的修正和消除也自然而然地成为本土化的一大起因。这样,在历史的演进中,形式化愈显的时候,本土化也就愈强。本土化的深入使外来制度变形虫似的成为地方制度的一部分。这其中有貌合神异的,也有貌异神合的。就日本来说,公元645年确定"唐化"的战略,公元701年《大宝律令》使之法制化,奈良和平安时代是"唐化"和"本土化"强弱交织而又相互转化的时期;到镰仓幕府(公元1185~1376年)的贞永元年(公元1232年)颁行《御成败式目》,[①]日本对"唐化"的《大宝律令》从形式到内容都有了全面的修改;再经室町幕府(公元1336~1603年)至诸"武家法度"的德川幕府时期(公元1603~1867年),"唐化"的律令在幕府控制的武家系统和绝大多数日本人的生活中已空心化,或者说"日本化"代替了"唐化"。[②]

五、日本社会构造下的本土化及其对中华法系内涵和法律移植的意义

从日本输入唐代法律文化给社会所带来的巨大变化,到社会变迁中的日本化,我们在看到日本法律文化中的中国影响的同时,又发现其中不同于中国的东西(因素)。对此,我们该如何看待这一时期日本法律文化与中国法律文化的关系呢?有论者提出唐律对日本千年影响的观点。[③] 笔者以为,这要辩证地来看。从制度层面讲,唐律正式进入日本是公元8世纪初,日本放弃自己的法律全面输入西方法是19世纪中后期,其间一千余年唐律的影响,即如前述是由强趋弱,最后融为日本法律文化的一部分。这表明唐律的千年影响不是始终如一,而是分时段、分层次、分领域的。不过,人们说唐律的千年影响也不是毫无道理的。在形

---

① 《御成败式目》因为是在贞永元年发布的,所以也称《贞永式目》,对后来的武家法影响很深。公家政治与武家政治不同,最典型地表现在律令与式目的差异上。譬如,女子可同男子一样继承领地成为家人;无子时可使养子继承领地;父死后,母可代父行使亲权。此外,妻、妾即使离婚,只要不犯重罪,其夫不得收回其领地。这些与主张男尊女卑的律令相比,明显扩张了女权。这些都是根据没有受到律令影响的民间固有习惯发展而来的,并随着武士社会地位的提高,作为武家法而固定了下来。

② 这种现象广泛存在于日本吸收唐代文化的各个方面,包括人们的思想观念和社会行为也是如此。参见[日]尾藤正英等著:《日中文化比较论》,王家骅译,浙江人民出版社1992年版,第178页。

③ 美国学者赖肖尔(Edwin O. Reischauer)等认为:"根据律令,日本人似乎已经完全接受了唐朝中央集权的官僚统治模式以及极复杂的土地管理制度和税制。……此间所设的政治形式和官名,一直沿用到19世纪,至少构成了上千年的政治演进的理论结构和命名法则。"参见[美]费正清、赖肖尔、克雷格著:《东亚文明:传统与变革》,黎鸣等译,天津人民出版社1992年版,第346页及以下。

式上,整个幕府时代(公元1185~1868年)日本的法律分为公家和武家两个系统。公家的统治者是宫廷贵族的后身,由于幕府承认和保留着律令政治的形式,所以律令体制在这一系统中依然维持到明治维新。而武家法的实施范围,只限于幕府势力圈,不包括皇室、公领和庄园的领家。同时,相当部分的武家法在精神上也部分吸收了儒家伦理,在内容上还保留着从中国引进的某些律令制度,如熊本藩的"秋冬行刑"制度。① 因此,幕府时代的日本法实际上是二元的:既有日本自己的武家法,又有作为"唐化"产物的律令。

当然,幕府的武家政治与公家的律令政治是有区别的。正如坂本先生所说,"武家政治机构,在各方面都是与律令政治相对立的。律令政治从一开始就制定了完整的法典,试图以此约束社会。武家政治却是按照自然成长的社会实际情况,制定法律和树立制度的。因此,前者虽形式完备,但缺乏实效;后者虽形式不备,却确有实效。其次,前者是对全国实行一元化控制的统一政治,而后者却是同公家政治并列的二元政治,其统治对象不是无所不包的。从这点来看,也可知前者政治机构复杂而广泛,而后者却是简单朴实的"。② 这引起了笔者的思考:唐律与日本法和中华法系实际是一种怎样的关系呢?

由于历史上日本法和中国法同属于中华法系,这在认识上容易导致人们忽视两者的差异。事实上,作为中华法系母法的中国法,与作为子法的日本法,两者之间自有相当的区别。最基本的是作为中华法系代表的唐律,在中国的宋、元、明、清时代,它的精神、原则、制度和绝大多数律条,都被完整地继承下来而加以运用。③ 但这种情况在幕府时代的日本是不存在的,即使在奈良、平安时期所构成的律令时代,中国的律令也不是被简单地移植,而是继受与变通的结合(正如笔者在另外的分析中所看到的那样),④这使得推行律令的日本法与中国法就有所不同。问题的关键是幕府时代日本律令制下的公家社会结构,虽然类于中国,但这仅仅是形式上的。武家法之下的日本社会结构表面上也与中国相似,但实际上近于西方更胜于中国,可以说幕府时代的日本社会并不同于帝国官僚体制下的中国,而是与封建的西欧接近。简单地说,这是从"家"开始到"村落"再到"国家"所形成的不同社会结构。传统中国的家由同一血缘的人组成,因此,无条件顺从的"孝"成为社会最基本的伦理;在这个基础上再扩大为村落,极少

① 刘俊文、[日]池田温主编:《中日文化交流史大系·法制卷》,浙江人民出版社1996年版,第160页。

② [日]坂本太郎著:《日本史概说》,汪向荣等译,商务印书馆1992年版,第170页。

③ 张中秋:"回顾与思考:中华法系研究散论",载《南京大学法律评论》1999年第1期。

④ 张中秋:"继受与变通:中日法律文化交流考察",载《法制与社会发展》2003年第2期。

数的村落有不同血缘也即异姓的渗入,但不影响村落同姓血缘的性质;再在这个基础上,或以此为原型演变为国家的构成原理。所以,政治国家的"忠"来自于家族社会的"孝",所谓忠孝一体,实际上是移孝于忠。古代日本的情况与中国不同,它的家并非全由同一血缘组成,往往有不同血缘的人(如家臣、侍从、女婿、仆人等)加入,而且继承家名和守护家业的家长,也并非一定由嫡长子而是由有能者担当,不分性别和血缘。因此,有条件服从的"忠"与无条件顺从的"孝"混合在一起,成为社会最基本的伦理。在这个基础上形成的村落和国家,同样是不同血缘的结合,即由末家(己家)、本家(拟制的父家)、总本家(拟制的天下之父——皇家)构成,所以对天皇的"忠"实际来自于由家内非同一血缘所组成的家族社会中末家对本家,即下对上的忠或者说有条件的孝——所谓忠孝一体,实际上是忠孝不分。这样,从"家"到"村"到"国家",传统中国与古代日本的社会结构表面上相似,看起来都是农耕性的家族官僚制社会,但实际上却有家内同一血缘化和非同一血缘化的重大区别。前者是家内同一血缘化的宗法家族等级结构;后者是家内非同一血缘化的社会等级结构,而且在贵族、武士、平民、贱民之间,形成横向上身份不变,纵向上下忠于上、上保护下的封建契约关系,所以说它是类似于西欧封建或契约型的等级结构。① 因此之故,本尼迪克特说:"日本从一开始就未能复制中国那种无等级的社会组织。日本所采纳的官位制,在中国是授给那些经过科举考试合格的行政官员的;在日本却授给世袭贵族和封建领主,这些就成就了日本等级制的组成部分。日本不断被分裂成许多半独立的藩国,领主们经常嫉妒对方的势力,许多社会习俗也都与领主、家臣、侍从的特权有关。无论日本如何坚持不懈地从中国输入文化,却终究未能采纳足以取代其等级制的生活方式,如中国的官僚行政制度以及把各种身份、职业的人联合到一个庞大的宗族之中的中国式宗族制度。"②这充分说明社会结构是法律移植的决定性因素,也是我们讲日本是中华法系的一员时,应当特别注意到的地方。

笔者认为,日本的法律文化大略可以分为三期:第一期是大化改新前,为习

---

① [日]尾藤正英等著:《日中文化比较论》,王家骅译,浙江人民出版社1992年版,第13~64页。此外,关于日本人的"忠孝不分",这里可再做一点补充。日本哲学家和哲郎在他的名著《风土》中写道:"日本国民是以皇室为本家的一个大家族,国民的整体性就是出自同一祖先的该大家庭的整体性。于是,国家就是'家之家'。家周围的篱笆即扩大为国境。与家庭内部一样,国家内部也必须实现亲密无间的团结。从家庭立场上称作'孝'的德行,在'家之家'的立场上便被称为'忠'。所以忠孝在本质上是一致的,无论哪一方都是在全体制约下的个人的德行。"[日]和哲郎著:《风土》,陈力卫译,商务印书馆2006年版,第129页。

② [美]鲁思·本尼迪克特著:《菊与刀》,吕万和等译,商务印书馆1990年版,第41~42页。

惯法时期;第二期是大化改新后到明治维新前,为中国法律文化影响时期;第三期是明治维新以来,为西方法律文化影响时期。第二期有一千二百余年,虽然这一时期的中国法律文化,包括唐律和以唐律为蓝本的宋、明、清诸律,在影响日本法律文化上并不是一贯的,甚至是有名无实的,但不可否认的事实是,中国是这一时期唯一给日本法制以深刻影响的国家,而唐律所代表的中国法律文化则是它最基本的核心部分。因此,尽管日本法律文化有它自己的特色,但在法律文化的模式上,近代以前的日本就像历史上的朝鲜、琉球、越南、暹罗一样,都是中华法系这个法律家族的成员。其实,这与本地区的主流文化是一致的。① 从上面的讨论中,我们已清楚地看到,唐代法律文化的输入使日本进入了它古代史上的黄金时段——律令时代;但因急于"唐化",日本在输入唐代法律文化的过程中,亦犯有形式主义和过于理想化的失误,尤其是它家庭—社会的构造不同于中国,导致输入的法律文化在实施中的变形,以致最后向本土化方向发展,最终使日本成为中华法系中有别于中国而有自己特色的一员。这不仅提示我们对中华法系的理解应有新的内涵,而且还告诉我们,法律文化的交流一旦启动,一个相伴始终的重大问题是:如何处理域外法律文化与固有传统之间的关系。如果说物种移植的成功关键在于水土相宜,那么,法律移植的成功则取决于域外法律文化与固有传统的调适。从日本输入唐代法律文化的历史实践中,我们已知调适是继受与变通的展开。若要使展开变为协奏,需要移植者认识到继受是交流的方向,但要谨防形式主义和过于理想化的误导;变通是继受的必要条件,要善待传统。

(2008 年第 3 期)

① 诚如费正清所说,"虽然东亚属于蒙古人种居住区,但它从根本上说仍是一个文化单位。这种文化大部分是从古代的华北文化进化而来的。在该地区出现的文字制度,连同其道德 观念、政治模式、社会形态、艺术倾向、文字形式及历史记载,这一切使东亚文化形成人类文明的一个特殊而重要的分支。当然,这些文化因素经过时代的变迁也在中国各地区和其他三个国家(引者按:指日本、朝鲜、越南)中产生了不同程度的变异。特别是封建时代的日本,甚至发生了向与中国政治社会标准截然相反的方向的转变,但它始终没有突破总体的文化模式。"[美]费正清、赖肖尔、克雷格著:《东亚文明:传统与变革》,黎鸣等译,天津人民出版社 1992 年版,第 5 页。

广州、武汉国民政府法律制度的地位及影响

侯欣一*

在中国现代法律制度的形成、发展过程中有几个阶段极为关键和重要,它直接影响甚至左右着中国法律制度的走向与未来,广州、武汉国民政府时期就是这样的阶段之一。然而,令人遗憾的是,对有关广州、武汉国民政府时期法制的研究,学术界却一直重视不够。① 本文欲对广州、武汉国民政府时期法律制度的地位和影响问题做一初步探讨。

一、清末以来中国法制建设走向的回顾

中国近现代法制的开端肇始于清朝末年。其动力有二:一是救亡的需要;二是快速解决因社会转型而日益增多的诉讼纠纷。从19世纪中叶开始,已完成工业革命的西方列强为了满足倾销其商品的需要,不断地利用坚船利炮一点点地轰开了清朝紧锁着的国门。每战必败、国力和地位日益下降的残酷现实使仍沉睡于天朝美梦之中,一贯视外人为蛮、狄、夷、戎,自大惯了的国人心中充满了无限的伤痛。"国破尚如此,我何惜此头!"于是,如何才能使国人团结为一体,由合力进而发展成为强大的国力,并最终恢复中国的大国地位,就自然成了当时大多数政治家和思想家们思考的首要问题。

考察清末民初的法治思潮我们可以发现一个非常有趣的现象,即当时国人对源自于西方的法治的认识、接受和鼓吹主要是和强国联系在一起的。西方列强"其所以致今日之强盛,皆其法治之功,吾国不欲强盛则已,苟欲生存于此竞争剧烈之场,舍取西人之法制尽施吾国,其莫道由。"②"国家之强弱全视乎法制

* 作者单位:南开大学法学院。

① 据笔者所见,有关广州、武汉国民政府法律制度的研究真正有价值的成果主要有:袁继成等著:《武汉国民政府史》,湖北人民出版社;杨天石主编:《中华民国史》(第2编第5卷),中华书局出版社;朱勇主编:《中国法制通史》现代卷中的相关章节,法律出版社;张国福著:《中华民国法制简史》,北京大学出版社等。这些研究基本上属于整体描述性的,深入、专题性的研究少见。

② 李进:"法律与道德",载《东方杂志》第9卷第12号。

之精神。”①民初学者李进和伍廷芳的话集中地反映了这一观点。而法治之所以能使一个国家强大就在于它具有使社会成员,特别是官民之间政见高度合一的功能,而高度合一的国家必定强大。“法者何?所以治其群也……而天下万世之治法学者,不外是矣。其条教部勒,析之愈分明,守之愈坚定者,则其族愈强,而种之权愈远。人之所以战胜禽兽,文明之国所以战胜野番,胥视此也。”②正是人们坚信法治可以使中国强大,才使大多数国人对法治的追求表现出了一种少有的狂热。换言之,法治不过是某些急于强国的国人在经过了工业救国、军事救国,甚至神灵救国等一切尝试之后,所抓住的又一根虚幻的救命稻草。

与此同时,伴随着西方列强的入侵,20世纪初的中国也开始了由农业社会向工业社会的缓慢转型,社会的分化和财富的流转开始加快,各种新的社会纠纷不断出现。面对这些新出现的复杂问题,有几千年生命史、根植于农业文明基础之上的中国传统法律制度也终于老态尽显。

在上述两种动力的作用下,晚清政府于1901年正式下令要对中国传统的法律制度进行改革,③并开始着手创建新的法律制度——寄希望于在政府控制之下,以革新法律的稳妥方式使中国快速地步入发达国家的行列。

中国法制的近代化之路历经曲折,以至于不少法律史学者——当然也包括许多生活在当时的普通社会民众——在谈到清末民初法制建设时大都采取一种否定的态度。尽管这一时期的法制建设仍然存在许多问题,存在种种不尽如人意的地方,但只要我们不抱任何偏见,以一种历史的发展眼光来观察的话,又不能不承认:到1925年之前,经过了20年的发展和沉淀,中国的法制建设也大致确定了如下一些基本的原则和方向,或者保守地说已经形成了朝着这种方向进一步发展的可能。

第一,国家制度上坚持民主与共和。辛亥革命之后,在中国盛行了几千年并被国人长期视为唯一合理的君主专制制度成了千夫所指,终被抛弃,或者更为准确地说是个人专制终被抛弃。《中华民国临时约法》第1条、2条明确规定“中华民国由中华人民组织之”,“中华民国之主权,属于国民全体”。④ 而颁布于1923

---

① 伍廷芳:“《法国宪法通诠》序”,载伍廷芳著,丁贤俊、喻作风编:《伍廷芳集》,中华书局1993年版,第529页。

② 梁启超:“论中国宜讲求法律之学”,载梁启超著:《饮冰室合集·文集》,中华书局1989年影印本,第1页、93页。

③ 1901年流亡在西安的慈禧太后下诏明令变法,提出“法令不更,锢习不破,欲求振作,须议更新”的主张,清末修律由此拉开序幕。参见《光绪朝东华录》,第4655页。

④ 夏新华、胡旭晟等整理:《近代中国宪政历程:史料荟萃》,中国政法大学出版社2004年版,第156页。

年10月的《中华民国宪法》则在第1条中进一步规定:"中华民国永远为统一民主国。"①这一切同晚清所制定的《钦定宪法大纲》形成了强烈的反差,该大纲第1条明示:"大清皇帝统治大清帝国,万世一系,永永尊戴。"②

辛亥革命以后,除袁世凯一度复辟帝制之外,任何统治者和各届政府不管是否出于真心,即便是仅仅为了装点门面之需要也都明白了一个最基本的道理:上台之后首要任务是制定宪法,并把民主共和写进宪法;唯有先确立所谓的"法统",政权才能合法,也就是说,民主与共和已成为历史发展的必然和民心所向。将民主与共和写进宪法及宪法性文件并作为一个基本原则确定下来,这对于一个长期实行专制的国家而言,其进步意义是不言而喻的。与此相适应,作为西方资本主义民主国家中的一些基本制度和原则,诸如分权、开放党禁、新闻自由等也被引进中国。著名学者和社会活动家梁启超曾在一篇题为《五十年中国进化概论》的文章中说过如下一段话,用以揭示中国社会所发生的这一深刻变化。他说:在辛亥革命以后,皇帝不那么好做了,"任凭你像尧舜那么圣贤,像秦始皇、明太祖那么强暴,像曹操、司马懿那么狡猾,再要想做中国的皇帝,乃永远没有人答应"。③

第二,在国家权力设置上实行三权分立。尽管对满清统治者来说实行专制可能永远是最好的选择,但迫于内外的压力和在新形势下维护政权的需要也不得不通过预备立宪将三权分立的原则和制度引进了中国。尽管在此后的二十来年中,这一制度在中国的发展并不顺利,还存在很多问题,如行政权过大、司法权和立法权残缺不全等,但实事求是地讲,除袁世凯复辟帝制的短暂时期外,三权分立的原则起码在中国法律文本上得到了确立,并体现在国家的现实政治制度设计之中。如1923年《中华民国宪法》第39条规定:"中华民国之立法权,由国会行之。"第71条规定:"中华民国之行政权,由大总统以国务员之赞襄行之。"第97条规定:"中华民国之司法权,由法院行之。"④这一切足以表明权力的分立和制约已成为人们的共识。

第三,在治国方略上坚持法治原则或者把法治作为未来治国的理想方略。清末以降一直视人治与德治为最佳治国方略的国人也逐渐认识到法治的合理性

---

① 夏新华、胡旭晟等整理:《近代中国宪政历程:史料荟萃》,中国政法大学出版社2004年版,第521页。

② 同上,第127页。

③ 转引自韩秀桃著:《司法独立与近代中国》,清华大学出版社2003年版,第192页。

④ 夏新华、胡旭晟等整理:《近代中国宪政历程:史料荟萃》,中国政法大学出版社2004年版,第525页、526页、528页。

和优越性，开始了对法律的重视，表现为：唯有实行法治中国才能走向民主和富强的理念已被许多国人所接受，并正在逐渐深入人心。[①] 如民国初年曾任国务总理的熊希龄说："鄙人之政见可以简单言之者，则使中华民国为法治国是也……欲使中华民国巩固，非造成法治国不可。"[②]梁启超亦言："今之稍知大体者，咸以养成法治国为要图。"[③]尽管当时大多数的国人对源自于西方的法治思想可能未必有多深与多系统的了解，但法治代表着进步与开明，这一点大家是懂得的，甚至成了一个无须讨论的真理。于是整个社会出现了言必称法治的有趣现象，"法治"一时成了这一时期使用最为频繁的词汇，并成了一种时尚，各种政治势力围绕者"护法"和"毁法"的斗争成了权力之争的核心。谁掌握了"法统"，谁就处于了政治上的有利地位。法治思潮在清末民初的流行是一个需要我们认真加以考察的现象。一个以西方大陆法系为参照，按部门法分门别类编撰的法律体系正在形成。到1925年，宪法已经颁布，民法典、刑法典、诉讼法典等均在起草之中。部门法分门别类编撰，为法律的发展提供了新的更大的空间。此外，诸如人道主义、罪刑法定、法律面前人人平等等全新的法律原则和理念已经或正在替代专制、宗法伦理和法律适用上的等差等中国传统法律的精神与原则，成为已经颁布或正在起草中的新法典的指导思想。

司法独立正在缓慢但却目标明确地进行中，一个由法官、检察官、律师所构成的彼此相互配合又相互制约的司法从业人员共同体的框架已经确立，司法人员职业化被整个社会所逐步接受。[④] 不仅如此，一些相关配套制度和措施也在草拟和已开始执行，如北洋政府时期就曾仿效西方一些资本主义国家的做法明确规定法官非党化等。这种努力已得到国际社会的承认。如1926年各国来华调查法权委员会在其考察报告书中指出："法官任用章程，载有采用相当训练人才之规定。本委员会指定此项规定，当属适用。本委员会各委员在京及各省所见之法界人员，均似有法律训练者。现任之推事与检察官，多数已服务在10年以上，且颇多在外国毕业，尤以日本为多。当1925年时，大理院推事32人中，21

① 有关民初法治思想在中国的普及问题的研究，请参见李学智著：《民国初年的法治思潮与法制建设》，中国社会科学出版社2004年版。此外"法统"一词在当时的广泛使用，以及护法运动的屡屡兴起也可以从另一个侧面反映法治思想在当时的普及程度。

② 熊希龄："在参众两院议员暨各界党代表茶话会上演说辞"，载《熊希龄集》（上），湖南人民出版社1985年版，第502～503页。

③ 梁启超："政府大政方针宣言书"，载梁启超著：《饮冰室合集》，中华书局1989年影印版，第121页。

④ 有关这一阶段的司法制度问题，请参见王宠惠："二十五年来中国之司法"，载《中华法学》第1卷第1号。

人系在外国毕业者。”①

一套从中央到地方独立于行政的审判机关正在创建之中。据统计，到1926年，全国各地创建的新式法院总数有139所。② 司法审判与司法行政、司法监督相分离的趋势得到认可。公开审判、明确的审级划分等新型的诉讼、审判制度开始生效。

总之，法律作为一种社会管理必需的基本手段开始逐渐同政治、道德等脱钩，正在一点点地成为一种具有独立价值取向、操作方法的规则、技术和知识系统。也就是说，法律正在从一种依附于传统伦理的简单工具，变成具有普遍适用性的社会规则。这一点对于中国这样一个法律长期受伦理、专制所控制的国家来说尤为重要，也是笔者最为看重的。唯有如此，法律本身才会拥有发展的可能。

需要指出的是，笔者这里所记述的是从整体而言的一种趋势、一种方向，并不否定一些局部的与之相矛盾的地方。在中国社会的现实生活中，人们在观察社会问题时往往存在一种过急的心态，缺乏一种应有的理性，结果导致最终评价上的不客观。法制建设是一种长时间段的过程，不可能在短时间内毕其功于一役，这一点对于一个有几千年文明史和悠久、独特法制传统的国家更是如此。因而，在初始的阶段出现一些细节的问题，一些局部的混乱，甚至倒退都是可以理解的，也是不可避免的。关键是方向，只要方向是正确的、明确的，并在朝着这一方向而努力，我们就不该过分苛求。总之，通过上面的回顾和描述，我们不难发现经过了20年的发展与积累，中国的法制建立已基本上摆脱了传统的束缚，正在以一种全新的姿态展现在世人面前。

如果说到这一时期法制建设中存在的问题，笔者认为，最大的问题就是法律本身的力量并未真正积攒起来。出现这样的问题的原因有很多，如专业人员太少等，但最根本的原因则不在法制本身，而是环境和时机的问题。

法治需要在一个宽松、平稳、民主的政治社会环境下才能成长和发挥作用。然而不幸的是，近代的中国却没有给法治提供这样的时机。清末民初的中国社会正处于这样一种状况之中：

从政治上讲，军阀割据，所谓的中央政府形同虚设。晚清政权存在的最后几十年，出于抵制西方列强、强化国防的需要，不断鼓励各地训练新式军队，同时又

---

① 《法权会议报告书》第四编第五章第三节“法官之训练”，载《东方杂志》1927年第24卷第2号。

② 《调查法权委员会报告书》，法律评论社1926年版。

在一些重要的沿海沿江城市设立了许多兵工厂。然而,伴随着大清王朝对地方控制的不断弱化,加以新式军队与新型军事设施的奇妙集合,这些新式军队不但未能成为挽救清朝命运的国防力量,却一点点地演变成为一种地方性质的武装,并最终成了清王朝的掘墓者。清王朝垮台之后,这些地方武装又立刻蜕变成为大大小小、拥兵自重、彼此混战、割据一方的军阀,实际控制着各级政府。

从经济上讲,军阀们为了各自的生存,不断地压榨自己控制区域内的普通民众,致使新的生产方式无法出现,原有的农民越发贫困。此外,中国社会正处于转型之中,自然经济仍占主流地位,各地之间、各种经济主体之间彼此缺乏经济上的联系,真实的、统一的市场尚未形成。

从文化上讲,以儒家为主体的主流文化受到了极大的冲击和批判,特别是"五四"新文化运动更是对传统文化构成了毁灭性的打击,而新的主流思想和文化还未形成。

这一切和尖锐的民族矛盾交织在一起势必造成整个社会的无序状态和积贫积弱,支离破碎。生活在这样的社会里,残酷的现实不断地教育着各种政治势力,要想通过法治来实现中国社会的转型和民族问题的解决似乎是一种超前的奢侈品。解决中国问题的唯一出路似乎只有强权。

于是,原本就是把法治当成一种工具,同时对其又没有多少理解的各种政治势力在对法治的鼓吹表现出了一阵狂热之后,理所当然地把自己关注的焦点再一次投向了权力。长期实行专制统治的中国原本就存在权力崇拜的土壤,于是,围绕权力的斗争越发尖锐和不守常规,一切制度化、程序化的权力运行和交替的规则都无法形成。相反,失去了一切制约的权力也开始在整个社会中随意地游荡。有权,特别是有军权才能有一切,自然成了中国近现代历史的真实写照和政治家们最后的经验与共识。

回顾这段历史,我们可以清楚地发现,当现代法治从书本纸面上走向现实的社会生活时,它与特定社会的冲突便不可避免地爆发了。

第一,与权力者的冲突。众所周知,现代法治是一种具有普世性的社会规则,是维系政治开明、社会公正和秩序的基本手段,它诉诸的是人类的理性,它与分权和制衡、个体的独立和自治、民主和程序等联系在一起,也就是说,它以政治民主为实现的前提。然而,当时的中国社会需要的却是强权,并通过强权将社会上的一切力量加以高度的整合,这一切恰恰与法治的精神背道而驰。在一个急需强权和权力高于一切的社会里,以制约权力为己任的现代法治与早已习惯了个人说了算、只重结果不重过程的当权者们是极难调和的。特别是当权力的行使是为了公共利益时,为什么还要服从于那些烦琐的程序、公开等原则?处处按规则办事,政治家的个人智慧又如何体现?权力者的疑惑自然就会形成。

此外,还有一点也必须提及:中国传统的法律是以被统治者认可、民众自发接受的儒家伦理为指导,与整个社会浑然一体。而现代法制却秉承一种来自于异域的新的理念,其推行的结果是使法治正在成为一种游离于整个社会中心任务之外的一种独立的知识体系。也就是说,现代法治正在逐步地成为一种统治者无法控制的力量。这一点也被那些敏锐的政治家们所洞见。

于是,法治存在的合理性就首先受到了政治家们的怀疑与指责,孙中山、袁世凯等几乎中国近现代历史上所有的政治家们在对待法治的态度上都走过这样的心路历程。

但需要指出的是:我们又不能忽略了时代的影响。民国时期的中国已毕竟有别于中国传统的专制帝国,依法治国毕竟已成了时代的主流,因而除了少数军阀之外,大多数严肃的政治家思考的问题则是如何将法制与权力有机的结合。

我们不妨引用一段民国时期的一位法律工作者的话对此加以佐证:“民国乱到二十二年,加以强邻侵略,国家愈陷不可收拾的地步。纷乱的根本原因,人人知道是政治不上轨道。要政治上轨道,当然要讲法治……我们固然知道这症结所在,但是我们没有办法,也没有力量,去把政治弄成有办法。非特我们没有,恐怕谁也想不出这个办法,谁也不敢说有此力量。那么说起政治,安得不令人痛心呢!”①

第二,与知识阶层的冲突。当法治并没有像人民预期的那样实现社会的高度整合,反倒造成了社会的进一步分化时,法治与中国特定社会的冲突便开始由政治家扩大到知识阶层。这一点从表面上看似乎极难理解。中国传统社会的最大特点是政教合一、社会的高度一体,而现代法治张扬的是公民的平等、独立、自由等价值理念,它与重家族、讲义务、重等差的中国传统文化反差极大。因而,现代法治的推行其结果必定要导致社会价值观的多元化,也就是说,短时间内造成社会的进一步分化。中国的读书人以爱国为天职,因而对民族的衰落也最为敏感和痛心。只要能救国,暂时放弃自由、民主等理念,在他们看来也是值得冒险一试的。明白了这点之后,才能真正懂得诸如李大钊、董必武、张太雷以及王宠惠、徐谦、居正等一大批中国法律界的精英们会轻易地抛弃自已所曾经推崇的法治信仰,要么转而走向了暴力的革命,要么依附于当权者的深层原因。

第三,与普通民众的冲突。辛亥革命以后,中国社会贫富、强弱两极分化严重,新兴的工商阶层和传统的士绅控制着绝大多数社会和政治资源,唯有处于绝

---

① 翁敬堂:“个人计划”,载刘仰东编:《梦想的中国》,西苑出版社 1998 年版,第 196 页。

对弱势方的普通工农才对法律救济充满着迫切需要。然而,在一个资源分配、占有缺乏起码公正和制度的社会里,坚持对所有人一视同仁,而不是对弱势群体加以特殊照顾的现代法治从某种程度上讲则势必会进一步强化广大社会弱势群体的弱势地位,并使之丧失最后的一种救济手段。此外,现代法治走的是精英化道路,其所坚持的程序化原则又必然导致纠纷解决成本的增加、时间上的拖延、对形式正义的刻意追求等中国民众所厌恶的所谓官僚主义等问题,造成与民众事实上的隔阂,这种隔阂也极大地制约着普通民众对现代法治的接受与认同。"诉讼过程中,程式上的形式主义的泛滥,常常令当事人对案情的进展不明就里,难以琢磨法官的意图。各级法院对于每一讼案,必先审查其形式方面有无缺陷,而后才进行实质上的审判。而当时普通民众,识字者为数甚少,法律规定的诉讼手续多从外国学来,种种名词、术语及形式,只具备普通常识,尚且不能理解,更莫说普通常识都不具备的广大民众",结果往往给民众留下了"在中国诉讼,无理者固败诉,有理者亦往往败诉"①的印象。

总之,曾被人们寄予厚望的现代法治与以程序简陋著称的中国传统法律一样,面对着中国近现代社会的冲突和矛盾同样是无能为力。解决不了多少实际问题的法律势必会显得有些多余,并理所当然地被人们所忽视,并使他们丧失对新法制的信念。相反还会给那些原本就对新法制不抱什么希望和幻想的人们留下指责的口实——在他们看来那些对法治的礼赞和呼吁,也不过是某些人的虚张声势和一种新的冥顽不化。

在这样的大环境下法制建设不可能成为一项独立的任务。面对如此尴尬,中国近代法制的出路似乎只剩下两条:一是重新借助权力和依附于权力;二是寻求广大民众的拥护与支持。

二、广州、武汉国民政府法制建设概述

广州、武汉国民政府由孙中山所创建,初设于1923年3月的广州,称中华民国陆海军大元帅府。1925年7月1日改组为中华民国国民政府,史称广州国民政府;1926年年底迁都武汉,因而该政府又被称为武汉国民政府;1927年9月20日武汉国民政府因与蒋介石的南京政府合并而终结。按照学界的通说,这一政权的性质属于中国共产党和国民党两个阶级专政的联合政府。

① 张仁善著:《司法腐败与社会失控1928~1949》,社会科学文献出版社2005年版,第148页。

通过革命推翻满清政权，而革命一旦胜利之后则通过议会政治、多党政治自上而下地实行法治，解决中国的民族、民权和民生问题是孙中山先生早期始终坚持的政治主张，即以法治创建富强的中国。尽管孙中山对此也心存顾虑，但却坚定不移地推行之，诚如他所言，“临时约法者，南北统一之条件，而民国所由构成也”。① 在辛亥革命之后相当长的一段时间里，立法、护法成了他政治生涯中的主要工作。然而，残酷的现实却使他碰得头破血流，一度极为迷茫：“辛亥之役，汲汲于制定《临时约法》，以为可以奠民国之基础，而不知乃适得其反……试观元年临时约法颁布之后，反革命之势力不惟不因以消灭，反得凭借之以肆其恶，终且取临时约法而毁之。”②十月革命的胜利，俄国共产党的经验又一次使孙中山看到了希望：这一经验的最主要做法是建立一个组织纪律严密的政党，并将党建立在国家之上，通过党的组织和党控制下的各级政府将国家有机连成一体；然后再通过党员的带头作用将全社会的所有民众动员起来，通过法律和宣传手段将党的主张变为全民的意识和行动准则，实现整个社会的高度整合；通过阶级斗争的方法，消灭少数人对资源的不合理占有，实现社会财富的平均分配，从而获得绝大多数民众的拥护。广州、武汉政府就是按照俄国共产党的经验所建立的一种全新政权。欲在中国实行法治，须先实行党治，这可能是从个人专制的帝国走向法治中国的必由之路。

广州、武汉国民政府的主要任务是军事行动，而非法制建设，即通过革命军北伐的军事行动消灭封建军阀和帝国主义，实现国家的统一，并在北伐的过程中实现对社会新的整合，但其在法制方面的努力和实践却给后人留下了更多回味的空间。在广州国民政府成立后，孙中山就着手成立法制委员会进行法制改革，并为改革做了明确指示：第一，对所有现行的组织条例进行审查，以使之符合新的以党治国的需要。第二，对一切现行的法律进行审定，凡与民国建国精神相违背的全部进行修改，务必使法律适应国家和人民的需要。第三，进行司法改革，其着眼点为除弊和便民。③ 由此可见，广州、武汉国民政府的法制变革，绝非修修补补，而是全方位的。具体而言，广州、武汉国民政府的建立为中国法律近代化提供了另一种可能，即放弃将法律作为一种普世性规则的理想，而利用革命政党的理论对现代法治理念重新进行改造，从而得到权力者和社会中广大民众的支持。中国法制近代化的进程由此翻开了新的一页。

---

① 孙中山：“中国之革命”，载《中山丛书》，太平洋书店 1927 年版，第 31 页。
② 孙中山：“制定建国大纲宣言”，载《中山丛书》，太平洋书店 1927 年版，第 21 页。
③ “法制改革之帅座政见”，载《广州民国日报》1924 年 4 月 19 日。

下面笔者就把这一时期的法制建设从立法和司法改革两个方面做一简单介绍。

就立法方面而言,广州、武汉国民政府尽管立法数量不多,但却极具特色。它无意制定那些部头庞大、带有普世性的部门法规——诸如《民法》等制订计划就被一再搁置,而是根据《中国国民党第一次全国代表大会宣言》的精神把自己的兴趣和重点放到了某些特别法上。这种以执政党的政策为灵魂的法律必然使法律处于不断的变化之中,法律的稳定性较差。我们这里所说的立法,既包括武汉国民政府所制定的法律法规,也包括国民政府所管辖的各省制定的法律法规。

行政方面的立法主要是:《中华民国政府组织法》,1925 年 7 月 1 日公布,总计 10 条,1927 年 3 月重新修订。该法规的主要特点有:一是放弃了国民党此前所坚持的"议会制"、"多党制"等政治主张,转而实行一党专政和以党治国的新理论。它明确规定国民政府要受国民党的指导和监督,如该法规规定国民政府的成员由国民党中央执行委员会任免,国民政府向国民党中央执行委员会负责并报告工作;未经国民党中央执行委员议决的重要政务,国民政府无权执行。也就是说,确定了国民党全国代表大会及其中央执行委员会为国家实际上最高权力机关的地位。二是采取集体领导制和议行合一制。

农民运动方面的立法主要有:(1)《农民协会章程》,1924 年 7 月颁布,共 15 章 83 条。该章程对农民协会的宗旨、组织、会员的资格以及会员的权利与义务等均做了详细的规定,公开承认广州、武汉国民政府以维护农民的利益为宗旨,并组织农民形成自己的组织系统。(2)《佃农保护法》,1927 年 5 月公布,共 10 条。该法的主要内容是以法律的形式规定要减轻佃农的地租。如该法规定佃农缴纳地租不得超过土地收获量的 40%,实际交租量由当地政府会同当地农民协会按照当地情况具体规定;佃农对于地主除缴纳租项外,其他一切额外苛例均取消,同时规定地租应在收获时缴纳,如遇天灾战事等,佃农有按照灾情要求减免地租的权利;佃农对于所耕土地有永佃权,但不得将所租土地转租他人;佃农与地主之间的契约必须报区、乡政府机关备案等。(3)《处分逆产条例》,1927 年 5 月公布,共 8 条,该条例规定,凡与国民革命为敌,或为帝国主义之工具,或压迫人民以巩固封建制度,或侵吞国家地方收入,以饱私人贪欲,或操作金融,以动摇革命势力的军阀、贪官污吏、土豪劣绅、反革命等其财产均为逆产,全部没收。

劳动方面的立法主要是:《西北临时劳动法》。该法律规定:凡劳心的工作,有害身体的工作,夜间工作,应减少一个小时的劳动时间,增加工资 1/8;禁止使用 14 岁以下的童工;妇女产假为 16 周,工资照发等。此外,还制定公布了《劳工仲裁条例》(1926 年 8 月),草拟了《工厂法草案》等有关劳动方面的法规。

妇女解放方面的立法主要为:《陕西省婚姻暂行条例》。该条例规定结婚由男女双方自行决定,有配偶的双方均不得再行结婚,妇女受虐待或重大侮辱可提请离婚,离婚后女方可收回自己的财产。

刑事方面的立法主要有:(1)《国民政府反革命罪条例》,1927年3月30日公布,共16条。该条例的主要内容是规定了反革命罪的概念、种类和本条例的适用范围。按此规定,凡意图颠覆国民政府,或推翻国民革命,而为各种敌对行为者,以及利用外力,或勾结军队,或使用金钱,而破坏国民革命之政策者,均为反革命罪。

(2)《党员背誓罪条例》,1926年9月22日公布实行,共8条。它规定国民党员因违背誓言,或虽未宣誓但任有官职而从事违法犯罪所应处以的刑罚。值得一提的是,该条例规定国民党员犯死刑时,需由国民党中央执行委员会组织临时法庭审判之。此外,该条例还规定党员犯罪加重处罚。《湖北省惩治土豪劣绅暂行条例》,1927年3月公布。该条例规定凡凭借政治、经济、门阀身份及一切封建势力或其他势力在地方上欺压群众,反抗革命运动者,均为土豪劣绅。对土豪劣绅由湖北省土豪劣绅审判委员会进行审判。

通过上面的简单介绍不难发现,广州、武汉国民政府无论是其立法的侧重点,还是它所规定的制度都与此前的法律制度有明显的不同。只要我们稍加注意便不难发现,一些日后对中国近现代历史产生过重大影响的法律法规其最初的形态大都源于此。与此同时,受党的方针、政策影响,诸如"反革命罪"等政治术语开始源源不断地出现在各种法律文件之中,甚至成了法律的名称。

就司法制度方面而言,广州国民政府建立之初在司法制度方面仍然沿用北洋政府时期的体制。1926年9月,国民党中央政治会议专门开会对司法制度进行讨论,会议接受了国民政府司法行政委员会主席徐谦的建议,决定以苏联为参照对现行司法制度进行改革。徐谦认为中国现行司法制度的弊端主要有二:一是司法制度同工农革命相脱节;二是程序烦琐,不方便民众。而未来司法制度的模式就是仿效苏联,"以前的革命只是政治革命,司法向来没有随着政治而革命,故司法向来就不彻底。我们要知道,司法要不良,革命的结果就是毫无实际,故司法是要革命的"。[①] 至于如何改革,徐谦讲得也极为明白,就是要建立革命的司法:"我们要组织革命的司法。第一要党化,如不党化,则不成为革命的。第二要民众化,不民众化,也是不革命的。以往的司法,都抄袭欧洲大陆的制度,

① "司法部长徐谦报告改革司法工作",载湖北省司法厅编:《清末民国司法行政史料辑要》。

四级三审制，全非党化。”[①]1927 年年初，武汉国民政府正式公布了《新司法制度》，司法制度改革遂逐次展开。

第一是改审判厅为法院，实行二级二审制。原有的司法机关仿效行政机关称为“厅”，现一律改称为法院；同时为了简化诉讼，将原来的四级三审制改为二级二审制，即中央法院和地方法院两级。地方法院设在县市，一律冠以县市之名；乡、镇设人民法院。值得一提的是，日后在新中国长期坚持使用的“人民”法院的称谓也即源于此时。

第二是废除法官不党的禁令。1924 年中华民国陆海军大元帅府成立不久，孙中山就将主张“司法无党”的大理院院长赵士北免除职务。对此事件，报纸披露云：“日前赵士北对于中国国民党有司法无党之语。该党以此事不仅系赵之个人问题，特将该项问题提出于中央执行委员会第十八次会议讨论，已经决议，以党治国，党政府之下，除特别专门技术外，无论何种官吏皆须入党，然后可以受党之指挥，而实行党纲。”[②]此后又明确规定司法官员需“有社会名誉之党员兼有三年以上法律经验者”方可充任。这一规定将司法机关置于党的控制之下，彻底改变了自清末以来司法官非党化的新传统。不仅如此，为了保证司法人员的政治素质，武汉国民政府还加强了对法官考试和培训两个环节的控制。如据当事人回忆，“考试分为第一试、第二试、口试三个步骤进行的。第一试测验国文和三民主义；第二试测验民法、刑法、民事诉讼法、刑事诉讼法和宪法，口试为最后决定，注重测验政治态度……第一试测验国文，所出的题目是结合现实要大家拟判陈家谟、刘玉春反革命罪行的判决词一通……口试测验是考查政治态度，好像是以拥护国民党左派，反对国民党右派为唯一标准。记得在口试时，考试委员知道我是江西人，就一再要我分析江西国民党左、右派斗争的经过，以说明个人的看法”。[③] 考试录取后还要进行培训，即法官政治党务训练班，聘请苏联顾问及国民党人讲授司法革新知识，以及新三民主义、社会发展史、农民运动、妇女运动等知识，灌输国民革命的思想。

第三是废止法院内的院长负责制，实行行政委员会制。原有的法院实行长官个人负责制。为避免长官个人专权，新司法制度规定各级法院内成立行政委员会，行政委员会由民事厅长、刑事厅长、检察官、书记官组成之。凡院内行政，如收发文件、分配案件、预决算、会计保管、稽核等事务，由行政委员会负责。

---

① “司法部长徐谦报告改革司法工作”，载湖北省司法厅编：《清末民国司法行政史料辑要》。

② 《广州民国日报》1924 年 4 月 3 日。

③ 黄晓东：“大革命时期的司法改革”，载《文史资料选辑》第 78 辑。

第四是实行参审、陪审制度，直接吸引民众及民众团体参与审判工作。基层乡、镇的人民法院设参审员，参与事实及法律的审判，县市法院和中央法院设陪审员参与事实的调查。参审员、陪审员均由国民党党部和人民群众组织选举产生。

第五是减轻诉讼费及状纸费。规定诉讼费须比以前减少50%，状纸费须减少60%，以方便群众。

第六是改造律师制度。国民政府专门颁布了《律师章程》(1927年2月)，加强了对律师的改造，特别是对律师的任职资格做了新的规定：担任律师必须是党员，曾有反革命行为者，剥夺律师资格，律师无分男女均可以担任等。[①] 广州、武汉国民政府所推行的司法制度对于国人而言无疑又是一种全新的类型和体验。

三、影响和作用

尽管广州、武汉国民政府存在的时间极短，加之其他种种原因，上述法律制度大都并未真正得以实施。武汉国民政府所推行的司法改革只实行了1年左右的时间。但未及彻底实施并不影响这些法律制度的地位和作用。对这种影响我们可以从两方面加以讨论：一是短期的，二是长远的。就短期而言，当事人之一的黄晓东讲得极为清楚："江西的司法情况当时在武汉司法部的直接指导下，确实有了一些新的气象，表现在：风纪比过去严肃，审、检之间或者上下级之间大都能合作共事，而不是互相倾轧，诉讼当事人可以免受不必要的讼累。"[②]而长远影响，我们从大处着眼可以一言蔽之，就是开创了中国法制近代化的新阶段，即仿效苏联法律的新阶段。

既然是仿效，就当然少不了仿效的对象。清朝末年在经过反复的比较论证之后，清朝政府最终选择了以日本为中介的大陆法系中的德国为自己的参照系。由此便开始了中国法律近代化过程中的第一个阶段，即仿效德、日法律制度的阶段。此后，自清末以降，到北洋政府统治时期，尽管中国的法制建设本身艰难曲折，但在以德、日为参照这一点上几乎从未有过动摇。德国、日本法律制度对中国近代法制建设的影响可以说是全方位的，影响的痕迹几乎俯拾即是。

但自广州、武汉国民政府之后，这种参照的对象却明显地发生了变化，苏联

---

① 有关武汉国民政府司法制度改革的情况，请参见黄晓东："大革命时期的司法改革"，载《文史资料选辑》第78辑；"新司法制度"，载《国闻周报》第4卷第10期。

② 黄晓东："大革命时期的司法改革"，载《文史资料选辑》第78辑。

的法律则成了急于使法制近代化的中国仿效的新对象。苏联的法律开创了世界法系中的一种新的类型，即社会主义的法律。

尽管从时间上讲，马克思主义的法律观对中国的影响开始于俄国十月革命前后，但在广州、武汉国民政府之前，这种影响还主要集中在中国共产党人和一些左翼青年这样一个较小的范围，集中于观念层面。1924年前后，从国民党第一次全国代表大会之后，特别是从广州、武汉国民政府开始，这种影响的范围波及国民党人，从一种观念、一种理论变成为一种实实在在的制度和规则。

以往学者们在论及苏联法律对中国的影响时大都从新中国谈起，或者最多从苏维埃根据地时期谈起，而且，还仅把这种影响局限在中国共产党所创建的政权范围之内。广州、武汉国民政府是国共两党的联合政府，日后，在中国共产党内长期担任实际领导职务，以及日后一些长期担任根据地法制工作领导人的毛泽东、董必武等人都是这个政府的主要成员之一。尽管在此之前，毛泽东、董必武等人在理论上早已接受了马克思主义，但对马克思主义法律观毕竟没有进行过专门研究，而广州、武汉国民政府的法制建设是他们所亲自参与的较早的现实法制活动，因而广州、武汉国民政府的法制实践对毛、董等人以及其他中国共产党人对法律的认识不可能不产生重大的影响。武汉国民政府解体之后，这种影响又通过苏维埃根据地和南京国民政府两个渠道在中国更广大的范围内波及开来，使之成为中国新的法律传统中的一种基本元素。当然，这种影响的程度和深度根据地政权方面要远远强于南京国民政府。

广州、武汉国民政府的法制对中国法制近代化的长远影响大致可以归纳为这样几个方面。

第一，超阶级的西方宪政理论和学说被马克思主义的国家学说和宪政理论所取代。清朝末年西方资产阶级宪政理论开始进入中国，并一度被视为中国摆脱贫穷落后的唯一良方。起始于1902年的预备立宪更使宪政问题开始从理论和观念层面进入到现实的试验阶段。这种试验的基本做法是以普遍的、超阶级的人权、自由、民主等为理论基础，通过三权分立、议会政治、多党制等制度以建立全体公民共和的政治共同体为奋斗目标。但广州、武汉国民政府之后这一切有了明显的变化。

马克思主义国家观认为：国家是阶级统治的工具，它只有牢牢地掌握在统治阶级的手里，才能为统治阶级服务。而统治阶级又是由其中坚力量执政党来领导的，因而把党建在国上、以党治国、强调阶级斗争就成了新型宪政理论的核心内容。此外，马克思主义国家学说还认为权力是无法分割的，所谓分权只是分工而已，是一种形式上的区分。在这种理论和苏联现实政治运作的影响下，中国的宪政运动也相应地进入了一个新的阶段:就宪政理论方面讲是以政党意识形态来规定国体,变国家为以执政党意识为基本联系纽带的新型政治共同体;从政体方面讲是放弃三权分立的国家权力体制,创建议行合一、民主集中制的人民代表会议制度;从具体操作层面讲通过阶级斗争的方法,打倒地主、资本家,平均各阶级对资源占有上的不平等。

第二,法律开始由精英走向民间。清末以来中国法制建设一直走的是精英路线,它所依赖的主要是城市中的中产阶级和青年知识分子。在精英路线下法律日益成了一种与现实社会生活具有一定距离的程序化的专业知识,如伴随法律专业化而来的法律术语越来越难懂,法典编写越来越厚重,程序越来越复杂和烦琐等普通民众极为厌恶的问题。换言之,在法律日益成为一种专业知识的同时,法律同百姓的生活,法律人同百姓的距离也被日益拉大。

自武汉国民政府开始,这种做法受到了指责和批判,并有了明显的变化,而解决这一问题的办法就是让普通民众参与法律活动,我们习惯称为"民主"。在这一过程中不仅百姓的生活经验重新受到了重视。如在立法时尽量倾听民众的声音,在司法上简化诉讼程序等,而且还要求司法人员必须与民众在情感上打成一片;甚至有时还要强调司法人员需要同百姓在生活上打成一片,必要时发动民众亲自参与审判等——高高在上的法律开始走入民间。

众所周知,法律知识毕竟是一种与日常生活经验不同的专业知识,因而,如何从技术上将这种专业知识同民众的生活经验进行有机结合,在此后相当长的时间里并没有真正实现。

第三,强调维护工农大众、妇女等社会弱势群体的利益,阶级性日益明显。反帝反封建是近代中国的基本任务,而其主力军除了工人阶级之外,还包括深受封建土地和封建家庭制度剥削的广大农民和妇女。于是,各种保护工农大众、妇女等利益的单行法律开始被不断制定,土地法、劳动法、婚姻法成了日后中国法制建设中的重点,法律的普世性开始淡化。

第四,法律的政治功能得到了极大的拓展。法律开始从社会的法律变为革命的法律。也就是说,法律制度开始逐渐从一种社会管理手段变成为执政党进行革命的一种工具。其具体做法大概可从立法与司法两方面来讲。

从立法方面讲:一方面是将一切旧的法律统统打破和废除。徐谦从广东一到湖北就公开表明:"鄙人此次来鄂,可说不为护法而来,而为毁法而来,怎么讲呢?在逆政府下的法律,本性是不革命的,并且是反革命的,是拥护特属阶级,资产阶级来压迫平民和无产阶级的。而且这种法律是不允许革命的。我们要拥护它,我们就不能革命。我们既是革命,当然要破坏反革命的法律。”①另一方面是及时地将党的方针、政策上升为人人必须遵守的法律,以此将整个社会形成一体。将笼统而又原则的党的方针、政策上升为具体的法律法规,这中间需要许多技术方面的转换。经过仿效和自我摸索,广州、武汉国民政府时期已大致掌握了这一技术——一是对立法机关的人员进行控制,从而保证党的方针、政策不会在上升为国家意志的过程中走样,也就是说,从组织和思想两个层面对立法人员进行统一领导;二是先把党的某一项方针、政策通过党的专门会议细化为决议,然后再根据决议制定、创建出具体法律与制度。下面我们以劳动方面的立法过程对这一问题做一些简单的分析。

公布于1924年的《中国国民党第一次全国代表大会宣言》中首次对国民党的劳工政策做了明确规定:“制订劳工法,改良劳动者之生活状况,保障劳工团体并扶助其发展。”作为执政党的劳工政策,这一规定是十分清晰和明了的,但若按其制定法律则显然过于原则和笼统。于是,1926年1月和10月中国国民党又召开专门会议,经过讨论之后,通过了《工人运动决议案》和《本党最近纲领决议案》,进一步明确了有关劳工方面立法的具体原则。这些原则包括:工人有集会、结社、言论、出版、罢工之绝对自由;主张不以资产及知识为限制之普遍选举;废除包工制,以保障工人之组织自由及罢工自由;改善工会之组织,免除工会间的冲突;主张8小时工作制,禁止10小时以上的工作;限制工作时间,每星期不得超过54小时;例假休息,照发工资;制定最低工资制度,但关于兵工厂及其他军用事业或与军事有关的交通事业,须另定劳工待遇条例,以不妨碍国民革命运动为标准;保护童工、女工。禁止14岁以下之儿童工作,并规定学徒制。女工在生育期内,应休息60日,并照发工资;设立失业保险、疾病及死亡保险机关;改良工厂卫生。改良工人居住并注意卫生;设立劳动补习学校及工人子弟学校,以增进工人普通知识及职业技能;奖励并扶助工人消费合作社,切实赞助工人的生产合作事业;设立劳动仲裁机构,以调处雇主与雇工之间之冲突,务求满足工人之正当要求。②

尽管由于种种原因,武汉国民政府并未制定出统一的劳动法。但仔细比较一下当时各省所制定的一些类似条例,我们不难发现这些条例与上述决议之间的因果关系。③ 其实,退一步讲,这些原则实际上在当时司法实践中也已经被作

① 长沙《大公报》1926年12月24日。

② 《中国国民党历次代表大会及中央全会资料》,光明日报出版社。

③ 如广州、武汉国民政府制定的《工会条例》、《劳工仲裁条例》,以及湖北、广东、陕西等省先后制定的《西北临时劳动法》、《临时工厂条例》、《工厂法草案》等有关劳动方面的法规。

为审理相关案件的法源而适用了。

从司法方面讲:一是要将司法机关牢牢地控制在党的手里,控制在革命者手里,实行唯有党员才能担任法官的任职制度;二是方便群众,减少程序和诉讼费用,同时让工农群众直接参与司法审判活动——唯有如此才能将法律的实施过程变成为一种发动群众、教育群众、团结群众的手段。上述法律制度使广州、武汉国民政府的法律制度开始明显有别于晚清与北洋政府的法律制度,并与此后中国法律的走向有明显的渊源关系。总之,自广州、武汉国民政府之后,中国法制现代化之路进入了一个新的阶段。

(2008年第7期)

2009 年

论清代九卿定议

——以光绪十二年崔霍氏因疯砍死本夫案为例

俞　江*

引　言

在查阅第一历史档案馆的刑科题本档案时,笔者发现一个有趣的现象:在每年数百上千件题本中,总会出现数件或十数件封面用朱红色写有"九卿定议具奏"的题本。在各类中国法制史教科书中,均有提到"九卿"者,但"九卿"究为哪些机构?"九卿"在清代司法程序中占有何种地位?"九卿会审"与刑科题本中的"九卿定议"是否为一回事?这些问题,学界至今尚缺乏研究。

国内以往在清代司法制度研究方面,卓有贡献者,当首推已故的郑秦先生。郑秦先生曾查阅过第一历史档案馆中内阁刑科题本档案,但在他的专著中,仅提到了"三法司"在审转具题和秋审中的地位。[①] 可以肯定,当初在查阅刑科题本时,他必已看到不少"九卿定议"案件。今天,作为法史学的后辈,当接触到这个问题时,很遗憾不能听到郑秦先生的意见。不过,从郑秦先生在其著作中屡屡将自己的研究限定在"一般命盗案件"这一范畴来看,或许他认为在"一般命盗案件"之外,我国尚存有"特殊命盗案件"的程序,只是对后者的种类、性质等未及深论。另外,我国台湾地区明清司法史专家那思陆先生在其研究清代中央司法程序的专著中。也把"九卿会议之裁决"放在名为"特别案件审理程序"一章中。但那先生所谓的"特别案件",是指"宗室觉罗案件"、"职官案件"、"旗人案件"、"蒙古案件"、"京控案件"和"叩阍案件",[②]与下文论述的一般民人案件的九卿定议程序,尚有区别。

笔者认为,"九卿定议"是清代有法外量刑情节的服制命案所需履行的特别程序。它虽非命盗案件的一般程序,但由于涉及古人对待特殊命案时的法律态度,对反映传统法律观有特别的意义,故有研究之必要。现不揣浅陋,聊备一文,舛误必多,用作学界批评。

---

* 作者单位:华中科技大学法学院。

① 郑秦著:《清代司法审判制度研究》,湖南教育出版社1988年版,第24~34页、151~153页。

② 那思陆著:《清代中央司法审判制度》,台北文史哲出版社1992年版,第381~418页。

一、“九卿”是哪九个机构

为有助于对“九卿定议”产生直观的认识，以下选取光绪十二年崔霍氏因疯砍死本夫案之九卿定议题本为例。该案案情为：山东省菏泽县民崔洨，其妻崔霍氏患有间歇性疯病，平时并未捆锁。光绪十年(1884)年五月二十八日，崔霍氏疯病复发，手执菜刀跳舞，崔洨上前阻拦，不慎被崔霍氏用刀砍中咽喉死亡。

这个案件的督抚题本上去后，照例奉旨“三法司核拟具奏”。三法司具题上去，内阁奉旨：“九卿定议具奏。”我们现在看到的就是“九卿定议”后所上之题本。

清代“九卿会审”中的“九卿”，究竟是哪九个机构，历来有争论。《清稗类钞》说：“咸丰戊午，因会讯故相耆英一案，命大学士六部九卿会议，枢臣徧检档册，并未指定何项衙门为九卿。时军机章京焦佑瀛倡议，以都察院、通政司、大理寺、太常寺、太仆寺、光禄寺、顺天府尹、宗人府丞、理藩院九项当之，于是九卿之名始定。”①

徐珂的这段记载，已不知所本。“九卿会议”的“九卿”，似乎自咸丰年间以来发生争议，按徐珂的说法，九卿是在六部之外再加九卿。

六部之外的“九卿”，还另有一说。《读例存疑点注》的作者对“九卿”的注释是：“在清代的九卿为都察院、大理寺、太常寺、光禄寺、鸿胪寺、太仆寺、通政司、宗人府、銮仪卫。”②

而《读例存疑》的作者薛允升，在“有司决囚等第”律下的条例中有一则按语，对“九卿”的解释则是：“此例与上条统言九卿、詹事、科道，则六部、都、通、大理，皆系九卿。”③

上引三条资料，当以薛允升的按语为是。理由是：薛允升作为刑部尚书，是“九卿会审”的亲历者，自比传言或后世之言更可信。但对薛允升的按语，还有进一步证明的必要。因为，薛允升的按语在“有司决囚等第”条下，专指参加“秋审”之“九卿”。而在清代的死刑程序中，“九卿”可以出现在审转具题和秋审两个阶段，两个阶段中的九卿是否有别，尚需进一步的材料。

刑科题本档案，正是研究死刑审转具题程序的第一手材料。在上引山东省崔霍氏案的九卿题本中，有一个长长的会衔名单，这个会衔名单，与光绪年间其

① 徐珂编撰：《清稗类钞·爵秩类》，中华书局1984年版，第1321页。

② 薛允升著，胡星桥、邓又天主编：《读例存疑点注》，中国人民公安大学出版社1994年版，第12页。

③ (清)薛允升：《读例存疑》(卷四九)《刑律·断狱下》，黄静嘉编校，台北成文出版社1970年版，第1241页。

他的九卿题本中的会衔名单相同,它可直接说明"九卿"的具体内容。我们将此会衔名单抄出如下:①

刑部尚书臣宗室麟书;协办大学士尚书臣张之万;左侍郎臣宗室桂全;左侍郎臣薛允升;右侍郎臣贵恒;署右侍郎臣续昌;右侍郎臣许庚身;山东司掌印员外郎臣长春

吏部尚书臣锡瑜;右侍郎臣李鸿藻

户部尚书臣翁同龢;左侍郎臣嵩申

礼部尚书臣宗室延煦;右侍郎臣童华

兵部尚书臣乌拉喜崇阿;左侍郎臣曾纪泽

工部尚书臣宗室山口比冈;左侍郎臣孙毓汶

都察院左都御史臣宗室奎润;左副都御史臣白桓;掌山东道监察御史臣爱兴阿

通政使司通政使臣宗室奕林;参议臣冯应寿

大理寺卿臣明桂;少卿臣郭勒敏布;寺丞臣花金绶

据此可知,参与"九卿定议"的"九卿"分别是:

(1)刑部;(2)吏部;(3)户部;(4)礼部;(5)兵部;(6)工部;(7)都察院;(8)通政司;(9)大理寺。这个机构名单,可以简化为:九卿=六部+都察院+通政司+大理寺,即薛允升所谓的"六部、都、通、大理"。

"九卿"中,大理寺和都察院本为"三法司",无须深论。通政司为何职,居然可以位列其中,则需稍加解释。

查"通政司"名称之由来,《明史·职官志二》有交代:

初,洪武三年置察言司,设司令二人,掌受四方章奏,寻罢。十年置通政使司,以曾秉正为通政使,刘仁为左通政,谕之曰:政犹水也,欲其常通,故以"通政"名官。卿其审命令以正百司,达幽隐以通庶务。当执奏者勿忌避,当驳正者勿阿随,当敷陈者毋隐蔽,当引见者毋留难。

可见,通政司以"上通下达"、"政令通畅"为宗旨。

据《明史·职官志二》:

通政使,掌受内外章疏敷奏封驳之事。凡四方陈情建言,申诉冤滞,或告不

① 中国第一历史档案馆收藏,《刑科题本》光绪十二年(1886年),卷八十五号。

法等事，于底簿内誊写诉告缘由，赍状奏闻。凡天下臣民实封入递，即于公厅启视，节写副本，然后奏闻……凡议大政、大狱及会推文武大臣，必参预。

则通政司自建官之始，即可转陈冤狱的职能，并且"凡议大政、大狱"等事，皆有与闻之权。

又有明人陆容的《菽园杂记》卷九记载：

通政司所以出纳王命，为朝廷之喉舌，宣达下情，广朝廷之聪明，于政体关系最重也。洪武、永乐间，实封皆自御前开拆，故奸臣有事即露，无幸免者。自天顺间，有投匿名奏本言朝廷事者，于是始有关防。然其时但拘留进本人在官候旨意，出即纵之，未尝窥见其所奏事也。后不知始于何年，乃有拆封类进及副本备照之说。一有讦奏左右内臣及勋戚大臣者，本未进而机已泄，被奏者往往经营幸免，原奏者多以虚言受祸。祖宗关防奸党通达下情之意，至是无复存矣，可胜叹哉！

可见，通政司曾在明初较好地承担了伸冤纠察的职能，只因设置既久，弊窦丛生，慢慢失去了立官之原义。到了清代，仍设通政司，以"掌受各省题本，校阅送阁，稽核程限，违式劾之。洪疑大狱，偕部院豫议"。又，"其兼领者：登闻鼓厅（以参议一人分直，知事帅役巡察。）笔帖式，满洲、汉军各一人，掌叙雪冤滞。诬控越诉者，论如法"。①

通政司的职责之一即校阅各省题本，则重大刑事案件的题本，通政司自清初以来一直与闻。又因通政司有"上通下达"之职，在清初曾兼管"登闻鼓厅"，故上诉的状子，有"通状"、"鼓状"之别。后来，"登闻院"改隶通政司，才取消这一区别。这在《清稗类钞》中，言之甚详。②

二、"九卿定议"与"九卿会审"

上文提及既有"九卿会审"，又有"九卿定议"，以下试分辨之。

"九卿"参与秋审和朝审大典，分见于《大清律例》的各条例之中。其中，又

---

① 《清史稿·职官志二》。

② "国初，刘余佑《请革带地投充疏》，有'御状、鼓状、通状纷争无已'语。鼓状即登闻院之状，通状即通政司之状。雍正初，登闻院改隶通政司，其后控诉者赴都察院及步军统领衙门，外藩赴理藩院，遂无所谓鼓状、通状矣。"参见徐珂著：《清稗类钞·狱讼类》，中华书局1984年版，第975页。

集中在《断狱下》“有司决囚等第”条例。这些条例规定：督抚将重犯各案具题，限于每年5月内到达刑部。“刑部将原案及法司看语，并督抚看语，刊刷招册，送九卿、詹事、科道各一册，8月内在金水桥西，会同详核情实、缓决、可矜，分拟具题，请旨定夺。”“朝审案犯一体办理。”另外，据《名例律·犯罪存留养亲》之条例，九卿还参与核定存留养亲，即当案犯亲老丁单，“秋审并非应入可矜，并误杀缓决一次，例不准减等者”，督抚声明应留养之缘由，“统俟秋审时取结报部，刑部会同九卿核定，入于另册进呈，恭候钦定”。“朝审案件一体遵行。”

而“九卿定议”，虽与“九卿会审”中的“九卿”相同，其所处之程序阶段则不同。所谓“九卿定议”，是指某些特别种类的命盗重案，督抚拟律具题后，经内阁刑科奉旨交“三法司核拟”。三法司仍按律具题。但因案情有可矜之处，或有法外量刑的需要，需再经刑科内阁奉旨交“九卿定议”，经九卿具题后，奉旨减等监候，归入秋审。

用崔霍氏案为实例，来说明这个程序。我们将九卿题本摘抄如下：

刑部等衙门尚书臣宗室麟书等谨题为委审事。刑科抄出刑部等衙门题山东菏泽县犯崔霍氏因疯砍伤伊夫崔汝身死一案。光绪十二年7月18日题。20日奉旨：九卿定议具奏。钦此。

该臣等会同九卿议得，据前任山东巡抚陈士杰疏称，缘崔霍氏籍隶菏泽县，嫁与崔汝为妻，平日夫妇和睦。光绪九年12月间，崔霍氏染患疯病，时发时愈。崔汝与父崔志，因其并不滋事，央允地保常文普、邻佑崔云峰、崔盘，未经报官锁锢。十年5月28日傍晚时分，崔霍氏疯病复发，手执切瓜铁刀在院跳舞，崔汝瞥见喊阻，被崔霍氏用刀砍伤咽喉倒地。经崔汝之叔崔学同崔志、崔云峰等闻喊趋视，见崔霍氏持刀在院跳舞。当将崔霍氏捆获，夺落铁刀。查看崔汝业已因伤殒命。经县访闻差查报验，提讯崔霍氏目瞪口呆，语无伦次，不能取供。饬医崔霍氏疯病旋即医痊。讯详提审，供认前情不讳。诘非有心致死，亦无起衅别故及装疯捏饰情事。将崔霍氏依律拟斩立决，声明并非有心干犯，经刑部等衙门援例声明。奉旨：九卿定议具奏。钦此。

查律载：妻殴夫致死者，斩决。又例载：妇人殴伤本夫致死，罪干斩决之案，审系疯发无知，情有可悯者，该督抚按律定拟，于案内将并非有心干犯各情节分晰叙明，法司会同核覆，援引嘉庆十一年段李氏案内所奉谕旨具题，仍照本条拟罪，毋庸夹签。内阁核明，于本内夹叙说贴，票拟九卿议奏及依议斩决双签，进呈恭候钦定。各等语。

此案崔霍氏因疯发无知，辄用铁刀砍伤伊夫崔汝身死，到案时验系疯迷。迨覆审供吐明晰,取有地邻人等切实甘结,委无装疯捏饰情弊。核其情节,系因疯发无知,并非有心干犯。援引段李氏之案办理。臣等检查段李氏因疯砍死伊夫之案,核与崔霍氏因疯砍死伊夫崔洨情节相似,若将该犯妇依律问拟斩决,实可矜悯。相应请旨将该犯妇量从末减。如蒙俞允,即将该犯妇崔霍氏改为斩监候,秋后处决。仍恭候钦定。余仍照刑部等衙门愿题办理。

再,此案系刑部主稿,合并声明。

臣等未敢擅便,谨题请旨。

光绪十二年12月17日

据此可知,崔霍氏案经山东巡抚具题之后,内阁照例奉旨批出"三法司核拟",三法司随即核拟具题,这个时间,据九卿题本申明,是光绪十二年(1886年)七月十八日。随后,7月20日,内阁刑科即奉旨批出:"九卿定议具奏。"而九卿题本的落款时间已是12月17日了。这说明,该案经"九卿定议"的时间长达5个月之久。这时,光绪十二年的秋审早已过去,崔霍氏一案只能汇入光绪十三年的秋审。

可见,"九卿定议"和"九卿会审"的不同,首先,反映为它们各属不同阶段的两种程序。某案进入"九卿定议"程序,意味着审转具题程序尚在持续,对该案犯是立决还是监候,尚待"定议",故无法进入秋审或朝审程序。其次,"九卿定议"和"九卿会审"的结果也不相同。"九卿定议"的结果是立决或监候,一般来说,其结果均是改立决为监候。以崔霍氏案为例,督抚、三法司核拟的结果,均以妻殴夫致死斩决律,拟斩决。若如此,则崔霍氏当斩立决,毋庸进入秋审程序。而转入"九卿定议"程序后,再经九卿定议,引用相关条例,定议的结果是"将该犯妇崔霍氏改为斩监候,秋后处决。仍恭候钦定"。最后,由内阁奉旨在九卿题本上批红:"霍氏依议,改为应斩,著监候,秋后处决。余依议。"这样,崔霍氏即免去立决的后果,而可以进入到明年秋审中去。至于"九卿会审",其实是九卿、詹事、科道在每年8月内齐集会审全国的秋审案件,最后分别实、缓、矜、留四种结果,具题皇帝。

三、"九卿定议"与"夹签"制度

清代刑事案件的审转程序,郑秦先生称为"逐级审转复核制",其基本流程如下:"一般发生在地方的命盗案件,由州县开始初审,勘验尸伤现场,而后按管辖级别,逐级审转复核,经州县、府、按察司,直到督抚。地方审理死刑案件,重要的是'拟律',即提出定罪量刑的意见,而后由督抚向皇帝具题。命盗斩绞,按清律都有‘立决’和‘监候’两种,督抚具题时应特作申明。”①

郑秦先生认为,认识这一套审转制度,应注意以下特点:

1.“刑事案件的逐级向上申报,构成了上一级审判的基础。”“每一级都将不属自己权限的案件主动上报,层层审转,直至有权作出判决的审级批准后才终审。这样,徒刑至督抚,流刑至刑部,死刑最后直至皇帝,所以可以叫做‘逐级审转复核制’。”

2. 督抚“具题是向皇帝直接报告,而不是向刑部,把刑部当做各省的‘上一审级’是一种误解”。“督抚向皇帝报告该案,请皇帝发下刑部三法司核拟办理,同时督抚另外将题本的副本‘揭帖’咨送刑部。”②

这些归纳和定性,今天看来仍为不刊之论。其中,对于上引之第二点,郑秦先生特别指出:“督抚具题程序的这种特点多为研究者所忽略,其实这不是无谓的文牍问题,而反映了清代重要的政治法律制度:只有皇帝才有权力决定死刑和其他重大政务,三法司、六部等不过是皇帝的办事机构。”③这里强调了皇帝对死刑案件的最终决定权,自是无可厚非。但这并不是说死刑审转中的各级程序是可有可无的。郑秦先生在此处不过是回应当时有人把督抚咨送刑部这一程序,误判为上报刑部的观点。

当督抚具题死刑案件之后,经过内阁刑科票拟,照例是奉旨“三法司核拟具奏”。说是三法司核拟,其实真正的工作是由刑部承担。“核拟”的主要工作,是看情节是否还有疑似之处,定罪是否合适,然后拿出意见。对于一般的命盗案件,郑秦先生曾归纳出刑部核拟的结果有:(1)凌迟和立决;(2)监候;(3)杂犯死可改徒刑。针对这些情况,内阁例行的票拟分为以下两种:

1. 对立决,“著即处斩(绞),余依议”。

2. 对监候,批:“依拟应斩(绞),著监候,秋后处决,余依议。”④

之外,日常所见还有一种批红,仅批“依议”。但是,郑秦先生以上归纳的案件类型,总地来说是指“一般的命盗案件”。对于某些情节特殊的服制命案,如上引之崔霍氏因疯砍死本夫一案,内阁还有“九卿定议具奏”的批红。这是郑秦先生在著作中未及讨论的。从光绪十二年的刑科档案来看,九卿定议的案件,均在题本封面上有红色行书,曰“九卿定议具奏”,很容易辨认。数量虽然不多,但毕竟是批红的一种。郑秦先生将此类案件放过去,可能与他对这类案件的基本

---

① 郑秦著:《清代司法审判制度研究》,湖南教育出版社 1988 年版,第 150 页。

② 同上,第 151 ~ 153 页。

③ 同上,第 151 页。

④ 同上,第 152 页。

看法有关。因为他在著作中屡屡提及三法司核拟的是“一般的命盗案件”，也就是说，他暂时只讨论“一般的命盗案件”的程序。据此推测，如果非要对“九卿定议”案件归类，估计郑秦先生会倾向于归入“特殊的命盗案件”中，也即可以认为“九卿定议”并不属于清代死刑审理的普通程序，而是一种特别程序。①

笔者认为，将“九卿定议”视为清代死刑审理中的特别程序，应该是可以成立的，这可以通过“九卿定议”与“夹签”制度的关系得到证明。

清代命案程序中的“夹签”制度，是适用面极窄的一个特殊制度，基本上仅在服制命案中采用，又往往是卑幼对尊长有重大伤害，却有情轻情节的案件。发生这类命案后，仍要求督抚等依律拟罪，但允许法司或内阁夹签声请，是否减等或重审，则候旨定夺。妻子因疯殴死本夫之案，就是允许内阁夹签声请，并遵旨启动一项特别的重审程序。更显特殊的是，这类案件采用的是“夹双签”的制度。这种所谓“夹双签”的制度，在整个《大清律例》的正律、正例中仅此一条（以《读例存疑》为准）。在上引之九卿定议的题本中，笔者以下画线注明的那段条例，载在《大清律例·刑律·人命》“戏杀误杀过失伤人”条下。② 此案所据之段李氏因疯殴伤伊夫段廷儒身死一案，今从《刑案汇览》中查出，大致谓：

前因刑部等衙门题覆奉天省民妇段李氏因疯殴伤伊夫段廷儒身死一案。将该氏问拟斩决，内阁亦以李氏着即处斩，票拟进呈，与胞弟殴死胞兄改为斩候者，办理有异。因令刑部堂官查明旧例成案，详悉具奏。兹据刑部覆奏，查明妻之于夫，服属三年，其因疯殴死及误杀可矜者，均按本律定拟，概不夹签。从前曾有奉旨敕下九卿议改监候者，亦有奉旨由立决改为监候者等语，刑部以服制为重，妻之于夫服逾三年，固当按律问拟。然有平素并无凌犯，实系一时疯发殴夫致死者，究属一线可原。揆之情法，亦不可不量予末减。嗣后遇有此等妇人因疯殴死本夫之案，确凿无疑者，刑部仍按本律定拟具题。着内阁核明，于本内夹叙贴标，拟“九卿议奏”及“依议斩决”双签进呈，候朕定夺。③

① 我的这个推测还有一个旁证：郑秦先生去世前，一直致力于与档案馆的同志合作整理清代的服制命案，其成果后来得以出版。参见郑秦、赵雄主编：《清代的“服制”命案——刑科题本档案选编》，中国政法大学出版社1999年版。我相信，如果假以时日，对于服制命案中的特殊程序，他或许会发表更为系统的见解。

② （清）薛允升书：（卷三十四）“刑律·人命三”，载（清）薛允升著，胡星桥、邓又天主编：《读例存疑点注》，中国人民公安大学出版社1994年版，第860～861页。

③ （清）祝庆祺著：《刑案汇览》（卷三二）《戏杀误杀过失杀伤人》“因疯及误杀夫之案向不夹签”。

从段李氏之原案中可以发现,该案原先比附胞弟殴死胞兄之例。因妻于夫之服制为3年,重于兄弟的期亲服,故刑部认为应当"按律问拟"。又因疯病妇人殴死本夫,"究属一线可原",可以"量予末减",故参照胞弟殴死胞兄,在"夹签"方式上以示区别。原来办理胞弟因疯殴死胞兄案件的方式,是由三法司直接"夹签",内阁见签,即知请旨定夺。据此,妻殴死本夫的案件,法司仍按律具题,不允许夹签,而采取内阁于题本内夹叙,同时夹"九卿议奏"和"依议斩决"双签的办法,由皇帝定夺。这种"夹双签"的方法,与"夹签"的不同在于:"夹签"是由三法司夹"九卿定议"签,这意味着该案送内阁前已知将进入"九卿定议"程序。而"夹双签"是由内阁夹入,且能否进入"九卿定议"尚属未知,须最后由皇帝决定。皇帝若抽走"九卿议奏"之签,则犯妇无须进入"九卿议奏"程序,即行斩决。若抽走"依议斩决"之签,则进入"九卿议奏"程序,犯妇被判监候进入秋审的可能性较大。

我们说过,这种"夹双签"的制度,出现在《大清律例》的条例中的,仅此一例。但这种制度对刑部和内阁刑科来说,并不是陌生的事物。每年全国总会发生一两件比较特殊的服制命案,法司若认为情有可原,却没有律例,甚至没有成案为依据,只能于法外施恩,也就是只能由皇帝来决定是否施恩时,就会启动"夹双签"制度。但是,一旦这种案件处理完毕,虽未成为条例,也算是有成案可依。若下次再碰到类似案件,即可采取法司夹签的形式,直接由内阁奉旨批出"九卿定议",无须再由内阁夹叙并夹双签。所以,当需要将此类案件纂入条例时,一般不会出现把"夹双签"写进例文中的情况。

但为什么独独妻子殴死本夫的例文中,仍保留了"夹双签"的字样呢?根据薛允升的解释,这是与律例的体系性有关:"妻过失杀夫,准夹签声请,妻因疯杀夫,则由内阁票拟双签,不准夹签。同一量改监候之案,似不划一。盖过失本系由徒罪改为绞罪,殴杀本系斩罪,故也。"①

薛允升的这段话,要稍稍解释一下。他的意思是,妻子因疯杀死本夫的例文在纂定时,是与妻子过失杀夫的例文相比引的(有趣的是,我们还记得成案形成时,是与弟殴杀胞兄例相比较的)。而过失杀本是"七杀"中最轻的,本为徒罪,后来因奴婢杀尊长改为绞,遂将卑幼杀尊长一律改为绞。这就是薛允升所谓"盖过失本系徒罪改为绞罪"的意思。而殴杀本来是斩罪。按照古代律学家的看法,这两个罪如果不加区别,就有轻重不当之嫌。而妻子过失杀夫是法司夹签,则因疯杀夫在此基础上稍稍从重,不得不采用内阁夹双签的制度。薛允升的

---

① (清)薛允升书,(卷三四)"刑律·人命三",载(清)薛允生著,胡星桥、邓又天主编:《读例存疑点注》,中国人民公安大学出版社1994年版,第861页。

这个解释或有所本，但我很怀疑。只是当时究竟如何，今天已难以考证了，只好聊备一说。值得一提的是，古代律学家如薛允升等，习惯于在律例体系中通过性质类似案件的比较，来论证量刑的合理性和公正性。这种体系内的比较方法，自始至终贯彻在律学家的著作中。妻子因疯杀夫和过失杀夫以“夹签”和“夹双签”的区分，只是其中一例，其他的例子，俯拾皆是。我认为，这种比较的方法，既是古代律学体系性和方法论的集中体现，也是古代律学中公正观念的集中体现。

除了“夹双签”外，《大清律例》中规定“夹签”声请“九卿定议”的例文也不多。能肯定的是，只有出现“法司夹签声明，奉旨敕下九卿核拟”等字样的条例，才是必须经过“九卿定议”程序。这类案件，同样集中在服制命案中，明显地与一般命盗案件仅由“三法司核拟”不同，且种类极少。

实际上，《大清律例》中真正明确有“奉旨敕下九卿核拟”等字样的，只有三类案件：

第一类即妻子因疯殴死本夫的。

第二类是本夫捉奸，以及本夫、本妇之有服亲属捉奸，杀死犯奸有服尊长的。[①] 另，本夫本妇之祖父母、父母，如捉奸杀死奸夫，倘若被杀奸夫系有服尊长，仍按本律拟罪，但同时参照本夫捉奸例，“夹签声明，分别递减”。[②] 该条例之“夹签声明”，则明确可认为是声明“九卿定议”。

第三类是有服尊长强奸卑幼之妇未成，被本夫、本妇及其有服亲属忿激致毙，均可“夹签声明，奉旨敕下九卿核拟。”[③]

除这三类之外，其余所谓的“夹签”，则不一定皆为“九卿定议”。如“子孙过失杀祖父母、父母，及子孙之妇过失杀夫之祖父母、父母”之例规定：法司“夹签

---

① 《大清律例·刑律·人命一》“杀死奸夫”条例：“本夫捉奸，杀死犯奸有服尊长之案，除犯时不知，依凡人一例定拟，及止殴伤者，仍予勿论外；若于奸所亲获奸夫奸妇，登时杀死者，或奸所而非登时，及非登时又非奸所，或已就拘执而杀；如系本宗期功尊长，均照卑幼殴故杀尊长本律拟罪，法司夹签声明，奉旨敕下九卿核拟，量从末减者：期亲，减为拟 斩监候；功服，减为杖一百，流三千里。”参见薛允升书，卷三二，条例编号二八五·二三，载薛生著，胡星桥、邓又天主编：《读例存疑点注》，中国人民公安大学出版社 1994 年版，第 799 页。“本夫、本妇之有服亲属捉奸，杀死犯奸尊长之案”，参见薛允升书，卷三二，条例编号二八五·二七，第 804 页。

② （清）薛允升书，（卷三二），条例编号二八五·二八，载（清）薛允生著，胡星桥、邓又天主编：《读例存疑点注》，中国人民公安大学出版社 1994 年版，第 805 页。

③ （清）薛允升书，（卷三二），条例编号二八五·三一、二八五·三二，载（清）薛允生著，胡星桥、邓又天主编：《读例存疑点注》，中国人民公安大学出版社 1994 年版，第 806 ~ 807 页。其中，条例二八五·三一有“均照殴死尊长情轻之例，夹签声明”等语，虽未明确指明“九卿核拟”字眼，但既然“照殴死尊长情轻之例”，即参照“本夫捉奸杀死犯奸有服尊长”之例，夹签亦视为声明九卿核拟。

声明，恭候钦定，改为拟绞监候”。[①] 这是三法司夹签，由皇帝决定减为监候的。

另有夹签后，是否减等并不预设，端赖皇帝临时决定的，如“因疯致毙期功尊长”之例，规定：“准其比引情轻之例，夹签声请，候旨定夺。”[②]又如，“殴死本宗期功尊长”之例，如果案内有卑幼实系被殴，情急抵挡，无心致毙尊长等情轻情节，法司会同督抚核覆，“亦照本条拟罪，核其所犯情节，实可矜悯者，夹签声明，恭候钦定”。[③]

综上，我更愿意将“夹签”制度视为刑部和内阁刑科之间——在处理特殊的服制命案时，因长期工作默契而形成的惯例制度，只因长期施行，渐渐地表现在了例文中。刑部和内阁官员对于例文中所规定“夹签”的适用范围和使用方法，是很熟悉的，因为例文中规定的“夹签”情况本就不多。而由法司或内阁“夹签”以启动“九卿定议”的情况就更少了。

但是，更重要还不是例文中规定的“夹签”种类，“夹签”和“九卿定议”制度的重要性在于，它们是解决律例规定之外的案件，达到法外衡情，将案件处理得“惬于人心”的最重要手段。关于这一点，通过光绪十二年另一个进入到“九卿定议”程序的刘士江施放洋枪误杀胞兄刘士海案，或许更能说明问题。

该案中，刘士江在与他人打斗中施放洋枪，不想误杀其胞兄刘士海。按照清例，“因争斗擅将鸟枪竹铳施放杀人者，以故杀论”。[④] 这样，刘士江误杀胞兄的行为，就成了故杀胞兄。从光绪十二年（1886 年）十二月十六日的三法司题本看，奉天将军的拟律为凌迟处死，三法司仍拟律为凌迟处死。[⑤] 但三法司的题本封面有红色字体“九卿定议具奏”，内有“九卿定议具奏”的批红，说明这个案件已经进入“九卿定议”程序。那么，之前这个案件也当然是经过“夹签”的，只是不清楚是否为“夹双签”。

刘士江施放洋枪误杀胞兄一案，应否“夹签”和“九卿定议”，律例并无明文规定。但这个案件的处理，将有可能成为“成案”，继而可能成为“条例”。这似乎能

---

① （清）薛允升书，（卷三四），条例编号二九二·一一，载（清）薛允生著，胡星桥、邓又天主编：《读例存疑点注》，中国人民公安大学出版社 1994 年版，第 856 页。

② （清）薛允升书，（卷三四），条例编号二九二·二，载（清）薛允升著，胡星桥、邓又天主编：《读例存疑点注》，中国人民公安大学出版社 1994 年版，第 862 页。

③ （清）薛允升书，（卷三六），条例编号三一七·七，载（清）薛允升著，胡星桥、邓又天主编：《读例存疑点注》，中国人民公安大学出版社 1994 年版，第 936 页。

④ （清）薛允升书，（卷三三），条例编号二九·一九，载（清）薛允升著，胡星桥、邓又天主编：《读例存疑点注》，中国人民公安大学出版社 1994 年版，第 844 页。

⑤ （清）薛允升著：《读例存疑》（卷四九）《刑律·断狱下》，黄静嘉编校，台北成文出版社 1970 年版，第 1241 页。

够帮助我们理解“夹签”和“九卿定议”制度的性质，它们的意义，并不仅仅是律例中对它们有所规定那样简单。事实上，不是条例在规定它们，而是它们在创造条例。也就是说，“夹签”和“九卿定议”制度是创造法律的制度，启动“夹签”和“九卿定议”，不仅仅是启动了一项司法程序。司法是对现行法的适用和解释，就此而言，清代的“三法司核拟”已经能够承担这一任务。到了“三法司核拟”这一阶段走完时，运用现行律例量刑的工作已经走完了。“三法司核拟”的结果，就是适用现行律例的最终结果。

但是，严格适用现行律例，可能会产生很荒唐的结果。判决很可能会“不惬人心”，不合天理人情。比如，说刘士江有致胞兄于死地的主观故意，这是无论谁也不服的。因此，只能启动一项完全不同于解释现行法的制度，这就是“夹签”制度和“九卿定议”的主要作用所在。因此，一方面，“九卿定议”是清代有法外量刑情节的服制命案所需履行的特别司法程序；另一方面，考虑它的判决可能在纂例时成为条例，它又可以视为一项准立法程序。

四、结　　语

以当今的刑法理论来看，清代的“九卿定议”制度，更像是一种“法外量刑”制度。我国现行《刑法》第 63 条第 2 款规定：“犯罪分子虽然不具有本法规定的减轻处罚情节，但是根据案件的特殊情况，经最高人民法院核准，也可以在法定刑以下判处刑罚。”这是一条典型的“法外量刑”的条款。条款所规定的“不具有本法规定的减轻处罚情节”，唯有最高人民法院享有解释权。但是，根据这一条款和核准程序而做出的判决，仍是一种司法结果。“九卿定议”与现代刑法所谓的“法外量刑”，既有相同，又有不同的地方。相同的是，“九卿”的地位就相当于“最高法院”，只有它能“核准”一种不具有现行法规定的减轻处罚情节；不同的是，由于清代的纂例制度，经“九卿定议”，并经皇帝“依议”的案件，将很可能纂入条例，成为成文法，因此，“九卿定议”部分地履行着立法的职能。

通过研究“九卿定议”制度，可以帮助我们更加深入地了解清代刑事司法制度的特征。重大的刑事案件，从督抚以下各级官员到刑部以至于三法司，均只有严格援引律例的规定，不得越雷池一步。《大清律例》中有“断罪引律令”条，不但官司断罪不引律例有罪，且即使是皇帝特旨断罪，临时处治者，只要未纂为定律，就不得引比。其条例云：“除正律、正例而外，凡属成案，未经通行著为定例，一概严禁，毋得混行牵引，致罪有出入。”

通过查阅刑科题本，也可以很清楚地看到，各级官司在刑事案件的办理中，尚未有敢于抛开律例或背离律例去拟律者。关于"九卿定议"的研究,一方面说明了清代刑事司法是如何"法外施恩"的;另一方面通过比较"九卿定议"与"三法司核拟",我们发现,除服制命案中有"九卿定议"和"恭候钦定"这两个细小的口子,各级有司均须严格征引律例以拟律。重大的命盗死刑案件如此,次一等的减流案件等也莫不如此。稍有拟律不当,即遭刑部严驳,如在刑科题本中常可看到内阁刑科的一种批红:"刑部所驳甚是。余依议。"这样一种司法体制,不管是否在客观上得到了公正的结果,但从主观意图上说,这种体制对下级官吏抱有严重的不信任态度——它试图严格控制下级官吏的司法行为,杜绝官吏在案件处理中高下其手的机会,以保证案件结果的公正性。所以,从刑事司法程序和档案中来看,在适用法律方面,认为清代官员在刑事案件的办理中可以恣意妄为的观点,是一种想象的产物。

下级官吏只能严格地拟律,"九卿"等大臣可以在特殊案件的解释中突破律例的限制,提出解决问题的办法,最后由皇帝决定是否采纳大臣的建议,等等。这种司法模式,在中国历史上并不是特殊事物:清代如此;清以前直至秦汉,小的枝节或有差异,但大框架仍如此。这种模式,《晋书·刑法志》中引用刘颂的话,早已归纳论述得很透彻了:

君臣之分,各有所司。法欲必奉,故令主者守文;理有穷塞,故使大臣释滞;事有时宜,故人主权断。

又曰:

天下万事,自非斯格重为,故不近似此类,不得出以意妄议,其余皆以律令从事。然后法信于天下,人听不惑,吏不容奸,可以言政。人主轨斯格以责群下,大臣小吏各守其局,则法一矣。

这些描写,可能会有人只将其看成刘颂的个人观点,其实,它能够进入正史之《刑法志》,已经证明它就是古代君臣推崇的政治观和法律观。重要的是,秦以后的司法体制是按照这种观念去规划的。看到这一点,就不难理解"三法司核拟"、"九卿定议"和"恭候钦定"之间的关系了。"三法司核拟"仍是"令主者守文"的层面,即官吏不得"以意妄议";"九卿定议"则体现了"大臣释滞",只不过在清代,"大臣"的个体性消泯了,代之以九个中央机构的共同意见;最后,"恭候钦定"则与"人主权断"是同一种表达句式。

当然,在严格拟律的文书下面,可能隐藏着龌龊的交易,可能掩盖着野蛮的行径,这是毫不足怪的。有足够的理由怀疑:清代的大臣小吏们是否真的“各守其局”?是否在现实生活中循规蹈矩,不敢以权谋私?这些问题,促使我们认识到,需要利用更广泛的资料,方能更加接近历史的真面目。但无论如何,中国古代的司法不是一个荒诞的制度,更不是像有的学者所谈论的那种带有妖魔气味的制度。将中国古代司法妖魔化,并最终使得古代的司法传统变得不可理解——这既是中国法制史研究滞后,未能够提供充分合理的解释而造成的,又是长期因政治意识形态的需要而宣传灌输的结果。妖魔化的想象,说明我们与研究对象之间已经太陌生了,以至于留出了广阔的想象空间。

中国古代司法当然不是宪政下的司法,更不是民主体制内的司法。这是没有异议的。不过,当人们迫不及待地要在各种场合下说出这些命题时,究竟意味着什么?更多的人是带着已经成熟的想象去学习中国法律史。与其说他们希望从中国法制史中学到什么,毋宁说他们希望迅速地从这种学习中得到某些证据。所以,他们总是浅尝辄止,或者说,他们只是一边浏览一边切割“证据”。历史之所以具有价值,是因为可以使某些人的想象得以腾飞。

这样,就毫不奇怪地听到各种法律人的嘴里冒出以下话语:“古代就是这样”;“古代和今天是一样的”。接下来是更加奇怪的逻辑:因为古今是如此相似或相同,所以,今天的一切都是古代造成的。和很多人一样,我在很多方面承认那个前提,但我看不到前提和结论之间具有实质性的因果关系。要证明这两种现象之间具有因果关系,仅仅证明它们在时间上有延续性是远远不够的。但就是这种愚蠢的言说,居然被津津有味地长期流传。

笔者想提醒的是:当下的一切首先要从当下找原因,然后再从离当下不远的时空中去找原因。事实上,当下的诸多现象,大多通过一些世人皆知的原因,就可得到合理的解释。但对许多人来说,他们对真正的原因三缄其口,而更愿意把一切责任轻松地推到古人的身上。笔者觉得,这至少可以说是一种怯懦。

(2009 年第 1 期)

中国古代“谋杀”概念的形成与演变

闵冬芳*

“谋杀”作为法制史中的一个重要概念,迄今为止国内外的中国法制史研究者对其进行专门研究得并不多,相关论著、论文可查证的大概有:夏勇的《唐代的谋杀罪》(载《法学研究》1984年第6期)、韩国学者韩相敦的《传统社会杀伤罪研究》(辽宁民族出版社1996年版)第三章中对谋杀罪的论述、刘淑莲的《论我国古代刑法中的罪过》(载《中外法学》1997年第5期)、美国加州大学洛杉矶分校Jennifer Michelle Neighbors2004年的博士论文Criminal Intent and Homicide Law in Qing and Republican China以及中国政法大学2007届法律史专业硕士研究生仪浩的学位论文《中国古代谋杀罪考》等。① 法律上的概念是人们对法律事物本质的认识,是法律人逻辑思维的最基本单元和形式。以上论著对谋杀概念的阐述虽然各有千秋,但最重要的是都没有对谋杀的概念进行完整的、科学的界定。笔者认为,谋杀与谋杀罪不同。对谋杀概念的界定不仅要阐述谋杀本身,更重要的是要将谋杀与其他相关概念——比如贼杀、故杀——相区分,这样我们才能准确地界定、理解“谋杀”。

一、唐代之前的“谋杀”

在我国,“谋杀”这一法律概念至迟在秦汉时期已经出现。比如,《法律答问》中有这样一个案例:“甲谋遣乙杀人,受钱十分。问乙高未盈六尺,甲何论?当磔。”这里的“谋遣乙杀人”,显然是谋杀。又如,汉武帝元狩元年,章武侯窦常

---

* 作者单位:中国人民大学法学院、外交学院。

① 此外,很多学者比如戴炎辉、蔡枢衡等前辈在其有关著作中也都对谋杀、故杀等概念进行过一些阐释。本文在此就不一一列举了。但在行文过程中,笔者会提及这些前辈学者的一些观点。

生因为谋杀人未遂而被免去了爵位;[①]博阳侯陈塞也曾谋杀人,但后来被赦免。[②]该案当然是一个二人以上进行的谋杀。[③]

虽然秦汉时期已经出现了谋杀这一法律概念,但是直到西晋时,我们才能看到对谋杀较为确定的解释。之所以我们认为在西晋时出现了对谋杀的较为确定的而不是完整的、准确的解释,是因为西晋时的廷尉明法掾张斐并不是对"谋杀"这一概念本身进行了解释,而是对理解"谋杀"这一概念具有关键意义的一个"谋"做出了解释。根据张斐的解释,"谋"是"二人对议",如此一来,"谋杀"就应该是指二人以上事先预谋的故意杀人。虽然我们未能看到张斐对"谋杀"本身的完整解释,但是毋庸置疑,张斐对"谋"的解释及于"谋杀"概念的发展、形成起到了至关重要的作用。因为从后来的《唐律疏议》中我们可以看到,谋杀首先被定义为二人以上的共同犯罪。

张斐对"谋"的这个解释可能并不完全是他自己的创新,应该也在一定程度上继承了此前"谋"的概念。所以,也许我们可以就此推断,在两汉时,"谋"的主体应该就是二人以上。不过,目前并没有足够的证据可以证明在两汉时期"谋"的主体、"谋杀"的主体必须是二人以上。根据张斐的解释,谋杀似乎只能是共同犯罪。张斐将谋杀解释为一种必要共犯,但他没有解释为什么二人以上的故意杀人是谋杀。后来的唐律中对此也没有进行明确解释,直到明代时,才通过对故杀概念的进一步阐述而提供了这一问题的答案。

唐代之前,与谋杀曾经长期同时存在的,还有另外一种故意杀人类型——贼杀。[④] 根据西晋张斐的解释,所谓"贼杀",是"无变斩击",即贼杀是突然的暴力

---

① 《汉书·恩泽侯表》。转引自程树德著:《九朝律考·汉律考》,中华书局2003年版,第108页。

② 《汉书·功臣表》。转引自程树德著:《九朝律考·汉律考》,中华书局2003年版,第108页。不过,从《汉书》对以上二事的记载中,我们不能肯定其行为人是一人还是二人以上。而西汉宣帝时,广川戴王刘海阳曾与他的堂弟刘调等人一起谋杀一家三人。参见《汉书》(卷五三)《景十三王传·广川惠王传》,中华书局1962年版,第2432~2433页。

③ 之所以强调谋杀主体的人数,是因为西晋张斐将"谋"解释为"二人对议",这样"谋杀"便应当是二人以上共同故意杀人。

④ 贼杀在秦汉之前就已经出现。而"贼"本身就有杀人之义。比如,《周礼》中有"贼贤害民,则伐之。……贼杀其亲,则正之"。又如,《尚书》有"寇贼奸宄"之句。根据西汉孔安国的解释,"杀人为贼"。东汉郑玄也认为"杀人曰贼",杀和贼是同义词。我国现代著名刑法学家蔡枢衡先生的观点比较独特,他认为,杀人食肉名为贼。随着蒙昧时期遗留下来的食人习俗残余逐渐消失,杀人而不食肉亦渐成为正常现象。贼字的含义也随之不断变化:首先是变为毁坏尸体、骸骨,后又变成杀人就是贼。参见蔡枢衡著:《中国刑法史》,中国法制出版社2005年版,第147~148页。

杀人。我们可以认为,贼杀是后来的故杀①的前身。其原因有二:一是唐律中明确规定了故杀,自此以后贼杀在历代律典中不复存在;二是在唐代以后的法典中,故杀和斗杀②一直规定在同一条文中,而从前与斗杀经常一起出现的,正是贼杀。③ 虽然如此,从张斐的解释中我们也并不能得出贼杀便等于后来的故杀这样的结论。因为谋杀虽然有事先预谋的阶段,但是"已行"即已经开始实施的谋杀行为本身也经常是一种突然的暴力行为,比如为强劫财物而预谋杀人就是一种典型的有预谋的,并且是突然发生的暴力杀人。而且如果在汉晋时期谋杀只能是必要共犯的话,那么对于事实上肯定存在的单独一人进行的谋杀,就有可能将其定为贼杀了。所以,这时的"贼"所指不应仅仅是后来的故杀,也应该包括一部分谋杀。因此可以认为,在当时,贼杀和谋杀其实也没有明确的界限。既然贼杀与谋杀并没有明确界限,那么我们可以认为当时的谋杀并不是一个确定性的概念。

① 北魏时已经出现了故杀。北魏的《斗律》规定:"祖父母、父母忿怒,以兵刃杀子孙,五岁刑。殴杀者,四岁刑。若心有爱憎而故杀者,各加一等。"参见《魏书》(卷一一一)《刑罚志》,中华书局1974年版,第2886页。《隋律》中也有故杀,比如隋律中有"犯十恶及故杀人,狱成者,虽会赦,犹除名"的规定。参见自程树德:《九朝律考》(卷八)《隋律考》(上),中华书局2003年版,第433页。但是因为我们今天无法看到隋律的全貌,所以不能肯定在隋律中贼杀已不复存在。按唐律规定,故杀是"非因斗争,无事而杀",即双方并非因为斗殴,一方突然起意杀人。以后明清都继承了唐律对故杀的这一定义,并对之进行了更进一步的阐释,从而将谋杀与谋杀关系最为密切的故杀这一概念相区别。又,西晋张斐对"故"的解释是"知而犯之"即明知故犯是"故"。因此,可以认为,谋杀、贼杀当然都包含于"故"杀人。而且,笔者认为,西晋时期及以前的"故"均更强调主观意图,而谋杀和贼杀均更关注杀人行为的外部表征。也许正是因为"故"的这一含义的存在,所以,同属于故意杀人的谋杀和贼杀便各侧重于对其外部表征的描述以对二者相区别吧。但是后来"故"的含义最终演变成到与"贼"相似,因此故杀这一新的杀人类型也取代了贼杀,而故杀和谋杀则成了一对难分难解、需要认真区别的概念。又,我国台湾地区的法制史学家戴炎辉先生也认为,"汉晋所谓贼杀伤,似相当于唐以后的故杀伤"。参见戴炎辉著:《中国法制史》,台北三民书局1991年版,第67页。

② 斗杀的出现远比故杀早。先秦时期就有斗杀。按西晋张斐的解释,"两讼相趣谓之斗",即"斗"指争讼双方相互进行对抗冲突。这样,斗杀就应该是双方在斗殴过程中,一方将对方杀死。按唐律规定,斗杀是"元无杀心,因相斗殴而杀人",即行为人本来没有杀人的意图,在斗殴过程中,一方致对方死亡。后来明清也都继承了唐律对斗杀的这一定义。

③ 比如,根据张家山汉简《二年律令·贼律》,"贼杀人、斗而杀人,弃市。其过失及戏而杀人,赎死;伤人,除"。参见朱红林著:《张家山汉简二年律令集释》,社会科学文献出版社2005年版,第25页。又如,曹魏时:"贼、斗杀人,以劾而亡,许依古义,听子弟得追杀之。"参见《晋书》(卷三十)《刑法志》,中华书局1974年版,第924页。

二、唐律对"谋杀"概念的突破性解释

唐律延续张斐对"谋"的解释,在唐律中,谋杀首先被认为是一种共同犯罪。根据唐律"谋杀人"条下律疏的规定,"谋杀人者,谓二人以上"。此外,在唐律中,对"谋"的解释也出现过多次。比如,根据《唐律疏议·名例律》"称日年及众谋"条规定,"称'谋'者,二人以上"。该条律疏解释道:"称'谋'者,'贼盗律'云:'谋杀人者,徒三年。'皆须二人以上。余条称'谋'者,各准此例。"可见,唐律秉承张斐对"谋"的解释,凡谋反、谋大逆、谋杀等,一律被首先看做共同犯罪。但仍没有解释何以二人以上故意杀人是谋杀。

仅把"谋"、"谋杀"等的主体限定为必须是二人以上显然不妥。因为有预谋的杀人完全可以由一个人单独进行。所以,否认一个人可以进行谋杀,必然会产生一个法学难题:如果是一个人单独进行预谋杀人,此行为应是谋杀,抑或是故杀?为了摆脱这一困境,唐律对"谋"进行了具有重大创新意义的解释,这个创新就是唐律总则《名例律》"称日年及众谋"条中的小注"谋状彰明,虽一人同二人之法"以及分则《贼盗律》"谋杀人"条下的律疏"若事已彰露,欲杀不虚,虽独一人,亦同二人谋法"。这样,一个人也可以成为谋杀罪的主体,"谋杀"也就不再是必要共犯。如果一人杀人,但是"谋状彰明"者,也同样构成谋杀罪。我国后来的历代法典均继承了唐律对"谋"和"谋杀"的解释。所以,从唐代以后,我国历代法典包括清律中的谋杀都是分为两种:一是二人以上的谋杀即共同谋杀,二是单独一人进行的谋杀即单独谋杀。

既然一个人也可以进行谋杀,那么如何认定一个人进行的"谋"这一活动呢?《唐律疏议·名例律》"称日年及众谋"条下的律疏这样解释该条中的小注"若谋状彰明,虽一人同二人之法":"假有人持刀仗入他家,勘有仇嫌,来欲相杀,虽止一人,亦同谋法。故云'虽一人同二人之法'。"与共同谋杀不同,单独谋杀不具备共同谋杀在犯罪主体人数方面那种非常明显的外部表征,所以,必须从当事人的客观行为以及主观的目的、动机等方面综合考虑进行判断。这种判断其实很困难,而且判断标准也很难下定义,所以,对此唐律中只好举例说明了。在《唐律疏议·贼盗律》"谋反大逆"条中,虽然也引用了总则《名例律》中对"谋"的解释,即"称'谋'者,二人以上。若事已彰明,虽一人同二人之法",在这里没有对什么是"事已彰明"再举例进行解释。唐律分则《贼盗律》"谋杀人"条的律疏再次重复了《名例律》中对"谋"的解释:"谋杀人者,谓二人以上";同时,如果"事已彰露,欲杀不虚,虽独一人,亦同二人谋法"。当然,如果唐律中能够

对“谋状彰明”或者“事已彰露”进行更多的解释或者举例说明,将会有助于人们理解谋杀这一概念。①

除了对谋杀主体的创新性解释以外,在唐律中还规定了另外一种较晚出现的杀人类型——故杀。而贼杀这一杀人类型在唐律中不复存在。据此可以认为,贼杀被唐律中的两种谋杀和故杀分解了。所谓故杀,按唐律解释,指“非因斗争,无事而杀”,即双方并非因为斗殴而一方起意杀人。唐律对故杀的解释正是故杀是从贼杀演变而来的证据。而且唐律中还单独规定了谋杀的一种情形——毒药杀人。②

三、明代律学家对“谋杀”和“故杀”的区分

明律继承了唐律的做法,在《大明律·名例律》“称日者以百刻”条中这样解释“谋”:“称‘谋’者,二人以上。”这个解释完全是唐律原文。在该句正文之下,也有小注:“谋状显迹明白者,虽一人,同二人之法。”可见,明律仍然以为谋杀首先是二人以上共同犯罪。同时,明律当然也继承唐律,承认一个人也可以成为谋杀罪的主体,而且明律中对一个人进行的谋杀即单独谋杀的解释与唐律也基本相同。只是有一点不同,即唐律中对“谋状彰明”通过举例进行过说明,但是对于什么是“谋状显迹明白者”,因为没有律疏,所以明律中当然也没有进行说明。

虽然,因为没有律疏,明律本身没有,也不可能对“谋”、“谋杀”等进行更多

---

① 夏勇在《唐律中的谋杀罪》一文中,将谋杀罪看做共同犯罪,所以对单独谋杀的论述非常少。原文如下:“如上所述,谋杀是共同犯罪。这里的‘谋’具有两方面含义:其一,从谋的内容看,有杀人的目的;其二,从谋的形式看,是多个人实施。但在一定条件下,也可以只考虑内容的一面,不强求二人以上的共谋形式,单个人也可以犯谋杀罪。‘若事已彰明,虽一人同二人之法。’这里的条件是,该任的杀人目的(谋的内容)已经通过一定的客观事实得到了明确的表现。这样,单个人也被看做同二人以上一样的谋杀罪主体。统治阶级为了处罚谋杀人的行为,维护其根本利益,对谋杀的规定是考虑得细致周到的,规定也是灵活的。”参见《法学研究》1984年第6期。

② 《唐律》“以毒药药人”条规定:“诸以毒药药人及卖者,绞。即卖买而未用者,流二千里。”参见《唐律疏议》,刘俊文点校,法律出版社1999年版,第367页。根据清末薛允升所言,“左氏正义曰,以毒药药人,令人不自知,今律谓之蛊”。参见薛允升撰:《唐明律合编》(卷十八),怀效锋、李鸣点校,法律出版社1999年版,第480~481页。由此可见,唐律中将毒药杀人单列自有其根据和理由。毒药杀人是典型的谋杀。因为唐律“谋杀人”条中将毒药杀人排除,这样也使得谋杀与故杀的区分更加困难,所以这时就更应该将谋杀与故杀进行区分以界定谋杀。但是唐律并没有这样做。区分谋杀与故杀的工作由后来明清时期的律学家完成。夏勇在《唐律中的谋杀罪》一文中对谋杀与故杀进行过区分,不过,从该文的叙述“谋杀是一种主观恶性更严重的故杀”和“谋杀既属故杀,它当然就符合故杀与过失杀的区别”等来看,作者似乎对谋杀与故杀概念存在着误解。谋杀和故杀在唐律中属于两个不同的杀人类型,而不是互相包容的关系。参见《法学研究》1984年第6期。

的解释。但是,明代的律学家如嘉靖时期的雷梦麟、万历时期的王肯堂、高举等都对"谋"、"谋杀"、"故杀"等重要概念进行过解释,而他们的解释对于最终界定谋杀起到了关键性作用,其中尤以雷梦麟、王肯堂贡献卓著。

在《读律琐言》的"谋杀人"条,雷梦麟这样解释"谋"和"谋杀":"律称'谋'者,二人以上。其本注[①]又云,谋状显著,虽一人同二人之法。故凡有仇怨而欲杀人者,或谋诸心,或谋诸人,先定其计而杀之,皆谓之谋杀。若出于一人之心、一人之事,则造意、加功皆自为之,径引谋杀人斩罪。"[②]可见,雷梦麟仍然继承了唐律对谋和谋杀的解释,不过与唐律不同的是他明确提出了谋杀的原因之一,即仇怨。因此,只要能够查明当事人之间旧有仇怨,便不难判定该杀人行为是谋杀还是故杀。雷梦麟对谋杀原因的解释有助于区分谋杀与故杀,从而界定谋杀。但他又将谋杀的原因仅仅归之于仇怨,其理由是因为明律在谋杀人本条就因图财而杀人单独做了规定,此外明律对于因奸杀人又有独立的"杀死奸夫"专条,而仇怨、图财、因奸正是谋杀人的主要原因。所以,此处雷梦麟便将谋杀的原因仅仅解释为仇怨。[③] 此后很多律学家都继承了雷梦麟对"谋"、"谋杀"以及谋杀原因的解释。比如,万历年间的律学家高举在"称日者以百刻"一条的纂注中这样解释"谋":"称'谋'者,二人以上。如谋杀人,造意及从而加功者之类是也。若虽一人,但谋状显明者,亦同二人法拟断。"在《明律笺释》"谋杀人"条,另有万历年间的王肯堂这样解释"谋"和"谋杀":"第一节'谋'字说得广。凡有仇嫌,设计定谋而杀害之者,俱是。律称'谋'者,二人以上。此谋杀人,有造意、加功、不加功之别,正为二人以上言之。若无同谋加功之人,则径引谋杀人斩罪,乃所谓谋状显著,虽一人同二人之法也。杀而以谋,情尤深毒,故为六杀之首。"而在"谋杀人"条纂注中,高举对"谋"的解释与王肯堂完全相同:"'谋'字说得广。凡有仇嫌,设计定谋而杀害之者,俱是。"可见,高举与王肯堂等人对"谋"和"谋杀"以及谋杀原因的解释与雷梦麟基本相同。而且王肯堂更明确指出"谋杀"之所以为"六杀"之首的原因,就是因为"谋"这个事先预谋的活动体现了当事人更大的主观恶性,即"杀而以谋,情尤深毒"。正如现代意大利刑法学家加罗法洛

① 指《大明律·名例律》"称日者以百刻"条中"称谋者,二人以上"后之小注。

② (明)雷梦麟撰:《读律琐言》(卷十九),怀效锋、李俊点校,法律出版社2000年版,第345页。

③ 关于明律中谋杀的原因仅限于仇怨这一点,可参见(清)薛允升撰:《唐明律合编》(卷十八),怀效锋、李鸣点校,法律出版社1999年版,第469页。原文为:"人未有无故杀人者,或因奸,或图财,或挟有仇恨,皆谋杀之因也。是以唐律并不另立因奸及图财各条,明律图财、因奸特立重典,则谋杀专指挟恨而言矣。"

所说,“无论谋杀的动机是什么,有预谋的行为经常意味着残忍的本性”。①

雷梦麟对于界定谋杀最大的贡献便是他对故杀的解释:“言故杀者,故意杀人,意动于心,非人之所能知,亦非人之所能从。”②雷梦麟这样解释故杀的法理意义,便是将故杀与二人以上的共同谋杀相区分,也即只要是二人以上的故意杀人,必定是谋杀。因为故杀的意图非他人所知,所以二人以上的主体正是当事人事先预谋的证明。前文已经论及这一点,但是在雷梦麟之前并没有人对此进行明确地说明和阐述。现在,既然故杀的意图非人所知,那么行为人为二人以上这一事实本身无疑便是事先共谋的证明。所以,二人以上故意杀人必定是谋杀、犯罪主体人数本身就是辨认谋杀和故杀的一个明显标志。③

雷梦麟以后的律学家无一不认可、继承雷梦麟对故杀的这一解释。比如,明代万历年间的高举也同样强调故杀意图的不可知性,他说,“有意而杀之曰故意,非人所知。”而王肯堂也认为:“言故杀者,意动于心,非人之所能知,亦非人之所能从。”总之,因为故杀之意他人不能得知,所以故杀没有从犯。这正是二人以上的共同谋杀与故杀的主要区别。

雷梦麟以及之后的明代律学家对于故杀的以上解释有助于将谋杀的一种情形即二人以上的谋杀与故杀区分开来,但他们并未对一般的谋杀与故杀进行明确的界定。而最早将一般的谋杀与故杀进行较为准确的区分的是王肯堂。与雷梦麟一样,王肯堂依然是通过对故杀这一概念的进一步解释来阐明谋杀。在《明律笺释》“谋杀人”条,王肯堂这样解释“故杀”:“……临时虽有意,而先未尝

---

① [意]加罗法洛著:《犯罪学》,中国大百科全书出版社1996年版,第340页。

② (明)雷梦麟撰:《读律琐言》(卷十九),怀效锋、李俊点校,法律出版社2000年版,第353页。值得注意的是,这是我国古代第一次将故杀解释为故意杀人。

③ 我国台湾地区的法制史学家戴炎辉先生也认为:“故杀本质上,不容二人以上共谋(共犯者即是谋杀)。”参见戴炎辉著:《中国法制史》,台北三民书局1990年版,第67页。戴炎辉先生的这一论断也正可说明犯罪主体人数是辨认谋杀和故杀的一个最明显的标志。此外,美国研究者Jennifer Michelle Neighbors在其博士论文第三章中也写到,明清时期区分谋杀和故杀的最简单的标准就是主体的人数,原文如下:“The simplest way to differentiat e mousha from gusha was the involvement of multiple offenders.”不过,韩国学者韩相敦认为,不能以犯罪主体的人数作为区别谋杀与故杀的标准,而应以“临时有意欲杀,非人所知”作为区分谋杀与故杀的标准,参见韩相敦著:《传统社会杀伤罪研究》,辽宁民族出版社1996年出版,第72~74页。但是对于这一观点笔者并不完全赞同。仅仅从概念上来说,谋杀和故杀的根本区别确实在于其杀人行为事先有无预谋。但是,我们对谋杀和故杀进行解释绝不仅仅是一种概念上的游戏,其最终目的是在司法实践中能够对二者进行准确区分以便适当量刑。而我们知道,这种事先预谋其实经常很难判断。所以,从犯罪主体人数上对谋杀和故杀进行区分就成了一个简单可行、同时又科学的方法。又,本文中的二人以上杀人均指二人以上互相知情而故意杀人,而不论及片面共犯这种特别情形。

有谋者，谓之故杀。”①可见，所谓谋杀，是指有预谋的故意杀人，而故杀则是没有预谋的故意杀人。从此，一般的谋杀与故杀也在概念上得到了更明确的界定。虽然在理论上对谋杀与故杀进行准确定义可能很困难，但是，相对于在理论上界定概念本身，在司法实践中对不同类型杀人行为的区分要更加困难。因此，清代的沈之奇、王又槐等人又为区别谋杀和故杀付出了很多努力。而这种司法实践中的困境也正是清末沈家本提出区分谋杀与故杀的新观点的原因。

四、清代传统“谋杀”概念的最终定型以及清末沈家本的新观点

清律本身对“谋”、“谋杀”等的解释与明律相同。在清律总则《名例律》“称日者以百刻”条中，也有对“谋”的解释：“称‘谋’者，二人以上。”其下也有小注对一个人可以构成“谋”的主体做了规定：“谋状显迹明白者，虽一人，同二人之法。”清律的这两段文字与明律完全相同。而清律“谋杀人”条的正文也与明律相同。不过，与明律不同的是，清律“谋杀人”条中在顺治年间增加了小注，注明“谋”既可以是“谋诸心”，也可以是“谋诸人”，即谋杀既可以是一人进行的单独犯罪，也可以是二人以上进行的共同犯罪。但以上小注并不是清律的创新，而是来自明代的律学家的私人著作，而明代律学家对“谋”的这一解释则源自唐代的“谋杀人”条的律疏。

显然清律本身并没有对谋杀以及故杀进行更多的解释。在清代，和明代一样，注释法典的工作由律学家来完成。清代最著名、最有影响的律学家是清初的沈之奇。他对“谋杀”和“故杀”的解释集明代律学家之大成，并最终促成我国传统律典中“谋杀”及其相关概念“故杀”的定型。

在《大清律辑注》中“谋杀人”本条中，沈之奇对“谋”的解释仍然沿袭唐律。所谓“谋”，包括两种：“或谋诸心，或谋诸人”，也即谋杀既可以是单独犯罪，也可以是共同犯罪。当然，我们知道，在中国古代，谋杀向来都首先被看成一种共同犯罪。在“谋杀人”律后，沈之奇对“谋”和“谋杀”做了更加详细的解释：“谋者，计也。先设杀人之计，后行杀人之事，谓之谋杀。谋之迹必诡秘，谋之故亦多端，如有仇恨妒忌、贪图争夺等事情，因思杀害其人。或自己算计，而独谋诸心；或与人商量，而共谋诸人。《名例》称‘谋’者，二人以上，本注曰‘谋状显著明白者，虽一人同二人之法’，此谋杀人有造意、加功之别，正为二人以上言之。若出于一

① “王仪部先生笺释”（卷十九），载杨一凡编：《中国律学文献》（第2辑第4册），黑龙江人民出版社2005年版，第487～498页。

人之心、一人之事，则造意、加功俱自为之，径引谋杀人斩罪，所谓一人同二人之法也。”①

另外，从沈之奇对“造意”的解释中，我们也可以更进一步理解“谋杀”：“谋杀之事不一，或以金刃，或以毒药，②或驱赴水火，或陷害刑戮，或伺于隐僻处即时打死。凡处心积虑，设计定谋，立意杀人，而造出杀人方法者，是谓造意。”③沈之奇的这段话本意在解释“造意”，但是从中我们也看到了谋杀的客观行为的种种表现。而且，对于什么是一个人进行谋杀时的“谋”，沈之奇也从外部行为的表征进行解释：“必实有仇恨情由、具有造谋显迹：或追出凶器与伤痕相符，或所用毒药造买有据，方可论谋。”这正是唐律中所谓的“谋状彰明”或明代律学家所谓的“谋状显著”。

总之，事先预谋的存在本身就很难认定，所以，沈之奇强调必须寻找谋杀的缘由、动机，并结合谋杀的客观行为来判定是否存在预谋，以此区分谋杀与故杀。

较之明代诸位律学家，沈之奇更强调故杀意图的不可知性。在《大清律辑注》“斗殴及故杀人”条的小注中，沈之奇说，“临时有意欲杀、非人所知”这十个字乃是故杀的“铁板注脚”，所以“一字不可移，一字不可少”。④ 既然故杀的意图只有当事人自己知道，那么二人以上的故意杀人当然便是谋杀了，这样便将二人以上的共同谋杀与故杀从概念上更加彻底地区分开来。⑤

---

① (清)沈之奇撰:《大清律辑注》(卷十九)，怀效锋、李俊点校，法律出版社 2000 年版，第 651 页。

② 在清律中，毒药杀人不再单列，但并未规定在“谋杀人”条而是规定在“造畜蛊毒杀人”条中。但是毒药杀人只是一般的谋杀，而不属于“不道”。沈之奇原文有“毒药杀人，本是谋杀之律，而附于此后者，因论蛊毒而连及之耳”之句。参见(清)沈之奇撰:《大清律辑注》(卷十九)，怀效锋、李俊点校，法律出版社 2000 年版，第 676 ~ 680 页。在清律中，毒药杀人当然是最典型的谋杀人。

③ (清)沈之奇撰:《大清律辑注》(卷十九)，怀效锋、李俊点校，法律出版社 2000 年版，第 654 页。

④ 同上，第 683 页。

⑤ 中国政法大学 2007 届法律史硕士研究生仪浩在他的《中国古代谋杀罪考》一文中将雷梦麟对故杀的叙述与沈之奇相对比，认为雷梦麟仍然强调谋杀主体的人数因素，而沈之奇以及后文将要提及的王又槐等人则仅强调事先预谋这一因素。该作者的这一论断与前述之韩国学者韩相敦的观点基本相同。但是笔者在此对他们的观点均持一定的保留。因为根据本文所引用的(以及笔者所看到的)明清时期诸多律学家对谋杀和故杀的论述，并不能得出这样的一个结论。况且正如前文所述，犯罪主体为二人以上正是区分谋杀和故杀的一个最直观、最简单的标准。正是因为二人以上的犯罪主体是区分谋杀和故杀的最简单的标准，所以清代的律学家沈之奇、王又槐等人才不断强调故杀的意图是“临时起意，非人所知”即故杀是单独犯罪。又，仪浩还认为，清代在“谋杀人”条正文中增加该小注的做法是清代对“谋”的认识进一步加深的表现，因为“谋诸心”、“谋诸人”只是谋的形式而已，重要的是在于“预谋”而不是人数形式。因此，清代便已彻底脱离了张斐“二人对议谓之谋”的人数约束，而是更加关注事先的预谋，以同“临时起意”的故杀相区分。但显然其实并非如此。

清代乾隆时期著名的刑名幕友王又槐曾对谋杀和故杀进行了少见的详细阐述,对区分谋杀尤其是单独一人的谋杀和故杀很有帮助:“谋杀者,蓄念于未杀之先;故杀者,起意于殴杀之时。谋杀则定计而行,死者猝不及防、势不能敌,或以金刃,或以毒药,或以他物,或驱赴水火,或伺于隐蔽处所,即时致死,并无争斗情形,方为谋杀……故杀乃因斗殴、谋殴而起,或因忆及夙嫌,或因畏其报复,或虑其控官难制,或恶其无耻滋事,或恐其遗祸受害。在兄弟,或利其赀财肥己;在夫妻,或恨其妒悍不逊。临时起意,故打重伤、多伤,伤多及致死处所而死者是也。”①总之,如何区分谋杀尤其是单独一人的谋杀和故杀,应结合主观动机、目的与客观行为以判定当事人是否有事先的预谋。

至此,我国传统社会谋杀的概念已经定型。即谋杀是有预谋的故意杀人,而故杀是没有预谋、突然起意的故意杀人。有无事先预谋是区分谋杀和故杀的根本标准。同时,谋杀又包括共同谋杀和单独谋杀。如果故意杀人的主体为二人以上,因为二人以上的主体本身就是事先预谋的标志、所以二人以上故意杀人毋庸置疑为谋杀。这时,需要进行区分的便是单独谋杀与故杀,而区分单独谋杀与故杀的唯一标准则是事先预谋的存在与否。但恰恰是这一点很难认定。虽然沈之奇、王又槐等人就此进行过细致的论述,但是仍不能解决司法实践中的全部问题。正因如此,清末律学家、曾长期任职刑部并主持修订法律馆工作的沈家本又提出了一个区分谋杀和故杀的新观点。沈家本著有《论故杀》一文,这也是我国传统律学家关于故杀的唯一一篇专论,其中当然也讲到对谋杀与故杀的区分。在该文中,长期从事司法实践的沈家本并没有追求谋杀与故杀在概念上的完美界定,而是综合唐律与英国、日本等国刑法,指出:对于有意杀人者,如系二人以上,则毋庸置疑为谋杀。此外,其余杀人情形分三种:(1)一人独谋诸心及临时有意欲杀者,均以谋杀论,即将从前的单独谋杀与故杀一律认定为谋杀。(2)故意殴伤他人因而致死者,以故杀论。对照下文第三种情形,这里的“故意殴伤他人因而致死者”应指一方故意将对方殴伤致死。(3)必有互殴之状者,乃以斗殴杀论,即必须使双方当事人各有伤害,才以斗殴杀论。② 沈家本将单独谋杀与故杀一律视为谋杀的做法显然是受唐律的影响,因为唐律中的单独谋杀与故杀并

① 《律法须知》(卷上)《论命案》。参见杨一凡主编:《中国律学文献》(第4辑第5册),社会科学文献出版社2007年版,第65~66页。

② (清)沈家本:“论故杀”,载《历代刑法考》(第4册),中华书司1985年版,第2063~2083页。

无明确界限。① 而沈家本将“故意殴伤他人因而致死”视为故杀的观点则同时受到唐律和英国刑法的启发，因为唐律将“斗而用刃”视为故杀，②而当时的英国刑法也将意图重伤而致人死亡视为故杀。③ 沈家本提出的对谋杀、故杀进行区分的新标准其实等于又在很大程度上颠覆了明清时期律学家对谋杀与故杀的界定。④ 因为正如上文所述，在司法实践中对谋杀和故杀进行区分比在概念上对二者进行区分要困难得多。所以长期从事司法实践的沈家本并未执著于追求谋杀在概念上的完美，而更多地是从司法实践的角度出发，提出了认定谋杀与故杀

① 此外，根据沈家本《论故杀》一文所引英国刑法，“凡虽出于一时之忿激，而行事横暴不法，致人身死者，即非预谋杀人，然其心已属极恶，应仍以谋杀论”，即激愤杀人为谋杀而非故杀。所以，也许沈家本的这一观点也受他当时所看到的英国刑法的影响。但是这其中可能会有翻译的舛误或者其他原因。因为根据当代最有影响的英国刑法教科书——史密斯和霍根的《英国刑法》，被激怒而杀人是故杀而非谋杀（参见［英］史密斯、霍根著：《英国刑法》，马清升等译，法律出版社 2000 年版，第 393 ~ 410 页），所以作者在此处对沈家本的这一观点存疑。又及，在今天美国很多州的司法实践中，被受害人的行为激怒这种情感并不被看成正常的“激情”，如果因此而杀人被视为谋杀而非故杀（参见储槐植著：《美国刑法》，北京大学出版社 2005 年第 3 版，第 135 ~ 136 页），但是其他一些被视为处于正常的激情的支配下而杀人则是典型的故杀而非谋杀，比如看见配偶与人通奸而杀人（参见储槐植著：《美国刑法》，北京大学出版社 2005 年版，第 155 ~ 156 页）。

② 明代律学家雷梦麟也将仅以手足或者他物、金刃“故意重殴而杀之”视为故杀。原文如下：“若故杀人者，或用手足，或用他物、金刃，故意重殴而杀之，原其凶心，已欲致人于死，而其人果即时身死，则坐以斩罪。参见（明）雷梦麟著：《读律琐言》（卷十九），怀效锋、李俊点校，法律出版社 2000 年版，第 353 页。

③ 按沈家本《论故杀》一文所引英国刑，“凡有欲伤害人之意，而故令马足蹴踏，以致杀人者，虽非预谋杀人，而有害及公众之虞，应仍以谋杀论”，即意图重伤他人而致人死亡也是谋杀。时至今日，在英国，意图重伤而杀人仍然是谋杀参见［英］史密斯、霍根著：《英国刑法》，马清升、王丽等译，法律出版社 2000 年版，第 388 页。不仅在英国，在美国的很多州，事先存在重伤意图而致人死亡也被看成谋杀。参见储槐植著：《美国刑法》，北京大学出版社 2005 年第 3 版，第 136 页。又及，根据英国十六七世纪的普通法法院大法官、法学家科克的定义，谋杀是指“在王国的领土范围内，达到法定责任年龄的人，事前有预谋地非法杀害无辜者，破坏了王国和平的环境，而被当事人控告或由法律予以规定以及使被害人受伤，并于 1 年零 1 天内死于该伤的情况”。科克对谋杀的这一定义与我国传统的谋杀大致相同。但是后来谋杀的概念在英美法系国家显然发生了很大的变化。

④ 关于沈家本对明清律的这一批评，可参见美国研究者 Jennifer Michelle Neigh bors 在其博士论文第四章中的叙述：“Noted Qing jurists had complained about the overly abs tract nature of Ming and Qing law when compared to the more behaviorist Tang and Song law, the difficulties that caused at sentencing, and the injustices that c ould arise.”显然这里的批评者主要应该指清末律学家、司法官员薛允升和沈家本等人。他们批评过明清律中那种抽象的、单纯从主观意图出发而不结合具体的客观情况区分谋杀、故杀和斗杀的做法。当然 Neighbors 博士赞同沈家本等人的观点。在同一段文字中，Neighbors 博士继续写道：“Republican law pushed matters even further, eliminating all links to circumstances.”虽然 Neighbors 博士在这里批评的只是民国时期刑法对罪过的规定，但是，因为我国今天刑法中对罪过的规定和民国时期大致相同，所以当然我们也可以把这看成对今天我国刑法关于罪过规定的批评。当然，在这里 Neighbors 博士并没有针对明清以及民国时期的故意杀人概念提出批判，但是我们完全可以做这样的理解。

的新标准。当然沈家本的这一建议未必能够完全解决在司法实践中如何区分谋杀与故杀这一问题,但这并不意外。因为由于客观事物本身的复杂性,再加上人类认知能力的限制,在很多情况下,其实我们不可能完全做到在此物与彼物、此事与彼事之间划定一个明确的界限,谋杀与故杀也不例外。

五、结　　语

考察中国古代谋杀概念形成与演变的过程,可以认为,古人对中国古代谋杀概念的理性认知,是在对一系列概念变换和更替中转换实现的,它是客观现实在人脑中的近似反映,因而存在具有客观意义的概念辩证法。人们界定谋杀、力图准确解释谋杀这一特定杀人概念的原因和最终目的,是将谋杀与其他的故意杀人类型如贼杀、故杀等相区分,以求罪刑相当。但是,由于相关文献的缺失,我们今天很难对唐代之前的谋杀与贼杀、谋杀与故杀等的法定刑以及其法定刑在执行制度上是否存在差别进行比较。在我国现存最早的古代法典《唐律疏议》中,谋杀(造意者即首犯)与故杀的法定刑均为斩刑。根据唐代法定的死刑执行制度,普通的谋杀罪和故杀罪的斩刑都是在秋冬执行。而唐代后期,斩绞刑又改为"重杖一顿处死"即"杖杀"。因此,根据唐代的死刑执行程序和方式,谋杀(造意者)与故杀的处罚应该相同。这种处罚上的相同可能正是谋杀与故杀在概念上没有明确的区分的原因;或者二者在概念上的模糊正是二者因为处罚相同,故而无须再进行概念上的辨析;或者可能这种概念上的模糊与处罚的相同二者互为因果。但是到了明代,谋杀(造意者)的处罚与故杀开始有所区别。根据明律规定,普通的谋杀(造意者)与故杀的法定刑依然相同,都是斩刑。同时,根据明代《真杂犯死罪例》,谋杀(造意者)与故杀均为真犯死罪秋后处决。但是根据明代的朝审制度,被定为秋后处决、监候者大多可以缓死或者减刑,而在朝审时谋杀被定为"情真"的可能性比故杀要大,因为"杀而以谋,情尤深毒",预谋行为本身通常能够体现出行为人更大的恶意。因为朝审制度形成于明英宗年间,而对谋杀概念形成作出重大贡献的雷梦麟、王肯堂等人均主要生活于后来的嘉靖年间,所以可以认为这种处罚上的差异正是他们致力于界定谋杀、区分谋杀和故杀的原因所在。在清律中,普通的谋杀(造意者)与故杀的法定刑仍然相同,都是斩监候。但在秋审时,因犯谋杀罪而被判处斩监候者被定为情实的可能性也比故杀要大。所以,在清代,当然仍有必要界定谋杀、对谋杀和故杀进行准确的区分,虽然在司法实践中界定谋杀比在概念上界定要困难得多。

在清末的《大清现行刑律》中,仍然保留了《大清律例》中的谋杀罪。虽然沈家本曾经就如何区分谋杀与故杀提出了一个新观点，但是在后来的《大清新刑律》中，谋杀这一古老的罪名被取消，因为在该刑法典的分则部分的《杀伤罪》一章中，只有第305条对一般的杀人罪做了规定："凡杀人者处死刑、无期徒刑或一等有期徒刑。"仅规定杀人一条，这就说明《大清新刑律》不再区分谋杀和故杀，谋杀与故杀一律被看成今天之故意杀人。而该法第306条则是杀害尊亲属罪。到了民国时期，根据《大清新刑律》改定的《暂行新刑律》中仍然没有谋杀与故杀之别。而在1919年的《改定刑法第二次修正案》中，杀人罪再次被分为谋杀和故杀，谋杀被视为杀人的重大情节之一。但此修正案完成后并未交国会决议颁行。根据1928年《中华民国刑法》第284条的规定，预谋杀人、以残忍行为杀人均加重其刑。这说明当时又将谋杀与故杀相区分。但是在1935年的《中华民国刑法》中，预谋杀人的规定再次被取消，也即预谋杀人即谋杀以及没有预谋的杀人即故杀都是今天我们所谓的故意杀人。而在我国现行的《中华人民共和国刑法》中，我们也不再区分谋杀和故杀，所有的有意杀人都归之为故意杀人。这说明，自1935年至今，我国的故意杀人概念比过去更为抽象。杀人的概念越抽象，在司法实践中对不同类型的杀人行为进行区分以便准确量刑可能就越困难。关于这一问题，笔者认为，中国古代尤其是明清时期诸位律学家对谋杀和故杀的解释以及清末沈家本的新观点应该具有很大的参考价值。这也正是本文梳理中国古代的谋杀概念的另外一个目的。

同时，在过去很长时期乃至今天，大陆法系和英美法系很多国家的刑法中都将故意杀人罪分为谋杀和故杀。① 而且在区分谋杀与故杀的各国刑法典中，谋杀的处罚一般均较故杀为重，比如1810年《法国刑法典》和1871年《德国刑法典》中的谋杀罪均处唯一死刑。而在20世纪废除死刑后，德国和法国的谋杀罪均处唯一无期徒刑。对谋杀的严厉处罚正说明了谋杀是比故杀更严重的杀人行

① 当然各国对谋杀罪的定义并不完全相同。比如，1810年《法国刑法典》第295条规定："故意杀人者，称故杀。"该法第296条规定："预谋杀人或袭杀人者，称谋杀。"该法第297条规定："称预谋者，谓于行为前为加害于特定之人，或可能发现或遭遇之人之身体而为之计划，此计划依附于某种情况或条件者，亦同。"该法第298条规定："称伏击者，谓为杀人或加暴行为于人，而于一个或数个场所，经历若干时间侍候其人。"而1871年《德国刑法典》第211条规定："预谋杀人者，依谋杀之罪，处死刑。"现行《德国刑法典》第211条规定："谋杀者指出于杀人嗜好、性欲的满足、贪财或其他卑劣动机，以残忍、残暴或危害公共安全的办法，或意图实现或掩盖其他犯罪行为而杀人的人。"现行《法国刑法典》第221-3条规定："有预谋地故意杀人为谋杀。"德国和法国的谋杀罪的概念与我国传统的谋杀罪概念基本相同。而美国各州的刑法对谋杀和故杀的规定则当然与英国法接近。另外，日本1907年《刑法》并不将杀人区分为谋杀和故杀，但是当时日本也有学者对谋杀和故杀进行区分。而且当时的日本学者也以是否事先预谋作为区分故杀与谋杀的根本标志。参见沈家本撰："论故杀"，载邓经元、骈宇骞点校，《历代刑法考》(第4册)，中华书局1985年版，第2069~2071页。

为。在今天的美国,大多数州以及联邦刑法还把谋杀罪分等级,即分为一级谋杀和二级谋杀。在保留死刑的州,一级谋杀的最高刑通常是死刑;而在废除死刑的州,一级谋杀的最高刑通常是终身监禁。二级谋杀的最高刑相应降低。在英国,1957 年以前,所有的谋杀罪均判处唯一确定的法定刑死刑;在 1957 年之后,几种特定的谋杀罪仍处死刑,其他几种谋杀则判处终身监禁。而英国自 1965 年废除谋杀罪的死刑后,所有的谋杀罪均判处最高刑,也是唯一确定的法定刑——终身监禁。诸多国外的立法例正可证明,中国古代界定谋杀、区分谋杀与其他相似的杀人类型比如贼杀、故杀等这一做法的合理性。当然,国外的立法例本身也可证明,中国古代界定谋杀这一做法对今天我国的刑法学理论、刑事立法或者司法实践所具有的借鉴、参考意义。

(2009 年第 2 期)

中国法律史研究中的方法、材料和细节

——以清代州县审断问题研究为例

里　赞*

滋贺秀三和黄宗智教授围绕清代州县审断问题所引发的学术讨论,①打破了中国法律史学界的研究格局,这不仅反映在研究方法上,也反映在问题意识上:以前的中国法律史研究侧重通史,现已逐渐开始向"具体问题"转移;在研究材料方面,也逐渐从以典章转向档案材料为基础;在表述层面,以一定的理论基础展开的宏大叙事研究,也逐渐让位于"把事情说清楚"的具体论述。虽然,国内的许多法律史学者也参与到滋贺与黄宗智的争论中来,在客观上丰富了我们对此问题的认识,但是就其研究的材料和所得出的结论而言,未见有根本性的突破。对于这场争论所暴露出来的问题,似有进一步探究的必要。

一、中国法律史的研究方法

尽管围绕清代州县审断的讨论所呈现出的观点有诸多不同,但似乎都有陷入以西方或现代语境来解释历史问题的窠臼之疑,存在史学界所谓"倒放电影"的倾向,"后见之明"的成分较重。② 在双方论争中,少见对具体问题和材料的直接交锋,而多指责对方的理论立场。如黄宗智认为滋贺秀三与自己得出不同结

* 作者单位:四川大学法学院。

本文系作者主持的四川省哲学社会科学规划2007年度课题"民国时期地方社会纠纷及其裁断"(SC07B038)的阶段性成果。

① 关于双方在清代审断问题上的争议,可参见[日]滋贺秀三等著:《明清时期的民事审判和民间契约》,王亚新等编译,法律出版社1998年版;[美]黄宗智著:《清代的法律、社会与文化:民法的表达与实践》,上海书店出版社2007年版;[美]黄宗智著:《法典、习俗与司法实践:清代与民国的比较》,上海书店出版社2007年版。一个简单的描述可参见[日]寺田浩明、王亚新:"清代民事审判:性质及意义——日美两国学者之间的争论",载《北京大学法律评论》1998年第1卷第2辑。

② 针对历史研究中的"倒放电影"问题,罗志田教授提出:"倒放电影"虽有助于史家认识往昔,但也有副作用——无意中可能会剪辑掉一些看上去与结局关系不大的枝节,而且还容易导致以今情测古意——有意无意中以后起的观念和价值尺度去评说和判断昔人,结果往往是得出超越于时代的判断和脱离当时当地的结论。参见罗志田著:《近代中国史学十论》,复旦大学出版社2003年版,第259页。

论的原因主要是因为滋贺的西方化理论背景，即"滋贺他们研究法制的方法，主要是德国传统的法理学，要求抓住一个法律传统的，甚至于是整个社会和文化的核心原理"。① 而寺田浩明却认为，黄宗智是无意识地把西欧近代的市民法模型作为普遍的发展模式引入清代，以试图解决问题，故"给他的努力贴上一个'近代主义'或'西方中心主义'的标签相当容易"。② 可见，双方均否认这样一种研究方法，即先有以西方或现代的理论形成的"前见"预设，再组织材料并据以得到所希望的结论。但事实上，双方却均未摆脱这样的一种理论预设。滋贺秀三以中西类型化划分的"父母官诉讼"理论前提；黄宗智则更为明显，不仅表现为在材料上的目的性排除，而且也带有明显的为批判而批判的痕迹。当然，在社会科学研究中，实现论述中的"价值中立"多是一种自我激励，要完全摆脱理论背景是不可能的。寺田浩明在批评黄宗智后，也承认"要问我们关于上述问题是否已准备好了什么更好的回答，则结论只能是'无'"。他进一步指出，要说在研究过程中容易陷入近代或西洋中心的偏差，意思好像很清楚，然而这种偏差的大部分其实往往在不知不觉之间已融进了我们的认识框架。因为我们接受的是西方社会科学的训练，正是通过其概念和方法论才学习到的社会认识。我们很难预先知道什么是西洋中心式的偏见，只有作为研究对象的历史才能以事实来提醒我们。当然，正如众所周知的那样，历史的认识已经是一定理解框架的产物。我们只能始终留意，不要忘记自己只是以一种尺度来衡量另一种尺度。不断地来回调整两个尺度——也许，这就是历史学家所能做的工作。③ 以先入为主的理论预设思考历史问题，容易遮蔽历史的真相，影响叙述方式的合理乃至史料运用的准确。当今中国法学，沿袭了清末以来以西方法为模本研究中国传统法的范式，形成了在法律体系和案件分类上的看似规范实则相距实情甚远的理论表述，如中国古代刑法、中国古代民法、中国古代刑事诉讼法、中国古代民事诉讼法等。④ 迄今为止，研究中国法律史的作品，大多陷此窠臼。这种在理论思维上的

① ［美］黄宗智："中国法律制度的经济史·社会史·文化史研究"，载《比较法研究》2000 年第 1 期。

② ［日］寺田浩明、王亚新："清代民事审判：性质及意义——日美两国学者之间的争论"，载《北京大学法律评论》1998 年第 1 卷第 2 辑。

③ 同上。

④ 此类论著有李志敏著：《中国古代民法》，法律出版社 1988 年版；叶孝信著：《中国民法史》，上海人民出版社 1993 年版；孔庆明等著：《中国民法史》，吉林人民出版社 1996 年版；徐朝阳著：《中国古代诉讼法》，上海商务印书馆 1927 年版；蒲坚著：《中国古代行政立法》，北京大学出版社 2007 年版；李交发著：《中国诉讼法史》，中国检察出版社 2002 年版；张世明著：《中国经济法历史渊源原论》，中国民主法制出版社 2002 年版，等等。此类论文更不计其数，故不赘举。

“趋新崇西”和研究方法上的“倒放电影”,忽视了这样一个基本的也是十分重要的事实,即中国古代社会及其法律与西方相比是完全不同的类型。目前法史学界对于包括清代在内的中国传统法律体系以及案件分类问题的讨论中,比较有影响的可大致归为“套用派”和“古已有之派”(所谓“西方源出于中国”)。

所谓“套用派”,即通过现代的法律术语和法律体制概括中国传统的法律制度,或以现代的法学原理解释以往的法律现象和问题。如将原本一部内在有机的《唐律》或《大清律例》分割为民法、刑法等现代的部门法,将《唐六典》比附为“行政法”,甚至以现代法律体系的理论立场和标准评价中国古代成文法的特点为“诸法合体”或“诸法并存”等。[①] 而“古已有之派”,则通常以暗自承认西方或现代标准合理的前提下反以文化自信的姿态出世,强调西方或现代的东西在中国古已有之。如认为法律之分民、刑非西法独有,在中国则古已有之。[②] 另有相当一些反对“中国古代法重刑轻民”论的学者在申辩中国古代不仅有民法且发达时,其所持立场大致多靠此派。当然,所有这些研究无论存在何种可以商榷的余地,就其成果而言在大大丰富了我们对法律史的认识的基础上,对传统法律研究都不失为有意义的探索和开拓。在这个前提下,又应当引为注意的是:按照现有的法律体系对如清代的法律或案件进行六法全书式的划分,也许方便了我们的“知识检索”,但却是在根据现在的需要去“使用”历史事实,难免会割裂中国传统法律和文化本应有的整体性,用如民、刑的二元归类也会忽略掉法律中的某些难以用现代标准归类的模糊领域。正如李启成在对《各级审判厅判牍》的分类进行论述时就注意到,按旧律,分户婚、田宅、钱债、人命、族制、市廛、盗窃、斗殴、诉讼、赃私、诈伪、奸拐、杂犯、禁烟十四门。若按刑事(确定罪之有无)和民事(确定理之曲直)的分类重新编排,户婚、田宅、钱债、族制诸门大致可归入民事范畴,人命、斗殴、盗窃等或可归入刑事,而诉讼、市廛、杂犯中的案件则很难简单纳入二元标准下的体系,需要具体问题具体分析。[③]

上述学者所称民刑之分,其划分理论,实为中国移植西法所承袭的六法体

① 持此论者如张晋藩著:《中国法律的传统与近代转型》,法律出版社2005年版。法律史学界对中国传统法律存在形式原有概括为诸法合体,民刑不分,后逐渐修正为诸法并存,民刑有分,但无论结论如何变化,其所依据的对中国法律史的认识都是建立在以西方概念“套用”中国史实的基础之上的。

② 持此论者参见徐朝阳著:《中国古代诉讼法》,上海商务印书馆1927年版。他在论述中国所谓刑事诉讼法的历史时就论述道:“诉讼之区别刑事、民事,本各国最早通行之思想,于我国古代盖有微征……因《郑注》有云:‘讼谓以财货相告’,‘刑谓相告以罪名者’,可知民事与刑事诉讼,在古代之司法机关,已有划然之区分。”

③ 李启成著:《晚清各级审判厅研究》,北京大学出版社2004年版,第160页。

系，即将法律按照若干部门进行划分，由此构成法律体系。其渊源于罗马法，确立于近代的欧洲大陆国家，流行于大陆法系，①主要特点是将法律区隔为公法与私法，强调实体法和程序法之分，并按照法律的调整对象（即法律调整的社会关系及其性质）和法律的调整方法来区分刑、民及其他法律制度。

清代法律则未有现代体系化的部门法划分理论，而是以"重情"与"细故"这两个较为模糊的概念来区分案件种类并设计审级。按照清律规定，"州县自行审理一切户婚、田土等项"。②《清史稿·刑法志》也云："户婚、田土及笞杖轻罪由州县官完结，例称自理。"③即州县可自行审理户籍、继承、婚姻、土地、水利、债务案件，以及斗殴、轻伤、偷窃等处刑为"笞杖"的案件。这些自理案件州县即可定谳，因不涉及命盗重情，称为"细故"。除此之外，处"徒"刑以上的案件，州县则只有初审权而无权做最后决断。由于这部分案件通常涉及人命奸盗等重大情节，称为"重情"。本文无意探讨现代民刑划分和清代"细故"、"重情"划分二者的优劣。事实上，因划分标准不清以及对中间地带的忽视，民、刑之分在当代法学即已遭诟病，并有同属西方法律体制的英美法系未有六法之分而依然法律顺畅运行之例。故倘武断地以民刑之分描述清代法律及案件分类，甚至给予价值判断，④并不一定允当。而且"重情"与"细故"之分与民、刑之分本身所涵盖的案件范围也不可等同。如前所述，"细故"中有涉伤害和盗窃等案件，就民刑划分而言当属刑事而非民事，故而长期以来盛行于法学界的将"细故"等同于民，"重情"等同于刑的说法。与此类似的还有将清代州县"自理词讼"归入民事诉讼，从而以当下的法学概念和法学标准去解释、衡量甚至评价清代审断现象和制度。又如，以法治主义的理论或已经实现法治的国家所建构的体制为背景，分析或解释清代的法律及其社会，将清代州县的纠纷审断比同于现代的所谓"司法"，等等。

如何回到历史情境中去，运用档案材料把当时的问题说清楚，而不必受制于所谓理论框架的束缚，大概是解决滋贺秀三和黄宗智的争议乃至寻求解答清代州县审断问题的必要途径。因而，如果要达到对清代审断"了解的同情"，就不应当按照现在流行的所谓州县"司法"，包括黄宗智所称的"清代民法"等表述来

① 大陆法系的六法体系就是以宪法为根本法，民法为支柱，刑法、商法、民事诉讼法和刑事诉讼法为基本法律的成文法体系。

② 《大清律例》，"告状不受理"。

③ 赵尔巽等著：《清史稿·刑法志》（卷一一四），中华书局2003年版，第3357页。

④ 法史学界多以六法体系的严格划分作为判断法律文明的标志，由此据以民刑不分作为抨击清代法律制度"落后"的论据。

概括清代州县审断制度和现象，希望做到不以现有概念曲解原有概念（甚至原来并没有的概念），进而尽量避免由此产生的主观臆断。

二、中国法律史的研究材料

如果以是否使用档案为标准，既有的研究可分为有档案材料的研究和没有档案材料的研究。那么显然，前者为少数，后者为多数。严格说来，如果涉及州县审断的具体问题，居于多数的缺乏档案材料的研究所得出的结论是值得怀疑的。相比而言，运用了档案材料的研究则无疑更具有说服力和可信度。

就中国法律史研究而言，将州县档案运用于研究的前提是对相关档案的发现和整理，因此中国法律史研究中的档案使用应当上溯到20世纪50年代台湾淡新档案的发现。1947年，台湾大学法律系的戴炎辉教授在台湾中华文化教育基金会的支持下，对原日据时期所留"台湾文书"档案进行了长达5年多的整理，从而形成法律史学界最早系统使用的清代基层司法档案，并率先运用这一档案来论证晚清台湾的司法问题。[①] 这一材料被美日学者发现后，极大地改变了其对中国法律史研究的视角和方法。美国学者戴维德最先对淡新档案做了许多基本统计，成为后来许多学者的参考材料。[②] 之后美国的艾马克（Mark A. Allee）、[③]日本的滋贺秀三[④]等著名学者也都开始采用淡新档案来论证或佐证个人的观点。我国学者所熟知的台湾地区法史学者那思陆、张伟仁在其著作中也对淡新档案有所涉猎。[⑤] 但由于淡新档案的大多数案件集中于同治和光绪年

① 戴炎辉利用淡新档案的研究成果包括：《清代台湾之司法制度》；《台湾省通志稿》（卷3政事志司法编第1册第1章清代司法制度），台湾省文献委员会1955年版；"清代地方官治组织及其实际运用"，《宪政时代》1975年第2~4期；"清代台湾的乡治组织及其实际运用"，载《法学丛刊》1976年总第80~83期等。

② D. Buxbaum, Some Aspects of Civil Procedure and Practice at the Tr ial Level in Tanshui and Hsinchu from 1789 to 1895, *The Journal of Asian Studies*, 1971, Vol. 30, No. 2.

③ Mark A. Allee, *Law and Local Society in Late Imperial China North ern Taiwan in the Nineteenth Century*, Stanford University Press, 1994. 中文版见［美］艾马克著：《十九世纪的北部台湾——晚清中国法律与地方社会》，台湾播种者出版社2003年版。

④ ［日］滋贺秀三："清代州县衙门诉讼的若干研究心得——以淡新档案为史料"，载刘俊文主编：《日本学者研究中国史论著选译》（第8卷），姚荣涛、徐世虹译，中华书局1992年版，第528~544页。其弟子也有相关论文。参见［日］寺田浩明："中国清代的民事诉讼与'法之构筑'——以淡新档案的一个案例为素材"，载易继明主编：《私法》（第3辑第2卷），北京大学出版社2004年版，第304~326页。

⑤ 那思陆著：《清代州县衙门审判制度》，文史哲出版社1982年版；张伟仁辑著：《清代法制研究》，台湾"中央"研究院历史语言研究所1983年版。

间,且缺乏大陆档案的佐证,加之当时海峡两岸的区隔,该档案的使用虽在中国法律史的研究方法上给出了新的选择,但并未获得中国法律史学界更广泛的响应。[①] 20世纪90年代之后,日美中国法律史学者逐渐转向对大陆所存州县档案的使用,这一方面是大陆包括学术界在内的日益开放,另一方面是一些原有档案价值重新受到重视。其中四川巴县档案成为日美学界争相使用的档案材料。四川巴县档案1953年在重庆被发现,四川大学历史系1955年开始整理使用。较之台湾淡新档案,四川巴县档案所涵盖的时间更长,数量更多。但在过去的几十年里,该档案多被史学界使用,法学界重视不够。以黄宗智为代表的美国学者发现后,开始有意识地利用巴县档案进行中国法律史研究。[②] 白德瑞(Bradly W. Reed)在其著作中指出,巴县档案的出现,使学者摆脱了因淡新档案过于薄弱而无法进行更彻底研究的困境。[③] 由于巴县档案的丰富和完整,美国的中国法律史研究者所使用的地方档案,多以巴县档案为主,兼顾淡新等其他地区的档案材料。[④] 以寺田浩明为代表的日本学者同样也利用巴县档案进行了颇有意义的研究。[⑤]

国内学者在法律史研究中,使用档案材料论证观点方面略显不足,这既与我们以前研究的问题多集中于制度上的宏大叙事有关,也跟长期以来形成的学术氛围和学术传统有关。坦言之,在相当长的一段时间里,中国法律史学界尚未形成凭档案说话的学术传统。近年来虽出现了一些变化——如田涛的学术团队对黄岩档案的整理研究,部分学者对巴县和南部县档案法学价值的日益重视,以及

---

① 淡新档案对中国台湾地区法律史学界的影响至今仍十分重大。参见王泰升、尧嘉宁、陈韵如:"'淡新档案'在法律史研究上的运用——以台大法律学院师生为例",载《台湾史料研究》2001年第22辑,第30~71页。

② 作为美国利用清代州县档案进行中国法律史研究的中心人物,黄宗智的著作颇丰,其代表作已被翻译为中文。参见[美]黄宗智著:《民事审判与民间调解:清代的表达与实践》,中国社会科学出版社1998年版;《清代的法律、社会与文化:民法的表达与实践》,上海书店出版社2007年版;《法典、习俗与司法实践:清代与民国的比较》,上海书店出版社2007年版;等等。

③ Bradly W. Reed, *Talons and Teeth: County Clerks and Runners in the Qing Dynasty*, Stanford University Press, 2000, preface, pp. xiv. 他利用巴县档案进行的研究还有:Money and Justice: Clerks and Runners, and the Magistrates' s Court in Late Imperial Sichuan, *Modern China*, Vol. 21, No. 3, Jul, 1995, pp. 345 – 382。

④ 美国学者运用档案进行清代法律研究,参见 Kathryn Bernhardt, Philip C. C. Huang, ed., *Civil Law in Qing and Republican China*, Stanford University Press, 1994; Matthew H. Sommer, *Sex, Law, and Society in Late Imperial China*, Stanford University Press, 2000。

⑤ [日]滋贺秀三等著:《明清时期的民事审判与民间契约》,王亚新编译,法律出版社1998年版。

邓建鹏、俞江、赵娓妮等人的一些研究成果——①表明中国法律史学界开始注意到研究材料的重要性，对州县审断的研究也开始从单一的制度描述转入利用档案材料进行具体问题的深入探讨，但是，由于档案资源有限，加之档案整理和研究均需花费较长的时间和相当的学术积累，与当下急功近利的学术气候并不相宜。因此，在这方面有所突破甚至取得长足的发展绝非朝夕之间，尚需学界同人的长期努力。运用档案材料并不意味着必然得出可信的结论。换言之，档案材料的分析论证是可信结论的必要条件而非充分条件。从滋贺秀三和黄宗智的研究看出，对待包括档案在内的论证材料的态度是他们产生争论的一个重要原因。现有学者关于清代州县所谓司法问题研究的材料主要有三类，即清代法律文本，如《大清律例》等；以"官箴"为主（包括各种"笔记"）的文献；上述清代州县档案和与档案有相似价值的文本材料（如各类地契、家谱等）。其中法律文本材料各家类似，争议不大。而文献类材料的使用则存在理解或认识上的问题。

以官箴为例，几乎所有的研究均大量地应用官箴作为基本的材料依据。然而，并非所有的学者都对官箴类文献的证据力持客观理解或认识。事实上，官箴的作者多为"有心之士"，其为"官箴"多有留名青史之意，故其内容之选择以"有意"者多。若无相应的印证材料（如档案），则当慎用。如官箴的代表性作者刘衡在其《理讼十条》中谈到理断问题时便相当明确地表示："一状不轻准，准则必审，审则断，不许和息也。"②有相当一部分学者常以这条材料证明州县理断的态度和具有普遍意义的理断实情。然而，将这段材料与南部县甚至巴县（刘衡本人便做过巴县知县）档案相对照就会发现，情况并非如此简单。实际的情况是：对纠纷词讼是否"轻理"，虽然有告则理的制度规范，但由于档案本身仅能记录下"理"的情况，故尚无法做出实证性的绝对判断；就已受理的案件而言，"理"则未必都"断"，因为相当一部分案件材料（或许所存档案不完整）并未表明有"批词"或"判词"，即无"批"无"判"；至于"不许和息"则离事实更远（有关此问题的讨论将专文论之，此不详述）。因此，若仅以官箴类材料便证得结论，不免有过

① 邓建鹏所依据的是黄岩档案，俞江为宝坻档案，赵娓妮为南部县档案。可参见邓建鹏："清代州县讼案和基层的司法运作——以黄岩诉讼档案为研究中心"，载《法治研究》2007 年第 5 期；邓建鹏："清代州县讼案的裁判方式研究——以'黄岩诉讼档案'为考查对象"，载《江苏社会科学》2007 年第 3 期；俞江"论分家习惯与家的整体性——对滋贺秀三《中国家族法原理》的批评"，载《政法论坛》2006 年第 1 期；俞江："论清代的继子孙责任——以顺天府宝坻县刑房档为线索"，载《现代法学》2007 年第 6 期；俞江："清代的立继规则与州县审理——以宝坻刑房档为线索"，载《政法论坛》2007 年第 5 期；赵娓妮："晚清知县对婚姻讼案之审断——晚清四川南部县档案与'樊山政书'的互考"，载《中国法学》2007 年第 6 期。

② 刘衡著：《州县须知一卷》（附居官一卷）、《理讼十条》，宦海指南本。

于大胆之嫌。

此外，还需留意的是，现收录于官箴的文献作者多为科举出身或已入名流的官僚，捐官出身的几近于无。尽管州县捐纳者尚属少数，但若将全国的情况尽作统计，其数量亦当可观。进士出身的州县审断常游离出律例且为人所称道，捐纳出身的州县与其相比自然有所不同。以此为前提，即便抛开因地域差别而可能导致的州县断案存在类型不同不计，仅从州县出身的角度思考，州县断案的情形也应有相当的不同。从这个意义上讲，由官箴而体现出的州县审断情况在多大程度上具有普遍意义，就很值得斟酌了。因此，在既有研究中，凡仅以此类材料为依凭又无更为确凿材料相印证的结论，就可能落下为人质疑的“硬伤”。

至于档案类文献材料，其作为证据虽属“确凿”，但对其使用需小心者也并不弱于其他。仅以州县档案为例，现存晚清州县档案的完整性均有瑕疵，即便是保存相对完整的所谓“全清”档案，也需做限定性说明方能成立。例如，清代四川巴县档案称得上比较完整的州县档案，仍断缺康、雍两朝。又如，清代四川南部县档案，虽较巴县更为完整，即各朝代全齐，但各个朝代档案数量却差别很大；顺治朝仅存一件地契，光绪前历朝内容远少于光绪和宣统两朝；即便是数量较多的光绪和宣统时期，其保存质量也参差不齐，残缺数仍较大。上述两部档案应当是目前已经发现的相当少见且十分珍贵的清代基层档案，其情形亦不过如此，其他零星的档案可想而知。

事实上，所有的档案对其时代的记录都是有限的，若想通过档案以窥历史之全貌基本不可能，何况还是有限的且不尽完整的档案。在对南部和巴县档案的研究中，至少以下方面的问题提示出对档案的使用需谨慎为之。

其一，材料与所论相适应。普遍性的结论很难以一个或几个县的材料得出，因为档案已然表明，不同的县之间有大的差别。即便是同为川省的巴县和南部都有差别，更何况全国。故“了解之同情”研究取向的前提即承认研究者的认识能力及其可据材料都是有限的。在这样的情形下仍要寻求“真了解”（陈寅恪语），不仅要“论世”以“知人”，更不能不“以意逆志”，像清人所说“于空曲交会之际以求其不可知之事”。①

其二，材料的选择对结论的影响。对同一个问题，不同的地方的材料、同一个地方的不同时期的材料、同一个地方同一个时期不同的人的材料等因素，所得出的结论都会有所不同。现有研究中诸多争议的问题，焦点不在结论的正确与否，而往往在于材料的选择或使用。关于历史材料的认识或使用，陈寅恪先生有

---

① 罗志田著：《近代中国史学十论》，复旦大学出版社2003年版，第185页。

言：吾人今日可依据之材料，仅为当时所遗存最小之一部，欲借此残余断片以窥测其全部结构，必须备艺术家欣赏古代绘画雕刻之眼光及精神，然后古人立说之用意与对象，始可以真了解。[①] 要做到不逾越昔人之时代限制，陈先生特别提出："解释古书，其谨严方法，在不改原有之字，仍用习见之义。故解释之愈简易者，亦愈近真谛。并须旁采史实人情，以为参证。"[②]

三、中国法律史研究对象的细节

在历史研究中，有些看似细节的部分其实影响着整体的发展和走向，具有关键性的意义。从这个角度言，细节永远是重要的。[③] 州县审断中诸如此类细节问题的厘清，不仅有助于对历史事实的如实反映，也会使我们对州县审断的整体认识有一个较大的改变。

例如，对晚清州县审断中的"理"和"断"的问题。一般而言，州县的审断开始于"告诉"。对"告诉"，清律的原则是"有告必理"。而对于"告诉"不受理者，《大清律例》设有专条，详尽规定了州县不受理告诉而应承担的法律责任。[④] 作为一般原则，"告则理"是容易理解的。但是，结合档案对"理"的认识和理解则尚需推敲。因为，对"理"的不同解读将直接影响到对档案的判断以及"告则理"这一原则在州县审断实践中的落实情况。

在既有研究中，绝大部分学者将"理"视为现代诉讼立案制度上的"受理"，那么，这个意义上的"理"则意味着州县将对案件展开进一步的审理，并以这种理解为标准对档案中的案件给予统计，据此得出结论。当然，在这样的标准下，档案中所反映出来的知县批词驳回"不准"的案件都将被视为未被受理的而不能计入"理"的范围。由此，研究者的结论必然是"告未必理"。这样一来，研究者所描述的州县审断实践与清代的一般法律原则必然存在相当的差距。如有学者以现代的"立案"标准所理解的"理"统计了78份黄岩诉状，其中有40份诉状因明确裁定驳回、不予受理而被归入"不理"的范围，占总数的51.3%，就得出了

---

① 陈寅恪："冯友兰《中国哲学史》上册审查报告"，载陈寅恪编著：《金明馆丛稿二编》，上海古籍出版社1980年版，第247页。

② 陈寅恪："'蓟丘之植，植于汶湟'之最简易解释"，载陈寅恪编著：《金明馆丛稿二编》，上海古籍出版社1980年版，第262页。

③ 罗志田："无名之辈改写历史：1932年清华大学入学考试的作文题争议"，载《历史研究》2008年第4期。

④ 《大清律例》，"告状不受理"。

"告不一定理"[①]的结论。这样的结论显然提示我们,在清代"告则理"的原则并未得到真正贯彻。然而,如果将"告则理"中的"理"做另一种理解,可能情况就完全不同。而另一种情况的解读并非毫无依据,而是有所依凭的。至少,在南部县档案中,由知县批词所反映出来的情况,可以作为非常有意义的依据。在南部县档案中,知县对"告诉"的批词里有一个常见而且是有实际意义的概念,即"准"。大量的批词显示,"准"或"不准"才意味着州县对案件是否采取进一步审断行动。所以,大部分学者实际上是将"准"或"不准"误以为"理"与"不理"了。而"准"与"不准"和"理"与"不理"或许是应当有所区分的。那么,与"准"相对的"理"应做何种理解呢?

实际上,所谓"理",只是指州县衙门对告诉人词状的接受,即接受状纸的行为。这个意义上的"理"和现代诉讼制度中的"受理"便有大的区别。后者所谓的受理是指案件将进入下一步的审理程序,这在清代州县审断中实际上应是"准",而非"理"的问题。州县接受词讼即为"理",通过批词决定是否进入下一步审断则为"准"。因此,档案中出现的州县对诉状"不准"的批词应当解释为州县理而未准,而不应当理解为不理。

然而,既有研究对"理"的误解,极大地影响了对州县审断过程的描述和对档案的解读。[②] 实际上,正如上述对"理"和"准"的解释,有学者统计黄岩档案并归入"不理"的40件诉状实际上都是已理的诉状,只是"理"之后州县"不准"而已。对基本概念的"望文生义"往往会使我们对档案的统计并据此得出的结论与真实情况相去甚远,因此所谓档案统计中出现"分歧其实没什么好讨论,将来使用档案的人多了,这问题会不了自了"[③]的说法并不足取。实际上很多对档案理解的分歧往往不是对档案本身的争论,而是对档案中涉及的某些标准或所涉概念的争论。只有厘清了基本概念——类似"理"和"准",我们强调按当时的含义而不是现代的词义——的正确含义,我们才能够比较准确地描述和解释清代州县审断的真实情况。因此,从清律对"理"的规定并结合档案对"理"的界定来看,清代州县对当事人的告诉应当是"告则理"的,即是说州县对于当事人的词讼是都予以接受的。将"理"和"准"加以严格的区分,并据此得出"告则理"

---

① 邓建鹏:"清代州县讼案的裁判方式研究——以'黄岩诉讼档案'为考查对象",载《江苏社会科学》2007年第3期。

② 目前所见,仅梁临霞较为准确地区分了这两个概念,并据此对批词有所论述。参见梁临霞:"论批呈词",载《法史学刊》(第1卷),社会科学文献出版社2007年版,第160~177页。

③ [美]黄宗智:"中国法律制度的经济史·社会史·文化史研究",载《比较法研究》2000年第1期。

的结论，不仅仅是澄清州县审断中的一个细节，更重要的是，“告则理”这一结论的成立能够解释清代的州县不仅仅享有全权，更承担着全责，而这种职责意味着作为父母官的州县对于其辖区内百姓的所有诉求都须有一个积极的态度。同时，“告则理”也表明州县的审断与现代意义上的“司法”是不同的。如果说现代的司法由于国家权力的分立和职权的明确划分免除了司法的一般社会责任，使得司法的过程仅仅是一个法律的使用过程的话，那么，清代的州县由于并未存在于这样的体制内而不能获得社会责任的免除。因而，清代的州县官就不可能像现代的法官，州县衙门就不可能像现代的法院那样严格地按照职能的分工和法律规定的受案范围决定自己的行动。从这个意义上讲，清代州县的审断与现代的司法存在根本的区别。而这种区别决定了清代州县的“告则理”就不仅是父母官意义上的理想主义诉求，实则是清代特定社会制度基础的一个必然表现。

以清代法的具体问题的研究为例检讨中国法律史研究的方法或研究范式，或许难以达到窥一斑而知全貌的作用，但作为一种有建设性期待的努力当是有意义的。

（2009年第3期）

2010 年

隋律源流若干问题考辨

倪正茂*

"隋律源自北齐","其流播因宋、元、明、清律一一裁正于唐而影响甚微"等涉及隋律源与流的问题,一度因史学大家程树德、陈寅恪的判定而几成定论。[①]但据笔者考辨,似大有商榷之余地。厘清有关问题,正确判明隋律之渊源流变,不仅是还中国古代法制历史发展真实面目的必需,而且对以马克思主义唯物主义历史观科学认识法律发展的客观规律具有重要意义。

一、"隋律"何所指

首先必须申明:"隋律"云者,实指隋初制定的《开皇律》,而非《大业律》。杨广即位(公元604年)称隋炀帝,"以高祖禁网深刻,又敕修律令,除十恶之条"。[②] 因炀帝以"大业"为号,史称其时取代《开皇律》所修之律为《大业律》。史籍关于《大业律》内容的资料,遗存极少,究竟比《开皇律》有多大之简省轻恤,目前还暂无确论。但我们至少可从史实得知:一方面,隋炀帝既"以开皇律犹重"、"以高祖禁网深刻"而命牛弘等更造新律,那么,《大业律》在法律文本的字面上比《开皇律》"禁网"轻简,是不必怀疑的;但另一方面,隋炀帝好大喜功,穷奢极侈,对外连年用兵,对内大造宫殿,民财剧耗,民怨沸腾,很快就大大激化了社会矛盾。于是,他把制定不久的《大业律》弃诸脑后,司法之于立法背离到了登峰造极的地步。

魏征撰《隋书》,指斥隋炀帝杨广"荒淫无度,法令滋彰,教绝四维,刑参五

---

* 作者单位:上海政法学院。

① 程树德先生谓:"隋文帝代周有天下,其制定律令独采北齐而不袭周制。"周律"又多沿晋律,古今杂糅,礼律凌乱,无足道者。"参见程树德:《九朝律考·后周律考序》又谓:"史称周律比于齐法,烦而不要,是周齐二律之优劣,在当时已有定论。隋氏代周,其律独采齐制……"参见程树德:《九朝律考·后周律考序》。陈寅恪先生更批评"北周制律,强摹周礼,非驴非马……故隋受周禅,其刑律亦与礼仪、职制等皆不袭周而因齐,盖周律之矫揉造作,经历数十年而天然淘汰尽矣。"参见陈寅恪:《隋唐制度渊源略论稿·四刑律》。

② "刑法志",载《隋书》(卷二五),中华书局1982年版,第716页。又见《玉海》(卷六五):"炀帝以开皇律犹重,大业二年更制《大业律》,牛弘等造。"《通鉴》卷(一八〇):"牛弘等造新律,凡十八篇,谓之《大业律》,甲申始颁行之。"

虐，除诛骨肉，屠剿忠良，受赏者莫见其功，为戮者不知其罪……旌旗万里，征税百端，猾吏侵渔，人不堪命。乃急令暴条以扰之，严刑峻法以临之，甲兵威武以董之，自是海内骚然，无聊生矣”，以致举国民众“流离道路，转死沟壑”的悲惨状况，直至“土崩鱼烂，贯盈恶稔，普天之下，莫非仇雠，左右之人，皆为敌国”，犹“终然不悟”。魏征谓“自肇有书契以迄于兹，宇宙崩离，生灵涂炭，丧身灭国，未有若斯之甚也”。[①] 司法与立法之脱离、悖逆，在隋炀帝大业后期，达到了无以复加的地步。考诸史实，足为今人之鉴。显然，《大业律》只不过是一种我称为“伪饰性”的立法。[②] 有鉴于此，本文所考辨的以及一千五百多年来史书所指涉的“隋律”，均不以《大业律》为代表，而仅指《开皇律》。

其次必须申明：本文所指《开皇律》，实为开皇三年（公元583年）对开皇元年（公元581年）制颁的《开皇律》进行大修大改的成果。

《开皇律》制定的时间：一为开皇元年（公元581年）；二为开皇三年（公元583年）。按理，既称为《开皇律》，那么，开皇元年先行制定者即为底本，开皇三年之“更定新律”[③]应称为“修订”，即《开皇律》的“制定时间”为开皇元年，“修订时间”为开皇三年。但是，开皇元年与开皇三年的两次修律活动，规模都很大，后者显非对少量条文的修改，后文将述及开皇元年所制定的《开皇律》律文至少在1735条以上，经开皇三年修订，“定留唯五百条”；而且作为唐律蓝本的是后者。因为，唐初所修之律，律文亦为500条，显非以1735条以上的隋初《开皇律》为蓝本。因此笔者确认：第一，《开皇律》的制定时间为先后两次，而不是把后一次的“更定新律”称为“修订”；第二，古往今来中外法史学者所指之《开皇律》，大抵也是指开皇三年（公元583年）的修订本；第三，使用“隋律”这一概念时，除非泛论隋代的律、令、格、式，否则，都是指开皇三年（公元583年）颁行的“定留唯五百条”的《开皇律》。

二、隋律“因北齐而不袭北周”之说不能成立

关于隋律之源，程树德与陈寅恪二位史学大家，均持魏、齐、隋、唐自成一系，

① “炀帝纪下”，载《隋书》（卷四），中华书局1982年版，第95～96页。

② 杨鸿烈先生曾解释中国历史上多有“宣誓性”立法。这种“宣誓性”立法，目的在于以形式上的向天下保证什么“代天刑罚”、“人本爱民”之类，兼以立法宣示本朝、本代皇位之“正统性”。因此，不少朝代之立法，常带有严重的“伪饰性”，即立法目的根本不在实施，而在伪饰。这在中国法制史上可说朝朝代代所在多有，从而形成了“伪饰性立法”的法律文化传统。

③ “刑法志”，载《隋书》（卷二），中华书局1982年版，第710页。

隋律"因北齐而不袭北周"之说。

在《九朝律考》中，程树德先生索隐探赜、综合翔实地考证了我国公元前2世纪到公元7世纪就已亡佚的法典，其立论强调中国古代的法律有南北二支的分派，认为"自晋氏失驭，海内分裂，江左以清谈相尚，不崇名法。故其时中原律学，衰于南而盛于北。北朝自魏而齐而隋而唐，寻流溯源，自成一系，而南朝则与陈氏之亡而俱斩"。① 在《中国法制史》中他又说："今唐、宋以来，相沿之律，均属此系。而寻流溯源，当以元魏之律为此系之律为嚆矢，北魏多承用《汉律》，不尽袭魏、晋之制。"②程树德先生还认为："自晋而后，律分南北二支，南朝之律，至陈并于隋，而其祀遽斩；北朝则自魏及唐，统系相承，迄于明清，犹守旧制。"③

对此，杨廷福先生在《唐律初探》中提出了商榷意见。他认为："作者受时代的局限，没有从社会制度、生产关系、阶级关系以及在当时社会占统治地位的所有制去探讨它们之间的历史渊源和内在的关系，徒以南北对峙和朝代的兴亡作截然的划分，认为'南朝之律至陈并隋而其祀遽斩'，似可商榷。"④杨廷福先生还指出："陈寅恪先生《隋唐制度渊源略论稿·四刑律》虽亦不以程氏之说为然，但认为北魏颇传汉代律学，而北魏、北齐、隋、唐为一系相承的嫡统，还是有商榷的余地的。"⑤

可惜的是，杨廷福先生并未对此展开论述；加之天年不永，我们没能见到他的具体的商榷意见。在研究隋律的过程中，笔者曾多次登门拜访杨廷福先生，得到他的热情鼓励，遂形成了关于隋律渊源的一些不同于程树德、陈寅恪先生的看法。如何论定隋律的历史渊源，实乃中国古代法制史，尤其是隋、唐法制史的一个重大问题。从总体上看，笔者认为，隋律承袭了北朝法律的传统，兼采北齐、北周以及隋之前法制发展的极为丰富的经验，集奴隶制法制建设和封建法制建设经验之大成，沿革增损，删繁就简，加以系统化、条理化与定型化，成就了中国古代法制建设史上具有里程碑意义的勋业。

这些看法，与流行的隋律"因北齐而不袭北周"的看法，有很大的区别，有必要详加考析。

历来的历史学家、律学家之认为隋律"因北齐而不袭北周"，会使人产生这

① 程树德著：《九朝律考》（下册）《南朝诸律考·序》，商务印书馆1927年版。

② 程树德著：《中国法制史》（第1编），第三章。转引自杨廷福著：《唐律初探》，天津人民出版社1982年版，第69页。

③ 程树德著：《九朝律考》（下册）《后魏律考·序》，商务印书馆1927年版。

④ 杨廷福著：《唐律初探》，天津人民出版社1982年版，第70页。

⑤ 同上。

样的疑问：为什么从北周脱胎而来的隋朝，其法律偏偏要摒弃北周而因依北齐？作为上层建筑的法律制度，是在一定的经济基础上产生并为这个基础服务的，难道隋、周二朝的经济基础发生了根本的变化吗？

陈寅恪先生是主张隋律"因北齐而不袭北周"之说的，他说："隋受周禅，其刑律亦与礼仪、职制等皆不袭周而因齐，盖周律之矫揉造作，经历数十年而天然淘汰尽矣。"①他这样引录《隋书·刑法志》作为根据：

> 高祖既受周禅，开皇元年乃诏尚书左仆射高熲更定新律奏上之，多采后齐之制，而颇有损益。三年又敕苏威、牛弘更定新律，自是刑网简要疏而不失。

但是，以上述引文为根据断言隋律"因北齐而不袭北周"有显然的偏颇。

首先，即便是从"多采后齐之制"也推不出"因北齐而不袭北周"的结论。"多采"北齐之制，非"全采"北齐之制，亦非"不采"北周之制。

其次，正确地引录《隋书·刑法志》的有关文字，应作：

> 高祖既受周禅，开皇元年，乃诏尚书左仆射、勃海公高熲……更定新律，奏上之，其刑名有五……而蠲除前代鞭刑及枭首轘裂之法。其流徒之罪皆减从轻。唯大逆谋反叛者，父子兄弟皆斩，家口没官。置十恶之条，多采后齐之制，而颇有损益……

从上述引文可以看出，"多采后齐之制"一句，紧接在"又置十恶之条"的后面，而不是如陈寅恪先生所引的那样紧接在"更定新律，奏上之"的后面。因此，所云"多采后齐之制"，是指修撰隋律时参照北齐律所规定的"重罪十条"更名而立的"十恶之条"，这就不能仅仅以此作为隋律"因北齐而不袭北周"的可信依据了。

再次，《隋书·刑法志》中"蠲除前代鞭刑及枭首轘裂之法"的"前代"，既未确切、具体指明，则既可指隋朝以前的北魏、北齐，更可指隋朝所直接承袭的北周。而且，北齐死刑四等，重者为"轘"，不作"裂"的刑名；北周死刑五等，五为"裂"，不用"轘"的刑名。这恰好说明，"前代"者，既指北齐，也指北周。由此可见，修订隋律时，北周律亦曾为蓝本之一，隋律对北周律既有所蠲除，亦有所承袭，正如同隋律对北齐律既有所承袭，亦有所蠲除一样。

最后，关于这一点，还可证之于隋律的条数。

---

① 陈寅恪著：《隋唐制度渊源略论稿》，三联书店1954年版，第113页。

《隋书·刑法志》关于隋律的条数，有以下记载："三年，因览刑部奏，断狱数犹至万条。以为律尚严密，故人多陷罪。又敕苏威、牛弘等，更定新律。除死罪八十一条，流罪一百五十四条，徒杖等千余条，定留唯五百条，凡十二卷。自是刑网简要，疏而不失。"

其中所涉之刑名、具体条数都一清二楚、言之凿凿地说明，开皇三年（公元583年）修订开皇元年（公元581年）之《开皇律》时，总共删去了1235条以上。但是我们知道，《北齐律》总共只有949条，而北周律则有1537条。如果开皇元年撰制《开皇律》时"因北齐而不袭北周"，显然难以令人置信。从《北齐律》的949条"因"而"袭"之制定的《开皇律》多达1735条以上，条数几乎翻了一倍。这多出的"一倍"从何而来呢？倒是北周律的1537条与开皇元年颁行的《开皇律》一千七百多条是比较接近的。因此，如果断言其"因北周而不袭北齐"反而似乎比较说得通一些，至少在律文条数这一点上是如此。至于开皇三年（公元583年）删削一千二百多条一事，已是《开皇律》本身的演变，可以不与北齐律或北周律联系起来看其因袭关系了。

说隋律并非丝毫都"不袭北周"，除上述之外，还可见诸以下几点。

其一，《旧唐书·刑法志》载："隋文帝参用周齐旧政，以定律令，除苛惨之法，务在宽平。"这清清楚楚地指出了隋文帝定律令乃"参用周弃归政"，不但参用了北齐律，而且参用了北周律。

其二，《唐律疏议·断狱律》云："断狱律之名起自于魏，魏公李悝囚法，因而此篇。至北齐，与捕亡律结合，更名捕断律。至后周复为断狱律。"隋律以《断狱律》名篇，采用了北周律的篇名，而不用北齐律的篇名。但陈寅恪先生不以为然，他的理由是："……北齐律合后魏律之捕亡与断狱为一，名捕断律，隋律之复析为二，实乃复北魏之旧，非意欲承北周也"，并进而推断"北魏、北齐、隋、唐律为一脉相承之嫡统，而与北周律无涉也"。[①] 北齐律无《断狱律》（而只有《捕断律》）；北周律有《断狱律》，隋律承而用之，硬要说与之"无涉"，将隋律与周律截然割裂开来，不能不说是为先验之定见所囿而明显地过分偏颇了。

其三，从撰修隋律的人员来看，北周律也不能不是隋律的蓝本之一。隋文帝诏令裴政与苏威等修订律令，"同撰著十有余人，凡疑滞不通，皆取决于政"。[②] 裴政在北周时曾任刑部下大夫，参与修订周律。其他参修隋律者，大多为周室旧臣，其

① 陈寅恪著：《隋唐制度渊源略论稿》，三联书店1954年版，第113页。
② "裴政传"，载《隋书》（卷六六），中华书局1982年版，第1549页。

中也有不少曾参加北周律、令、条、式的修撰。这些人,可说是一部活的周律。[①] 由他们来撰修隋律,而断言“与北周无涉”、“不袭北周”,是难以令人信服的。

总而言之,历来所说的隋律“因北齐而不袭北周”,有一定的片面性。

但是,能不能因此而倒过来说隋律“因北周而不袭北齐”呢?显然也不能。

上述二论都是全称判断,犯了以偏概全的逻辑错误。正确的说法应当是:隋律“多采后齐之制”。

“多采后齐之制”的断语,是从《隋书·刑法志》中借用的。前面已经说过,它本来只是指隋律的“十恶之条”乃采北齐律的十条重罪而立。但扩而言之,也可以说整个《开皇律》“多采后齐之制”。

这可见诸以下几点:

第一,从篇名看。北齐律共12篇:“一曰名例,二曰卫禁,三曰婚户,四曰擅兴,五曰违制,六曰诈伪,七曰斗讼,八曰贼盗,九曰捕断,十曰毁损,十一曰厩牧,十二曰杂。”[②]隋《开皇律》也是12篇:“一曰名例,二曰卫禁,三曰职制,四曰户婚,五曰厩库,六曰擅兴,七曰贼盗,八曰斗讼,九曰诈伪,十曰杂律,十一曰捕亡,十二曰断狱。”[③]

齐隋律篇名完全相同的有“名例”、“擅兴”、“斗讼”、“诈伪”、“杂律”5篇。不同的是:《开皇律》有“捕亡”、“断狱”篇,而无“毁损”篇;北齐律则有“毁损”篇,而合“捕亡”、“断狱”为“捕断”篇,此其一。篇名排列顺序不同,此其二。此外,《开皇律》中的“卫禁”、“职制”、“户婚”、“厩库”、“盗贼”等篇,则与北齐律中的有关篇名大同小异。再拿《开皇律》与北周律比较。北周《大律》计有25篇,其中“诈伪”、“断狱”、“杂犯”与《开皇律》相同,而“刑名”与“法例”、“婚姻”与“户禁”、“卫宫”与“关律”、“劫盗”与“贼叛”、“逃亡”与“系讯”等,也与《开皇律》的有关篇目大体相当,只不过在北周一析为二,在隋律合二为一罢了。具体内容现在虽然无法详细考察,但推断其大略相同,是不成问题的。

从以上关于北齐律、北周律、隋律篇名的比较可以看出:隋律的确是“多采后齐之制”,同时又非“不袭北周”的。

第二,从刑名来看。北齐律刑名有五,即死、流、刑(耐)、鞭、杖。隋《开皇律》规定的刑名也有五,即死、流、徒、杖、笞。两相比较,共同点为:排列顺序均从重到轻,即从死刑到身体刑;都有“死”、“流”、“杖”的刑名,而“刑”与“徒”的

---

① 倪正茂著:《隋律研究》,法律出版社1987年版;倪正茂著:《隋代法制考》,社会科学文献出版社2009年版,有关隋代修律人员的文字。

② “刑法志”,载《隋书》(卷二五),中华书局1982年版,第705页。

③ 同上,第712页。

内容是相同的,只是叫法不同罢了。不同点为:(1)北齐律规定的死刑,分"頡","枭首"、"斩"、"绞"四等,而《开皇律》只有"绞"、"斩"二种,削除了北齐律中的"頡"与"枭首"。(2)"流刑",在北齐律中规定得比较笼统——将处以"流刑"的人犯"鞭笞各一百,髡之,投于边裔,以为兵卒,未有道里之差",[①]而在《开皇律》中则规定得比较具体——"流刑三,有一千里、千五百里、二千里。应配者,一千里居作二年,一千五百里居作二年半,二千里居作三年。应住居作者,三流俱役三年。近流加杖一百,一等加三十"。[②] (3)徒刑,在北齐律是称"刑"或"耐",分"五岁、四岁、三岁、二岁、一岁"五等,《开皇律》中则为"一年、一年半、二年、二年半、三年"五等,排列顺序相反,且减轻了刑罚。(4)《开皇律》改北齐律之"鞭"、"杖"为"杖"、"笞"刑,也是为了减轻刑罚。

北周《大律》所定刑名也是五种,即"杖、鞭、徒、流、死"。其排列顺序是从身体刑到死刑,从轻到重,这是与齐、隋律的不同点。其刑罚的轻重,大略与北齐律相同,较隋律为重。例如,其死刑有"磬"、"绞"、"斩"、"枭"、"裂"五种,而隋律仅"绞"、"斩"两种。此外,北周《大律》规定流刑分为五等,即"流卫服,去皇畿二千五百里者,鞭一百,笞六十。流要服,去皇畿三千里者,鞭一百,笞七十。流荒服,去皇畿三千五百里者,鞭一百,笞八十。流镇服,去皇畿四千里者,鞭一百,笞九十。流蕃服,去皇畿四千五百里者,鞭一百,笞一百",不仅规定流刑之分等,而且规定了不同等级的流刑有"道里"远近之差,[③]这与《开皇律》规定流刑分等是相同的。

值得注意的是,中国封建法制自秦开始,即有"徙边"之刑,隋之"流刑"与之相当。汉承秦制,亦有"徙边"之刑。如宋人李窻等撰《太平御览》引《三辅决录》载"马融为南郡太守,坐忤大将军梁冀,竟徙朔方"。以后晋律、梁律、后魏律、齐律都有流徙之刑。但是在北周之前的各个朝代,包括北齐在内,流刑(徙边)都不以明文规定远近之分、等级之别,只是从北周开始,才有远近、等级之分。隋律明显地不因北齐而承袭了北周之流刑分等,且有道里远近之差。

以上关于刑名的分析,也说明了《开皇律》"多采后齐之制",同时又有承袭北周律的因素。

第三,从"十恶"条看。北齐律有重罪十条:"一曰反逆,二曰大逆,三曰叛,四曰降,五曰恶逆,六曰不道,七曰不敬,八曰不孝,九曰不义,十曰内乱。"并规定犯此十条者"不在八议论赎之限"。[④] 隋《开皇律》"多采后齐"十恶"之制"的

---

① "刑法志",载《隋书》(卷二五),中华书局1982年版,第705页。

② 同上,第710页。

③ 同上,第708页。

④ 同上,第706页。

"十恶之条",依次为"谋反"、"谋大逆"、"谋叛"、"恶逆"、"不道"、"大不敬"、"不孝"、"不睦"、"不义"与"内乱"。隋律与北齐律之不同仅在于隋律有"不睦"而无"降"罪,北齐律则相反,有"降"罪而无"不睦"罪,大同小异,名副其实地是"多采后齐之制"。然而,北周《大律》中,也规定有"恶逆"、"不孝"、"不义"、"内乱"等罪,因此当然不能说隋律与北周律丝毫"无涉"。

此外,北齐、北周、隋三朝皆有"八议"、"赎"与"官当"等规定,也可窥见其法律制度是一脉相承的。

说隋律是"因北齐而不袭北周",不仅不符合事实,而且又容易造成一种误解,似乎隋律与北周律是不同类型的法律。而采用"多采后齐之制"的提法,既不排斥对周律的继承,又肯定了封建法律朝朝代代一脉相承的本质,有利于提高我们对隋律阶级本质的认识;同时,又因"多采后齐之制"而非"多采北周之制",则从另一方面提示了隋律在前朝法律基础上的变化发展,启发我们去认识隋律的特殊性。

三、"隋唐制度三源说"无助证明隋律"不袭北周"

在《隋唐制度渊源略论稿》中,陈寅恪先生还有一个与隋律渊源相关的"隋唐制度三源说":"隋唐之制度虽极广博纷复,然究析其原因,不出三源:一曰(北)魏、(北)齐,二曰梁、陈,三曰(西)魏、周。所谓(北)魏、(北)齐之源者,凡江左承袭汉、魏、西晋之礼乐刑政典章文物,自东晋至南齐其间所发展变迁,而为北魏孝文帝及其子孙摩仿采用,传至北齐成一大结集者是也……所谓梁陈之源者,凡梁代继承创作陈氏因袭无改之制度,迄杨隋统一中国吸收采用,而传之于李唐者……所谓(西)魏、周之源者,凡西魏、北周之创作有异于山东及江左之旧制,或阴为六镇鲜卑六镇之野俗,或远承魏、(西)晋之遗风,若就地域言之,乃关陇区内保存之旧时汉族文化,所适应鲜卑六镇势力之环境,而产生之混合品。所有旧史中关陇之新创设及依托周官诸制度皆属此类,其影响及于隋唐制度者,实较微末。故在三源中,此(西)魏、周之源远不如其他二源之重要。"①但是,在论及隋唐"礼仪"制度的渊源而提到隋代重臣苏威时,陈寅恪先生却得出了与他的上述观点几乎相反 的结论。陈先生引《隋书·苏威传》所载隋文帝对杨素、苏威的比较评析"上(高祖)因谓朝臣曰:杨素才辩无双,至若斟酌古今,助我宣化,非威之匹也",用以说明苏威在厘定隋律中的重要作用:"隋承战争之后,宪章踳

① 陈寅恪著:《隋唐制度渊源略论稿》,三联书店1954年版,第3~4页。

驳,上令朝臣厘改旧法,为一代通典,律令格式,多(苏)威所定,世以为能。"又进而引《周书·苏绰传》说明苏绰、苏威的父子关系以及武功人苏绰在北周制度创设中的巨大作用,并结论曰:"故考隋唐制度渊源者应置武功苏氏父子之事业于三源内之第三源,即(西)魏、周源中,其事显明,自不待论。"简言之,这"自不待论"的"显明"之"事"是苏绰、苏威父子相继为北周、隋初的制度包括法律制度的创设作出了极大的贡献,"律令格式多(苏)威所定,世以为能,所修律令章程并行于当世",而"考隋唐制度渊源者应置武功苏氏父子之事业于三源内之第三源,即(西)魏、周源中"。既然如此,又怎能不与前述的第三源"其影响及于隋唐制度者,实较微末"相矛盾呢?而"三源之中,此(西)魏、周之源不如其他二源之重要"又怎么不是苍白无力呢?虽然陈先生在论及苏绰时曾指出:"(苏)绰本关中世家,必习于本土掌故,其能对宇文泰之问,决非偶然。适值泰以少数鲜卑化之六镇民族窜割关陇一隅之地,而欲与雄踞山东之高欢及旧承江左之肖氏争霸,非别树一帜,以关中地域为本位,融冶胡汉为一体,以自别于洛阳、建业或江陵文化势力之外,则无以坚其群众自信之心理。此绰所以依托关中之地域,以继述成周为号召,窃取六国阴谋之旧文缘饰塞表鲜卑之胡制,非驴非马,取给一时,虽能辅成宇文氏之霸业,而其创制终为后王所捐弃,或仅名存而实亡……"[①]且不论这段文字本身所论是否,必须指明的是:苏氏父子创制的周、隋制度是否科学合理、适用于时是一回事,他们在周、隋制度创设中的作用是另一回事儿,二者是不应混淆的。把这两件不同的事搅在一起来说明隋代制度与周代制度无涉,实在是不无勉强。

据陈寅恪先生自己的考证,"武功苏氏父子之事业"即苏绰、苏威之事业应置于三源内之第三源,即(西)魏、周源中,且"其事显明,自不待论"。既然如此,而苏威又是《开皇律》主修人员之一,与前说"在三源之中,此(西)魏、周之源远不如其他二源之重要"云云,岂非自相矛盾?

如果回顾一下隋朝建立的过程以及隋律制定之前历代法律的历史发展,对此就可有更加明确的认识了。

从魏、蜀、吴三国争雄到隋文帝灭陈,历时近四个世纪的军阀割据、激烈混战,不仅使社会经济遭到严重破坏,而且也破坏了全国统一的法制。诸葛亮为蜀汉造汉科(律),厉行严刑峻法。曹操则"揽申商之法术",[②]如《曹操集·以高柔为理曹掾令》所云,曹操以"拨乱之政,以刑为先"作国策,魏明帝继而命陈群定《魏律》18篇;孙吴则律令多依汉制。由于时在剧烈的混战之中,三国的法制都

① 陈寅恪著:《隋唐制度渊源略论稿》,三联书店1954年版,第20页。
② "魏志·武帝纪",载《三国志》(卷一),中华书局1959年版,第55页。

很少建树。晋初制定《新律》20 篇,620 条,律外有令 40 篇共 2306 条,《故事》30 卷,于是“故事”(判例)、律、令并行天下。自西晋以后,因南北分裂,法典形式也产生了南北的一些区别。但是,《晋律》是增订《九章律》而得,远宗《法经》,近本《汉律》,因此,在体系、渊源方面看,南北法典仍是一致的。南朝宋代沿用《晋律》。晋张裴、杜预两家的旧律成了蔡法度编制《梁律》的依据,《梁律》篇目与《晋律》几无更动,仅增“仓库”而删“诸侯”而已。南齐的《永明律》也是略为增损《晋律》制成的。陈代制定律令,其篇目条纲,无变于梁法。北朝先后有《后魏律》、《北齐律》、《后周律》(《周大律》)面世,虽然其中掺杂了若干鲜卑氏族制的习惯法,但基本上仍以《汉律》为主体。这样,南朝用《晋律》,北朝沿《汉律》,而《晋律》又是因袭《汉律》而来的,所以,南北朝法典并无根本的区别。

将北齐、北周和隋加以比较,封建制生产关系没有发生变化,地主阶级独占政治统治地位的情况没有变化,基本的社会矛盾即农民阶级与地主阶级的矛盾没有变化。这一切从根本上决定了齐、周、隋三朝的法律在本质上不可能不同。马克思说:“……生产关系的总和构成社会的经济结构,即有法律的和政治的上层建筑竖立其上并有一定的社会意识形式与之适应的现实基础。”①北齐、北周与隋三朝的社会“现实基础”基本上是一致的,其法律上层建筑当然不可能不一脉相承。总之,既要看到隋律有“多采后齐”的一面,又要看到隋律有承袭北周律的因素,只有这样,才不至于对隋律的历史渊源发生误解。

除上述外,还应指出:从北齐律与北周律之问世与存在时间上,也难确证隋律“因北齐而不袭北周”;恰恰相反,倒是北齐律受到北周律的一定影响,从而使二者在对隋律的影响上,发挥了共同的、难分伯仲的作用。

据《周书》记载,北周《大律》于周武帝保定三年(公元 563 年)二月庚子颁行,《北齐律》则于北齐世祖河清三年(公元 564 年)三月辛酉颁行。也就是说,北周《大律》早于《北齐律》1 年颁行。至于从立法过程来看,更可见北周立法与北齐立法几乎是同时起步而北周率先完成的。北周《大律》之修订,始于西魏大统十六年(公元 550 年),北齐律之制定始于天保元年(公元 550 年)张老立法建议。而颁布的时间,北周为公元 563 年,北齐为公元 564 年。但是,有些史书颠倒了这一时序,故意将《北齐律》叙述在先,而将北周《大律》叙述在后,从而造成时序上是“北齐律→北周律→隋律”的错觉。例如,《唐律疏议》卷一叙述“名例律 ”之渊源时谓:“……爰至北齐,併《刑名》、《法例》为《名例》。后周复为《刑

① [德]马克思:“《政治经济学批判》序言”,载《马克思恩格斯选集》(第 2 卷),人民出版社 1972 年版,第 82 页。

名》。"这里的"复为"二字,显然会误导读者以为北齐律先于北周律制颁。《隋书·刑法志》之谓北周律"不立十恶之目而重恶逆、不逆……内乱之罪",又谓北周律"大略滋章,条流苛密,比于齐法,烦而不要",也易误导读者以为北齐律在先而北周律在后。实际上,二者几乎是同时制颁的。最大的可能是:它们同时对隋律发生了影响;而北齐灭亡在先(公元577年)、北周灭亡在后(公元581年),隋是取代北周而建立的。因此,不能越过北周而论隋律"因北齐而不袭北周"。

四、程树德论隋律"源出北齐"之失误

以上是关于陈寅恪先生论述的一点商榷意见,这些意见当然都与程树德先生之论有关。至于程树德先生关于隋律渊源的另一些论述,还可指出以下几点:

其一,程树德先生《九朝律考·隋律考》之"……唐初修律诸臣,如裴寂、刘文静、殷开山等本非律家,开皇定律,源出北齐,而齐律之美备,又载在史册,人无异词"云云,有时序上的误解。齐律是否"美备",确有后人评说,但不是在北周,因为北周律在很大程度上不同于北齐律,如北齐律为949条,而北周律达1537条。有可能是在隋代。隋代君臣因隋祚夺自北周,完全可能故意去否定北周,这有利于为夺袭北周帝位做辩解,有利于巩固其统治的地位。但《隋书》为魏征所修,是在唐武德元年(公元618年)之后许久,因而"齐律之美备,载在史册"云云,就失去了立论的依据。为证明唐律源于隋律、隋律源于北齐律而随意以含混的模糊概念"史册"作为论据,不能说是学术的严谨。

其二,程树德先生谓唐初修律,因隋律"源出北齐",对"美备"的北齐律"……执笔者不敢率为更改"[①]云云,也是很成问题的揣测。即令齐律如何如何的"美备",也总是经过了开皇的修订。同时,程先生也引《旧唐书·刑法志》之"(唐律)……以开皇为准"说明隋律为唐律蓝本的。因此,是否敢于"率为更改",直接的"更改"对象并非齐律,而是隋律。这样,就产生了两个问题:一为程文"不敢率为更改"之以齐律为对象,是对象性的错误;二为唐的建立,是把整个隋朝推翻了,把隋的君臣杀了大半,才大功告成的,在这样的情况下,把隋律做一些修改,又何惧之有?何来"不敢率为更改"?

其三,诚如程树德先生《九朝律考·隋律考序》中"以隋书、唐律互较,尚可仿佛得其修订之迹"之说,以及关于隋唐律"恶逆"、"不道"、"八议"、"死罪"、

---

① 程树德著:《九朝律考》(卷十九)《隋律考序》,商务印书馆1927年版。

"流罪"、"减赎",程序上的"奏请"、"咒诅"是否定罪等,均有不同,可见不管是否"率"然,"更改"却也是有的,远非绝对的"以开皇为准"。也就是说,程先生在《隋律考序》的前言后语也是相互抵牾的。

不过,以上均为学术上的不够严谨而已,还不涉及隋律、唐律"因北齐而不袭北周"这一议论的中心问题。现在我们结合隋、唐流刑制度来分析一下。

隋《开皇律》定"流"为"五刑"之一,流刑分三等,自1000里至2000里。唐初定律,据《唐律疏议·名例律》载:"流刑三:二千里,二千五百里,三千里。"

这样,唐律的流刑较之隋律,每一等都一下子增加了1000里。这在当时,是极为严峻的刑罚。

据《隋书·刑法志》载,北齐的流刑规定很笼统:"论犯可死,原情可降,鞭笞各一百,髡之,投于边裔,以为兵卒。未有道里之差,其不合远配者,男子长徒,女子配舂,并六年。"

而北周的流刑,按《隋书·刑法志》载,分为五等:"流卫服,去皇畿二千五百里者,鞭一百,笞六十。流要服,去皇畿三千里者,鞭一百,笞七十。流荒服,去皇畿三千五百里者,鞭一百,笞八十。流镇服,去皇畿四千里者,鞭一百,笞九十。流蕃服,去皇畿四千五百里者,鞭一百,笞一百。"

将齐、周、隋、唐律关于流刑的规定加以比较,不难得出这样的结论:唐律流刑之重于隋律。第一,绝非源于"美备"的北齐律,因为齐律未有流刑"道里远近"的规定;第二,绝非"一准开皇之旧","执笔者不敢率为更改",而是不顾隋律的规定,反而大大加重对流刑犯的惩罚;第三,这种加重,倒是更接近于北周律的流刑道里远近的规定了。

综上所述,程树德先生之隋、唐律"因北齐而不袭北周",从流刑的规定来看,是站不住脚的。

显然,关于隋律"因北齐而不袭北周",从北齐、北周、隋、唐律关于流刑规定的比较中,也可得到否定性的结论。

以上大体均属于隋律之"源"的一些考辨意见,以下为涉及隋律之"流"的考辨观点。

五、隋律对唐律的影响及其在法律史上的里程碑地位

隋祚短暂,立国仅仅38年即告夭亡;且自隋亡不久隋律即湮灭无闻,遂使隋律之影响与唐律之"光焰万丈"形成了极大的落差。实际上,《开皇律》的影响相当重大,但长期以来,被人们忽视了,因此有必要在这里略事考证说明。

由于隋朝寿命极为短促,《开皇律》的律文在宋代以后又已佚失,因此,历史上很少有人研究《开皇律》。这是《开皇律》的地位和影响逐渐地被忽略的原因之一。与此同时,出现了一些抑隋扬唐(律)的议论,从而进一步造成了扬唐抑隋的思维定式以致影响至今。如元泰定四年(公元1327年),江西儒学提举柳赟作《唐律疏议序》,内称:"故唐律十二篇,非唐始有是律也。自魏文侯以李悝为师,造《法经》六篇。至汉肖和定加三篇,总谓九章律,而律之根荄已见。曹魏作新律十八篇,晋贾充增损汉魏,为二十篇。北齐后周或并苞其类,或因革其名,所谓十二篇云者,裁正于唐。"按柳赟的意见,"十二篇云者"乃"裁正于唐",而非"裁正于隋"。值得注意的是,秦、汉、魏、晋、齐、周都提到了,唯独不提隋。清雍正年间,刑部尚书励廷仪作《新刊故唐律疏议序》,虽然提到了隋,却说:"……由汉魏迄隋,因革相承,代有成书,然俱不足为后世法律之章程也。"清雍正时的张廷玉也说:"历代之律,皆以汉九章为宗,至唐始集其成。"①总之,编分十二的定型化封建法律,是《唐律》,而不是《开皇律》。这些看法,是完全不符合历史事实的。

诚然,《唐律》在中国封建社会法律发展史上有极其重要的地位,且对亚洲各国发生了深远的影响。但是,《唐律》却是源于《开皇律》,以《开皇律》为蓝本抄撰而成的。

《旧唐书·刑法志》云:"高祖……受禅,诏纳言刘文静与当朝通识之士,因开皇律令而损益之,尽削大业所用烦峻之法。又制五十三条格,务在宽简,取便于时。寻又敕尚书左仆射裴寂、尚书右仆射萧及大理卿崔善为、给事中王敬业、中书舍人刘林甫颜师古王孝远、泾州别驾靖延、太常丞丁孝乌、隋大理丞房轴、上将府参军李桐客、太常博士徐上机等,撰定律令,大略以开皇为准。于时诸事始定,边方尚梗,救时之弊,有所未暇,惟正五十三条格,入于新律,余无所改。"又,《唐六典注》云:"皇朝武德中,命裴寂、殷开山等定律令,其篇目一准开皇之旧,刑名之制,又亦略同。"《唐会要》曰:"武德七年律令成,大略以开皇为准格,五十三年入于新律,其他无所改正。"《旧唐书》成书于后晋,《唐六典》为唐人所撰,《唐会要》修于宋代,均早于元、明、清,当然更为可信,都十分明白地否定了"十二篇云者,裁正于唐"、"至唐始集其成"的谬见。

具体对比一下《开皇律》与《唐律》,更可证明这一点。

首先,《唐律》与《开皇律》一样,都是12篇;而且,不仅篇名相同,连排列顺序也完全相同,即(1)名例;(2)卫禁;(3)职制;(4)户婚;(5)厩库;(6)擅兴;(7)盗贼;(8)斗讼;(9)诈伪;(10)杂律;(11)捕亡;(12)断狱。

---

① 《明史》(卷九三)《刑法一》,中华书局1974年版,第2279页。

关于这些篇名的沿革,《唐律疏议》作了具体的说明,其中提到:

关于《名例律》,"……宋、齐、梁及后魏,因而不改。爰至北齐,并'刑名'、'法例'为'名例'。后周复为'刑名',隋因北齐,更为'名例',唐因于隋,相承不改"。

关于《卫禁律》:"疏议曰:《卫禁律》者,秦汉及魏未有此篇。晋太宰贾充等,酌汉魏之律,随事增损,创制此篇,名为《卫宫律》。自宋洎于后周,此名并无所改。至于北齐,将'关禁'附之,更名《禁卫律》。隋开皇改为《卫禁律》。"

关于《职制律》:"疏议曰:《职制律》者,起自于晋,名为《违制律》。爰至高齐,此名不改。隋开皇改为《职制律》。"

关于《户婚律》:"疏议曰:《户婚律》者,汉相萧何承秦六篇律后,加《厩》、《兴》、《户》三篇,为《九章》之律。迄至后周,皆名《户律》。北齐以婚事附之,名为《婚户律》。隋开皇以户在婚前,改为《户婚律》。"

关于《厩库律》:"疏议曰:《厩库律》者,汉制《九章》,创加《厩律》。魏以厩事散入诸篇。晋以牧事合之,名为《厩牧律》。自宋及梁,复名《厩律》。后魏太和年名《牧产律》,至正始年复名《厩牧律》。历北齐、后周,更无改作。隋开皇以库事附之,更名《厩库律》。"

关于《贼盗律》:"疏议曰:《贼盗律》者……自秦汉逮至后魏,皆名《贼律》、《盗律》。北齐合为《贼盗律》。后周为《劫盗律》,复有《贼叛律》。隋开皇合为《贼盗律》,至今不改。"

关于《斗讼律》:"疏议曰……从秦汉至晋,未有此篇。至后魏太和年,分《系讯律》为《斗律》。至北齐以讼事附之,名为《斗讼律》。后周为《斗竞律》。隋开皇依齐'斗讼'名,至今不改。"

关于《诈伪律》:"疏议曰:《诈伪律》者,魏分《贼律》为之。历代相因,迄今不改。"

关于《杂律》:"疏议曰:里悝首制《法经》,而有《杂法》之目。递相祖习,多历年所。然至后周,更名《杂犯律》。隋又去'犯',还为《杂律》。"

关于《捕亡律》:"疏议曰:……北齐名《捕断律》。后周名《逃捕律》。隋复名《捕亡律》。"

关于《断狱律》:"疏议曰:《断狱律》之名起自于魏……至北齐与《捕律》相合,更名《捕断律》。至后周复为《断狱律》。"

以上除《断狱律》的沿革仅上溯至北周外,其余10篇都上溯至隋《开皇律》。其中《名例律》、《贼盗律》、《斗讼律》、《诈伪律》更直接说明"唐因于隋,相承不改"、"迄今不改"。

其次,《唐律》和《开皇律》一样,均有"十恶"之条,其排列顺序也完全相同。

北齐始列"重罪十条",隋初创制"十恶之条",《唐律》之"十恶"条,纯系抄录《开皇律》而来。

其他如从刑名均分"笞"、"杖"、"徒"、"流"、"死"五种,其中"笞刑"均分"十"至"五十"五等,"徒刑"均分"一年"至"三年"五等,"死刑"均分"绞"、"斩"二等,"刑名"、"十恶"之后均为"八议"等,都可看出《唐律》与《开皇律》的承袭与"裁正"关系。

综上所述,可见"十二篇云者"不是"裁正于唐",而是"裁正于隋"。《开皇律》既是《唐律》照搬的蓝本,所以清人励廷仪所记"由汉魏迄隋……俱不足为后世法律之章程",是无视客观事实的轻言,根本站不住脚;而张廷玉所说古代法律"至唐始集其成"云云,也是悖于史实的。

《开皇律》既为《唐律》之蓝本,以后《唐律》又为宋、明、清所沿用,直至中国封建社会解体,所以,完全可以说:隋《开皇律》是中国古代法制史上的里程碑;自《开皇律》开始,为封建法律定型化时期。因为在隋之前的各朝,其法律是处在不断地吸收、修改过程中,直到隋朝之前的北周,还被人批评为把法律改得"削足适履、左支右绌"、"今古杂揉、礼律凌乱"、①"比于齐法,烦而不要"②,而从《开皇律》开始,以后就基本上不脱其型范了。

《开皇律》不仅是中国古代法制史上的里程碑,而且从实际上说,其影响远被东北亚、东南亚各国,在世界古代法制史上,也应占一光辉的地位。

日本有史可查的法律,如文武天皇大宝元年(公元700年)所撰《大宝律令》,有律6卷,共分12篇,其名目与排列次序均与《开皇律》、《唐律》相同。朝鲜《高丽史》云:"高丽一代之制,大抵皆仿于唐,至于刑法,亦采《唐律》,参酌时宜而用之。"《历朝宪章类志·刑律志》谓,越南李太尊建中六年(公元1230年)所颁行的《国朝刑律》,"其条贯纤悉,不可复详。当初校定律格,想亦遵用唐宋之制……"《历朝宪章类志·刑律志》又谓,黎氏王朝初年(公元1401年)颁行的《鸿德刑律》,更直接被点明"参用隋唐,断治有画一之条,有上下之准,历代遵行,用为成宪。"这些法制史实都说明了《开皇律》及其通过《唐律》在东北亚、东南亚所发生的影响是相当大的。《开皇律》在世界法制发展史上的光辉地位是毋庸争议的。

(2010年第10期)

---

① 程树德著:《九朝律考》(卷六)《后周律考序》,商务印书馆1927年版。

② "刑法志",载《隋书》(卷二五),中华书局1982年版,第709页。

2011 年

论宗祧继承和财产继承的分离

——以民国时期女儿的祭田权利为例

尹伟琴*

宗祧继承和财产继承的关系是中国继承制度中最值得研究的问题之一。传统中国的继承包括宗祧继承和财产继承两个方面,且宗祧继承决定财产继承。而民国时期的继承立法以西方法为蓝本,忽视了宗祧继承,仅侧重于财产继承。新中国建立后,宗祧被视为腐朽的封建残余,更不可能在继承立法领域有立足之地。但是,在现实的社会生活中,宗祧与家产的代际传承有紧密的联系,其突出表现之一就是儿子和女儿在家产传承①中的地位区别。不用引据学者的研究,几乎我们每一个人都可以轻而易举地从身边找到一些实例,即女儿家产传承份额少于儿子甚至根本没有传承任何家产。这种立法和习惯的对立形成了司法实务中的某些困境。

目前,一些学者在论著中已关注到宗祧继承和财产继承的关系。② 本文试图以女儿的祭田权利为例,在较为全面分析法律规则的基础上,结合具体案例初步厘清民国时期两者重合与分离的轨迹,展现传统继承制度二重性与近现代继承立法单一性之间的分歧,从而为实务工作者提供参考。

一、民国前期(1912~1927年)的宗祧决定财产继承模式

(一)法律条文的明确规定

自南宋以来,有经济条件的家族(庭)分拨专门的田产,以其收益供给祭祀

* 作者单位:杭州师范大学钱江学院。

本文系2009年度浙江省哲学社会科学规划重点课题“民国祭田案例研究”(课题编号:09CGFX001ZB)的阶段性成果。

① 这里用的“传承”一词包括了父母生前的分家和父母死后的继承两类民事法律行为以及相关财产权利。

② [美]白凯著:《中国的妇女与财产:960~1949》,上海书店出版社2007年版;卢静仪著:《民初立嗣问题的法律与裁判——以大理院民事判决为中心(1912~1927)》,北京大学出版社2004年版;张佩国:“近代江南乡村的宗祧继承与家产纠纷”,载张国刚主编:《中国社会历史评论》(第4卷),商务印书馆2002年版。白和卢仅在各自的专题研究中涉及,而张的研究侧重于社会生活的角度。

活动,这类田产被称为祭田。祭田的继承包括宗祧继承和财产继承两个方面,两方面互相结合,不可分割。关于民国时期祭田的继承问题,2008 年夏天,笔者曾组织浙江龙泉籍学生进行了数十次访谈,访谈的对象全部是时年 70 岁以上的老人。所有受访对象无一例外地告诉我们:祭田权利由亲生儿子或嗣子继承;只有在无亲生儿子或嗣子的情况下,养子或赘婿才可能拥有继承权;无论已嫁还是未嫁,女儿没有祭田继承权。

清末以降修订的多部民法典中,关于宗祧继承和财产继承问题的规定内容不一。在最早的《大清民律草案》中,胡长清评价它"虽无宗祧继承之规定,然已隐示宗祧继承与遗产继承之区别"。① 然而,事实上,《大清民律草案》"亲属编"的内容处处维护着严格的宗法等级制度,如子分"嫡子"、"庶子"、"嗣子"三类,"妻为限制行为能力人"。这部草案修订时,立法者们预设的辩护之一是:财产继承由国家法律规定,而宗祧继承由国家"礼制"规定。② 在此背景下,与其说已经区别了宗祧继承与财产继承,还不如说它默认了宗祧决定财产的传统继承规则,甚至在某种程度上已经将这一规则视为"公理"——无须说明而当然存在的规则。

1925 年到 1926 年修订的《民国民律草案》中,立法者们设立了内含 28 条的"宗祧继承"专章,并将它放在"遗产继承"前面。这并非所谓"历史的倒退",而是立法者们理性选择的结果。他们进一步明晰了礼与法的关系,确立了传统礼制中应归入法制的一些内容。

由于《大清民律草案》和《民国民律草案》并未能实施,故仅能反映立法意图。民国成立伊始,孙中山于 1912 年颁布总统令,下令除与国体抵触各条应失效力外,其余前清法律仍然有效。因此 1928 年以前,有法律效力的继承法条文实即清朝法律,不足之处由大理院以判例和解释例加以补充。由于相关民法条文较为散乱,"大理院庭长余棨昌、李祖虞及司法部次长余绍宋诸先生合辑"《现行律民事有效部分》一书,此书比较系统地编辑了现行有效清律中的条文,并对照大理院判例和解释例进行解释。③ 根据该书第二章"承继"的规定,相对于儿子的"受产人"身份,女儿仅为"酌分产人"。同时,这一章的大量法条都强调宗祧继承的重要性,并将宗祧继承凌驾于财产继承之上,财产继承无非是宗祧继承的附属结果。

---

① 胡长清著:《中国民法总论》,中国政法大学出版社 1997 年版,第 24 ~ 25 页。

② 俞江:"《中华民国暂行民律草案》简析",载俞江著:《近代中国的法律与学术》,北京大学出版社 2008 年版。

③ 郑爰诹编:《现行律民事有效部分集解》,世界书局 1928 年版,序言。

(二)大理院判例和解释例的巩固

1912～1927年间,大理院作为最高审判机关,它的判例和解释例被全国各级法院和各级政府机关"奉为圭臬,用作准绳"。[①] 彼时尚无民法典,民事审判的成文法依据为《现行律民事有效部分》,因其条文比较简单,大理院通过大量的判例和解释例进行了补充。关于宗祧继承和财产继承的关系,大理院在五年(1916年)上字第199号判例中明确表态:"宗祧承继与遗产承继有两不可离之关系,故不合法之继嗣,经审判衙门依有告争权人之告争,宣告无效者,其遗产除依律所应酌给者外,即亦不得由不合法之宗祧继承人承继。"[②]此判决以立嗣问题为切入点,将宗祧继承和遗产继承合二为一。其后,大理院在十二年(1923年)上字第895号判例中,根据现行律民事有效部分引申出"现行承继法系注重宗祧之不绝,而不仅在遗产之虚悬"。[③]

至于祭田的继承,大理院早在四年(1915年)上字第262号判例中即已规定:"嫡庶子男分析家财田产不问妻妾所生,只以人数均分。苟系庶子,就共有祀产自能主张均分收益之权利。"[④]这一判例认可了嫡子和庶子平等的宗祧和财产继承权的同时,否定了女儿的祭田继承权。

(三)裁判中的体现——以1920年谢宜凤案为例

在笔者查阅的1912～1949年浙江龙泉法院档案和1939～1942年浙江杭县地方法院档案中,仅见到一例女儿请求祭田权利的诉讼。1920年,浙江省龙泉县17岁未婚女子谢宜凤自幼随母改嫁,长大成人后提起诉讼要求轮管其生父房分的祭田。龙泉县知事判决驳回起诉后,浙江永嘉地方审判厅维持原判,其理由为:

创设祭田原供祭祀之需用,必须具有与祭之身份者始得享祭田之利益,吾国嗣子制度重在宗祀,而宗祧之承继专属男系,非女子所能享有,是控诉人无论已嫁未嫁均不得认为谢忠选之承继人,即不得与闻谢姓之祀事,则系争祭田当然非控诉人所能过问。

判决书认为祭田作为一项特殊的财产,其与户内私有财产有所不同。亲女仅有承受户绝财产的权利,户绝财产作为无主财产归于亲女,而不包含祭产在内。审判厅就祭产与户绝财产的区别做了详细的论述:

---

① 黄源盛:"民初大理院(1912～1928)",载黄源盛著:《民初法律变迁与裁判》,台湾政治大学法学丛书编辑委员会2000年版。

② 郭卫编辑:《大理院判决例全书》,成文出版社1972年版,第288页。

③ 郑爰诹编:《现行律民事有效部分集解》,世界书局1928年版,第47页。

④ 同上,第10页。

(1)现行律规定,如招婿养老者仍立同宗应继者一人承奉祭祀,家产均分等语。是异姓养婿可以依倚养老而不克奉承祭祀,寻绎律意,甚为明了,若果共有祭产亦认为户绝财产之一种,准由亲女承受,则是异姓女婿亦可奉祀,与律载条文颇有抵触。(2)异姓乱宗,律禁甚严,若祭产可由亲女承受,则凡继亲女而享有该产者,无论何人,均可奉祀,混乱宗系,莫此为甚,自应为法所不许。(3)户绝财产系属无主财产,法律为顺人情计,因将是项财产归属于亲女,故律文不曰继承,而曰承受(宗祧承继与遗产承继有两不可离之关系,亲女不得为宗祧承继人,故不得为遗产之承继人),观下文无女者拨配充公字样,与无主财产应归国库之现行法例相吻合,更可推知其字义之所在。至祭产为共有物而非无主物,当然不得认为户绝产之一种。综上各点,亲女不得承受祭产,事甚明显。

永嘉地方审判厅的判决结果体现了《现行律民事有效部分》中宗祧决定财产的继承原则,它援引《现行律民事有效部分》的条文,认为普通的户绝财产和无子继承的祭田是不同类型的财产,着重强调祭田的维系宗祧功能,以此认定祭田的继承应建立在宗祧继承的基础上。判决书进而以亲女无宗祧继承权为由否定了亲女的财产继承权,指出户绝亲女只是"顺应人情"而"承受"遗产,这种承受与继承有本质的区别。

随后,浙江第一高等审判分厅撤销原判并发回重审,裁定书中也认可亲女无祭田继承权,只是考虑在应轮房份嗣子尚未选定的情况下,可以暂由亲女管理该祭田份额。这份裁定书显示了比较谨慎的态度,"在继续有效之前清现行律例要属毫无规定",而大理院的判例和解释例也"付之阙如"的情况下,运用了类推的法律解释方法。它援引了四年上字第843号判例规定的已经出嫁之女,除其母家为绝户外,在法无承继母家遗产之权,及七年统字第794号解释"按中国家庭主义发达之结果,此种遗产自有其家长家族或亲戚为之管理,实际上不生争论"。认为"未经出嫁之女,其于管理家长所有遗产尚非绝对无权亦不难以断定,由是而论,则上告人谢宜凤能否收取其父遗应轮值明德公祭田之租者,当以已未出嫁为先决问题。"

此外,高等审判厅认为临时性地分享祭田收益与享有祭田共有权是不同的法律概念,本案诉讼标的"系在收取民国八年祭田之租息,并非取得祭田之共有权"。"原审认为所有权之争执牵涉宗祧问题,未免误会。"原审适用法律也有错误,"适用共有人之一人抛弃其应有部分或死亡而无继承人者,其应有部分属于其余之共有人之民事诉讼通例,核与本案情形尤嫌未洽"。进而表达了自己的观点:"本件上告自非全无理由,即不能不认为有发还更审之原因。"

1921年,双方在永嘉地方审判厅和解,和解结果以被告出洋30元与谢宜凤收受了事。①

本案中,永嘉地方审判厅的判决显得比较保守,它严格维护了宗祧决定财产的继承原则,而且,是一种决绝的、毫无余地的维护。它彻底否定了事关宗祧的女儿财产继承权,不论这种权利的权能范围。传统习惯中,祭田是以宗祧为基础的宗族赖以存续的经济基础,②揆诸法理,地方审判厅根据祭田的功能确定权利继承结果的判决无可厚非。

而浙江第一高等审判分厅的裁定认为,谢宜凤固然无祭田的共有权,但在其父的嗣子没有选立前,作为未出嫁的女儿,她可以代替她将来的兄弟(即她父亲的嗣子)管理祭田,并收取祭田的租息。这种裁判意见实际上在原来女儿毫无权利的基础上小心地进行了突破,因为裁定的结果使谢宜凤有了祭田权利中的收益权,也就是说,有了部分祭田权利。

浙江第一高等审判分厅在此过程中极尽了谨慎之能事。即以裁定书内容而论,在进行详细的论证过程中,语气也是探讨的成分居多。而采用裁定发回重审,也说明了他们的谨慎态度,因为根据司法通例,一般只有事实不清的案件才会裁定发回重审。

案件最终的和解结果也符合浙江第一高等审判分厅的意见,即谢宜凤无祭田的共有权,而补贴给她的30元相当于认可她的祭田收益权。

笔者认为,浙江第一高等审判分厅的意见其实也符合中国传统社会的习惯。民国时期,女儿的继承权利在习惯上有所变化。根据民商事习惯调查结果,有的地区女儿有继承绝户财产的优先权,有的地区则没有,总地来说,未见有女儿继承非绝户财产的习俗。③ 因此,对女儿来说,只有当子嗣缺席时,她对家产才可能有权利。女儿的"权利是因缺席而继承,但同时,她的权利还取决于她父亲的愿望和国家的现行政策。她的权利因此可以最恰当地定义为有条件的因缺席而继承"。④ 至于宗祧继承,清末和民国时期的历次民事习惯调查中均未设置相关问题,一个合理的推测是,调查问卷的设计者们认为男系子孙的宗祧继承专有权在全国范围内都是确立无疑的,故此无须再做调查。

---

① "谢宜凤诉谢宜俊祭田产业纠纷",浙江永嘉地方审判厅九年控字第593号民事判决书,浙江第一高等审判分厅九年上字第408号民事判决书,永嘉地方审判厅十年控字第22号和解笔录,浙江省龙泉市档案局藏,档案号:797。

② [日]清水盛光著:《中国族产制度考》,宋念慈译,台湾中国文化大学出版部1986年版,第二章。

③ 前南京国民政府司法行政部编:《民事习惯调查报告录》,胡旭晟、夏新华、李交发点校,中国政法大学出版社2000年版,第781页。

④ [美]白凯著:《中国的妇女与财产:960~1949》,上海书店出版社2007年版,第15页。

事实上,从传统家庭结构的角度来看,祭田权利的主体是“房”。借用我国台湾地位社会学者陈其南的研究结果来表述,这里的“房”指的是所谓“基础房”,即男子及其妻子和儿子们,相对于该男子之父亲而形成的“房”。[①]“如所周知,一男子之出生,即于其父所代表之家族内自动构成一房。相反的,女儿永远无法奢望在其父所代表之家族内自动构成一房。所以,她没有权利继承她父亲家族之财产。她不具有对其父亲献祭的资格。”[②]由于强调男系子孙之宗祧继承,按习俗,女儿出嫁后应祭祀夫家祖先,因此,即使对于娘家的财产,女儿可能以某种形式享有一定的权利,但因不再祭祀娘家的祖先而无祭田继承权。

下面试以同治二年的一份遗嘱为例来加以印证。立遗嘱人方煌生有三子一女,三子均已娶媳,一女名苏尚未出嫁。在遗嘱中,方煌首先将“田皮正租扒存57秤付与苏女口食,并做清明,再存纹银15两正,递我女出嫁。其租候女出嫁之后,三房轮收做清明。”其他财产除去老妻养膳之费外,由三子均分。[③] 在遗嘱中,女儿方苏的财产权利分为两份,一份是纹银15两正,用作嫁妆,另一份是田皮57秤的田租,这份田租方苏未出嫁前充作她的生活费和清明办祭费用,待她嫁后,改为三房(即三个儿子)轮值的祭田。从这份遗嘱中可以看出,女儿在未嫁前,有权分享祭田收益以维持生活。

本案中,谢宜凤的诉讼请求是:“父谢忠选故后无嗣,伊系谢忠选亲女,所有是项祭田自应由亲女轮管。”根据上面遗嘱所反映的惯例,如果谢宜凤在出嫁前轮管其父房分的祭田,目的是将祭田田租的祭祀费用之余充作本人生活费,那么也是符合情理的一项要求。而她出嫁后,由于无权继承其父宗祧,也因此不再祭祀自己的祖辈,当然也就不能轮值祭田。

民国以前,女儿无任何祭田权利几乎被当成类似于公理的社会准则,也不可能有女儿会来告争祭田权利。因为此类案件不可能出现,所以国家法中无须就此现象进行规范。进入民国以后,女权的觉醒使这类案件成为可能,并实际发生了。然而,类似案件毕竟是少数。“龙泉人民昔本好讼,今为尤甚,虽系争标的仅值数元之徽,亦必穷审级而后已,甚或子孙相继结讼累世不绝,纵荡产倾家所

---

① 陈其南:“‘房’与传统中国家族制度”,载陈其南著:《家族与社会——台湾与中国社会研究的基础理念》,台湾联经出版事业公司1990年版,第135页。

② 同上,第169页。

③ 田涛等主编:《田藏契约文书粹编:1480~1969》(第3册),中华书局2001年版,第107页。

不惜也”。① 但是,在笔者查阅的1912~1949年的龙泉司法档案中,已嫁或未嫁女儿(招婿女儿除外)争讼祭田权利的案件仅此一例。

二、民国后期(1928~1949年)宗祧继承与财产继承的分离

(一)国民党及《民国民法典》排除宗祧继承

1926年,国民党第二次全国代表大会通过的妇女运动决议案最早提出女儿应享有平等继承权。1926年10月,国民政府司法行政委员会发布命令,要求在国民党实际控制的广东、广西、湖南、湖北四省实施女儿继承权,其他省份待光复后实施。1929年7月31日,国民党中央政治会议决议通过了《已嫁女子追溯继承财产施行细则》,确认自1926年10月起已婚女儿和未婚女儿享有同等的财产继承权。②

1931年5月生效的《民国民法典》第1138条进一步规定:“遗产继承人,除配偶外,依下列顺序定之。一、直系血亲卑亲属。二、父母。三、兄弟姊妹。四、祖父母。”而直系亲属在第967条中的定义为:“称直系血亲者,谓已身所从出,或从已身所出之血亲。”“他们包括儿子、女儿以及他们的直系后裔。”至此,在成文法层面上女儿的财产继承权利与儿子完全平等。

也就是说,如果一个男人在1931年5月以后去世,他的财产便可平均分配给寡妇、儿子和女儿。如果他没有儿子只有女儿,母女可以共同继承遗产。父系侄子和其他男性亲属一概无权继承。③

国民党主持制定的《民国民法典》没有明确改变传嗣原则,立法者们把注意力集中在承祧制度上,在他们看来,这一制度是“封建”理念和实践的根源,正是它剥夺了妇女的继承权。他们相信,如果他们能摧毁承祧而代之以个人财产(与家产相对立)和男女平等(与儿子独享继承相对立)的权利原则,他们就能对旧的继承制度给以毁灭性的打击,而妇女就能因此得到和男子一样的平等权利。新民法承认女儿出嫁后,仍像她兄弟一样是她父母的后嗣(第967条),作为后嗣,她有义务供养娘家的父母(第1115条)。因此,每个家庭的夫妻双方都有供养双方亲属的义务。但同时又规定了是“妻以其本姓冠以夫姓”(第1000条),

---

① 浙江省龙泉县法院学习检察官陈首明撰述:“司法验录”,载《法令周刊》(第213期),上海法学编译社1934年版,第5页。

② 张虚白著:《女子财产继承权详解》,上海法政学社1930年版,第14~21页。

③ 费孝通著:《江村经济》,江苏人民出版社1986年版,第82页。

“妻以夫之住所为住所”(第1002条),除非她父母为她招赘,她的子女将“从父姓”(第1059条)。除另有协议外,未成年之子女以其父之住所为住所(第1060条)。

新民法在规定了男女财产继承权利平等的同时,也事实上确立了单系承祧的原则。① 据此,如果将祭田作为纯粹财产继承的标的物来继承,那么女儿和儿子享有同等的继承权。而如果将它作为附属于宗祧的财产,那么女儿因无宗祧继承权而失去继承权,也因此事实上否定了女儿的祭田继承权。

(二)最高法院坚持宗祧影响财产继承

1928年,最高审判机关由大理院改名为最高法院。1928年国民党第二次全国代表大会确定了男女继承权平等原则后,浙江金华地方法院随即请求最高法院解释。1928年3月23日,最高法院做出解释:“女子继承财产系指未出嫁女子而言,不问有无胞兄弟,应认为有同等承继权,至出嫁之女子对于所生父母之财产不得主张承继权,业经本院解字第三四号解释有案。”②

不久,又根据福建阳县县长的请求做出了最高法院解字第48号解释:“嫡庶长幼男女在现行法令并无差别,自应认为有同等承继权,惟出嫁女子不得主张承继所生父母之财产 。女子既有承继财产权,依权义对等之原则,应负扶养亲属之义务自不待言。”③

以上所列的都是最高法院确立的女儿财产继承权相关规则。在宗祧继承方面,最高法院的态度保守得多。1928年南京国民政府建立初期,最高法院即在解释例中确定,如果父母在生前过继了一个男性嗣子,那么家产将在未婚女儿们和入继嗣子之间平均分配。如果父母死时没有择定嗣子,那么家产的一部留作祭产,用于祭祀,另应留出一份给在父母身后所立的嗣子。此后,最高法院无视国民党和国民政府的相关决议,仍然通过司法解释限制女儿的财产继承权,且否认女儿的宗祧继承权。

1928年5月,根据浙江永嘉地方法院院长张翥尢的呈文,最高法院对出嫁女儿的财产和宗祧继承权利做了详细的解释:“(甲)女子未嫁前与其同父兄弟分受之产应认为个人私产,如出嫁挈往夫家,除妆奁必需之限度外,须得父母许可,如父母俱亡,须取得同父兄弟同意;(乙)女子未嫁前父母俱亡,并无同父兄弟,此项遗产自应酌留祀产及嗣子应继之分,至此外承受部分如出嫁挈往夫家,

① [美]白凯著:《中国的妇女与财产:960~1949》,上海书店出版社2007年版,第158页。

② “‘最高法院’解字第四七号解释”,载《司法公报》1928年第8期。

③ “‘最高法院’解字第四八号解释”,载《司法公报》1928年第8期。

除妆奁必需之限度外，仍需得嗣子同意。如嗣子尚未成年，须得其监护人或亲族会同意；（丙）绝户财产无论已未出嫁之亲女固得对于全部遗产有继承权，但依权义对等之原则，仍需酌留祀产。如本生父母负有义务（如债务养赡义务之类），亦应由承继人负担。”“第二点，女子被夫遗弃留养于父母之家，其本生父母既许其分产，自无禁止其与兄弟分受遗产之理。”①

这项解释遭到了司法院的驳斥，司法院认为它违反了“妇女运动决议案”的精神，提请中央政治会议决议保障已婚女儿的财产继承权，并得到了国民党中央的支持。然而，最高法院对此不予理睬，甚至在1931年5月5日《民国民法典》实施后，通过判例继续否定女儿的宗祧继承权。1931年8月的一项判例中，最高法院明确规定：“家族中之祭祀公产以男系子孙轮管或分割或分息者，系本于从习惯为家族团体之公共规约，在女子向无此权，苟非另行约定，自不得与男系同论。”②在这里，最高法院冠冕堂皇的借口是习惯上女子无轮管权，但事实上将宗祧继承和财产继承结合起来进行考量，因为女儿未继承宗祧，也就失去了基于宗祧关系而产生的祭田继承权。

到1970年左右，台湾地区的祭祀公业还是不允许女子继承：“祭祀公业之继承，依从习惯，系以享有派下权之男系子孙或奉祀本家祖先之女子及从母姓之子孙为限，一般女子或不从母姓（例如招赘婚）之子孙，向无派下权，即不得继承祭祀公业财产，故民法所定一般遗产之继承，于祭祀公业财产之继承，不能为全部之适用。”③

直至1981年，“最高法院”的态度才有所变化，在派下各房男子均已死亡或出养的情况下，倾向于允许已嫁女子继承祭祀公业。④

（三）调解案件中宗祧继承与财产继承的分离

根据前文的分析结果，虽国家成文法没有明确规定女儿无祭田继承权，但是，大理院和最高法院或通过对法条的类推解释，或以习惯为由，在判例和解释

---

① “‘最高法院’解字第九二号解释”，载《司法公报》1928年第13期。

② “‘最高法院’二十年院字第606号决议”，载蔡墩铭主编：《民法立法理由、判解决议、令函释示、实务问题汇编》，台湾五南图书出版公司1983年版，第947页。

③ “‘司行部’六十年（1971年——编者注）十月二十八日民决九三四号决议”。另参见“行政院”院字第45号第2项解释：“女子无宗祧继承权，对于父母宗族之祭祀公业自不能主张轮管或分割或分息”、“‘内政部’五十八（1969年——编者注）年三月一日台内民字第三四九五号函”，载蔡墩铭主编：《民法立法理由、判解决议、令函释示、实务问题汇编》，台湾五南图书出版公司1983年版，第1380页。

④ “民国七十年（1981年——编者注）十月二十七日‘最高法院’民事刑事庭会议决议”，载蔡墩铭主编：《民法立法理由、判解决议、令函释示、实务问题汇编》，台湾五南图书出版公司1983年版，第1371页。

例中否定了女儿的祭田继承权,1920 年的谢宜凤案中,法院也在裁判中确认了这一规则。然而相映成趣的是,1942 年杭县地方法院调解的三起已嫁女儿主张祭田权利的案件中,她们的祭田平等继承权均得到了承认。

在冯赵兰珍、严赵璧珍申请赵旭初祭田调解案中,①赵旭初系赵小学养子,冯赵兰珍、严赵璧珍两姐妹系赵小学亲女,姐姐 69 岁,妹妹 46 岁,赵小学生前兼祧孙赵两姓,去世后留下多处房地产。两姐妹在调解申请书中提出:依《民国民法典》第 1141 条和第 1142 条第 2 项规定,她们有权与赵旭初共同继承赵小学遗产,但她们自愿依第 1174 条的规定抛弃继承权。作为条件,赵旭初应将部分房地产归为祭产,"永远作为先代祭祀之用","两姓子孙只有收益之权,而无处分之权"。她们的要求得到赵旭初的同意后调解成立。

本案中,冯赵兰珍、严赵璧珍两姐妹提出,按照当时法律的规定,她们可以和赵旭初共同继承父亲的遗产,而她们选择了放弃。调解笔录的内容显示,两姐妹自然而然地认为她们对全部遗产(包括提留为祭田的部分)享有与赵旭初同等的继承权,而赵旭初也未对此事提出异议。她们的要求是在财产中拨留祭田,但同时主动表示,该祭田的权利由孙赵两姓子孙所有。

这种放弃行为可能是由于传统的已嫁女儿无权继承娘家财产观念的影响,她们"嫁鸡随鸡,嫁狗随狗",姓氏也已经冠以夫姓,当然就不应该再去要求娘家的财产权利了。其实,直到今天,在中国社会中,尤其在农村社会,已嫁女儿通常也无权参与分割娘家的财产。②

而杭县同年发生的钟祖芬诉钟元熙、钟祖菁分析祭产案③的情况则有所不同。在本案中,钟元熙、钟祖菁和钟祖芬系堂姐弟,钟胡氏是钟元熙之母,钟氏姐弟均为二十多岁的年轻人。钟祖芬出嫁后,夫家家道中落,生活水平下降。于是,她向钟元熙和钟祖菁提出要求,希望分析三人共同祖父所留存的祭田。钟元熙、钟祖菁同意分析,两人筹钱 52,184 元 8 角 8 分给祖芬,祖芬即放弃祭田权利。该祭田以后分 24 股,元熙、祖菁各 10 股,钟胡氏 4 股。当事人达成调解协议后,请求法院制成调解笔录。

根据调解笔录的记载,钟家唯一的男丁钟元熙始终未对此提出异议。这起案件的当事人实际上是按照《民国民法典》的规定,将祭田当成遗产进行分割。

① 杭县地方法院民三十一年民事调解庭调字第 62 号,浙江省杭州市档案局藏,全宗号:旧 13,目录号:12,案卷号:89。

② 2009 年夏天,笔者组织学生在浙江温州进行的一项调查反映了这一现实情况。

③ 杭县地方法院民三十一年民事调解庭调字第 165 号,浙江省杭州市档案局藏,全宗号:旧 13,目录号:13,案卷号:109。

与前一个案件相比,本案当事人的观念有很大的区别。在他们看来,祭田和普通遗产没什么区别,因此,当有必要的时候也可以和其他遗产一样进行分析。而前案的两姐妹以放弃继承遗产的权利为代价,要求弟弟确保祭田不能处分。本案分析祭田的当事人一男两女,但他们分得的份额是相同的,说明他们认为儿子和女儿的祭田权利相同。而前案的两姐妹并未提出自己对于祭田权利的要求,而是认可由弟弟及其子孙享有祭田收益。

1942年,杭县地方法院受理了陆陶氏、陆杰诉陆丁氏祭田纠纷[①]一案。陆陶氏夫民国初年去世,遗一女陆杰,现年33岁,母女俩为祭田轮值及上轮祭田支出盈余事宜将族亲陆丁氏诉至法院。在法院的讯问笔录中,被告的陈述多次有诸如"是陆杰值年"、"我是长房,三房陆杰"之类的说法。从中可以看出,被告自然而然地将陆杰当成三房的房长。答辩状中也提到陆杰系"陆陶氏已嫁之女",但答辩要点中却无一以此为据。双方反复的争执要点是:该祭田分五房轮值还是分八房轮值?本案最终经族中陆冯氏调解,将祭田五房平分了事。从这起案件中可以看出,陆氏家族认可了出嫁女儿陆杰的祭田继承权。

同时期同地区发生的三起案件,其最终结果都是调解结案,而达成的协议实体内容不同。它们虽然不是法院判决的案件,但都是在法院的主持下达成调解结果的,在具有形式上合法性的同时,内容也应该无违法之处。这三起案件折射出一个事实:民国后期,虽然依据最高法院的判例,女儿——特别是出嫁女儿——无祭田继承权。但是随着1928年以后,女儿们(包括已嫁和未嫁)在遗产平等分配方面的节节胜利,[②]祭田继承权领域固有的格局也出现了变革,她们通过调解的方式获得了平等的祭田权利。

祭田与普通的遗产有所不同,特别之处在于它其实是宗祧延续的一种物质载体。然而,这些案件中,当事人似乎完全抛弃了宗祧继承的观念,将祭田等同于一般的遗产继承,似乎毫不顾及最高法院的司法解释。笔者认为,出现这种现象的原因在于,较之最高法院的判例,更广为人知的《民国民法典》规定了儿子和女儿有平等的继承权,这就容易给普通民众一个错觉:凡是遗产,儿女皆应平等继承。而1929年以来女儿们在遗产诉讼领域的胜利又加深了这个错觉。而且民国时期财产案件的诉讼费用畸高,当事人往往放弃诉讼改用调解的方式来结案,因此增加了女儿获得平等继承权的机会。

---

① 杭县地方法院民三十一年民事庭易字第13号,浙江省杭州市档案局藏,全宗号:旧13,目录号:12,案卷号:90。

② [美]白凯著:《中国的妇女与财产:960~1949》,上海书店出版社2007年版,第六章。

这种现象的出现表明，在民国后期，随着国民党和国民政府反复宣扬男女继承权平等原则，宗祧继承的重要性似乎被遗忘了，人们所关注的继承仅仅是财产的继承。承受与继承合而为一①的同时，宗祧继承和财产继承逐渐分离。延至今日，宗祧继承的概念在法律语境已经被彻底抛弃，然而民众意识中的宗祧继承仍然顽强地存留。大部分同时有儿子和女儿的中国家庭中，父母分给儿子的财产多于女儿。

事实上，这对女儿也不是绝对不公平。传统习惯在确立男性子嗣继承优先权的同时，也确立了他们相应的义务，即传宗接代和赡养父母。女儿无法传承姓氏和延续祭祀，已嫁女儿更被认为是“嫁出去的女，泼出去的水”，她们不负有上述义务。

此外，或许地域的不同对女儿祭田权利的认可有很大的影响。例如，笔者收集的龙泉 县从 1912 年到 1949 年间的上百个祭田案件中，仅见一起女儿要求祭田权利的案件。而杭县司法档案中，仅 1942 年即有三起有关女儿权利的祭田案件，这三起祭田案件都确认了女儿的祭田继承权利。因此，开风气之先的大城市和沿海地区可能更容易接受外来法律文化的熏陶，而广大农村地区的传统习惯根基深厚。

三、结　　论

民国前期，法律条文和司法解释都坚持了宗祧决定财产的传统继承模式，并由司法机构在裁判中加以贯彻，这种模式中的女儿因未能延续宗祧而不具有与儿子平等的财产继承权。至 1927 年，国民党率先倡扬男女平等的继承模式，随后，在其主导下制定并于 1931 年 5 月 5 日开始实施的《民国民法典》明文规定了女儿和儿子享有平等财产继承权。由于这些政治和立法上的变革，1928 年以后一些已婚和未婚女儿通过法庭判决或调解得到了与儿子平等的财产继承权，甚至出现了与儿子平分祭田的案例。这些现象表明，民国后期宗祧继承的影响已经减弱。

值得注意的是，国民政府时期的最高法院坚持宗祧与财产合一的继承制度，即便在《民国民法典》公布实施后，继续在关于祭田继承权的判例中旗帜鲜明地表达了自己的观点，甚至不顾及司法院对此提出的批评。在国民党因政治需要

① 俞江：“继承领域内冲突格局的形成”，载《中国社会科学》2005 年第 5 期。

淡化宗祧继承的同时,最高法院法律精英们的理性促使他们正视当时社会中依然广泛存在的宗祧继承,而《民国民法典》条文中 关于财产继承和宗祧继承的不同态度也事实上减弱了它的公正性。

综上,1927 年以后,传统中国长期以来的宗祧财产合一继承制逐渐变革为宗祧继承和财产继承分离的二元继承制。这种变革不仅遭受到社会习惯的顽强狙击,甚至引起了以最高法院法官为代表的部分法律精英的抵制。然而,因为政治变革和法律西化的潮流所趋,二元继承制在国家法领域的地位日渐巩固。

由于融入宗祧继承的因素,总体来说,中国传统观念中女儿的继承权迥异于近代西方民法中的继承制度。时至今日,家庭分家析产或继承案件中,女儿与儿子的权利大多不对等,尤以农村或边远地区为甚,这一不争的事实导致此类案件中习惯和法条的直接冲突屡见不鲜。笔者认为,在中国式的继承模式下,宗祧继承事实上占据了主导地位,而财产继承是附属于宗祧继承的,直至今天仍然如此。因此多数情况下,负有传宗接代和赡养父母义务的男系子孙由于事实上的继承宗祧行为而继承了大部分甚至全部财产,从民法上权利义务对等的角度而言,这也并非完全不合法理。

(2011 年第 2 期)

中华法系道德文化精神及对未来大中国法的意义

张中秋*

一、中华法系诸问题

(一)中华法系的含义与分期

法系是法律文化的一种存在和表现形态。一般认为,法系是指由拥有某些共同传统和重要特征的两国或两地区以上的法律所构成的法的体系。人类迄今存在过的法系,依不同的标准有不同的划分。① 按历史分类法,中华法系是人类历史上最著名的五大法系之一。② 依笔者的见解,中华法系是指发源于我国上古解体于晚清、以中国法为母法、以唐律为代表、以礼法结合德主刑辅为特征发展起来的东亚法律体系,包括传统社会的中国法、朝鲜法、日本法、琉球法、安南法和暹罗法等。

中华法系萌芽于传说中的"三皇五帝"时期,经夏商西周的发展,形成了以五刑(墨、劓、刖、宫、大辟)为中心,以礼和刑为主要内容与形式的法律体系。随着春秋战国的变革和秦汉帝国的统一与扩张,西周时期的法律体系又经历了破裂、重建和发展的过程,以战国时期魏国《法经》为基础发展起来的秦律和汉律构成了中华法系的基本框架。从西汉到隋唐的几百年间,中国法律开始和完成了儒家化运动,这个运动的最后结晶是唐律的形成。唐律是唐代法律的总称,包

* 作者单位:中国政法大学法律史学研究院。

本文为国家社会科学基金项目"中国法律文化原理研究"(项目编号:10BFX0 19)的阶段性成果。

① 有世界三大法系说、五大法系说、七大法系说和十六大法系说等。参见下列书中有关法系分类的内容:[法]R. 达维德著:《当代主要法律体系》,漆竹生译,上海译文出版社1984年版;[日]大木雅夫著:《比较法》,范愉译,法律出版社1999年版;[德]K. 茨威克特、克茨著:《比较法总论》,潘汉典等译,贵州人民出版社1992年版;[美]威格摩尔著:《世界法系概览》,李秀清等译,上海人民出版社2004年版。

② 除中华法系外,其他几大法系分别是印度教法系、伊斯兰教法系、大陆法系(罗马日耳曼法系)和英美法系(普通法系)。参见[美],威格摩尔:《世界法系概览》,李秀清等泽,上海人民出版社2004年版。

括律、令、格、式四种法律形式，其中《唐律疏议》是代表。此后，唐律一方面为中国的宋元明清诸王朝所继承，形成一脉相承、沿革清晰的国内法律传统；另一方面又为东亚诸国所接受，成为中华法系的有机组成部分。所以，唐律尤其是《唐律疏议》被公认为是中华法系的代表。

如果从时间和空间两方面来界定，在中国的上古到先秦这段时间为中华法系的初创期，其范围限于中国本土。在秦汉至隋唐这段时间为中华法系的成型期，其范围包括东亚大陆、朝鲜半岛、日本列岛、琉球群岛和中南半岛部分地区。在中国的宋至清末这段时间为中华法系的延续和内部变化期，其范围还是包括上述地区，但在这段时间内，从中国继受的东亚诸国法已逐渐本土化或干脆为本土法所改造和取代。[①] 不过，从法系的构成要件上看，中华法系还是成立的。

（二）中华法系的传播及其原因

中国法从秦汉特别是从魏晋时期开始，就已经向东、南、西、北四个方向传播，但对外产生大规模影响始于隋唐时期，特别是到唐代达到了顶峰。公元701年，日本颁行划时代的古代法典《大宝律令》，这部法典在篇目、结构、内容甚至文句方面，基本类于唐律，只是在某些方面略加简化省略罢了。至于古代朝鲜，《高丽史·刑法志》载："高丽一代之制大抵皆仿于唐，至于刑法，亦采唐律，参酌时宜而用之。"古代越南称为安南，大约在公元9世纪中期以前，安南适用中国的唐律，到公元1042年，越南李太尊颁布《刑书》三卷；公元1230年，陈太尊颁行《国朝统制》中的《国朝刑律》，这前后两部法律均以唐律为蓝本；后来成于黎氏王朝的《鸿德刑律》，亦是以唐律为主折中宋、明律而成的。还有，在中国周边的琉球、暹罗、大理、吐蕃、辽、西夏、金等地区，亦时间不一、程度不同地移植、仿效或吸纳了中国的法律。这样，就形成了一个以中国为中心，以中国法为母法，以唐律为代表，布及东亚诸国广大区域的法律体系。这就是中华法系。[②]

中华法系的形成，不仅对东亚地区法律文化和法制文明的发展贡献巨大，而且亦有世界意义。如果我们将中华法系的代表《唐律疏议》与罗马法的代表《法学阶梯》简单比较一下，就会发现一个有趣的事实：《唐律疏议》颁布于公元653年（唐高宗永徽二年），《法学阶梯》制定于公元533年（查士丁尼皇帝第三任执政官期间），这两部分别代表古代东方与西方法律秩序的著名法典，在互不相通

① 可以日本为例。参见张中秋著：《中日法律文化交流比较研究——以唐与清末中日文化的输出与输入为视点》，法律出版社2009年版，第117～127页。

② 有关中国法尤其是《唐律疏议》的传播与中华法系的形成。参见杨鸿烈著：《中国法律在东亚诸国之影响》，中国政法大学出版社1999年版。

的情况下，其诞生的时间如此接近，真是人类法律史上的一大奇观。[①] 但更有意义的事实是，《唐律疏议》与《法学阶梯》所代表的中华法系与罗马法，在古代东亚世界和地中海世界是通行的，而且影响深远，这是它们作为世界性法律体系的共同之处，即对人类法律文化和法制文明的重大贡献。所以，日本学者仁井田升教授在对比研究了唐代律令与日本律令之后说："耶林说过：'罗马曾经三次征服世界，第一次是用武力，第二次是用宗教，第三次是用法律。'然而，大体上可以说，中国亦是一以武力，二以儒教，三以法律支配东部亚细亚的（不过，其武力支配未达到日本）。蒙受中国法律影响较多的民族和地区，东至日本和朝鲜，南达越南，西及所谓西域，北到契丹和蒙古。"[②]

中国法之所以在唐代对外大规模传播，原因是多方面的，但笔者以为主要有三个方面：一是地理近；二是国力强；三是文化优。地理近不用多解释，朝鲜、日本、琉球、安南、暹罗，以及历史上的大理、吐蕃、辽、西夏、金等地方政权，都是唐代中国的周边地区，便于包括法律在内的文化交流和扩散。同样，国力强亦不用多解释，隋唐尤其是唐代国力强盛，是当时亚洲政治、经济、军事、外交和文化的中心，唐都长安是一国际性的大都市，前往大唐和居住长安的外国人人数众多。这些外国使节、留学生、商人、僧人、艺人等，都不同程度地引起或推动了包括法律在内的文化交流与传播。[③] 文化优是指以唐律为代表的中国法是当时东亚地区最发达的法文化，相对于周边地区的习惯法拥有的绝对先进性，其先进程度曾使得日本留学生感叹："大唐国者，法式备定，珍国也。"[④]而人类文化，包括法律文化，有一种自我交流的能量，这种能量表现在相对先进的一方，总是透过人的行为积极地向外渗透和扩张。这有点像流体力学原理，即不平衡中高低之间的惯性流动。唐代中国与周边地区之间法律文化的不平衡所引起的传播，亦可以说是历史力学原理的一种表现。

（三）中华法系的精神与原理

中国法之所以在唐代对外大规模传播，其中很重要的一条同时亦是它自身

---

① 虽然唐代中国与东罗马有间接的交往，但没有任何证据显示，《唐律疏议》与《法学阶梯》之间有任何联系。相对于对方，它们都是独立出现、独自存在并各自发挥作用的。有关中国与罗马的历史关系，参见［美］弗雷德里克·J. 梯加特著：《罗马与中国——历史事件的 关系研究》，丘进译，人民交通出版社 1994 年版。

② ［日］仁井田升：《唐令拾遗》，栗劲等译，长春出版社 1989 年版，第 801 页。

③ ［美］谢弗著：《唐代的外来文明》，吴玉贵译，中国社会科学出版社 1995 年版；［日］木宫泰彦著：《日中文化交流史》，胡锡年译，商务印书馆 1980 年版；刘俊文、［日］池田温主编：《中日文化交流史大系·法制卷》，浙江人民出版社 1999 年版。

④ 日本《推古纪》31 条记："大唐学问者僧惠济、惠光及医惠日、福因等并从智洗尔等来之，于是惠日等奏曰：'留于唐国学者，皆学以成业，应唤，且其大唐国者，法式备定，珍国也，常须达。'"

最重要的原因，就是它相对周边地区的先进性，而这个先进性正是中华文化优越性的体现。那么，它的先进性和优越性又体现在何处呢？从法文化角度而言，我们可以从法律形式和内容实质两方面来认识。从法律形式上讲，以唐律为代表的中国法的状况为：一是成文的，二是体系化的，三是法典化的；而周边地区的法律状况为：一是不成文的，二是无体系的，三是非法典的。表明唐代中国周边地区的法基本上还都处在原始和半原始的习惯法状态，这使得中国法相对于它们在形式上拥有绝对的先进性。从内容实质上讲，以唐律为代表的中国法不仅内容完备成熟，其有关政制、行政、刑事、经济、婚姻、家庭和诉讼等国家与社会的主要方面都有明确的法律规定。譬如，刑事性的《唐律疏议》就有500条，其他唐令、唐格、唐式则更多，所以日本留学生说："大唐国者，法式备定，珍国也。"

对法来讲，形式先进、内容完备当然重要，但更重要的还是渗透在法的内容和形式之中的文化精神。文化精神决定法的特质，从而塑造法的面貌和支配法的发展，并借此表现出它的先进性和优越性。那么，中华法系的文化精神是什么？我把它归纳为礼法文化、情理依据、仁义精神、道德原理。简要说，礼法结合、德主刑辅是中华法系的基本特征和结构，所以中华法系亦可以说是一种礼法文化。这个礼法以情理为依据，情理体现了仁义精神，仁义最后扎根在天地阴阳刚柔之道上，亦即以天理或者说道德为其原理。可见，作为中华法系文化精神的这几个方面并不是并列的，而是层层递进、相互关联、一体贯通的，最后落实在作为原理的天理或道德之上。对此，我们可以中华法系的代表《唐律疏议》来加以说明。

《唐律疏议·名例》开宗明义说："德礼为政教之本，刑罚为政教之用，两者犹昏晓阳秋相须而成者也。"[①]意思是说，德礼是政教的根本，刑罚是政教的辅从，两者的关系犹如黄昏与早晨（相续为一天）、春天与秋天（相续为一年），只有相互结合才能构成完美的整体。这个指导思想融合了儒、法、道三家思想。从概念的倾向上讲，"德礼"是儒家的，"刑罚"是法家的，"昏晓阳秋"是道家的。儒、法、道三家的思想在国家法典中融为一体，这是西汉以来中国法律发展到唐代"臻于完备"的表现。《唐律疏议》贯彻的这个思想体现了中华文化之道。

"道"是传统中国文化的最高范畴。[②] 依据中国经典表述，道的基本要素是阴与阳，其结构是阴阳一体、阳主阴从，而阴阳的关系是互涵、互摄、互转，亦即对

① 长孙无忌等撰：《唐律疏议》，刘俊文点校，中华书局1983年版，第1页。

② 这里的"道"是包含了儒、道、法、释诸家思想的中华文化之道，相当于宋明理学中的"理"，用现代话说是传统中国文化的共通原理。所以，虽然人们习惯于用"道"或"理"一字来指称事物的原理，但在这种情况下，道或理实际上已经含有了德，即道理中有德、德中有道理。

立、统一、转化(所以生生不息)的辩证关系。这个思想来之于我们的先贤对天、地、人,亦即自然、社会和人类的观察、思考、概括和提炼,从而形成了贯通天、地、人,亦即包括自然、社会和人类在内的统一的哲学。① 其一贯之道即是宋儒周敦颐在他著名的《太极图说》中所说的:"立天之道,曰阴与阳,立地之道,曰柔与刚,立人之道,曰仁与义。"②推广言之,依照道的理路和构成,并根据上述《唐律疏议·名例》的明示,那么,立法(此为政教大法)之道应是礼与法(此为刑法),或者说德礼与刑罚,亦即通常所说的情与理。

中国人的这种一贯之道,实际上是一种道德原理的文化哲学。按照中国古代思维,道是含有路径、方向、方法的秩序,所以它在哲学上被引申为有序性或静→阴或成或道→刚或义或宜→刑罚或法,借以表达统一事物中的形式、外在、功用、受动等。德是含有事物神奇性能的创生,所以它在哲学上被引申为创生性或动→阳或生或德→柔或仁或爱→德礼或礼,借以表达统一事物中的性质、内在、本体、主动等。这表明在事物构成的原初意义上,道是德的表现形式,德是道的存在依据,道与德共同构成了事物的统一性,亦即道德是事物的统一原理。这样一来,从原理上说,不仅自然世界是道德世界,人类社会亦是道德世界,亦即道德是万物原理。③ 由于天涵盖万物,所以万物原理亦叫天理,实即贯通天、地、人、法的道德原理。这种贯通天、地、人、法的道德原理,实际是传统中国统一的文化哲学。这个文化哲学是古代东亚世界最先进的思想体系,它回答和弥合了自然、社会、与人类(包括法)之间的关系与矛盾,在人生境界和理论上达到了天人合一。这样,人心得以安定,人的意义得以舒展,从心所欲而不逾矩。表现在法的

---

① 如《周易·系辞下传》曰:"古者包牺氏之王天大,仰则观象于天,俯则观法于地,观鸟兽一之文与地之宜,近取诸身,远取诸物,于是始作八卦,以通神明之德,以类万物之情……"

② 周敦颐:《周子通书》,徐洪文导读,上海古籍出版社2000年版,第48页。此说原出《周易·说卦》。关于这个问题还可参见杨成寅著:《太极哲学》,学林出版社2003年版;[美]杜维明:"试谈中国哲学的三个基调",载胡晓明、傅杰主编:《释中国》(第2卷),上海文艺出版社1998年版,第877~891页。

③ 这里所说的"道德"是指万物原理而非一般伦理,与现在人们通常所说的"道德"的含义不同。前者是传统中国一个重要的哲学范畴,用以表达世界万物的构成原理,亦即正文中所说的,道是事物的存在形式,德是事物的存在依据,道与德共同构成事物的统一性。这个原理贯通天、地、人,亦即自然、社会与人类,所以它本质上是中国人的世界观。由此可见,它与我们现在通常所指的人的品行好坏的"道德"一词,包括与更广泛的伦理意义上的"道德"一词,在内涵上都不一样。

领域,即是天理、国法、人情的相通。① 所以,贯彻这一原理的《唐律疏议》不仅是在形式和内容上,而且是在根本的文化精神上,成为中华法系的象征和代表,并因这种先进性和优越性而传播四方。总而言之,中国法之所以在唐代对外大规模传播并于此形成中华法系,其根本原因在于它的道德文化精神是东亚共同的世界观。

毋庸讳言,道德原理表现到法律制度与规范上,可以简单地用"三纲五常"来概括。三纲是指君为臣纲、父为子纲和夫为妻纲,五常包括仁、义、礼、智、信。三纲是社会的伦理,五常是个人的德性。三纲五常是长期以来受批判的传统中国的法律制度与规范。其实,随着传统中国社会的成长,三纲五常并非没有发挥过积极作用,否则就无法理解传统中国社会的兴盛与作为政纲的传统法的关系。② 只是随着传统中国社会的衰落,三纲五常的消极性才凸显出来。但对此亦要做具体分析:作为封建的、专制的和宗法的三纲,由于不适时宜已遭淘汰,但作为具有普遍意义的人的道德原则,五常剔除它某些过时的礼教内容仍有价值。我通过对《唐律疏议》的研读,发现立足于道德原理的中华法系,在对人与法和社会这三方面都有积极的意义,其宗旨是肯定、保护和追求有德的人、向善的法与和谐的社会。这些价值源于万物有序与生生不息的自然之理,植根于善的道德,因此具有某种程度的普适性和持久性;而且与西方法的自由原理相比较,中华法系的道德原理亦永有其价值,因为两者都是人类所必需的。③

二、近代中国法律的变迁

从公元19世纪中期开始,西方法律文化在列强的武力和殖民政策支持下向

① 在中国哲学中,宇宙是一个有机系统,万物相互感应为一体,所以自然、社会、人类是相通的,而通就通在理上。这个理就是天理。它首先表现为万物井然有序与生生不息的自然之理,进而被先贤们抽象表达为道与德,所以亦称为道德律。道德律不仅仅是中国人观念中的自然律,亦是社会集体、人类生活的支配律,所以,道德乃是中国文化的根本原理,天理、国法、人情正是在此之上三位一体相互贯通的。

② 朱熹说过:"宇宙之间,一理而已。天得之而为天,地得之而为地,而凡生于天地之间者,又各得之而为性。其张之为三纲,其纪之为五常,盖皆此理之流行,无所适而不在。"(《朱文公文集》(卷七十)《读大纪》)这说明在传统中国的思想体系或者说中国人的世界观中,"三纲五常"是天理。还有,贺麟先生对五伦特别是三纲作了与众不同而富有哲理的解读 。他认为,在传统中国,三纲之为纲有着自然、政治和道德上的合理性,对于大一统国家的存在和维护作用亦是明显的。参见贺麟:"五伦观念的新检讨",载胡晓明、傅杰主编:《释中国》(第2卷),上海文艺出版社1998年版,第1204~1218页。

③ 张中秋:"传统中国法的道德原理及其价值",载《南京大学学报》2008年第1期。

东亚扩展和传播,传统的中华法系开始解体,以中国为首的东亚诸国法进入近代的变革期。这个历史过程在中国学界被称为"西法东进"或"西法东渐"。① 西法东进可分为两个时期,第一期是东亚法近代变革的开端,中华法系从其子法开始解体。首先是日本于1868年实行"明治维新",放弃源自中国的律令体制和固有法,大规模地移植西方法,建成以欧陆法为范本的近代法制。这一举动的后果及其意义,可以说是中华法系从它的子法开始趋于解体。随着日本的强大和中日战争的爆发,朝鲜成为日本的殖民地,琉球(即现今的冲绳)成为日本的一部分,台湾被清政府割让给日本。这样,这些中华法系原先的属地或是空间遂成为移植于西方的日本殖民地法的管辖地。同样,越南在法国殖民者占领下亦从中华法系中脱离出去。到19世纪末,严格意义上的中华法系实际上仅存作为母法的中国法而已。故而,中华法系的解体是一个从域外到本土,从子法到母法的逐步瓦解和收缩的过程,从初起到终结大致经历了四十余年。

作为中华法系母法的中国法,虽然自唐宋以来内部已有了收缩的趋势,但并没有中断自身的连续性。② 一直到公元19世纪中期,先是西方列强后来是日本帝国主义,强迫清政府签订了一系列不平等的条约,确立了他们在华的"领事裁判权"后,中国自古以来的司法主权部分丧失,中华法系在本土受到重创。到19世纪末20世纪初,在中华法系的子法已全然解体的情况下,清廷迫于压力正式"变法修律"。尽管晚清"变法修律"是学习西方的,但实际情况是,从1900年清廷颁布"变法修律"的谕旨开始,到1905年派五大臣出洋考察,经过反反复复的寻觅,最终还是选定了日本作为引进西方法律文化的模范国。因此可以说,晚清中国是继受了日本化的西方法律文化。③ 就东亚法在近代的变革来说,这是西法东进的第二期。随着这一期的展开,作为中华法系母法的中国法整体瓦解。至此,曾经作为实体的中华法系不再存在,而是被视为具有法律文化传统和遗产意义的历史性法系。

自中华法系解体以来,中国自清末至中华民国的法制近代化,经历了从模仿日本到受欧美影响的过程,虽建有"六法全书"体系,实则还是被纳入了移植的西方法系。中华人民共和国成立后因受苏联模式的社会主义法制影响,因此,中国大陆的法制又被纳入了社会主义法系。中苏关系破裂后,中国大陆尝试放弃苏联模式的社会主义法制,但在1966~1976年的"文化大革命"十年期间,中国

---

① 王健编:《西法东渐——外国人与中国法的近代变革》,中国政法大学出版社2001年版。

② 张中秋著:《比较视野中的法律文化》,法律出版社2003年版,第89~93页。

③ 张中秋著:《中日法律文化交流比较研究——以唐与清末中日文化的输出与输入为视点》,法律出版社2009年版,第34~53页。

大陆的法制遭到了毁弃。1978 年改革开放以来，中国大陆重新建设有中国特色的社会主义法治国。经过了这么多的反复与变迁，我们对现今中国大陆法，在体系上既不能简单地将它归之于移植的西方法系，亦不能视同于前苏联模式的社会主义法。在某种程度上，它已是一个将中国自身、西方和社会主义诸要素混为一体的新法律体系。

三、未来大中国法的架构

在中国大陆建设新法律体系的同时，香港和澳门开始回归祖国。按照中国政府和英国、葡萄牙政府分别于 1984 年 12 月 19 日和 1987 年 4 月 13 日签署的《联合声明》，根据《香港特别行政区基本法》和《澳门特别行政区基本法》的规定，香港已于 1997 年 7 月 1 日，澳门已于 1999 年 12 月 20 日分别回归祖国，中国人民已恢复对香港、澳门的主权行使。台湾何时回归祖国，实现海峡两岸的统一，虽然现在还不能列出一个具体的时间表，但统一是历史的趋势。因此，当代中国法律的现状是两岸四地三法域，即海峡两岸的中国大陆、台湾、香港和澳门四地，形成中国大陆法、台湾地区法和香港、澳门特别行政区法三个法域。

展望未来，大中国法的架构有望形成，届时应是两岸四地一法系。当然，这里的法系不是比较法意义上的“法系”①，而是指同一国家主权下的法律体系。未来中国可能的统一，有助于在国家最高主权和根本法的基础上，整合中国大陆、香港、澳门和台湾地区的区际法律，构成多样性的统一，最终大中国法有可能形成。大中国法的形成自有中华法系的要素，但它既不是新中华法系的出现，亦不是中华法系的复兴。这部分是因为大中国法的内部差异显著，形成不了有机的整体，部分还因为大中国法内各地区法的概念、法源、学说、制度、法律教育和法律职业等，基本上都不同于传统的中华法系。是否可以这样说，未来大中国法是在现代法律的基础上，融入中华法系若干有生命力的要素而形成的新的法律体系。但由于它是一国主权内区际法律的整合，因此依法系理论，它还不是严格

① 综合比较法学家们的意见，我归纳构成同一法系的要件约有以下数项：(1)一般由两国或两地区以上的法律所构成；(2)法系内各国或各地区的法律具有共同的历史来源；(3)法的基本观念相同或相近；(4)法源的种类及其解释方法相同或相近；(5)法的表现形式和法律结构相同或相近；(6)占统治地位的法学方法相同或相近；(7)根本性和具有特征性的法律制度相同或相近；(8)法律教育与法律职业相同或相近；(9)思想意识形态相同或相近。参见本文开头关于法系分类所列参考书中的相关内容。

意义上的法系。

但不管怎样,“在大陆的广阔土地和众多的人口中形成了更加完善的适合社会主义市场经济的法律体系;在600多万人口和1000多平方公里的香港,原有的普通法法律体系基本不变;在40万人口和10多平方公里的澳门,原有的大陆法体系基本不变。这就在世界的东方,出现了一个由中国人创立的、历史上还没有过的先例:以大陆的法律体系为主体的多种法律形式并存。在这里,当代世界的几种主要法律存在于一体之中,而又各得其所,它产生的积极作用和影响无疑是对法律文化的贡献”①。再加上拥有中国传统和清末变法并具有大陆法系背景的台湾法。可以想见,在未来的中国,将形成一个以大陆社会主义法为主体,同时并存具有普通法内容的香港法和具有大陆法系特色的澳门法与台湾法为一体的新的法律体系。这无疑是人类历史最伟大的法律实验之一,中国将因此成为一个法律的世界。

在这个新的法律世界的形成中,作为中华法系文化精神的道德原理将发挥重要作用。如前所述,道德原理的原则是责任优先,亦即《唐律疏议》所述“德礼为政教之本,刑罚为政教之用”。正是因为德礼本质上是一种基于道德的责任,所以德礼为本实际上就是责任优先。责任优先使得唐律所代表的中华法系,是从个体对群体的责任而不是从个体的权利出发,从而在结构上成为一种责任—权利型的法。按照这个结构,权利以责任为前提:主体的权利愈大责任就愈大;反之,主体的权利愈小责任就愈小。所以,生活在中华法系下的传统中国人不是没有权利,而是他或她的权利存在于群体的关系中,且任何权利的有、无、大、小都要以责任为前提并与责任成正比例。因为人是道德的主体,法是主体价值的载体。中华法系的责任—权利结构,实际上是道德原理的责任优先原则在人与法上的贯通和展开。这与以自由为原理从个体出发的权利—义务型的西方法不同,但两者又各有其价值,因为道德与自由都是人类所必需的。然而,在当今的世界,尤其是在中国,从个人出发的自由—权利主义在某些方面已经过头了,如一味追求个人财富而罔顾公共利益的经济动物行为,以及接受、容忍甚至赞赏、钦慕、鼓励这种行为的社会舆论和政策导向,正需要从大众出发的道德—责任主义的思想和制度来批判和纠正。由此可见,中华法系的文化精神,准确说是它的

① 肖蔚云:“中国人在21世纪对法律文化的贡献”,载《北京大学学报》1994年第5期。

道德原理，为我们创新中国法文化、建设有中国特色[①]的现代法制、促进大中国法的形成和融合，提供了丰富的思想资源与精神动力。利用和发挥好这个资源和动力，将有助于我们塑造中国新法律文化特质，为中国和人类创造一个新的法律世界。

（2011年第5期）

① 我认为中国的特色很多，但根本特色在于文化。中国文化的特色亦很多，但根本特色在于道德，即由有机、整体、多元的宇宙自然观衍生出来的诚实仁爱、责任优先、合理有序、共生共荣、不同而和的道德世界观。我深信这个道德世界观不只是中国文化的精神所在，亦将是两岸四地大中国法形成和融合的文化基础。

先秦和秦汉的集体审判制度考论

程政举*

谈起中国古代的集体审判制度，许多人不以为然。对许多中国人来说，对中国古代审判制度的认识来自于戏曲舞台，认为“木板一拍把案断，朱笔一勾赴刑场”就是中国古代审判的真实写照；同时还认为，中国封建社会是专制集权社会，司法审判也是一人说了算，是专制的审判。从中国古代早期的文献记载来看，中国古代对案件的判决、对刑罚的适用采取的态度是审慎的，西周时期的“三刺”、春秋战国和秦汉时期杂治审案、廷议定罪制度，都是中国古代慎刑思想的体现和发展，是中国古代慎刑思想的制度保障。研究古代中国的集体审判制度对今天的司法审判有一定的借鉴意义和理论价值。

一、集体审判制度的初级形式——三刺

司法审判是实施国家管理的重要手段之一，慎刑是德政思想的体现。中国古代的慎刑思想最早可以追溯到《尚书·舜典》。根据《尚书·舜典》记载，舜帝时已开始了设官分职，建立了相应的管理机构，任命皋陶为士，掌管司法审判，要求皋陶在司法审判时要做到“惟明克允”。“惟明克允”的意思是说：审判案件时要做到事实清楚、判处公允，只有这样民众才能信服。大禹统治时期，仍然任命皋陶为士，执掌司法审判，大禹告诫皋陶曰：“明于五刑，以弼五教”；“刑期于无刑，民协于中”。即五刑的适用应公正、透明，只有这样才能有助于教化的推行；刑罚追求的目的在于无人犯罪、没有人触犯刑律，民众服从的是公允、正道，刑罚的适用能达到无刑可用，可谓功德无量。《尚书·吕刑》进一步详述了慎刑的刑罚思想。周王告诉吕侯只有谨慎地适用五刑，才能成就王朝的德政。在具体的司法审判中要做到“其刑其罚，其审克之”，确定的判决才能使人信服。

慎刑思想要靠制度来保障实现，《尚书·周官》明确记载“议事以制，政乃不迷”。《周礼·小司寇》曰：“以三刺断庶民狱讼之中：一曰讯群臣，二曰讯群吏，三曰讯万民。”通过三次讯问听取群臣、群吏、民众的意见，决定诛杀或从宽，适

* 作者单位：河南财经政法大学诉讼法研究中心。

用重刑或轻刑，以确保对平民诉讼的审断正确无误。根据《周礼》记载，秋官中还设有专司"三刺"之法的职能机构或官员——司刺，负责协助司寇审理狱讼案件。

《礼记·王制》对于三刺之法做了进一步的详述，三刺制度不仅有具体的内容，而且有具体的程序做保障："司寇正刑明辟，以听狱讼，必三刺……疑狱，泛与众共之；众疑，赦之。必察小大之比以成之。成狱辞，史以狱成告于正；正听之，正以狱成告于大司寇；大司寇听之棘木之下，大司寇以狱之成告于王；王命三公参听之，三公以狱之成告于王；王三又，然后制刑。凡作刑罚，轻无赦。刑者，侀也；侀者，成也。一成而不可变，故君子尽心焉。"从《王制》记载的上述内容来看，三刺是司寇审理狱讼案件必经的程序，不可或缺。在程序上，一个案件的达成所经历的程序也较为复杂。一个狱讼案件经过史、正、大司寇三审定谳后，再将案件上报给周王，周王再命三公共同听审，三公审结后，案件结果上报周王，然后制刑。一个案件之所以这样慎重，是因为刑者，成也；一成而不可变，故审案者必须尽心竭力。

西周时期慎刑制度在出土的青铜器铭文上也得到了印证。出土于晚清陕西境内西周初期的《琱生簋》上的铭文就记录了西周初期发生的一起土地侵占诉讼案件的审理情况。该案的被告为西周贵族琱生，主审法官为西周宗族召伯虎。《琱生簋》共有两件，分别为五年《琱生簋》和六年《琱生簋》，其中六年《琱生簋》现收藏于中国国家博物馆，五年《琱生簋》藏于美国耶鲁大学博物馆。2006 年 11 月陕西省扶风县又出土了五年《琱生尊》。这三件青铜器上的铭文记录了同一件事情，三个青铜器上的铭文相连记录了一起完整的诉讼事件。召伯虎在处理狱讼案件时，在判决做出前有三次"讯"的记录：五年《琱生簋》一次，"余既(讯)"；六年《琱生簋》两次——"余以邑讯有司"和"今余既讯有司"。[①] 讯，讯问；有司，泛指官吏。讯有司，也就是征求群臣对判决的意见。这里的"三讯"与《周礼》、《礼记·王制》中的"三刺"如出一辙。所不同的是，"三刺"之法中，其中有一项是征求民众的意见，《琱生簋》铭文上没有征求民众意见的记录。

西周时期慎刑法律思想，在春秋战国时期被思想家们接受并实践着。司马迁在《史记·孔子世家》记载孔子在鲁国任司寇时审判案件的情况："孔子在位听讼，文辞有可与人共者，弗独有也。"何谓"文辞有可与人共?"这里的"文辞"，可以理解为判决主文或双方的诉讼文书、诉讼证据；"可与人共"可理解为"征求

① 冯卓慧："从传世的和新出土的陕西金文及先秦文献看西周的民事诉讼制度"，载《法律科学》2009 年第 4 期。

他人的意见后共同达成判决”或“其判决内容符合公众判意”。对此，董仲舒在《春秋繁露》中有关孔子断狱的记载，可以作为对“文辞有可与人共”的补充说明。《春秋繁露·五行相生》记载，孔子“为鲁司寇，断狱屯屯，与众共之，不敢自专，是死者不恨，生者不怨”。西汉刘向在《说苑·至公》中较为详细地记录了孔子为鲁司寇时慎刑的具体做法：“孔子为鲁司寇，听狱必师断，敦敦然皆立，然后君子进曰：某子以为何若，某子以为云云。又曰：某子以为何若，某子曰云云。”晏子在与齐景公谈论治国安邦问题时说，治国安邦的首要问题应是明教令，立仪法，“称事以任民，中听以禁邪”。俞樾引注曰：“听，议狱也。中听以禁邪，言听讼得中则足以禁邪也。”①可见，战国时期的思想家、政治家晏子同样主张审理案件时应多方听取不同的意见，以便做出正确的裁决。

二、集体审判案件的通常形式——杂治

在《史记》、《汉书》、《后汉书》中，将不同职能部门的官员或不同级别的官员组成的审判集体对案件进行审判的制度称为杂治。杂治这种集体审判案件的制度是慎刑思想发展的产物，最早出现在战国时期。1983 年出土的湖北江陵张家山汉墓竹简《奏谳书》第 17 例“黥城旦讲乞鞫”②案清楚地记录了集体审判案件的形式。“乞鞫”是要求重审之意；“黥城旦讲乞鞫”案记述的是案件当事人讲被误判后经申请重审被改判的事例。该案发生在秦王政元年（前 246 年）至二年（前 245 年）。案件记录可分为两部分：第一部分为讲乞鞫情况及原审案件情况，第二部分为重审情况。第一部分用“覆视其故狱”引出原审案件记录的情况：秦王政元年十二月十六日，雍市亭庆书面报告县廷，说有一士伍即无爵男子叫毛的，卖牛一头，经盘问，怀疑牛是偷来的，送来审讯。经审讯，毛说盗的是士伍和的牛，没有与他人合谋。审讯此案的令史腾主观认为，毛不可能独自盗牛，一定有同伙。在令史腾的严刑拷打下，毛编造了与乐人讲合谋盗牛的事实。后讲在令史铫的严刑下也被迫诬服。于是雍县县廷就做出了判决：“鞫词曰：讲与毛谋盗牛，审。二月癸亥，丞昭、史敢、铫、赐论，黥讲为城旦。”这里的“论”，为定罪之意。③“丞昭、史敢、铫、赐论”即县丞昭、令史敢、令史铫、令史赐认定讲的行

① 《晏子春秋集释》（第 3 卷）。

② 江陵张家山汉简整理小组：“江陵张家山汉简《奏谳书》释文”（二），载《文物》1995 年第 3 期。

③ 程政举著：《汉代诉讼制度研究》，法律出版社 2010 年版，第 220 页。

为构成犯罪。"丞昭、史敢、铫、赐论",这是我们见到最早的多位审判官共同审判案件并在判决文书上署名的文献。县丞和令史的行政级别不同,在《史记》、《汉书》的记述中把这种不同级别的官员共同审断案件的形式称为"杂治"。

1983年湖北江陵张家山汉墓出土的《奏谳书》共记载了22个春秋到汉初的司法判例。① 其中有8个案例仅记录"谳"部分,即疑罪请示部分,文字简短,对前期的审判情况没有记录;有3个案例为侦讯案例,着重记述的是案件的侦讯情况,对审判过程未加叙述;其余11例中有10例是多人参与审判属于杂治的案例,另1例为廷议议罪案例。

在10例多人参与审判的杂治案例中又可分为三种情况:

1. 记录审判集体中意见分歧的案例。如《奏谳书》案例一:"史当:毋忧当要(腰)斩,或曰不当论。"《奏谳书》案例二:"吏当:黥媚颜水升页,畀禄,或曰当为庶人。"《奏谳书》案例三:"吏议:阑与清同类,当以从诸侯来诱论;或曰,当以奸及匿黥舂罪论。"《奏谳书》案例四:"吏议:符有数明所,明嫁为解妻,解不智(知)其亡,不当论。或曰:符虽已诈书名数,实亡人也,解虽不智(知)其请(情),当以取(娶)亡人为妻论,斩左止为城旦。"当,在秦汉诉讼程序中是指案件事实经查证属实,且对被告人的行为定性后的量刑部分。上述4个案例,在"吏当"或"吏议"之后引出两种不同的意见,说明参与审判案件的官吏不止一人,应为两人以上。

2. 记录参与审判案件官吏名称的案例。如《奏谳书》案例十四:"南郡守强、守丞吉、卒史建、舍治。"《奏谳书》案例十五:"南郡守强、守丞吉、卒史建、舍治。"《奏谳书》案例十六:"新荅甲、丞乙、狱史丙治。"《奏谳书》案例十七:"丞 昭、史敢、铫、赐论,黥讲为城旦。"

3. 在案例行文中体现多人参与审判的案例。如《奏谳书》案例五:"十年七月辛卯朔 甲寅,江陵余、丞骜、敢谳之。"《奏谳书》案例十八:"南郡卒史盖、庐、挚、田、假卒史鸣覆攸、雁等狱簿。"

在先秦和秦汉时期,国家官吏在处理行政事务时与其他官吏"合治"是判断一个官吏能否成为"良吏"的条件之一。《睡虎地秦墓竹简·语书》记载:"凡良吏明法律令,事无不能也;有(又)廉洁(洁)敦悫而好佐上;以一曹事不足独治也,故有公心;有(又)能自端也,而恶与人辨治,是以不争书。"②曹,为秦汉时郡、

① 江陵张家山汉简整理小组:"江陵张家山汉简《奏谳书》释文"(一),载《文物》1993年第8期。

② 睡虎地秦墓竹简整理小组编:《睡虎地秦墓竹简》,文物出版社1978年版,第19页。

县下属的分科办事机构。“一曹事不足独治”,意为一部门的事务不能独断专行。睡虎地秦墓竹简整理小组解释说:“辨,读为别;辨治,分治;书,疑读为‘署’,处理事务”;[①]“恶与人辨治,是以不争书”,意为“不愿与别人分开处理事务,因此不会在办事中竞争”。又如,《睡虎地秦墓竹简·法律问答》记载:“赎罪不直,史不与啬夫和,问史可(何)论?当赀一盾。”[②]睡虎地秦墓竹简整理小组解释说:“判处犯人赎罪不公正,史没有和啬夫合谋,问史应如何论处?应罚一盾。”从这两则例子来看,秦时官吏在处理政务时主张合作,并且将能否与同曹官吏合作作为判断官吏是否优良的标准;在处理司法事务中,不是一人独治,应是多人合治。

《史记》、《汉书》和《后汉书》中在涉及狱讼审理时杂治记载较为普遍,根据参与杂治的人员不同,可以把杂治分为两种情况。

1. 汉朝廷不同部门官吏共同杂治案件。如《汉书·景十三王传》记载:本始三年(前71年),广川惠王刘去及王后昭信滥杀无辜被告发,西汉宣帝遣大鸿胪、丞相长史、御史丞、廷尉正杂治此案;经审理刘去及昭信滥杀无辜属实,奏请诛杀刘去及昭信。大鸿胪、丞相长史、御史丞、廷尉正均为汉代朝廷官吏,其中大鸿胪是朝廷中央负责掌管诸侯和少数民族事务的官吏。

《汉书·李寻传》记载:西汉哀帝时,贺良等因言灾异事,欲妄变政事被捕入狱,光禄 勋平当、光禄大夫毛莫如与御史中丞、廷尉杂治,当贺良等执左道,不道;贺良等皆伏诛,李寻减死一等,徙敦煌郡。光禄勋、光禄大夫、御史中丞、廷尉均为中央官吏。

《汉书·贾捐之传》记载:元帝时,中书令石显显贵朝中,贾捐之数言其短;后贾捐之与洛阳令杨兴密谋,为举荐洛阳令杨兴任京兆尹,赞誉石显,举荐石显为关内侯。事发,杨兴、贾捐被捕入狱,汉元帝令皇后父阳平侯禁与石显杂治。杨兴、贾捐之被判罔上不道,贾 捐之弃市,杨兴减死罪一等,髡钳为城旦。

《汉书·王嘉传》记载:“廷尉梁相与丞相长史、御史中丞及五二千石杂治东平王云狱,[③]时冬月未尽二旬,而相心疑云冤,狱有饰辞,奏欲传之长安,更下公

---

① 睡虎地秦墓竹简整理小组编:《睡虎地秦墓竹简》,文物出版社1978年版,第20页。

② 同上,第191页。

③ 东平王云,汉宣帝之孙,宣帝第三子刘宇之子,《汉书·东平思王刘宇传》记载:“哀帝时,无盐危山土自起覆草,如驰道状,又瓠山石转立。云及后谒自之石所祭,治石象瓠山立石,束倍草,并祠之。建平三年,息夫躬、孙宠等共因幸臣董贤告之。是时,哀帝被疾,多所恶,事下有司,逮王、后谒下狱验治,言使巫傅恭、婢合欢等祠祭诅祝上,为云求为天子。云又与知灾异者高尚等指星宿,言上疾必不愈,云当得天下。”

卿覆治。"根据汉代因时诉讼原则,冬月已尽,春季将临,这时宜助萌阳,以育时物,狱讼案件将停止审理,死刑案件也不再执行。汉哀帝认为,廷尉梁相等人不及时审结东平王刘云狱案,是见自己身体有痒,外内顾望,操持两心,无讨贼之意,下令将梁相等审理东平王云狱案的有关人员皆贬为庶人。因廷尉梁相是丞相王嘉所举荐,因此丞相孔光等奏劾"王嘉迷国罔上不道,请与廷尉杂治"。汉哀帝遂可孔光等奏劾,"使将军以下与五二千石杂治"。这段记录了两起杂治案,两案前后牵连,即"东平王云狱案"和"王嘉罔上不道案"。"二千石"为汉代官吏享有秩禄的表述,汉代通常用秩禄表述官员的级别。二千石代指汉代朝廷中央和地方中享有较高权位的官吏,如太常、太傅、廷尉、丞相司直等,地方官吏如郡太守、州牧、诸侯相等。

2. 汉朝廷官吏和地方官吏共同杂治案件。如《史记·衡山王传》记载:元狩元年(前128年)冬,衡山王刘赐谋反事发,"公卿请遣宗正、大行与沛郡杂治王"。宗正为汉代设立的掌管刘氏宗族事务的官吏,爵秩中二千石。大行,即大行令,汉代中央设立的负责礼仪的官吏,秩六百石。沛郡,秦为泗水郡,汉高祖时改为沛郡。

《汉书·淮南王传》记载:元朔五年(前124年),淮南王刘安谋反事发,"事下廷尉、河南"。颜师古注曰:"下廷尉及河南,令于河南杂治其事。"

《汉书·江充传》记载:江充为赵太子丹上客时,与赵太子丹产生矛盾,太子丹使吏逐捕江不得,收捕其父兄,皆弃市。江充"诣阙(指朝廷)告太子丹与同产姊及王后宫奸乱,交通郡国豪猾,攻剽为奸,吏不能禁。书奏,天子怒,遣使者诏郡发吏卒围赵王宫,收捕太子丹,移系魏郡诏狱,与廷尉杂治,法至死"。

上述事例说明,凡是中央官吏犯罪案件均有中央官吏组成审判集体杂治,地方诸侯犯罪案件可由中央和地方官吏共同组成审判集体杂治。这些事例同时也说明了汉代杂治制度的存在。

三、集体审判案件的高级形式——廷议

1983年出土的湖北江陵张家山汉墓竹简《奏谳书》第21例记录了一起廷议议罪案。根据彭浩先生考证,该案发生的年代应是秦代。[①] 这是一起女子甲与男子丙和奸一案如何运用法律的讨论。女子甲居住杜泸县,其夫公士丁病故,其

---

① 彭浩:"谈《奏谳书》中秦代和东周时期的案例",载《文物》1993年第3期。

与婆母素夜间守丧期间，与男子丙在棺后房里和奸。次日，素将此事告官，甲被捕。杜泸县官吏对此案疑不能决，奏报朝廷，由廷尉处理。廷尉毂、正始、监弘、廷史武等30人讨论女子甲的定罪量刑问题。参与讨论的30人皆认为，女子甲在其夫死后不悲哀，反而与男子丙和奸丧旁，虽然告诉人没有将和奸双方当事人捉奸到庭，但是甲的行为应按不孝和敖悍之律论处，判处甲完为舂。因官差后到的廷史申对廷尉等人的意见提出了不同的看法，认为廷尉等人的定罪和量刑不当。廷史申通过提出问题廷尉回答的方式，得出“欺生夫罪重，欺死夫无罪”的结论；同时本案的告诉人没有将和奸的双方当事人捉奸当庭，与律不符。最后，廷尉等人改变了对此案判决的意见。这是一起较为完整的廷议议罪案例，也是可见的现有文献中最早的廷议议罪案例。从中我们可知，廷议议罪讨论的激烈和不畏权威的求实态度。

廷议议罪制度是秦汉时期的集体议事制度。朝廷上集体讨论的问题既有有关皇亲、国戚以及具有一定职位或爵位的官吏犯罪案件的定性、量刑问题，也有普通百姓犯罪案件中涉及定罪、量刑、法律适用等疑难问题。廷议议罪制度是集体审判制度的另一种表现形式。

根据《汉书》和《后汉书》的记载，有权参与议罪的人员有：三公（指丞相、太尉、御史大夫）、廷尉、公卿、列侯、吏中二千石、吏二千石、将军、博士、诸大夫、议郎等。虽然参与议罪的人员的人数没有具体规定，但从《汉书》和《后汉书》记载的议罪事例来看，参与议罪人员的人数要多于“杂治”人数，其上限没有限制。据《汉书·王嘉传》记载，参与王嘉一案议罪的人数达60人之多。

哪些案件、哪些人犯罪或哪些案件才能成为廷议议罪的对象，即廷议议罪的客体有哪些？《汉书》和《后汉书》记载廷议议罪的事例约有十几例，大致可分为以下几类：

1. 皇室宗亲犯罪案。（1）淮南厉王刘长谋反案。该案发生在汉文帝六年（前174年），淮南厉王刘长谋反事发，丞相张苍等奏劾曰：“（刘）长所犯不轨，当弃市。”文帝制曰：“朕不忍置法于王，其与列侯、吏二千石议。”于是“列侯、吏二千石臣婴等43人议，皆曰：‘宜论如法。’制曰：‘其赦长死罪，废勿王’。”[①]（2）淮南王刘安谋反案。汉武帝元朔六年（前123年），淮南王刘安谋反事发，衡山王赐，淮南王弟，当坐收。负责官员请求收捕衡山王刘赐，武帝曰：“诸侯各以其国为本，不当相坐。与诸侯王列侯议。”赵王彭祖、列侯让等43人皆曰：“淮南王安大逆无道，谋反明白，当伏诛。”胶西王刘端议曰：“臣端所见，其书印图及它逆亡道事验明

① 《汉书·文三王传》。

白,当伏法。"丞相公孙弘、廷尉张汤将廷议情况上报汉武帝,汉武帝派遣宗正持符节前往淮南王领地审理此案。后淮南王刘安畏罪自杀。① (3)燕王刘定国案。《汉书·燕王刘定国传》记载:"燕王刘定国欲诛杀肥如县令郢人,郢人等控告燕王。燕王使谒者以它法劾捕郢人及其父子并杀之。元朔中,郢人昆弟上书状告燕王刘定国擅杀郢人及其他违法事,事下公卿,皆议曰:'定国禽兽行,乱人伦,逆天道,当诛。'武帝认可,刘定国畏罪自杀。"

2. 丞相、郡守、朝中大臣犯罪案件。(1)丞相王嘉获罪案。《汉书·龚胜传》记载:西汉哀帝时,丞相王嘉举荐廷尉梁相,梁相因审理东平王刘云狱案获罪,光禄大夫孔光等人劾奏王嘉"言事恣意,迷国罔上,不道"。汉哀帝将此案交由廷议,左将军公孙禄、司隶鲍宣、光禄大夫孔光等44人皆以为王嘉应按迷国不道罪论处,龚胜则独认为王嘉"过微薄",廷议到日暮乃罢。次日晨,廷议继续进行,左将军公孙禄质问龚胜说:"君议亡所据,今奏当上,宜何从?"龚胜说:"将军以胜议不可者,通劾之。"又《汉书·王嘉传》记载:孔光等请谒者召王嘉诣廷尉诏狱,汉哀帝制诏曰:"票骑将军、御史大夫、中二千石、二千石、诸大夫、博士、议郎议。"卫尉云等50人以为应按孔光等人劾奏的王嘉"迷国罔上不道,请与廷尉杂治"。议郎龚胜等以为"嘉言事前后相违,无所执守,不任宰相之职,宜夺爵土,免为庶人"。永信少府猛等10人以为:"圣王断狱,必先原心定罪,探意立情,故死者不抱恨而入地,生者不衔怨而受罪。"后王嘉收捕至廷尉诏狱,汉哀帝"使将军以下与五二千石杂治"。该案就丞相王嘉是否犯罪以及如何处罚的议论时间之长,参与人员之多,可谓汉代议罪制度的典型。(2)薛况伤人案。《汉书·薛宣传》记载:薛宣子薛况为右曹侍郎,赇客杨明伤了申咸面目,御史中丞众等奏:"(薛)况首为恶,(杨)明手伤,功意俱恶,②皆大不敬。明当以重论,及况皆弃市。"廷尉直以为"(杨)明当以贼伤人不直,(薛)况与谋者皆爵减完为城旦。"③议罪后,汉哀帝询问参与议论的大臣们的意见:丞相孔光、大司空师丹赞同御史中丞众等人的意见;自将军以下至博士议郎皆赞同廷尉直的意见。最后,薛况减罪一等,徙敦煌;薛宣免为庶人。(3)朱博不道案。《汉书·朱博传》记载:朱博与傅晏、御史大夫赵玄劾奏大司马傅喜、大司空何武,奏请皆免为庶人。此奏惹怒了傅太后,经左将军彭宣与中朝者杂问,奏请将朱博以"执左道"罪、赵玄以"大不敬"罪、傅晏以"失礼不敬"罪捕至廷尉诏狱。汉哀帝制曰:"将军、中

① 《汉书·文三王传》。
② 孟康注曰:"手伤人为功,使人行伤人者为意。"
③ 颜师古注曰:"以其身有爵级,故得减罪而为完也。况身及同谋之人,皆从此科。"

二千石、二千石、诸大夫、博士、议郎议。”右将军鱴望等44人以为“如宣等言，可许”，意即同意彭宣等人的劾奏。谏大夫龚胜等14人以为傅宴“宜与博、玄同罪，罪皆不道”。后汉哀帝核准：减赵玄死罪三等，削傅晏户1/4，朱博捕至廷尉诏狱。(4)张酺因言语获罪案。《后汉书·张酺传》记载：太仆张酺因事与司隶校尉晏称会于朝堂，张酺谓晏称曰：“三府辟吏，多非其人。”晏称后劾奏张酺有怨言。东汉和帝认为张酺是先帝师，为谨慎处理，将晏称对张酺的劾奏交公卿、博士、朝臣会议。司徒吕盖认为张酺位居三司，知公门礼仪，不鞠躬尽力，怨让使臣，非所宜言。后张酺被免官。(5)居延都尉范邠臧罪案。《后汉书·刘恺传》记载：东汉安帝初，[①]清河相叔孙光坐臧抵罪，遂增锢二世，衅及其子。永宁初年(公元120年)居延都尉范邠复犯臧罪，汉安帝诏下三公、廷尉议。司徒杨震、司空陈褒、廷尉张皓的意见是比照孙光坐臧案论处。时任太尉刘恺独以为“如今使臧吏禁锢子孙，以轻从重，惧及善人，非先王详刑之意也”。安帝诏曰：“太尉议是。”

3. 法律适用案。(1)已离异妻子是否连坐案。《汉书·孔光传》记载：定陵侯淳于长坐大逆诛，淳于长小妻乃始等6人皆在淳于长事未发觉时弃去，或更嫁。及淳于长事发时，丞相翟方进、大司空何武廷议时说：“令，犯法者各以法时律令论之，[②]明有所讫也。(淳于)长犯大逆时，乃始等见为长妻，已有当坐之罪，与身犯法无异。后乃弃去，于法无以解。[③] 请论。”孔光则认为：“大逆无道，父母妻子同产无少长皆弃市，欲惩后犯法者也。夫妇之道，有义则合，无义则离。(淳于)长未自知当坐大逆之法，而弃去乃始等，或更嫁，义已绝，而欲以为长妻论杀之，名不正，不当坐。”汉成帝肯定了孔光的意见。(2)别屯副将骑都尉秦彭有无“先斩后奏”权案。《后汉书·郭躬传》记载：永平中(公元1世纪60年代)，奉车都尉窦固出击匈奴，骑都尉秦彭为副将。秦彭在别屯辄以法斩人，窦固劾奏秦彭专擅，请诛之。汉明帝将窦固劾奏交公卿、朝臣廷议。时任郡吏的郭躬因明法律，被召入议。廷议者皆赞同窦固的劾奏。郭躬则说：“根据法律，秦彭有先斩后奏之权。”汉明帝不解问曰：“军征校尉一统于督(即大将)。(秦)彭既无斧钺，可得专杀人乎？”郭躬对曰：“一统于督者，谓在部曲也。[④] 今彭专军别将，有异于此。兵事呼吸，不容先关督帅。且汉制，棨戟即为斧钺，[⑤]于法不合罪。”帝

① 汉安帝刘祜公元107年继位，在位年号有永初、元初、永宁、建光和延光。

② 颜师古注曰：“法时，谓始犯法之时也。”

③ 颜师古注曰：“解，免也。”

④ 《前书音义》曰“大将军行有五部，部有曲”也。

⑤ 《后汉书·郭躬传》注曰：有衣之戟曰棨。

从躬议。(3)应受刑之人能否替代案。《后汉书·应劭传》曰:安帝时河间人尹次、颍川人史玉皆因犯杀人罪当死,尹次之兄初及史玉之母军到官府所在地请求代为受死,并且自缢于官府。尚书陈忠以罪疑从轻为理由,议减去尹次、史玉死罪。应劭反驳曰:"今杀无罪之初、军,而活当死之次、玉",不合律令,"陈忠不祥制刑之本,而信一时之仁,遂广引八议求生之端"。将会败法乱政,悔不可追。后汉书没有记述该案的最后处理结果。

从上述廷议案例中,我们可以了解到,廷议议罪的程序大致可分为三部分:

第一,程序的启动。廷议议罪是朝臣在廷堂之上议罪定刑的一种议事活动,因此,对什么人犯罪,对哪些事交由大臣们议论,一般由皇帝决定;其他人只有建议权,无权决定将某事或某人犯罪案交由朝臣们讨论,也无权擅自召集朝臣们讨论有关犯罪、定刑问题,否则将按违反法律论处。如昭帝时,丞相车千秋女婿、少府徐仁在审理桑弘羊谋反案时被劾审案不当,有纵反之嫌,车千秋认为劾奏不当,于是即召中二千石、博士会聚公车门,议论少府徐仁审案是否正当。大将军霍光得知此事后,劾奏丞相车千秋"擅召中二千石以下,外内异言"。后由于杜延年的力争,车千秋才免受法律追究。①

第二,廷议议罪的进行。对廷议参加的人数、人员的身份没有严格的限制,职级较低的官吏也可参加廷议,据《汉书·郭躬传》记载,郭躬为郡史时就被召参加廷议。廷议讨论时对问题的争论是激烈的,从上述《汉书·龚胜传》记载可知,对王嘉因举荐失察获罪一案的廷议时间达两天之久,可见其廷议讨论的激烈程度。在廷议讨论发言时,也没有身份的限制,低级职位的官吏可以反驳高级职位官吏的意见,从这个意义上说,讨论又是自由的。

第三,廷议议罪结论的做出。廷议议罪结论一般以皇帝或有决定权的大臣认可的意见为准。皇帝认可的可能是多数人的意见,也可能是少数人的意见;也有可能既不是多数人的意见,也不是少数人的意见,而是皇帝自己的意见。在燕王刘定国案中皇帝认可是多数人的意见,在居延都尉范邠臧罪案和别屯副将骑都尉秦彭有无以法斩人案中,皇帝认可的是少数人的意见。在淮南厉王刘长谋反案中,最后的定论既不是多数人的意见,也不是少数人的意见,而是皇帝自己的意见。

杂治和廷议都是秦汉时期集体审判案件的形式,二者在适用的范围上有所不同:杂治是审判案件通常采用的形式,而廷议则适用皇室宗亲、朝中大臣犯罪案件,以及在定性和法律适用上的疑难案件。对同一案件,杂治和廷议的适用并

① 《汉书·杜延年传》。

不是截然分开的，有些案件廷议后，再交由杂治。如王嘉获罪案，淮南王刘安谋反案就是先廷议，再杂治。

四、结　语

三刺、杂治、廷议都是慎刑思想的体现，是对慎刑思想的保障，是审判民主的体现。“讯群臣、讯群吏、讯万民”的“三刺”制度能广泛地听取群臣、群吏、民众的意见，使司法审判能及时反映民意，不至于出现司法判决与多数民众意见不一致，影响社会稳定和司法公信力的现象发生。最近发生的“天价逃费案”、“李昌奎案”的司法判决之所以会引起民众的极大反响，在很大程度上是由于司法判决没有及时倾听、反映民意。“杂治”、“廷议”制度中参与审判、讨论人员不分职位高低对案件事实、定性、适用法律的激烈争论，在很大程度上能防止冤假错案的发生，确保司法判决的理性、公正。但是，由于时代的局限，杂治、廷议制度本身存在一些缺陷，在一定程度上影响了制度作用的发挥。其一，“少数服从多数”的民主决策机制缺失。从上述廷议议罪案例可以看出，案件最后的结论性意见的形成并不取决于多数人的意见，这就在一定程度上影响了参与廷议议罪人员的积极性，影响了廷议作用的发挥。其二，回避制度缺失。如前文贾捐之案中，贾捐之因中书令石显获罪，贾捐之被捕入狱，汉元帝竟令皇后父阳平侯禁与石显杂治贾捐之案。在王嘉案中，光禄大夫孔光劾奏王嘉，在廷议时光禄大夫孔光仍然参加。回避制度的缺失，在一定程度上影响了案件裁决的公正性。其三，审判权过度集中。在部分案件中，皇帝可以不受廷议、杂治意见的限制，任意做出裁断。这种审判权过度的集中、帝王审判权的不受约束，极易造成司法不公。

(2011 年第 9 期)

中国传统法中老龄犯罪宽宥的考察

张先昌* 刘新媛**

老龄犯罪宽宥是中国古代社会一以贯之的法律传统，作为优秀的传统法律文化，对该问题的研究一直受到学界的重视。相关的研究成果主要集中在两个方面：一是通过对汉唐宋等朝代律典的考察，梳理老龄犯罪宽宥的具体立法状况，并对其做出相应的评价；①二是以当代贯彻"宽严相济"的刑事政策和《刑法修正案（八）》为视角，以我国古代立法、近代立法、革命根据地的相关法律文件和近现代国外刑事立法中普遍确立有老龄犯罪从宽处罚的制度为依据，提出无论基于刑罚的人道性、谦抑性，还是从解决老龄问题、实现刑罚的目的考量，都有必要增设老龄犯罪从宽处罚与不适用死刑等观点。②

但是，从总体上系统分析研究老龄犯罪宽宥的成果并不多见。基于此，笔者以中国传统社会老龄犯罪宽宥为研究课题，对其立法指导思想、理论基础、政策依据和设立该项条款的目的等进行分析研究，以揭示中国封建社会两千多年始终把老龄犯罪减免刑罚写入律典的历史必然性、正当性以及所体现出来的人文关怀，对当下的启示意义也是本文着力要探讨的主要内容之一。

一、老龄犯罪宽宥是中国传统法中的精华

中国素有尊老敬老的优良传统，表现在法律方面，是对老龄犯罪与成壮年犯罪在立法例上的明显差异与减缓、定罪量刑与行刑上的宽宥。我国古代典籍《礼记·曲礼上》记载："八十、九十曰耄，七年曰悼。悼与耄，虽有罪，不加刑

---

* 作者单位：江苏大学文法学院。

** 作者单位：江苏大学文法学院。

① 代表性成果主要有张晋藩总主编、陈鹏生主编：《中国法制通史·隋唐》，法律出版社1999年版，第224～227页；周密著：《宋代刑法史》，法律出版社2002年版，第78～83页；崔永东："汉唐律中反映的和谐理念——以汉简《二年律令》与《唐律》为例"，载《政法论坛》2009年第1期；等等。

② 张建军："老龄犯罪宽宥论——以贯彻'宽严相济'的刑事政策为视角"，载《西南政法大学学报》2007年第4期；赵秉志、袁彬："论特殊群体从宽制度的完善——以《中华人民共和国刑法修正案（八）（草案）》为视角"，载《法学杂志》2010年第12期；陈永革、李缨："老年人犯罪的刑罚问题刍议"，载《西南民族大学学报》（人文社科版）2003年第12期；等等。

焉。”这说明周朝80岁以上的老人与7岁以下的幼童犯罪都可免除刑罚。《周礼·秋官·司刺》记载有三赦之法：“一赦曰幼弱，再赦曰老耄，三赦曰蠢愚。”即年幼无知的儿童、年事已高的老人及智力低下的痴呆者违法犯罪，依法予以赦免，不追究其刑事责任。据《汉书·刑法志》记载，西周时法律规定：“凡有爵者，与七十者，与未龀者，皆不为奴。”至战国初年，我国第一部成文法典《法经》把年龄和犯罪情节作为定罪量刑的重要依据。“其减律略曰：罪人年十五以下，罪高三减，罪卑一减。年六十以上，小罪情减，大罪理减。”①即15岁以下的罪犯，罪重的减三等，罪轻的减一等。60岁以上的罪犯，无论罪大罪小都要酌情减罪。从先秦开始，在立法上就奠定了老年人犯罪减免刑罚的发展方向。

汉初，由于秦朝的苛政和连年战争，社会生产遭到了严重破坏，最高统治者需要一个相对稳定的社会政治环境，使人民休养生息，恢复发展生产，以巩固刚刚建立的封建政权。在这一背景下，“约法省刑”的立法指导思想得以确立，进而废除野蛮的死刑、残酷的肉刑以及老幼犯罪减免刑罚成为汉代前期立法与司法的主流。反映汉代前期法律状况的张家山汉简《二年律令》，摒弃秦朝以身高划分刑事责任的做法，改为以自然年龄作为划分的标准。《二年律令·具律》曰：“公士、公士妻及□□行年七十以上，若年不盈十七岁，有罪当刑者，皆完之。”即有爵位身份高贵者及其妻子、年龄70岁以上的老人和不满17周岁的少年儿童，其刑事责任是受限制的，受刑者皆排除肉刑。《汉书·惠帝纪》也有“民年七十以上若不满十岁有罪当刑者，皆完之”的记载。《汉书·刑法志》载汉景帝诏曰：“高年老长，人所尊敬也；鳏寡不属逮者，人所哀怜也。其著令：年八十以上，八岁以下，及孕者未乳，师、侏儒当鞠系者，颂系之。”特殊群体犯罪从宽制度在西汉前期得以确立和发展。

西汉中叶以后，儒家思想被定为一尊，其伦理原则开始法律化。在法律条文中，矜老宽刑的内容进一步系统化、明确化。及至汉代后期，宣帝元康四年诏曰：“自今以来，诸年八十以上，非诬告杀伤人，它皆勿坐。”②平帝元始四年，“明敕百僚，妇女非身犯法，及男子年八十以上七岁以下，家非坐不道，诏所名捕，它皆无得系。”③尊老怜幼，抚恤鳏寡、孤独、废疾等是儒家提倡的伦理道德，重申和强调对老年人犯罪从宽处罚，是儒家“宽刑主义”刑罚思想影响的结果。东汉建武三年诏曰：“男子八十以上，十岁以下，及妇人从坐者，自非不道、诏所名捕，皆不得

① 桓谭著：《新论》（卷下）《补遗》。

② 《汉书》（卷八）《宣帝纪》。

③ 《汉书》（卷十二）《平帝纪》。

系。当验问者即就验。”[①]郑玄注《周礼》引汉律:“年未满八岁,八十以上,非手杀人,他皆不坐。”[②]西汉后期完善了老龄犯罪从宽的相关法律规定。

三国两晋南北朝虽处于中国封建社会的分裂战乱时期,但关于老年犯罪减免刑罚的规定,却在各朝代的律典中继承下来。如《晋书·刑法志》载晋律:“若八十,非杀伤人,他皆勿论。”《魏书·刑罚志》载北魏律:“年十四已下,降刑之半,八十及九岁,非杀人不坐。”“八十已上,八岁已下,杀伤论坐者上请。”

隋朝开创了我国历史上第二次大一统局面,其政治法律制度综合南北,不断发展完善,在中国古代法制史上处于承前启后的重要地位。唐王朝建立后,承袭隋制,又不断创新,从而奠定了中国传统社会后期的法制模式和发展方向。隋唐时期,关于老年犯罪的处罚,在律典中规定得更详细、更具体,形成了一整套关于老年人犯罪及承担刑事责任的完善制度。《唐律疏议·名例》“老小及疾有犯”条规定:“诸年七十以上、十五以下及废疾,犯流罪以下,收赎。八十以上、十岁以下及笃疾,犯反、逆、杀人应死者,上请;盗及伤人者,亦收赎。余皆勿论。九十以上,七岁以下,虽有死罪,不加刑;即有人教令,坐其教令者。若有赃应备,受赃者备之。”[③]由此可以看出,唐代对老幼残疾刑事责任年龄的规定分为三个档次:已满70岁不满80岁的老年人、15岁以下的未成年人及废残者,是减轻刑事责任阶段,犯流罪以下的,允许收赎;已满80岁不满90岁的老年人、10岁以上15岁以下的未成年人及笃疾者,是相对负刑事责任阶段,只对几种严重犯罪如谋反、大逆、杀人负刑事责任,但应上请皇帝裁决,对其他犯罪则不负刑事责任;已满90岁的老年人、7岁以下的儿童,是不负刑事责任年龄阶段,即使犯有死罪,亦不承担刑事责任。

不仅如此,对老、疾犯罪时限的划定和掌握方面,唐律也有非常精当、明确的规定,且作为量刑宽缓化的重要内容反映在法律条款之中。《唐律疏议·名例》“犯时未老疾病”条规定:“诸犯罪时虽未老、疾,而事发时老、疾者,依老、疾论。”即犯罪时尚未达到老、疾的年龄标准,但是刑事追诉时已经进入“老”或“疾”的范畴,则按照老、疾者进行量刑。本条《疏议》说:“假有六十九以下犯罪,年七十事发,或无疾时犯罪,废疾后事发,并依上解‘收赎’之法”,因“七十衰老,不堪徒役,听以赎论”。又如:“假有七十九犯加役流事发,至八十始断,止得依老免罪,不可仍配徒流。”唐律根据当事人犯罪与案发、审判与执行的时间差异,进一步

① 《后汉书》(卷一上)《光武帝纪》。
② 《周礼·秋官·司刺》郑玄注。
③ 长孙无忌等撰:《唐律疏议》,刘俊文点校,中华书局1983年版,第80~85页。

规定老龄、残疾人在审判实践中的认定原则——犯罪时未老疾，案发时老疾，依老疾论；案发时未老疾，审判前老疾，依老疾论；罪犯在徒刑执行期内老疾，依老疾论。这些对老龄、残疾人犯罪“节级优异”的规定，不仅反映了唐代封建统治集团的宽刑慎罚思想，体现了唐律量刑制度的明确化与精细化倾向，而且也使我们看到了封建法律中蕴涵的人文关怀和人道主义精神，成为刑罚公正实现的有力保障。

宋、明、清三代关于老年犯罪宽宥的规定与唐代大致相同。① 以宋代为例，《宋刑统·名例律》“老幼疾及妇人犯罪”门规定：“诸年七十以上、十五以下及废疾，犯流罪以下收赎。八十以上、十岁以下及笃疾，犯反逆、杀人应死者上请，盗及伤人者亦收赎，余皆勿论。九十以上、七岁以下，虽有死罪不加刑，即有人教令，坐其教令者，若有赃应备，受赃者备之。诸犯罪时虽未老疾，而事发时老疾者，依老疾论。若在徒年限内老疾亦如之。犯罪时幼小，事发时长大，依幼小论。”

此外，在《宋刑统·名例律》“老幼疾及妇人犯罪”门律文之后，还附以“准”《刑部式》：“诸准格敕应决杖人，若年七十以上、十五以下及废疾，并斟量决罚。如不堪者复奏，不堪流徒者亦准此。八十以上、十岁以下、笃疾，并放，不须复奏。”宋朝建国后，为厘革五代以来的酷刑，在刑罚制度方面实行了重大改革，增创“折杖法”作为代用刑，替代五刑中的笞、杖、徒、流刑。其基本原则是，行刑时将原刑罚折算成一定的杖刑，以统一的刑具击打犯人的臀部或脊背。其目的是“流罪得免远徙，徒罪得免役年，笞杖得减决数”。② 作为宽刑的对象，如果70岁以上、15岁以下及残疾者犯罪，应斟量决罚；身体不胜科责者复奏；80岁以上、10岁以下与笃疾者犯罪，不须复奏，一概放人。

另附有“准”唐天宝元年十二月十八日敕节文：“刑部奏准律八十以上及笃疾，犯反逆、杀人应死者上请，盗及伤人收赎，余皆勿论。臣等众议，八十以上及

---

① 《大明律·名例律》“老小废疾收赎”条规定：“凡年七十以上、十五岁以下及废疾，犯流罪以下，收赎。八十以上、十岁以下及笃疾，犯杀人应死者，议拟奏闻，取自上裁。盗及伤人者，亦收赎。余皆勿论。九十以上、七岁以下，虽有死罪，不加刑。其有人教令，坐其教令者，若有赃应偿，受赃者偿之。”“犯罪时未老疾”条规定：“凡犯罪时，虽未老疾，而事发时老疾者，依老疾论。若在徒年限内老疾，亦如之。”参见《大明律》，怀效锋点校，辽沈书社1990年版，第12～13页。《大清律例·名例律下》“老小废疾收赎”条规定：“凡年七十以上，十五以下，及废疾，犯流罪以下，收赎。八十以上，十岁以下，及笃疾，犯杀人应死者，议拟奏闻，取自上裁；盗及伤人者，亦收赎；余皆勿论。九十以上，七岁以下，虽有死罪，不加刑；其有人教令，坐其教令者；若有赃应偿，受赃者偿之。”“犯罪时未老疾”条规定：“凡犯罪时虽未老疾，而事发时老疾者，依老疾论。若在徒年限内老疾，亦如之。”参见《大清律例》，田涛、郑秦点校，法律出版社1999年版，第106～107页。

② 《文献通考》（卷一六八）。

笃疾人有犯十恶死罪、造伪、劫盗、妖讹等罪至死者，请矜其老疾，移隶偏远小郡，仍给递驴发遣。其犯反逆及杀人，奏听处分。其九十以上、十岁以下，请依常律。敕旨依奏。”①宋代在唐律、敕的基础上，对80岁以上及严重疾病患者犯罪，在刑事政策上又进一步放宽只——做移乡处理，并备驴骑用以代步，对老龄犯罪的宽宥、照顾前所未有。

北宋神宗元丰五年，开封府言：“令文：诸老幼疾病犯罪应罚铜而孤贫无以入赎者，取保矜放。本府日决狱讼，应赎者多孤独贫穷，又无邻保，不免责厢巡状，以便取保之文。自今乞从本府审察，贫乏直行放免。”②该条史料一方面说明对特殊群体犯罪进一步减免的趋势，放免孤独贫穷的老幼、疾病案犯，而不必赎铜；另一方面，说明该条法令在司法实践中得以较好的贯彻执行，并受到皇帝的肯定，故曰“从之”。

宋代律、式等成文法对老龄犯罪、刑罚及量刑的规定是较为完善的，特别是律作为根本法，始终起着其他法律不可替代的作用；敕、令是以皇帝名义发布的命令，宋代大量修纂编敕对律进行损益和补充，敕、律并行不悖，在很大程度上，敕、令是律条的发展和细化，便于司法官操作实施。

通过对中国古代老龄犯罪宽宥的历史考察，我们可以得出这样的结论：从先秦时代始，历代王朝都以立法的形式确立了老年犯罪减免刑罚这一规范，并且一以贯之，经久不衰。随着时代的进步和立法水平的提高，法律的相关规定越来越完善。与刑罚制度向着文明、轻缓的方向发展相一致，老龄犯罪所承担的刑事责任也越来越轻，年龄越长承担的刑事责任越小，90岁以上的老人犯罪免除死刑。从刑法理论上说，这一规定具有确认刑事责任能力的意义。这是中国古代德主刑辅、量刑从宽指导思想和尊老、敬老政策在立法上的体现。

二、传统法中老龄犯罪宽宥的立法思想与理论基础

汉宣帝元康四年诏曰：“朕惟耆老之人，发齿堕落，血气衰微，亦亡暴虐之心，今或罹文法，拘执囹圄，不终天命，朕甚怜之。自今以来，诸年八十以上，非诬告杀伤人，它皆勿坐。”③汉朝统治者从长期的实践经验中深知，老年人活力衰竭，心智、体力都不支持其进行危害封建皇帝和国家政权的活动，即使犯罪，其社

① 窦仪等撰：《宋刑统》，吴翊如点校，中华书局1984年版，第56~60页。

② 《续资治通鉴长编》（卷三二三）。

③ 《汉书》（卷二三）《刑法志》。

会危害性也会大大降低,不足以对封建统治构成多大威胁,所以在立法上对其做出犯罪宽宥的规定。更重要的是,在汉代法律儒家化的进程中,礼法结合,儒家的"三纲五常"、仁德思想在汉代中期以后已经逐步融入法律之中,"德主刑辅"成为立法的指导思想。

早在夏商时代,由于对大自然认识水平的限制,人们把"天"看成万事万物的最高主宰,是一切的本源,这种"天道"观念成为统治者权力的来源和实行国家统治的依据。"王权神授"、"代天行罚"是夏商法制的指导思想和基本特点,神权法思想一直占据着社会的统治地位。

西周建立以后,仍然运用"天道"观念来论证其统治的合法性与合理性,利用神权观念来增强其统治的效能与权威。但是,周之代商和商之代夏一样,都变革了"天命"。特别是商朝末年,以殷纣王为首的统治集团倒行逆施,残害忠良,不恤民众,最终导致民怨沸腾,社会动荡,强大的殷商帝国土崩瓦解。这种严酷的政治现实迫使刚刚夺取政权的西周统治者认真思考如何治理国家、实现长治久安的问题。他们逐渐认识到民众对于维持政权统治的重要作用,提出"敬天保民"、"以德配天"的政治主张:一方面要求统治者恭行大命,尊崇上天与祖宗的教诲,加强自身的道德修养,约束自己的欲望与行为;另一方面要求统治者爱护天下的百姓,"保民"、"养民以惠"和"省刑",做有德、有道之君。只有做到"天视自我民视,天听自我民听","民之所欲,天必从之",才能得到上天的保佑和庇护,从而使国祚绵长。西周时期,将殷商时代对鬼神的尊崇转移到重视民心的向背上,标志着天命与民心结合的开始。"周代'德'观念的一个重要发展在于它指出人们的生活稳固和幸福固然也有得之于天命神灵和先祖的因素,但更主要是强调得之于宗法与分封。尽管周人所崇奉的制度之德还保留在制度的层面,还没有进入到个人内心自省的领域,但它却从注目于天神和先祖转变到注目于制度人事。这毕竟是思想发展史上的一个了不起的进步。"①由此,人的地位提高了,天的地位下降了;道德的价值受到重视,神的价值遭受贬低。② 西周时期,在对人事、道德的重视和对人的作用与价值的不断认识中逐渐形成了中国古代的人本主义。

在"敬天保民"、"以德配天"的基本政治理论之下,西周统治者进一步提出了"明德慎罚"的法律主张,并将此确立为国家立法、司法的指导思想。所谓"明德",即崇尚德治与德教,主张通过道德教化,用道德的力量去教育和感化民众,

---

① 晁福林:"先秦时期'德'观念的起源及其发展",载《中国社会科学》2005年第4期。

② 参见张晋藩:"人本主义——中华法系特点之一",载《河北法学》2005年第9期。

从而使天下臣服，统治稳固。所谓“慎罚”，即主张在制定与适用法律、实施刑罚时，应该审慎、宽缓、适中，而不应“乱罚无罪、杀无辜”。① 因此，“明德慎罚”强调的是“实施德教，用刑宽缓”，“明德”是“慎罚”的精神实质，是第一位的；“慎罚”是“明德”的法律具体化，是第二位的。“明德慎罚”就是要实现教化与刑罚的有机结合。

西周“明德慎罚”的法律思想对中国古代法律制度的形成与发展发挥了直接的指导作用，而且深深扎根于中国传统政治理论之中，被后代统治者奉为政治法律制度的原则。先秦制度史研究大家王国维先生在其所著《殷周制度论》中说：“周之制度典礼乃道德之器械，而尊尊、亲亲、贤贤、男女有别四者之结体也。”周人是将制度与道德融为一体的，制度体现着道德，道德规范着制度，两者合二为一。西汉中期以后，“明德慎罚”的法律指导思想被以董仲舒为代表的新儒家学派发展成为“德主刑辅”的法律思想和法制方针，成为此后中国传统社会最具影响力的一种法律观念。

汉初，由于秦朝的苛政和连年战争，社会生产遭到严重破坏，经济凋敝，百姓贫困，统治阶级迫切需要一个相对稳定的局面，使人民休养生息，恢复和发展生产，以巩固刚刚建立起来的封建政权。“黄老思想”作为汉代前期的治国思想应运而生，反映在立法指导思想上是“约法省刑”。经过几十年的发展，社会经济取得明显的效果，但封建专制主义中央集权政治却发展得并非一帆风顺。汉代中期以后，诸侯王国和地方豪强的势力犹在，诸侯王的拥土自重、骄纵不法和地方豪强的胡作非为、横行一方，对中央集权统治和统一的法制构成严重的威胁，这是要求实现大一统的汉武帝所不能容忍的。而来自北方和西北边疆地区少数民族贵族的侵扰，也促使日渐富足强大的汉王朝改变国策——“黄老思想”和“无为而治”政策已经很难适应新的国内形势，治国的指导方针亟须改弦更张。董仲舒维护封建大一统和专制皇权的新儒学适应了这一形势的发展需要：在政治上，强调君主集权，要求将地方权力收归中央，建立强大、高效的中央政府；在思想上，要求“罢黜百家，独尊儒术”，“诸不在六艺之科孔子之术者，皆绝其道，勿使并进”，从而实现在思想文化领域的统一；在法律上，主张“大其德而小其刑”，即用“德主刑辅”取代西周以来的立法指导思想“明德慎罚”。这些均被汉武帝所采纳。

“德主刑辅”立法指导思想的主要内容有二：一是“大德而小刑”。董仲舒利用传统人格神理论，以阴阳学说作为德刑关系的理论根据，用天之阴阳、五行、四

① 《尚书·无逸》。

季变化比附人间的秩序。"天道之大者在阴阳。阳为德,阴为刑;刑主杀而德主生。是故阳常居大夏,而以生育养长为事;阴常居大冬,而积于空虚不用之处。以此见天之任德而不任刑也。"董仲舒运用自然阴阳五行的变化规律论证德礼政刑,认为天地万物皆由阴阳演化而成,自然界中阳主阴辅是天意的体现。人类社会的发展也是阴阳演化的一个组成部分,统治者为政的手段可以与阴阳变化相比附:阳为德,阴为刑;刑主杀而德主生。因此,统治者在治国时应将德礼放于首位,即"大德而小刑",否则便是逆天意而动,必遭天谴。"为政而任刑,谓之逆天,非王道也。""王者承天意以从事,故任德教而不任刑。"①这与先秦儒家相比,在理论主旨上是一致的,强调德教的作用,但在论证方式上采取了"天人感应"的比附手法,较之先秦儒家单纯从功效、人性出发论证德教的重要性更加具有迷惑性和说服力。二是"刑者,德之辅"。董仲舒在其"天人合一"的理论预设下,对刑罚在国家治理中的必要性和具体地位予以了新的阐释:天之春夏秋冬不可缺一,否则就不能成岁。天道是"阴者,阳之助也";治理国家是"刑者,德之辅也"。② 德刑之间的关系有主次之分。"教,政之本也;狱,政之末也。其事异域,其用一也。"③德刑是国家治理的两种手段,作为辅德之刑,其效用二者虽为一致,但在功能地位上,刑罚处于次要地位,接受礼义道德的指导。"是故教化立而奸邪皆止者,其堤防完也;教化废而奸邪并出,刑罚不能胜者,其堤防坏也。古之王者明于此,是故南面而治天下,莫不以教化为大务。"④就治理国家、维护封建统治秩序而言,确实指出了问题的根本所在。

董仲舒的理论学说是在先秦儒学的基础上,吸收各家学说中有益的成分而形成的以儒法合流为特色的一种新的封建思想体系。他的"德主刑辅"思想来源于先儒又高于先儒,作为一种法制指导思想,它影响了此后封建时代的法制实践。自汉以后,礼法融合便成为中国传统社会法律发展的主旋律,"德主刑辅"成为中国传统法律的主要特色,古代法典向着儒家化、伦理化、道德化发展。⑤至唐代,礼与法、道德与刑法从内容到形式完全合而为一。

老龄犯罪宽宥的立法指导思想是"德主刑辅",其理论基础是"以民为本"的人本主义。中国古代的人本主义包括"以民为本"、"民贵君轻"、"立君为民"、

---

① 《汉书》(卷五六)《董仲舒传》。

② 《春秋繁露·天辨在人》。

③ 《春秋繁露·精华》。

④ 《汉书》(卷五六)《董仲舒传》。

⑤ 马小红:"试论价值观与法律的关系",载《政法论丛》2009年第3期;陈应琴:"儒家德刑观之话语链分析",载《兰州学刊》2009年第5期。

“民为国本”、“政在养民”等内容。民本主义又称民本思想，是中国古代政治思想中民主性精华的核心。如是说不仅是因为民本思想在中国古代政治思想民主性精华的内容中居于主导地位，而且更因为民本思想以外的其他内容大都由它衍生和引申。[①] 民本主义萌芽于西周时期，丰富发展于春秋战国。《尚书·五子之歌》有“民惟邦本，本固邦宁”；《老子·三十九章》将“以民为本”抽象为“贵以贱为本”；《管子·霸言》有“以人为本”；《慎子·威德》提出“立天子以为天下”；《吕氏春秋·务本》有“宗庙之本在于民”，以及“爱民”、“便民”、“信于民”等观点。显然，“以民为本”超越了各学派，成为百家之共识。

需要强调的是，在各种思想流派中，儒家的民本论最为系统。孔子是中国历史上明确提出“德政”的思想家。他说：“为政以德，譬如北辰，居其所而众星拱之”，[②]如此才能百姓归附，统治稳固。他将“保民”、“惠民”、“恤民”、“养民”、“富民”、“仁者爱人”，为政以仁，重视人民的生命价值作为德政的重要内容。孔子以后的孟子、荀子是战国时代儒家学派最重要的代表人物，也是当时丰富和发展民本思想最伟大的思想家。孟子将孔子“仁”的学说发展为“仁政”思想，而仁政思想的核心是“得民”，得民的关键是“得民心”。“得天下有道，得其民，斯得天下矣；得其民有道，得其心，斯得民矣。”[③]这就要求当政者“以德服人”，做到“亲亲而仁民，仁民而爱物”。[④] 在“教民”的前提下“养民”，“五亩之宅，树之以桑”，“百亩之田，勿夺其时”，还要“省刑罚，薄赋敛”，使“黎民不饥不寒”。[⑤] 孟子民本思想的最闪光之点是他提出的“民为贵，社稷次之，君为轻”的“民贵君轻”思想，[⑥]主张君主应以“国人”之好恶为标准来理事行政：“左右皆曰贤，未可也；诸大夫皆曰贤，未可也；国人皆曰贤，然后察之；见贤焉，然后用之。左右皆曰不可，勿听；诸大夫皆曰不可，勿听；国人皆曰不可，然后察之；见不可焉，然后去之。左右皆曰可杀，勿听；诸大夫皆曰可杀，勿听；国人皆曰可杀，然后察之；见可杀焉，然后杀之。故曰：国人杀之也。如此，然后可以为民父母。”[⑦]他甚至主张，君主必须“以不忍人之心，行不忍人之政”，若不然，则对不行君道、残民以逞的

---

① 孟祥才：“中国古代民本思想的发展及其历史作用”，载《临沂师范学院学报》2002 年第 5 期。

② 《论语·为政》。

③ 《孟子·离娄》（上）。

④ 《孟子·尽心》（上）。

⑤ 《孟子·梁惠王》（上）。

⑥ 《孟子·尽心》（上）。

⑦ 《孟子·梁惠王》（上）。

暴君既可“复仇”,也可“放伐”。[①] 荀子的民本思想第一次以舟水比喻君民关系:“君者,舟也;庶人者,水也。水则载舟,水则覆舟。”[②]“天之生民,非为君也;天之立君,以为民也。”[③]“立君为民”成为古代政治家和思想家的共识,并在一定程度上限制了君权的无限膨胀。由此出发,他提出“爱民”、“利民”、“裕民”、“宽民”等一系列主张,[④]认为这是国家长治久安之本。

汉代以后民本主义再次得以高扬。自汉武帝“独尊儒术”以来,儒家学说成为我国封建社会的主流思想,也成为历代统治者奉为圭臬的指导理论。我国古代“人本”思想与“天道”思想有天然的、内在的联系。“天道”,即“天人合一”。儒家认为“天人合一”就是“天”与“人”双向互动的“合一”,即是“天与人合”与“人与天合”的统一。董仲舒认为,天是高居于自然和社会之上的、既威严刚正又仁厚神明的力量。自然界的变化,四季的运行,都是天有意志的行为。一个国家的法律秩序,也是按照天意建立起来的。天体运行的规律、秩序,是社会法律秩序和立法原则的根据。所谓“王者配天,谓其道。天有四时,王有四政,四政若四时,通类也,天人所同有也。庆为春,赏为夏,罚为秋,刑为冬。庆赏罚刑之不可不具也,若春夏秋冬之不可不备也。庆赏罚刑,当其处不可不发,若暖暑清寒,当其时不可不出也”。[⑤] 为了使至高无上的专制皇权受到约束和制衡,董仲舒还从“人合于天”的角度,系统地论述了“天人感应”的理论。他认为,天无时无刻不在监视着人世治道,通过各种方式表达自己的意志以暗示统治者:“国家将有失败之道,而天乃先出灾害以谴告之,不知自省,又出怪异以警惧之,尚不知变,而伤败乃至。”[⑥]“天人合一”、“天人感应”学说,深刻地影响着我国封建社会的历代统治者。为了维护天道的自然秩序,不引起上天的惩罚,平息天道之怒,“慎刑恤杀”就成为封建统治者的必然政治选择。[⑦] 而中国历史上的开明君主也能够认识到治理国家,必须以民为本;为君之道,必须先存百姓。“君依于国,国依于民。刻民以奉君,犹割肉以充腹,腹饱而身毙,君富而国亡。”[⑧]广大民众是国家政权赖以存在的基础,作为最高统治者,只有重民、爱民、养民、教民,君主的

---

① 《孟子·公孙丑》(上)。

② 《荀子·王制》。

③ 《荀子·大略》。

④ 《荀子·君道》。

⑤ 《春秋繁露·四时之副》。

⑥ 《汉书》(卷五六)《董仲舒传》。

⑦ 邱远猷等:“‘慎刑恤杀’传统与古今死刑复核制度”,载范忠信主编:《中西法律传统》(第7卷),北京大学出版社2009年版,第227~230页。

⑧ 《资治通鉴》(卷一九二)。

统治才能稳固，国运才能昌盛长久。封建统治者能够从历史与现实的经验中认识到“惟民为本”、“水能载舟亦可覆舟”的道理，“以民为本”的人本主义也自然成为老龄犯罪减免刑罚的理论基础。

三、传统法中老龄犯罪宽宥相关条款的协调与法理依据

中国传统社会的律典为根本法，不仅律典本身各条款之间，即使是其他法律形式令、科、比、格、式、例等之间，也都保持着较强的协调性与一致性。这不仅反映了当时立法技术的进步，更表明统治集团对统一实施法律的追求。法律的统一、协调，还有助于预防司法官员的恣意擅断，是司法公正的制度保障。

老龄犯罪宽宥作为恤刑条款，始终贯穿于中国封建社会各王朝的法律之中。作为一项重要的法律规范，它不是一个孤立的现象——有关涉及老年人的立法，如赋予尊长种种权力，“亲亲相隐”、“存留养亲”等条款之间相互配合、支持，构成了尊老、敬老、老有所养、老龄犯罪宽宥等完整的体系——这既体现了封建律典的周密设计，也是维护宗法制社会的必然制度选择。

在宗法制社会里，家族是社会的基础，确立家长地位，维护家族伦理，实现家族的和谐是实现社会和谐和维护统治秩序的前提。中国古代统治者正是有鉴于此，才通过法律手段来规制家族秩序，在确立家族内尊卑秩序的前提下使家族关系实现和谐。这就是封建律典维护家长权、规定“不孝”罪的原因，亦与中国传统社会尊老、敬老、以孝治国理念相契合。

在汉代，《二年律令·贼律》规定：“子牧杀父母，殴詈泰父母、父母、(假)大母、主母、后母，及父母告子不孝，皆弃市。”对不孝之子严惩不贷，实际上是为了确保家长主导下的家族内部尊卑等级之间的秩序和谐。《户律》又规定：“孙为户，与大父母居，养之不善，令孙且外居，令大父母居其室，食其田，使其奴婢，勿外卖。”如果孙子不能赡养好祖父母，则祖父母可依法占有孙子的房产与田地，并使用其奴婢。①《唐律疏议·户婚》“父母被囚禁嫁娶”条规定：“诸祖父母、父母被囚禁而嫁娶者，死罪，徒一年半；流罪，减一等；徒罪，杖一百。”祖父母、父母身陷囹圄，此时子孙嫁娶，为名教所不容，故有此律条惩处。如果奉祖父母、父母之命成婚为亲，法律不加其罪。《唐律疏议·斗讼》“告祖父母父母”条规定：“诸告祖父母、父母者，绞。”同条疏议说：“父为子天，有隐无犯。如有违失，礼须谏

① 崔永东：“汉唐律中反映的和谐理念——以汉简《二年律令》与《唐律》为例”，载《政法论坛》2009年第1期。

净,起敬起孝,无令陷罪。若有忘情弃礼而故告者,绞。"把告发父母视为与谋杀父母一样严重的罪恶,视家长的尊严远重于卑亲属的性命,明显体现了保护家长制和家长权威尊严的意图。同时将其列为"十恶"之一的"不孝"重罪。至清代,《大清律例·刑律》"子孙违犯教令"条规定:"凡子孙违犯祖父母、父母教令,及奉养有缺者,杖一百。"尊长负责管教子孙,子孙必须听命于家长,并对长辈赡养,否则要处以杖罚。《大清律例·户律》"别籍异财"条规定:"凡祖父母、父母在,子孙别立户籍分异财产者,杖一百。若居父母丧,而兄弟别立户籍分异财产者,杖八十。"《大清律例·户律》"卑幼私擅用财"条规定:"凡同居卑幼,不由尊长,私擅用本家财物者,十两,笞二十,每十两加一等,罪止杖一百。若同居尊长,应分家财不均平者,罪亦如之。"这种对家长权力进行保护的规定,反映了统治阶级的立法目的:严守尊卑秩序,维护家长权力,促进家族和谐,稳固统治根基。

与老龄犯罪宽宥联系较为密切的"亲亲相隐"或曰"亲属容隐",是中国传统法律中的一项重要制度。中国的亲属容隐观念和制度萌芽,可以上溯至春秋时期。最早提出这一原则的是孔子。他主张"父为子隐,子为父隐"。① 汉代儒家思想定为一尊之后,"亲亲得相首匿"便成为汉律中定罪量刑的一项原则。汉宣帝地节四年诏曰:"父子之亲,夫妇之道,天性也。虽有患祸,犹蒙死而存之。诚爱结于心,仁厚之至也,岂能违之哉!自今子首匿父母,妻匿夫,孙匿大父母,皆勿坐。其父母匿子,夫匿妻,大父母匿孙,罪殊死,皆上请廷尉以闻。"②根据这一原则,子孙隐匿犯罪的尊亲长,不负刑事责任;尊亲长隐匿犯罪的子孙,除死罪上请减免外,其他也不负刑事责任。它深刻反映了儒家维护血缘亲情与家族和谐的伦理价值观,意义重大,为后世历代封建律典所继承。

唐律关于容隐的规定形成了一个完备的规范系统。《唐律疏议·名例》"同居相为隐"条规定:"诸同居,若大功以上亲及外祖父母、外孙,若孙之妇、夫之兄弟及兄弟妻,有罪相为隐;部曲、奴婢为主隐;皆勿论,即漏露其事及擿语消息亦不坐。其小功以下相隐,减凡人三等。若犯谋叛以上者,不用此律。"其含义是:所有同居亲属(不论服制)均可相隐,不同居的大功以上亲属亦可相隐,不同居的小功以下相隐也减轻处罚。为落实这个"总则",唐律做出了十种规定:(1)不仅藏匿上述犯罪亲属不罚,"及匿得相容隐者之侣(亲属的同案犯)亦不坐"。(2)通报捕摄消息令亲属脱逃者不罚。(3)审问官不得逼亲属作证,违者有罪。(4)不得告发尊亲属。告祖父母父母为不孝,处绞;告其他有服尊亲属亦有罪。

① 《论语·子路》。

② 《汉书》(卷八)《宣帝纪》。

被告发的尊亲属视同自首减免处罚。期亲以下尊卑"相侵犯"者可以告发。(5)不得告发卑亲属。"告缌麻小功卑幼,虽得实,杖八十,大功以上递减一等。"但父祖告子孙即使诬告亦不坐。(6)帮助父祖逃脱囚禁后不得因惧罚复捕得送官。(7)不得捕缚与自己共同犯罪的亲属赴官自首。(8)在审讯中不得已附带吐露亲属之犯罪者,不视为告发。(9)捉奸时因捕捉与亲属行奸的外人而牵露亲属之奸罪者不视为告发。(10)谋叛以上国事重罪不得相隐,必须告发。唐以后直至清末变法以前,容隐制度的内容代代相因,不再有大的变化。这一时期容隐制的特征是:形成了空前周密的体系;限制了容隐对国家根本利益的触犯,如禁止隐匿谋反、谋大逆、谋叛重罪;确定了尊长对卑幼隐的"权利"甚至义务(父祖与子孙间除外)。[①] 以法律形式确立的容隐制度,充分反映了对家族亲情伦理的维护,对家长制和家长权威的保护,同时也体现了古代可贵的人文主义精神——反对"大义灭亲"。当然,"家族与国,忠与孝,在并行不悖或相成时,两皆维持,但在两者互相冲突而不能两全时,则国为重,君为重,而忠重于孝,所以普通的罪许子孙容隐,不许告讦,而危及社稷背叛君国的重罪,则为例外"。[②] 封建统治者肯定家族和谐对维护统治秩序所发挥的作用,这也是"亲亲相隐"立法日臻完善的深层次原因。

"存留养亲"又称"留养承祀",是我国古代以孝为出发点,为解决被判死刑或流、徒刑犯人父母老疾无人侍养而设置的一种法律制度。有关留养的规定在北魏朝已正式写进律典。据《魏书·刑罚志》记载,孝文帝永和十二年诏:"犯死罪,若父母、祖父母年老,更无成人子孙,又无期亲者,仰案后列奏以待报,著之令格。"可见,"存留养亲"最初是以令、格法律形式加以规范的,正式入律是在北魏世宗朝对律典的修订之后。《北魏律·法例律》:"诸犯死罪,若祖父母、父母年七十以上,无成人子孙,旁无期亲者,具状上请。流者鞭笞,留养其亲,终则从流,不在原赦之例。"[③]从此留养成为我国古代社会律典的正式内容。《唐律疏议·名例》"犯死罪应侍家无期亲成丁"条规定:"诸犯死罪非十恶,而祖父母、父母老疾应侍,家无期亲成丁者,上请。犯流罪者,权留养亲。"其意为,凡非十恶死罪人犯,若家中祖父母或父母老病无人奉养,又无成丁,是否执行死刑,要奏请皇帝批准;至于犯流罪者,则"权留养亲"。《宋刑统》因袭唐律内容。《元史·刑法志》载元代有"犯死罪,有亲年七十以上,无兼丁侍养者,许陈情奏裁"的法令。

---

① 范忠信:"中西法律传统中的'亲亲相隐'",载《中国社会科学》1997年第3期。

② 瞿同祖著:《中国法律与中国社会》,中华书局2003年版。

③ 《魏书》(卷一一〇)《刑罚志》。

《大明律·名例律》"犯罪存留养亲"条规定:"凡犯死罪,非常赦所不原者,而祖父母、父母老疾应侍,家无以次成丁者,开具所犯罪名奏闻,取自上裁。若犯徒流者,止杖一百,余罪收赎,存留养亲。"至清代,留养制度更趋完善,法律规范更为详尽具体。《大清律例·名例律》"犯罪存留养亲"条照抄明律,一字不改,并将"留养承祀"正式定为秋审免死的条件。在条例中针对各种情况又分别做出补充规定,如:"凡犯罪有兄弟俱拟正法者,存留一人养亲,仍照律奏闻,请旨定夺。""凡旗人犯斩、绞、外遣等罪,例合留养者,照民人一体留养。"如此等等,各种情形,都有相应的规定。此制在我国古代实施近一千五百年,直到清末改革刑法时才被废止。

犯罪存留养亲制度能够存在时间如此之久,究其原因是它能够适应封建王朝的需要,有利于维护封建统治。历代封建统治者均标榜自己"仁慈"、"宽厚",把犯罪存留养亲说成是怜悯犯人尊亲衰老无依而采取的"法外施仁"的"宽政"。其实他们是害怕犯人亲属生活无着引起社会矛盾,影响封建统治的稳定,但又不肯让官府解囊,把犯人亲属养起来,故而采取把犯人留下养亲的办法。历代封建统治者总是力图在犯人、受害者和社会之间保持平衡:既要使生活无着的犯人亲属不致转死沟壑,又要使受害一方乃至整个社会能够接受,使之成为化解社会矛盾和冲突、保持社会稳定的一个支柱。①

在中国古代重视孝道的大背景下,老龄犯罪宽宥、维护家长权威、亲亲相隐、存留养亲等被载入封建律典,成为相互支持、并行不悖的一个完整体系,为律的贯彻执行提供了一个完备的法律文本。同时,老龄犯罪宽宥入律,与传统社会的尊老、敬老、养老政策直接关联,二者关系的一致与协调推动了相关法律条款的完善,有利于维护儒家的伦理系统,稳定社会秩序。

尊老、敬老、养老是中华民族的传统美德。自夏商起,从家庭到社会普遍存在尊老敬老的风尚与礼俗,到西周时,发展成为较为完善的尊老、养老制度——国家设置有管理该项事物的官吏;在经济上对那些丧失劳动能力和部分丧失劳动能力的高年群体以赡养;在政治上对高年群体以尊崇,赋予高年老人以一定的政治特权。如此,不仅在于一般地优抚老人,更在于建立一个政治伦理系统以巩固西周的统治。西周制度对此后中国社会产生了深远的影响。

汉代以孝治国,尊老、敬老、养老是孝的必然要求。从汉高祖始,逐步建立起养老制度:"举民年五十以上,有修行,能帅众为善,置以为三老,乡一人。择乡

① 吴建璠:"清代的犯罪存留养亲",载《法学研究》2001年第5期。

三老一人为县三老，与县令丞尉以事相教，复勿繇戍，以十月赐酒肉。"①首开奖励高年之先河。到汉文帝时，赐物养老政策发展到一个新阶段。《汉书·文帝纪》记载："有司请令县道，年八十以上，赐米人月一石，肉二十斤，酒五斗。其九十以上，又赐帛人二匹，絮三斤。赐物及当禀鬻米者，长吏阅视，丞若尉致。不满九十，啬夫、令史致。二千石遣都吏循行，不称者督之。刑者及有罪耐以上，不用此令。"从指导思想上说，文帝之诏令纯粹是为了养老和敬老，其目的是帮助贫民百姓孝养其亲，"称养老之意"，而不是高祖时期只限于三老咨政事和收人心。在内容上，文帝不仅具体规定了赏赐粟帛的数目，而且强调了实施程序和施用范围，即除"刑者及有罪耐以上"之外的所有80岁以上的高年老人。东汉光武帝建武六年，"其命郡国有谷者，给禀高年、鳏、寡、孤、独及笃癃、无家属贫不能自存者，如律。二千石勉加循抚，无令失职"。② 明帝即位，诏"赐鳏、寡、孤、独、笃癃粟，人十斛"。③ 可见，汉代养老制度没有停留在政策层面，而是已经用律令加以了规范。并且对里父老，县、乡三老授予王杖，作为特殊身份的标志。汉之后的历代王朝，继承了尊崇和奉养高年老人的优良传统，通过不定期地赏赐粮物、布帛、免除赋税徭役，以解决老年群体生活的实际困难。而统治者这样做的目的，一方面是表明其统治的"仁政"，激励尊老、养老的风气，另一方面是为了建立和巩固亲亲尊尊的伦理价值观，稳定基层社会秩序。中国传统社会的尊老、敬老、养老政策，直接促成了老龄犯罪减免刑罚条款的入律，反映了封建法律人性化和人道主义的一个侧面。

四、结　　语

我国自古以来就是一个崇尚社会伦理关系的国度，"尊老敬老"这一中华民族的传统美德，经过几千年的孕育、形成和发展，已经成为积淀在民众思想深处的一种特殊的民族情感，内化为一种根深蒂固的伦理思想和价值观念，成为指导、评判人们行为的道德规范。老龄犯罪宽宥的中国传统法考察给我们的启发是：立法不能割断历史文化传统，不能忽视民众普遍的道德情感、基本的价值观念和沿袭已久的生活习惯，传统道德和习惯是立法不可或缺的"本土资源"。只有充分反映大众生活常理、常情的法律才可能更容易得到认同与信仰，从而被自

① 《汉书》(卷一上)《高帝纪》。
② 《后汉书》(卷一下)《光武帝纪》。
③ 《后汉书》(卷二)《明帝纪》。

觉遵守与执行。① 老龄犯罪从宽处罚，符合民众的文化心理与道德观念，能够获得全社会道德信念的普遍支持而得到较好的贯彻执行。任何一部法律，特别是刑法典，其立法指导思想要具有长期性、稳定性，要以简约、宽缓、适中为指导。法律条文要保持协调性、一致性，法与法之间要避免冲突与矛盾。这样，法律才可能是"善法"，审判结果才可能客观、公正，法律的权威才可能树立。

《刑法修正案（八）》已于2011年5月1日正式实施，该修正案在新中国刑法中首次对老年人犯罪传做出从宽规定，其内容主要有三：一是规定了老年人犯罪的一般从宽原则。其第1条规定："已满75周岁的人故意犯罪的，可以从轻或者减轻处罚；过失犯罪的，应当从轻或者减轻处罚。"二是原则规定了老年人犯罪免除死刑。其第3条规定："审判的时候已满75周岁的人，不适用死刑，但以特别残忍手段致人死亡的除外。"三是规定了老年人犯罪适用缓刑从宽。其第11条对已满75周岁的老年人犯罪适用缓刑做了和未成年人、怀孕的妇女犯罪适用缓刑相同的规定，即只要符合缓刑条件的，应当宣告缓刑，而非选择性的"可以"缓刑。对老年人犯罪予以从宽处罚，不仅符合现代世界主要国家对老龄犯罪量刑和行刑宽宥的通例，而且也与我国传统社会矜老恤刑的立法原则和规范相契合。

（2011年第11期）

① 张建军："老龄犯罪宽宥论——以贯彻'宽严相济'的刑事政策为视角"，载《西南政法大学学报》2007年第4期。

编　后　记

本书收集了从20世纪80年代初《法学》月刊复刊以来在《法学》上所发表的大部分的法制史论文。编者认为,我们所选文章大致能够反映新中国法制史学科的发展样貌。其中有些论文曾被广泛引用,并被收入其他学术集刊,显见其在教学和科研中的影响力。

值得一提的是,由于20世纪80年代初的中国法学研究刚刚起步,并不十分规范,特别是在论文的形式要求上。当我们用规范的眼光看过去的论文时,读者会发现有些论文的作者信息不详。这是因为当对刊载文章并没有要求有作者单位等信息的记载。因此,在本文集所载论文中有些是缺失作者单位的。对此,希望读者能够谅解。应当说,我们在编辑过程中曾试图与作者进行联系,但因年代久远有些还能够找到,而找到的作者我们都予以了替补;而有些作者却无法联系。对此,希望作者能够谅解。我们希望所载作者看到本书后能及时与我们联系。一是向您表示感谢;二是希望您来领取应得的稿酬。

在这编辑过程中,我们得到了许多知情人士的大力支持,在此,我代表洪佳期、姚远等向大家表示感谢!

由于编辑的时间比较紧,因此在编辑、校对过程中难免还存在错误与遗漏,期待得到作者与读者的指正及谅恕。

王　申

2012年6月

领取稿费告知

尊敬的各位作者：

值华东政法大学建校60周年、《法学》创刊56周年之际，华东政法大学《法学》月刊社出版了《法学的历史》文丛，旨在以文献的方式反映新中国法制建设的进程以及法学理论的发展。为此，选萃了《法学》月刊自1956年创刊以来刊登的具有代表性的、能够反映当期现实问题和理论研究水平的文章。您的文章被我们选用，但由于各方面原因，我们无法与您直接取得联系，希望看到此通知后联系我们，以便发放您的稿费。具体事项如下：

1. 请告知您的信息，具体包括：(1)作者姓名；(2)文章名；(3)文章发表的卷名。可直接到杂志社领取稿费。如需要邮寄稿费的，为防止冒领，请将个人身份证号、收款账户、联系电话予以告知我刊。

2. 稿费的发放标准为每千字10元。

3. 杂志社地址：上海市万航渡路1575号华东政法大学六三楼《法学》月刊社。邮政编码：200042。联系电话：021－62071924。联系人：过纯益 汪池洲

感谢您的大力支持！

华东政法大学《法学》月刊社
2012年7月8日

图书在版编目(CIP)数据

法学的历史．第6卷，法制史卷：1981年～2011年/王申主编．—北京：法律出版社，2012.9
ISBN 978-7-5118-3619-9

Ⅰ.①法… Ⅱ.①王… Ⅲ.①法学史—世界—文集②法制史—世界—文集 Ⅳ.①D909.1-53②D909.9-53

中国版本图书馆CIP数据核字(2012)第127887号

责任编辑/陈 妮　　**装帧设计**/李 瞻

出版/法律出版社　　**编辑统筹**/财税出版分社
总发行/中国法律图书有限公司　　**经销**/新华书店
印刷/北京中科印刷有限公司　　**责任印制**/吕亚莉

开本/720毫米×960毫米 1/16　　**印张**/47　**字数**/815千
版本/2012年9月第1版　　**印次**/2012年9月第1次印刷

法律出版社/北京市丰台区莲花池西里7号(100073)
电子邮件/info@lawpress.com.cn　　**销售热线**/010-63939792/9779
网址/www.lawpress.com.cn　　**咨询电话**/010-63939796

中国法律图书有限公司/北京市丰台区莲花池西里7号(100073)
全国各地中法图分、子公司电话：
第一法律书店/010-63939781/9782　**西安分公司**/029-85388843　**重庆公司**/023-65382816/2908
上海公司/021-62071010/1636　**北京分公司**/010-62534456　**深圳公司**/0755-83072995

书号：ISBN 978-7-5118-3619-9　　**定价**：169.00元

(如有缺页或倒装，中国法律图书有限公司负责退换)